李向玉　刘泽生　主编

港澳研究

HONG KONG AND MACAO STUDIES

澳門理工學報叢書

《澳门理工学报》专栏文萃（2014~2017）

JOURNAL OF MACAO POLYTECHNIC INSTITUTE
COLUMN SELECTIONS
2014-2017

社会科学文献出版社
SOCIAL SCIENCES ACADEMIC PRESS (CHINA)

李向玉　1975年毕业于北京外国语大学英语系，同年赴澳门攻读葡萄牙语言文化课程三年，后赴葡萄牙里斯本大学深造一年。中山大学历史学博士、里斯本大学荣誉博士。1999年至今任澳门理工学院院长、教授，《澳门理工学报》编辑委员会主任。兼任国家行政学院教授、北京语言大学名誉教授、广东省社会科学院客座教授、英国伦敦大学名誉教授、葡萄牙里斯本科学院外国通讯院士、葡萄牙雷利亚理工学院名誉教授。主要著作有《汉学家的摇篮：澳门圣保禄学院研究》等。担任的主要社会职务有：中国人民政治协商会议第十一届、第十二届、第十三届全国委员会委员，澳门特别行政区人才发展委员会委员，葡语国家高等教育管理论坛副主席。获澳门特别行政区政府2017年度教育功绩勋章。

刘泽生　1982年毕业于中山大学历史系。现任澳门理工学院教授、澳门理工学院理事会顾问、《澳门理工学报》总编辑。曾任广东省社会科学院研究员、教授，孙中山研究所副所长，广东社会科学报刊出版中心副主任，港澳研究中心主任，广东港澳经济研究会常务副会长，《港澳经济》杂志社社长、总编辑，《广东社会科学》杂志社社长、总编辑。兼任中国人民大学、暨南大学等高等院校特邀研究员、客座教授，广东省第九届政协委员。主要从事港澳研究与教学工作，主持学术期刊的编辑出版。个人学术成果或主持的研究项目曾获第九届中国图书奖、第八届全国城市出版社优秀图书一等奖、广东港澳经济研究会10年优秀研究成果特等奖等奖项。获"全国高校社科期刊优秀主编"奖。

总　序

澳门理工学院院长　李向玉

　　学报之于大学，其重要性是不言而喻的。当年蔡元培先生为《北京大学月刊》撰写发刊词时，就高瞻远瞩地提出要把办好学报看作是将北京大学办成高水平学府的一个必要条件，认为要"尽吾校同人力所能尽之责任"，"破学生专己守残之陋见"，"释校外学者之怀疑"。其海纳百川、兼容并蓄的理念，成了大学学报办刊宗旨与原则的经典阐述。澳门理工学院正是秉承这样的一种理念，二十年如一日，坚持不懈地努力办好《澳门理工学报》。

　　澳门理工学院（Macao Polytechnic Institute）位于澳门半岛之东望洋山下，面朝大海，毗邻金莲花广场，成立于 1991 年 9 月 16 日。澳门理工学院以"普专兼擅，中西融通"为校训，以"教学与科研并重"为方针，以"小而美、小而精、出精品"为方向，以"扎根澳门，背靠祖国，面向世界，争创一流"为理念，以"教学标准国际化、科研工作规范化、校园设施电子化、行政工作法治化"为治校标准。学院下设语言暨翻译高等学校、管理科学高等学校、公共行政高等学校、艺术高等学校、体育暨运动高等学校、高等卫生学校等六所高等学校，以及社会经济与公共政策研究所、中西文化研究所、"一国两制"研究中心、澳门语言文化研究中心、葡语教学暨研究中心、博彩教学暨研究中心、文化创意产业教学暨研究中心等研究机构。2014 年，澳门理工学院成为亚洲地区第一所通过英国高等教育质量保证局（QAA）院校评鉴的高等院校。澳门理工学院还是亚洲太平洋大学协会和葡萄牙语大学协会会员、葡萄牙理工高等院校协调委员会特邀委员、香港理工大学发起的持续教育联盟成员，在国际和区域间开展卓有成效的学术交流与广泛合作。澳门目前共有 10 所高等学校，澳门理工学院是其中成立较早的一所公立、多学科、应用型的高等学府。建校二十多年来，尤其是回归以来，澳门理工学院取得了跨越式的发展，已经成为澳门地区一所富有活力和影响的综合性高校，为社会培育了大批栋梁之才。《澳门理工学报》（人文社会科学版）正是依托澳门这块具有独特历史文化盛名、中西文化汇聚的莲花宝地，由澳门理工学院主办的综合性人文社会科学学术理论期刊。

《澳门理工学报》还是一份很年轻的刊物，创刊于 1998 年，最初为年刊、半年刊，后改为季刊。本人参与了学报创刊的全过程，在当年极其简陋的条件下创业，筚路蓝缕，几许艰辛，令人感慨。直至 2011 年，由于特殊的机缘，《澳门理工学报》得以改版，历史进入了一个全新的发展时期。

办好一本高质量的学报，乃理工人所追求之夙愿，学院理事会对此寄予厚望。2010 年底，学院特别敦聘刘泽生教授前来主持《澳门理工学报》的改版工作。经过半年多时间的紧张筹备，2011 年 10 月，一份全新的《澳门理工学报》（人文社会科学版）终于面世。新版《澳门理工学报》设有名家专论、港澳研究、总编视角、中西文化、文学研究、语言翻译等特色专栏，其学术之厚实、品位之高雅、特色之鲜明、编辑之规范，给读者留下了深刻的印象，受到学术界、期刊界的广泛好评。本刊发表的文章，广为《新华文摘》、《中国社会科学文摘》、《高等学校文科学术文摘》、中国人民大学"复印报刊资料"等二次文献转载。以"复印报刊资料"中国高校学报全文转载排行榜为例，改版次年（2012），《澳门理工学报》转载率为 9.28%，位居全国第 56 名；2013 年转载率为 23.26%，位列第 13 名；2014 年转载率为 33.71%，上升至第 6 名。其后排名一直稳定在全国前列，2015 年转载率为 31.33%，名列第 6 位；2016 年其转载率更上升至

38.2%，名列第 4 位，其转载量则为 34 篇（排名第 5 位），综合指数达到 0.658152（排名第 5 位）。改版七年来，《澳门理工学报》坚持开门办刊、海纳百川的风格，取得了很大的成功，被誉为学术期刊界异军突起的一匹"黑马"，甚至被学界称为一种值得研究的"《澳门理工学报》现象"。这是令人值得欣慰的事。

在本刊近年的专栏文章中，比较集中受到学界关注的是名家专论、港澳研究、总编视角、中西文化、文学研究等栏目。由于目前发行、传播渠道等条件的限制，本刊的学术影响受到较大的局限。承蒙广大读者、作者的厚爱，为加强海内外同行的学术交流，弥补学术传播上的缺陷，促进学科建设的发展，经学院理事会研究决定，将陆续精选《澳门理工学报》的部分专栏、专题文章，按专栏或学科、作者等不同类别重新编辑，以及部分知名学者精选的学术著作、由学报编辑部主办或承办的部分学术研讨会论文集等，分期分批出版"澳门理工学报丛书"。正是由于有了《澳门理工学报》近 20 年的艰辛努力，尤其是 2011 年以来的成功改版，有了学术界、期刊界以及广大读者朋友的支持，有了一支来自五湖四海、学识渊博、经验丰富的专家团队的热心参与，有了刘泽生总编辑主持的这个编辑团队卓有成效的工作，才有了这套丛书的陆续问世。这也是编辑出版本套丛书的缘起。

在七年前的本刊改版号贺词中，笔者曾经真诚地表示，学术乃天下之公器。学报既是学院的窗口与桥梁，又是学术的旗帜与殿堂。学报与大学、社会是不可分割的整体。学报之路与大学之道，其理相通。《澳门理工学报》不仅仅属于理工学院，属于澳门，更属于国际人文社会科学界。我衷心祝愿《澳门理工学报》、"澳门理工学报丛书"越办越好！谨此向我们尊敬的作者、读者和编者，向关爱我们的社会各界人士，致以由衷的感谢和诚挚的敬意！

2018 年 1 月 9 日于澳门

目录
Contents

前　言

刘泽生

如果说，"名家专论"、"港澳研究"、"总编视角"、"中西文化"、"文学研究"是《澳门理工学报》的品牌专栏的话，那么，"港澳研究"就可谓其中最富有地方特色的专栏了。

澳门理工学院拥有良好的学术资源。学院理事会对人文社会科学研究给予高度的重视，对学报的办刊方向与选题策划等方面给予高度的肯定，在办刊生态环境乃至人力、物力、财力上给予充分的保障，李向玉院长亲自主持了学报改版的全过程。"港澳研究"也是本院学术研究领域中的优长学科，相关的研究机构主要有"社会经济与公共政策研究所"、"中西文化研究所"、"一国两制研究中心"、"博彩教学暨研究中心"等。在2009年颁发的第二届澳门人文社会科学研究优秀成果奖著作类一等奖的全部五个奖项中，澳门理工学院一举获得了其中的四项，涵盖了哲学、历史学、经济学和文学艺术等学科。作为澳门地区的高校，加强对港澳问题的研究，更是题中之义。

《澳门理工学报》（人文社会科学版）是澳门理工学院主办的学术刊物。在学报改版之际，如何走出一条富有自身特色的转型之路、发展之路，力图从专业化、专题化发展的方向突出刊物的特色，如何加强策划，在刊物栏目的设置上既突出学科发展的需要，也兼具港澳学术研究的地方特色，同时使本院及澳门本地的优势学科能一定程度上在学报有所展示，这就成了当年改版策划的重点之一。颇具缘分的是，笔者的学术背景正好与港澳研究有密切的关系，由是，最终催生了"港澳研究"这一专栏。

在当年改版第一期（2011年第4期）上，笔者作为"港澳研究"专栏的主持人，在开栏的"主持人语"中就开宗明义地写下了这样一段话——"港澳研究"是一个涉及范围相当广泛的栏目。从时间跨度上来说，即涵盖了香港、澳门地区的过去、现在和将来；从地理区域上来说，不仅仅是以香港、澳门作为研究的对象，也包括粤港澳关系、港澳与内地，乃至港澳与世界的关系；从研究内涵上来说，则涉及经济学、政治学、社会学、历史学、法学、文学等诸多学科。港澳问题受到世人的广泛关注，由来已久。尤其是上世纪八九十年代以来，"香港学"与"澳门学"的相继提出和香港、澳门的先后回归，促成了港澳研究的热潮。港澳研究具有重要的学术价值与现实意义。本刊将一如既往地关注"港澳研究"的课题，并定期推荐海内外最新的研究成果，共同为"香港学"、"澳门学"的建构略尽绵力。

改版 7 年来（至 2017 年第 4 期），"港澳研究"专栏共推出了 24 期（尚未包括本刊的"旅游博彩"、"区域经济"、"文学研究"专栏中与港澳有关的选题），发表了 65 篇文章，约 110 万字，其研究领域涉及港澳的经济、政治、社会、历史等学科，除了部分属于基础理论方面的研究，更多的是与港澳现实民生有紧密关联的应用性研究，包括在港澳历史发展阶段中具有重要影响的相关课题。境内外从事港澳研究的知名学者，不少都在此奉献佳作，如陈庆云《对〈粤澳合作框架协议〉的理论思考》（2011 年第 4 期），蔡赤萌《澳门经济发展方式的路径选择》（2011 年第 4 期），孙代尧《澳门适度人口规模和结构研究》（2012 年第 4 期），陈恩《澳门城市土地人口承载力探析》（2012 年第 4 期），杨立强、华晓红《上海与香港国际航运中心优势比较及其启示》（2013 年第 1 期），冯邦彦《横琴开发与澳门企业的发展商机》（2014 年第 1 期），封小云《大珠三角区域经济合作水平评估与效应分析》（2014 年第 4 期），殷存毅《空间扩展与结构完善：澳门发展的前景探讨》（2015 年第 2 期），王五一《论博彩业的监管依赖》（2015 年第 3 期），陈广汉《全球经济治理的中国模式和港澳独特作用》（2016 年第 1 期），曾忠禄《拉斯维加斯的动态能力及澳门的借鉴》（2017 年第 1 期），齐鹏飞《香港回归 20 年"一国两制"实践的历史经验与现实启示》（2017 年第 2 期），杨道匡《澳门城市空间开拓与经济产业多元发展》（2017 年第 3 期），骆伟建《全国人大常委会释法与特区法治》（2017 年第 4 期）等。尤其值得一提的是，近年关于港澳历史的研究取得了丰硕的成果，在这个阶段的专栏文章中，共有历史研究文章 14 篇，约占文章总数的 22%，且文论厚实，佳作迭出。吴志良、汤开建、金国平、莫世祥、李长森、章文钦、张晓辉、董少新、江滢河、赵利峰、张中鹏等名家新秀，汇聚一堂，实属难得。《澳门理工学报》为"港澳研究"——"香港学"、"澳门学"的建设，搭建了一个极佳的平台，这是一件值得学界欣慰的事。

近年来，关于加强"港澳研究"——"香港学"、"澳门学"的呼声又一次进入学界的视野。以"澳门学"为例，由澳门基金会等机构联合主办的"澳门学国际学术研讨会"迄今已经连续举办了五届。在我国，目前作为一个以地域名称命名的区域性综合学科，成果比较丰硕、具有较大影响的有"敦煌学"（Tunhuangology）、"藏学"（Tibetology）、"徽学"（Huizhou Studies）等学科，并已成为国际性的显学。近年时有学者将"香港学"（Hongkong Studies）、"澳门学"（Macao Studies）与之相比较，并出版了相关的学术著作。笔者以为，目前所称之"香港学"、"澳门学"，似乎与"敦煌学"、"藏学"、"徽学"还缺乏很确切的可比性，从学术成果的广度、深度与影响力而言，也还是有一定差别。实际上，目前学界对于"香港学"、"澳门学"概念的理解也不尽一致。百度百科是如此解读的："澳门学是一门以文献档案、文化遗产为基础，以历史文化和社会生活为研究对象，探寻澳门模式与澳门精神的国际性、综合性学科。"这一定义也许还可以继续讨论。但近年来"澳门学"的研究已经有了长足的进步，这是不争的事实。另一方面，目前比较关注"香港学"、"澳门学"这一概念的群体，大致上相对集中于从事港澳历史研究的学者，如能有更多的从事港澳经济、社会、政治、宗教、法学、文学等学科研究的学界同行予以关注，从学理上、实践上给予梳理，从交叉学科的研究上予以突破，或许对于"香港学"、"澳门学"在整体上的学科构建，会有更佳的效果。假以时日，"香港学"、"澳门学"的研究前景当是可期的。"香港学"、"澳门学"也许更具广阔的研究内涵与现实特征，其产生的时代共鸣，也将远远超出纯粹地理学上"香港"、"澳门"的时空概念。一个新兴学科的构建总有其不同的历史条件与时代的烙印。"港澳研究"——"香港学"、"澳门学"需要一个更高、更广的研究视角，一个跨越多学科、可以足够包容的学术范式。

若干年前笔者曾经发表过一篇有关"澳门研究"的小文，对回归十多年来"澳门研究"的状况作了一番梳理与思考，对"澳门研究"的特点提出了若干看法，现在看来似乎还是有一定参考价值。其一，"澳门研究"有别于中国内地其他省区的地方研究而更具跨区域研究的意义。澳门是一个在国际关系史上具有重要影响的特殊地区，是"一国两制"的构想从理论到实践的先行试验区之一。"澳门研究"既要研究古代的澳门和 1999 年回归前葡萄牙管治下澳门社会、经济、文化等方面的演变，更要探索回归后在"一国两制"新的历史条件下澳门的发展变化及其在祖国统一大业中的示范作用。其二，"澳门研究"具有跨学科研究的内涵，是涉及经济学、政治学、法学、行政学、社会学、哲学、历史学、文学、宗教学、国际关系学等学科的综合性研究。要提倡跨学科的研究协作，要重视新兴学科、边缘学科、交叉学科的研究，要加强葡文、英文等外文档案资料和中国古籍资料的搜集、翻译、整理、出版工作。要在多学科、多层次、多视角、多语种的研究上争取有新的突破。其三，"澳门研究"成果具有鲜明的服务现实、服务社会、理论联系实际的时代特征。学术研究要关注社会变革的最新动态，要为现实变革与政策制定提供必要的理论支撑。只有扣紧时代的脉搏，才能使研究获得新的张力。对于"澳门研究"的这种认识，对"香港研究"也具有相应的意义，也许值得我们共同的关注。

现在学界对于"港澳研究"的关注，笔者以为其意义主要并不是在于探讨建立"香港学"、"澳门学"这一学科是否具备条件，而是在于该如何充实、完善、丰富"香港学"与"澳门学"，让"港澳研究"在研究港澳、认识港澳、建设港澳的实践中发挥更大的效应，这才是我们所需要共同面对的。港澳的昨天、今天和明天，都具有凝重和深厚的历史内涵，值得学界高度重视。在构建"香港学"、"澳门学"的进程中我们还有很长的路要走。我们期待着更多有深度、有分量的学术著作——尤其是专题研究成果的面世，这还需要学界长期而艰苦的努力。

香港、澳门回归以来，两地社会、经济诸方面取得了世人瞩目的进步，关于港澳的研究，亦取得了丰硕的成果，这是令人欣喜的事。当前，"港澳研究"正处于一个重要的阶段。新的历史时期赋予学术研究新的使命与新的内涵。如何适应目前新形势的发展，提出新的研究选题，构建新的研究体系，尤其是探讨当前港澳经济、社会、历史、文化等领域研究的热点、重点与难点，站在更高的层面上思考未来的研究，值得高度重视。从学术理论研究的创新角度而言，提出一个问题往往比解决一个问题更重要（爱因斯坦）。在"港澳研究"中，哪些问题值得学界更多地关注，哪些领域具有更高的理论价值，哪些选题具有更重要的现实意义，哪些研究方法和研究手段需要丰富和创新，始能更准确地反映和把握客观实际（包括应用新资料、新工具、新视角、新框架、新理论）等等，这都是当前学术界和广大读者所关注的，也是敝刊开辟"港澳研究"专栏的初衷。

　　现在奉献给读者诸君的这个文集（共分为两卷出版），主体部分正是敝刊"港澳研究"专栏的文章。这里有两点需要说明：一是敝刊关于港澳问题的研究还涉及另外的多个专栏，即"旅游博彩"、"区域经济"与"文学研究"。在这些专栏中，曾经刊发过多篇有关澳门旅游博彩业、粤港澳经济关系以及港澳文学研究等方面的文章，2015 年后，相关版面已经做了调整（包括取消"旅游博彩"专栏）。限于篇幅，本文集仅在 2011～2014 年卷中增录了原有"旅游博彩"专栏中的部分文章。需要了解其他专题研究成果的读者，请直接进入敝刊网页或超星、CSSCI 等网站检索。二是为方便读者对各期专题研究内容及相关背景资料有一个全面了解，结集出版时保留了原有学报专栏中由本人撰写的"主持人语"，而本卷文章的编排则按学报原发表时间先后为序。为保持作品原貌，本文集出版时，除个别错讹文字、数据外，原则上对原作均不做修改。

　　目前"港澳研究"正进入一个难得的好时期。"港澳研究"是应该有所作为的，也是可以有所作为的。我们期待学界与社会各界一如既往的关爱，期待"港澳研究"再上新台阶。

2018 年 2 月 16 日

主持人语

刘泽生

如果在五六年前，当您打听"横琴"这个名字，也许还有不少人会觉得陌生甚至茫然——昔日地图上，在澳门—珠海—香港之间，实在难以找到它的准确位置。短短数年间，当年还是蕉林绿野、乡村寥落的渔村海岛，如今已是规模初现、宏图大展——在广东新一轮改革开放与经济转型、粤港澳区域合作中，横琴已然与南沙、前海一样成为投资热土乃至吸引世界眼光的国际名片。

如果我们回首这五年间的变迁，或许会让您为之振奋——2009 年 1 月，国家发改委颁布《珠江三角洲地区改革发展规划纲要（2008～2020 年）》；2009 年 8 月，国务院批复通过《横琴总体发展规划》；2010 年 5 月，《横琴新区控制性详细规划》公布；2011 年 3 月，签署《粤澳合作框架协议》；2011 年 7 月，国务院作出《关于横琴开发有关政策的批复》；2013 年 2 月，《横琴新区产业发展指导目录》出台。五年间在横琴的固定资产投资已逾 500 亿元。踏入 2013 年度，新的大型项目纷纷进驻或落成，发展令人瞩目——大型基建如火如荼，投资逾百亿元的澳门大学横琴校区启用，长隆国际马戏城初具规模、首届中国国际马戏节揭幕……与澳门仅一水之隔的横琴正渐次揭开其优雅的身姿。

横琴是一块拥有 106 平方公里的风水宝地，介乎澳珠港之间，距澳门最近直线距离仅约 200 多米，具有极其优越的区位优势。横琴新区的发展定位一是"一国两制"下探索粤港澳合作新模式的示范区，二是深化改革开放和科技创新的先行区，三是促进珠江口西岸地区产业升级的新平台。按照国家批复的发展规划，横琴将实行"比经济特区更加特殊"的优惠政策，重点发展旅游休闲、商务服务、金融服务、文化创意、中医保健、科教研发和高新技术七大产业，配合澳门经济适度多元化发展，共建"世界旅游休闲中心"和"中国与葡语国家商贸合作的服务平台"。目前，横琴新区已经完成"三年大变化"的开发规划，正向着"五年成规模"的目标迈进。

根据《粤澳合作框架协议》绘就的规划蓝图，到2015年，跨界基础设施网络初步建成，横琴开发取得重大进展，珠澳协同发展全面展开，共建优质生活圈和区域融合发展成效显著，珠江口西岸国际都会区基本建成，澳门经济适度多元发展初显成效。到2020年，区域一体化发展格局基本确立，世界著名旅游休闲目的地基本形成，区域产业升级发展成效显著，粤澳社会公共服务体系衔接共享，大珠江三角洲世界级城市群基本形成，奠定澳门经济适度多元发展基本格局。

横琴下一步该怎么走？横琴如何推进与港澳的融合发展？这值得各方认真思考，蓝图与现实之间目前或有较大落差，澳门各界人士表达了极大的关切。横琴新区的设立本来就承载着国家赋予保持澳门繁荣稳定的历史使命。横琴的开发建设是推进内地与港澳密切合作的新平台，是落实"一国两制"、保持港澳长期繁荣稳定的重大举措。横琴要注重借鉴港澳地区及国际上的成功经验，充分利用国家的特殊政策安排，努力形成有利于创新体制的法制、市场和政策环境。

横琴开发远景目标的实现还有很长的路要走，这里需要有良好的政策环境与智慧策略，需要粤港澳各方的精诚合作与不懈努力。本期"港澳研究"专栏的横琴特别策划，发表了邵宗海、冯邦彦、杨道匡三位资深专家的大作，从不同视角，就粤港澳区域合作、珠澳横琴开发乃至其对台湾的启示进行深度解读，希望其建议或可引起有关方面的重视与借镜，也借此表达本刊对横琴的祝福与关注。当然，这些也仅仅是作者个人的观点。在达致各方互补共赢的利益博弈中，横琴开发将步入新的时期，如何不辱历史之使命，任重而道远。

粤澳合作与横琴开发计划
对澳门发展之影响

——兼论对台湾的启示

邵宗海

[提　要] 2009 年 8 月 14 日，国务院常务会议通过的《横琴总体发展规划》中，给予"横琴新区"比经济特区更加特殊的优惠政策，其目的不仅在于建构粤澳的紧密合作，也是在于缩小珠三角东西部经济发展的差距，同时也提出了共建和培育"珠澳国际都会区"的概念。横琴新区的发展，有助于解决长期以来澳门土地狭小以及人力资源不足的问题。因此，本文的研究目的为：剖析横琴新区开发对澳门带来何种影响，也借由横琴新区的发展探讨对台湾带来何种启示。

[关键词]《横琴总体发展规划》　横琴新区　粤澳合作　珠澳合作　澳台关系

不论是《内地与澳门关于建立更紧密经贸关系的安排》（CEPA），[①]还是 CEPA 的一系列补充协议里，内容都是以中国整体的经济发展为核心，来安排内地与澳门的经贸关系的。国家发改委 2008 年制订、2009 年初颁布的《珠江三角洲地区改革发展规划纲要（2008~2020 年）》中，首次明确提出广东与澳门（以及香港）合作的概念，并且为了解决澳门博彩业一业独大的问题，以及促进澳门经济适度多元发展，积极推动"粤澳合作"的远景。[②]2009 年国务院给予"横琴新区"比经济特区更加特殊的优惠政策,其目的不仅在于建构粤澳的紧密合作,也是在于缩小珠三角东西部经济发展的差距。③而在大陆官方所颁布的《珠江三角洲地区改革发展规划纲要(2008~2020年)》、《粤澳合作框架协议》和《十二五规划纲要》等纲领性文件中,再次明确说明未来大陆以整体的概念来规划粤港澳经济发展。

另外,2009年国务院常务会议通过的《横琴总体发展规划》中,也提出了共建和培育"珠澳国际都会区"的概念。④横琴新区的发展不仅为澳门带来更多元化发展的前景,也有助于解决长期以来澳门土地狭小以及人力资源不足的问题。因此,本文的研究目的为:一方面剖析横琴新区开发对澳门带来何种影响与未来的发展,另一方面则借由横琴新区的发展探讨台湾未来能扮演何种角色,同时也将探讨区域的经济整合对台湾带来何种启示。

一 《横琴总体发展规划》的内涵分析

(一)"横琴开发计划"整体的历史演进过程

2005年12月粤澳合作联席会议确定,依据《泛珠三角横琴经济合作区的项目建议书》中提及的工作方向,将横琴地区发展以粤澳合作为主力。等到该年9月10日,时任国务院总理温家宝在前往横琴时再度要求说:"横琴的规划要与珠海整体规划相衔接,要规划好了再动,谋而后动,不可乱动,谋求最大的生态经济效益。"接着,2006年广东省通过了《横琴岛开发建设总体规划纲要》。2008年《珠三角纲要》中提出要将横琴规划建设成为推进粤港澳更加紧密合作新平台和新合作伙伴关系。同年广东省政府编制的《横琴总体发展规划》经易稿后于12月上报国务院。⑤2009年8月,国务院正式批准实施《横琴总体发展规划》,将横琴建设成为"一国两制"下探索粤港澳合作新模式的示范区,标榜科技创新为发展主轴,横琴新区的开发建设定调为国家发展战略,目的在于促进珠江口西岸地区产业升级。而后,国务院及有关部门结合《珠江三角洲地区改革发展规划纲要(2008~2020年)》,又对《横琴总体发展规划》进行了修订。规划内容明确把横琴建设成为带动珠三角、服务港澳、率先发展的粤港澳紧密合作示范区。⑥2011年国务院在《关于横琴开发有关政策的批复》中,同意横琴实行"比经济特区更加特殊的优惠政策",新的政策包括:创新通关制度和措施,将横琴与澳门之间的口岸、横琴与内地之间的口岸设定为"一线"、"二线",按照"一线"放宽、"二线"管住、人货分离、分类管理的原则实施分线管理;

横琴实行比经济特区更为优惠的货物免税或保税、更优惠的企业所得税和个人所得税等税收政策。⑦

开发横琴的目的，是为了深化粤港澳三地的合作关系。从大陆经济区域的发展历程来看，早期的区域发展规划多设置在沿海区域。近年来，随着东西部经济差距逐渐加大，各种特殊政策纷纷出炉，西部大开发战略与各项区域发展总体战略，都是为了均衡东西部经济差距的手段。

"横琴开发区"并不只是为了振兴东西部产业所设计的开发计划。从经济多元化的角度来看，开发"横琴新区"是为了扭转澳门经济一向以博彩业为主的单一经济产业形态，透过"比特区更特区"的优惠政策提升澳门经济产业升级。另一方面，从法治的观点来看，借由澳门大学横琴校区的区域隔离式管理与粤澳合作，逐步把横琴建设成为"一国两制"下的粤港澳合作新模式。

（二）"横琴开发计划"的范围界定

横琴岛全岛面积106.46平方公里，超逾澳门现有面积三倍，接近珠海市全境的十分之一。"横琴新区"的开发是由广东省及澳门特别行政区为共同推动粤澳合作多元发展所规划出的开发计划，并落实"一国两制"的指导方针。"横琴开发"计划的特点是为了打造粤澳两地一个新的经济区域，并深化粤澳两地新的合作模式，使两地的资源优势能予以互补，这在2011年3月6日签署的《粤澳合作框架协议》中都有明文的规范。⑧横琴新区原先的开发，并非将整座横琴岛交给粤澳来共同开发与合作。不过综观整个合作框架，基本上还是归由珠海为主导。目前根据规划的范围，横琴岛只有近5平方公里的土地是计划作为粤澳合作的项目，不包括澳门大学新校区面积1.09平方公里。

换言之，所谓粤澳合作项目的地区，目前就是以此5平方公里作为主轴，但其他部分，未来并非全然不会进行合作。例如目前正在扩建的"世界旅游中心区"，尚未涵盖在粤澳合作项目地区之内，由于这对澳门方面未来发展将是非常重要的一块，因而澳门方面也希望能够将"世界旅游中心区"与澳门的旅游博彩业，进行整体性的规划。

相当值得一提的是，澳门大学横琴校区是一个研究"地在中国大陆、却采用澳门特区政府法律来治理"的特案。但是有无损及大陆应有的管辖权，北京早在2009年6月27日全国人民代表大会常务委员会中就预作准备，当时会议特别决议：正式授权澳门特别行政区政府依照澳门特别行政区法律对澳门大学横琴校区实施管辖。⑨而且在今后的规划中，澳门大学横琴新校区与横琴岛的其他区域，将实行封闭式与隔离式的管理。所谓隔离式的管理，也就是说澳门居民均可自由出入澳大横琴校区，而横琴岛其他地区居民如果想要进入澳大横琴校区，仍然需要经过边检程序。⑩

从以上分析来看，我们可以从两个角度来区分横琴新区的范围。首先，从行政治理权来区分，可分为：（1）由澳门特区政府管理的澳门大学横琴校区；（2）由珠海治理的"横琴开发新区"，其中包括"粤澳合作区域"（当然不含澳门大学横琴校区）。其次，从使用目的的角度来区分，横琴新区大略可以分为：（1）粤澳合作项目地区，约有 5 平方公里土地，其中包含中医药科学园区；⑪（2）澳门大学（澳门大学横琴校区专门交给澳门特区政府管理，使用并实施澳门法律）；（3）横琴开发新区的其他部分，包含世界旅游中心、长隆国际海洋度假区等。

而从治理的主体来说，澳门大学横琴校区是以澳门特区政府为治理的主体；其他地区则是以珠海市为治理的主体，但将建立起一套"比特区更特区"的制度，⑫并将澳门作为优先的合作对象，共同促进珠海及澳门的经济发展。故本文必须先针对横琴新区的范围及其治理的主体做一严谨的界定，才能针对横琴新区的发展做一明确的分析。

（三）横琴开发计划整体的发展现况

至于横琴开发计划整体的发展现况，也可分两个部分来说明：第一个部分是行政管理的项目，除了朝向"比特区更为特区"的目标努力之外，目前横琴进行体制下的"机制创新"包括：在中国大陆率先实施"分线管理"通关制度；颁布第一个趋同港澳的商事登记管理办法；在横琴新区成立大陆首个整合纪检、监察、审计等相关职能的新机构——横琴新区廉政办公室。

第二部分是经济发展的项目，整个《横琴总体发展规划》将横琴岛分为"三片十区"。⑬目前横琴新区建设中以澳门大学横琴校区的发展最快，其次为长隆旅游中心，再者则为中医药科学园区，其他发展项目在本文撰写之时都尚在规划及建设当中。谨将横琴岛整个开发的经济项目以较简单的归类，整理成五个区块来分析说明：

1. 中医药园区

中医药园区是《粤澳合作框架协议》下的首要合作项目。中医药园区规划土地用地为 0.5 平方公里，中医药科技产业园筹备办公室直接隶属澳门特区政府，职责包括订立一般指引及操作措施，促进中医药科技产业园的设立；协调参与设立中医药科技产业园的机构；推动致力中医药创新的工业、服务企业、高等教育和研究机构的互动。

不过，设置中医药科技产业虽让澳门在这一领域的发展充满憧憬，但澳门中医药制药所带来的值得关注的问题却是后续的食品乃至于保健品安全。这个安排的来源，就是当初为了使横琴中医药发展能吸引投资，固然在这个区域放宽了投资的限制，譬如说税务优惠政策等，但是为了更进一步吸引投资人，也将"药品检验"的权限放宽给广东省政府的药品管理机构来处理。这样一来，虽然可以让药品出厂上市的效率加速而带来更多利润，但也带来了食品安全卫生的隐忧。中医药园区未来所有的产品将按照国际标准来检测，原因在于大陆的"药品检验"标准与澳门有所不同。因此，设立中医药科技产业园筹备办公室，在粤澳合作范畴内，负责组织、协调及监督广东省横琴中医药科技产业园。

2. 文化创意产业区

横琴新区的文化创意产业，是下一个粤澳横琴合作项目的讨论范畴。目前部分澳门中小企业希望参与横琴新区文化创意产业的发展，但横琴新区的首要规划，却以大企业为第一考量对象。横琴希冀以大带小的模式，让大企业能带动中小企业共同发展。

文化创意产业无疑是加快产业结构调整、升级，转变发展方式的不二选择。400多年来，作为中西文化交流的口岸，澳门在中葡文化的交汇中形成独特的中西文化历史和丰厚的文化遗产，这是澳门发展文化创意产业非常丰厚的矿脉。2005年，澳门历史城区被列入联合国《世界文化遗产名录》，成为中国第三十一处世界遗产，表明世界对澳门文化的认同与肯定。前文已经提到，文化资源是城市遗产和价值的基础，澳门文化遗产是澳门发展不可多得的资源，中西文化交融中，澳门形成多元共存发展形式。特别是2012年来澳访问的世界各地游客已达2800多万人次，这一切都为澳门发展成为"创意城市"奠定了非常坚实的基础。正因为文化创意产业关键是"文化"和"创意"，因此文化创意思维更应在具有文化遗产的澳门来积极发展与推动。以澳门历史城区为代表的澳门文化，其独特性、开放性、多样性是激发创意灵感最好的媒体，也为艺术家、设计师提供了灵感和想象的源泉。发展文化创意产业，能实现产业创新，扬长避短，从根本上提高澳门经济竞争力。

但是，尽管澳门具有如此优异的历史与文化条件，想跨入横琴新区去发展文化创意产业的创业，仍旧有难以跨越的障碍。当然，澳门中小企业考量投资的重点，是横琴的减税方案及市场考量，另一项则是时间的成本，但这并不在横琴新区当局希望大企业进驻的规划之列，因而双方的交集的确不多。加上近年来澳门虽然积极发展文化创意产业，从诸多面向来看，澳门的文创虽有独特性，却也囿于人力资源的问题，这是它的另一项隐忧。

3. 澳门大学横琴校区

澳门大学横琴校区占地只有 1.09 平方公里，已是它原来校区的 20 倍大。其未来的发展，是规划以综合性的学术及技术研究为方向，并为了配合澳门多元产业发展，将结合澳门产业发展为其趋势。在招生方面，澳门大学横琴校区以招收本地学生为主，这是为了留住澳门优秀人才，以遏止澳门学生外流问题。但外地包括来自大陆的学生会逐步扩展到学生总数的 25%。[⑭] 估计将有 1 万名学生和教职员工规模，65 万册书籍，300 个实验室，在 2013 年 9 月开始陆续搬到新校区。

除了招生问题之外，新校区是受澳门法律而不是内地法律管辖，而且学生与教职员工进入校区，是通过地下隧道自由进出，不需接受通常的出入境检查。这当然是由于澳门获国务院授权对"横琴校区"进行治理，澳门大学今后在管理上或管辖权上，将采用特区法律的规范，如有犯罪事件发生，澳门特区的法律将被适用，并由澳门法院来裁决。

4. 世界旅游休闲中心

在《横琴总体发展规划》里，框架协议就明确了建设以澳门世界旅游休闲中心为龙头、珠海国际商务休闲旅游度假区则提供观光复合式的旅游模式。但从相关文献资料来看，横琴新区休闲旅游产业仍为珠海所主导。《横琴总体发展规划》并未规范主导型产业，只规范合作的定位。产业协同发展部分，指出了粤澳合作的主要产业分别是旅游、会展、中医药产业、文化创意、金融，以及促进中小企业发展、创造营商环境作为配套。然而，横琴旅游休闲产业发展的最大问题是横琴旅游这块庞大的市场尚未与澳门连结，从种种迹象来看，澳门与珠海联手打造休闲旅游产业是一个重要目标，粤港合作也是在计划之列。

就区域经济发展的角度来看，两个不同的地域共同携手合作打造"区域"愿景势必会牵涉到主导权的问题与位阶的问题。目前"粤澳合作框架"尚未谈到休闲旅游产业这一块，但是就澳门要建设"世界旅游休闲中心"

的观点来看，澳门须结合横琴就交通、通关、科技资讯等各项才能解决旅游内涵接轨的问题。

5. 粤澳横琴合作项目

《横琴总体发展规划》涉及土地面积达 106.46 平方公里，而粤澳合作项目则仅有面积约 5 平方公里。[⑮]整体来说，《横琴总体发展规划》是横琴新区发展的总体方向；《粤澳合作框架协议》则是澳门与广东的合作框架。简言之，除澳门大学横琴校区外，其余皆由广东及珠海来规划。

《粤澳合作框架协议》的目的是为了促进澳门"经济适度多元发展"。众所周知，除博彩业外，澳门经济实体多是中小企业甚至是微小企业。这几年，也有一些资本雄厚，动辄就投资过百亿元的大型企业成立，但横琴新区的合作项目早已排除博彩业进驻。粤澳横琴合作项目尚在协议之中，"横琴产业准入及优惠目录"也在 2013 年 2 月正式公布，目前除了中医药科学园区，其他的合作项目都还相当模糊。

二 评估"粤澳合作"与"横琴开发计划"的发展

《海峡西岸经济区发展规划》是一个颇具规模的规划，但迄今似未能成功吸引台商成为经济伙伴，不少台湾投资者仍持观望态度。而目前正在开发中的横琴新区，则可能发展成台湾企业涉足港澳企业优势的一个新契机。随着两岸关系发展越来越和谐，横琴新区今后必然是连结澳港台共同的合作平台。

（一）横琴新区的发展除了澳门大学外，其他皆由珠海主导

整个横琴新区，除澳门大学那个区块澳门特区政府有实际的管理权外，其余皆由珠海市政府主导。2012 年 3 月 15 日，广东省政府出台《关于加快横琴开发建设的若干意见》，实行放宽的商事登记制度体系，该意见表示将放宽澳门及香港的注册门槛，吸引更多企业前来投资。

"横琴产业准入及优惠目录"虽由中央制定，但其审核权并不在澳门，而是在珠海手上。另外，对于企业项目及资本的审核，亦由珠海政府审批，这些都说明了珠海主导的现象。"粤澳合作框架"的土地使用规范，也说明土地及项目的发展都稀释了澳门的影响力。

（二）在"粤澳合作框架"前提下，澳门在横琴新区的发展与预期将有落差

横琴新区的发展，本来在于提升澳门产业多元化的发展，以及提升珠江西岸经济发展，但本文经过深入研究之后，却发现"粤澳合作框架"本应为澳门及珠海合作的区域范畴，在实际执行上，澳门政府看起来比较像是企业引导的角色而非执行者或领航者。

再从制度面来看，横琴新区虽然实行"比经济特区还要特殊"的优惠政策，但该经济制度却有别于其他特区。横琴降低企业所得税，企业之间货物交易免增值税和消费税，对于符合发展项目的企业在利润上是相当有利的。另外，横琴新区的所有项目规格都采用"国际化"标准（横琴新区营造国际化及法制化的标准有利于企业推动产品形象）。对大陆或台湾来说，横琴新区的制度创新都说明它将有别于大陆的其他经济特区。因此，从经济区域及产业群聚来看，台湾企业在相当倚赖大陆市场的情况下，横琴新区发展将对台湾产生涉及人力资源及技术发展的影响。

（三）"粤澳合作框架"的土地规范及横琴新区发展范畴稀释了澳门的影响力

澳门向来缺乏土地资源。对澳门来说，若能针对自身产业不足之处进行发展，将有助于促进旅游及观光产业的发展。不过从"粤澳合作框架"的发展前景来看，珠海市政府有意将"横琴新区"打造为国际品牌，也希望借此打响"横琴新区"的声誉。中山大学港澳珠三角研究中心副主任林江教授表示，横琴口岸如建造新大楼，竞投时价高者得，澳门中小企肯定无从置喙，只能由大财团参与。[16]

另外作者也曾和澳门及台湾数位企业家讨论这类问题，这些企业家也表示"横琴新区"投资项目不论在发展规模上，还是资金上，都非一般澳门中小企业所能负担。尽管"横琴新区"前程似锦，但若从回收及利润来算，澳门中小企业对该区域投资兴趣不高。横琴新区表示，粤澳合作产业园准入要求较高，是考虑到园区定位发展高附加值产业，以及参考过去3年的数据。[17]虽然"横琴发展澳门项目评审委员会"认定项目投资者必须是澳门居民或澳门注册的公司，以利于澳门经济适度多元化，[18]但珠海市政府可能企图借打造"国际品牌"或"横琴品牌"降低澳门的影响力。[19]另外，"横琴新区"希冀借由大企业带动中小企业发展的思维，与澳门中小企业家原本的构想不同。"横琴新区"的开发一再表示将面向国际，这不仅降低了澳门中小企业的投资意念，也降低了澳门企业家在"横琴新区"可能发展的意念。

（四）"粤澳合作框架"的发展项目仍在商议过程中

本文经过实地参访以及与相关学者专家访谈后，认为《粤澳合作框架协议》虽然已有合作框架的雏形，但本质上两地如何共同合作，由谁主导，仍留下需要磨合的空间。受访的澳门学者柳智毅表示，澳门与广东在协商过程中不可避免会发生一些问题与疑虑，澳门有澳门的想法，广东有广东的看法。尽管《粤澳合作框架协议》内容极具前瞻性与发展性，但牵涉到利益问题以及主导问题时，粤澳两地皆有自己的发展与考量。从澳门的角度来看，多数的澳门人及研究人员都认为《粤澳合作框架协议》是为了提升澳门产业多元化发展，但是当与广东协商之后便会发现，两者虽有合作意愿，但却缺乏相同的发展共识，也因此，涉及权力及资源配置问题时，粤澳两地就必须反复地进行协商与讨论。

三 分析评估"粤澳合作"与"横琴开发计划"对台湾以及澳门的启示

（一）两岸关系与台湾未来的机会优势

目前横琴除澳门大学以外，其他项目的主要走向仍在珠海市政府的规划里，不过对澳门而言，"横琴新区"不应该是谁主导谁的争论，而应是互助互惠，共同开发的概念形成。澳门企业目前观望的态度首先除了优惠政策，另一个因素在于澳门的中小企业规模不够。不过随着两岸关系和平发展的紧密连结后，本文认为台湾与澳门的社会既有相同的中华文化背景，又有不同的发展特性，所以横琴新区"体制"创新可视为未来台湾企业进驻及区域合作选择项目其中之一。

（二）台湾在"横琴新区"可以扮演的角色

大陆是台湾最重要的经贸伙伴，从区域经济的发展及合作角度来看，横琴新区的发展对台湾并无太强烈的政治目的。尽管审批项目的权力仍在珠海市政府手中，但随着两岸关系未来发展愈来愈紧密，台湾企业可凭借现有的优势连结澳门中小企业一同参与相关的产业投资。此外，横琴新区未来预计虽由澳门及珠三角的人才来弥补该区域人才问题，但台湾近几年来的文创产业发展得相当红火，倘若台湾能借机趁早卡位，不但可以借此平台打入大陆市场，也可借香港及澳门的市场优势为台湾打造两岸四地特有的国际品牌。

（三）"粤澳合作框架"土地规范及横琴新区发展范畴，可望开启"澳台合作"新模式

作者认为，相对澳门的中小企业，台商在"横琴新区"未来的发展似乎更有机会，一方面，是台湾企业的规模与技术上相较于澳门企业一向较佳，竞争时较具优势；另一方面，由于面临产业升级及企业转型，"横琴新区"目前提供的优惠及优势皆是大陆其他区域经济难以比拟的，在此前提下，台湾的企业可望更积极地推动前来横琴投资的意愿。

但是，并非台湾与澳门只有竞争一途，如果双方采取合作，也有可能作成一加一大于二的效果。譬如说，澳商如能结合台商在技术上与资金上的优势，将有助于澳门企业的竞争优势。特别是在文化创意产业与旅游观光产业方面，台湾已具经验与实力，澳商的争取合作是有极大可能促成实现。特别是澳门对"横琴新区"有其地理上的熟悉之处，这也正是台商比较缺乏而需要协助之处。

总而言之，台商过去几十年在台湾中小企业成功发展的经验，相当值得给澳门同型的企业作个借镜。如果再配合上双方共同合作在"横琴新区"的投资发展，可望为两岸四地的经济合作，开创一个新的模式。

（四）澳大横琴校区开发会否影响台湾大专院校对澳门学生的招收率

另外值得一提的是，澳门大学未来在横琴校区扩大的发展，会不会影响台湾大专院校澳门学生的招收率？本文研究后发现：由于台湾高等教育发展仍有其特性，从学生数量来看，澳门大学扩大澳门学生的招收，固然会影响台湾各大专院校对澳门学生的向往，但因台湾高等教育的专业对澳门学生仍有吸引力，在这样的思维下，想报考像是传播、商贸以及澳大较缺乏的理工医学的专业，仍会让澳门学生考量专业因素后再选择来台就读。

（五）澳大横琴校区"治外法权"的省思

除了招生问题之外，由于被全国人大常委会授权对"横琴校区"的治理，澳门大学今后在管理上或管辖权上，由于将采用特区法律的规范，是否和中国大陆法律的条文有"冲突"的问题？前澳门大学法学院院长曾说，这片土地在法律上不是澳门的延伸，在实践上却是如此。[20]

从以下的资料来看，我们发现澳门大学横琴校区虽是大陆"制度创新"的一个手法，但是澳门大学横琴校区的所有权力却都来源于中央的授权，因此，基于中央既然可以根据需要授予或者在特定情况下收回特区的权力，

澳门大学横琴校区和大陆法律就没有"冲突"的问题。

再进一步来分析，更可以证明这一点，全国人民代表大会常务委员会于 2009 年 6 月 27 日通过了《关于授权澳门特别行政区对设在横琴岛的澳门大学新校区实施管辖的决定》。根据该决定规定，（1）授权澳门特别行政区自横琴岛澳门大学新校区启用之日起，该校区依照澳门特别行政区法律实施管辖。横琴岛澳门大学新校区与横琴岛的其他区域隔开管理，具体方式由国务院规定。（2）横琴岛澳门大学新校区位于广东省珠海市横琴口岸南侧，横琴岛环岛东路和十字门水道西岸之间，用地面积为 1.0926 平方公里。具体界址由国务院确定。在本决定第三条规定的期限内不得变更该校区土地的用途。（3）澳门特别行政区政府以租赁方式取得横琴岛澳门大学新校区的土地使用权，租赁期限自该校区启用之日起至 2049 年 12 月 19 日止。租赁期限届满，经全国人民代表大会常务委员会决定，可以续期。㉑

尽管如此，能在内地的土地上让特区的法律来适用，加上新校区又可提供互联网的服务，且不受内地"防火墙"的限制，真的可以说是具有"一国两制"的特色。香港大学跨境法律关系问题专家傅华伶教授有句话说得好，那就是"上个世纪 80 年代，深圳是经济试验区，如今澳大横琴校区是政府治理试验区"。㉒可否以此模式提供北京与台北未来的合作方向作一启示？值得再三省思。

（本文在撰写过程中得到我的研究助理董致麟、朱英嘉、徐于婷的协助，在此谨致谢意）

---

①《内地与澳门关于建立更紧密经贸关系的安排》，简称 CEPA，由一个总则和十个补充协议所组成。框架的具体内容主要包括货物贸易、服务贸易，以及贸易投资便利化三个经贸领域。

②中国国家发展和改革委员会于 2009 年 1 月 8 日公布《珠江三角洲地区改革发展规划纲要（2008～2020 年）》。当中涉及澳门的内容包括：（1）支持粤港澳合作发展服务业，巩固澳门作为世界旅游休闲中心的地位；（2）支持珠江三角洲地区与港澳地区在现代服务业领域的深度合作，重点发展金融业、会展业、物流业、信息服务业、科技服务业、商务服务业、外包服务业、文化创意产业、总部经济和旅游业，全面提升服务业发展水平；（3）与港澳地区及环珠江三角洲地区一体化的综合交通运输体系；（4）支持珠江三角洲地区与港澳在城市规划、轨道交通网络、信息网络、能源基础网络、城市供水

等方面进行接轨；（5）做好对港澳地区的先行先试工作；（6）支持在珠江三角洲地区的港澳加工贸易企业延伸产业链条，实现产业的转型及升级；（7）鼓励珠江三角洲地区与港澳地区在教育、医疗、社会保障、应急管理、知识产权保护等方面开展合作；（8）加强珠江三角洲地区与港澳协调沟通，推动经济和社会发展的合作。

③2006 年广东省政府通过《横琴岛开发建设总体规划纲要》，2009 年 1 月 10 日，时任国家副主席习近平访问澳门时表示，中央人民政府决定开发横琴岛。2009 年 8 月 14 日，国务院批复通过《横琴总体发展规划》，将横琴岛纳入珠海经济特区范围，希冀把横琴建设纳为"一国两制"下探索粤港澳合作新模式的示范区。

④《横琴总体发展规》中谈到希望透过"横琴新区"的开发，结合粤港澳三地的优势，借由优势互补的过程将粤澳打造成一个国际型的都会区。详细资料请见《〈横琴总体发展规划〉说明会在澳门举行》，新华网，2009 年 10 月 28 日。

⑤《历史沿革》，《横琴新闻》2009 年 12 月 3 日。

⑥《详解珠江三角洲地区改革发展规划纲要》，新华网，2009 年 1 月 8 日。

⑦⑫李刚：《深阅读："分线管理"先行先试》，人民网，2011 年 8 月 5 日。

⑧⑮参见《粤澳合作框架协定》，新华网，2011 年 3 月 6 日。

⑨《澳门大学在横琴岛建新校园　依照澳门特区法律实施管辖》，澳门大学。

⑩邓伟平、王晓波：《横琴"一岛两制"之法律问题探析》，澳门：《"一国两制"研究》2010 年第 5 期。除此之外，澳门在澳大横琴校区与路环岛之间设立行人通道，未来便可从澳门直接进入澳大横琴校区。

⑪《粤澳合作框架协议》中表明粤澳两地共同建设 5 平方公里的粤澳合作产业园区，重点发展中医药、文化创意、教育、培训等产业，其中 0.5 平方公里为粤澳合作中医药科技产业园。2009 年有个说法表示：横琴靠近莲花大桥的一幅呈船形约有五平方公里土地的东部商住区列为"粤澳合作项目用地"。计划该地段约 75 万平方米将会预留作为澳门大学的新校区选址，而"澳门大学横琴校区"右边的 20 万平方米将会作为人才培训中心。当中的 120 万平方米及 50 万平方米地段将会分别用作产业发展园区及会展物流园区，其余的 100 万平方米地段就会预留作其他项目用途，不过而后"粤澳合作区域"并没有依照此计划来执行。截至目前，澳门大学于 2013 年 7 月 20 日正式启用，中医药园区仍在建设中，其余的项目都还在推展。参见秋思《关于横琴用地需要清晰的三个问题》，澳门：《澳门会展经济报》2012 年 12 月 13 日。《粤澳合作框架协议》中表明粤澳两地共同建设 5 平方公里的粤澳合作产业园区，重点发展中医药、文化创意、教育、培训等产业，其中 0.5 平方公里为粤澳合作中医药科技产业园。

⑬据《横琴新区控制性详细规划》，横琴新区发展空间结构按"三片、十区"的功能来划分，"三片"是指商务服务片、科教研发片、休闲旅游片；"十区"分别为商务服务片中的口岸服务区、中心商务区和国际居住小区，科教研发片中的教学、综合服务区、文化创意区、科教研发区和高新技术产业区，休闲旅游片中的休闲度假区和生态景观区。

参见：《横琴新区控制性规划出台　大部分土地列禁建区》，新华网，2010 年 5 月 19 日。

⑭江迅：《专访：澳门大学副校长何顺文　澳大新校区新一国两制》，香港：《亚洲周刊》，第 23 卷第 50 期。

⑯《澳应主动寻求横琴合作》，澳门：《澳门日报》2013 年 4 月 18 日。

⑰《横琴入围下月申请五类准入》，澳门：《澳门商报》2013 年 7 月 18 日。

⑱《横琴发展澳门项目评审委员会首次工作会议》，澳门贸易促进局，2013 年 5 月 7 日。

⑲珠海市委书记李嘉曾在听取了横琴新区负责人关于横琴开发建设进展情况的汇报和长隆集团董事长苏志刚等关于项目建设情况的介绍后说到：横琴新区要向世界一流看齐，像长隆打造世界级的民族品牌一样打造世界级的横琴。参见《李嘉何宁卡率市四套班子领导到横琴新区调研并召开现场工作会推进横琴国家战略　打造长隆国际品牌》，珠海市人民政府，2012 年 4 月 9 日。

⑳㉒Joyce Lau and Calcin Yang, "University of Macau Moves Over the China Border," *The New York Times*, July 14th, 2013.

㉑《全国人大常委会关于授权澳门特别行政区对设在横琴岛的澳门大学新校区实施管辖的决定》，人民网，2009 年 6 月 27 日。

作者简介：邵宗海，中国文化大学社会科学院院长、中国大陆研究所所长，教授，博士。

[责任编辑：刘泽生]

（本文原刊 2014 年第 1 期）

横琴开发—珠澳合作建设
世界旅游休闲中心

杨道匡

[提　要] 澳门建设世界旅游休闲中心，受困于土地面积狭小和人口密度高两项制约因素，与澳门近在咫尺的横琴开发，为世旅中心建设开拓了一个新的发展空间。横琴面积超逾澳门三倍，规划设定70%的土地仍然保留山林海岸自然地貌，以海洋生态为主题的旅游与澳门的博彩旅游，正好为游客提供综合类型的旅游项目。澳门和珠海可以协同制订旅游规划，以旅游产业为切入点，在澳门与横琴共同营建世界旅游休闲中心。

[关键词] 横琴开发　珠澳协同发展　经济适度多元　旅游休闲中心

前　言

　　澳门以博彩业为主的产业结构具有历史和传统，在惯性推动下，延续到目前。澳门自身的经济特征，即微型城市经济体，决定了产业多元化的适度性。各国和地区经济的发展表明，通常较大的经济体因其拥有丰富的资源和广大的市场，经济体内部会呈现出多元化的产业结构特征，拥有较为复杂的内部分工网络，各产业之间的结构比例关系相对合理；对比之下，小型尤其是微型经济体因自身市场狭小，自然资源相对有限，在参与国际或区域分工的条件下往往会形成较为单一或专业化的产业结构，成为国际或区域分工网络的一个组成部分。

2002 年以来，博彩业专营权开放，加上内地"自由行"政策实施，两大因素引发澳门经济出现前所未有的大发展。对此，中央政府基于保持澳门特区长期繁荣发展考虑，一直高度关注澳门的经济适度多元化问题，并不断给予政策上的支持。特区政府也在设法推动多元化的落实。然而，统计数据和实证分析表明，产业多元化的效果并不显著。

为此，须对经济适度多元发展及其产业政策的制定和实施作出深入的探讨。如果相信市场的自发推进，由博彩业主导的产业结构在澳门的微型经济体中就具有存在的合理性，或者说澳门难以存在能够实现经济适度多元化的内生机制。对于澳门而言，要素禀赋、市场容量、历史传统及参与区域分工的程度，汇合形成了今天较为单一的产业结构。其弊端是面临外来冲击时，较易引起波动风险，2008 年至 2009 年，澳门经济增速一度从接近 15% 的高位回落至仅得 2.8% 和 1.7%，表明假若没有内地强大的支持，在从 2008 年延续至今的全球金融危机中，澳门经济或难以完成快速的 V 形反弹。由此，得到一个广阔的腹地支持，是微型经济体的依赖和保障。

由是观之，澳门的经济适度多元化应该从其最具比较优势的主导产业出发，首先推动主导产业的多元化。因此，从短期来看，澳门产业多元化的方向，应是与博彩业关连的综合旅游业，包括旅游休闲业的多元化。而从更长远考虑，澳门的稳定发展，将取决于融入区域经济的紧密度。如果仅局限澳门视角看澳门产业多元化，就容易产生误区，而在实际的执行上效果欠佳；如果跳出澳门看澳门，借助区域合作，空间无疑扩大，产业多元化的实施就更有保障。

继经济适度多元化的要求提出后，中央政府进一步提出了澳门构建世界旅游休闲中心的发展方向和目标。2011 年 3 月，国家十二五规划提出：支持澳门建设世界旅游休闲中心，加快建设中国与葡语国家商贸合作服务平台。随后，广东省和澳门特区两地政府在北京共同签订了《粤澳合作框架协议》，就旅游事项合作框架协议提出："建设世界著名旅游休闲目的地。以澳门世界旅游休闲中心为龙头、珠海国际商务休闲旅游度假区为节点，广东旅游资源为依托……联合推广一程多站旅游线路，开发文化历史、休闲度假、会议展览、医疗保健、邮轮游艇等精品旅游项目，构建不同主题、特色、档次的多元旅游产品体系。"[①]

《粤澳合作框架协议》在明确合作定位和原则之后，提出分两个阶段达成合作主要目标：

第一阶段：到 2015 年，跨界基础设施网络初步建成，横琴开发取得重大进展，珠澳协同发展全面展开，共建优质生活圈和区域融合发展成效显著，珠江口西岸国际都会区基本建成，澳门经济适度多元发展初显成效。

第二阶段：到 2020 年，区域一体化发展格局基本确立，世界著名旅游休闲目的地基本形成，区域产业升级发展成效显著，粤澳社会公共服务体系衔接共享，大珠江三角洲世界级城市群基本形成，奠定澳门经济适度多元发展基本格局。②

以上两个阶段提出的主要目标，有几个与珠澳旅游相关的关键词：横琴开发—珠澳协同发展—澳门经济适度多元—世界著名旅游目的地基本形成。本文依据这个目标导向，着重探讨澳门与横琴合作共同构建世界旅游休闲中心。

一 横琴效应与横琴开发新趋势

横琴开发是各方热切期待的大事，2009 年 8 月 14 日，国务院正式批复实施《横琴总体发展规划》。按照规划的部署，在推进横琴开发的过程中，将以横琴为载体，通过创新合作机制与管理模式，共同打造跨界合作创新区，以此弥补港澳土地资源不足和劳动力相对短缺的局限，为逐步改变澳门经济结构单一的问题提供新的空间，并由此推动澳门经济适度多元发展。

（一）横琴效应正在扩散发挥

2013 年以来，横琴模式和效应正在扩散发挥，6 月中旬，粤澳合作联席会议首次选择在中山市举行，会议在此地举行的一项重要原因，是由中山市提出的翠亨新区计划获得广东省政府批准设立，新区位于中山靠近珠江出海口沿岸地段，面积 230 平方公里，成为继珠海横琴、广州南沙之后又一个粤港澳合作的平台，在是次联席会议中商定为未来粤澳合作的重要项目。

2013 年 7 月下旬，珠海、中山、江门在珠海举行三市联席会议，同时举办主题为"港珠澳大桥通车对珠江西岸城市未来发展影响"研讨会。是次会议中，江门市的取态最为积极，在会上详细介绍了正在谋划中的"大广海湾综合经济区发展规划"。此项计划规模宏大。如规划经过论证后得到广东省政府批准，将成为珠江西岸与珠海横琴、中山翠亨联动发展的又一大型新区。

综上所述，自 2009 年国务院批准横琴新区开发以来，至 2013 年的四年中，在广东省已相继设立了深圳前海、广州南沙三个国家级新区，以及中山翠亨一个省级新区，而江门的大广海湾新区亦在加紧谋划部署当中。所有新区的共同点：选址均位于珠江出海口的沿岸地区；均以横琴总体规划和政策为"蓝本"；以粤港澳合作为立区"重点"；借鉴香港、澳门特区的自由港经验，争取中央政府给予有别内地的特殊政策支持；实行以金融和服务业为先导发展的"先行先试、制度创新"；以达到吸引投资和推动当地新一轮增长的发展目标。

（二）横琴海关实行分线管理

横琴海关实行"分线管理"的政策逐渐明确，继2011年7月公布《国务院关于横琴开发有关政策的批复》，确定横琴实行"创新通关制度和措施"之后，国家海关总署近两年先后公布了《关于支持横琴新区开放开发的意见》和《海关对横琴新区监管办法（试行）》。进一步明确了"一线放宽、二线管住、人货分离、分类管理"的分线管理细则，海关总署并公布：待横琴新区的环岛巡查、监控措施以及海关监管场所的设施设备配置完善之后，分线管理的措施即可实行。

目前依据各方的资料解读，横琴与澳门之间的口岸实行"一线管理"，简单来说，就是从澳门莲花桥进出横琴口岸将会实行便利的人员、车辆和货物通关管理。而在横琴与珠海市内及连接内地之间实行"二线管理"，在此实行货物的报关、报检与监管查验。粤澳两地政府还提出，争取在横琴口岸实行24小时通关，人员通关按现有模式管理同时，将对澳门居民进出横琴实行更加便利通关措施。

上述的"分线管理"措施是横琴管理制度创新之一，在全国的所有口岸管理制度之中亦属首创，带有部分的自由港性质。香港和澳门两个特别行政区实行了多年的自由港政策，其中构成自由港的一项要素，就是"人员出入境自由、大部分免签证"，这些便利措施对澳门和横琴的旅游产业将产生重要的汇聚"人气"作用，因为分线管理、24小时通关措施以及澳门牌照车辆往来行驶澳门和横琴之间，将为游客在两地之间的流动提供便利，对旅游消费产生积极的促进作用。

（三）横琴交通枢纽逐渐成形

2012年12月，广珠城轨通达珠海拱北，通过与广州南站的高铁轨道换乘，湖南、湖北和河南三省的游客，在3~5小时之内可快捷到达珠海拱北。2013年2月春节假期，由轨道交通承载而来的游客，每日达到20000人次左右，为澳门的新春旅游带来了新的繁荣兴旺，亦创造了珠澳口岸单日超逾 30 万人次的出入境新纪录。

按照规划,广珠城轨将会从拱北延伸至横琴,澳门轻轨与广珠城际轨道交通将会在横琴对接换乘。横琴新区将成为澳门轨道交通与内地连接的交汇点,澳门轻轨延伸至横琴将使珠三角沿线的广州、中山、江门和珠海等城市连结在一起,促进环珠江口湾区的人流、物流和资金流的流通,广东以外可通过与高铁换乘直达北京,意义重大。

从更长远的交通布局看,预计 2018 年建成的港珠澳大桥开通后,珠海将成为内地首个陆路直接连通港澳的城市,按目前的规划设计,香港车辆通过大桥在西岸拱北经口岸通关后,会随即转入隧道前行,然后从珠海洪湾驶出路面。而洪湾所在的位置正是珠海横琴新区、洪湾保税区和十字门商务区的连接处。换一句话说,乘车从香港大屿山出发,经跨海大桥及珠海拱北、洪湾到达横琴新区,全程仅为一小时之内,比现时经虎门大桥绕行约可节省三小时的路程。

港珠澳大桥香港起点在大屿山的迪士尼乐园附近,大桥通行后,"迪士尼乐园—澳门博彩与世遗城区—横琴长隆海洋度假区"可连成新的旅游热线。2012 年访港游客有 4860 万,加上香港 715 万居民,通过港珠澳大桥连接,有可能为珠江西岸旅游业带来 5000 万人次的潜在消费效应。

(四) 横琴产业投资方向逐渐明确

2013 年 2 月,《横琴新区产业发展指导目录》出台,目录按照横琴新区重点发展的休闲旅游、商务服务、金融服务、文化创意、中医保健、科教研发、高新技术等七大产业,共分八个部分,涵盖二百个条目,是国家鼓励横琴新区进一步开发开放,引导投资方向,管理投资项目,制定和实施财税、金融等优惠政策的重要依据。横琴新区管委会引介《目录》时说明,"创新通关制度和措施"、"特殊的税收优惠政策"和"粤澳合作产业园政策"等具体优惠政策的实施细则将陆续出台,为横琴开发提供政策支持和发展机遇,为投资者进入横琴提供发展空间。③

横琴新区官方数据显示,自 2009 年以来,横琴新区新增港澳服务企业73 家,注册资本累计约 54.1 亿元人民币,投资总额约 66.9 亿元,其中港资企业 39 个,投资总额约 40 亿元人民币,涉及产业以商务服务、文化创意和休闲旅游为主;引进重大港澳服务业项目 10 个,总投资超过 528 亿元。④

二 珠澳合作建设世界旅游休闲中心

对澳门而言,要建设旅游休闲中心和发展综合旅游业,其实就是在博彩业之外加入更多的旅游元素。相对于内地的城市，澳门的世界文化遗产景区、具有葡式风格的建筑、中西文化混合的街区、大型华丽的度假村酒店和各式餐饮美食，具有相当知名度的格兰披治赛车和国际艺术节、音乐节，以及自由港特有的质优价廉购物等，都是有潜力进一步开发的旅游元素。通过活化世遗景区、发展夜市和特色餐饮美食、娱乐演艺、观光购物，开发会展、旅游纪念品和商务旅游等，可以推出系列新的旅游元素。从对外拓展思考，通过区域合作与广东省的旅游城市连线游等方式延伸产业链，可以更加丰富澳门的旅游元素，吸引高端的旅客来澳门旅游度假。通过这样的方式，使旅客愿意花更多的时间停留及消费，由此推动澳门的产业适度多元发展。

澳门土地面积仅有30平方公里，而常住人口约60万人，目前每平方公里的人口密度高达19600多人，再加上近年来每年逾2800万的游客，成为世界上人口密度极高的城市。最近，香港有评论认为香港的旅游承载力已出现问题，理由是以715万人口接待4860万游客，本地居民与外来游客相比达1：6.8，即平均每名香港居民要接待6.8位游客。如以此推算，澳门60万居民要接待2800万游客，居民与外来游客之比高达1：47，即平均每名居民要接待47位游客！⑤

因为任何经济活动都需要土地承载和拓展空间，澳门的城市定位是"世界旅游休闲中心"，为了让居民生活和来访游客都能享受到休闲，前提条件就需要有足够的空间和休闲的氛围，而人口密度高和可用土地面积缺少是澳门未来居民生活和经济发展必须要重视的制约因素。

受土地空间和其他资源制约，澳门建设世界旅游休闲中心，需要融入区域旅游合作。澳门当前的旅游模式主要还是"博彩旅游"和"观光旅游"，要发展"休闲旅游"就需要逐步增加休闲元素。如拓展旅游休闲产业、提供旅游休闲产品、优化城市规划拓展休闲空间、完善休闲旅游配套设施、构建绿色环保城市。而最有效的方式是与珠海合作，通过横琴开发，利用横琴的土地空间和优良的自然生态环境开拓休闲元素，使横琴成为澳门旅游休闲的连接区，构建"澳门—横琴"融合互补的"世界旅游休闲中心"，吸引世界各地游客消费。

2012年3月，时任总理温家宝在政府工作报告中提出："支持澳门建设世界旅游休闲中心、推进横琴新区建设，促进经济适度多元发展。"这段表述将横琴新区建设与澳门建设世界旅游休闲中心和经济多元发展并列，可由此推论中央政府考虑通过与澳门紧邻的横琴开发，为澳门经济适度多元和旅游休闲拓展新的空间，是解决澳门受土地资源制约、休闲旅游空间不足的可行办法。

《横琴总体发展规划》在第一章"横琴开发的重要意义"明确提出："推进横琴开发，有利于促进澳门经济适度多元发展和维护港澳地区长期繁荣稳定……以横琴为载体，通过创新合作机制与管理模式，共同打造跨界合作创新区……为逐步改变澳门经济结构比较单一的问题提供新的空间。"《粤澳合作框架协议》在第二章"合作开发横琴"中提出："加快建设横琴休闲度假区，发挥海岛型生态景观资源优势，合作发展高品质旅游休闲项目。"

特殊的历史条件、优越的地理位置和国家优惠政策的支持，为澳门的旅游业创造了相对竞争优势，促成近年游客数量和旅游收益连年增长。然而面对亚太地区国家旅游产品的日益多元化，以及游客出行有更多的选择取向，澳门旅游业的发展面临更大的竞争。尤其在旅游休闲发展方面存在一些劣势。包括：区域面积狭小、休闲空间不足；土地资源缺乏，制约新的旅游项目投入；人力资源不足，影响旅游业的经营服务与管理质素；口岸设施目前处于超负荷状态、人员出入境的验放模式需要进行改革；包括机场客运的远程交通和基础设施也需要着力改善。但是，若以区域合作的思维考虑，以土地资源为例，澳门的不足也正是横琴的优势所在，横琴面积超逾澳门三倍，而且保留了大片海岸山林和绿野空间，对于城市容量接近饱和及人口密度极高的澳门来说，横琴确实是一个拓展休闲旅游的理想空间。横琴新区发展咨委会委员、诺贝尔经济学奖获得者詹姆斯·莫里斯认为：横琴的比较优势是，接近休闲旅游业发达的澳门，而相比澳门，拥有具竞争力的价格和优质的居住环境。横琴可以差异化地发展娱乐项目。[⑥]

三 以旅游产业合作推进横琴开发

珠海横琴以长隆国际海洋度假区为基础，结合沿海岸线的海岛山水生态环境，打造多元化的主题公园，构建世界级旅游休闲产业和产业群；澳门以博彩产业为核心辅以世界文化遗产历史城区，形成博彩、文化旅游休闲产业，重点依托澳门（半岛）的历史城区、葡式风格建筑，以澳门地标"大三巴"牌坊及周边广场街区形成休闲文化和商业区；而跨海的路凼连贯新区，则将建成博彩旅游和时尚商业休闲娱乐的聚集区。而澳门和珠海合作可在横琴形成旅游休闲聚集区，未来横琴旅游休闲区，可以定位以山海绿野自然生态结合商务会展，形成旅游休闲产业群。

（1）合作建设旅游休闲小镇。休闲小镇与大型主题公园最主要的区别在于，主题公园占有大量土地空间，但非开放时间园内空无一人，很多主题公园最终还是变成商业房地产。休闲小镇的不同之处是居住与旅游融合，目前内地多个城市都已有不同风格的旅游小镇开发模式。而在欧洲意大利的港口城市巴里、希腊的卡塔科隆（奥林匹克遗址）和克罗地亚的杜布罗夫，随处可见的是当地居民悠闲自在生活、外来游客在街巷中漫步畅游，居民与游客可以互相共融的休闲小镇。

例如意大利著名旅游城市威尼斯旧城区原有的人口密度很高，但为保护旧区及提供更多的旅游空间，居住人口逐步从原来的 17 万降低至现在仅为 6 万。政府为迁出的人口建立了新区，邮轮码头、机场和购物中心亦设于新区。珠海选择邻近澳门的区域例如横琴、湾仔、斗门等地，合作建设具有南欧风格和旅游元素的生态居住区，建筑的形式和风格可以参照欧洲特色的小镇，既有旅游文化和商业元素，又有完善的社区服务及适宜居住，吸引居民居住，将澳门高密度的人口稀释，置换一部分在珠海居住，同时，这种小镇型的居住区又具备接待游客游览观光的功能，由此拓展澳门发展旅游休闲产业的空间。

（2）以横琴开发为合作切入点。共同开发横琴的旅游产业，包括会展业、文创产业、商贸服务业和休闲产业，延伸澳门旅游的产业链。合作建设横琴休闲度假区，发挥海岛型生态景观资源优势，合作发展高品质旅游休闲度假项目。其中旅游纪念品和工艺品的设计制造是旅游产业链延伸的重要环节，澳门近年逾 2800 万游客对此有很大需求，但澳门受土地、租金和劳动力成本高的限制，制造和加工业已很难维持生产经营，横琴的产业园区正好为此提供有利条件，旅游纪念品和工艺品的设计制造亦符合文化创意产业的定位。

（3）开发"一河两岸"主题旅游区。新加坡鱼尾狮码头与隔岸金沙酒店构成的滨海湾区，是当地居民和外来游客均喜欢流连的旅游区。澳门路环与横琴相对的"一河两岸"地形，尤其是十字门水道入口处与新加坡滨海湾区相似，可参考新加坡滨海湾模式，共同开发珠海横琴和澳门路环十字门水道"一河两岸"主题旅游区。"一河两岸"的区域包括横琴富祥湾至湾仔，澳门路环竹湾、荔枝湾至内港。在此区域沿岸可以设立大型标志式建筑、具有特色的城市雕塑、船舶博物馆、游艇码头、沿岸慢行绿道、餐饮、酒吧和娱乐休闲设施；定期在十字门至前山水道共同举办龙舟赛、烟花汇演、音乐灯光汇演和水上巡游等活动，以及合作发展高品质旅游休闲度假项目，促进珠澳旅游发展和横琴开发。

（4）合作建设横琴文化创意产业园。利用横琴新区的优惠政策和土地空间，将文化创意产业作为横琴开发中的重要产业类型，共同建设一个空间布局合理、高土地利用率、产业关联度大、高附加值的"横琴文化创意产业园"。将澳门与珠海资金充裕、创意研发、产业国际化程度高和横琴良好投资环境的优势结合起来，建立以高端文化创意产业为内容，以出口为导向的创作平台和生产基地，吸引创意人才集聚。文化创意产业园模式能将文化、商业与消费相结合，并发展成一个共同整合创意研发、设计制造、展示传播、教育培训的产业网络，以推进文化产业的发展。

设置文化产业园区，目前在内地多个城市已经具有较高的知名度，既有在原有建筑和旧街区形成的如北京798、上海田子坊、广州信义会馆、成都锦里和宽窄巷，又有深圳大芬村和厦门海沧等新兴艺术品设计加工区以及浙江横店的影视制作区。上述各种形式的文化产业园区都有显著的品牌和特色，园区的形成建立，既有历史沿革，亦有商机巧合，横琴产业园区可在总结别人成功经验基础上创出一种与别人不同的风格。例如，澳门具有独特东西方文化的城市风格，拥有多处世遗建筑与历史城区，有丰富的历史文化资源与人文、自然景观。珠海有天海一色的延绵海岸线，有一批明清时期延续遗留的古村落和宗祠、民宅。基于以上分析，珠澳发展影视文化产业，可加强合作，共同构建"珠澳文化创意基地"。吸引海内外片商或制作人来珠澳设立影视工作室，从而把两地丰富的历史人文景观转换成文化旅游资源。

（5）联合举办会议展览。利用澳门世界文化遗产的历史城区、世界级的赌城以及区域性的休闲娱乐旅游城市等多样性的旅游新形象，珠澳合作举办大型会展，大型文体活动并向商务旅游延伸，以增强会展旅游的吸引力。

澳门的会展业与博彩业关连，近年会展逐步形成规模与威尼斯人酒店的大型会展中心投入运作有关。会展业发展渐成规模，已是产业多元化的选择之一，但受制于本地专业人才和外来商务人员的出入境管制，进一步发展的局限性较大。珠海有人力资源，有物品仓储和制作大型布展用具的场所，亦有举办珠海国际航空展的经验。因此，珠澳两地应合作共同发展，加强产业链的合作，发挥各自专长和优势。澳门珠海合作在横琴发展会展业，协调与澳门会展的专业分工，横琴可发展与澳门不同定位的专业会议和展览服务，亦可合作以联展方式连接两地会展市场，形成珠澳会展的规模效应，实现合作分工资源互享，联动发展。这样可以实现优势互补，降低澳门会展业发展的成本以及扩大其会展业发展空间。

（6）联合推广"一程多站"连线游。2012 年末广珠城际轻轨已直达珠海拱北，2018 年港珠澳大桥将建成通行，横琴至珠海机场及金湾区的金海大桥亦将建成，在澳门和珠海周边交通连成网络之后，可顺势推出"澳门世遗历史城区—横琴长隆海洋公园—金湾海泉湾温泉度假区—江门开平碉楼连线游"。将世界遗产、海洋主题公园、温泉度假连成旅游专线，开发历史文化、休闲度假、会议展览、医疗保健等旅游，构建不同主题、特色、档次的多元旅游产品服务。

开发珠江西部海岸旅游带。可以利用澳门和珠海机场作为航空枢纽与西部沿海高速连成陆空交通网络，将澳门与珠海、江门、阳江、茂名、湛江等西岸城市的海岸连成一条"休闲旅游海岸带"，借助澳门与葡语国家的商贸平台，联合打造具有欧洲风格特色的海岸旅游度假区。与珠江东岸已经形成的密集加工制造产业相比，珠江西岸逐步形成的沿海旅游产业，将更符合国家推动的绿色低碳、节能环保的发展方向，结合商贸平台和现代服务业形成珠江西岸新的主导产业。

以旅游产业为合作切入点，形成现代服务业产业群。通过旅游合作，带动珠海、澳门两地城市建设、口岸通关、交通运输、酒店餐饮、零售购物、旅游工艺品、纪念品制造以及与旅游相关产业链的延伸，合作发展商务旅游，带动与商贸服务关连的会展业、物流业及其相关产业，达到珠澳两地旅游资源互补、旅游效益分享的共同发展。

四　共建国际旅游休闲中心的路径选择

澳门经济适度多元可考虑向两个方向推进：在现有的主导产业即博彩业上纵向多元化，利用博彩业积聚的知名度和资本延伸旅游服务产业链，实行横向多元化。如把握横琴开发的机遇，投资与旅游相关的酒店、餐饮、商业、零售、会展和文创产业，推动横向多元化。澳门向博彩、旅游、会展、购物目的地发展，拓展澳门商务服务业发展腹地，促进澳门产业和就业的多元化发展。

珠澳合作应该顺应区域经济一体化的趋势，着重从珠澳两地具备条件可以操作的领域入手，争取在合作事务和项目上取得实际成果，在此过程中珠澳两地应该采取共同协商、形成共识、规划部署、加快推进、积极落实的取态。

（一）设立旅游合作发展委员会，共同制定旅游发展规划

2011 年 3 月实施的粤澳合作框架协议，在第七章"机制安排"中就提出："建立澳门与珠海等珠江口西岸城市协同发展机制，推进重点合作项目，加强指导和成效评估。"为此，应按《框架协议》安排，建立珠澳合作协同发展机制。只有在机制健全和形成共识的基础上，珠澳合作才能更顺畅推进并取得实效。建议成立珠澳旅游发展合作委员会，首先就旅游发展合作达成共识，协商制定旅游发展的政策和规划；合作建立旅游品牌、策划旅游项目、联合推广旅游产品和旅游路线；合作设立旅游培训学院和培训中心等机构，培训旅游业和旅游服务相关行业的经营管理人才，争取获得国际机构认证。对"珠澳国际旅游休闲中心"共同进行规划，制定出相应的产业政策和发展措施，充分发挥政府协调、引导、监督和服务等职能。用优化的投资政策引入国际财团与港澳企业开发横琴。

（二）设立珠澳合作发展基金

创新机制成立珠澳合作发展基金，珠澳区域合作在政策保障和完善机制之后还需要有资金投入，澳门特区政府的财政收入和储备近年逐渐累积、具备了资本规模。澳门社会各方近年不断建议特区政府可参考其他国家和地区的经验，设立投资发展基金，由政府主导参与区域合作，并借此推动澳门的经济适度多元发展。珠澳合作之中，如果能将澳门的资金和珠海的土地资源和人力资源借横琴开发互相结合、有效配置，将会产生良好的互补效果。珠澳合作发展基金还可用于推进两地合作的跨界项目，包括粤澳新通道建设及拱北口岸周边交通路网扩建、港珠澳大桥口岸区、澳门内港与珠海湾仔行人隧道、横琴口岸联检楼及附属设施、横琴轨道交通换乘及与其他交通系统连接等基础设施，横琴开发中的基建设施以及粤澳产业园的建设等有利两地共同发展的项目。合作发展基金可以从选定项目的投资、管理、营运中取得收益回报。

（三）创新横琴建设合作发展机制

先行先试和制度创新是横琴开发建设的重点。所谓先行先试，实质就是中央政府鼓励在横琴开发的过程中，试验性地推行一些前所未有的新方案和新的落实执行措施。所谓制度创新，就是在总结世界各国和内地区域合作经验的基础上，提出一套在"一国两制"前提下，适合粤澳、珠澳合作开发横琴的新模式。这一点至关重要，因为要消除两地因制度不同而带来的潜在合作障碍，没有制度上的创新是不可能的。反过来说，制度上的成功创新将为区域的可持续发展和提升综合竞争力带来非常积极的效应。而制度的创新，事实上在澳门参与横琴开发启动时就已经开始。包括全国人大常委会批准澳门大学横琴校区建立和管理法规，国务院批准横琴口岸通关实行分线管理，以及优惠的税务政策和特殊的粤澳合作产业园政策，无一不是对现行制度进行改革创新。建议已经成立的横琴开发决策咨询委员会，扩大邀请国内外具有经验的政府、商界、专业和研究人员组成顾问团队，为横琴开发的进一步创新提出真知灼见。

（四）完善口岸设置和管理，改革出入境验放模式

粤澳合作框架协议在第四章"基础设施与便利通关"内提出："统筹跨境基础设施规划、建设和运营，创新通关便利政策，推进人流、物流、资金流和信息流便捷互通，促进区域融合发展，为澳门经济适度多元发展注入新动力。"为促进澳门与内地和珠海的旅游合作，应创新通关便利政策，进一步简化两地之间口岸的出入境验放措施。如改革口岸通关查验模式，实行"一地两检"验放措施，原则是"一次排队、一次通行验放"。广珠城际轻轨将从拱北延伸至横琴与澳门轻轨对接，可借此将莲花口岸前移至横琴，由珠海和澳门共建联检楼，并在一栋联检楼内实行"一地两检"，通过简化通关带动横琴开发。

国务院已正式批准在横琴海关实行"分线管理"，有关实施细则虽然有待明确，但基本原则是"一线"放宽、"二线"管住。目前依据各方的资料解读，横琴与澳门之间的口岸实行"一线管理"，简单来说，就是从澳门莲花桥进出横琴口岸将会实行便利的人员、车辆和货物通关管理。而在横琴连接珠海市内的地方实行"二线管理"，在此实行货物的报关、报检与监管查验。上述的"分线管理"措施是横琴管理制度创新之一，带有部分的自由港性质，粤澳两地政府还提出，争取在横琴口岸实行 24 小时通关，人员通关按现有模式管理同时，将对澳门居民和游客进出横琴实行更加便利通关措施，这些便利措施将对人员货物流通和吸引企业投资产生积极的促进作用。

（五）澳门轻轨延伸横琴与广珠城际轨道对接

按照规划，澳门轻轨与广珠城际轨道交通将会在横琴对接换乘。横琴新区将成为澳门轨道交通与内地连接交汇的启动点，澳门轻轨延伸至横琴将使珠三角地区的广州、中山、珠海、深圳和香港等城市连结在一起，促进环珠江口湾区的人流、物流和资金流的流通，成为城市群建设中的重要组成部分、意义重大。作为投资横琴的一个大型项目，澳门轻轨延伸横琴的项目建设涉及规划用地、口岸设置管理、交通枢纽周边环境配套、项目出资投资、施工建设以及营运管理等一系列跨界问题，难度与复杂性有别于澳门大学横琴校区建设，为此，应在合作模式上有所创新。建议粤澳、珠澳有关方面及早成立专责机构共同谋划和论证商议，可参照港珠澳大桥建设经验，成立跨境轻轨投资、建设和营运股份合作公司，保障项目的顺利推进。

结　语

珠澳合作是粤港澳区域合作的重要组成部分，在 2013 年 1 月广东省政协第十一届会议期间，澳门区委员在讨论中均认为，从 2013 年至 2020 年期内，为落实《珠江三角洲地区改革发展规划纲要》、《横琴总体发展规划》和《粤澳合作框架协议》提出的发展目标，探索新时期珠澳合作的规划、模式、结合点和切入点、重点领域及加快横琴新区开发，是新时期推进珠澳两地紧密合作的关键，对珠海和澳门的经济社会长期繁荣稳定有着重要的现实作用和意义。

包括横琴开发的新一轮粤港澳紧密合作将会带动一系列的发展商机，珠三角城市群规划建设，粤港澳共建优质生活圈，与珠三角交通网络对接，简化和便捷口岸通关，旅游、产业、科技、教育和文化的合作，社会公共服务互相衔接，以及广州南沙新区开发等区域合作，都将对澳门经济多元以至城市建设和社会发展产生重大影响。从澳门的角度看，参与紧密合作的范围可以包括：粤港澳、粤澳、港澳和珠澳等几个层面的网络连结，其中的"珠澳"应该包括由澳门、珠海、中山、江门等珠三角西部城市组成的一小时经济生活圈和城市群。珠三角东部此前发展领先，但目前在土地与资源的利用方面已日渐饱和，产业结构也面临升级换代。珠三角西部相对滞后，但具有后发潜力。因此，大珠三角未来的发展重点，将会包括珠三角西部地区。与珠三角东部早期以出口为主导的密集加工制造业模式比较，珠三角西部未来的发展模式应该更注重绿色、低碳、节能和环保，而澳门构建世界旅游休闲中心的发展定位，正好符合这种可持续发展的模式。如果澳门和这组城市群紧密合作，将会加强珠三角西部沿海天然和人文旅游资源共享，以及中葡经贸论坛和粤西地区经贸服务平台的功能，对促进澳门经济多元发展具有积极的作用和意义。

---

① 《粤澳合作框架协议》，第一章"总则"第一条"合作定位"。

② 《粤澳合作框架协议》，第一章"总则"第三条"主要目标"。

③ 《横琴将降澳服务业准入门槛》，澳门：《澳门日报》2013 年 7 月 18 日。

④ 《横琴冲刺自贸区央企争先抢地》，上海：《第一财经日报》2013 年 8 月 30 日。

⑤ 《世界各地的居民与旅客比例》，香港：《信报》2013 年 9 月 19 日。

⑥ 《珠海重新崛起——横琴岛的新使命》，北京：《中国经济周刊》2013 年 9 月 22 日。

作者简介：杨道匡，澳门特别行政区政府经济发展委员会委员，澳门基金会研究所副所长，博士。

[责任编辑：刘泽生]

（本文原刊 2014 年第 1 期）

横琴开发与澳门企业的发展商机[*]

冯邦彦

[提 要] 在澳门经济适度多元化和中小企业发展中，横琴开发具有举足轻重的战略意义。本文在分析横琴开发背景和发展进程的基础上，全面分析了横琴产业发展和重大项目建设中，以及在横琴粤澳合作产业园建设过程中，澳门企业特别是中小企业在旅游休闲、商务会展、教育培训、文化创意、批发零售业、中医药产业等领域的发展商机。进而提出了推动澳门企业参与横琴开发的政策思考，包括：特区政府应以澳门投资公司为战略工具，并加大对中小企业的政策扶持；积极推进建立横琴粤澳合作产业园的协调机制；适当降低横琴粤澳合作产业园的企业准入"门槛"；全面落实、深化中央对横琴新区颁布的制度创新与政策措施。

[关键词] 横琴开发　澳门　经济适度多元化　中小企业　发展商机

一　横琴开发背景：澳门经济适度多元化

2002 年博彩经营权开放和 2003 年中央对内地居民开放港澳地区"自由行"以来，随着博彩业的高速发展，澳门的经济总量大幅攀升，到 2012 年达到 3482.16 亿澳门元，比 1999 年的 472.87 亿澳门元大幅增长了 6.36 倍，年均经济增长率高达 16.6%。不过，澳门经济在取得历史以来最快速发展的同时，经济结构的一些深层次问题也逐渐凸显，主要表现为博彩业"一

* 本研究受暨南大学广东产业发展与粤港澳台区域合作研究中心资助，项目编号为 10JDXM79004。

业独大"的态势凸显，博彩业对其他产业和中小企业的"挤出效应"凸显。这对澳门经济的长期繁荣稳定和可持续发展构成了隐患和风险，并可能成为经济社会发展中矛盾激化的一些潜在威胁。

有鉴于此，国家"十一五"规划明确提出要"促进澳门经济适度多元发展"①；国家"十二五"规划更明确指出："支持澳门推动经济适度多元化，加快发展休闲旅游、会展商务、中医药、教育服务、文化创意等产业"，"支持澳门建设世界旅游休闲中心，加快建设中国与葡语国家商贸合作服务平台"。②而澳门特区政府为推动经济适度多元化发展，提出了一系列政策措施。根据澳门社会各界多年来的研究，我们认为，从澳门经济的长远定位（一个中心、一个平台）出发，澳门经济适度多元化的发展路向，可以循以下四个方向推进：第一，主导产业的垂直多元化，推动博彩旅游业向旅游休闲业发展；③第二，围绕"中国与葡语国家商贸合作的服务平台"建设，大力培养和发展现代服务业，推动经济横向多元化发展；④第三，积极参与横琴开发，实现横琴与澳门产业的对接和错位发展，形成区域经济适度多元化；第四，借鉴新加坡经验，设立主权财富基金作为投资平台，通过向周边地区的投资，来推动经济适度多元化。

由此可见，在澳门经济适度多元化发展中，横琴开发具有举足轻重的战略意义。横琴岛位于珠海南部、澳门西侧，地处"一国两制"的交汇点，具有极为优越的区位优势和宝贵的生态资源，对澳门来说是一块极具战略价值的"风水宝地"。2009 年初，国务院颁布的《珠江三角洲地区改革发展规划纲要（2008～2020 年）》（简称《规划纲要》）指出："规划建设……珠海横琴新区、珠澳跨境合作区等改造区域，作为加强与港澳服务业、高新技术产业等方面合作的载体。"⑤同年 6 月 24 日，国务院常务会议原则通过《横琴总体发展规划》（简称《发展规划》）。6 月 27 日，全国人大常委会通过《关于授权澳门特别行政区对设在横琴岛的澳门大学新校区实施管辖的决定》，授权澳门特别行政区对设在横琴岛的澳门大学新校区实施管辖。

2010 年 3 月 6 日，广东省政府和澳门特区政府在北京签署了《粤澳合作框架协议》，确立了合作开发横琴、产业协同发展等合作重点，提出了共建粤澳合作产业园区等一系列合作举措。4 月 19 日，珠海市政府批复通过《横琴新区控制性详细规划》。横琴新区控制性详规的总面积达 106.46 平方公里，空间上仍采用"三片十区"结构，即商务服务片、休闲旅游片和科教研发片。交通上，以城际轨道连接珠三角城际轨道和澳门城市轨道，融入珠三角 1 小时生活。控制性详规显示，从 2009 年到 2015 年，为横琴新区的近期建设阶段，目标是完成会议商展、口岸服务、综合服务、总部基地等主要功能组团的建设，初步形成分片区、组团式发展的城市空间结构，释放土地的潜在价值，形成完善的城市机能。2011 年 3 月 11 日，横琴开发纳入国家"十二五"规划。同年 7 月 14 日，《国务院关于横琴开发有关政策的批复》正式下发，同意在珠海市横琴新区实行"比经济特区更加特殊的优惠政策"。至此，经过近 20 年的努力，横琴开发终于正式展开。

根据国务院批准实施的《发展规划》，横琴新区的发展定位是："以合作、创新和服务为主题，充分发挥横琴地处粤港澳接合部的优势，推进与港澳紧密合作、融合发展，逐步把横琴建设成为带动珠三角、服务港澳，率先发展的粤港澳紧密合作示范区。"具体包括以下三方面：（1）"一国两制"下探索粤港澳合作新模式的示范区；（2）深化改革开放和科技创新的先行区；（3）促进珠江口西岸地区产业升级的新平台。[⑥]从横琴的"粤港澳紧密合作示范区"这一定位及三个具体方面来看，横琴的发展更强调与港澳、特别是澳门的"紧密合作"，而且也更强调在经济方面的合作、融合。因此，在产业发展上，《横琴总体发展规划》提出重点发展商务服务、休闲旅游、科教研发和高新技术等 4 大产业，其后，国务院对横琴开发有关政策的批复，将横琴的产业发展明确规定为旅游休闲、商务服务、金融服务、文化创意、中医保健、科教研发和高新技术等七大产业，以配合澳门经济的适度多元化发展，共同建设"世界旅游休闲中心"和"中国与葡语国家商贸合作的服务平台"。[⑦]

根据《发展规划》，横琴新区实行"比特区还要特殊"的政策，具体包括：将横琴 1.0926 平方公里土地以租赁方式租借给澳门，作为澳门大学横琴新校区；将横琴纳入珠海经济特区范围；创新通关制度，实施"分线管理"的通关政策；鼓励金融创新；实行更开放的产业和信息化政策；支持进行土地管理制度和社会管理制度改革等。支持进行土地管理制度改革和社会管理制度改革。创新土地管理方式，增强政府对土地供应调控能力等。这些制度创新的实质，就是要借鉴港澳在对外开放方面的制度经验，构建类似国际上通行的"自由港"制度。这为横琴发展成为"粤港澳紧密合作示范区"提供坚实的制度基础。

值得重视的是，《粤澳合作框架协议》还为澳门参与横琴开发提供了明确的制度安排。该协议对澳门在横琴开发中的角色作了明确界定：横琴开发是"合作开发",是"共同参与",借此"探索粤澳合作新模式"。《框架协议》规定:珠海发挥横琴开发主体作用,探索体制机制创新,推动规划实施和政策落实。澳门特区政府研究采取多种措施,从资金、人才、产业等方面全面参与横琴开发。根据协定,珠海将联合澳门开展招商引资,不断拓展国际市场空间;加强与澳门在社会管理与公共服务等方面对接,研究制定澳门居民跨境就业、生活的相关政策。澳门将重点建设粤澳合作产业园区和旅游休闲等相关项目,并积极研究制定澳门居民跨境就业、生活的社会福利安排等配套政策。⑧粤澳两地还将建立粤澳合作开发横琴协调机制,对横琴开发重大问题提出政策建议,支持横琴新区就具体合作项目与澳门特区政府有关部门直接沟通。因此,横琴成为澳门参与区域合作的首选和第一站。

二 横琴产业发展及大项目建设中澳门企业的发展商机

(一) 横琴开发取得的新进展:"三年大变化"

目前,横琴的基础设施建设已取得重大进展。首条长达 7.64 公里的双向八车道交通"大动脉"——环岛东路基本贯通,这条连通长隆、进出横琴的"咽喉要道",不仅能为横琴新区东部产业带提供全方位配套服务,也成为横琴其他市政基础道路建设的示范和标杆。横琴以 BT 模式克服资金瓶颈,全面启动全国单次投入最大的市政基础设施项目,总投资 1750 亿元,41 个重点落地项目加紧建设,全岛主干路网、桥梁隧道、人工岛、横琴二桥、金海大桥等大型交通基础设施建设在稳步推进。

与此同时,横琴新区引进的龙头项目建设也取得了突破性进展:投资约 100 亿澳门元、建筑面积约 94 万平方米的澳门大学横琴新校区主体工程于 2009 年 12 月 20 日奠基动工,经过三年建设已完工移交;跨境的海底隧道工程已经完成,澳门大学学生可直达横琴新校区。长隆国际海洋度假区由广东长隆集团投资兴建,将建成集主题公园、豪华酒店、商务会展、旅游购物、体育休闲等于一体的世界级大型综合主题旅游度假区,打造中国的"奥兰多"。目前,长隆国际海洋度假区首期各建筑结构已全部封顶,大部分游乐设备、海洋动物已运抵现场,长隆国际海洋度假区首期即将开业。十字门中央商务区横琴片区主干路路基逐步成型,金融产业服务基地一期项目顺利建成,口岸服务区 5 个现代服务业项目正加快推进基坑施工;2013年 1 月 28 日,金融产业服务基地配套设施完成测试,28 家金融机构随即开

业。据统计，过去三年间，横琴新区出让 3.29 平方公里土地，换来总投资
705 亿元的 18 个已落地产业项目，平均每平方公里投资强度达 214 亿元。
此外，总投资超 1750 亿元的 41 个重点项目顺利推进，固定资产投资从 2009
年的 19 亿元人民币，跃升到 2012 年的 166 亿元人民币，预计 2013 年将达
到 200 亿元人民币。

目前，横琴开发已完成"三年大变化"的目标，正向"五年成规模"
的目标迈进。在开发政策方面，《横琴产业发展促进目录》已经通过，《横
琴产业优惠目录》及相关税收优惠政策有了突破性进展；海关总署正广泛
征求意见，制定"横琴与澳门之间一线放宽、横琴与内地二线管住"的分
线管理特殊通关实施办法。国家赋予横琴特殊的税收优惠政策，对横琴区
内符合条件的企业按 15% 的优惠税率征收企业所得税。这是全国统一实施
25% 企业所得税后，东部沿海发达地区第一个享受税收优惠的特殊区域。此
外，横琴新区在体制创新、探索粤港澳合作的新路径等方面也实现了重大
突破：全国第一个商事登记制度在横琴实施，全国第一个廉政办公室在横
琴挂牌，粤澳合作产业园加快发展，通关、税收等方面"比经济特区还特
的优惠政策"正在逐步落实，这为横琴的长远发展打下了基础。

（二）横琴产业发展和重大项目建设中澳门企业的发展商机

目前，横琴开发的商机已引起澳门社会各界特别是工商业界的广泛兴
趣，积极参与横琴开发的强烈愿望日渐高涨。从目前的情况看，在横琴产
业发展和重大项目建设中，澳门企业的发展商机主要表现在以下领域：

1. 旅游休闲业

从发展商机来看，旅游休闲产业是横琴最具条件发展的优势产业。除
了长隆国际海洋度假区项目外，横琴还将整合现有旅游资源，发展高品质
休闲度假项目，包括高档度假酒店、疗养中心、游艇俱乐部等海岛旅游精
品项目。在横琴开发过程中，酒店业特别是高档酒店将是最热门的投资项
目之一。在长隆国际海洋度假区和十字门中央商务区两大项目建设中，均
有高档酒店项目的投资兴建。根据澳门的经验，高档次的综合性酒店的进
驻，将带动酒店上下游业务的发展，带动包括高档零售商场、珠宝、手信、
会展、表演、仓储、物流等相关行业的繁荣，并且还会延伸出顶级走秀、
娱乐、展会、赛事等，从而把澳门的博彩旅游与横琴的休闲旅游有机地结
合起来。在这方面，澳门拥有运营拓展旅游及娱乐产业的丰富经验，具有
相当的投资能力和投资眼光。

横琴发展旅游休闲业将把港澳游的庞大客源吸引到横琴,这些游客所带来的巨大购买力,可以催生横琴新区的零售商业,并逐渐形成大规模的购物中心或商业街,吸引珠三角地区居民为购物而休闲旅游。旅游休闲业的发展还将带动餐饮业的繁荣,包括为酒店配套服务的高档食肆、特色餐饮店以及美食街等,这些都将给澳门的投资者和业者提供了可观的投资机会。

2. 商务会展业

商务会展业是横琴重点发展的另一重要产业,目前起步发展的是十字门中央商务区项目的建设。十字门中央商务区位于珠海湾仔城区和横琴新区的中心,占地面积约 5.77 平方公里,规划总建筑面积 1100 万平方米,总投资超过 1000 亿元人民币,开发时间为 15 ~ 20 年。根据负责建设的中标公司 HOK 国际公司的规划方案,十字门中央商务区将发展成为一个国际化、滨水生态型现代服务业聚集平台,重点发展金融保险、商务服务、商业贸易、会议展览等产业。全区分为 5 大组团,首期发展的为珠海南湾会展商务组团,主要发展会展商务组团及商务配套等功能;而该区的核心是商务中心组团,位于横琴东北角新开辟的人工岛上,是横琴的"岛中岛",通过五座桥梁和周边相连,占地面积约 120 万平方米,将集中发展金融服务、高端商务办公及相关配套。

在商务会展业发展方面,澳门与横琴优势互补,合作潜力大。十字门中央商务区的建设,为双方合作提供了发展平台。当然,两地会展业必须错位发展,形成互补。例如,澳门可以会议为主、展览为辅,澳门的展览可以消费品展览为主,而一些澳门做不了的展览,如航空展览、重工业展览、游艇展览、印刷机展览等,可重点在横琴发展,而相关的会议则可安排在澳门。横琴可发展为配合澳门会议展览业发展的会展后勤基地和仓储中心,以有效降低澳门的办展成本。此外,澳门要发展成为中国与葡语国家经贸合作的服务平台,横琴可配合发展葡语国家产品展示和展览中心,将葡语国家的产品,如葡萄牙的红酒、罐头、软木塞,巴西的咖啡、西班牙的瓷砖等,推销到内地广阔市场。[⑨]这些有潜质的发展项目,都将会为澳门商务会展界的投资者带来一系列的发展商机。

3. 教育培训产业

《发展规划》强调,要将横琴建设成为珠江口西岸的地区性科教研发平台,要依托港澳科技教育资源优势和内地人才资源,加强粤港澳三地的科技合作与交流，重点发展研发设计、教育培训、文化创意等产业，将横琴建设成为服务港澳、服务全国的区域创新平台。在教育培训产业发展上，要吸引香港、澳门在横琴办学，建立以高端专业人才、技术人才培训和普通高等教育为主的教育培训园区。横琴科教研发产业的发展，无疑将有利于满足粤港澳产业升级转型，特别是澳门经济适度多元化的人才需求。

值得指出的是，澳门的旅游教育和相关职业培训实际上已达到国际水准，它有两个显著的特点，一是它的国际性，教育培训均与国际接轨，二是它的实操性。另外，澳门的葡语人才培训在国内也占有领先的优势。因此，澳门与横琴应加强在教育培训等方面的合作，推动澳门的职业培训机构在横琴粤澳合作产业园区设立职业教育实习实训基地。可以先从旅游教育和培训、葡语人才培训等方面起步，为珠三角的旅游管理人员和高技能人才提供职业教育培训服务，打造粤澳旅游职业教育培训基地。澳门和葡语系国家有着广泛的历史联系，而澳门"中葡商贸合作服务平台"的发展定位，将推动澳门对葡语人才的需求。因此，澳门高等院校和教育培训界的投资者，可考虑争取在横琴设立分校、分院系，或采用合办等方式在横琴设立葡语学院或中葡双语培训中心，推动教育培训业在横琴的合作发展。

4. 金融业

中央授权横琴制度创新的五大政策之一是金融创新。据广东及珠海方面介绍，横琴新区金融创新的最终目的，是要以横琴岛为主体，构建粤港澳金融合作新平台，把横琴建设成为广东省和香港、澳门共建的粤港澳金融更紧密合作区、粤港澳金融共同市场试验区的"金融特区"。"金融特区"的制度创新，将包括降低门槛吸引港澳金融机构上岛发展，特别是港澳地区的一些金融产品到横琴来进行试验；设立人民币产业基金、发行人民币债券、设立离岸金融；探索建立连接珠江三角洲和港澳资本市场的多层次资本市场，立足私募股权投资，发展跨境直投型资本市场和多币种股权转让市场，按照有关管理办法设立横琴股权（产业）投资基金；研究建设面向珠三角的金融资产交易市场和促进粤港澳金融合作的横琴国际金融研究院等。

面对横琴金融业发展的庞大商机，具有一定实力并且在近年来获得快速发展的澳门金融机构也正跃跃欲试，希望在横琴开发中分享红利。目前，CEPA 补充协议九已明确规定，考虑到澳门银行参与横琴发展的业务需要，同意在横琴开设银行分行或法人机构的澳门银行年末总资产要求从 60 亿美元降至 40 亿美元。[10]因此，澳门的金融机构将可以更便捷地进入横琴，从而为横琴开发推广更多服务，并借此发展壮大。

5. 城市建设与地产建筑业

目前，珠海中心城区的开发已日益饱和，"南屏板块"开发亦逐渐成熟，"湾仔板块"在十字门中央商务区的开发带动下，将成为近期的开发热点。未来，从湾仔至横琴这个区域有望成为珠海的商务中心区域。可以预料，随着横琴开发的展开，横琴的房地产发展，无论是旅游地产、商业地产甚至是住宅地产都具有广阔的发展空间，前景肯定看好。目前，澳门企业已开始进入这一领域，以分享横琴发展的红利。2012 年 12 月，澳门励盈投资有限公司以 2.5 亿元人民币拍得横琴口岸附近、面积约 3 万平方米的商业用地，计划投资 16 亿元人民币打造具有南欧特色的高级商业中心，包括购物广场、餐饮、零售以及地下停车场等内容。2013 年 7 月，横琴新区推出的两宗包含办公、酒店、商业、商务公寓功能的向港澳企业定向拍卖的综合用地，其中一幅位于横琴口岸广场旁 2 万多平方米，被何鸿燊旗下信德集团以 7.21 亿人民币元投得，另一幅地则由灏怡有限公司以 7.2 亿元投得。地产业已成为澳门企业率先进入的行业之一。

三　横琴粤澳合作产业园建设中澳门企业的发展商机

（一）横琴粤澳合作产业园：澳门企业参与横琴开发的有效平台

过去三年来，尽管横琴开发取得了瞩目的进展，但是，澳门企业特别是中小企业参与横琴开发的并不多。究其原因，主要是横琴高标准的产业规划及企业进入门槛与澳门中小企业的实力之间存在很大的落差。横琴新区管委会主任牛敬表示，横琴新区坚持"生态优先、规划先行、基础快上、项目慎选、科学发展"的开发策略。在面积 106 平方公里的横琴岛上，七成土地被列入禁建或限建区。余下的 28 平方公里可开发土地，镶嵌在森林、湿地、海洋之间，由国际一流团队进行高规格设计。因此，横琴必须对开发强度提出较高要求，以利于可持续发展，并配合发展高端服务业、高端制造业等高附加值产业的目标定位。在这种背景下，横琴开发首先瞄准的是国际跨国公司和上规模、上档次的大项目，这从三年来横琴新区平均每平方公里的投资强度达 214 亿元就可以反映出来。相比之下，目前澳门的企业，绝大部分是只有 10～20 人的微型企业、家族企业，实力有限且长期缺乏跨区、跨境经营或合作的经验，在与跨国公司的竞争中，基本上处于下风，难以参与横琴开发。

为解决这一难题，《框架协议》规定："按照《横琴总体发展规划》要求，在横琴文化创意、科技研发和高新技术等功能区，共同建设粤澳合作产业园区，面积约 5 平方公里。"并将"共同建设粤澳合作中医药科技产业园，作为粤澳合作产业园区启动项目"，并且要"合作建设横琴文化创意区"，从而"将澳门区域商贸服务平台功能延伸到横琴，拓展澳门商贸服务业发展腹地"。①通过这一制度安排，澳门企业在横琴获得了至少 5 平方公里的发展空间，可以重点发展澳门具相对比较优势的产业，从而改变澳门博彩业"一业独大"的产业结构，推进澳门经济适度多元化。澳门贸易投资促进局主席张祖荣表示，截至 2013 年 6 月，贸促局已收到有意到横琴投资的意向共 53 个，主要涉及中医药、文化创意、旅游、教育培训等产业。澳门中小企业参与横琴开发终于迈出了可喜的一步。

（二）横琴粤澳合作产业园近期发展重点与澳门企业的发展商机

根据横琴粤澳合作产业园建设目标和发展阶段，近期将积极发展中医药科技产业园区和中小企业产业园。不过，我们认为，文化创意产业园区也应启动发展。这些产业园区的建设发展，将为澳门企业特别是中小企业带来发展商机。

1. 中医药科技产业园区

目前，横琴粤澳合作产业园中最早启动建设的是粤澳合作中医药科技产业园。该园区占地面积 50 万平方米，规划建筑面积 90 万平方米，计划将在 2020 年完成整体建设。负责粤澳中医药科技产业园建设、经营、运作以及管理的"粤澳中医药科技产业园开发有限公司"已完成内地全部行政审批程序，首期注册资金全部到位。2011 年 4 月 19 日，粤澳中医药科技产业园的基础建设正式启动。根据规划，中医药科技产业园的产业发展目标分为短、中、长三个阶段。短期目标会首先建立国际级中药检测和认证中心，完善基础设施建设及企业孵化环境；中期目标将集中中医药养生保健、商务、会展、文化及物流于一体，打造国际健康产业集群基地；长期目标是云集国内外大型医药企业、科研机构及人才交流中心，成为国际级中医药质控基地和国际健康产业交流平台。

2013 年 7 月 5 日，中医药科技产业园在澳门贸易投资促进局商务促进中心举办首场项目推介会，澳门贸易投资促进局执行委员、粤澳中医药科技产业园开发有限公司董事长陈敬红表示，澳门工商界、医务界等多个领域的参与对粤澳合作中医药科技产业园是不可或缺和十分重要的。澳门发展中医药有很好的民众基础和悠久的历史。镜湖医院早在 1841 年成立时就以提供中医药服务为主。澳门回归以来，特区政府加强了对中医药研究和人才培训方面的支持，包括 2002 年澳门大学创办的中华医药研究院，澳门大学中华医药研究院和澳门科技大学药物与健康应用研究所联合向国家申报成为国家重点实验室的伙伴试验室。目前，澳门提供中医药服务的机构包括科技大学医院、政府卫生中心、镜湖医院以及一些慈善机构和约 200 多家中医药诊所。澳门发展中医药产业已具备一定的基础。

横琴中医药科技产业园的建设发展，无疑将有利于澳门充分利用广东拥有丰富中医药资源、长期积累的科研成果和产品，充分发挥粤澳两地的资源优势和比较优势，共同推动中医药产业走向世界。早在园区启动建设前，澳门中医生协会会长彭向强就表示，"中医药科技产业园"若能实现，相信会吸引不少商人投资，推动澳门中医药产业的发展，并为澳门中医药质量评价和国际商业认证方面的发展提供机会。

2. 文化创意产业园区

2010 年，珠海市委常委、宣传部部长黄晓东公开表示，文化产业合作是珠澳合作的最佳切入点。他提议，珠澳两地共同成立文化产业发展基金，合作开发横琴文化创意产业园，推动文化产业加快发展。我们认为，面对当前形势的发展，澳门特区政府应尽早启动横琴粤澳产业园中文化创意产业园区的建设。其开发模式可参照中医药科技产业园区的股份制合作模式，由澳门特区政府（澳门投资发展股份有限公司）与珠海横琴新区和广东省政府的有关机构共同出资组成"粤澳文化创意产业园开发有限公司"，其中澳方以现金形式入股，占有 51% 的股权，并控制实际运营权。该产业园区占地 0.5 平方公里，所处地段最好与澳门大学横琴新校区相邻，以利于借助澳门大学的文化资源推动发展。粤澳双方仍以"共同规划、共同投资、共同经营、共享收益"的原则，推动文化创意产业园的发展。

文化创意产业园区的产业发展重点，应配合澳门作为"世界旅游休闲中心的特色定位。博彩业作为澳门主导产业，给澳门带来了发展繁荣。因此，澳门文创产业发展必须立足现实，在丰富休闲旅游的文化内涵、创新多样类型模式、满足多元化消费需求的基础上，构建以博彩业为主导的立体多元的产业体系，包括视觉艺术、影视制作、流行音乐、动漫、设计、广告、出版等。文化创意产业园区的产业发展，也同样应以此为重点。这样既可配合澳门经济适度多元的发展，又有利于发挥澳门自身的比较优势。

建议由澳门特区政府筹建文化创意发展基金，鼓励和支持澳门企业与珠海横琴、广东省的同行共同组建财团，在文化创意产业园区投资发展符合澳门文化创意产业方向的项目，利用横琴的发展空间加强培训创意人才，令创意人才集聚起来，形成创意文化中心。

3. 中小企业产业园

2012 年 5 月，广东省省长朱小丹在粤澳合作联席会议后与澳门特首崔世安的共同会见会中已明确宣布，粤澳双方即将在横琴建设澳门中小企业产业园。同期，横琴新区管委会主任牛敬表示，筹备中的横琴澳门中小企业园区规划占地 3 万平方米，建筑面积 6 万平方米，横琴将透过特区政府，选择素质较好、有经验、有实力的澳门中小企业进入。我们认为，面对澳门中小企业希望尽早进入横琴发展的诉求，特区政府应尽早与横琴新区商议启动横琴澳门中小企业产业园区的建设。根据横琴方面的说法，横琴澳门中小企业园区规划占地 3 万平方米，建筑面积 6 万平方米，我们认为，这远不能满足澳门中小企业发展的需求。规划中的中小企业园区至少占地面积在 0.5~1 平方公里，或者可以考虑起步发展阶段为 0.5 平方公里，然后再根据发展需要逐步扩大。考虑到目前横琴发展的现实情况和澳门中小企业发展的需要，中小企业产业园的重点发展产业，可以旅游休闲业、批发零售业、商务会展业、物流运输业、教育培训业等为主。

横琴新区党委书记刘佳曾公开表示，横琴为澳门企业的进入准备了"做园区"、"进园区"和个人创业三种方式，让澳门企业可以透过不同的层次和渠道参与横琴开发。其中，"做园区"，即采取中医药产业园的股份制模式，由珠海（横琴）和澳门双方的投资机构共同成立开发公司，具体负责园区的开发。澳门企业以这种方式进入的难度较高，故只有少数企业可以这种方式进入横琴发展。"进园区"，即澳门企业通过在产业园区注册企业、投得土地兴建物业或者以租赁物业的方式进驻园区发展经营。这是澳门企业进驻园区最通常的方式。有意进园区的澳门企业，其投资项目须向澳门贸促局申请，项目能否入园由特区政府的横琴发展澳门项目评审委员会和横琴新区管委会评审及审核决定。而个人创业，即澳门居民通过产业园区内的商业街等发展平台，以租赁方式经营特色商铺，出资几万元即可创业。

四　推动澳门企业参与横琴开发的政策思考

为了推动澳门企业参与横琴新区开发，促进澳门经济适度多元发展，当前应重视以下几方面的政策推进：

第一，特区政府应以澳门投资公司为战略工具，加大对中小企业的政策扶持。

横琴开发及横琴粤澳合作产业园的建设，对澳门经济适度多元化、澳门中小企业的发展乃至对澳门居民的生活，影响深远，意义重大。澳门特区政府有必要根据形势的发展，在政策制定、城市交通发展规划等各方面作出相应的战略部署和政策调整。当前的关键有两点：

其一，以澳门投资公司为战略工具，带动澳门企业参与横琴粤澳合作产业园建设。2011 年，澳门特区政府宣布筹组澳门投资发展股份有限公司（简称"澳门投资公司"）。该公司作为澳门方面参与建设、经营、管理横琴粤澳合作中医药科技产业园区的澳方公司，特区政府应在此基础上，根据横琴粤澳合作产业园建设的需要，制定澳门投资公司的长远发展规划，循序渐进，分阶段、有计划地扩大澳门投资公司的资本规模。现阶段，澳门有不少企业有兴趣参与横琴新区开发，但是，澳门企业以中小企业为主体，如果由这些中小企业零散出击，难免分散实力、散乱无序，不利投资。因此，特区政府可以澳门投资公司为投资主体，在其辖下成立新的营运公司，并在澳门社会募集资金，在横琴粤澳合作产业园区寻找有利的项目发展，带动企业参与横琴开发。当然，前提条件，应预先制订管理制度和机制，制订严格的监管制度，包括行政运作、财务、政府财政支出的投放等。这种模式可最大限度地调动起澳门各方面参与横琴开发的积极性。

其二，加大对中小企业的扶持，带动澳门企业以各种形式参与横琴开发。特区政府自 2003 年以来，相继为中小企业推出了免息财务援助的"中小企业援助计划"、为中小企业提供银行信贷保证和支持的"中小企业信用保证计划"、"中小企业专项信用保证计划"等政策支持。特区政府应在此基础上，根据澳门中小企业的实际需要，进一步制定完善的金融财税扶持政策，建立长效的中小微企融资机制和多元化、多层次、多渠道的中小企业融资体系。特区政府应通过政策引导企业参与横琴开发，为推动澳门中小企业参与大型项目的配套服务制订相应的倾斜政策，强化和增加部门处理或协助本澳企业参与区域投资相关事务的责任和职能，包括引资推介、行政手续、税务、融资等。此外，特区政府在广泛动员澳门企业参与横琴开发的同时，要将最早收到的有关资讯，以更快捷、更透明的方式传递给澳门工商界和社会各界，并加强对企业的相关引导、培训。

第二，积极推动建立横琴粤澳合作产业园的协调机制。

考虑到横琴粤澳产业园建设的成功与否，对于落实《框架协议》中关于粤澳"合作开发"横琴的重要意义，建议园区的组织架构借鉴苏州工业园的发展模式，在园区的开发公司之上，设立粤澳合作协调机制，该机制包括三个层面：

第一层面是粤澳两地政府联合协调理事会，负责协调横琴粤澳产业园建设的重大问题，就横琴粤澳合作产业园的总体发展思路和发展定位、发展阶段与建设目标，以及政府的角色定位等重大问题展开协商讨论。

第二层面是珠澳双边协调委员会，就横琴粤澳合作产业园开发建设中的一系列具体问题，包括开发模式、土地发展规划、企业进入门槛等问题进行具体协商。

第三层面是粤澳合作产业园协调指导工作小组，负责澳门企业进入园区的具体协调、指导工作。

目前澳门企业进入横琴粤澳合作产业园的程序，是澳方企业需先向特区政府提交申请，再由特区政府向横琴推荐，由横琴新区管委会负责项目的规划、功能、用地和环保等。澳门企业指出，在申请上已受着粤方限制，澳门根本没有决定权，顶多是一个"收件者"或提供意见的角色。这并不符合《框架协议》精神。我们认为，澳方应尽快争取粤澳合作产业园的话语权，最少都应该有共同评审的权力，这才有利于园区的发展。

第三，适当降低横琴粤澳合作产业园的企业准入门槛。

根据《发展规划》和《框架协议》的指导思想，横琴粤澳合作产业园的制度安排，实质就是要解决横琴高标准的产业规划及企业进入门槛与澳门中小企业的实力之间存在的落差和矛盾，降低澳门企业进入的门槛，以保证澳门企业在横琴的发展空间。然而，从近月横琴新区公布的粤澳合作产业园的企业进入"门槛"来看，该标准仍然过高。澳门商界人士普遍认为这些条件过于苛刻，能够满足以上条件的澳门企业为数甚少。有评论认为，有关方面为横琴岛上的"粤澳合作产业园"设立如此高的入园门槛，实际作用可能就是会将澳门企业"拒之园外"。横琴方面实际上也了解进入门槛偏高，横琴新区交流合作局局长刘扬表示，澳门中小企较难独力参与横琴发展项目，建议组成联营体一同参与项目评审。我们认为，目前横琴对粤澳合作产业园区的进入标准，仍然偏离澳门企业的实际情况，不利于澳门企业参与横琴发展，也不利于推动澳门经济适度多元化，建议对此做进一步的调整。

第四，全面落实中央对横琴新区颁布的制度创新与政策措施。

2011年7月，国务院明确提出横琴要实行"比经济特区更加特殊"的优惠政策，并正式批复横琴开发有关的政策。其中，最大的"亮点"就是创新海关通关制度，实行"一线放宽，二线管住，人货分离，分类管理"的分线管理制度。2013年7月，海关总署出台《中华人民共和国海关对横琴新监管办法（试行）》，分别从通关、监管、征税、保税、企业管理等方面作了阐述和规定。相信新通关模式实施后，在实际运行中还将遇到不少具体问题需要进一步解决。这些都需要中央有关部门和海关总署进一步深入贯彻落实国家制定的相关政策规定，制定具体实施办法，落实好各项优惠政策，及时研究解决实际工作遇到的新情况新问题，进一步完善横琴新区的通关模式，为进入横琴的澳门企业创造良好的投资营商环境。

根据国务院横琴开发有关政策的批复，横琴将实施"比照港澳"的税收优惠政策，具体包括：15%的企业所得税；专为港澳居民的个人所得税优惠；特殊的关税政策；以及特殊的流转税政策。这些特殊税收政策，对进入横琴的澳门企业至关重要。然而据了解，截至目前，横琴的产业准入及优惠目录还未出台，企业仍难以享受到这些税收优惠政策。有进入横琴的企业反映，批复规定在横琴工作的香港、澳门居民涉及的个人所得税问题，暂由广东省政府按内地与港澳个人所得税负差额对港澳居民给予补贴，这对高端人才的进驻无疑有着极大的诱惑力。但直至现在具体的操作办法仍没有出台。目前，许多公司面临的普遍问题是如何为已引进的人才代扣代缴个税，因为港澳地区按年度由个人申报个税，而且有许多可以扣除的项目，而内地的税法规定按月由单位为员工代扣代缴，而且实行累进税率。有的公司引进的高端人才年薪百万元人民币以上，如果按照目前内地的税法规定，他们适用的个税的税率会很高，税负比较重。如果等政府补贴，不知要等到何时。这些具体问题，都需要及时得到解决。

---

① 参阅《中华人民共和国国民经济和社会发展第十一个五年规划纲要》，2005年。

②参阅《中华人民共和国国民经济和社会发展第十二个五年规划纲要》，2011年，第57章《保持香港澳门长期繁荣稳定》。

③澳门经济学会：《澳门博彩旅游业垂直多元化研究》，2009，第52~92页。

④澳门发展策略研究中心：《CEPA先行先试，培育澳门现代服务业》，载澳门发展策略研究中心《科学发展，先行先试，互补共赢——澳门与区域合作系列一》，2010，第9~24页。

⑤国家发展和改革委员会：《珠江三角洲地区改革发展规划纲要（2008-2020年）》，2008年12月。

⑥广东省人民政府发展和改革委员会：《横琴总体发展规划》，2009年8月。

⑦国务院：《关于横琴开发政策有关批复》，2011年7月。

⑧⑪《粤澳合作框架协议》，2011年3月6日。

⑨澳门发展策略研究中心：《横琴开发与澳门新机遇》，载澳门发展策略研究中心《科学发展，先行先试，互补共赢澳门与区域合作系列一》，2010，第31~32页。

⑩参阅澳门与内地CEPA补充协议九。

作者简介：冯邦彦，暨南大学经济学院教授、博士生导师。

[责任编辑：刘泽生]

（本文原刊2014年第1期）

主持人语

刘泽生

2014 年是中国传统年历的马年，"马上有钱"、"马上有房"寄托着人们对未来的美好愿景。据不久前瑞士洛桑国际管理学院（IMD）公布的 2013 年世界竞争力年报报告，香港仅次于美国、瑞士，位居世界第三，虽然与前两年相比，排次略为下降，但人们有理由寄予厚望。澳门整体经济也有不俗的表现，实现了经济社会的稳定发展。在马年到来之际，本栏目特别安排两篇专稿，分别回顾 2013 年港澳经济发展的特点及展望 2014 年经济发展的基本趋势，敬请垂注。

2013 年度，香港的总体经济呈复苏状态，经济实质增长回升至 2.9%，通胀略有回落，失业率持续低位，经济竞争力也得到维持。由于外部环境面临挑战，香港经济在 2013 年持续呈现"外冷内热"态势，涉外经济增幅相对较为缓和，内部消费受金融、旅游及就业状况等因素带动稳健上升。年内政府经济施政取得成效，房屋、扶贫和安老等民生领域着力较多，楼价持续快速增长态势得到控制，与内地经济交流合作更加频繁、务实。未来香港经济的发展还将继续面临多种问题：与外部金融经济环境高度关联，美联储逐步退出量化宽松政策，对香港金融、房地产业走势的影响较大；现有产业基础偏窄，新的经济增长点尚未形成；就业路径不宽、中层岗位比重下降，职业上升空间趋窄；楼价租金高企，对企业经营、居民置业租住都会造成不小负担；随着人口老龄化，政府的财政开支负担也会逐渐加重；此外，在选举政治的大环境下，也比较容易产生民粹化倾向，政府在经济施政中凝聚社会共识可能会更为艰难。这些问题，也将影响香港今年经济的走势与发展。香港特区政府预测，2014 年香港经济可以实现 3% ~ 4% 的增长。

澳门则在 2013 年继续维持接近双位数的高速增长，其主要增长动力依然来自澳门服务出口，尤其是博彩旅游业的带动，博彩毛收入的增幅接近 19%。受经济快速增长的拉动，年内通胀持续维持 5.5% 的高位；劳动力市场持续偏紧，失业率处于 1.8% 的超低状态；楼价继续延续上年态势急速飙升，成为除通胀外影响民生的另一重要因素。澳门目前经济发展面临的主要问题，包括经济结构及增长动力高度依赖博彩业，一业独大趋势仍在强化，其经济适度多元受到很大的制约，如何有效监管博彩业过快发展所带来的负面影响，对博彩监管制度与产业规划带来新的要求；经济高速增长带来的资源紧张状况仍未缓和，人力资源瓶颈与本地就业保护之间的冲突会更趋突出；楼价快速增长的态势尚未有效控制，通胀高企难下，政府改善民生措施成效会受到一定侵蚀。英国《经济学人》智库（EIU）预测，2014 年澳门经济增长率为 13.5%，相对比较乐观；中国银行澳门分行青年协会则预测澳门 GDP 增长率为 9.43%。

总体而言，2013 年港澳经济的发展均好于预期，也高于全球平均增幅。2014 年随着周边环境的趋好，尤其是受惠于中国内地经济增长的利好带动，港澳经济表现也会相应改善。在国家全面深化改革和现代化进程中，港澳将会实现更好发展。与此同时，港澳发展深层次的问题依然存在，产业基础过窄、增长动力趋弱或者过度集中、经济民生等社会问题逐步显现，社会对政府施政提出更高的期望等，都值得很好的关注与研究。

关于澳门经济的适度多元化发展，一直是澳门各界所关注的重大问题。澳门目前人均 GDP 已跨入世界最高地区之列，但其整体经济结构严重失衡、基础设施相对滞后、资源严重不足、贫富差距悬殊等状况，一直制约着澳门社会的均衡发展。澳门需要居安思危、谋划长远。本期发表的钟坚《澳门经济适度多元化发展的思考》，也许能为读者诸君带来新的视角。

2013 年香港经济发展的
回顾与展望

刘　诚

[提　要] 2013 年香港经济温和增长，GDP、通胀率、失业率等宏观经济指标表现良好，世界竞争力、营商环境等指标国际排名保持领先，但外需、青年就业等表现则不太理想，政府效率也出现下降迹象。2014 年香港外需受世界经济复苏和中国次高速增长的拉动将趋向好转，而内需则受本地消费增幅趋缓、楼市持续调控等因素的影响将呈现放缓局面。总体预期 2014 年香港经济增速加快但仍处温和水平。2014 年香港经济将面临美联储退出量化宽松政策、中国内地深化改革等重大因素的影响，值得密切关注。

[关键词] 香港经济　基本特点　发展趋势　影响因素

2013 年香港经济在世界经济复苏乏力、调整变革[①]的格局中取得温和增长，增速快于欧美发达经济体，也快于香港上一年度，但是慢于香港长期趋势值，属于中低位平稳复苏。内需、外需和通胀等主要经济指标呈现一些新特点。房屋、扶贫等政府经济施政的成果初现，但也遇到一些落实困难。2014 年美国经济复苏、中国内地保持次高速增长[②]等环境下，香港经济预期向好但需要关注的问题增多、难度增大。

一　2013 年香港经济形势基本特点

2013 年香港经济稳定增长，GDP、通胀率、失业率等宏观经济指标表现良好，世界竞争力、营商环境等指标国际排名保持领先，但外需、青年就业等表现则不太理想，政府效率也出现下降迹象。2013 年香港经济特征可以概括为：温和增长，快于上年；外冷内热，旅游和金融成为重要增长点；通胀趋于温和；全民就业，但青年就业形势严峻；股市融资高于上年，人民币业务大幅增长；楼价升势已告扭转；竞争力局部指标拖累国际排名有下跌风险；政府致力于房屋、安老、扶贫等，获得成效但也面临种种困境。

（一）经济出现复苏，增幅较上年提升

2013 年香港本地生产总值（GDP）增长 2.9%，明显高于上年的 1.5%，但低于香港过去十年平均的 4.5%，属于温和增长。四个季度 GDP 实质增幅分别为 2.9%、3.1%、2.8% 和 3.0%。香港经济增长曲线从上年自低谷一路向上转为横向波动，同时由于三季度增速低于二季度，这中断了上年中以来香港经济增速持续上涨的走势，显示经济回升的力度已有所减弱。年内，香港政府对经济增长预期也先高后低，先从 1.5% ~ 3.5% 调高为 2.5% ~ 3.5%，再调至区间中值 3.0%，最终取得 2.9% 也略低于该预期。2013 年香港经济表现优于欧美发达经济体，而低于新加坡和东盟五国。美国商务部、英国统计局和新加坡贸工部数据显示，2013 年美英经济增速均为 1.9%，新加坡增速则高达 4.1%；国际货币基金组织（IMF）预测，2013 年欧元区呈现 0.4% 的负增长，东盟五国则增长 5.0%。[③]

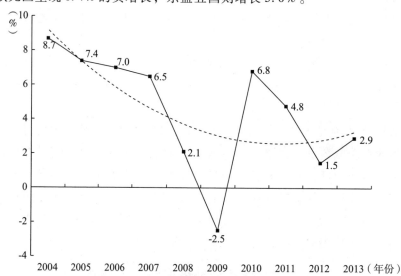

图 1　近十年香港 GDP 实质增速（%）

数据来源：香港政府统计处。图中虚线为趋势线。

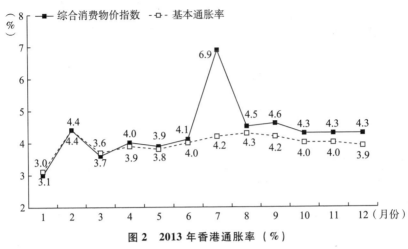

图 2　2013 年香港通胀率（%）

数据来源：香港政府统计处。

（二）经济增长的动力结构依然是外冷内热

外需持续疲软，但较上年略有好转。香港外需在 2013 年对 GDP 增长的贡献为 -1.0%，明显低于过去十年平均的 0.9%，但好于上年的 -1.9%。货物贸易方面，2013 年全年的商品整体出口同比上升 3.6%，高于上年的 1.8%。其中转口上升 3.8%，而港产品出口则下跌 7.6%，并且连续 11 个月同比下跌，显示香港商品全球输出能力下降。2013 年香港录得有形贸易逆差 5010 亿港元，比上年增加 232 亿港元，逆差缺口拉大。香港输往主要发达经济体的出口仍然疲弱，输往美国的货物在 2013 年收缩 4%，输往欧盟的货物全年微跌 1%。香港货物出口超过一半输往内地，增长较其他市场快。服务贸易方面，年内服务输出实质增长 5.8%，远高于上年平均的 2.0%。旅游服务输出依然是重要增长动力，主要受惠于访港旅游业进一步增长。2013 年访港游客 5430 万人次，同比增长 11.7%，其中内地游客 4050 万人次（占比 75%），同比增长 16.8%，增加人次甚至高于访港游客的总体增加量。金融及其他商用服务输出在跨境金融活动进一步扩张的支持下增长稳健，而与贸易相关的服务及运输服务输出则受贸易往来表现呆滞所拖累，表现欠佳。

内需保持扩张，成为香港经济增长的主要推动力。2013 年香港内需拉动 GDP 增长 3.9%，表现好于上年的 3.4%，甚至略好于过去十年的平均水平。就业和收入情况大致理想，以及持续加快的政府基建工程，使得香港内需温和扩张，延续了连续五年内需取代外需成为主要增长动力的趋势。

在居民收入增长加快以及近年资产价格急升引发正面财富效应的推动下，2013 年香港私人开支增长 4.2%，带动 GDP 增长 2.7%，占 GDP 增幅的九成以上。政府消费开支在年内稳步增长 2.7%，轻微拉动 GDP 增长 0.24%。按本地固定资本形成总额计算的整体投资开支在波动中增加，年均增幅为 3.3%，拉动经济增长 0.81 个百分点。

（三）通货膨胀率略有回落

2013 年，香港通胀压力相对温和。综合消费物价指数同比上升 4.3%，略高于上年的 4.1%，剔除所有政府一次性纾困措施影响的基本通胀率同比上涨 4.0%，较上年的 4.7% 有所回落。从通胀走势来看，与上年由高到低的走势不同，2013 年通胀率由 1 月份的低位曲折回升至 7 月份的高位，而 8 月份以来物价走势又平稳下滑，综合消费物价指数相对平稳，而基本通胀率由 8 月份的 4.3% 一路下滑至 12 月份的 3.9%。

表 1　2013 年香港内部需求的同比变化（%）

季度	私人消费开支	政府消费开支	本地固定资本形成总额			
			合计	楼宇及建造	拥有权转让费用	机器、设备及知识产权产品
一季度	6.5	2.2	-3.3	-2.4	-2.2	-4.3
二季度	4.6	3.1	7.6	-1.0	-41.6	19.4
三季度	2.4	2.3	2.8	3.2	-41.6	7.3
四季度	3.2	3.2	5.3	-4.1	-39.7	17.2
全年	4.2	2.7	3.3	-1.2	-32.6	10.5

数据来源：香港政府统计处。

2013 年全年，香港政府根据较低开支住户的开支模式而编制的甲类消费物价指数，以及较高开支住户的乙类及丙类消费物价指数，升幅分别为 5.1%、4.1% 及 3.8%，剔除所有政府一次性纾困措施的影响，相应升幅则分别为 4.5%、3.8% 及 3.6%。说明高通胀对于低收入家庭影响较大，政府纾困措施对低收入家庭效果更显著。年内推高整体物价的主要原因是食品及住屋，而二者在通胀率所占权重占比接近六成，但自 2013 年初新定私人住宅租金的升幅放缓，其有利影响在第三季末时开始出现，通胀压力趋于缓和。

（四）楼价持续快速增长的势头得到控制

在美国量化宽松和全球流动性泛滥，以及香港楼市长期供给不足等多重因素刺激下，香港楼价在全球金融危机后急速攀升。到 2013 年 9 月底，对比九七年楼市泡沫最高峰，私人住宅、写字楼和商铺价格分别高出 42%、78% 和 151%。2013 年上半年楼价继续上涨，尤其是前两个月。而从 7 月份开始，楼价止升横行、高位徘徊，增速在震荡中下跌。

政府统计数据显示，自 3 月起，住宅物业价格平均每月只上升 0.2%，与首两个月平均每月 2.7% 的升幅大相径庭。住宅租金的升势同样减慢，2013 年全年累计上升 3%，低于 2011 年 11% 的升幅。至于非住宅物业市场，2013 年商铺租金的升幅为 6%，明显低于 2012 年的 13%，而写字楼租金上升 7%，亦低于上年 8% 的升幅。④2013 年底中原城市领先指数（CCL）报119.07 点，较 2012 年底的 115.6 点只微升 3.0%，楼价上涨势头得以控制。此外，香港土地注册处数据显示，2013 年全年楼宇成交量大跌 39%。⑤住宅楼宇成交量已连续多个月少于四千宗，甚至一度低于 2003 年 SARS 低潮期水平。

（五） 失业率维持低位，但青年就业压力依然严峻

2013 年全年，香港劳动人口和总就业人数都录得 2.3% 的增幅，失业率维持不变于 3.3% 的低水平，显示本地劳工市场处于全民就业状态。从季度数据来看，经季节性调整后的香港失业率分别为 3.5%、3.3%、3.3% 和 3.2%，就业不足率分别为 1.6%、1.6%、1.5% 和 1.4%，二者都是稳中有降。由于本地经济大致稳定，加上访港旅游业进一步增长，劳工需求相对供应仍然殷切。劳工市场情况相对偏紧，工资及收入保持稳健而且广泛的增长，其中低收入组别升幅尤为明显，除了反映低技术劳工供给不足外，也表明最低工资的上调取得了一定成效。

香港就业结构并不合理，中层岗位就业比重下降。2000 ~ 2011 年，专业服务和贸易物流为代表的中端就业仅增加一成岗位，而相对低端的旅游和个人服务业却猛增 40%。⑥而且，青年就业压力依然严峻，已引起香港社会的担忧。香港大学吕大乐教授进行"夹心中产意见调查"显示，六成以上市民认为青年一代的前景较上一代变差，并且收入愈高的家庭愈忧心。⑦2013 年香港约 13 万失业人口中，超过 3 万是 15 ~ 24 岁的青少年，占整体失业人口的四分之一。15 ~ 24 岁青少年失业率是 9.5%，20 ~ 24 岁青年失业率为 8.7%，远高于整体失业率。

（六） 股市融资恢复高位，人民币离岸业务快速增长

2013 年香港股市融资功能强劲恢复。年内，香港新股上市 110 只，融资 1665 亿港元，较上年分别大幅上升 68% 和 88%。⑧ IPO 融资额居世界第二，仅次于纽约证券交易所。由于内地股市暂停新股上市，2013 年共有 78 家内地企业赴港上市，占年度 IPO 企业数的 71%。恒生指数在年底收报 23306 点，较上年底上升 2.9%。同期，香港股票市场的总市值增加 9.5% 至 24.0 万亿港元。全年股市平均每日成交额也轻微反弹至 626 亿港元。

2013 年香港金融市场稳步发展，除了股市融资大幅上涨外，人民币离岸市场也依然保持迅猛发展势头。截至 2013 年底，香港人民币存款余额为 8605 亿元，比上年底增长 43%，经香港银行处理的人民币贸易结算总额则急升 46% 至 38410 亿元，同时人民币贷款余额由 2012 年底的 790 亿元大增至 2013 年底的 1160 亿元。而且，财政部 2013 年度两次在港共发行人民币国债 230 亿元，体现中央政府在港发行人民币国债已趋向常规化。目前全球人民币离岸市场的资金池约为 12000 亿元，其中香港占七成半，远高于中国台湾、新加坡、英国等经济体的总和。香港平均每天的人民币即时清算系统交易量达 4000 亿元。

（七）全球竞争力国际排名领先，但创新力等分项指标有待改进

香港在世界公认的几大指标中，竞争力、营商便利度、经济自由度等一直位居全球前列，尤其是经济自由度更是在近二十年一直位列第一。然而，从分项指标来看，创新力、政府效率等局部表现相对较弱。2013 年香港在瑞士洛桑国际管理学院（IMD）的 4 个分项指标上全线下跌，其中上年排第一的政府效率和商业效率均跌至第 2 位。在世界经济论坛（WEF）的排名上升，但是 3 个分项之一的创新力仍然处于 19 位的较差水平，创新力的滞后是影响香港整体竞争力的长期因素。

表 2　香港经济竞争力及营商环境国际排名（2011～2013 年）

年份	世界竞争力（IMD）	全球竞争力（WEF）		营商便利度	经济自由度	人类发展指数
		总指标	创新因素			
2011	1	11	25	2	1	13
2012	1	9	22	2	1	13
2013	3	7	19	2	1	13

数据来源：瑞士洛桑国际管理学院（IMD）的世界竞争力年报、世界经济论坛（WEF）的全球竞争力报告、世界银行的全球营商环境报告、美国传统基金会的经济自由度指数以及联合国开发计划署的人类发展指数。

同时，世界银行发布的 2013 全球营商环境报告亦认为，政府楼市"辣招"（即买家印花税、额外印花税和第二套房双倍印花税）导致香港在注册财产上的全球排名大幅下滑了 29 位。局部指标的下挫直接影响了香港整体以及长远竞争力。香港总商会于 2013 年 10～11 月进行的"商业前景调查报告"显示，60.2% 的受访会员认同香港竞争力在下降。[9]此外，从反映生活水平、健康和教育程度的人类发展指数来看，香港的人类发展指数好于新加坡但相比瑞典等高福利国家还有进一步改善社会民生的空间。

（八）政府推进经济民生，但部分领域困难重重

1. 2013 年香港政府遏止了楼价的上升趋势，同时全力增加短中长期的房屋供应。特区政府在处理房屋议题的取态积极，并用长远可行、逐步推进的策略去落实，管理需求并从短中长期增加供应。尤其是在实施"辣招"后，楼价涨幅被遏止并呈下行走势。而且，政府政策效果不仅表现在当下，更具有长期效益。首次制订长远房屋策略，计划未来十年供应房屋 47 万套。

房屋政策也招致了一些反对意见，并在实施中遇到许多具体困难。首先，引起了自由经济虔诚者的反对，例如许多学者和商人公开反对楼市"辣招"。其次，具体政策的落实难度大，例如新界东北新区自 2009 年就开始规划研究，而直到今天仍然前景不明。第三，影响了香港的营商环境，挤压了地产商的利润，出现部分企业家撤资的现象。

2. 安老和扶贫取得丰硕成果。香港政府致力于发展经济、改善民生。特区政府把老人问题作为最迫切的民生问题。2013 年政府的安老措施主要有以下四点：一是提供超过 1700 个新增资助安老宿位；二是推出"长者社区照顾服务券试验计划"；三是推行让在广东居住的香港长者领取高龄津贴的"广东计划"；四是从奖券基金拨出约 9 亿港元改善津助长者中心的设施。政府扶贫工作主要是一次性纾困和划定贫穷线。2013 年香港政府纾缓贫困财政支出 300 亿港元，占政府总开支的 6.8%，其中宽免差饷、宽减薪俸税、提供电费补贴的支出居前三位。[10]然而，一次性纾困措施因短期性和普惠性而备受指责。2013 年 10 月，香港扶贫委员会划定了香港的贫穷线，政府承诺会根据人口贫穷状况进一步制定具体扶贫措施。可是，有部分香港人认为贫穷是个人原因所致，与贫穷相伴的往往是懒惰、不上进，他们反对政府大举扶贫的行为。

3. 与内地经济合作进一步推进，但限制外需做法存在争议。年内，特区政府继续推进两地合作。行政长官在香港会见了十多个内地省份领导人，并访问北京、上海、广东、重庆等地，商讨香港与各地的合作机遇。香港政府积极与中央沟通和汇报，扩大中央惠港政策范围和力度，拓展港商在

内地发展空间。年内签署了 CEPA 10，共有 73 项服务贸易开放和便利贸易投资的措施，而且先后在广东和上海召开了两次 CEPA 联合工作小组会议。2013 年 9 月，泛珠三角大会上，行政长官梁振英提出香港是泛珠三角的超级联系人，并重组"大珠三角商务委员会"。

同时，香港政府采用行政手段优先满足本地需求，来解决香港部分资源紧张状况。从奶粉限购，到楼市"港人港地"，再到"双非"孕妇零配额，都显示了特区政府优先满足本地需求的施政理念。"港人优先"有助于解决香港本地因外部需求过大导致资源紧张、福利外溢等社会问题，缓解部分港人对两地合作的不满，但依靠行政措施限制外部需求的做法在保护本地部分民众眼前利益时，也会因未能有效区分社会不同群体的利益、阻断外部需求自由流入而影响到香港其他群体的发展利益及香港长期利益，同时也易引发内地民众与香港的对立情绪。例如，"限奶令"实施后，香港一度出现供应商奶粉滞销；"双非"孕妇零配额的实施，也一度引发私立医院业务量不足等现象。特区政府需要根据两地交流合作的发展趋势做好配套措施，认真研究和细分市场供求状况，使有关措施更具针对性，在有效抑制外地投机者的同时照顾到香港本地居民的生活需求以及经销商的发展利益，同时要把握好政策的力度和节奏。

4. 政府经济管理架构进一步充实，但经济施政仍面临较大制约。香港特区政府成立了经济发展委员会、长远房屋策略督导委员会、金融发展局、扶贫委员会、香港与内地经贸合作咨询委员会、贸发局重庆代表处等组织机构，致力于促进香港经济社会长期稳定发展。[11]然而，行政立法关系紧张状况恶化，政府经济施政困难。经济议题政治化，反对派利用立法会、社会运动等方式打击政府管治，导致许多政策无力推进，例如垃圾堆填区不能扩建，2013～2014 年财政预算案遭遇"拉布"，几经周折后才勉强通过。特区政府 2012～2013 立法年度向立法会提交法案 24 份，只有 11 项获得通过，"立法成功率"仅为 45.8%，低于之前 15 年的平均值 56.1%。另有 10 项被搁置或押后，其中财经、工商和劳工等经济方面的法案就占了 7 项。[12]

二 2014 年香港经济发展趋势及其影响因素

(一) 2014 年香港经济发展的趋势判断

1. 外需趋向好转

美国引领世界经济复苏，中国保持次高速增长。2014 年世界经济将走出迷局，经历 2013 年的筑底修复后，各国变革措施开始发力，以美国为首的发达经济体将走向全面复苏。联合国、经合组织等均预期 2014 年世界经济增速高于上年，处于 3.0% ~ 3.7% 区间，主要共识有：第一，美国经济成为主要动力引领全球复苏，而美国退市[13]则会引发全球波动；第二，以金砖国家为代表的新兴经济体，经济结构深度调整，发展速度呈现下滑；第三，中国经济增速仍然一枝独秀，增速下滑但仍可保持 7.5% 左右的次高速。[14]中国改革蓝图将在中长期内显著提升内地的经济增长潜力。

表3　近期主要国际机构对 2014 年世界经济增速的预测（%）

机构	全球	美国	欧洲	中国	其他国家
UN	3.0	2.5	欧盟 1.4，欧元区 1.1	7.5	日本 1.5，发展中国家 5.1
OECD	3.6	2.9	欧元区 1.0，英国 2.4	8.2	日本 1.5
IMF	3.7	2.8	欧元区 1.0，英国 2.4	7.5	新兴经济体 5.1

数据来源：联合国（UN）：《2014 年世界经济形势与展望》，2013 年 12 月；经济合作与发展组织（OECD）：《世界经济展望报告》，2013 年 11 月；国际货币基金组织（IMF）：《世界经济展望》，2014 年 1 月。

世界经济的复苏有利于香港扩大外需，中国持续次高速增长则给予了香港广阔的市场和发展机遇。2013 年初以来，香港外贸出口开始摆脱欧债危机带来的冲击，出现加快复苏、增速提升的良好势头。随着欧美市场的逐渐恢复，外贸出口的市场结构更趋均衡，进一步巩固了出口复苏的基础。香港贸发局预料，2014 年香港整体出口增长 5.5%。[15]外部需求对香港经济的拉动作用将有所加大，产品出口和服务输出，尤其是旅游、金融、航运将显著增长，专业服务业进军内地预期也会取得实质进展，年内将基本实现粤港服务贸易自由化。虽然 2014 年香港主要出口市场表现将好于上年，但外贸出口仍将面临许多不确定风险，包括美国退出量宽将导致全球市场加剧波动，欧洲陷入债务危机的国家不排除出现反复等。

2. 内需将出现放缓局面

2013 年香港 GDP 增长横向波动，尽管已摆脱上年的低增长，但也出现上升乏力、低速徘徊的局面。[16]私人消费增幅从一季度的 6.3% 降至四季度的 3.2%，本地固定资本开支升幅也从上年的 9.4% 急跌至 2013 年的 3.3%。劳工市场虽处全民就业状态，但青年就业难、人口老化、在职贫穷等问题依然存在，因而 2014 年香港本地消费可以保持平稳但增幅受限。美国退市将减少流动性，可能导致香港利率攀升，给投资带来下行压力。同时，楼价面对调整压力，也会影响未来内需表现，消费和投资对香港经济的带动作用将会减弱。一般估计，2014 年香港内需会有所放缓。

3. 全年经济增速加快

未来香港经济增长取决于内外需求的综合变化。受周边经济乐观走向的影响，预计 2014 年香港经济会加快增长。但是，受制于香港内部需求增长放缓，以及经济政策的长期性不够、产业结构尚不合理等问题，香港经济增幅会有所抑制。各主要机构预期 2014 年香港经济增速加快但仍处温和水平，一般估计增长区间为 3.3% ~ 4.3% （见表 4）。同时，美国退市可能会引发全球波动，中国经济在深化改革中也会出现短期阵痛，因而 2014 年香港经济面临的不确定性依然较大。

表 4 近期各主要机构对 2014 年香港经济增速的预测

机构	香港政府	香港大学	IMF	中银香港	恒生银行	渣打银行	花旗银行
增速预测	3% ~ 4%	3.3% ~ 4.1%	4.4%	3.3%	3.6%	4.0%	3.4%

数据来源：香港政府财政司：《2014 ~ 2015 年度财政预算案》；香港大学：《2014 年第一季宏观经济预测》，2014 年 1 月；国际货币基金组织（IMF）：《世界经济展望》，2013 年 10 月；王春新：《2014 年香港经济形势展望》，《中银经济月刊》，2013 年 12 月；恒生银行：《香港经济脉搏》，2013 年 12 月；渣打银行，2013 年 12 月，http://hkstock.cnfol.com/shichangfenxi/20131205/16373731.shtml；花旗银行，2013 年 12 月，http://epaper.oeeee.com/D/html/2013 – 12/06/content_1984957.htm。

（二）影响香港经济发展的若干重要因素

1. 美联储退出量化宽松政策对全球及香港的影响

美国的量化宽松货币政策（QE）预计将在 2014 年启动退出。2013 上半年美国退市传言，曾让印尼、巴西等国际市场陷入恐慌，中国内地 6 月份曾一度出现了流通领域内货币不足的现象（俗称"钱荒"），一定程度上也与此有关。2013 年 12 月美联储货币政策会议决定，缩减每月资产购买计划 100 亿美元至 750 亿美元，2014 年 1 月美联储再次将其缩减至 650 亿美元。这次虽然只是减少"放水"，但已是"收水"的征兆。美联储宣布当日香港股市应声下挫，2013 年底中国内地经济再度出现"钱荒"，2014 年初阿根廷货币大幅贬值。2014 年美国退市趋势已定，其影响必然巨大，需要密切关注。

美国退市将对香港经济产生多层次影响。首先，这体现在联系汇率和低利率环境上。美国退市，国际资本进出香港的频率和幅度会有所增加，联系汇率下港元或将在波动中升值，导致香港社会的资本成本上升，使得香港当前低利率营商环境难以持续。其次，美元升值将严重影响香港股市和楼市，尤其是后者。香港楼市已在政府"辣招"下出现下滑态势，如果加之美国快速退市和投资者趁机做空，香港楼市可能大幅下降，或进而引发金融风险并造就一大批负资产人士。再次，美国退市会导致国际资本从新兴经济体回流，香港主要经贸伙伴的中国内地和东盟必将受到负面冲击，香港则难以独善其身。最后，美元升值将导致国际大宗商品和国际金融产品贬值，或引发全球或区域性金融危机。例如在 1992～2000 年的美元升值周期中发生了两次金融危机：1994 年的墨西哥金融危机和 1998 年的亚洲金融危机。

2. 内地深化改革对香港发展的可能影响

一是中国内地全面深化改革、扩大开放，对香港的"战略需求"产生新变化。一方面，香港窗口角色增强。中国企业"走出去"、人民币国际化、积极加入跨太平洋伙伴关系协议（TPP）等扩大开放的举措加强了香港贯通中西的作用。另一方面，上海、广东等地对香港的替代性也会增大。上海国际金融中心和自贸区的不断推进，广东专业服务业的增强，以及中国整体经济实力的提升，内地与香港之间的竞争也随之增加。香港特区政府需要积极调适，挖掘传统优势潜力，在内地企业境外上市、海外并购、人民币国际化等方面发挥更大作用。

二是离岸人民币市场竞争会进一步加剧。香港是人民币离岸市场的主体，但外部竞争逐渐加剧。台北和新加坡都已有人民币清算行设点，人民币境外合格投资者（RQFII）额度也已向伦敦和新加坡开放。香港必须充分利用先行优势，在人民币结算的贸易融资、内地企业的跨境投资、人民币计价金融产品创新、基金互认和跨境发售等业务上拓宽发展空间，为国家提供风险可控的测试平台，让人民币有序成为国际贸易结算、投资及储备货币，创造两地双赢局面。

三是自贸区发展动向将对香港经济产生较大影响。上海自贸区的成立，肩负着中国内地新一轮改革创新重任，其目标是积极推进服务业扩大开放和外商投资管理体制改革。随着改革措施的推进，对上海的金融、航运、专业服务和进出口等行业的发展都有莫大裨益，亦即是说，香港在上述领域的优势地位将出现变化，部分业务也将会被分流。同时，上海自贸区也给香港带来一些机遇。上海在岸与香港离岸人民币市场之间的双向流动，会使彼此相得益彰，有助于香港离岸人民币市场和国际资产管理中心的建设。另一方面,广东省正在积极申报粤港澳自贸区。粤港澳自贸区的规划理念和细则,以及申请进展和获批后的运转方式,都会对香港的经济发展产生重大影响。香港应该密切关注上海自贸区的改革措施,利用合作机会、规避正面竞争,并积极阅注和参与粤港澳自贸区的研究和申报工作,以期在自贸区审批后占据有利地位。

3. 房地产市场走势及调控效应变化

2013 年香港特区政府抑制投机需求和增加土地供应,楼市调控初见成效,价格涨幅得到控制,交易量创 18 年来新低。2014 年政府土地供应和公屋居屋建设依然延续,特首和有关官员多次表态,香港楼市调控仍未放松。各机构纷纷预期香港楼市将进一步下行调整。香港楼价升幅已经高于经济及整体物价表现,下调压力的确不少。但同时存在多项因素限制楼价跌幅,包括加息步伐缓慢、租金回报尚可、按揭承担未见吃力、楼宇供应依然偏低以及劳工市场持续畅旺。因此,楼价暴跌的概率较低,2014 年跌幅应不会超过双位数。香港大学宏观经济预测报告认为,由于特区政府的增加供应及需求管理措施开始收效,2014 年香港楼价将下跌 10% ~ 15%。[17]渣打银行和高盛预测,香港楼价未来呈下降趋势,每年降幅在 5% ~ 15%。国际投行巴克莱资本预测,2014 年香港楼市将下滑 30% 甚至更多。[18]

香港经济诸多方面都已高度依赖房地产,楼价大幅变动会构成一系列的连锁反应。香港楼价如过快下跌,会通过财富缩水效应影响香港私人消费开支,降低通胀率甚至出现通缩,进而导致内需不振和失业攀升。更严重的是,如果楼市下跌恰与美国退市和中国"钱荒"等因素交织,再叠加投机者恶意炒作,香港经济风险将随之加剧,甚至增加政改难度与管治压力。因此,香港政府要密切关注楼价走势、周边环境变化以及香港社会各界反应,把握好楼市调控的力度和节奏。

4. 产业结构的优化

许多学者把香港产业结构问题归结为产业单一,主要表现在一、二产业的塌陷,经济体走向服务业化。但是,香港具有一国两制和背靠内地的特殊条件,发展城市经济而不是完整的独立经济体是正确道路,因而单纯发展服务业并非不可以。所以,香港产业单一更深层次的问题是服务业内部业态单一,这才是产业结构不合理的根本所在。金融、贸易、地产等传统产业过于集中,文化创意、教育、医疗等新兴产业发展动力不足。2013年传统行业外部压力增大,新兴行业创业和营商成本上升,进一步加剧金融地产等行业的垄断以及新兴行业的萎靡，造成两类行业的分裂。

当前产业形态在一定程度上阻碍了香港发展的内生动力。由于香港产业单一化，金融及地产行业等出现垄断局面，社会资源较为集中。财团垄断导致社会创业成本高，香港年轻一辈大都已经丧失了以往那种争当老板的创业精神，变成了"做好这份工"的老实打工仔，都想进入大企业去找一份好工，而不是去创业成为企业家。[19]同时，过度集中和固化的传统产业减少了新人上位和青年人向上流动的机会，加剧了社会矛盾。单一化的产业结构与初级化的劳动力结构交互作用，导致就业市场的错配，最终反映为收入结构失衡和阶层对立。金融等高附加值行业与零售等低附加值行业两极分裂造成少数富人和多数穷人的对峙，而贫富差距（尤其是在职贫穷）和社会断层（尤其是中产和青年人）加剧了社会仇富心态和政制变革的期待。在保持传统优势的同时，香港政府需要大力鼓励创业，扶持中小企业，引进外来人才，发展新兴产业，打破传统利益格局，优化产业和社会利益结构。

5. 营商环境的变化态势

香港连续 20 年获评全球最自由经济体，营商便利度也多年居世界第二。然而，2013 年香港营商环境的若干领域出现趋差的迹象。

从国际评价看，政府的行政作为在某种程度上影响了香港营商环境。2013 年瑞士洛桑国际管理学院的世界竞争力年报指出香港政府效率降低，2013 年世界银行的全球营商环境报告认为香港政府楼市"辣招"提高了注册资产的成本，2014 年美国传统基金会的经济自由度指数则声称，"香港的民粹政策提高了政府开支、扩大了官僚权力"，这些因素拉低了香港的总分。爱德曼公关（Edelman）发布的 2014 年度全球信任调查显示，香港整体信任指数由上年的第五位（67%）下跌至第十位（59%）。其中公众对港商业机构的信任度较上年下跌 11 个百分点至 49%，较全球平均值 58% 为低；而政府的公信度更较上年相比大跌 18 个百分点至 45%，是首次与全球平均值 44% 相当。该调查认为，香港信任度的大幅下跌，部分可归究于商界和政府上年未能较好地平息多宗公众关心且日益增加的争议。[20]

从香港社会内部看，对政府调节社会问题的政策措施，也存在不少分歧和批评。社会有观点认为，政府推出的最低工资、人口政策、规管楼市等，都是限制自由市场经济的政策。其中楼市"辣招"则成为崇尚市场经济的学者批评最多的政策。年内政府限制外部需求等行政性措施、码头罢工事件、仇商情绪扩大、民粹倾向抬头等，均加重了商界对营商环境的忧虑。某些大财团撤资香港，成为业界对营商环境担忧的代表性反应。上述现象显示，如何厘清"适度有为"内涵，有效维护营商环境，值得香港社会各界的高度关注。

6. 反对派为政改目标而绑架经济施政等做法将进一步增大政府施政难度

从政治环境看，2014 年香港正面临政改咨询，各方势力为抢占普选话语权，提出各自普选方案，有的严重违背基本法和人大有关决定。为达到某种目的，反对派全力出击拖累施政进程、打压政府权威，以突显非普选政府在政治认受性和民意支持度上的不足。例如，反对派议员利用立法会对政府议案进行"拉布"，对政府涉及财政拨款的多项提案行使否决权等，来阻碍政府正常施政；反对派学者甚至不惜提出明显的违法行动扬言要"占领中环"，以此逼迫中央和特区政府。这种政治绑架经济施政的做法，在 2013 年财政预算案"拉布"已见端倪。2014 年，特区政府经济施政面临的政治形势将更为严峻，反对派为政改而发起的一些社会运动将挑战政府的管治威信和管治能力，同时也将直接影响香港的营商环境和国际形象。

回顾 2013 年，香港经济表现好于上年，也好于欧美发达经济体，取得 2.9% 的温和增长，并且呈现出一些新特点：外冷内热格局持续，但外需趋好，增长结构逐步均衡；通胀率先升后降，并在年底趋于稳定，住屋价格涨幅回落和政府纾困措施有助于缓解通胀；全年楼价仅微升 3.0%，政府楼市调控取得实质性成果，同时楼市成交量大跌 39% 也值得关注；香港全年都处于全民就业状态，但是同时存在着劳动供应紧张、中端岗位比重下降、青年就业严峻等问题；金融业稳步发展，股市融资额居世界第二，从 2012 年的低谷大幅恢复到历史高位水平，人民币离岸业务增长也很迅猛；全球竞争力的多个公认排名均居全球前列，但是创新力、政府效率等分项指标有待进一步提升。同时，香港政府在 2013 年经济施政的表现较好：楼市涨幅得以控制，并制定了长期房屋供给政策；扶贫和安老举措稳步推进，并划定了贫穷线；与内地经济合作的政府交流频次增加，并提出了担任内地和世界的超级联系人的设想；成立了经济发展委员会、金融发展局等组织机构，政府经济管理架构进一步充实。

展望 2014 年，香港外需受到美国引领世界经济复苏以及中国内地保持次高速增长和深化改革的影响，外部需求将明显好转。同时，由于香港本地消费增长幅度受限，美国退市对香港低利率的冲击，以及政府房地产调控等多重原因，预计香港内需增长将放缓。综合内外需变动情况以及多家机构的预测，我们预计香港 2014 年经济增长为 3.3% ~ 4.3%。2014 年香港经济将受到世界、中国内地和香港自身的多种重大事件的影响：从世界经济来看，最大的不确定性是美国退市，它将直接影响到香港资本流向和利率水平，并会影响中国内地、新兴经济体进而间接影响到香港经济；中国内地深化改革给香港人民币离岸等业务带来了机遇，同时自贸区等开放举措也加剧了内地与香港的竞争；香港经济最需密切关注的是楼市走势，政府调控和世界经济将直接影响香港的楼市，而这一影响又将通过多种机制传导至香港经济的多个方面；香港产业结构问题是长期以来深受关注的问题，在 2014 年则需进一步提升新兴产业的发展；香港营商环境在 2013 年受到了国际社会和香港市民的一些质疑，对此需要进一步厘清和论述"适度有为"的内涵；最后，2014 年政改将是香港社会关注的最重大问题之一，这必将影响到经济发展，尤其是反对派主张的"占领中环"运动，需要政府和社会各界密切关注。

---

①2013 年世界经济的变革调整主要体现在两个方面：一是世界各国都在变革发展模式。美国的"金融 + 过度消费 + 高赤字"模式、欧洲的"一体化 + 福利化 + 高债务"模式正在改变。美国提出再工业、出口倍增、全民医疗等变革计划。欧洲提出财政、金融、社保等在内的一揽子改革方案。同时，中国的十八届三中全会开启了全面深化改革的序幕，日本推进宽松货币政策为代表的"安倍经济"刺激计划，俄罗斯、印度等提出了大规模基建以及反腐等结构性改革方案。二是国际经贸格局正在重塑。2013 年全球贸易和投资规则加速重构，新的全球贸易秩序逐渐形成，其关键内容包括投资自由化、服务贸易开放等。美国主导的跨太平洋伙伴协议（TPP）和跨大西洋贸易与投资伙伴关系（TTIP），已成为全球贸易和投资规则重构平台。参见中国人民大学经济研究所《中国宏观经济分析与预测报告（2013 ~ 2014）：大改革与大转型中的中国宏观经济》，北京：中国人民大学，2013 年 11 月。

②2012 年开始，中国内地结束了改革开放以来的 10% 左右的高速增长，2012 年和 2013 年增速均为 7.7%，内地专家学者把中国 7% ~ 8% 增速形象地称之为"次高速"。例如，内地学者刘元春认为 2012 年开始中国已进入"次高速增长时期"。参见刘元春《2012 ~ 2013 年中国宏观经济报告——迈向新复苏和新结构、超越新常态的中国宏观经济》，北京：北京大学出版社，2013，第 2 ~ 5 页。

③International Monetary Fund, "IMF World Economic Outlook（WEO）Update", January 21, 2014. 东盟五国指印尼、马来西亚、菲律宾、泰国和越南。

④香港特区政府：《2013 年经济概况及 2014 年经济展望》，2014 年 2 月。

⑤香港政府土地注册处：《土地注册处 2013 年全年度的统计数字》，2014 年 1 月。

⑥王春新：《香港就业市场的变化趋势和启示》，北京：《港澳研究》2013 年第 1 期。

⑦吕大乐：《中产忧下代前景不如己，八成指"中港经济融合"非利多》，香港：《明报》2013 年 11 月 25 日。

⑧大公网：《797 家内企助港交所荣登全球 IPO 亚军》2014 年 1 月 11 日，http://finance. takungpao. com/hgjj/q/2014/0111/2171347. html。

⑨涂若奔：《六成港企忧港竞争力降》，香港：《文汇报》2013 年 11 月 26 日。

⑩香港政府财政司：《2013 - 2014 年度财政预算案》，2013 年 2 月。

⑪经济发展委员会成立于 2013 年 1 月，就如何制定产业政策，扩阔香港经济基础及促进经济发展的整体策略和政策，向政府提供具体建议。2013 年经发会共召开了三次会议，讨论了本港土地资源、旅游及展览业未来发展等议题。长远房屋策略督导委员会成立于 2012 年 9 月，负责检讨香港房屋长远发展及相关政策。2013 年 9 月长策会发表了咨询文件，建议香港未来十年供应 47 万套房屋，获得了广泛民意支持。金融发展局成立于 2013 年 1 月，成员将利用各自业界资源，集中研究如何配合国家金融市场逐步走向国际，进一步提升香港国际金融中心在国家和地区的作用。2013 年 11 月金发局发表首批共六份报告，提出人民币业务、资产管理中心等多方面的建议，以巩固香港金融中心地位。扶贫委员会成立于 2012 年底，研究老年贫穷、在职贫穷、跨代贫穷以及新移民贫穷等问题。扶贫委员会于 2013 年 10 月划定了香港的贫穷线，为政府了解贫穷人口分布和出台针对性政策提供了参考。香港与内地经贸合作咨询委员会成立于 2013 年 10 月，就加强香港与内地在经济贸易及相关范畴合作事宜，向政府提供建议。贸发局重庆代表处成立于 2013 年 9 月，致力于协助港商掌握最新发展动态及机遇，推动更多港商开拓重庆及西部地区市场。

⑫新力量网络：《2014 年度香港特区政府管治评估报告》2014 年 1 月，http://www. synergynet. org. hk/file/govemance_report_2014. pdf。

⑬美国退市指的是关联储退出量化宽松政策（QE）。量化宽松是指中央银行在实行零利率或近似零利率政策后，通过购买国债等中长期债券，增加基础货币供给，向市场注入大量流动性资金的干预方式。

⑭国家统计局初步统计资料显示，2013 年中国内地 GDP 比上年增长 7.7%，是中国过去 14 年取得的最低经济增长率，但仍处于合理区间。经济增速的适度下滑表明中国增长潜力下降，同时也是政府为调结构、促转型的主动降速结果。2012 年中国将保持了八年的 8% 经济增长目标下调为 7.5%，2014 年的增长目标依然确定为 7.5%。2014 年中国将全面深化改革，将为中国经济提供源源动力，例如金融业的规范整顿有助于实体经济投融资。同时，改革打破旧体系带来震荡，将给宏观经济带来短期阵痛并形成下行

压力，例如服务业开放会增加中国服务贸易赤字。因此，从内生增长潜力、政府导向和经济趋势上看，中国经济已经步入并且 2014 年仍将处于次高速增长时代。参见国家统计局《2013 年我国经济增长 7.7%》，北京：《科技日报》2014 年 1 月 20 日；中国社科院经济研究所《宏观经济蓝皮书：中国经济增长报告（2012~2013）》，北京：社会科学文献出版社，2013，第 25~27 页。

⑮香港贸易发展局：《2014 年香港出口展望：经济温和复苏仍然面对挑战》，香港：《经贸研究》，2013 年 12 月。

⑯王春新：《2013 年香港经济形势特点及趋势判断》，北京：全国港澳研究会秘书处《"2013 年港澳形势回顾与展望"研讨会发言提纲汇编》，2013 年 12 月。

⑰香港大学：《2014 年第一季宏观经济预测》，香港：香港大学，2014 年 1 月。

⑱范辉：《香港楼市明年下跌 10% 成共识》，北京：《北京青年报》2013 年 12 月 24 日。

⑲刘迺强：《给下届特区政府的公开信》，香港：新天出版，2012，第 146~147 页。

⑳《港人对商界信任度急挫》，香港：《太阳报》2014 年 2 月 12 日。Edelman Public Relations Worldwide，"Edelman Trust Barometer 2014 Annual Global Study"，January 28，2014.

作者简介：刘诚，国务院港澳事务办公室港澳研究所博士。

[责任编辑：刘泽生]

（本文原刊 2014 年第 2 期）

2013年澳门经济发展的回顾与展望

杨　丽

[提　要] 2013年澳门经济保持高速增长态势，失业率处于历史最低水平，但是通货膨胀仍持续高位运行，就业市场依旧偏紧。主导产业博彩业保持双位数增长，贵宾厅占比出现下降。楼价保持整体上升趋势，但成交量与成交金额均有所下降。2014年，受惠于世界经济复苏和中国内地经济的平稳增长，澳门经济有望继续保持较好的增长态势，但通胀仍会高企，楼市调控压力依旧较大。此外，澳门经济面临的高楼价增大民生压力、经济增长倚重博彩业、产业适度多元化进展缓慢、通货膨胀高企难下、人力资源短缺以及博彩业如何健康发展等问题仍需密切关注。

[关键词] 澳门经济　形势特点　趋势　问题

　　2013年，在国际政治经济环境复杂多变、全球经济体缓慢复苏的背景下，澳门政府克服了内外各种困难，实现了经济社会的稳定发展。从总体上看，经济繁荣向好，整体经济维持高速增长态势，失业率处于历史最低水平，博彩业继续稳健发展。2014年澳门经济预测仍可保持接近双位数增长。但是，经济高速增长背后仍然存在诸多问题，如何保持博彩业的持续健康发展，如何抑制楼价、物价的持续快速上升，如何有效推进经济适度多元化的进程，如何使人力资源的质与量和澳门经济发展相匹配，如何进一步改善施政，建立相对公平的成果分享机制，这些仍是特区政府需要继续关注的重要问题。

一　2013 年澳门经济形势特点

（一）整体经济仍然维持高速增长态势，但已从超高速状况回落

2013 年以来，特区政府坚持实施稳健的财政政策和金融政策，实现了经济的稳定发展，但是已经从超高速增长态势回落。从季度数据看，前三个季度的实质增长率分别为 11.9%、9.8% 和 11.2%，总体态势较为平稳。第四季度，在六十周年大赛车以及圣诞节的带动下，旅游、消费较前三季理想，经济在年末有所回升，实质增长率达到 14.3%。2013 年全年，本地生产总值为 4135 亿澳门元，按年实质增长 11.9%，远远高于发达国家的平均增幅，也高于亚洲周边经济体的增幅。[①]

（二）服务出口继续成为经济增长的主要动力

服务出口一直是澳门经济增长的主要动力。2013 年，澳门最大两个客源地中国内地和香港的经济增速减慢，访澳旅客的消费尤其是博彩消费增幅放缓。受此影响，澳门服务出口增速相比过去的超高速增长态势有所放缓，但仍为拉动本地经济增长的最主要因素。从季度数据看，澳门服务出口四个季度的实质增长分别为 8.4%、11.1%、12.2% 和 16.0%，对 GDP 的贡献分别为 9.4%、11.7%、12.8% 和 16.1%。其中，第四季度博彩服务出口增加 17.1%，其他旅游服务出口上升 10.6%。[②]同时，随着内部需求及旅客消费的增加，澳门 2013 年的进口货值同比增加 14%，达 810.1 亿澳门元，创历年最高纪录。此外，澳门大学横琴校区完工，政府在外地的支出大幅减少，令政府投资、服务进口有所收窄。

（三）通胀持续高位运行，内需拉动起主导作用

2013 年，澳门的通胀率仍居高不下，对于低收入家庭来说，基本生活质量受到较大影响。澳门特区政府统计暨普查局公布的数据显示，2013 年全年综合消费物价平均指数为 123.48，年通胀率为 5.5%。其中，升幅最明显的大类为住屋及燃料，达到 9.95%。[③]

从通胀的构成原因看，全球通货膨胀总体水平低迷，输入性压力趋向缓和，年内澳门通胀压力仍以内需推动为主，主要是由外出用膳收费上调，住屋租金和蔬菜价格上升等因素带动。数据显示，非贸易品部分或内部导向因素，为总体 5.5% 的通胀率贡献约 4 个百分点。[④]目前，就业增长、收入

和财富上升，劳动力市场依然紧张，令工资成本进一步上升，同时物业租金也仍处于上升轨道。

（四）就业市场依然偏紧，失业率处于超低水平

近年来，由于经济的快速增长，再加之特区政府一直致力于改善就业状况，澳门失业率屡创历史新低。2013 年澳门失业率处于历史最低水平，四个季度分别为 1.9%、1.8%、1.9% 和 1.8%，全年失业率为 1.8%，按年回落 0.2 个百分点，至第四季度澳门失业人口为 6800 人。[⑤] 年内，澳门就业市场仍旧偏紧，截至 2013 年第四季度，博彩业、批发零售行业和保安服务业的职位空缺率分别为 3.4%[⑥]、9.2%[⑦] 和 15.1%[⑧]，仅这三个行业的职位空缺人数达到 6822 人，超过总失业人数，显示澳门目前的失业状况主要属于结构性失业。伴随着人力资源紧张，年内澳门就业人口的每月工作收入中位数保持持续上升态势，从 2012 年第四季的 12000 澳门元增至 2013 年第四季度的 12300 澳门元，同比增长 2.5%，但是行业间的差别仍旧很大，制造业收入中位数仅为博彩业的一半。[⑨] 同时年内外雇人员数量进一步上升，截至 2013 年第四季度，外雇人员达到 13.78 万人，已占澳门整体劳动力的 36.5%[⑩]，也就是说，目前澳门经济发展所需的劳动力，有 1/3 要靠输入外地劳工来解决。有预测表明，未来 3 年，澳门人力资源情况除社工会稍有缓和外，教师、护理、资讯科技、酒店会展的人才储备与需求的缺口均会高达三成或以上。[⑪] 如果特区政府的外劳政策维持不变，未来澳门人才紧缺情况将更为严峻。

（五）博彩收入依然保持双位数增长，贵宾厅占比出现下降

2013 年博彩业的经营业绩再次高于预期，保持着世界博彩业的领先地位，远超拉斯维加斯。[⑫] 在经营规模上，截至 2013 年底，澳门特区共有 35 家娱乐场，5750 张赌桌，13106 台角子机。[⑬] 在经营业绩上，2013 年澳门幸运博彩毛收入为 3607.49 亿澳门元，较 2012 年的 3041.39 亿澳门元增长 18.6%，增幅在 2012 年 14% 的基础上进一步上扬。在业务结构上，随着特区政府对博彩业的调控，贵宾厅收入占博彩收入的比重继续出现小幅下降，从 2010 年的 72% 下降到 2012 年的 69.3%。2013 年第四季进一步降低至 64.8%，较上年降低 4.5 个百分点，显示近年来随着新赌场的开业，服务游客大众的中场业务在持续扩大。

2013 年，澳门博彩业发展的外部环境具有较大挑战：一是中国内地经济放缓，政治上打击贪腐力度逐渐加大；二是澳门特区政府专门发文要求博彩业严格执行关于反洗钱的条文，将赌场洗黑钱的行为列入严厉监管范围，监控大额赌资。[14]但是在这样的背景下，博彩业依然高速增长，可能原因有：一是包括金沙中国有限公司和银河娱乐集团等在内的赌场运营商皆扩大酒店规模、扩建购物中心和增加娱乐表演节目来吸引游客。二是澳门旅游业发展的持续带动。澳门特区政府统计暨普查局的数据显示，2013 年入境旅客总人数为 2932.5 万人次，按年增幅为 4.4%，其规模相当于澳门总人口的 48.3 倍。[15]其中，中国内地旅客仍占最大比例，占访澳旅客总数的63.5%，这也助推了澳门博彩行业的发展。

表 1　贵宾厅在赌场毛收入中所占的比重（2010～2013 年）

单位：%

年份	2010	2011	2012	2013			
				第一季	第二季	第三季	第四季
贵宾厅占比	72	73.2	69.3	67.8	67.3	64.8	64.8

注：使用贵宾百家乐占幸运博彩毛收入的比重进行计算而得。

资料来源：澳门特区政府博彩监察协调局。

（六）楼价保持整体上升趋势，但成交量与成交金额均有所下降

房地产市场的供求、交投及价格走势，是澳门经济中一个重要的领域，也是影响民众居住的重要民生问题。2013 年上半年，澳门楼市继续延续上年的态势，住宅单位和写字楼的价格急速飙升。澳门住宅每平方米的平均售价从 2012 年第二季度的 55427 澳门元上升至 2013 年第二季度的 88957 澳门元，同比增长 60.5%。澳门半岛的涨幅最大，首两季的同比增长率均超过 80%，尤其是南西湾及主教山区，第二季涨幅更是高达 220.7%。

表 2　澳门楼宇单位买卖平均成交价（2009～2013 年）

单位：每平方米澳门元

楼宇类型	2009	2010	2011	2012	2013				
					全年	第一季	第二季	第三季	第四季
住宅	23235	31016	41433	57362	81811	77975	88957	66936	85974
工业	6079	6962	12001	20812	33721	28606	34225	34637	38191
办公室	21650	22857	35076	46320	74525	63511	64544	79592	74525

资料来源：澳门特区政府统计暨普查局。

为了应对房地产市场过热的势头，澳门政府于 2013 年第二季度推出一系列与房地产相关的法规及条例，包括公布《承诺转让在建楼宇的法律制度》，并实施《房地产中介业务法》。在新房地产中介条例及预售楼花法下，部分预售楼花预期将会延迟推出市场。同时，由于二手成交须理顺有关委托文件及上报政府部门等手续，令过往的二手楼盘销售模式有所转变，楼市成交量在短期内有所下降。⑯然而，发展商及后获批准就新项目进行预售及物业代理逐步适应新的监管规例后，市场于第四季度开始转活。统计数据显示，2013 年全年，完成缴纳印花税程序的楼宇单位买卖有 12046 个，成交金额为 682 亿澳门元，按年下跌 29% 及 8%；但是住宅单位每平方米的平均价格为 81811 澳门元，同比上升 43%。其中，澳门半岛是 79770 澳门元、氹仔是 82022 澳门元、路环是 102273 澳门元，同比分别上升 52%、27% 及 26%。

表3　按区域统计的澳门住宅单位平均价格

单位：每平方米澳门元

区域	2009	2010	2011	2012	2013				
					全年	第一季	第二季	第三季	第四季
全澳	23235	31016	41433	57362	81811	77975	88957	66936	85974
澳门半岛	22803	28340	39599	52573	79770	74751	89454	65466	79022
氹仔	24681	33278	40332	64494	82022	71474	83176	70229	96061
路环	18360	60769	68991	80981	102273	102993	101741	74660	108068

资料来源：澳门特区政府统计暨普查局。

（七）经济适度多元化有所推进，与内地区域合作进一步深化

推动经济适度多元化发展一直是澳门特区政府施政的重点之一。2013年内，澳门特区政府在促进经济适度多元化方面的主要工作有：一是稳定发展博彩旅游业，促进综合旅游关联产业的成长。政府稳步推动发展多个综合旅游项目，带动相关产业升级，培育新的产业成长。2013 年内政府批给美高梅金殿超濠路氹城近 7.2 万平方米土地，其中非博彩元素占总面积的 85%。⑰二是推动会展业、文化创意产业、中医药产业、商贸服务业等行业的发展。其中，会展业是澳门特区政府扶持力度较大，也是近年来发展较快的新兴行业，已经形成若干品牌展会。年内，特区政府推出了"国际性会议及专业展览支持计划"，并在 2014 年 1 月 1 日生效。三是继续扶持中小

企业，促成其更新转型。例如，确保"中小企业援助计划"、"中小企业信用保证计划"、"中小企业专项信用保证计划"、"企业融资贷款利息补贴"等措施的延续性，并建议将中小企业专项信用保证计划的承担上限由 5 亿澳门元提高至 9 亿澳门元。[18]截至 2013 年底，"中小企业信用保证计划"共接获 399 宗申请，376 宗获批，涉及金额 6.5 亿澳门元。"中小企业专项信用保证计划"获批 60 宗。[19]客观而言，这些扶持措施对于澳门中小企业的稳定和发展起到了一定的作用。

此外，特区政府还通过加强与内地的区域合作，来提升澳门产业的发展空间与竞争能力，取得新的进展。主要体现在：一是进一步落实 CEPA。8 月底，CEPA 补充协议十正式签署，内地对澳门新开放 72 项措施，并于 2014 年 1 月 1 日正式实施，澳门特区与内地在经贸关系方面已进入高度紧密的发展阶段。二是积极参与粤澳合作和横琴开发。年内，粤澳合作取得良好成果，多项具有标志性意义的合作项目取得明显进展，澳大横琴新校区基本完工并已交由澳门特区政府接管，港珠澳大桥工程进展顺利，广珠城轨全线开通，拱北口岸扩建工程基本完成，粤澳新通道规划获中央批准，与南沙新区的合作取得了实质性的进展，这些都将有效带动两地合作的全面深化。三是巩固和深化中葡经贸合作服务平台建设。[20]年内，中葡合作发展基金正式成立，该基金将专注于包括澳门在内的中国和葡语国家企业的投融资需求，重点支持中国内地和澳门特区企业"走出去"到葡语国家，并把葡语国家企业"引进来"在中国发展。目前澳门的中国与葡语国家商贸服务平台作用正在提升，国际影响力也在继续上升。

（八）长效机制与短期措施并举，民生措施得到一定落实

2013 年，特区政府秉持"以人为本"的理念，在稳健的财政基础上，有序开展教育、社会保障、医疗卫生、住屋四大长效机制的构建，辅以短期扶助和惠民措施的有机结合，积极落实执行各项民生措施。在短期惠民政策方面，澳门特区政府自从 2008 年开始第六年向澳门永久性居民及非永久性居民派钱，且金额呈上涨趋势，2013 年分别为 8000 澳门元及 4800 澳门元；在教育系统长效机制方面，各项津贴加码、非高等教育发展十年规划稳步向前、"私框"落实；在住屋保障方面，调整经屋申请收入上限，使经屋申请条件可覆盖澳门八成居民，科学评估公屋所需资源；在建立社会保障长效机制方面，年内社保基金调升多项福利津贴的金额，包括养老金、残疾金等；在医疗卫生方面，澳门卫生局在完善医疗系统工作上投入不少

资源，包括改进长者医疗服务，完成仁伯爵综合医院急诊大楼及投入使用。此外，《处理医疗事故争议的法律制度》法案在立法会已获一般性通过，医务委员会也已设立。

在 2014 年施政报告中，澳门政府提出了以发展经济、改善民生为施政重点，通过在社会保障、医疗卫生、教育、住屋、交通、环保等领域制订长远规划，致力于提升民生综合水平。鉴于澳门经济持续向好，加之政府具备较为丰厚的财政实力，未来澳门的整体民生水平有望得到进一步改善。

二　2014 年澳门经济发展展望

经过多年的超高速增长，澳门经济已经具备一定规模，总体而言，未来澳门经济持续超高速增长较为困难，经济增长将转至接近 10% 的高速或中高速增长态势。2014 年，澳门经济有望维持中高速增长态势，但通胀仍会高企，楼市调控压力依旧较大。

（一）经济增长态势趋于平稳

作为一个开放的微型自由港经济体，澳门经济的增长状况主要受国际经济总体走势，以及中国内地与香港等周边经济体发展状况的影响。就国际形势而言，2014 年美国共和党、民主党两党博弈进入缓和期，财政政策前景的不确定性下降；中东地区紧张局势有所缓解；WTO 多哈回合突破性进展降低贸易和投资保护主义风险，预期环球经济将会继续改善。国际货币基金组织（IMF）在 2014 年更新的《世界经济展望》中，将 2014 年全球经济增速预测值上调了 0.1 个百分点至 3.7%，美国、欧元区以及新兴市场和发展中经济体经济增速分别为 2.8%、1.0% 和 5.1%，分别比 2013 年预期高 0.9%、1.4% 和 0.4%。就中国内地而言，在国家实施经济结构调整和深化改革下，2013 年 GDP 实际增长达到 7.7%，高于预期调控目标，2014 年，虽然存在地方债务、产能过剩等潜在风险，但随着各项改革措施的陆续出台，内地经济仍有望保持一个 7% 以上的平稳较快的发展态势。

得益于全球经济复苏和中国内地经济平稳较快发展，澳门 2014 年经济发展预期将维持 10% 左右的增长态势。英国《经济学人》智库（EIU）预计 2014 年澳门经济增长率为 13.5%[20]，相对比较乐观；澳门大学经济学系预计 2014 年澳门本地经济增长为 9.1%，较上年轻微放缓[21]；中国银行澳门分行青年协会利用《澳门经济预测模型》预测，2014 年澳门 GDP 增长率为 9.43%[22]。

（二） 博彩业有望维持稳健发展

从供给角度看，2014 年澳门没有新的大型赌场开业，影响当年博彩业发展的因素主要来自外部需求的变化。总体而言，年内澳门博彩业发展的总体需求趋好。一是珠海横琴长隆国际海洋度假区的启动将为澳门博彩业带来超额需求。该主题公园位于距澳门十分钟车程的横琴岛，并已经于 2014 年初开业，预计每年可吸引 2000 万旅客，这有助于带动更多内地旅客前往澳门。[24] 二是广珠城际轻轨投入营运及拱北口岸的扩建，将成为推动更多旅客前往澳门的催化剂，有利于澳门博彩旅游业的增长。此外，内地打击地下钱庄、完善金融管理，以及打击贪腐和整肃官场，虽将有助于贵宾厅的规范经营，但也会对部分贵宾厅的生意产生直接或间接的影响。花旗银行预计，2014 年澳门博彩总收入仍将达到 540 亿美元，较 2013 年增长近 20%。高盛预期 2014 年博彩收入将取得双位数增长，并认为贵宾博彩收入将由过去按年增长超过 20% 正常化至 5% ~ 20%，而中场收入则可保持 25% ~ 35% 的增长。也有分析认为，随着内地居民消费力的不断提升及访澳游客的不断扩大，再加上澳门博彩公司中场环境的改善，将会有更多内地游客进入中场，中场博彩收入的升幅将会超过贵宾厅。[25]

（三） 楼市上升的基础因素依旧存在，调控压力仍然较大

澳门房价迅速飙升，土地供应短缺是根本原因。澳门本身土地资源匮乏，用来兴建住宅的土地则更为有限。与此同时，政府提供的公共房屋数量不足，这在某种程度上也促使楼价进一步攀升。2013 年内，政府重开经屋申请，第一批推出 1544 个一房厅单位，申请家庭达到 15031 户[26]，相当于澳门家庭总数的 8.4%[27]，供需比例达到 1∶9.74，可见政府提供的公共房屋数量远远达不到社会需求。尽管 2013 年在调控政策的短期影响下，澳门房地产价格在第三季出现环比下降的态势，但是楼市上升的基础因素依旧存在，在整体经济以及博彩业持续增长的推动下，预计 2014 年澳门楼市会保持上升趋势。一是房地产供给依然处于紧张状态。新填海规划及旧区重建滞后、行政审批手续缓慢，新落成楼宇不多。另外，《城规法》、《土地法》、《文遗法》在 2013 年已获细则性通过，建议日后绝大多数发展用地主要经过公开拍卖形式推出。有分析认为，虽然从长期看三个法案的实施可使原本尚未规划的土地转为可规划土地，促成更多土地上市[28]，但短期看发展商要符合新法律要求，需要调整时间，因此未来一段时间内市场供应量会减少[29]。二是市场存在刚性需求。目前市场需求主要以换楼为主，此外由

于很多居民都不希望子女住经屋，又有不少居民早早为子女置业，产生额外购房需求。三是澳门本身欠缺投资工具，银行存款利息过低，很多投资者也喜欢购买物业进行保值增值。

（四）通货膨胀仍将持续高企

年内，澳门输入性通胀压力趋缓，内地通胀下降、日元贬值等外部因素，都将降低通胀的外部压力，但内需引领的通胀将会持续。随着经济持续高速发展，澳门内部资源要素趋紧，内部食品货源、铺租和人力资源紧张压力上升，会继续拉升通胀。预计 2014 年通货膨胀仍将维持在 5% 以上。[30] 推高通货膨胀的因素主要有：2014 年澳门多项大型基建动工，加上路氹新城项目陆续落成，将进一步加大人力资源和住房等的需求，资源紧张的压力将推高通胀；租金价格或将迎来新一轮加价潮，2013 年已有很多店铺续约租金飙升三四成甚至倍增，无法留守原址经营或搬迁到其他二、三线商圈发展，或把高成本转嫁给消费者[31]；在澳门特区政府 2014 年施政报告中，政府加大了现金分享力度并调升了最低维生指数，相关措施将进一步增加居民的购买力，可能会推动物价上浮。

（五）劳动力紧张状况仍将持续，失业率继续维持低水平

在 2014 年施政报告中，澳门特区政府将人才培养作为施政重点，提出要重点加入人才培养机制，具体包括建立"人才培养统筹规划制度"，成立直属行政长官的"人才发展委员会"，完善"人才数据库"，建立"人才评价制度"，落实"专业认证"、"职业技能测试"制度，建立"公平"、"公正"、"公开"的"人才选拔制度"，以及优化"激励和奖励制度"等。与此同时，特区政府在措施和资源投入方面将陆续启动"精英培养计划"、"专才激励计划"、"应用人才促进计划"[32] 这些政策发布后，已经引起广泛热议，也得到许多专家和广大市民的普遍好评。从长远来看，这些政策和措施的落实将提升本地人力资源的生产力，将有助于扩大澳门的生产能力，但是由于这些政策都属于长效机制，短期内难以见效。同时，从劳动力需求看，随着澳门经济的急速发展，2014 年，无论是建筑业还是服务业，甚至是家政服务业，都需要大量的劳动力。[33] 但从劳动力供给看，本地人力资源有限，在外劳政策维持不变的情况下，外劳输入难以大幅增加，劳动力供不应求的问题在 2014 年仍难以缓解。有学者预期，2014 年失业率将继续维持低位，但再下跌空间有限。[34] 澳大经济学系预计 2014 年就业市场持续紧张，失业率可能维持在 1.9%。[35]

（六）经济适度多元发展将继续有序推进

近年来，经济适度多元化一直是澳门特区政府的重要施政纲领。根据 2014 年施政报告，澳门政府将在持续加强对博彩业的监管，确保博彩业健康发展的基础上，稳健推进世界旅游休闲中心和中国与葡语国家经贸合作服务平台的建设，同时继续加大力度培育会展、文化创意、中医药产业、资讯科技、物流等行业的成长，具体政策包括"国际性会议及专业展览支持计划"、"中小企业网站资助计划"，"扶助中小微型饮食特色老店计划"以及"将环保、节能产品和设备资助计划上限提升至 100 万元"等。通过这些政策，会展业、文创产业、中医药等新兴产业将会得到更多的财政支持以及管理技术培训，从而获得更多的发展机会，这都将有利于增加澳门经济结构中的非博彩元素，促进经济适度多元化发展。此外，借助在地理上的优势，一些在横琴发展的主题园区项目也将有利于澳门旅游业的多元化发展，这与中国的"十二五"规划和澳门的休闲旅游发展目标是一致的。

综上所述，2014 年澳门经济整体向好，其中，经济增长态势将趋于平稳，失业率继续维持低水平，博彩业有望维持稳健发展，并且在各项政策的支持下，经济适度多元发展将继续有序推进。但是，经济发展的潜在风险依然存在。例如，楼市供给依然处于紧张状态，但刚性需求和投资性需求旺盛，楼市上升的基础因素依旧存在，调控压力仍然较大；资源紧张、租金价格上涨等内需因素导致的通货膨胀仍将持续；在本地劳动力供给有限，且外劳输入难以大幅增加的情况下，劳动力供不应求仍将是制约澳门经济持续健康发展的重要问题。

三　需要关注的问题

（一）楼价持续快速上升对经济民生造成沉重压力

近年来澳门房价问题备受关注，尽管政府先后出台各种政策，如四厘补贴、征收额外印花税、收紧楼花按揭等，但受土地匮乏、外来需求较为强劲等现实因素的影响，即使政府某些措施的推出产生了一定的成效，但是随着时间的推移，相关措施的效力逐渐被市场发展所消化，澳门房地产市场仍然呈现供不应求的失衡状态，整体楼市的价格不断攀升。房价的持续飙升，直接加重了澳门经济民生的压力与潜在的风险。首先，楼价不断上升导致房地产行业暴露在高风险中。居民普遍将楼宇视为一种投资工具，尤其是在发达国家的一系列量化宽松政策下，资金流入楼市追求保值、增值，使投资物业目的更趋凸显，无可避免存在泡沫。可以预计，在楼市供不应求的背景下，升值预期依然会继续影响楼市走势，泡沫风险有升无跌，最终爆破会拖累整个经济体系。[36]其次，楼价不断上升加重"中产阶层"的置业困难。据统计，2003年至今，澳门楼价大涨近十倍，但同期澳门工薪收入升幅只有两倍半左右。这意味着，现实中澳门普通中产家庭的购房置业目标与其支付能力差距越来越大。目前，中产人士转向轮候经屋，也反映私人楼宇的市场价格已超出其可承受范围，中产置业负担增大，生活趋向困难。再次，楼价及租金的不断上升会降低澳门各产业的竞争力。目前，除了私人楼宇以外，澳门的商铺租金也以倍数幅度飙升，令企业经营成本增加，间接推高通胀，这不仅增加了市民的生活压力，更增大了企业的经营压力，严重削弱企业的竞争能力，制约企业尤其是中小企业的发展空间。为此，社会呼吁政府采取有效措施，控制资产价格的上升速度。[37]

澳门新视角学会在2013年11月4日公布的"居民对明年施政报告的期望"民调显示，"加快公屋"和"调控楼市"已经连续三年占据"最希望列入明年度施政报告的十项政策措施"的榜首位置，分别占据全部诉求的18.89%及12.72%，是居民长年最大诉求。[38]但是，从2014年施政报告看，无论是私楼调控还是公屋的安排都没有新的措施或调整[39]，因此澳门居民置业难、上楼难的困境短期之内依然无法缓解。社会有建议认为，特区政府需要按轻重缓急和社会利益作长期规划，多管齐下解决市民的需要：增加土地供应量，并适时发布土地供应和储备的相关资讯，以增加市场透明度；加大经屋的兴建和供应；继续加大力度调控私人楼宇市场，打击炒风；加快施政报告中关于"澳人澳地"的研究，帮助夹心阶层在私楼市场置业；优化和制订长远的房屋计划。[40]

（二）通胀持续高企不断侵蚀民生福利

自2004年以来，澳门通货膨胀率不断提高，2013年全年通胀率维持在5.5%，2014年特区政府预期通胀仍将维持高位。在全球通胀趋缓的大背景下，澳门通胀企高难下，这与澳门经济快速发展拉动资源紧张相关联。一方面，通胀会抵消政府改善民生措施的实际效应，加重民众尤其是中低阶层的生活压力，另一方面政府纾缓通胀压力的民生福利政策，尤其是现金分享等转移支付政策，又会推动物价水平进一步上升。不仅如此，通胀还会侵蚀到澳门的财政储备。[41]目前，澳门社会各界对控制物价的呼声不少，但要调控由内需拉动的通胀，可能需要考虑如何防止澳门经济的过快增长所带来的资源紧张压力，其中最关键的是适度控制博彩业的发展速度。

（三）人力资源的质与量如何与澳门经济发展相匹配

当前，澳门的人力资源约束已经成为影响澳门未来经济发展的大问题，需要引起足够的重视。主要表现在两个方面：一是人力资源的数量明显不足。一方面，澳门本地可以用来挖掘的潜在劳动力已经不多。截至 2013 年底，澳门特区的就业人口占劳动人口的比重为 98.04%；劳动参与率为 73.2%；失业率低至 1.8%；就业不足率仅为 0.8%。另一方面，经济社会发展对劳动力的需求在不断攀升。截至 2013 年第四季度，澳门总就业人口为 37.0 万人。从就业人口的分布看，博彩业、酒店及饮食业、建筑业为三大就业行业。博彩业就业人口为 8.66 万人，占总就业人口的 23.4%；酒店及饮食业为 5.36 万人，占 14.5%；建筑业为 4.05 万人，占 10.9%。[42]伴随着经济的快速发展，澳门引入外劳的数量也在迅速扩大，已从 2002 年底的 2.35 万人增至 2013 年底的 13.78 万人，占澳门劳动力总数的 36.53%。[43]二是劳动人口的总体素质有待提高。尽管目前澳门人口素质正在逐年提高，拥有高等教育学历的劳动人口比率已经从 2009 年的 22.9% 上升至 2012 年的 27%。[44]但是与发达国家以及国内较发达的地区相比，仍然存在着较大的差距。[45]与此同时，澳门社会对输入外劳、开放职位高度敏感[46]，劳资双方分歧较大，因此如何通过引进外劳解决经济发展面临的人手短缺问题，同时又避免外劳大幅涌入对本地居民的就业和福利造成冲击，是特区政府需要思考和解决的问题。

（四）适度多元进程缓慢，经济结构仍高度倚重博彩业

经济适度多元化是澳门经济实现可持续发展并缓解一系列社会问题的有效途径。近年来，澳门特区政府在促进适度多元发展方面已经推出了诸多具体的政策。经过多年的实践，虽取得一定的成效，但效果并不显著，其原因是博彩业的持续超高速增长，致使澳门"一业独大"的现象更加明显。一是博彩业在 GDP 中的比重不断增大。2001 年博彩业在 GDP 中的比重为 27.4%，到 2012 年该比重已增加到 45.9%，11 年间扩大了 18.5 个百分点。鉴于 2013 年博彩业收入增长率明显高于 GDP 预计增幅，预计 2013 年澳门博彩业占 GDP 的比重将达到 46% 或以上。二是博彩税占财政收入的比重进一步提高，2013 年，澳门博彩税达 1267.38 亿澳门元，较上年同期增加 18.5%，占财政收入的比重为 81.5%，博彩税在澳门财政收入中已占据绝对性比重，离开博彩税，整个政府几乎难以运作。三是博彩业吸纳的就

业人数占总就业人口的比重不断提高。截至 2013 年底，博彩业的就业人口为 8.66 万人，占总就业人口的比重为 23.38%，比 2012 年底增加 0.38 个百分点。

未来澳门经济的适度多元化仍然存在诸多困境：一是经济面临原有增长模式的路径依赖，发展非博彩行业的动力、能力不足。目前博彩业的主导地位已经确定且发展势头强劲，客观上澳门经济依然高度依赖博彩业，而非博彩业以中小企业为主，竞争优势不足，这给澳门经济适度多元发展带来一定困难。二是从政府所推出的适度多元化政策来看，虽有成效但存在不少困难，尚未培育出新的经济增长点，更主要的还是围绕博彩业调控来展开的。三是现有人力资源无论是品质还是数量都存在明显约束，难以适应经济适度多元化发展的需要。

如何有效推进经济适度多元化，需要调动政府官员以及社会专家学者的力量，调研并确定适度多元发展的路径和可行方案，并在此基础上进行广泛咨询和论证；需要在社会进行有效推广，有建议提出要利用 4~5 年的时间由政府强制性地推广和实施；此外还要在实施的过程中进行有效监督，甚至可实行官员问责制，为适度多元发展方案的全面实施提供更有力的保证。[47]

（五）博彩业如何持续健康发展更加紧迫

如何保持好博彩业的健康发展，对澳门经济持续发展至关重要。澳门博彩合约期限已经过半，需要认真进行博彩业中期检讨，总结博彩业适度开放以来的发展实践与存在的问题。在博彩业的公共政策方面，目前澳门政府虽提出要"促进澳门特别行政区之旅游、社会稳定和经济发展"，但缺少对博彩业进行明晰、系统的产业定位，澳门在这方面还有很多工作要做，应利用博彩业开放进入合约中期阶段，重新检讨博彩业的发展模式，制订产业发展中长期规划，进而明确博彩业持续发展的长远目标。在博彩业监管方面，目前澳门博彩业的监管分散在博彩监察协调局、司法警察局、廉政公署、金融情报办公室等多个部门，并且这些部门都分属于不同上级部门，行政的合理性和科学性较弱。博彩业现行发展模式及管理方式引发出诸多社会成本，需要深入研究有效监管模式和管理架构。在税收政策方面，也需要思考如何优化税收政策来提升澳门博彩业的国际竞争力。目前澳门的博彩税率是世界上较高的，随着新加坡、菲律宾、越南等相继推进博彩合法化，将诱发澳门贵宾厅叠码仔将大量贵宾厅赌客转移到其他低税率的地区，从而对澳门博彩业产生一定的竞争和分流的压力。[48]

（六）社会公平已成核心诉求，民众期待共享机制的建立

如何改善收入分配结构、建立有效合理的分配机制，已经成为澳门社会普遍关注的问题。目前居民、企业与政府在 GDP 中的分配比重中，居民所占比重相对较小且呈现逐渐萎缩的趋势。统计数据显示，1999～2012 年，澳门就业人口每月收入中位数年均复合增长率为 6.49%，但是低于同期经济增速 8.86%。此外，不同阶层的收入水平差距在不断扩大。[49] 随着房价、物价上涨迅速，交通日渐拥挤，民众生活成本及空间发生较大改变，进一步加重了低收入阶层的生活负担，也变相地放大了贫富差距问题。再次，不同行业之间的收入差距较大，其中与博彩业相关的行业收入水平远远高于其他行业的收入水平。虽然为了缓解民生压力，澳门政府采取多项措施纾解民困，但仍未能有效缓解贫富差距。因而如何建立起相对公平的成果分享机制，在"做大做好蛋糕"的同时，"分好蛋糕"，有效控制贫富差距，成为影响澳门社会和谐的重要问题。更为值得关注的是，连年的盈余使人们更多关心社会分配而非社会创富能力。

---

①澳门特区政府统计暨普查局：《2013 年本地生产总值》，2014 年 3 月。

②澳门特区政府统计暨普查局：《季度本地生产总值》（2013 年第 4 季），2014 年 3 月。

③澳门特区政府统计暨普查局：《2013 年 12 月消费物价指数》，2014 年 1 月。

④澳门金融管理局：《澳门金融研究季报》，2014 年 1 月。

⑤澳门特区政府统计暨普查局：《2013 年 10 月至 12 月就业调查》，2014 年 1 月 27 日。

⑥澳门特区政府统计暨普查局：《2013 年第 4 季人力资源需求及薪酬调查——博彩业》，2014 年 3 月。

⑦澳门特区政府统计暨普查局：《2013 年第 4 季人力资源需求及薪酬调查——批发零售、交通运输、保安及公共污水废物处理业》，2014 年 3 月。

⑧澳门特区政府统计暨普查局：《2013 年第 4 季人力资源需求及薪酬调查——批发零售、交通运输、保安及公共污水废物处理业》，2014 年 3 月。

⑨截至 2013 年第 3 季度，文娱博彩及其他服务业从业人员工作月收入的中位数为 15000 澳门元，而同期制造业、酒店及饮食业、以及批发及零售业工作月收入的中位数分别为 8000 澳门元，8500 澳门元和 10000 澳门元。参见澳门特区政府统计暨普查局。

⑩澳门特区政府统计暨普查局：《澳门社经摘要》2013 年 12 月／23 号刊，2014 年 2 月。

⑪《四大行业缺人敲警钟》，澳门：《澳门日报》2013 年 11 月 7 日。

⑫《澳门赌博收入远超拉斯维加斯》，澳门：澳亚卫视，2014 年 1 月 13 日。

⑬澳门特区政府博彩监察协调局网站。

⑭《澳门博彩股为何没受反腐大潮影响》，澳门：澳亚卫视，2014 年 1 月 18 日。

⑮截至 2013 年第 4 季度，澳门总人口为 607500 人。参见澳门特区政府统计暨普查局《2013 年第 4 季人口统计》，2014 年 2 月。

⑯麦颖华：《澳门下半年楼市料平稳增长》，香港：《香港经济日报》2013 年 8 月 16 日。

⑰《2013 年澳门人事记》，澳门：《澳门日报》2013 年 12 月 31 日。

⑱《扶助中小企法案一般通过》，澳门：《新华澳报》2014 年 1 月 24 日。

⑲《议员：担保中小企贷款无道理》，澳门：《市民日报》2014 年 1 月 24 日。

⑳白志健：《凝心聚力再写新华章——纪念澳门回归祖国十四周年》，澳门：《澳门日报》2013 年 12 月 20 日。

㉑《澳门明年经济实增长料达 13.5%》，澳门：《新华澳报》2013 年 12 月 27 日。

㉒《澳大预测今年 GDP 增 9.1%》，澳门：《澳门日报》2014 年 1 月 11 日。

㉓《中银青协：明年澳 GDP 增 9.43%》，澳门：《澳门日报》2013 年 12 月 12 日。

㉔《澳门需要横琴，横琴需要澳门吗？》，澳门：《新华澳报》2013 年 12 月 4 日。

㉕《明年中场收入料超贵宾厅》，澳门：《澳门日报》2013 年 11 月 16 日。

㉖《业兴经屋接纳逾万二份申请表》，澳门：《华侨报》2013 年 11 月 21 日。

㉗2012 年澳门的住户总数共为 17.86 万户。参见澳门特区政府统计暨普查局。

㉘谢思训：《量宽泡沫或爆澳难独善其身》，澳门：《澳门日报》2013 年 11 月 16 日。

㉙钟小健：《今年楼市平稳增一成》，澳门：《澳门日报》2014 年 1 月 2 日。

㉚澳门金融管理局：《澳门金融研究季报》，2014 年 1 月。

㉛《2014 年经济料增 6 - 8%》，澳门：《澳门日报》2014 年 1 月 1 日。

㉜澳门特别行政区政府：《2014 年财政年度施政报告》2013 年 11 月。

㉝《人资及外雇政策之我见》，澳门：《时事新闻报》2013 年 12 月 5 日。

㉞《失业率难再降收入中位数续升》，澳门：《澳门日报》2014 年 1 月 28 日。

㉟《澳大预测今年经济增长 9.1%》，澳门：澳门电台新闻部，2014 年 1 月 10 日。

㊱春耕：《楼价续升分歧渐大》，澳门：《澳门日报》2013 年 11 月 4 日。

㊲《应采有效措施增澳门竞争能力》，澳门：《市民日报》2013 年 7 月 17 日。

㊳《最大诉求加建公屋调控楼市》，澳门：《澳门日报》2013 年 11 月 5 日。

㊴《学者促政府深层次回应民生诉求》，澳门：《市民日报》2014 年 2 月 9 日。

㊵《政府须遏楼价增公屋助市民安居》，澳门：《市民日报》2013 年 4 月 15 日。

㊶子悠：《浅谈本澳是否有需要设立主权基金》，澳门：《新华澳报》2014 年 2 月 5 日。

㊷澳门特区政府统计暨普查局:《就业调查》(2013 年第 4 季),2014 年 2 月。

㊸澳门特区政府统计暨普查局:《澳门社经摘要》2013 年 12 月/23 号刊,2014 年 2 月。

㊹澳门特别行政区政府:《2014 年财政年度施政报告》,2013 年 11 月。

㊺英国、澳大利亚、日本三个国家在 1999 年时拥有高等教育学历的劳动人口比率分别为 29%、30% 和 33%,而美国已达到 39%,加拿大更是高达 43%。可见澳门现有劳动力的受教育水平明显低于 20 世纪末发达国家的水平。北京在 2011 年 3 月公布了《北京市中长期教育改革和发展规划纲要(2010 至 2020 年)》,其中预测,至 2020 年时北京主要劳动人口中受过高等教育的比例将达到 48%。因此,无论是国际对比还是与国内较发达地区相比,澳门民众素质中的一些基本指标亟待提高。参见李嘉曾《澳门人才培养需求与方针》,澳门:《澳门日报》2013 年 12 月 4 日。

㊻2013 年内,劳工团体要求对禁止庄荷输入外劳进行立法,政府不得不对此做出五点声明以正视听。政府强调:第一,政府内部从无研究要调整由澳门居民出任庄荷的政策;第二,没有委托任何学术单位或研究机构去研究改变现行政策;第三,就博彩业赌台数目未来十年年均增长不超过百分之三的发展过程,考虑到有能力继续由澳门居民担任庄荷;第四,特区政府从来没有考虑过容许非本地学生毕业后留澳出任庄荷职位,倘有任何博彩机构违反,政府一定依法处理;第五,政府从没有与任何博彩企业讨论过改变由本地人担任庄荷的政策。新视角学会在 2013 年 11 月 4 日公布的"居民对明年施政报告的期望"民调显示,"立法禁止庄荷输入外劳"为排名第七位的诉求。参见《澳门政府:庄荷由澳门居民任职政策不变》,澳门:澳门商报网,2013 年 10 月 4 日。

㊼郭永中:《论澳门梦:如何实现经济适度多元》,澳门:《澳门日报》2014 年 2 月 9 日。

㊽春耕:《博彩业迎区域机遇和竞争》,澳门:《澳门日报》2014 年 1 月 13 日。

㊾根据澳门经济学会柳智毅的研究,澳门收入五等分差距倍数(指收入所得最高的 20% 人士除 20% 最低收入所得人士的倍数)在 2011 年的值为 9.3 倍,而 2007~2008 年度为 8.17 倍,基尼系数 2011 年推算值为 0.4,较 2007 年及 2008 年都有一定幅度的上升。参见柳智毅《澳门经济增长与居民收入分配现状分析》,澳门:《澳门理工学报》2012 年第 4 期。

作者简介:杨丽,国务院港澳事务办公室港澳研究所博士。

[责任编辑:刘泽生]

(本文原刊 2014 年第 2 期)

澳门经济适度多元化发展的思考

钟　坚

[提　要] 澳门回归后，经济社会发展取得长足进步，跨入世界人均 GDP 最高的国家和地区之列。但是，澳门发展面临着整体经济结构严重失衡、基础设施发展相对滞后、资源不足、贫富差距拉大等问题。博彩业一业独大支撑的澳门经济蓬勃发展，但也隐含巨大的忧患。澳门经济社会要实现可持续发展，必须走多元化发展之路。

[关键词] 澳门　经济转型　多元化

澳门回归祖国后，依照基本法成功实行"一国两制"、"澳人治澳"、"高度自治"，经济社会生活各方面取得的成就有目共睹。站在新的历史起点上，澳门如何及时把握机遇，积极参与粤港澳区域合作，主动连结珠三角城市群，通过参与区域合作的大型项目和产业合作，扩展经济发展空间，推动经济适度多元，从而进一步提升经济可持续发展能力和国际竞争力，将是摆在特区政府面前最重要的课题。

一　澳门进一步发展面临的挑战与机遇

（一）面临的主要问题

第一，博彩业一业独大使整体经济结构严重失衡。1999 年至 2012 年，博彩占本地生产总值比重从 25.38% 增长到 87.66%，上升 62.28 个百分点，2011 年竟然高达 91.19%，创历史新高；博彩税收占政府总收入的比重从

19. 53%增长到 87. 55%，上升 68. 02 个百分点；博彩从业人员占澳门总就业比重从 9. 22%增长到 23. 00%，上升 13. 78 个百分点。①澳门产业结构单一的问题由此变得更加突出。经济结构过度单一，削弱澳门自身经济的整体性和系统性，增加经济发展的不确定性和风险性。在有限资源约束下，博彩业利润高、吸附资源能力强，超常规发展对其他行业产生"挤出效应"，使其他行业的发展更加受到抑制。澳门开放赌权原想借助国际资本和国际管理模式以吸引国际游客，但目前澳门博彩业繁荣主要依靠国内游客维持。相反，美国赌业老板投资澳门主要是看重中国内地客源。如果澳门博彩业如此一业独大，将很难与珠三角地区经济发生有效的联系和互动，将难以进一步地融合发展和一体化。

第二，资源不足成为制约经济发展的主要瓶颈。澳门地域和市场狭小，是典型的微型海岛经济，经济发展不可避免地受资源、市场和结构等方面的制约。一是土地资源紧张。澳门土地面积不足 30 平方公里，特别是随着近年来经济社会持续发展和人口、旅客数量不断上升，经济社会发展与土地资源之间的矛盾日趋突出。二是人力资源短缺，劳动人口素质偏低。三是基本生活生产资源短缺（包括水、电、食品、原材料等），绝大多数需要依赖外部进口。

第三，基础设施发展相对滞后。由于澳门本来就地方狭小、人口密集，加上 10 多万外来劳动人口和每年近 3000 万的游客，使澳门"人满为患"。随着博彩业快速发展和人口、访澳旅客的增长，人口密度和行车密度已居世界前列，基础设施的瓶颈问题日显突出。一是内部交通设施不足，交通拥堵严重；二是通关设施赶不上旅客需求，造成进出海关不便；三是环境压力增大；四是信息设施老化。

第四，贫富差距拉大。澳门经济快速增长很大程度上是由博彩旅游业带动的，未能充分反映澳门整体居民生活水平的同步提高。1999～2012 年，澳门就业人口月收入中位数从 4920 澳门元增长到 11300 澳门元，年均增长6. 61%，远低于同期本地生产总值的 16. 60%的年均增长速度，两者相差 10个百分点。②不同行业之间收入差距也十分明显。澳门特别行政区政府可持续发展策略研究中心于 2005 年和 2007 年主持的"澳门居民综合生活素质现况调查"显示，认同社会存在收入差距问题的人数从 80%上升至 95%，认为此问题严重及很严重的人数从 62%上升至 74%。③政府和社会应高度重视民生问题造成的威胁和挑战，民生问题若处理不当、解决不好，将不可避免地影响社会和谐与稳定，影响社会经济的持续发展。

（二）进一步发展面临的重要机遇

澳门回归 10 多年来，已经站在新的发展起点上。澳门产业多元化和进一步发展面临新的形势和新的机遇。

第一，CEPA 不断推进给澳门服务业拓展发展空间。2003 年 10 月，中央政府和澳门特区政府在澳门正式签署《内地与澳门关于建立更紧密经贸关系的安排》及其 6 个附件文本，内容涉及货物贸易、服务贸易的自由化以及贸易投资便利化三方面，随后又先后签署 10 个《补充协议》。CEPA 的实施，加速了澳门与内地间资本、货物和人员等要素的自由流动，增强了澳门贸易和投资的吸引力和竞争力，有利于进一步巩固澳门作为世界旅游休闲中心和中国与葡语国家商贸服务平台的地位，推动澳门经济的健康持续增长和适度多元化。

第二，粤港澳从区域经济合作走向经济一体化。2008 年 12 月，国家发改委批准实施的《珠江三角洲地区改革发展规划纲要（2008～2020）》提出：巩固澳门作为世界旅游休闲中心的地位，支持粤港澳合作发展服务业，共建优质生活圈。2011 年 3 月，广东省人民政府和澳门特别行政区政府签署的《粤澳合作框架协议》提出：在"一国两制"方针指导下，推动粤澳更紧密合作，促进经济、社会、文化、生活等方面融合发展，促进澳门经济适度多元发展，携手建设亚太地区最具活力和国际竞争力的城市群，共同打造世界级新经济区域，促进区域经济一体化发展。④粤港澳合作从过去制造业的"前店后厂"提升到现代服务业的"前店后厂"，从过去的区域经济合作走向了区域经济一体化。合作重点主要在基础设施、服务业和高新技术等方面。澳门在粤港澳区域合作与经济一体化中将扮演重要的角色。

第三，珠江西岸正成为珠三角地区重点发展区域。2005 年，广东省颁布实施的《珠江三角洲城镇群协调发展规划（2004～2020）》指出，提升西岸，优化东岸，提高整体发展水平。在西岸地区改善发展条件，加快产业要素聚集，强化珠海的区域性副中心城市功能，发展成为带动珠江三角洲西岸地区发展的现代化中心城市。2008 年，国家批准实施的《珠江三角洲地区改革发展规划纲要（2008～2020）》（以下简称《纲要》）提出：提升珠江口西岸地区发展水平，以珠海市为核心，以佛山、江门、中山、肇庆市为节点的珠江口西岸地区，要提高产业和人口集聚能力，增强要素集聚和生产服务功能，优化城镇体系和产业布局。珠江口西岸地区要规模化发展先进制造业，大力发展生产性服务业，做大做强主导产业，打造若干具有国际竞争力的产业集群，形成新的经济增长极。珠海加快建设现代化区域中心城市、生态文明新特区和国际商务休闲度假区。珠江西岸和珠海的加快发展，一方面为澳门经济发展提供重大发展机遇，另一方面将对澳门经济发展起到巨大的推动作用。

第四，横琴新区开发开放促粤港澳合作全面升级。2009 年，国务院颁布实施《关于横琴总体发展规划的批复》，将横琴岛纳入珠海经济特区范围，要求将横琴新区建设成为粤港澳地区的区域性商务服务基地、与港澳配套的世界级旅游度假基地、珠江口西岸的区域性科教研发平台、融合港澳优势的国家级高新技术产业基地，充分推进粤港澳紧密合作，支持澳门经济适度多元发展。⑤2009 年 6 月，第十一届全国人大常委会第九次会议通过《关于授权澳门特别行政区对设在横琴岛的澳门大学新校区实施管辖的决定》，授权澳门对澳门大学横琴校区依照澳门特别行政区法律实施管辖。横琴新区开发开放的一个重要的政策亮点，就是要为澳门拓展发展空间和经济适度多元发展提供支持。一是与澳门旅游业合作发展，打造与港澳配套的世界级休闲旅游胜地；二是延展港澳服务业优势，建设粤港澳地区的区域性商务服务基地；三是促进传统产业转型升级，建设珠江口西岸的区域性科教研发平台；四是支持拓展澳门发展空间，规划澳门大学搬迁横琴用地及配套设施；五是创新口岸管理制度，营造港澳民众在横琴安居乐业的环境。

第五，港珠澳大桥等基建将极大提升珠澳战略区位。港珠澳大桥是规划建设横跨珠江口连接香港、澳门和珠海三地的公路运输通道，预计 2016 年建成通车。港珠澳大桥落成后，不仅影响到珠江三角洲地区的人流和物流，而且将改变整个区域的产业布局和发展前景，尤其将大大改善香港与澳门、珠海的经济联系，促进珠江西岸经济发展。特别是随着广珠铁路、广珠城际轨道、太澳高速、粤西沿海高速、广珠西线高速公路二期（顺德一中山段）、江珠高速、珠海大道、深中大桥等已建、在建或即将开工建设重大交通项目的推进，将打通双港（海港、空港）与国家交通干线、珠三角城市路网和内陆腹地之间的快速交通通道，珠海和澳门的交通瓶颈得以突破和改善，珠海和澳门将从交通末梢变为珠江西岸的交通枢纽，乃至我国沿海重要的交通枢纽之一。

二 澳门发展的战略定位和策略选择

(一) 战略定位

第一，建设世界旅游休闲中心。上述《纲要》提出：支持粤港澳合作发展服务业，巩固澳门作为世界旅游休闲中心的地位。国家将澳门定位为"世界旅游休闲中心"至少有三层含义：（1）今后还要继续保持和巩固旅游博彩业的优势和特色。（2）将旅游休闲中心的能级从区域性提升为世界级。这里关键是要使未来澳门旅游休闲的客源具有世界性。（3）围绕这一定位推动经济适度多元化。澳门的新定位，既反映国家的战略意图，也符合澳门发展的实际，为澳门今后发展确定了方向和目标，也为未来粤港澳合作提出新的要求。澳门应牢牢把握中央对澳门的战略定位。

第二，打造国际经贸服务的平台。澳门特区政府结合自己的实际，提出打造"粤西地区商贸服务平台"、"世界华商联系与合作平台"及"中国与葡语国家经贸合作服务平台"三大经贸服务平台。[⑥]世界旅游休闲中心是城市整体目标定位，而"三个经贸服务平台"是澳门发展的策略手段。建构和发挥"三个经贸服务平台"作用有利于澳门"世界旅游休闲中心"目标的最终实现。近期要通过"世界华商联系与合作平台"及"中国与葡语国家经贸合作服务平台"的建设，着力打造粤西经贸平台，为珠江西岸发展战略服务。粤西地区是澳门的直接经济腹地，通过粤西，澳门还可以将经贸服务功能延伸到西南内陆地区，发展成为西南地区的物流转运站，从而构建更大的经贸服务平台。

第三，与珠三角地区共建世界级国际大都市圈。2008年12月，国家批准实施的《珠江三角洲地区改革发展规划纲要（2008~2020）》，不仅是指导珠江三角洲地区改革发展的行动纲领，而且对澳门未来的发展具有重要的指导意义。规划范围是以广东省的广州、深圳、珠海、佛山、江门、东莞、中山、惠州和肇庆为主体，辐射泛珠江三角洲区域，并将与港澳紧密合作的相关内容纳入规划，规划期至2020年。这是首次将粤港澳紧密合作的相关内容纳入国家发展规划。《纲要》提出，要坚持"一国两制"方针，推进与港澳紧密合作、融合发展，共同打造亚太地区最具活力和国际竞争力的城市群，到2020年形成粤港澳三地分工合作、优势互补、全球最具核心竞争力的大都市圈之一。可见，粤港澳区域合作和经济一体化发展的模式不是传统意义上的自由贸易区、共同市场、经济同盟、完全经济一体化等形态，而是世界级的国际大都市圈之一。⑦

（二）策略选择

第一，坚持优势互补、错位发展。一个地区的比较优势、产业的选择和技术进步的方式都会与该地区的资源禀赋条件有关。粤港澳三地之间资源禀赋条件的差异明显，互补性较强，为经济的合作奠定良好基础。澳门是一个经济高度开放的自由港和独立关税区，绝大部分货品进口免征关税，没有外汇管制，资金进出自由。澳门一直奉行简单和低税制政策，工商业营运成本低，是区内税率最低的地方。具有优良的营商环境与广泛的国际市场联系的澳门多年来担当区域经贸合作桥梁和窗口的角色。同时，澳门具有旅游博彩业的产业优势。但同时澳门也有地域市场狭小、资源匮乏和对外部环境依赖性强等劣势。因此，澳门在参与区域经济合作中只能坚持有所为有所不为，着力发挥自身优势，有重点、有针对性地开展多领域的交流与合作，扬长避短，错位发展。按照世界旅游休闲中心的发展目标和以博彩旅游业为龙头，以服务业为主体，各行业协调发展的经济定位，积极参与区域合作，促进产业结构优化和适度多元化。旅游业非一个单一产业，而是一个产业群，其本身也需要"多元"。当然，澳门经济多元化发展不是全面多元化，搞"小而全"。同时，一体化，也不是绝对的统一和相同，而是相对的协调、对接、适应和兼容并包，更不是用"一体化"取代"多元"、"特色"。

第二，坚持因势利导，适度多元。所谓适度多元化，就是要使澳门经济不要过度集中于博彩业，而要根据自身的优势、条件和基础，配合旅游博彩业适度发展相关产业以及其他与博彩业关联度虽然不大但适合澳门特点的一些行业。中央把澳门定位为世界旅游休闲中心，反映了国家的战略意图，即澳门必须围绕世界旅游休闲中心这个定位积极推动产业的适度多元化。澳门应继续坚持"以博彩旅游业为龙头、以服务业为主体，其他行业协调发展"的经济发展战略。要借鉴美国拉斯维加斯的经验，紧紧围绕博彩旅游，大力发展包括观光文化旅游、度假休闲旅游、购物旅游和会展旅游等综合旅游业，积极推动酒店业、餐饮业和休闲娱乐转型升级，全力打造会议展览、文化产业、现代物流、离岸服务等新产业，促进产业结构适度多元化。

第三，坚持借船出海，开放合作。粤港澳区域合作和经济一体化最终是要实现三地人流、物流、资金流、信息流的自由流动，而开放是其最基本的一个前提条件。澳门要巩固"世界旅游休闲中心"的地位，仅靠自身的实力也难以做到,必须加强与周边地区的合作。香港的国际金融、贸易、航运和物流中心,是世界服务业之都,香港本地生产总值的90%以上来自服务业,约有300万香港人从事服务业,服务贸易出口总值位列全球前10名。过去香港对澳门经济的成长起了很大的推动作用,澳门未来建设世界旅游休闲中心更离不开香港的合作与支持。澳门需要通过香港走向世界,以进一步提高其现代化、国际化的水平。广东是全国第一的经济大省,珠江三角洲地区是我国改革开放的先行地区,是广东经济社会发展的龙头和主体,是我国区域经济中最具生机活力的重要增长极之一。澳门唯有积极地参与周边地区的合作,与广东、香港、台湾等地联合才能打造"世界旅游休闲中心"。同时澳门特区政府提出要打造"三个平台",也只有在参与区域合作中才能实现,并更好地发挥作用。

第四,坚持市场主导、政府促进。在促进产业结构优化和适度多元化、建设世界旅游休闲中心、打造国际经贸服务平台,积极参与粤港澳区域经济合作和一体化方面,澳门特区政府要发挥更大的作用。经济发展和区域经济合作必须真正以市场为导向,利益为纽带,但政府的角色不可替代。一是加强与粤港两地的协调与沟通,完善市场主导、政府促进、资源分享、优势互补、协调发展、互利共赢的区域性利益协调机制。二是充分发挥市场在区域资源配置中的基础性作用,更好地发挥企业和社会组织的作用,走出一条市场化多元发展之路。三是创新合作机制,完善粤澳、澳珠和澳港合作机制,强化区域合作。对于政府的作用,澳门与香港的情况有所不同。我们认为,澳门发展应更多地借鉴新加坡的发展模式。在参与粤港澳区域合作与经济一体化进程中,澳门特区政府应发挥更积极的规划、引导和协调作用。我们建议澳门特区政府实施更积极的产业政策,引导和支持民间资本和博彩业资本发展其他切合澳门实际的产业。如果放任市场发展,博彩业只会越做越大,所谓适度多元化也就是一句空话。建议成立特区政府主权基金,参与区外经济开发。

第五,发展多元化的合作机制。在"一国两制"下,完善以下五个合作机制:一是完善珠澳合作联络机制,建立两地政府的定期会晤制度。二是完善粤澳行政首长联席会议机制,增强联席会议推动合作的实际效用。三是完善港澳合作机制,建立港澳行政首长联席会议制度。四是建立统一的粤港澳行政首长联席会议机制,同时吸纳珠三角地区广州、深圳、珠海、佛山、江门、东莞、中山、惠州和肇庆等九个城市的市长参加,以适应粤港澳合作和经济一体化发展新形势的需要,共同协商解决三地合作发展中所面临的问题。五是积极参与泛珠三角合作机制。六是澳门特区政府应建立一个有权威的区域合作统筹机构。七是推动成立粤港澳民间合作机构,支持工商企业界、专业服务界加强交流合作,拓宽社会科学界、学术理论界的合作渠道,引导媒体建立对接机制,举办粤港澳台合作论坛等。

第六,加快融入五大经济合作圈。一是澳珠都市圈。珠海是澳门的近邻,应按照"基建对接、通关便利、产业合作、服务一体"要求,建设澳珠同城化都市区,进而成为大珠三角一个新的空间增长极。二是粤西都市圈。即由珠海、澳门、中山、江门、肇庆等珠江西部城市组成的一小时经济生活圈和城市群,是澳门最直接的经济腹地,目标是要形成珠江三角洲地区新的经济增长极。三是大珠三角都市圈。包括广东的广州、深圳、珠海、佛山、江门、东莞、中山、惠州和肇庆等九个城市和香港、澳门,即"小9+2",目标是形成全球最具有核心竞争力的大都市圈之一。四是粤港澳合作圈。包括广东、香港和澳门三个地区。五是泛珠三角经济合作圈,包括内地广东、福建、江西、湖南、海南、广西、贵州、云南、四川等九个省和香港、澳门,即"大9+2",是粤港澳地区的广大经济腹地。

第七,积极推进四大合作领域。与粤港共同编制"基础设施建设"和"共建优质生活圈"两个专项合作规划,重点推进四个方面合作工作:一是加强基础设施建设合作。基础设施合作与对接是澳门融入粤港澳区域合作的重要条件。通过澳门与区域内的公路、铁路、港口、机场、通信等基础设施的合作和衔接,提升澳门基础设施的现代化和对外连接的便捷化。按照可持续发展的要求,积极推进在土地、供水、供电等资源能源方面的合作。二是加强功能区开发合作。主要包括珠海横琴新区开发合作、珠澳跨境合作区开发合作等。三是加强产业合作。产业合作是澳门参与粤港澳合作的主体,澳门应在旅游业、休闲业、会展业、金融业、文化产业、物流业等方面加强合作。四是加强民生合作。积极推进在教育、医疗卫生、文化、社会保障、应急管理、知识产权保护、环境保护、人才培训等方面的合作,共建优质生活圈。

三 澳门经济多元化发展的政策建议

(一) 加强与粤港基础设施建设合作

加强与粤港地区重大基础设施对接。第一,加强与粤港在城市规划、轨道交通网络、信息网络、能源基础网络、城市供水等方面的对接。第二，加强在港口、码头、机场等基础设施建设、运营和管理方面的合作，实现与粤港海陆空交通的对接。第三，推动连接澳门海、陆、空口岸的澳门轻轨与广珠城际轨道接驳，有效地将澳门纳入珠三角"一小时生活圈"，以及珠三角城际轨道交通线网之内。第四，推动京港澳高速公路、广珠西线高速公路、西部沿海高速公路和太（原）澳（门）高速公路等经横琴连接至澳门的进程。第五，推进港珠澳大桥的建设及其与澳门的衔接，构建连接香港机场—港珠澳大桥—澳门机场—横琴—珠海机场—高栏港的区域交通框架。第六，加强海上交通与广东各港口城市和香港的联系，提升旅客和货物运输接驳能力。第七，尽快建设澳门半岛与珠海湾仔的陆路通道（通过桥梁或隧道），连接珠海保税区和西部沿海高速，以减轻关闸（拱北）口岸的通关压力。第八，加强澳门与香港、珠三角主要港口水上交通的合作与对接，充分发挥水上运输在客运货运上的重要作用。第九，按照公共交通优先的原则，进一步优化澳门内部道路和交通，使内外交通衔接更通畅、更便捷。第十，建议中央批准澳门新的填海造地计划，为澳门城市基础设施改善和经济多元化发展拓展发展空间。第十一，进一步推进通关便利化，实施 24 小时通关和优化 144 小时便利免签证。第十二，积极参与珠海共建高栏国际枢纽港。澳门没有深水港，一直制约澳门的发展。珠海高栏深水港能停泊 10 万吨级海轮，内连珠江流域和华南腹地，外通世界五洲大洋。建议将高栏港部分港区划为保税区或自由港区，建设连接澳门的封闭快速通道，使澳门自由港与高栏深水港互为补充，共同建设国际性枢纽港。

（二）加强有关功能区开发建设的合作

第一，加强珠澳跨境合作区开发合作。2003 年 12 月，国务院批准设立珠澳跨境工业区。珠澳跨境工业区位于珠海拱北茂盛围与澳门西北区的青洲之间，首期用地总面积 0.4 平方公里，分为珠海、澳门两个园区，其中澳门园区 0.11 平方公里，珠海园区 0.29 平方公里，由澳门和珠海市分别通过填海造地形成。2006 年 12 月，珠澳跨境工业区正式启用。从目前看，珠澳跨境工业区发展并不理想。建议重新定位和规划珠澳跨境合作区，把服务业作为合作重点，配合澳门建设世界旅游休闲中心和珠海国际商务休闲旅游度假区，发展与之相配套的旅游、金融、休闲、购物、物流、会展等服务产业。

第二，积极参与珠海横琴新区开发。珠海横琴新区是推进粤港澳紧密合作的重点区域之一，承担起支持港澳繁荣稳定、为澳门拓展发展空间和支持其经济适度多元，以及带动珠江口西岸地区经济发展形成新增长极的历史使命。横琴新区开发是澳门加快经济发展，促进经济多元发展的一次难得历史机会。对于澳门而言，横琴新区开发开放绝不仅仅只是澳门大学设立横琴校区的问题，更重要的是要如何利用横琴新区的开发开放，引导更多的澳门资本参与横琴新区的开发，促进产业适度多元发展。澳门特区政府要抓住"开发横琴优先考虑澳门"的契机，加强与广东省、珠海市携手合作，积极参与横琴新区的开发开放，为澳门多元发展和持续发展增添新动力。例如积极引导澳门资本参与横琴新区产业开发，大力发展与澳门旅游产业相配套的展商务服务、休闲旅游、会议会展、主体公园、科教研发、文化创意等产业。

（三）共同推进珠澳核心都市区建设

《珠江三角洲地区改革发展规划纲要（2008～2020）》要求珠海加快建成"国际商务休闲旅游度假区"，澳门定位："世界旅游休闲中心"，珠澳的城市定位相互叠加，可相互促进，联动发展。澳门参与珠三角区域合作与经济一体化，首先要加强与珠海合作与同城化。远亲不如近邻，要避免所谓"大门打开、小门还没打开"和"大路朝天，各走一边"的局面出现。珠澳同城，主要是指双方通过平等合作，实现资源分享、优势互补、利益均沾、联动发展，并不是要合并成一个城市。我们认为，要在比较短的时间内实现把珠海建设成为珠江西岸中心城市的目标，必须有超常的政策和举措。按常规发展，珠江东、西两岸之间的差距只会越拉越大。中央批准港珠澳大桥、广珠城际铁路等重大基础设施建设和横琴新区开发开放，这当然都是大举措，但这还不够。我们认为还应该给予珠海更大的政策支持，使之成为珠江西岸地区的新增长极，对澳门、珠江西岸地区的发展将会产生较大的辐射和带动作用。

（四）加强粤港澳产业合作

澳门要发挥地理的区位优势和自由港的政策优势，加强建设"三个"商贸服务平台，加快打造成为珠江西部地区的服务中心。第一，进一步吸引香港、大陆资本和外国资本对澳门的服务业投资，促进澳门服务业的多元化和国际化。第二，促进澳门商务服务业与内地制造业和其他服务业的互动，扩大澳门贸易方式的商务输出。利用中央给予广东推进CEPA服务业开发先行先试的机会，鼓励和促进澳门服务业进军珠江三角洲地区和内地，包括中葡双语翻译、法律、仲裁、会计、金融、贸易、保险、医疗、房地产、市场营销、市场拓展、顾问咨询、广告、社会服务等。第三,借鉴香港经验,加快世界品牌店、大型购物中心和高档品牌街建设,改善购物休闲环境,提高产品质量和档次,努力打造亚太地区重要的购物中心,吸引更多的粤港和内地游客。第四,加大银行、证券、保险、会计、法律、教育、医疗等领域从业资格互认工作力度,为服务业发展创造条件。通过资格互认、培训等手段,允许符合条件的港澳专业服务人员在广东执业,也鼓励广东专业人士在港澳执业,突破各自专业服务发展的市场瓶颈和人才瓶颈。第五,加强粤港澳在现代物流、金融服务、信息服务、商务会展、服务外包等现代服务业的高端合作。推进与港澳地区贸易的人民币结算试点,共同建设人民币结算基地。加强粤港澳金融合作,探索建立粤港澳三地同业市场,推进三地金融产品跨境发行与流动。

第一,加强与粤港旅游业合作。粤港澳三地具有联合开展区域旅游营销、共同建设国际知名区域旅游目的地的良好基础条件。旅游业是澳门的支柱产业之一,加强粤港澳旅游交流与合作,是澳门旅游实现经济多元和可持续发展的必由之路。澳门由于地域狭小、人口密度大、资源有限,单纯在澳门开发旅游资源受到一定的限制。粤港澳三地旅游业各具特色、互补性强。广东的自然景观和文化旅游资源丰富,香港具有国际大都会的优势,而本身就是巨大的游客市场。加强粤港澳三地旅游合作,将会形成资源分享、优势互补、相互促进的发展局面,做大旅游业蛋糕。加快与香港、广州、深圳、珠海等城市的旅游合作,融入珠三角旅游区域合作,以吸引更多游客赴澳。一要积极参与粤港澳旅游信息平台建设。二是共同编制粤港澳旅游发展规划。三是透过粤港澳合作,发挥博彩业对旅游业的带动作用,大力发展包括观光文化旅游、度假休闲旅游、购物旅游和会展旅游等,进一步促进酒店业、批发零售业、会展业、餐饮业、娱乐业的升级转型,全力打造博彩旅游业的新型产业链,使游客逗留澳门的时间延长,提升旅游业的附加价值。特别要发挥澳门历史城区被列为世界文化遗产的优势,加快发展文化旅游。四是加强与珠海、中山的旅游合作。五是建议恢复港澳签注联通,推动港澳连线游,方便内地旅客同游港澳两地。

第二,加强与粤港会展业合作。会展作为澳门的新兴产业,是澳门产业适度多元化发展的重要方向之一。发展会展业不但有利于增加新的旅游元素,更重要的是会展业丰富了澳门服务业的内容,成为打造区域性服务平台的重要组成部分。会展业是澳门最近几年出现的新兴产业，澳门也成为亚洲会展业成长最快速的三大地区之一。澳门是自由贸易港，货物、资金、外汇、人员进出自由。进出口及转口贸易的报关和清关手续简单，有利于国际展览中的境外展品出入澳门；澳门对世界大多数国家和地区的游客入境实行免签证或提供落地签证，旅游人士携带适量自用物品进出均不用报关，方便客商来澳门参加会展活动。澳门会展业的发展，可以成为珠江三角洲地区国际贸易服务的平台，为珠三角地区广大的厂商提供服务。澳门会展业特征是"两头在外"，参展商和买家均在外，必须"走出去"，"引进来"，吸引更多客商来澳门，整合各种优势资源，形成类型各异的具有竞争力和生命力的会议展览项目和节庆活动，并将这些项目与活动产业化、系列化、综合化，最终成为独具澳门特色的会展产业。同时，积极发展以国际化、专业化、贸易型为主的会展业，与香港、广州、深圳等城市错位发展国际性商务会议和中小型、专业性、国际性展会。广东有产业基础、会展设施、展会资源上的优势，港澳地区有区位和中西文化交融以及营销网络、资金、人才和管理经验上的优势。通过粤港澳三地优势互补、资源互助，共同打造大珠三角地区世界会展品牌和世界会展中心。

第三，加强与粤港文化产业合作。澳门发展文化产业具有独特的优势和较好的基础。澳门应利用世界文化遗产等丰富的文化资源优势，通过粤港澳合作，把创意与旅游、体育、艺术、科技、娱乐等结合起来，积极推动澳门文化产业的发展。一是大力发展科学、文化、教育、体育、艺术等社会事业，全面提升澳门整体文化水平和居民素质，为文化产业发展奠定基础。二是加大政府对发展文化产业的支持力度，建议特区政府设立澳门文化产业发展基金，鼓励和支持文化产业的发展。三是通过吸引外资，加大文化基础设施建设的投入，在澳门打造一批以澳门文化历史为主题的文化设施和文化项目。四是继续办好澳门艺术节、澳门国际音乐节、澳门艺术双年展、青年音乐比赛、欧洲电影节等艺术活动。通过举办 IMF、大赛车、葡语系国家运动会等体育盛事，促进文康体育产业发展。五是可借鉴美国环球影城的经验，打造亚太地区的影视城，以更加多元的方式集中展示中国、美国、欧洲电影电视文化。六是大力发展高等教育，提升教学科研水平，促进教育服务贸易发展。大力推动科技合作，继续落实《中医药科技合作协议》，探讨粤澳联合资助开展重点领域关键技术科技攻关。七是积极参与和推动粤港澳三地在演艺节目和人才、文化信息、文物博物、图书馆、粤剧艺术发展和非物质文化遗产保护、文化创意产业等方面的交流与合作。积极参与粤剧申遗工作，共同举办粤剧日、粤剧国际研讨会与粤剧推广青少年大使交流活动。加强与粤港在影视制作、动漫、广告设计等方面的交流与合作。

（五）加强与粤港民生方面合作

澳门应该根据《珠江三角洲地区改革发展规划纲要（2008～2020）》关于共同建设绿色大珠三角优质生活圈的精神，积极推进粤港澳在民生方面的合作。

第一，积极参与教育和医疗服务合作。加强与广东、珠海建设合作，建设好澳门大学横琴校区。支持和鼓励澳门高校与广东合作办学，扩大粤港澳高等学校互招学生规模。推进粤港澳三地专业技术人才培训合作，鼓励和支持澳门职业教育培训机构在珠三角举办职业培训。鼓励澳门资本进入广东省医疗服务市场，协助改善澳人在珠三角地区的医疗服务。推进粤港澳中医药合作，积极参与在横琴岛创办粤港澳合作中医养生保健园区。

第二，加强卫生和食品药品安全合作。加强紧急医疗、消防救援、公共安全、海关、警务、反走私等领域的合作。完善粤港澳传染病疫情信息通报与联防联控、突发公共卫生事件应急合作机制，建立粤澳紧急医疗和消防救援机制。完善食品、农产品卫生事件互通协查机制，确保粤港澳农副产品安全。

第三，加强社会保障和福利合作。推动粤港澳建立用人单位劳动守法信息共享平台，加强对企业欠薪逃匿经营者的执法合作。加强与珠三角地区养老和社会服务方面的合作，可选择珠海、中山等环境优美、医疗等公共服务设施充足、交通便利的地区建设养老院、养老社区。

第四，加强生态环境保护合作。加强与广东、珠海供水工程建设的合作，保障供水安全。深化环保合作，继续开展空气质量监测交流和水葫芦专项治理行动，抓好废矿物油的处理处置工作。与珠海合作，共同治理跨境工业区附近的河涌、鸭涌河及前山河一带水域的污染和水浮莲问题，推进澳珠两地环境一体化区域合作的联动能力。与珠海合作建设跨界生态保育区和生态廊道，五桂山—凤凰山—横琴岛是珠江入海口西岸的重要生态功能源区，对澳门和珠西城市群的生态环境质量有重要影响；珠江水系及其支流是澳门和西岸地区重要的饮用水来源，也是联系各地的自然生态廊道。

①澳门特别行政区统计暨普查局：《澳门统计年鉴》（历年）。

②澳门特别行政区统计暨普查局：《澳门资料》（历年）。

③郝雨凡：《澳门，在探索中成长》，广州：《南风窗》2010 年第 1 期。

④广东省人民政府、澳门特别行政区政府：《粤澳合作框架协议》，2011 年 3 月 6 日。

⑤中华人民共和国国务院：《关于横琴总体发展规划的批复》，2009 年 8 月 14 日。

⑥何厚铧：《2006 年财政年度施政报告》，澳门，2005 年 11 月 15 日。

⑦中国国家发展和改革委员会：《珠江三角洲地区改革发展规划纲要（2008～2020 年）》，2008 年 12 月。

作者简介：钟坚，深圳大学经济学院教授、博士生导师。

［责任编辑：刘泽生］

（本文原刊 2014 年第 2 期）

主持人语

刘泽生

一年前，笔者在本专栏的"主持人语"中就港澳研究队伍老龄化问题表示了深深的忧虑，认为如何培养、扶持新人，为港澳研究的可持续发展未雨绸缪，是一个学科发展的战略性问题，有必要引起各界的关注，并表示本刊将乐意为年轻学者提供更大的学术舞台。现在，我们高兴地看到，呈现在读者面前的正是一组"80 后"年轻学者关于香港社会学研究方面的新作。

社会学是研究社会生活、社会制度、社会行为、社会变迁和发展及其他社会问题的综合性学科。本期专栏的这一组有关香港社会学范畴的文章，也是本刊自改版以来首次以专题形式集中发表，内容涉及香港的社会福利制度构建、香港的教育改革与中小学教师的日常改变、香港与台湾非营利组织与社区建设的比较研究等领域。

伴随着香港经济的起飞，自 20 世纪 70 年代以来，香港立足于本地经济和社会人文实际，成功构建了一套有别于西方福利国家的社会福利制度，被誉为东亚福利社会的典范。刘敏博士从适度普惠理论的视角入手，梳理了香港福利制度的现状及构成，勾画了香港福利制度的基本特点，总结了香港经验对内地福利制度发展的启示。刘文认为，香港的社会福利制度已经超越了最初剩余福利模式的设计，发展成为一种具有香港特色的适度普惠型社会福利模式，并对中国内地的社会福利建设具有重要的启示意义——要兼顾经济效率与社会公平，坚持"增量式"福利发展策略，正确处理经济发展与改善民生、福利的政治与社会双重属性、弱者照顾和全民普惠之间的关系，构建既有本土特色又有世界水平的适度普惠型社会福利制度。

回归以来，香港特区政府开始推行以终身学习、面向未来为目标的教育改革。香港的教育改革变化体现了国家或地区对于发展的愿景，以此重新设定的教育目标，成为支持社会经济、政治和文化发展的一种手段，同时也成为回归后特区政府政策改革的重点。黄晓星博士采用个案研究的模式，聚焦于教师改变的不同维度，对不同学校的 58 位中小学教师进行深度访谈和对 77 位中小学教师进行问卷调查，认为教师改变是社会结构变化、教育改革、个体生命境遇等多方面交织互动的结果，并且不局限于工作层面，而涵括了从工作、生活到社会关系等多维度的变化；认为教师日常改变这一环节是当前教改陷入困境的重要因素之一，如何改善两者关系也将是教改成功的重要环节。

近三十年来，中国大陆的非营利性组织（NPO）和社区建设有了较快的发展。中共十八大的报告中明确提出，要加快形成"党委领导、政府负责、社会协同、公众参与、法治保障"的社会管理体制，对现代社会组织及其体制提出了"政社分开、责权明确、依法自治"的要求。目前，大陆的非营利组织与社区建设正进入一个新的发展时期。陈福平博士以非营利组织在社区建设中的作用为切入点，比较分析了台湾和香港两地在社区建设中非营利组织的参与、运作及其特点，认为其对中国大陆在城乡地区开展社区建设提供了参考的经验——台湾的"社区总体营造"中重视内源性资源开发和社区动员经验、香港的社区管理体制中重视规则和市场化的项目整合特点。陈文的比较研究具有学术上的价值与实践上的启示。

本期专栏特别集中发表三位"80后"年轻学者的作品，除了从社会学研究专题组稿方向的考虑之外，还有另外的一层涵义，就是向学界传递一个信息——期待更多的年轻学子投身到港澳研究——学术研究的行列。《澳门理工学报》欢迎您！

适度普惠理论视角下香港社会福利制度的经验与启示[*]

刘　敏

[提　要] 在评述"剩余福利论"、"儒家福利论"和"生产主义福利论"的基础上，提出"适度普惠论"，认为香港福利制度已超越了最初剩余福利模式的设计，成为一种香港特色适度普惠型社会福利模式。这种适度普惠重机会均等甚于结果平等，重基本保障甚于全面保障，有别于西方福利国家"全民受益"的高度普惠主义，属"应保尽保"的适度普惠主义。香港的经验表明，要兼顾经济效率与社会公平，坚持"增量式"福利发展策略，正确处理经济发展与改善民生、福利的政治与社会双重属性、弱者照顾和全民普惠之间的关系，构建既有本土特色又有世界水平的适度普惠型社会福利制度。

[关键词] 香港　适度普惠型　社会福利制度　经验与启示

20 世纪 60 年代是西方福利国家发展的黄金期，彼时香港构建现代社会福利制度的努力才刚起步。然而，在不到半个世纪的时间里，香港立足本地经济和社会人文实际，广泛借鉴全球福利经验，成功地在西方福利国家模式之外，构建了一套特色鲜明、高度制度化、在亚洲独树一帜的社会福

---

* 本文系深圳市哲学社会科学"十二五"规划 2012 年度课题"深港合作背景下深圳率先建设普惠型社会福利制度战略研究"（项目号 125C029）的阶段性成果。

利制度。香港福利制度被视为东亚福利体制的代表之一，香港也因具有较高的福利水平而被视为东亚福利社会的典范。^①关于香港福利制度的研究不少，但从适度普惠的视角研究香港社会福利制度经验与启示的研究乏善可陈。本文在评述"剩余福利论"、"儒家福利论"和"生产主义福利论"的基础上，提出"适度普惠论"，认为香港福利制度已超越了最初剩余福利模式的设计，成为一种不同于西方福利国家、具有香港特色的适度普惠型社会福利模式，并从福利目标、福利对象、福利主体、福利水平和福利内容等方面分析香港适度普惠型福利制度构成及特色，探讨香港福利经验及其对内地的启示。

一　香港社会福利模式的理论争辩

众所公认，香港建立了比较完善的社会福利制度，整体福利水平在亚洲名列前茅，其教育、医疗和社会服务水准令人瞩目。然而，对于香港社会福利体制属于何种模式，学术界一向是见仁见智，存在理论争辩，其中最具影响力的当数"剩余福利论"、"儒家福利论"和"生产主义福利论"。

1. "剩余福利论"。麦克劳克林（Eugene McLaughlin）认为，香港社会福利制度属于典型的剩余型福利模式（Residual Welfare Regime），公共支出和福利水平相对较低，福利主要面向"市场竞争的失败者"和"最不能自助者"，以保障其基本需要为目的。^②威尔丁（Paul Wilding）认为，香港社会政策具有浓厚的自由主义和剩余主义特点，政府奉行"自由放任"和"积极的不干预主义"政策，对经济活动干预较少，社会福利政策强调个人、市场和第三部门的作用，政府在福利供给中主要扮演"最后帮助者"的角色。^③一方面，香港社会福利制度在 20 世纪 70 年代创立之初，在很大程度上汲取和借鉴了英国公共援助制度和英国贫困法的经验，强调救助"那些容易受到伤害的人——老人、残疾人士和穷人"等所谓的"最不能自助者"，福利剩余化的传统源远流长。^④另一方面，香港坚持走"低税制、低福利、高发展"的发展路线，重点发展公共援助，多数福利项目主要面向中低收入群体，并需通过严格的家计调查和资产审查，具有剩余福利的特点。有鉴于此，"剩余福利论"广受推崇。

2. "儒家福利论"。琼斯（Cathrine Jones）认为，香港社会福利制度表现出浓厚的东方儒家文化特色，如重视家庭责任和社会关怀，鼓励好善乐施，强调自强自立、社会互助和不依赖政府，因而属于"儒家福利体制"

(Confucian welfare states)。⑤香港学者周永新也认为，香港社会福利制度受中国传统文化影响深远，推崇自食其力、自强不息，要求承担家庭和社会义务，遵循工作伦理，以依赖他人为耻，具有儒家文化特色。⑥传统儒家思想在香港社会根深蒂固，香港人普遍重视家庭观念和履行家庭责任，推崇积善行德、家庭责任、社会义务和不依赖政府等观念。同时，香港政府一贯强调传统文化价值观，推崇儒家福利文化，倡导和推广"关怀家庭、力求上进、自力更生、互相扶持、不愿意依赖'福利'、极重视社会秩序，以及具备灵巧机智的特性"等华人传统价值观。因此，"儒家福利论"也有一定的市场。

3. "生产主义福利论"。霍利廷（Ian Holliday）认为，香港社会福利体制属于"东亚福利体制"的一种亚类型，即"为经济增长服务的类型"，以生产主义为导向，经济增长优先于社会发展，社会政策从属于经济发展的需要，政府的责任主要是促进经济发展，尽量减少公共支出和对市场的干预。⑦香港学者莫家豪也将香港社会福利制度归为东亚"生产主义福利体制"（productivist welfare regime），"重经济发展而轻社会保障"，以高经济增长率和低社会福利支出为特征。⑧长期以来，香港在经济政策上奉行"自由放任主义"思想，在社会政策上坚守"生产主义"导向，即经济发展第一、社会发展其次，维持相对较低的公共支出，社会政策扮演辅助经济发展的作用。⑨这一点，与新加坡、韩国和日本等东亚福利国家具有相似之处，因此，"生产主义福利论"的拥趸也不少。

笔者认为，"剩余福利论"、"儒家福利论"、"生产主义福利论"对香港社会福利制度都具有解释力，但都不全面，有一定的偏颇之处。"剩余福利论"正确地看到了香港福利制度低收入再分配和低去商品化的一面，但忽视了香港教育、公共医疗等社会政策具有普惠主义的特点。"儒家福利论"正确地强调了香港福利制度的儒家文化特色，但低估了西方福利文化，特别是英国福利国家对香港社会政策的影响。"生产主义福利论"正确地认识到了香港福利制度与其他东亚福利体制的相似之处，但忽略了其独有的香港特色。实际上，香港社会福利制度不完全属于东亚福利模式，也不能简单用剩余福利模式来套用，经过近半个世纪的发展，它已超越了最初剩余福利模式的设计，具有适度和普惠的特点，成为一种不同于西方福利国家、具有香港特色的适度普惠型社会福利模式。

"适度"是指香港社会福利制度契合香港实际情况，与其经济发展水平和社会人文状况相适应，福利水平保持在适度区间且具有相当的弹性。"适度"包含"适合"与"适量"两层含义，前者是定性概念，指福利制度适应本地区的经济、政治和社会人文状况；后者是定量概念，指福利水平恰到好处，能满足民生福利需求又不至于太慷慨进而掉进"福利陷阱"。从"适合"角度看，香港福利制度与香港社会古今融合、中西合璧的人文特点相适应，体现了多元并存、包容开放的特点，既保留了优秀传统中国文化，信守个人自强、家庭责任和社会互助等华人福利观，又汲取了西方福利国家特别是英国福利国家的经验。从"适量"角度看，香港福利制度强调公共支出"总量控制"，保证福利水平维持在合理的区间范围内，与经济发展水平动态适应。香港社会支出历来遵循"两个不超"的准则：一是1976年规定的公共支出规模不超过本地生产总值的20%；二是1987年规定的公共支出增速不超过本地生产总值的增速。除了1998~2003年受亚洲金融危机影响公共支出略有增加外，近30年来香港公共支出占GDP的比重大体维持在20%以内。"两个不超"准则保证了香港社会福利在"总量控制"的前提下，充分运用"柔性调节"，按照政策目标优先次序来决定福利资源投放量，确保福利水平维持在合理区间，从而既能不断回应和满足改善社会民生的需要，又不会因为高福利而损害香港作为全球自由经济体和国际金融中心的竞争力。

"普惠"是指香港社会福利体制具有相当的普惠性和普及性，广泛惠及不同的阶层和群体。顾名思义，普惠（universality）有两层基本含义：一是"普"即覆盖面广，二是"惠"即保障水平较高。[10]香港福利制度的"普惠"集中表现在两个方面。一是覆盖面广，具有相当的包容性和普惠主义，不仅针对贫困和弱势群体，而且广泛覆盖各类有需要的社会群体。例如，香港拥有完善的全民公立医疗服务制度，全民免费基础教育制度，为近50%的市民提供住房保障的公屋制度，以及针对各类人群的社会服务制度。二是保障水平较高，惠及多重民生。近20年来，香港社会支出占公共支出的百分比大体保持在50%左右，就社会支出占公共支出的比重而言，香港基本上达到OECD发达国家的水平。2007年，香港社会支出约占公共支出的54%，高于韩国41.2%的水平，当年美国、英国和加拿大等OECD发达国家的社会支出[11]占公共支出的比重基本上在50%~60%（见图1）。[12]

需要特别指出的是，香港福利制度的适度普惠有别于西方福利国家那种大包大揽的高度普惠主义，而是强调"应保尽保"的适度普惠主义。西

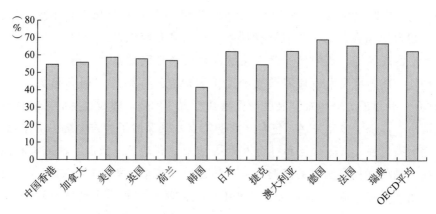

图 1　2007 年香港和 OECD 国家社会支出占政府公共支出的比重（％）

方福利国家的"高度普惠"是建立在"高税收、高支出"的基础之上的，这些国家的公共支出占 GDP 的比重大多超过 40％，甚至达到 50％ 以上。[13] 香港福利制度的"适度普惠"是建立在"低税收、低支出"的基础之上的，受低税制和公共支出准则影响，香港的公共支出占 GDP 的比重很少超过 20％。西方福利国家的福利普惠，在很大程度上是福利资源的普惠，即向全社会或某一阶层的所有成员提供无差异的福利服务。相比之下，香港福利制度的普惠，在更大程度上是福利机会的均等，即保障公民在基本社会福利方面享有平等的权利和机会，基本福利服务以外的则由市场来决定。对此，香港学者周永新写道："政府为市民提供'一视同仁'的服务，让他们得到基本的生活保障，患病时得到治疗，有合理的居住及工作环境和条件，每人都有发展的机会，但在这个平台以上，个人过着怎样的生活，必须交由他们自己来决定。"[14] 机会均等甚于结果平等，基本保障甚于全面保障，兼顾经济效率与社会公平，这是香港福利制度迥异于西方福利国家的价值取向。

二　香港适度普惠型社会福利制度的构成

从广义福利的角度看，香港社会福利制度涵盖公共援助、[15]社会保险、社会服务和公共福利[16]四个层次，包含丰富多样的补救性、预防性和发展性福利项目，并非仅针对贫弱群体，而是覆盖各类有需要的群体。这些福利制度承担不同的福利功能，具有各自特定的福利项目、福利目标、福利对象、福利资格和福利形式，共同组合为香港适度普惠型社会福利制度（见表 1）。

表 1　香港社会福利制度主要构成

福利制度	公共援助	社会保险	社会服务	公共福利
福利项目	综援、公共福利金、意外伤亡赔偿以及紧急救济计划	强制性公积金等	家庭及儿童、安老、青少年、医务、康复、临床心理等服务	公屋、医疗和教育
福利目标	为贫困者和弱势群体提供基本保障	为在职人士提供社会保险	为特定和有需要的群体提供社会服务	为有需要者和全民提供公共福利
福利对象	贫困和弱势群体（低收入、老人、残疾人、灾民等）	18岁至65岁的在职劳动者	特定群体（老人、儿童、青少年等）及有需要的群体	有需要的群体和合乎条件的香港公民
福利资格	收入审查＋类型划分	由雇主及雇员共同供款	类型划分＋需求划分	需求划分＋全民普惠
福利形式	收入支持＋实物援助，补救性福利	收入支持，预防性福利	服务支持，支持性和发展性福利	资产支持＋服务支持，支持性和发展性福利

　　首先是公共援助制度，包括综援、公共福利金、三个意外伤亡赔偿及紧急救济等计划，旨在为贫困者及弱势群体提供基本生活保障。综援是"综合社会保障援助计划"的简称，主要是为经济困难的人士提供基本生活保障，资金主要来源于税收和政府拨款，面向收入低于一定水平的贫困群体，类似内地的最低生活保障制度。公共福利金是为残疾人士和老人提供津贴，每月以现金津贴的形式支付，包括普通高龄津贴、高额高龄津贴、普通伤残津贴、高额伤残津贴等四类，类似内地的高龄老人和残疾人津贴。意外伤亡赔偿及紧急救济包括暴力及执法伤亡赔偿计划、交通意外伤亡援助计划、紧急救济计划，分别为暴力罪行或执法行动中的受害人、交通意外的伤亡者亲属和自然灾害灾民提供现金或实物援助。根据特区政府统计处的统计，2012年，公共援助支出达到305.51亿元，资助个案达96.91万宗，受益人数超过120万人（详见表2）。[⑰]

表 2　2012年公共援助支出及资助个案

公共援助项目	政府支出（亿港元）	资助个案（万宗）
综援	197.73	26.76
公共福利金	105.80	69.34
紧急救助及意外赔偿	1.99	0.81
总计	305.51	96.91

其次是社会保险制度，以强积金计划为主，旨在为在职劳动人口提供社会保险。⑧强积金是"强制性公积金"的简称，是香港特区政府强制设立的退休金制度。根据规定，除部分豁免人士（享受法定退休计划或公积金计划的公务员和公办学校教师等）外，所有18岁至65岁并长期在香港居住和工作的雇员和自雇人士，都必须参加强积金计划。雇主和雇员分别按参保人士月收入的5%或以上向强积金计划供款，参保人士达到65岁退休年龄方可提取强积金，但参保人士由于死亡、丧失行为能力、永久离开香港及提早退休的原因，可在退休年龄之前提取强积金。根据强积金管理局的统计，截至2013年3月31日，强积金净资产值达4553.3亿元，雇主、雇员参保人数分别达到25.91万人、237.64万人，两类群体的参保率分别达100%、98%，基本上实现了应保尽保、全员覆盖。

再次是社会服务制度，旨在为特定和有需要的群体提供社会服务。香港社会服务制度覆盖个人服务、家庭服务和社区服务三大层次，包括家庭及儿童福利服务、安老服务、青少年服务、医务社会服务、康复服务、临床心理服务、违法者服务、社区发展等八大类别。上述社会服务主要面向儿童、老人、青少年、病人、残疾人、心理障碍者、违法者等特定群体和有需要的公民，提供针对各类社会问题的预防、支援和补救性服务。香港社会服务涵盖日常生活各个领域，具有很高的专业化水平和服务质素，能够满足不同群体的多元化服务需求。根据社会福利署的统计，2011年，上述社会服务的政府支出总数为110.32亿元，服务人数达到295.02万人；2014年，社会服务预算支出为157.29亿元。

最后是公共福利制度，以公屋、医疗和教育为核心，旨在为有需要者和全民提供公共福利。公屋政策是香港政府为收入和资产低于一定限额的中低收入群体提供的住房保障制度，包括公共租住房屋和资助自置居所房屋等。根据香港房屋委员会的统计，2012年，香港共有110.36万户家庭、334.1万人居住在公屋，占香港家庭总数和人口总数的47%。公共医疗也是香港公共福利的重要组成部分。香港的公共医疗制度沿袭了英国全民健康服务制度，采取公办医疗保健服务的形式，通过医院管理局辖下的公立医院为全体市民提供价格低廉的医疗健康服务。教育是香港公共支出最大的福利项目。香港免费义务教育已涵盖从小学至高中12年，目前正研究将幼儿园教育也纳入义务教育，如果获准通过，有望实现15年免费义务教育。

近20年来香港社会支出结构发生了明显变化（见图2），教育、医疗、社会福利等支出增势大体平稳，相比之下，住房支出波动较大，在2000年到达顶点后一路下挫，在2007年探底后缓慢回落，但增速明显下滑。受亚洲金融危机影响，2003年香港特区政府宣布无限期终止"居者有其屋计划"，停建及停售"居屋"，后又终止"租者置其屋"计划，这直接导致住房支出大幅缩减并从此陷入低谷。在香港现有社会支出中，教育支出稳居第一，医疗卫生支出位列其次，社会福利支出排名第三，房屋支出垫底。以2012年为例，当年香港公共支出4055.27亿元，其中教育、医疗、社会福利、住房四项支出所占比重分别为19.19%、14.67%、11.33%、5.45%，四项总支出为2053.47亿元，占公共支出总数的50.64%。[19]总之，香港在基本生活、教育、医疗、住房和社会服务等方面建立了比较完善的社会安全网，为香港的经济发展和社会稳定提供了强有力的保障。当然，香港福利制度也面临不少问题，例如，养老保险制度仍是"软肋"，现行的强积金制度漏洞不少；福利改革缺乏系统的顶层设计，存在"头痛医头、脚痛医脚"的问题；经济转型、贫富悬殊、人口老龄化等问题导致福利支出水涨船高，福利供需不平衡的矛盾突出等。但这些都瑕不掩瑜，香港福利制度以其高度的制度化、专业化、高效以及精简的特点而在亚洲独树一帜，成为东亚福利体制的典范之一。

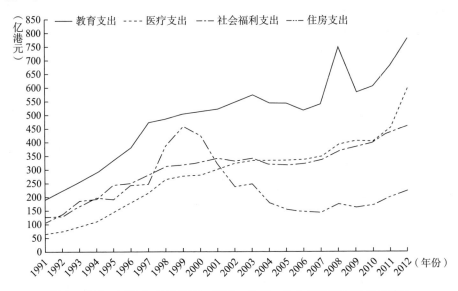

图2 1991~2012年香港教育、医疗、住房、社会福利等支出变化情况

资料来源：参见香港特别行政区政府统计处：《香港统计年刊（2001~2012年）》。

三　香港适度普惠型社会福利制度的特色

威尔丁（Paul Wilding）认为，香港社会福利制度的突出优势是拥有一套完善的、由公共财政支付的福利服务体系，虽然香港社会支出占 GDP 的比重低于西方福利国家，但香港福利制度在覆盖面、可获得性及服务质素方面拥有不错的表现，在教育、医疗卫生和公共服务方面的成就极为突出。[20]根据我们的研究，香港社会福利制度具有如下鲜明特色。

1. 福利目标：社会投资，发展导向。香港历来强调社会政策对促进经济发展的作用，认为社会政策的目标应从传统的收入维持，转向增强人力投资、促进经济发展和社会融合。在福利目标上，香港福利制度强调"支援个人及家庭，协助真正有需要的人，并提供机会，使他们可以自力更生，力争上游，从而促进社会团结和谐"，政府将大部分福利支出投入在教育、医疗和住房等方面，以促进人力投资和经济发展。由于具有发展主义的特点，香港福利制度被视为"东亚生产主义福利体制"的一种亚类型。近年来，香港广泛推行社会投资的理念，提升个人、家庭和社区的自我发展能力，推动福利服务从事后补救到事前预防、从"输血"到"造血"的转变。例如，倡导"工作导向型福利"，推行"自力更生支援计划"和"深入就业援助计划"，力推积极就业和受助人"重返劳动力市场"；成立"社区投资共享基金"和"携手扶弱基金"，深化官商民三方合作，为弱势社群投资社会资本，截至 2013 年底，社区投资基金覆盖全港 18 个区的 268 项社区发展计划，参与机构达到 7000 个，参加人数达到 45 万人，支援家庭 30200 个；设立儿童发展基金，尝试资产社会政策，通过建立个人账户、提供储蓄配额、减免税收等方式，帮助贫困儿童及家人积累资产。这些社会投资导向型福利政策及举措，在很大程度上合乎"发展型社会政策"和"新福利主义"等全球福利改革的方向。

2. 福利对象：弱者优先，适度普惠。香港社会福利制度奉行"弱者优先"的原则，强调救助"那些容易受到伤害的人——老人、残疾人士和穷人"等所谓的"市场竞争的失败者"和"最不能自助者"，重点为贫困和弱势群体提供基本保障。在"弱者优先"的原则下，香港重点发展公共援助，福利支出向弱者倾斜，福利对象以弱者为主，优先照顾基本民生需求。社会福利署每年 70% 以上的福利支出用于综援金和公共福利金，贫困和弱势群体是主要受益者。例如，2014 年社会福利署预算总支出为 559 亿元，其中综援金和公共福利金支出达 402 亿元，占预算总支出的 72%。此外，社会服务制度主要面向儿童、青少年、老人、残疾人等弱势群体，公屋制度主要为中低收入群体提供基本住房保障。在弱者优先的前提下发展公共医疗、教育和社会服务等普惠型福利，让福利惠及各类有需要的群体。12 年免费义务教育惠及所有适龄入学儿童及其家庭，公共医疗制度为全民提供价格低廉的医疗服务，社会服务制度为各类有需要者提供支援性服务。这些组合式福利项目实现了应保尽保、全民覆盖，兼顾了弱者优先和适度普惠。

3. 福利主体：责任分担，伙伴关系。早在 20 世纪 70 年代香港就提出建立政府与社会组织的伙伴关系，探索多元化福利服务。经过四十余年的发展，政府和社会组织在多元福利供给中建立了制度化的责任分担机制，形成了公私伙伴关系。这种伙伴关系超越了简单的"服务购买关系"，扩及政策咨询、服务购买、项目实施、行业监管等广泛领域，而成为比较全面的"伙伴关系"。政府将大部分福利服务交给社会组织来运营，政府主要负责政策制定、资金支持和服务监管等宏观事务，社会组织负责提供具体福利服务。从福利支出看，政府在福利供给中承担了主要作用，除强积金主要由个人和企业供款外，教育、医疗、住房和社会福利的资金主要来源于政府财政拨款。2012 年，香港公共支出为 4055.3 亿元，占 GDP 的 19.9%，其中用于教育、医疗、住房和社会福利的社会支出为 2053.5 亿元，占公共支出的 50.6%。从直接服务看，社会组织在福利服务供给中承担了主要作用，除"综援"和紧急救助等部分福利服务外，社会组织提供全港 90% 以上的社会福利服务，其雇用的社会工作人员占全部社会工作人员的 80%。2012 年，香港注册社会组织数超过 30000 个，每万人拥有社会组织数超过 40 个，社会组织在福利服务供给中发挥非常重要的作用。

4. 福利水平：适度均衡，动态调节。不同于西方福利国家的高福利刚性，香港福利支出历来遵循量入为出的原则，强调"够用就好，过犹不及"。在福利投入上，香港奉行渐进主义财政策略（incremental budgetary approach），对高福利持谨慎态度，保持福利支出稳健增长。早在 20 世纪 70 年代，香港就确立了"公共支出规模不超过 GDP 的 20%、公共支出增速不超过 GDP 增速"的准则，其目的就在于保证福利支出量入为出。除了 1998~2003 年受亚洲金融危机影响公共支出略有增加外，1981~2012 年香港公共支出占GDP 的比例基本上控制在 20% 以内，保持了较高的连续性和稳定性。此外，香港定期编制"社会保障援助物价指数"（简称社援指数），根据经济增速、通胀和物价指数以及住户支出调查结果，动态调节福利标准。例如，由于亚洲金融危机影响，1998～2003 年香港经济下滑，社援指数随之年均下调 1.7%；2003～2008 年，香港经济复苏，社援指数随之年均上调 3.4%。[21] 对于香港福利水平的这种适切性特点，香港学者黄黎若莲形容为"虽然瘦削但不至于吝啬，并且具有相当的有效性和稳定性"。[22]

5. 福利内容：需要为本，组合供应。香港福利制度强调以需为本，按照服务对象类别确定相应的服务标准，提供"需求导向型"和"福利友好型"服务。以综援为例，综援金包含标准金额、补助金和特别津贴三类，其中补助金又细分为长期个案补助金、单亲补助金、社区生活补助金、交通补助金和院舍照顾补助金，标准金额旨在满足一般个案的基本需要，补助金和特别津贴旨在保障特别个案的特别需要，高龄、伤残、单亲、失业等不同类型的个案能结合不同需要获取个性化援助。在福利形式上，香港福利制度针对不同群体的不同层次需求，提供"收入支持＋实物救济＋服务支持＋资产支持"多元化支持结构，推行"补救性＋预防性＋发展性"组合式福利项目，在基本生活、教育、医疗、住房和社会服务等方面建立了完善的社会安全网。通过公共财政支持，香港将公共援助、全民医疗保健服务、免费基础教育、社会服务以及公共房屋等福利组合为广覆盖、多层次、全方位的"多重安全网"，不仅面向贫弱群体，而且覆盖各类有需要的公民；不仅保障受助人的生存性福利需求，还满足他们的安全性和发展性福利需求。

四 对内地的启示

伴随经济发展和民生需求不断增加，我国社会福利制度正面临从"剩余型"向"适度普惠型"的战略转变。超越传统剩余型福利格局，构建与经济社会发展水平相适应的适度普惠型社会福利制度，已成为当前我国民生建设的重要任务。由于我国普惠福利建设起步较晚，没有现成经验可借鉴，基本上是"摸着石头过河"。香港的福利经验对于我国内地社会福利建设具有重要的启示意义，受篇幅所限，这里简要谈三点。

首先，正确处理经济发展与改善民生之间的关系，促进民生福利健康可持续发展。目前，我国 GDP 总量位居世界第二，人均 GDP 超过 6000 美元，总体经济水平迈入中等收入国家行列，但是，经济发展和社会民生"一条腿长、一条腿短"的问题依然比较突出。2011 年，我国内地社会支出占国家公共财政支出的 23.39%，除教育支出占公共财政的比重超过 10% 之外，医疗和住房支出占公共财政的比重都不足 4%。[23] 上述社会支出水平尚不及香港水平的一半，甚至低于许多发展中国家。社会福利建基于一定的经济发展水平，但经济发展不是决定社会福利水平的唯一因素。德国在 19 世纪 80 年代建立了现代社会保险制度，美国在 20 世纪 30 年代经济大萧条时期建立了现代社会保障制度，英国在"二战"的废墟上建立了现代福利国家。这说明，社会福利制度并非要等到经济足够发达时才建立，它可以成为经济发展和社会现代化的助推器，而非一定是经济发展的负担。[24]内地可以借鉴香港的经验，建立社会支出与 GDP、公共支出联动增长的机制，构建以民生福利为导向的公共财政支出结构，适当增加社会保障和就业、教育、医疗、住房等社会支出，逐步将社会支出占公共支出的比重提高到 40% 以上。根据经济增速动态调节福利支出水平，在经济效率与社会公平、经济发展与改善民生之间找到一个合理的平衡点。

其次，正确处理福利政治与社会属性之间的关系，发展需求导向型和福利友好型福利。一直以来香港坚持以需为本，以满足民众的福利需要为宗旨，彰显人性化和精细化，发展需求导向型和福利友好型福利。过去我国内地重福利的政治属性而忽视其社会属性，强调以国家为本，社会福利更多的是服务于国家政权建设需要而非民众需要，服务于经济发展需要而非社会民生需要。[25]作为社会福利核心要义的"人民福祉"和"人的需要"在一定程度上被忽视。应回归福利本意，在福利制度设计中把满足人的需要摆在更加突出的位置，发展"需求导向型"（need-oriented）和"福利友好型"（welfare-friendly）福利。不仅保障贫弱群体的基本民生需要，还关注有需要者在教育、医疗、住房、就业等多元化需要。不仅保障受助人的基本生活，还通过配套服务改善其生活质素，促进人力发展与社会投资。不仅完善以社会救助为主的补救性福利项目，还拓展社会服务—公共福利等预防性和发展性福利项目，实现福利制度从被动补救到主动回应、从维持生存到促进发展的转变，更好地满足经济发展和社会民生的需要。[26]

最后，正确处理普惠和适度之间的关系，优先照顾弱者又兼顾普惠全民。近年来在改善民生福利的口号下，我国一些地方出现了两种不良倾向：一是福利冒进主义，大幅度增加福利投入，片面强调普惠，盲目推崇高福利；二是福利保守主义，人为压低福利投入，片面强调适度，固守传统补缺型福利。这两种倾向都偏离了适度普惠的要义，也有失公平与效率兼顾的价值追求。可以借鉴香港福利制度"控制总量、兜住底线、动态调节"的经验，坚持"增量式"福利发展策略，即以"存量福利"为基础，通过做大经济"蛋糕",不断扩大"增量福利"。从总量上控制公共支出规模,从存量上盘活社会支出各项科目,优先保障基本生活和底线民生,优先发展公共救助和基本公共服务,兼顾弱者优先与适度普惠。一方面,将福利资源优先向农村、边远、贫困、民族地区倾斜,向弱势群体和贫困群体倾斜,重点发展以基本生活保障为主的全民社会救助制度,夯实"最后的安全网"。另一方面,发展教育、医疗、住房、社会服务等普惠主义福利项目,推动公共服务均等化,完善应保尽保、覆盖全民的"多重安全网"。

---

①王卓祺:《东亚国家和地区福利制度——全球化、文化与政府角色》,北京:中国社会出版社,2011,第4页。

②Eugene Mclaughlin, "Hong Kong: a Residual Welfare Regime", in Allan Cochrane and John Clarke, eds, *Comparing Welfare States: Britain in International Context.* London: Sage in association with Open University, 1994.

③Paul Wilding, *Social Policy and Social Development in Hong Kong.* Public And Social Administration Working Paper Series, 1996, Vol. 3.

④Hong Kong Government, *Help for Those Least Able to Help Themselves: A Program of Social Security Development.* Hong Kong: Government Printer, 1977: 2.

⑤C. Jones, "The Pacific Challenge: Confucian Welfare States," in C. Jones ed. , *New Perspectives on the Welfare State in Europe.* London: Routledge, 1993.

⑥周永新:《社会福利的观念和制度》,香港:中华书局(香港)有限公司,1995。

⑦Ian Holliday, "Productivist Welfare Capitalism: Social Policy in East Asia," *Political Study,* 2000, Vol. 48, pp. 706 – 723.

⑧莫家豪:《金融危机后的东亚"生产主义福利体制"——基于我国香港和澳门地区的个案研究》,杭州:《浙江大学学报(人文社会科学版)》2011年第1期。

⑨Maggie K. W. Lau. , "Research for Policy: Mapping Poverty in Hong Kong and the Policy Implications," *Journal of Societal & Social Policy,* 2005, 4 (3), pp. 1 – 16.

⑩Andreas Bergh, "The Universal Welfare State: Theory and the Case of Sweden," *Political Studies,* 2004, Vol. 52, p. 750.

⑪OECD国家社会支出并不包括教育支出,但考虑到在东亚国家和地区,教育是社会政策和民生福利的重要内容,加之在国内大多数研究中,教育支出也列为社会支出,图1香港和OECD国家社会开支是经过改进后的社会支出,其中包括教育支出。

⑫贡森、葛延风:《福利体制和社会政策的国际比较》,北京:中国发展出版社,2012年,第217~218页。

⑬有关数据参见 OECD Publishing，*Government at a Glance 2011*. Chapter 3， pp. 67 – 68，27 Jul 2011.

⑭周永新：《社会政策的观念和制度》，香港：中华书局（香港）有限公司，2013，第 150 页。

⑮香港早期使用"公共援助"的概念，后公共援助制度更名为综合社会保障制度，由于其社会保障具有特定含义，不同于一般意义的社会保障概念，这里依旧用公共援助的概念。

⑯为行文方便，考虑到公屋、医疗和教育等项目面向各类有需要的群体，具有公共福利和适度普惠的特征，这里用公共福利来统称相关福利制度。

⑰⑲港特别行政区政府统计处：《香港统计年刊（2013 年版）》，2013，第 395 页；第 247 页。

⑱香港没有类似于内地由政府统筹的失业保险、工伤保险和医疗保险制度。在强积金制度推出前，香港一直缺乏完善的养老保障制度，只有公务员和教师等少数群体可享受养老保障。强积金计划涵盖了除部分豁免人士以外的绝大部分工作人口，这里主要分析以强积金为核心的养老保险制度。

⑳梁祖彬：《香港的社会政策：社会保护与就业促进的平衡》，香港：《二十一世纪》2007 年 6 月号，第 33 ~ 42 页。

㉑香港特别行政区政府统计处：《香港社会及经济趋势（2009 年版）》，2009，第 207 页。

㉒黄黎若莲：《香港的社会福利模式、特征和功能》，北京：《社会保障研究》2008 年第 1 期。

㉓参见国家统计局 2010 ~ 2011 年《中国统计年鉴》，国家财政部 2010 ~ 2011 年《全国公共财政支出决算表》。

㉔郑功成：《社会保障是经济发展的包袱吗》，北京：《北京日报》2007 年 4 月 18 日。

㉕彭华民：《论需要为本的中国社会福利转型的目标定位》，天津：《南开学报（哲学社会科学版）》2010 年第 4 期。

㉖刘敏：《构建普惠性社会福利制度：误区与路径》，南宁：《广西社会科学》2014 年第 3 期。

作者简介：刘敏，深圳职业技术学院副研究员，博士。

[责任编辑：刘泽生]

（本文原刊 2014 年第 3 期）

香港教改与中小学教师的
日常改变

黄晓星

[提　要] 1997 年之后，香港特区政府推行了一系列教改政策。教改是政策制定与治理运作的过程，引起了中小学教师从工作到生活的一系列改变。教师改变是教改成功与否的重要原因，二者呈强相关关系。本文主要采用个案研究策略，对来自不同学校的 58 位中小学老师进行深度访谈，从日常工作、日常生活、社会关系三个维度入手，分析在教改过程中的教师改变，另以同时进行的问卷调查结果作为辅助数据。教师改变是教改陷入困境的重要原因，如何处理教改与教师之间的关系是改善教改成效的重要方面。
[关键词] 香港教改　教师改变　日常改变

一　问题的提出

教师改变（teacher change）与课程改革等密切相关，并构成了后者成功与否的重要动力因素。[①]在教育改革的过程中，我们必须重点关注教师改变的状况，并及时调整政策的变化。教育制度的变迁反映了一个充满矛盾的斗争与调整的历史过程，[②]是全球化、本地化、个体化等多方面因素交织的结果。教育改革反映了国家或地区的政策意图，在推行过程中也必须考虑教师的个人情况，从而被视为一种治理运作的过程。[③]

1970 年代末，港英政府推行普遍义务教育，第一波教改浪潮强调内部效能（internal effectiveness），且为了迎接经济快速发展的挑战，初等和中等学校教育体系迅速扩张。1990 年代开始，港英政府推行以"校本管理"等多方面措施的教育改革，强调以质量为本的教育，提高教育问责（accountability）和教育效能。从 1997 年回归以来，香港特区政府开始推行以终身学习、面向未来的教育改革，强调一种未来的效能。④香港教育政策的变化体现了国家或地区对于发展的愿景，以此重设新的教育目标，成为支持社会经济、政治和文化发展的一种手段。香港的教育改革在 1997 年之后成为特区政府政策改革的重点，是香港回归后特区政府"操斧"的重要领域，是"九七回归症候群"的一部分。⑤王永平认为教育统筹局的目标"是在各个教育阶段提供'优质教育'，使特区的年青人成为负责任和具独立思考能力的市民。"⑥这些思路在第七号报告书极致呈现，并贯彻到教改的措施之中，以"终身学习"、"全人发展"的理念为始终，香港教改在课程改革、语文教育、支持学校、专业发展、收生机制、评核机制、增加教育机会等各方面开展。

香港教育政策的制定和出台在与民众的不断征询过程中推进，教统局不断修正原先的方案，在调停过程中实现该政策。在这个过程中，受影响最大的当数中小学教师群体，以至于中小学教师群体在教改出台之后多次大规模上街游行示威。郑燕祥从"教育是否更有效能（目标达成性）"、"教师队伍是否更能发挥（适应性）"、"持份者对教育是否更满意、更团结（整合性）"及"教育施政是否更有认受性、一致性（维模性）"四个角度入手对香港教改进行反思，认为教育大量失效、"高分低能"无解决、语文政策失误，而教师群体越来越不务正业、工作条件恶劣等，教改越来越缺乏合法性。⑦

教师改变有自愿改变和抵制两种倾向：⑧一方面，香港中小学教师以提升自身教学水平等方式自愿改变，以适应社会发展和教改提出的新要求；另一方面，通过行动抵制部分改变，这种改变最终导致香港教改陷入困境。本文聚焦于教师改变的不同维度，对不同学校⑨的 58 位中小学老师进行深度访谈和对 77 位中小学教师进行问卷调查，从日常工作、日常生活、社会关系三个维度入手分析在教改过程中的教师改变，以此作为分析香港教改的自下而上的思路。

二 香港教改进程与困境

香港教改是一个追求优质教育的过程。从 1984 年到 1996 年，教育统筹委员会一共发表了六份报告书,与之相伴随的改革被称为第一波教育改革,其信念集中于理清教育的目的,提高学校内部效能。[10]该阶段相关政策包括语言教学与学习、教师素质、私立学校发展、课程开发等,但这阶段的政策并未得到较多支持。1997 年,教育统筹会出台第七号报告书,以《优质学校教育》命名,随之在 1997~1998 年连续出台了质素保证视学(QAI)(1997)、优质教育基金(1998)、中学教学语言指引(母语教学)(1998)、英语为母语教师计划(NET)(1998)、增加小学每班学生人数和搁置减少中学每班人数(1998)、制订小学全面实施全日制时间表(1998)等相关政策。1997 年 10 月 18 日,董建华发表第一份施政报告——《共创香港新纪元》,开启教育制度检讨。

在 1999 年之前,特区政府主要将精力集中于以"安居"为目标的房屋政策、以"仁厚为怀、健康为本"目标的福利及医疗政策,但这些宏大的施政蓝图在金融风暴的沉重打击下纷纷破灭:首先,楼价大跌,"安居"计划宣布搁置;其次,1997 年底暴发禽流感及多项医疗事故,医疗改革计划逐渐销声匿迹。[11]《共创香港新纪元》中提及的"不竭的宝藏"——教育政策则成为挽回政府声望仅存的渠道。1999 年 1 月 22 日,教统会主席梁锦松向社会发布了第一份《廿一世纪教育蓝图:〈教育制度检讨:教育目标〉》咨询文件,召开了 800 多人参与的研讨会,并于同年 9 月发布《廿一世纪教育蓝图:〈教育制度检讨:教育改革建议〉》,确立了"终身学习、全人发展"为二十一世纪的教育目标;2000 年 5 月,又发布了《廿一世纪教育蓝图:〈教育制度检讨:改革方案〉》咨询文件,于 2000 年 9 月发表了具有影响力的《香港教育制度改革建议》。

第二波教育改革以校本管理为重要的方法,在第七号报告书中提出校本管理的建议,并拟定了时间表:到 2000 年前,所有学校应将校本管理作为达成内部质量保证的途径。教育改革的建议以校本管理为中心,以优质教育为目的,建立了一个更全面的教育质量保证和学校效能机制。[12]校本管理是提高学校管理质量的重要途径,要求办学团体设立独立和有广泛代表性的法团校董会去管理资助学校,但不应全权操控学校,学校是运用社会的资源来营办,并非由办学团体所拥有。此项政策虽然遭到某些办学团体的抵制,但由于对学校外部效能的提高,颇获社会及教师好评。另外一项针对学校的改革是学校评核制度的变化,教育局推行学校自评与外评,推动学校自我完善和加强问责,使学校专注本身的发展,并提高全体学生的学习成效。

上述两项政策针对学校层面的改革，对教师影响并不大。但在《香港教育制度改革建议》中改革的范围包括课程、评核机制及不同教育阶段的收生制度。课程改革牵涉到几乎全部科目的教师，改革、挑战和灵活性对于年轻教师来说不构成大问题，但是对年龄较大、已经形成思维定式和工作习性的教师来说就是大问题。为达至"全人教育"的目标，教改方案提出高中教育以实施"新高中"即三年高中教育为目标，而基础教育则以"学生为本、提高学习兴趣、学会学习"为目标。这个目标从四个关键项目切入：从阅读中学习、德育与公民教育、运用资讯科技进行互动学习、专题研习。课程改革把中学原来的 30 多个科目改为 8 个学习领域，一方面压缩传统的狭窄的科目，或者把一些科目合并；另一方面拓宽高中学生的学习经历，增加学生在课外、校外的学习机会。另外，为了改变早期文理分家（中学四年级开始）的不合理现象，设立了"人文"和"科学"两门综合性科目。又为了开放学生思维，新设立了"通识教育"科目，开放地让学生讨论古今中外的种种问题。所有课程改革都要求教师教学方式改变，而导致教师需耗费更多精力来应变，学习更多新知识，教师本身即需终身学习。中小学为了达到教育局的要求，基本上都采取了通过科组讨论来提供教学支持的方法，即相同科组的老师每周都要开会讨论课程教学的问题。

根据《香港教育制度改革建议》，教育改革的内容还包括提高教师专业水平、实施支持前线教育工作者的措施，相关的重点政策则包括教师语文能力评核（基准试）、职业导向课程（2003）、语文教师须持相关语文学位（2003）、校本专业支持计划（2004）、教师每年进修时数（CPD）（2004）、校本课后学习及支持计划（2005）、英中教师英语能力评核（2005）等政策。语言问题一直是香港教育中存在的问题，香港向来以中英双语作为教学语言，英文学校两种语言通用，[13]但回归之后必须进行融合。语文能力评核（基准试）激起了中小学教师群体的反弹，他们认为基准试否定他们原先的教育资历，打击了中小学教师的士气，[14]但订立语文基准目的在于厘定客观划一标准，厘清对教师的要求，提供机制以促进教师的持续专业发展，这有助于提高教师的专业水平和地位。[15]教育署逐步调整政策，如部分拥有相关学位及资格的英语教师获得豁免；另一方面，中小学教师们自身也在调整，以适应社会的要求，如新入职的大部分中英文教师都争取通过基准试的考核。

此外，教师作为"第二铁饭碗"的位置随着合约教师的出现及人口结构的变化而逐步改变。自1980年代起，香港人口结构出现显著变化，人口出生率与1970年代以前相比急剧下降，原本适合1970~1980年代适龄学童数量而建设的中小学，至2001~2011年出现大量过剩。为了节省资源，香港政府实施资助计划调整，规定接受政府津贴的中小学每个班的招生人数、总班级数目需达到一定数量才能继续享有政府津贴，否则应该关闭，俗称"缩班杀校"。自1990年代末至21世纪初十年间据闻有上百所中小学关闭。由于有这种规制存在，学校招生压力增大，学校之间对学生生源的竞争趋于激烈。中小学除了力争在Banding（一种学校评级）上升之外，还需要争取各种各样的荣誉，例如运动、艺术等来吸引学生报读。在面对"缩班杀校"的竞争压力时，香港的中小学不约而同地采用了合约雇佣制，即不增加常额老师，通过聘用合约老师来弥补教师人力不足，从而避免出现招生不足时解雇老师的困境。这种策略一定程度上保护了年资长的教师，同时令新入职的教师（"80后"教师群体）难以获得长期聘用而处于不稳定的工作状态之中。

可见，香港教育改革来势迅猛，给中小学教师造成了较大的压力。社会结构的变化、教育政策的变化等各方面构成了中小学教师改变的宏观情境，推动了该群体的发展，教师改变反过来作用于教改，推动或阻碍改革。

三　香港中小学教师的日常工作改变

教育改革往往奉行一种由外而内、自上而下的改革原则，将教师排除在外（teacher-proof），[⑯]这种改革将教师视为方案的执行者，将政策视为一种政府的产品，而忽略了教师的专业发展和内在改变。以往对教师改变的讨论主要集中于教师专业的行为，如区分为材料与活动、教师行为、教师心理变化三个维度。[⑰]本文认为，教师改变是综合的改变，需涉及工作、生活、社会关系等各方面。本部分首先论述香港中小学教师在教改中的日常工作改变。

（一）教师水平提升与教学方式革新

第二波教育改革的目的是外部效能，体现在外界对学校的总体期望上，香港1997年后的教改基本属于此类范畴。2006年，香港教育评议会调查结果显示排在第二位的为"对教师专业水平期望的压力"，较2001年显著提高。在教改整体外部效能的指引下，对教师教学质量要求更高，并且加强了对教师的问责。另一方面，教师专业的责任感也在提升。[18]教统局的改革对教师的专业水平和专业资格等进行了细致的规定，如教师语文能力评核（基准试）（2000）、语文教师须持相关语文学位（2003）、校本专业支持计划（2004）、英中教师英语能力评核（2005）等，这对中小学教师提出了更高的要求，也提高了社会对教师的专业期待。因此，大部分中小学教师除了承担教学之外，一直在进修其他课程，以提高自身的教学水平。SZH 中学的杜老师提到（17 – SZH – M – DU 访谈记录[19]）：

> 前几年就已经读了 master（硕士课程），读的时候很辛苦的。就是在学历方面得到一种认可，一些短期的课程或者一些讲座，都可以让自己进步的。我觉得最主要的目的是，可能提高自己的社会地位，人家会觉得好像（学历高一点）你的能力高一点，而且学校都希望我们多读一点书，有多一些老师有硕士学位。

ZX 中学的李老师也提及这方面的压力，每个老师在年终的时候都有机会与学校协商薪酬等级，看个人的表现，以获得晋升的机会。这种晋升要求有严格的进修记录，除了学校（科主任）建议你去参加之外，自身也会留意这方面的培训机会。教育局同样规定老师要有一定的修读时数，大多数要求教师在业余时间去修读，但如果时间比较长的话学校也有可能请代课老师负责上课。李老师充分肯定这些培训的效果（1 – ZX – M – LI 访谈记录）：

> 我觉得培训里面就有很多新的资讯，教老师怎样去处理一些孩子可能升高中的教育，或者职业训练，……这些课程都很新，很多老师可能都工作了很多年，新的概念教育局搞的培养会学到新的知识去用回到学生身上，培训是做得不错。

这些进修都是主动的争取过程（25 – GL – P – LI、37 – QJGD – P – WU），教师通过不断地获取资格证，以充实自身实力，如 QJGD 小学的吴老师则有学位、教育证书、图书管理员等多种资格，并且主动要求上满课程。教师的压力一方面是与时俱进的改革要求，另一方面也是自我要求。在"缩班杀校"政策的推动下，香港的"常额"教师也变得不稳定了，新增教师则通过合约来聘用。合约教师一年一签，要么续约，要么其他学校出现

115

常额职位空缺，他们可以应聘。而对于合约教师的评核则是以其教学质量为主，实际做法是常额教师评定合约教师的表现。因此，为了避免失业，合约教师的工作压力往往更大，并且需承担更多工作，尽可能提高自己的教学水平，获得学校的好评。学校也必须努力提高管理水平和教学水平，以避免出现生源不足而导致"杀校"的情况。DJB 中学的伍老师指出（52 – DJB – M – WU 访谈记录）：

> 因为竞争大了。尤其是最近几年，人口下降，学校也要面临生存问题。……如何才能保持不杀校？就只能在公开试考得好，越考得好，来的学生越多，而且教育处也会派多一点学位。这就是增值问题，通过学生的成绩给学校增值，教得好的就增值，自己也不怕招不到学生，因为成绩排名也会出来。我看到比较惨的是，这个制度就像把学校从轻松的组织变为商业机构一样。学校拿到一点什么成绩，校际比赛、体育、音乐、美术，或者成绩，有好的奖项都贴出来。

可见，教师改变是主动改变与被动改变二者相结合的过程。在面对社会结构、教育改革的情境下，教师采取了提升自己的应对方式。教师通过提高自身的教学能力以适应社会的期待，避免在发展过程中被淘汰。但在面对工作不稳定时，这种改变又有着被动的一面。

（二）教师行为变化与时间安排

课程改革在两个方面上导致了教师行为变化的改变：其一，教改推行的步骤过快，中小学教师应接不暇。1997 年以来，基本上每两年就有一项新改革实施，如中英文教学的改变，之后有语文基准、校本管理和校外评核、基于"学会学习"计划的素质教育要求整合中学课程、实施"3 + 3 + 4"新高中等。教学方式和教学内容改变对教师的挑战是比较大而直接的，香港中小学不采用统编教材，各学校需要选择新教材、研讨新教学方法、发展相应课外活动计划等，涉及相关课程的教师必须学习新知识技能。这对年纪稍大的教师来说，不免产生较大压力（13 – QJGD – P – M 访谈记录）：

> 教改之后就很多新的名词出现，共同备课、协助教学、跟着做计划、做检讨，以前完全……我起码二十几年前我不会听到这些，只是每一年可能就一次的会议，现在如果全体同行是每月会议了，就好像

当你什么都不知道，什么都要开会，写在那里。……你的时间、精力就已经花在了那里，还没进入课室上课，人其实就已经有种虚脱的感觉。

其二，教师的工作量逐步增加，导致中小学教师疲于应对。中小学教师将大部分时间都投入到教学之中，包括周末等。在同时进行的问卷调查中（77 位老师），上课/课外辅导的时间较长，平均为 5 个小时，而备课及批改作业为 3.219 个小时。有教师的上课/课外辅导时间竟达到 10 个小时，备课及批改作业时间极大值也达到 8 小时之多。FJ 中学许老师笑着将教师称为"奇特的职业"（26 – FJ – M – XU 访谈记录）：

就比如香港是 5 天工作制，那就有双休日，但是老师一定没有的，你带学生活动，肯定是周六周日，假期。……所以我相信教师在香港是一个很奇特的职业，因为他不同其他的公务人员，比如消防啊，医护人员啊，他上班一天就会放半天，或者说 24 小时当值之后就放一天，但是教师不会，哪怕周六周日我带队，我周一都要早上准时回到来上课，对不对？

其"奇特性"则在于时间安排上，教改增加了教师的压力，密集的工作量是大多数教师深有体会的。在 58 位受访者中，大部分教师的课时量平均每周 20～30 节。科主任课程量稍轻，为 20～23 节。大部分教师担任一科主科课程、1～2 科副科课程，有的教师甚至兼教 3～4 科。此外，各种课外活动小组、学习兴趣小组、学生辅导组、融合教育小组等都是教师的工作任务。在教学以外，教师还需承担一定量的行政工作，如班主任、午膳时间的学生管理、准备每周科组会议的文件资料、每年校务会议的总结汇报资料等。

在这样的工作压力下，中小学教师的时间安排相对紧凑。课时量基本已占据了全部工作时间，批改作业、教学计划及其他工作则需在课后进行，再加上其他活动，教师们很多时候每天得延长两三个小时的工作时间，并且不得不将工作带回家完成，这透支了他们的日常生活时间。

（三）教师心理变化与应对

在此种变化下，香港中小学教师心理产生了两个方面的变化：第一，对教改心生愤懑，对教学等工作量虽然感到吃力，但还能接受，但对于投入各种时间应对教学管理以及教学内容感到不满，教师工作压力普遍上升。QJGD 小学的谢老师认为需要有一个"缓冲期"提供给中小学教师，而非一味地推进（14 – QJGD – P – XIE）：

> 有时候变得太快呢，凡事每一个政策都有一个缓冲期和适应期的，所以有时候那一个政策还没有收到效果，可能又已经转到第二个政策了，那个压力就随之而来了。

第二，教师、校方、家长和学生的关系也发生转变，并引起了教师的心理变化。大部分中小学教师抱着教书育人的理念进入教师行业，强调教师的使命是教导、帮助学生学习成长。但现阶段，学生行为对教师已经产生了较大的困扰，不能或不肯自觉遵循老师和学校的要求，并且抗拒批评，而家长往往对孩子比较溺爱宽容。由于学校对生源的竞争，校方往往站在学生的角度去批评教师。DJB 中学的伍老师（53 岁）比较前后的心理变化（P – DJB – M – WU 访谈记录）：

> 以前我们教师有相当的地位，一些学生比较不听话或者比较懒散，我们去找家长聊天的时候，家长是很愿意去接受我们的建议，觉得自己教得不好。但现在就不是这样了，现在不听话的学生比较多，不守纪律，懒散，不交功课。而且新一代的数目小，生育率低嘛，父母就会比较溺爱一点，所以学生们有时候会比较自我。

在两方面的心理压力改变的作用下，甚至有教师直接退出了该行业。原先在 LLM 中学的 CMY 做了 13 年中学教师，在任期间大概每周 25 节课。她认为在她任教前七八年（大概在 1994 ~ 2002 年），教师与家长、学生之间的关系比较缓和，学生学习的积极主动性也比较高，教学压力相对较小。但到了 2002 年之后，教师的压力开始增大，学校为了争夺生源互相竞争，LLM 中学所在的屯门区对生源的竞争尤为激烈，这变成了教师本人的压力。而在这种情境下，家长也开始不尊重教师，经常质疑教师的教法，如："你这样做这样写我孩子的手册，你知不知道会很伤他的自尊心的？"反过来"戴着有色眼镜"批评教师。另外，教学语言的转换（原先是英语，转成中文）让他们觉得专业位置很不受尊重。在种种压力下，CMY 认为她的教学理想很难实现，很难有时间去陪伴学生成长，她最后总结道（4 – LLM – M – CMY 访谈记录）：

> 感觉没什么意思了，学生又不听我说，上课的时候感觉就我在讲……，他们没有心思在课上，没把我当回事，所以我觉得这样挺没意思的，还有就是学校行政方面的情况，每个老师都自己干自己的事情，独立地教自己的学生，没什么团队精神。

因此，当面对社会结构、教育改革等的变化时，香港中小学教师心理也发生了很大的改变，顺应、抵触改革，甚至以退出为最终的选择。这些改变直接影响了后续日常生活及社会关系改变，也成为教改是否成功的直接反映。

四　香港中小学教师的日常生活与社会关系改变

宏观情境的变化促使了香港中小学教师的日常工作改变，同时也影响了他们的日常生活，主要体现在对家庭互动和生活方式上。在教改的高压下，他们陷入了一种个体化、原子化的生存方式。

（一）中小学教师的日常生活改变

在高压下，工作与家庭相兼顾成了中小学教师梦寐以求的日常生活，但往往难以实现。香港中小学教师难有足够的时间留给家庭，反而需要家庭给予很大的配合和支持。家庭压力并不是家庭对教师施加的，而往往是教师本人由于忽略了家庭而内心出现挣扎的状态。在日常生活改变中，女性比男性强度更大；壮年（30～45 岁年龄组）比青年（30 岁以下）和中老年（45 岁以上）强度更大；家有年幼子女者比没有年幼子女者强度更大；没有家人帮忙照顾子女者比有家人帮忙者强度更大。另外，按照学校类型划分，教改对私立学校的影响较小，私立学校的教师相对于津贴学校来说也更能自主地安排个人的日常生活（8 – QJ – P – XIE 访谈记录）。

当我们与 QJGD（津贴学校）的纪老师聊起家庭问题时，她顿时觉得很辛酸，并开始进入失控的抽泣中，觉得愧对小孩（15 – QJGD – P – JI 访谈记录）："（做老师）很多事情要逼着做啦，有时候不是很乐意，我 BB 现在 1 岁几了，很可爱的。我上班很早，回到家很晚，工作时间比其他人长略，就是我会觉得浪费时间……不是，这样说，我用了很多时间在学生那里，但我用不了时间在自己的儿子那里。"当教师工作与家庭难以协调时，学校并不会有任何纾缓教师情绪的措施，而是强调教师个人的调节，并且让教师时刻感觉到强烈的危机感，但是教师很多时候又无能为力："其实走着走着，还有很多东西的时候呢，那其实人的精神上呢也会累的，就算你要我走快点我都走快不了咯，就是这样咯，也会觉得挺……有时觉得……（哭泣中）"这种对小孩的愧疚感在大部分访谈中都出现，LSD 小学的副校长认为这是一个极大的悖论："因为我根本都照顾不到他，教导不到他。教育局整天都说你要教育好学生，你要留多些时间在学校，但我们都有家庭，放那么多的时间在学校，那你有什么时间放在家庭呢？"（6 – LSD – P – HFXZ 访谈记录）这种悖论 FJ 中学的许老师也提及（26 – FJ – M – XU 访谈记录）：

> 那很多老师都不能去参加自己小孩的家长日、亲子活动、讲座，但很奇怪，我们（却）要求别人的家长来参加。很讽刺的，所以有时候跟朋友聊起也说，香港的教师承受一个很特别的待遇。举例比如，你在公立医院做医生，那我相信你自己或者家里人又或者自己身体有需要，都不用从零开始排队；但是香港的老师，自己有困难，比如说子女要有一个学额去读书，我们自己都必须一起"大搅珠"（摇珠），所以这个也是很奇特的，所以可能唯独是香港，你其他任何职业，都会因为你这个职业的专业性，你的付出而有一些相对的。

在这种状态下，中小学教师需要家庭的配合和理解，如每天加班不能陪家人吃饭等。而家庭压力不是家庭向教师施加的压力，而是教师自觉疏于照顾家庭而感受来自内心的压力。日常生活改变涉及教师个人的日常生活与心理变化等，长时间的压力也可能导致教师心理疾病的产生。

（二）中小学教师的社会关系改变

高强度的工作时间压缩了社会交往、陪伴家人及休闲娱乐的时间，中小学教师难以抽取较多的时间陪家庭或朋友去旅游、度假等。问卷调查结果显示，在周末及假期，陪家人的时间排在第一位，平均时间为 4.416 小时，但第二位仍然是备课及批改作业，平均时间为 3.104 小时。周末及假期的时间是教师纾缓压力的重要时刻，但往往来说，他们并不能完全放松地享受生活。

因此，香港中小学教师陷入了个体化的"弱参与"状态之中。[20]HSQ 的林老师用"圈子"来形容他的社会网络,并且认为他所属的圈子很小(27 – HSQ – P – LGN 访谈记录):"生活上遇到困难通常是我自己解决,大部分问题自己处理得了的。如果像买楼这么大的事情才是我妈帮手。参加一些交流活动、旅行、社交,(但)本身我们这个圈就小……其实真是,你回家都没什么兴趣认识人了。"而大多数的教师很少跟朋友去联系和交往,JD 中学的李老师除了在工作与其他同事会有联系之外,业余基本上是个体化的状态(38 – JD – M – LLS 访谈记录):"(跟同事)没什么争吵,但私人联系不多。据我所知有些同事周末还是会聚在一起吃饭逛街,但我自己……有,但是少一点。工作餐就不算了,但相约吃饭还是比较少。因为平时忙,放假都回家陪家人。"因此,除了去内地或其他地方进行交流活动之外(交流本身也是工作的范畴),中小学教师群体难以有时间与其他教师和朋友交往。在问卷调查中,当提及"您是否认为教师是一个紧密联系的团体"时,同意与不同意大概各占一半,在客观情况上,有一半的人认为教师并非一个紧密联系的群体,与其工作时间过长有一定联系,中小学教师没有足够的时间与外界交流。

五　结论与讨论

综上,教师改变是社会结构变化、教育改革、个体生命境遇等多方面交织互动的结果,并且不局限于工作层面,而涵括了从工作、生活到社会关系等多维度的变化。教育改革是教师改变的重要动因,教师改变反过来推动或者阻碍了教育改革的进展。本研究指出,香港中小学教师自愿地改变以适应教改的要求,这是教改作为一种社会治理的结果,如教师参加更多的培训、交流以提升教学能力等;而当教改触及教师的职业稳定时,教师改变反过来抵制教改的推进,如针对语文基准试、缩班杀校的游行示威等。

对于教师来说,实施改革需要投入额外的时间、放弃已有的知识技能、采用不熟悉的课程纲要、重新组织行政结构、专业自主可能弱化、人际结构等可能产生变化等成本;但相应地会带来挑战性、更多激励、改善教学效果、更多机会参与决策等收益。[20]教师作为教育改革的直接影响者,往往处于改革的旋涡之中。因此,当实施一项教育改革政策时,需要重点纳入教师作为治理的主体,减少他们抵制的情绪,才有可能获得成功。而 1997 年来的香港教育改革明显没有做好这一点,接踵而来的教改政策未能考虑教师改变的实际情况，反倒成为教师的负担。从个体层面上讲，中小学教师适应教改的因素更多，他们的政治热情并不高涨，很多认同教改的目标，但是在实际工作中感到难以应付推行过急过多的改革要求。但由于教师本身具有比较高的使命感和认同感——教师的职业是一种教导自己也教导别人的职业，他们对于压力并没有过度的解读和宣泄，所以在个体层面上出现了弱参与（形式化及功利化的社会参与）等状况。但是，个体的承受力是一定的，尤其是当工作稳定性出问题之后，失去学校或政府对工作稳定性的承诺和庇护，教师将会无所适从。在压力不断上升的情况下，他们反过来抵制改革。从 2000 年后教师参与的游行示威看，教改很大程度上陷入了困境，这是未能充分考虑教师改变的循序渐进所导致的。所以，应合理处理好教育改革与教师改变之间的关系，为中小学教师提供更多合理的支持，减轻他们的压力，才能较好地引领教师改变。

从教师改变本身的理论来看，以往的教师改变理论更倾向于以阶段划分作为依据，它假定随着课程改革与教师经验积累，其关注阶段和使用水平都会经历由低到高的发展过程，布里奇斯和米切尔曾将教师改变区分为忍痛割爱期、冲击适应期、专业再生期三个阶段。[22]这种阶段划分是理想化的，并且将教师改变视为教师群体适应的过程。但是，香港中小学教师多维度的改变指出，教师改变覆盖到各个方面，不同年龄、性别、学校等都出现不同的状况，单纯地划分成不同阶段只能反映教师群体心理的变化，但却难以概括社会层面等涵括在内的其他因素。香港中小学教师是具有能动性的群体，能够持续地提出自身的诉求。并且以投票作为一种公民责任，而选举出教师的代表加入立法会成为维护他们利益的重要表达机制及协商机制，以此作为维护自己权益的一种方式。当把不同层面的影响考虑进去时，教师改变才成为一个丰富的概念，才能反映社会结构、教育改革、群体、个体等多方面综合的影响。

---

①⑧⑰㉑尹弘扬、李子建：《论课程改革中的教师改变》，北京：《教育研究》2007年第 3 期。

②塞缪尔·鲍尔斯、赫伯特·吉丁斯：《美国的资本主义制度与教育》，上海：华东师范大学出版社，2009，第 279~301 页。

③黄晓星：《1997 年后香港教育改革：政策执行与治理运作》，广州：《当代港澳研究》2012 年第 4 期。

④⑩郑燕祥：《教育范式转变：效能保证》，上海：上海教育出版社，2006，第 291 ~ 292 页、第 295 页。

⑤⑪曾荣光：《香港特区教育政策分析》，香港：三联书店（香港）有限公司，2011。

⑥1997 年担任首任教育统筹局局长。

⑦郑燕祥：《教改八年的成败》，香港：《明报论坛》2006 年 11 月 7 ~ 8 日。

⑨按照香港教育局依据学校资金来源的分类，中小学可分为官立学校、津贴学校和直资学校、私立学校，其中公立学校和私立学校各占学校总数的 10% 左右，大部分的学校属于津贴学校。在后文中提到的不同的类型学校请参考此注释。

⑫参见郑燕祥《教育范式转变：效能保证》一书。

⑬香港教育透视国际顾问团报告书，1982 年 11 月。

⑭http://www.hkptu.org/cducatio/newsdgrd/news5.htm

⑮http://www.info.gov.hk/gia/geneneral/200005/27/sem - c.htm

⑯卢乃桂、操太圣：《论教师的内在改变与外在支持》，北京：《教育研究》2002 年第 12 期。

⑱香港初等教育研究学会、教育评议会等的《"香港教师压力调查"研究：重点撮要》所列中小学教师压力来源排序首三位是：来自时间管理和工作量的压力、来自对教师专业水平期望的压力和来自学生行为问题的压力。

⑲17 - SZH - M - DU，17 为编号，SZH 为学校简称，M 是中学（P 则为小学），DU 为姓名简称。

⑳黄晓星、黎熙元：《转变参与：结构变迁与共识建构——香港中小学教师的社会参与研究》，广州：《学术研究》2013 年第 4 期。

㉒W. Bridges, S. Mitchell, *Leading Transition: A New Model for Change*. San Francisco: Jossey-Bass, 2002.

作者简介：黄晓星，中山大学社会学与人类学学院、中山大学港澳与内地合作发展协同创新中心副教授，博士。

[责任编辑：刘泽生]

（本文原刊 2014 年第 3 期）

非营利组织与社区建设

——台湾和香港的比较研究 [*]

陈福平

[提　要] 本文通过对台湾和香港地区的非营利组织在社区建设过程中所扮演的角色和起的作用进行比较，表明了政府和非营利组织之间的公私伙伴关系对推动社区建设的可持续性起到了关键作用。与此同时，台湾的"社区总体营造"中重视内源性资源开发和社区动员经验、香港的社区管理体制中重视规则和市场化的项目整合特点，也可为如何在中国大陆城乡地区开展的社区建设实践提供许多可贵经验。

[关键词] 非营利组织　社区建设　公私伙伴关系

非营利组织（NPO）又称第三部门，其与政府（公共）部门、企业（私人）部门，形成了影响社会的三种主要力量。由于非营利组织具有非政府形态与不以营利为目的的特质，因此非营利组织更能协助沟通政府各部门与私人企业的活动，从而追求公共的利益。根据政府失灵论的观点，该部门相对于政府部门，其本身兼具市场的弹性和效率，可以避免科层组织僵化的内在缺失。^①而相对于市场部门，市场失灵论者分析认为，非营利组织又具有政府部门的公平性和可预测性等多重优点，同时避免了追求最大

---

* 本文系国家社科基金青年项目"新媒体环境下社区建设的新路径研究"（项目号 14CSH005）的阶段性成果。

利润的不足。②因此，NPO 的发展往往被视为社会力的具体体现，也代表了社会的多元与开放。这些标志着服务、公益和志愿的组织，已渐渐地融入我们的日常生活，对个人、家庭、社会和国家的影响深远。由于该类组织可以积极促进公共目标，鼓励利他主义和参与精神，因此其不仅成为组织类型的新形态，同时也为社群运作注入了新的活力。

社区则是具有亲密关系和高度认同感的地域共同体。在社区建设和发展过程中，非营利组织往往是社区建设的最重要力量之一，社区性社会组织的发展也被视为社区建设成败的主要标志。因此，本文比较了香港和台湾两个华人地区的社区发展历程，考察了非营利组织在其中扮演的角色和发挥的作用，力图展现不同的文化背景、政经环境以及制度政策等结构性要素的影响下，华人地区的地域共同体中社会组织力量是如何构建了地方政府、市场和社会间的互动关系。这对目前中国大陆地区正在逐步开展的社区建设实践也有诸多指导和借鉴意义。

一 台湾的社区实践："社区总体营造"与非营利组织

在 20 世纪 70 年代以前，台湾的非营利组织大多带有官办色彩，受到法律法规的严格限制，数量有限。20 世纪 80 年代以后，随着台湾经济的发展、政治的民主化转型以及城乡草根运动的兴起，非营利组织大量出现。经过非营利组织的长期发展实践，其内部管理和对外服务也逐步走向专业化、精致化。20 世纪 90 年代，属于非营利组织工作者的培训营、读书会、研讨会、工作坊等进阶课程不断推出，进一步提高了组织的能力和品质。近年来，台湾的非营利组织倡议进行社区扎根的工作，加上政府推动社区总体营造计划，促使很多组织的活动服务方式走向社区化。③

台湾"行政院"文化建设委员会于 1994 年提出"社区总体营造"的目标，试图在长期社会发展经验的研究及实务基础上，将困扰民众生活环境品质的影响因素，如环境保育、生态保护、地方文化认同、文史资源整理、民俗艺术传承、地方产业再造、社区建筑、古迹与聚落、环境景观等为主题，结合以社区概念为主的生活单元中之居民所形成的"共识"为基础，发展并组织由下而上具体且实质的社区再造或重建，达到建成更具人本概念的社区社会的长远目标。陈其南指出，总体而言台湾社区总体营造运动兴起的原因有以下几点：（1）原有的地缘、血缘关系的社区关系消解，社区缺乏凝聚力；（2）城市化速度过快带来了居住品质、环境卫生、公共安全等令人无法忍受的问题；（3）社会组织、第三部门的兴起带动了居民对社区问题的关注。④

在台湾社区总体营造的过程中，"政府"主要扮演法令协调及部分经费支持的角色，相对给予社区更大的自主权。社区发展的经费来源渠道也较广泛。一是"政府"各有关单位的预算内拨款；二是由各县市社会福利基金预算拨出；三是由区内人士捐献；四是由地方团体、机构捐助；五是国际性志愿机构援助。事实上，目前台湾"政府"在社区发展经费来源和结构中居主体地位。社区争取"政府"经费主要通过三种方式：一是利用社区评鉴以及承办"政府"观摩会的方式取得资金；二是通过撰写社区发展工作计划争取"政府"资金的支持；三是通过向"政府"出售社区公共服务项目获得资金。

非政府组织在社区营造中扮演了重要角色。例如在社区规划层面上，参与社区营造的非政府组织包括专业者都市改革组织（OURs）、社区营造学会、各类发展基金会和社区规划师团队、新故乡文教基金会等，包含了专业和非专业的各类营造团体。在这些专业社会组织中，社区规划师起到了核心作用。社区规划师团队的组成多为建筑师事务所、设计或景观工程顾问公司、建筑或规划相关学术团体、个人工作室或非营利专业团体，他们均需具备"在地化"特质，对其服务地区环境具有相当深入的了解或地域情感。过去也大多曾参与地区环境改造工作，有社区参与经验。由于社区规划师熟知地区环境情境，能够为社区提供专业咨询或地区环境诊断评估等服务性工作，在社区营建全过程中扮演起关键作用的职业经理人角色。⑤台湾的社区规划师起初由管理部门提供工作经费，后来逐步转变为荣誉职。而这一转变的目的是希望社区规划师这一角色落实到社区与各专业领域之间，以凸显其社会服务性、公益性及其对社区生活环境关怀的精神。

在台湾的社区总体营造中，社区产业活化是支撑传统社区复兴和再造的经济基础。其中各类产业和专业协会的作用功不可没。台湾的各类专业或产业文化协会通常由在地人士组成，这些人中许多是某一传统技艺或民间工艺的继承者。在地工艺者基于对家乡的情感，以振兴家乡产业为目标，通过配合政府的相关计划来推动社区营造，从而将传统文化的传承和社区经济发展的目标融合。例如台湾台中县大雅乡又被称为"台湾小麦故乡"，台中县彩陶文化协会配合政府的"一乡一特色"之发展方针以小麦产业作为基础，大力推动以"小麦文化"为地方特色的社区营造，借此聚集地方特色产业、自然物产、外围环境、产业文化、艺术特质等社区要素为产品内涵，并以整合、营销、育才等多种策略模式，提升地方经济的附加价值，使"小麦文化"成为社区营造可持续发展的重要支点。

非营利组织在台湾社区营造中的作用，也在社区大学构建过程中得到体现。台湾创办社区大学采取公建民营的方式进行。由当地政府设立，提供场所，并辅助部分经费，而社区大学的实际经营则委托依法登记的非营利组织或大学院校办理。各县、市政府每年辅助经费在50万元至500万元之间，委托期间一次为三年，若办理绩效良好，则可提出申请办理续约。截至2008年1月，台湾地区共有73所社区大学，其中只有5所是由当地县政府自行办理，而委托社团法人和财团法人办理的社区大学分别有25所和23所，采取公办民营方式办理的社区大学约占当时社区大学总数的2/3。⑥在知识性学习之外，社区大学会进一步鼓励居民利用课余时间组织兴趣社团，将学校中所习得的知识和技能，发挥到社区活动和社区事务中。参与学习的社区居民可以自主成立各类兴趣组织和服务性团体，并由学校或老师来指导社团成员，通过举办活动，让学员发挥志愿者精神，服务社区。这些社团包括了义工服务队、国乐团和善生社等。由于民间力量的蓬勃发展，1999年发生的"九二一"大地震意外开启许多地方社区营造的新契机。例如台南桃米社区的营造已为公众所欣羡。透过一个专业性的非营利组织（新故乡文教基金会）积极协助辅导，桃米社区居民在地震后展开了各项参与式规划和行动，基于原有丰富自然生态资源，及台湾暨南大学师生的加入，桃米社区逐步以"生态村"的社区总体营造理念，成功转型为"九二一"震灾社区重建的著名案例。根据江大树、张力亚的研究，桃米社区的成功实际也建立在社区本身具有丰富的社会组织关系基础之上。例如1997年间建立的桃米社区发展协会，陆续促成社区守望相助队、长寿俱乐部、妈妈教室、金狮阵、国乐团等多个次级组织成立与运作。这些社区组织有联谊、互助关系。⑦可以看出台湾社区建设的魅力正在于通过对社区社会组织的不断培育，使得地方社区不断焕发出新的活力。

二 香港的非营利组织与社区：市场化实践

20世纪80年代，港英政府就开始把部分公共服务以合约形式转移到非政府机构。经费方面以政府提供为主，民间筹措为辅；服务方面民间提供为主，政府提供为辅。政府服务体系和非政府社会服务体系通力合作，两者共同构成香港完善的社会公共服务大网络。按照政府的分类，香港的非营利组织分为14类：教育与科研组织、专业、产业及商业组织、地区及社区组织、公民及人权组织、法律及法律援助组织、政治组织、福利组织、环保组织、体育组织、艺术及文化组织、宗教组织、慈善组织、跨国组织。据统计，香港人每年从NGO（非政府组织）获得的服务是市场和政府所能提供的4.3倍；NGO雇用近25万全日制职员，相当于7.9%的香港工作人口；NGO每年产生约1.8%的GDP。⑧

20世纪50年代，港英政府为了制衡政治组织的影响、加强社会整合而大力推动基层组织——街坊福利会的发展，其主要职责是如举办义学、诊疗所、赈灾、协助政府维持治安和公共卫生等。1976年港英政府提出"社区建设"，希望建立一个互相关怀社会，以社区为基础的咨询架构，这一架构后来演变成地区层次的区议会。这些机构主要负责提供意见，没有政治和管理责任。它们接受政府的财政拨款，组织以社区为基础的活动，并能够监督影响社区的公共政府及服务。2001年，特区行政长官在《施政报告》中特别指出有关跨界别合作的事宜，表示政府会"鼓励市民发挥积极性，汇集个人、非营利机构、商界等的智慧和力量，建立一套最有效的工作模式，用以解决各种社会问题"，并宣布成立3亿元的社区投资共享基金作为种子基金，支持社区团体、商界等机构之间的合作。该基金到2011年已资助224个社区计划，参与人数约56万。目前香港社区管理体制采取行政政府管理、非政府组织服务相结合的方式。在社区建设中，政府扮演指导和监督者的角色，为社区活动提供政策指导和资源的支持；各类非政府组织扮演了服务提供者的角色。正是由于两方的积极介入和良性互动，香港的社区建设获得了比较顺利的发展。

香港近半数的非营利组织参与了政府购买公共服务项目，来自政府的津贴和资助在这些社会福利组织的年度开支当中所占比例高的超过九成，低的也不少于六成。港府通过三项基本制度来执行社会服务的购买。第一是整笔拨款制度。政府每年以非营利组织员工的中位数给服务机构拨款，机构则自负盈亏。第二，服务表现监察制度。每一项受资助的服务都需要政府与服务机构签订津贴和服务协议，列明双方的责任和服务所需的质量、数量、结果指标。服务质量标准共有16项，包括服务资料发放、检讨和修订政策程序等。机构需每年提交自我评估报告，政府每三年对每一项服务做一次外审。机构如需继续获取政府资助，便要达到这些指标要求，否则资助会被取消。第三，竞投服务。所有新的服务都需要以公开投标的方式决定服务提供者。投标价格可采用定价或浮动价，而标准可以不同价格和质量比例而决定。如想获取新的服务，机构就需要提出好的建议书，保证提供有质量和符合成本效益的服务。在这种制度之下，不仅非政府组织之间要互相竞争，部分服务还要面对商业组织的威胁。

政府购买服务项目构成了非营利组织投身于社区的"点"，而社区的行政架构则构成了非营利组织的"面"。香港不设基层政府，通过民政系统包括民政事务局、民政事务总署以及区议会等组织来整合社区力量完善社区服务，维持社区发展。其中，民政事务局是政府领导社区工作的主要机构，它的基本工作是社区自治、居民组织协调和社区文化康乐活动。另外，其也负责社区基础设施的建设、完善，管理居民互助群体，协调社区建设相关组织和机构，资助社区文化娱乐活动。社区服务和社区照顾则由社会福利署主管，采取上述的津贴方法，以项目形式资助非营利组织在社区开展公共服务和社区照顾，非营利组织则聘请受过专业训练的社工人员，并组织义工来推进各项公共服务和活动。公共服务列入社区建设内容或范畴的有七个方面，包括社会保障服务、家庭及儿童福利服务、青少年服务、康复服务、老人服务、社区发展服务、违法者辅导服务（即社区矫正）等。每项服务内部分工很细，专业性很强，照顾到了不同层面的需求。香港社区服务设施齐全，政府在人口2万以上的社区设立社区会堂，在人口超过10万的地区设立社区中心。目前，香港共有44所社区会堂和38所社区中心，由民政事务总署负责管理，社区的许多服务项目都在社区中心或会堂进行。政府引入社团经营来提高设施的利用效率。譬如香港仁爱堂社区服务在香港屯门、元朗等地区设有60个服务单位，每个服务单位根据当地人口多少设置面积，多余场地以经营与康乐及文体活动相关的项目为前提，出租给运作公共服务项目的社会机构。公建民营的方式既给予了非营利组织必要的软硬件条件，又给社区的多样化需求提供了社会空间。

投放于社区建设的公共资源则根据社区人口数量、社区需求、公共服务项目的规模和服务能力等因素确定，并由民政事务总署和社会福利署统一管理的非政府组织来运作。当由于社区居民流动，社区规模和公共服务需求发生变化时，这些公共资源也能够随之重新配置。因此，香港的社区虽然在人口规模、区内经济产业、居民收入水平和房屋类型方面有许多差异，但社区建设或地区公共服务的水平差异却很小。

三　港台非营利组织与社区建设关系的比较

萨拉蒙（Salamon）的"NPO失灵"理论解释了为什么存在着政府和非营利组织合作的组织形态。⑨根据萨拉蒙的"NPO失灵论"研究，非营利组织在提供社会物品时，也存在着相关不足。其中包括：慈善的社会供给往往不足，难以满足社会需求；由于服务对象的特殊性，非营利组织服务的覆盖面其实有限；由于控制慈善资源的人的特定偏好，容易造成非营利组织的家长式作风；受经费限制，往往社会爱心人士提供志愿服务的非营利组织在专业性上亟须提升。因此，吉德伦（Gidron）指出政府应使用授权许可与合同的方式来支持非营利组织提供服务，⑩而萨拉蒙也进一步倡导一种政府与非营利部门的合作伙伴或契约式关系。⑪事实上，在国际非营利组织的实践中，政府和非营利组织的合作伙伴模式被采用得最为广泛。

可以看出，无论是台湾还是香港的社区建设中，非营利组织与政府之间都保持了一种契约式伙伴关系，并不是一种对抗或冲突关系。在1992年左右，由于相关法令的颁布和政府地方资源投入，台湾许多曾经积极投身于街头社会运动的团体，逐步转变了正式的非营利组织，朝着机构化、专业化的方向转化，力图谋求与体制内的合作。在此背景之下，社会服务和慈善类团体的力量得到了最大的增长。同样在政府购买服务、相关法规对政府和社会组织明确权责以及监管等制度之下，香港的非营利组织也和香港特区政府保持了良性运行的合作伙伴关系。通过一系列的资助—监察制度，政府把原来处于自治状态的社会组织逐步规范化、纳入政府监督范围并符合政府的期望。通过津贴与监管，香港的社会组织与政府之间逐步形成紧密合作关系，以政府所订立的标准形成标准化运作。因此，尽管港台的政治体制有差异，但在合理的规则安排下，社会力量的增长都并未损害到社会治理秩序，反而在地方层面提高了居民的净福利。

另一方面，我们也可以注意港台地区非营利组织和社区建设上各有特点和所长。主要表现在以下三个方面：

第一，从社会结构上看，香港地区具有较高的城市化水平，社会呈现出高流动性、新移民社会和商业化等特征，因此社区建设中人口多元性和需求差异化使得非营利组织需要有更强专业性和群体针对性。由于地理和人口特点，香港特区政府不存在多级管理，非营利组织的服务范围和成员虽然可能是跨社区的，但在具体的服务项目则围绕着特定社区进行。因此，公共资源可以通过组织以及组织间网络在社区内外流动，形成一个广泛的城市社区建设政策和资源网络。而在台湾地区，社区总体营造则呈现出明显的乡土性和内源性。因此，不仅仅是政府和商业力量，地方非营利组织和非政府组织实际在社区营造中起到了核心作用。营造议题和服务内容的地方化对于社区共同体意识的培养、居民间互助网络的形成以及社区内部各类资源的开发都有巨大的促进意义。

第二，在组织方式上，港台地区的非营利组织参与社区建设的特点也有所差异。在台湾地区，非营利组织虽然也以承接各类群体的服务项目为主，然而在社区总体营造的宏观政策下，形成了福利和服务社区化的特征。[12]例如台湾各职能部门都以社区总体营造为核心推出了相应的项目和计划，例如台湾"内政部"的"社区发展"、"环保署"的"生活环境总体改造计划"、"经济部"的"商店街开发推动计划"等。这些计划实施方式与"文建会"相似，均属以社区为主体的项目化运作。为辅助社区，各部门均设置了专业辅导机制，非政府组织在各类指导部门下起到了很大作用，社区营造也因为各有侧重功能呈现出多样化的色彩。从方式上来说，社区发展协会、文史工作室等社区组织均可成为社区营造计划的主体，既可独立实施，亦可与其他社会团体合作。这些社会组织包括专门从事社区辅导、培训的组织，也包括一些有志于社区营造的专业人士和学术机构以及慈善团体、宗教组织、社区大学等，从而呈现出不同的地方特色。而在香港，非营利组织在社区建设中作用则更多以承接各类人群照顾和服务为主，对地方化议题的关注并不如台湾，但是在组织的专业化和服务的标准化程度上则可得到极大提升。

最后，在微观运作方面，台湾的非营利组织中规划型和经济型组织的作用表现得非常明显。目前台湾各类特色产业和地方文化产品的包装、行销和创新，都离不开相关非营利组织的工作。这些非营利组织能与一般市场部门相互抗衡之最大关键在于与社区特色之结合，因为有密切结合才能发挥产品差异化之功效，并且能与营利市场之产品有所区隔。事实上，可以将这种结合视为非营利组织的一种专业化，由产品的专用性提升了非营利组织的竞争力。而在香港，非营利组织则从事着另一个层面的社区专业化。一方面，香港非营利组织在各类人群专项服务上，不断完善标准和评估标准；另一方面，组织人才队伍的专业化也让非营利组织获得社会和市场的认可。例如，1972年，香港正式规定凡从事社会服务的人员必须接受社会工作专业训练；1984 年社会福利署规定，社会服务机构招聘非社工专业学位毕业生担任助理社工主任，要根据情况安排他们参加 2 年制或 3 年制的在职培训等。大量社工人员运用专业化的工作手段和方法，直接面向社会成员，开展社区工作、社会福利、社会互助以及司法矫治等活动。因此，无论是香港还是台湾，专业化和特色化的服务和人才队伍建设，构成了非营利组织得以在公共部门和私人部门中取得认可的重要基础。

四　结语：对中国大陆社区建设的启示

1986 年中国民政部提出开展"社区服务"的要求，并首次在政府文件中提出了"社区"概念。90 年代初，在社区服务广泛开展的基础上，政府进一步阐释了社区建设的思路。该思路的提出有两个社会背景。一是市场经济发展，居民需求的日益增长和多元化，单纯强调社区服务的社区体制改革已不能满足这些需求。二是由于单位制解体，"随着政策、体制和利益关系的调整，城市基层政权和基层组织的功能日趋弱化，对居民越来越缺乏凝聚力和吸引力，在新形势下必须找到一条能强化基层政权和基层组织功能，增强其凝聚力的新路子"。⑬因此从发展之初，社区建设具有满足居民需求和强化基层管理的双重目标。相应地，一方面居民基于各类利益和服务需求，在社区中出现了形式多样的民间社会组织。与此同时，政府也力图强化社区党组织作用和建立官方支持的社会组织来实现社区建设的双重目标。经过改革开放三十多年的发展，中国大陆的社区建设也取得了许多可贵的成就。在中共十八大的报告中明确提出了要加强"党委领导、政府负责、社会协同、公众参与、法治保障"的社会管理体制，也对现代社会组织及其体制提出了"权责明确、依法自治"的新要求。十八届三中全会的《决定》也进一步指出了政府购买服务、创新社会治理体系以及社会组织的"适合由社会组织提供的公共服务和解决的事项，交由社会组织承担"等发展的方向。

然而当前中国大陆社区建设中社会组织力量发挥上也存在着不同层面的问题。社区居委会依然行政化色彩浓厚，而"自我治理、自我服务"的功能则仍显不足。疲于应付各类行政事务的社区居委会不得不依靠于管理者与社区积极分子的人情、关系、面子等个体化和非制度化等方式来推动上级要求的活动，又或是在社区日常运作中依靠传统的群众动员话语或是行政权力来推动居民的参与。⑭与此同时，许多社区居民则基于自我需求产生了各类的草根组织，实际上与基层自治单位并无多少交集。在这一背景下，社区建设的双重目标时常出现基层事务行政化的"目标替代"，而在大部分居民眼中，社区变成了"以居委会为管理结构的基层行政管理辖区"，[⑮]而社区建设的可持续性则也会变得越来越难以为继。

从港台经验看到，对目前中国大陆社区建设而言，非营利组织之于社区的作用核心是构建国家与社区之间的公共桥梁。社区中原生性邻里网络从其起源及作用范围上看，其仍然是一种私人性或有限公共性网络。从社会网络的角度来理解社区建设，则必须通过"再组织"（reorganization）来支持政策或社会行动。[⑯]社区真正成为公共空间，实际上由组织化网络得以实现。在社区层面，将原生性社区网络组织化的作用在于能够将个体的私人纽带转化为一定程度的公共网络资源。[⑰]而在居民层面，社区组织化起源于邻里私人空间的扩大化，通过这种扩大化的私人领域联系，实际上正是给更多社区个体赋权（empowering）的过程。[⑱]可以说，社会组织介入于社区建设的目标就是建立起一个被动员（mobilized）起来的社区，其通过在居民中建立起持久的网络和相对制度化的规则，实现居民认同于共同的理念并且愿为之而行动。

因此，港台地区非营利组织发展和社区建设的实践经验，可以对中国大陆地区的社区管理体制提供诸多启示。首先，对政府角色而言，需要把基层管理性和服务性的不同事务区分开来，尤其带有浓厚社区性议题的服务事项交给多样化的社会组织来承担。建立服务型政府的第一步并非是由政府来办多样化的服务，而是通过对非营利组织和社区组织的指导和支持，建立相应的资助和评估机制，实现公私部门间的合作伙伴关系。其次，在城市地区积极借鉴香港经验，通过释放公共部门的资源，培育和发展各类专业化社会组织，先从非营利组织的社会服务承接入手，逐步带动社会的自我组织和自我服务能力的发展。这样一方面能够让基层社区自治组织回归于治理的功能，另一方面则有利于通过居民参与社区建设，提升地域共同体的感知。最后，在城市一些具有文化资源丰富的社区和乡村地区则可借鉴台湾经验，从人（居民教育）、物（公共设施）、景（环境景观）、史（文化历史）、产（特色产业）、业（商业商圈）、章（规则制度）等各方面进行整体性社区建设，充分发挥非营利组织和社区力量在规划、组织、管理和评估过程中的作用，将各类公共部门资源整合到社区语境中，从而实现社区活化和全面发展。

①B. A. Weisbrod, "Toward a Theory of the Voluntary Nonprofit Sector in Three-Sector E-conomy," in E. Phelps ed., *Altruism Morality and Economic Theory*. New York: Russell Sage, 1974.

②H. Hansmann, "The Role of Nonprofit Enterprise," *Yale Law Journal*, 1980, Vol. 89, pp. 840 – 843.

③陈锦煌、翁文蒂《以社区总体营造推动终身学习、构建公民社会》，台北：《国家政策季刊》2003 年第 3 期。

④陈其南：《社区总体营造与文化产业发展》，台北：《文化产业研讨会暨小区总体营造中日交流展论文集》，1995。

⑤廉学勇：《对台湾社区规划师制度的认识与启示》，天津：《城市》2014 年第 1 期。

⑥桑宁霞、李茂彤：《非政府组织在社区大学建设中的价值定位——基于我国台湾社区大学创办经验的思考》，太原：《教育理论与实践》2013 年第 36 期。

⑦江大树、张力亚：《社区营造中组织信任的机制建构：以桃米生态村为例》，台北：《东吴政治学报》2008 年第 1 期。

⑧梁祖彬：《香港非政府组织的发展：公共组织与商业运作的混合模式》，广州：《当代港澳研究》2009 年第 1 期。

⑨L. M. Salamon, "Rethinking Public Management: Third-Party Government and the Changing Forms of Government Action," *Public Policy*, 1987, Vol. 29, pp. 255 – 275.

⑩B. Gidron, "A Resurgent Third Sector and Its Relationship to Government in Israel," in B. Gidron, R. M. Kramer and L. M. Salamon., eds., *Government and the Third Sector*. San Francisco: Jossey-Bass, 1992, pp. 176 – 195.

⑪L. M. Salamon, *Partners in Public Service: Government-Nonprofit Relations in the Modern Welfare State*. Baltimore, MD: Johns Hopkins University Press, 1995.

⑫庄翰华、吴郁萍：《社区总体营造之阐释》，台北：《社区发展季刊》1999 年第 90 期。

⑬李学举：《社区建设工作谈》，北京：中国社会出版社，2003，第 42 页。

⑭阿兰纳·伯兰德、朱健刚：《公众参与与社区公共空间的生产——对绿色社区建设的个案研究》，北京：《社会学研究》2007 年第 4 期；郭圣莉：《加入核心团队：社区选举的合意机制及其运作基础分析》，广州：《公共行政评论》2010 年第 1 期；耿敬、姚华：《行政权力的生产与再生产——以上海市 J 居委会直选过程为个案》，北京：《社会学研究》2011 年第 3 期。

⑮杨敏：《作为国家治理单元的社区——对城市社区建设运动过程中居民社区参与

和社区认知的个案研究》，北京：《社会学研究》2007 年第 4 期。

⑯S. Alinsky，*Rules for Radicals*. New York：Vintage，1971.

⑰J. S. Coleman，*Foundations of Social Theory*. Cambridge：Harvard University Press，1990.

⑱S. Stall and R. Stoecker.，"Community Organizing or Organizing Community？Gender and the Crafts of Empowerment，" *Gender and Society*，1998，Vol. 12，pp. 729 – 756.

作者简介：陈福平，厦门大学社会学与社会工作系副教授，博士。

［责任编辑：刘泽生］

（本文原刊 2014 年第 3 期）

主持人语

刘泽生

香港位居中国南海之滨，从一处渔村小岛演变为遐迩闻名的东方明珠，令世人为之瞩目。在人们探询香港经济发展轨迹、试图总结其经济成功经验的时候，较多谈及的历史原因主要有四个方面。一是优越的地理区位优势；二是国际环境与历史机遇；三是独特的中国因素——中国内地在政治、经济、文化、历史等方面对香港的作用和影响；四是香港的内部机制，包括其经济上奉行的"积极不干预政策"、相对健全的立法司法制度、比较完善的社会基础设施、香港居民的勤奋努力等。其中关于"中国因素"在香港经济发展过程中的独特作用，值得学界给予更多的研究。

近代香港经济的发展是经过一百多年的艰难奋斗一步步走过来的。香港作为中国的一个特别行政区，不管从历史的角度还是从现实的联系，其与内地关系之密切是不言而喻的。中国的改革开放与"一国两制"的实施，就是香港作为国际自由港和经济持续发展的一种最强有力的依托和保障。这是历史的结论。关于内地与港澳的经济合作关系及未来发展，关于粤港澳关系的研究，关于大珠三角区域（包括珠三角与港澳地区）经济合作的研究，关于沪港经济关系的研究等，都成为当前区域经济研究的重要课题，本刊将持续对此给予特别的关注。

封小云的新作《大珠三角区域经济合作水平评估与效应分析》，利用区域经济交流评优的主要变数和指标，从跨境人流、贸易流量、资本流量，以及地理、经济、文化和制度的四个因素，对大珠三角经济区的经济合作水平作出评估。作者认为，"一国两制"下的大珠三角经济区，实际上是港澳与珠三角地区之间市场开放，引致资本、人员与要素等资源在整个区域中自由流动、优化配置的结果。大珠三角经济区与世界其他跨境经济区最大的不同，就在于这是一个两种制度的经济区。大珠三角地区的区域经济整合过程，也是两种制度相互竞争、相互借鉴，发挥各自所长与优势的过程。这种制度间的竞争与示范，正是大珠三角经济区成为全球最具经济活力的基础。

随着中国经济的快速发展，目前中国内地的对外投资规模在发展中国家和新兴经济体中已跃居首位，世界排名第三。近年内地对香港投资规模迅速扩大，香港已成为内地对外投资最大目的地。陈恩教授在分析内地对香港直接投资的背景与动因基础上，运用计量方法探讨了内地对香港投资产生的经济效应。陈文认为，内地对香港直接投资不仅有利于促进内地经济增长，而且有利于带动内地与香港之间资金、商品和人员流动，从而推动两地建立更紧密的经贸关系。与此同时，作者也就内地对港投资所面临的行业高度集中、投资主体结构有待优化等问题提出自己的建议。

华晓红、周晋竹的大作则提出了一个很值得关注的论题——随着中国内地开放程度的深化与提速，随着亚太经济形势的变化，香港作为国际金融经济中心的地位正在受到挑战。这种挑战来自两个方面，一是上海自贸区的成立可能弱化香港在金融领域对中国内地的重要性，二是亚太经济一体化进程可能使香港作为亚太区域金融经济中心的地位呈现边缘化。香港应该充分发挥国际金融中心的制度优势与服务优势，积极寻求参与亚太区域的经济合作。作者认为，两岸四地形成"中华自贸区"也是一种可行的选项。四地相互扩大开放市场，加深一体化程度，使资源得到更有效的配置，共同打造竞争优势，构建四地价值链，香港应该有比现在更大的作为。

香港经济的发展关乎全体市民的切身利益。要珍惜香港来之不易的投资营商环境。香港的长期繁荣稳定需要社会各界共同珍惜和维护。在这金秋十月的时刻，我们更加关注香港的未来发展。

东方之珠，你的风采是否浪漫依然？

大珠三角区域经济合作水平
评估与效应分析

封小云

[提　要] 本文根据双边贸易的引力模型和 CEPA 框架，对跨境的经济活动以及区域经济一体化的衡量指标做出了分析；采用区域经济交流评估的主要变数和指标，从跨境的人流、贸易流量、资本流量，以及地理、经济、文化和制度 4 个因素，对大珠三角经济区的经济合作水平作出评估。同时，从贸易、就业、经济增长、经济结构以及制度合作等方面，对合作的经济效应做出具体的分析，以期掌握大珠三角地区中粤港澳三方产业整合的经济一体化现状。

[关键词] 大珠三角　区域合作水平　经济效应

大珠三角经济区（包括珠三角与港澳地区）发源于 20 世纪的 80 年代初期，成长于 80 年代至 21 世纪。目前，这个经济区已经是全球跨境经济区中人口、经济总量很大的经济区之一。

然而，衡量一个跨境经济区是否可以跻身世界级水平，重要的指标不在于规模与总量，把跨境经济区中所有地方的总量相加是一个极其简单的事情。作为一个世界级跨境经济区的主要标准，应当是区域中各地之间相互流动形成的合作互补关系，也即区域产业整合产生的空间一体化与功能一体化水平。

一 区域经济合作水平评估的主要变量

在经济学界，一般评估跨境经济活动的交流，尤其是双边跨境经济流量的测算方法，普遍运用的是"引力模型"。这个模型源自物理学的万有引力定律，即两个物体之间的引力力量来自物体的规模与物理距离。前者为物体之间的吸引力，而后者则为排斥力。把此运用于跨境经济流量的分析上，则可以得出跨境经济交往活动规模与他们的经济总量（GDP）成正比，与两地之间的距离成反比。在随后经济学者的一系列实证研究中，更把人口、制度因素添加进去，人口构成经济总量中的一个部分，对跨境流动具正向作用；而制度性安排如是否同属一个优惠贸易协定或者区域经济一体化组织、政府治理品质、合约实施保障等，即制度品质因素。制度性因素与跨境经济交往活动的关系，取决于制度的品质，制度的优劣对于双边经济流量有着突出的影响。同时，制度品质相似的地区间更容易构建起信任基础，从而有利于双边贸易的进行。

引力模型主要运用于分析跨境双边的贸易流量。随着经济全球化、区域经济一体化的推进，以及跨境经济区的崛起，跨境的经济交往除了商品、服务外，更有资本、信息以及人员。尤其是人员流动，是区域流动的最为主要流量。因此，不少学者把引力模型扩展至外国直接投资、跨境融资、主权借贷、专利引用、人员迁徙模式等所有的经济领域。于是，引力模型所包含的因素涉猎到文化、价值观、法律，以及政治等因素。

美国学者潘卜基·盖马沃特对于美（国）加（加拿大）两国贸易与经济活动交往的实证分析，引出了下述十分有趣的结论：[①]根据他的计算，两地之间的地理距离增加 1%，则两地贸易量会下降 1%；因此，距离敏感度为 -1；使用共同语言的两个地区的贸易量要比语言不通的地区平均高出 42%，如果两个地区同为一个地区贸易协定成员（例如美加属于北美自由贸易区），则比没有地区贸易协定的地区，其贸易量会高出 47%；共同货币会增加两地 114% 的贸易；而人均 GDP 的差异会促进跨境的贸易流量。与此同时，共同语言会使双边直接投资增长 43%；相同的文化与行政管理会使相互直接投资增长 118%；共同的法律则促进两地直接投资增长率为94%。也就是说，资本的流动受文化和行政方面的影响，比贸易还要大。

上述分析引出了跨境经济合作的主要影响变量：地理距离、语言、地区性自由贸易协定、共同货币与文化及行政管理。

由于全球中的跨境经济区大多为地理接壤的地区，因此欧洲学者在分析欧洲的 10 个跨境经济区时，采用了 GDP、语言、跨境人员流动量，以及劳动市场与住宅市场价格等指标。[②]虽然欧洲是经济一体化最高的地区，尤其是边境管制的消除，使资源流动的自由化水平大大提升，但是，对于 10 个跨境经济区空间一体化水平差异的研究，学者仍然指出，在欧洲内部不同国家对于劳动力流动的不同政策，以及不同的边境管制，是跨境经济区空间一体化发展的主要障碍。

与美加的考察不同，对欧洲高度经济一体化（欧盟的消除边境管制、迁徙自由、统一货币等政策）的跨境经济区的考察指标中，劳动市场、住宅市场一体化是其最为重要的指标。也就是说，空间一体化与功能一体化的最高水平，就是市场一体化。当所有的要素和资源均可以在各国、各地区以及各个城市之间自由流动之时，"要素价格均等"规律就会发生。国家、地区、城市之间的市场就会融为一体。由此，经济一体化或称地区经济合作的最高水平就是市场一体化，其衡量的主要标准为价格均等化。

综上所述，引力模型虽然是研究地区跨境经济流动的定量模型，但是，这个模型仅回答了什么因素构成了国家、地区、城市之间的跨境流动，其动力是什么？障碍在哪里？以及哪些因素可以促进跨境流量的增加与减少。也就是说，引力模型回答了跨境经济流量相互流动的密度与规模，而不能最终回答与判断跨境经济流量空间一体化的水平与发展程度。而衡量国家间、地区间经济合作的水平与程度的，仍然是市场一体化的指标，也即要素价格均等化的程度。

二　大珠三角经济区合作水平的基本评估

尽管目前有很多衡量区域经济一体化或经济合作水平的方法，但是，在现有的大珠三角经济区的实证研究中，至今缺乏对三地的企业活动空间布局（例如母公司所在地与子公司所在地的分布、数量等）、人员的空间流动状况（不同层次的人员）的具体资料。因此，本文仅能在现有粤港澳三地可以得到的统计资料上，作出最简单与最为直观的评估：分别统计三地的跨境流动量与活动量，即跨境人员、商品与直接投资的流动量，来衡量这个经济区的经济合作水平。

1. 目前经济合作水平的数据研判

首先，区域最为首要的流动要素是人口，人是最具经济效益与投资效益的流动因素，因为企业之间在不同地方间商务活动联系，企业内部在不同地方的经济联系，主要是由人的流动实现的，因而人口流动是经济合作的第一、也是经济效益最高的部分。

大珠三角地区的人口总量在 2012 年分别为：珠三角地区 5690 万人，香港地区 717.8 万人，澳门为 55.7 万人，总计为 6463.5 万人。③这个地区中跨境的人口流动 2012 年超过 15402 万人次，其密度为大珠三角区域人口的 2.38 倍。由此，港澳与珠三角地区之间，已经成为人口相互流动的密集地（见表 1）。至于珠三角地区各城市之间的人口流动，其流动频率与密度会更高。这就是为什么珠三角地区所有连结港澳的陆地口岸成为全球最为繁忙口岸的原因之一。

表 1　2012 年珠三角地区与香港、澳门之间的人流水平

单位：千人次

珠三角地区进入香港	34911[①]	占珠三角人口比 61%	占访港人数比 72%
珠三角地区进入澳门	16902[①]	占珠三角人口比 30%	占访澳人数比 60%
香港进入珠三角地区	77467[②]	占香港人口比 1079%	
澳门进入珠三角地区	24740[②]	占澳门人口比 4438%	

①珠三角地区进入香港与澳门采用的是内地从双方陆地口岸进入数。而非从港澳机场、港口进入数。因为陆地口岸进入一定要利用珠三角的各种设施，与珠三角地区相关联。

②同理，港澳进入珠三角地区也是以陆地口岸为主。并没有把机场、港口进入算入。因为港澳人口从本地机场、港口进入内地，大部分并非是进入珠三角地区。

资料来源：香港政府统计处网站、澳门政府统计暨普查局网站。

在以统计资料概括大珠三角地区的跨境人员流动之时，我们应当清楚地认识到，由于三地之间人员的关境管制与限制性的劳工政策（香港的劳工限制比澳门更为严厉），目前只有港澳人员向内地的流动是自由的，因此香港、澳门居民进入珠三角地区的密度是珠三角地区进入港澳地区的数倍，表明其流动的相对单向性质。因此，除少部分香港、澳门居民工作或居住在珠三角地区（2010 年香港在广东居住及工作为 17.5 万人），④以及在澳门的内地劳工（澳门有 12 万外地劳工，其中 1/3 的在澳门周边城市居住）居住在珠海、工作在澳门外，大部分的人流为商务或旅游性质。与欧洲的跨境都会区状态相较，欧洲居民可以任意选择自己的居住地和工作地不一样（欧洲跨境都会区的人口流动往往以居住地与工作地之间的流动为主）。这类人流很难像欧洲跨境都会区，因居住与工作地点的不同，导致彼此之间劳动市场与住宅市场的价格拉近，以及市场的一体化。

　　然而，由于大珠三角地区企业之间与企业内部长期在这个地区中活动的原因，劳动市场的价格从企业中层开始拉近，逐步扩散至所有企业员工层次，显示大珠三角区域的劳动市场价格差异正在逐步趋减；而住宅市场的价格，则在邻近香港的深圳周边，其市场价格也开始趋同。此外，即便是珠三角居民为购物或旅游进入港澳地区，对于港澳的商品价格与珠三角地区的价格差异，也逐渐会出现价差减少的趋势，更何况珠三角居民进入澳门旅游，已经成为澳门服务出口的最大目标市场和目的地。

　　其次，大珠三角地区本身在地理上相互接壤，不存在地理距离。加上中国内地的市场开放政策，以及 2003 年中央政府分别与香港、澳门签署的 CE-PA（更紧密经贸关系的安排），即区域性的自由贸易协定，使得三地之间具有极高的贸易联系与密度，并且互为最大的交易伙伴（见表 2）。2012 年香港的对外货物进出口中内地占了绝对比重，达到 50.3% 的水平，其中与珠三角地区最为相关的转口贸易占 54.3% 的比重。而珠三角地区对香港的进出口则为 23.2% 的比重，是珠三角地区的第一大贸易对手，其中出口香港占 38.3% 的比重，充分显示了香港作为珠三角地区的国际贸易中心作用。在跨境服务贸易方面，香港的服务进出口中，对珠三角地区服务贸易占香港服务贸易总体 30.2%，其中从珠三角地区进口占总进口的 54%，对珠三角地区服务出口占出口的 19.3%。香港在珠三角地区的服务贸易中更占据 52.2% 的绝对比重，其中从香港进口占总进口的 46.4%，对香港出口则为总出口的 57.6%，2013 年此一比重更提升到 55% 的水平。上述显示，香港作为一个国际贸易中心，在贸易关系上其对珠三角地区的依赖程度，要大于珠三角地区。

表 2　2012 年珠三角地区与港、澳贸易所占比例

单位：%

货物贸易		服务贸易	
内地在香港进出口占比[①]	50.3	珠三角地区在香港进出口占比	30.2
进口	47.1	进口	54.0
出口	44.2	出口	19.3
转口	54.3		
内地在澳门进出口占比	29.2		
进口	30.7		
出口	15.8		

货物贸易		服务贸易	
香港在珠三角地区进出口占比[②]	23.2	香港在珠三角地区进出口占比	52.2
进口	1.9	进口	46.4
出口	38.3	出口	57.6

①因为港澳没有单独列出广东数字,仅有内地数字。

②此处把广东贸易数字列作珠三角数字,原因是珠三角地区进口占广东总体的96%,出口占95%。下列的外资数字也以广东数字作珠三角地区数字,原因与外贸相同。

资料来源:香港政府统计处网站、澳门政府统计暨普查局网站;《广东外经贸发展报告(2012~2013)》,广州:广东人民出版社,2013。

从根本上看,香港对珠三角地区贸易关系的依赖,源自香港厂商对珠三角地区的直接投资,也即港商在珠三角地区投资设厂、建立商业服务网络,从而引致贸易行为与贸易关系的发生。归根结底,香港与珠三角地区的经济合作关系,根源于香港对珠三角地区的投资带动。也就是说,香港对珠三角地区贸易关系的主体,也即珠三角地区对香港出口的贸易商与出口商,大部分就是香港企业(见表3)。在这个方面,与其说香港对珠三角地区的依赖,不如说珠三角地区对香港的依赖。由此可见,大珠三角地区的企业之间或企业内部的相互关系,在很大程度上是由企业在各个城市的投资而构成的跨境与空间的经济联系,而这类经济关系的外在化成为城市间跨境的贸易、投资关系。

过去的30多年,香港一直是珠三角地区最大的外来投资者,是这个地区工业化与城市化的资本提供者,内地成为香港最大的直接投资目的地。1979~2012年,香港对广东及珠三角地区直接投资的项目数超过16万个,实际投资金额为1847亿美元(见表4),占香港对内地投资总额约四成。截至2008年底,共计4万家港资企业(法人,注册企业9万家存活4万家),与上万家"三来一补"的加工贸易企业活跃在珠三角地区,这些企业形成香港在大珠三角地区商务网络的活动主体。

表3　珠三角地区外资与港资出口主要指标

单位:亿美元,%

年度	2005	2010
外资出口总额	1546.27	2818.52
港资出口总额	607.66	1126.75
港资占外资出口比重	25.57	24.86

续表

年度	2005	2010
港资占外资对香港出口比重	64. 95	73. 75

资料来源：广东统计年鉴2006、2011。

2000 年以后，随着珠三角产业升级与经济实力的不断提升，广东尤其是珠三角地区，成为中国对外直接投资的第一大省份。由此，珠三角地区的企业开始逐步增大对香港直接投资的金额。2012 年广东对外直接投资 833 个项目，投资总额为 43 亿美元，而港澳地区就占了 611 个项目，投资金额比重为 61.4%，成为广东第一大对外直接投资目的地，直接投资从香港向珠三角地区的单向转变为双向流动。

表4　香港 1979～2012 年对广东及珠三角地区直接投资金额与比重

单位：亿美元，%

	项目个数		合同投资金额		实际投资金额	
	个数	比重	金额	比重	金额	比重
总计	167732	100. 00	46396459	100. 00	29880142	100. 00
香港	121259	72. 29	30864974	66. 57	18469067	61. 81
其他国别地区	46473	27. 71	15531485	33. 43	11411075	38. 19

资料来源：广东省对外贸易经济合作厅。

三地人员、资本、商品、服务相互流动规模的不断扩张，决定了港澳地区与珠三角及广东的跨境资金流动持续扩大。2012 年广东与港澳地区的跨境资金收支达到5550.5 亿美元，比 2008 年增长90.4%。这些资金跨境流动在实体上源于货物贸易、服务贸易与相互投资；而在金融因素上，也包含了三地金融机构推出跨境金融产品组合，这类金融产品为实体经济跨境套利提供了便利。

2. 对经济合作水平的基本结论

跨境经济区中的经济合作，归根结底体现的是微观层面的企业流动引致的产业空间布局重组，而这个空间重组的过程，则植根于地区市场需求的变化、各城市的经济差异与地区性的发展政策。由此，造成商品、资本、人员与信息等经济流量在不同地方的流动，从而形成互补的经济关系与功能。

从引力模型的角度看，目前大珠三角经济区跨境的资源与要素流动，形成的经济合作，其最为直接的动力是地理距离（港澳在地理上属于珠三角地区的组成部分)、地区间的经济差异(包括资源、市场、劳动人口等),尤其是人均收入水平的差异两大因素;而更为深刻的因素是共同的语言与文化传统,以及制度性因素。

共同语言与文化传统使港澳企业 30 多年长期驻守珠三角地区,把这个地区当作企业根源之地,港澳企业家的家园,即使经济危机、金融海啸与政策调整(例如中央政府的加工贸易政策收紧、广东省政府的腾笼换鸟政策),也始终无法改变这种状况。它表现的是港澳企业对家乡与文化的认同与归属感,在经济与经营上,同质的文化与传统更容易建立起商务活动的彼此信任感,从而推动商务活动的交流与发展。由此,我们可以把这个因素看作非正式的制度因素。

制度性因素是推动跨境经济合作最为重要的推手。从港澳厂商 20 世纪 80 年代初期首次进入珠三角地区开始,截至目前,无论是从直接投资的存量还是从流量看,港澳投资依然稳占珠三角地区外来投资的头把交椅(总量的 60% ~70%)。港澳企业总量仍然是珠三角地区最多的外来企业。其根本的原因就在于广东及珠三角地区改革开放的"先行一步",以及 2003 年签署的 CEPA 协议,和 2008 年广东及珠三角地区在 CEPA 实施的"先行先试"。正因如此,大珠三角地区才开始了由港澳企业主导的城市间跨境流动与经济合作,奠定大珠三角都会区发轫、发展的主要微观经济基础。2000 年以后,中国政府实施的内地居民"自由行"与内地企业"自由行"政策,鼓励内企利用香港为基地的"走出去"等一系列措施,松动了珠三角地区向港澳流动的环境,使得大珠三角都会区的流动方向有了根本的改变。不断壮大的珠三角企业、开始富裕的珠三角居民流向港澳地区的总量持续扩张。由此,这个地区流动已经不再是单向,而是多向或相互交叉的。这就是多中心的大珠三角都会区形成的微观经济基础。

建基于"一国两制"基础上的大珠三角经济区跨境流动,与欧洲、北美的跨境经济区有着根本的区别,是其跨境的边界效应。虽然内地与港澳地区签署地区性的自由贸易协定 CEPA。但是,CEPA 仅在货物与服务贸易方面,消除了部分的经济边界。边界效应的存在决定了三地的公民身份认同、货币、市场、法律与经济管理制度等差异,由此也决定了三地各自的经济利益差异。对各自经济利益追求的激励必然大于对整个大珠三角都会区整体利益的获取。因而,各城市只有在本土利益最大化的激励下,才会认同共同利益。这种本土化情结即使在消除了边界效应的欧洲跨境都会区也不会自然消失。经济的本土化情结与经济的一体化追求共同存在，形成多中心跨境经济区（包括欧洲跨境都会区）的宏观经济基础。

从上节的经济合作资料看，即使大珠三角地区的跨境流动存在边界效应，然而其相互流动的总量与规模，在全球跨境的多中心都会区中，也属于很高的水平。这就充分说明了，这种经济合作或流动形成的共同利益，与各城市的自身利益相互重叠，由此经济流动才能突破边界限制，达至空间一体化与功能一体化的资源配置。

三　互补结构下大珠三角经济区的经济效应

目前大珠三角经济区基本形成了以香港作为区内与全球经济连结的主要中介，是这个区域全球价值链管理的枢纽；而以广州作为区内与国内经济联接的节点，集聚国内市场、经济及产业管理等服务。从过去港澳与珠三角地区之间产业互补结构的"前店后厂"合作，发展为今天香港与广州两极拉动的功能性空间互补状态，均为这个区域带来巨大的经济效应。

1. 国际资本引导效应：全球价值链嵌入效应

全球价值链通常由跨国公司的国际资本主导，外国直接投资（FDI）与一国对全球价值链的参与联系紧密。外国直接投资是发展中国家，包括最不发达国家参与全球价值链的重要途径。从大珠三角经济区参与全球价值链的发展过程看，香港在此发挥了十分重要的作用。

香港不仅是这个大都会区中唯一的全球城市，更是全球具举足轻重地位的国际资本投资中心。在全球每年的 FDI 流量中，香港一直名列全球第 3、4 位；更累积了高达 1.4 万亿美元的 FDI 存量，在全球 FDI 存量中也名列前茅。从 20 世纪 80 年代起，香港制造业大规模地向珠三角地区的投资与搬迁，造成了这个地区"店"与"厂"不同空间的资本、产业与要素的高度集聚，从而造就了全球生产体系与网络中的"珠三角制造"。至今为止，香港对珠三角的直接投资已经累积为 1847 亿美元，占珠三角地区外来直接投资 2988 亿美元的 62%；占香港对中国内地投资总量约四成。[⑤] 正是香港的投资，作为港澳与珠三角地区的经济合作的黏合剂，逐步地把香港与整个珠三角地区纳入了全球价值链体系。

由此，我们可以从贸易扩张、经济成长和就业增长三个方面观察大珠三角地区通过经济合作，纳入全球价值链的主要效应，并最后分析香港在珠三角地区与内地的经济收益。

其一，贸易扩张效应。香港与珠三角地区因港商投资与制造业迁移，组成互补式的"前店后厂"全球生产体系，在珠三角地区构建了规模庞大的全球加工基地，由此推进了两地对外贸易的飞速发展。香港对外商品贸易总额从1981年的2605亿港元，2012年成长为73465亿港元，增长28.20倍，年均增长达11.37%[1]其中出口在1971~2011年增长194倍，年均增长14.08%。而增长最快的是与内地，尤其是珠三角地区加工贸易最为密切相关的转口，1971~1991年就增长了157倍，年均增长28.75%；1991~2011年期间则增长了43倍，年均增长20.91%。

港商投资进入带动的对外贸易创造效应，在珠三角地区更为显著。从1978年广东全年仅有15.9亿美元的进出口总额起步，至2012年整个广东，尤其是珠三角地区的对外贸易总额增长为9837亿美元，接近万亿美元大关，成长了619倍，年均增长20.81%，[6]不仅创造了全球生产体系中"珠三角制造"的奇迹，其进出口总量26年持续占据全国第一贸易大省地位。

2004年CEPA实施之后，港澳与珠三角地区的贸易创造效应向服务贸易领域扩展。从香港方面看，1997年亚洲金融风暴之后，香港整体经济成长开始钝化，尤其是服务业。2000~2008年，香港服务贸易的年均增长率仅为3.8%；CEPA实施的10年期间，服务贸易的年均增长率达到8.9%。就珠三角地区看，其服务贸易从2003年的121.79亿美元，10年间增长为1064.76亿美元，总量扩张了7.74倍，年均增长率为24.20%，远远超过货物贸易的年均增长速度。其中与香港之间的服务贸易，则从2003年的60.59亿美元，增长为665.01亿美元，增长了9.98倍，年均增长率为25.87%。[7]2013年两地服务贸易总额更达到778亿美元。

其二，经济增长效应。随着大珠三角地区整体的贸易扩张效应，由贸易增长带来了地区经济的高速增长。香港在制造业大规模进入珠三角地区并完成整体性的产业转移的期间，创造了十分惊人的增长速度，成为亚洲四小龙中持续增长率最高的地区。1982~1996年的15年间，香港GDP年均增长率达到13%，其经济增长排在全球前列。

作为港澳制造业的迁移与集聚地区，珠三角地区的增长速度更可以称之为世界奇迹。从1978年广东省全年GDP的203亿元人民币总量，2013年增长至63068亿元，总体增长310倍，年均增长率为18%。并且持续25年成为中国第一大经济省份。

珠三角地区经济高速增长的主要拉动力，就是出口，也即作为全球生产基地出口总量，尤其是净出口的大幅成长。以珠三角地区的资料看，2007 年前也即全球金融海啸前的 30 年间，每年约 10% 的 GDP 增长是净出口拉动的。

其三，就业扩大效应。资本集聚带来产业集聚，而产业集聚必然伴随着人口的密集。港澳资本进入，尤其是制造业整体性迁入珠三角地区，拉起了该地区巨大的劳动力需求，在产业转移接近完成的 20 世纪 90 年代后期的最高峰时期，港澳厂商在珠三角地区雇用劳动力几乎达到 1000 万人的水平，是香港制造业最高峰时期雇用劳工数字的 30 多倍。这就使珠三角地区 30 年来一直是全国吸引外来劳动力最多、集聚密度最高的地区。即使在前店后厂已经终结的今天，4 万家港资法人企业，仍然是这个地区劳动力市场的主要吸引者。

香港在把制造业转移到珠三角地区之后，不仅没有出现大规模的失业，且失业率一直保持为全球较低水平，其主要原因是珠三角制造服务的生产性服务业，尤其是贸易相关产业得到快速发展。从数字看，香港的贸易相关产业、运输业多年来一直维系着香港第一大就业产业的地位。

2003 年以后，内地实施居民港澳"自由行"政策，2004 年更推动 CE-PA 的实施，这不仅对港澳服务商打开了内地市场的大门，更通过"自由行"，把港澳的消费性服务也涉入其中，推动了与旅游相关产业的就业大幅上升。截至 2008 年底，自由行为香港创造了 43200 个职位。以 2012 年数字看，⑧香港与珠三角地区制造、消费直接相关的贸易、批发零售（81.4 万人）；运输、仓储、邮政快递（16.7 万人）；住宿饮食（27.4 万人）等服务行业，占香港全部就业人口（266.5 万人）约 50%。

自由行拉动澳门本地就业的动力尤甚香港。自 2003 年以来澳门就业市场一直处于十分紧缺状态，不得不大量引进外劳以缓解。目前澳门就业人口中，15 万人为外来人口，约占澳门 38 万就业人口的 1/3 比例。

与此同时，由于港澳服务商进入内地市场，分别为三地的就业市场带来增量。根据 2010 年香港政府就 CEPA 对香港经济的影响所作的第二份评估报告，因 CEPA 进入内地的香港服务商，在内地雇用的员工总数在 2009 年底达到 4 万多人；而香港服务商因 CEPA 扩大在香港的雇用人数则为 4400 多人（不包括自由行部分）。

最后，资本集聚也必然带来资本收益。大珠三角地区虽然已经进入了城市相互间资本多向流动的阶段。然而，从资本存量看，仍然没有根本改变香港是这个都会区资本运营中心的地位和目前资本运动的基本方向。因此，香港必然也是地区的收入流量集聚与获取资本收益最多的地区。

表5　2012年香港对外收入流量净值

单位：百万港元

	流入	流出	净值
香港总体	1069181	1025697	43484
其中：中国内地	461846	279754	182083

资料来源：香港政府统计处网站。

一般来说，资本收益可以从地区的国际收支表中得到测量。可是国际收支表往往只能反映地区资本收益的总量，不能具体测算其来源地。由此，通过香港的对外收入流量状况，可以观察到具体的收入流量地区来源。以2012年资料看，香港整体的对外收入流量净值为正数，也即香港是吸收收入流量的地区。但是，如果具体到收入流量的来源地，我们会发现，香港对所有的西方国家（美、日、欧等），其净流量为负数，也即西方国家是香港收入流量的吸收国，仅有中国内地对香港收入流量为正数。2012年香港的收入流量净值约为435亿港元，其中中国内地的净值就达到1820亿港元（见表5），占当年香港GDP的9%。内地是香港收入流量的最大吸收来源地彰显无遗。如果按照珠三角地区吸收的香港直接投资为中国内地四成至五成的比重计算，则香港源自珠三角地区的收入流量可达900亿港元。

2. 产业整合推动的结构转换效应

大珠三角地区过去的30多年已经完成了以制造业为核心的产业整合大浪潮，以服务业为主要载体的第二次产业整合则正在进行时。

第一次产业整合的浪潮是由港澳制造业向珠三角地区转移，以"前店后厂"合作模式的产业整合。20世纪由港澳制造业向珠三角地区大规模的产业转移，首先为香港经济的结构转换提供了提升的动力。这个时期是香港经济转型最为迅速的阶段。香港把制造业转到珠三角地区，且在这个地区复制了数十倍于"香港制造"的"珠三角制造"，由此带动了对国际航运、贸易、金融、广告及会计服务的巨大需求，使香港逐步发展成为集聚先进生产者服务业（APS）的全球城市，生产者服务业取代了制造业成为香港经济增长的主要引擎。服务业的集聚使香港成为国际贸易、国际航运物流、国际金融与国际旅游四大中心，并崛起为服务业竞争力仅次于美国的高度发达的服务经济体。

与此同时，香港制造业的进入，开启了珠三角地区与广东的工业化进程。短短的 30 年间工业化的推进，使得珠三角地区及广东的第一次产业比重从 1978 年的 27%，直线下降为 2010 年的 2.1%；而第二次产业在 2005 年占比达到 51%；第三次产业则在 2005 年以后开始加速，2010 年上升至 48.6% 的比重，2012 年则为 51.6%，7 年间上升了 5 个百分点。

珠三角地区的经济结构转换与港澳之间的产业整合高度相关。2000 年以前珠三角地区的工业化由"前店后厂"的"厂"作为引擎，导致了经济体系中第一次产业的下降与第二次产业的上升；在制造业进入珠三角地区的同时，港澳服务商也开始了跟随进入，拉起珠三角地区现代服务业的发展。2004 年以后由 CEPA 的签署实施，开启了大珠三角地区的第二次产业整合。中国内地服务市场的开放，极大地扩张了香港服务的市场空间和经济腹地，促使港澳服务商加快了进入珠三角地区的步伐，并由此逐步形成港澳与珠三角地区新的产业整合与互补关系。此时恰值珠三角地区从工业化开始进入后工业化，及服务经济化的阶段，由此，服务业逐步替代工业，成为珠三角地区经济发展的主要动力源。

3. 区域相互渗透的市场扩张效应

港澳制造业突破关境限制进入珠三角地区，在更大规模与范围上复制第二代的香港制造，即珠三角制造，并且以低成本极大地开拓了国际市场；而通过珠三角制造，珠三角地区以港澳为中介，进入了需求潜力巨大的国际市场。这种市场扩张效应是大珠三角地区的第一次产业整合中，由港澳与珠三角地区协同扩展的结果。也就是说，第一次产业整合，大珠三角地区的市场扩张效应体现在国际市场的扩大上。

第二次产业整合的市场扩张效应，主要体现在国内市场的扩大上。2003 年 CEPA 的签署，2005 年中央政府给予广东在实施 CEPA 的先行先试措施，为港澳服务商提供了巨大的内地服务市场。2003 年内地公民自由行政策实施以后，更把内地与珠三角地区的消费性市场需求导入港澳地区，极大地扩张了港澳地区的内部市场需求。也就是说，CEPA 的逐步开放，不仅涉及港澳地区的主要服务业的自由进入，与服务要素与资源流动引发的空间重组，而且把医疗、教育、养老等社会服务领域均涵盖其中。而内地居民"自由行"，则数倍地扩张了过去仅涉及港澳地区本地消费需求的市场，尤其是把中国规模最大的区域性内销市场——珠三角地区及广东部分地区纳入其中。[⑨]由此，2003 年"自由行"以后的市场扩张效应，首先表现在珠三角地区居民消费行为与结构的变化。由于大珠三角地区近年城市轻轨的突飞猛进发展，"自由行"则放开了珠三角地区居民进入港澳地区的限制。由此，目前珠三角地区的中产阶层消费出现了两极化现象，即高端消费，尤其涉及国际品牌的消费（目前这个消费业已发展到食品与保健用品等）在港澳；中端及日常消费往广州。这使过去相对隔离的港澳与珠三角地区的消费市场，开始有机地统合为一体。

其次，CEPA与内地居民"自由行"为港澳地区带来极大的收益。以2005年以来香港的服务贸易顺差看，旅游服务是近年发展最快的服务业，也是香港获取贸易顺差的主要来源。2012年仅来自旅游服务、运输服务的顺差，就占香港本地生产总值的11%。

澳门从内地居民"自由行"获取的市场扩张与收益表现更甚。2011年澳门的服务出口中，[①]96%的来自非本地居民在澳门的消费（包括博彩、住宿、购物等），即旅游服务出口；以此资料计算，2012年澳门服务贸易顺差占本地GDP比重高达78.4%，以2011年96%的来自非本地居民在澳门的消费的数字计算，则有75%的GDP来自博彩旅游。根据统计，进入澳门的旅游人口6成以上为内地及珠三角地区居民，我们则可以此初步推断，"自由行"创造了澳门当年GDP的45%。

4. 经济集聚的协同与扩展效应

三地产业集聚引致的协同扩展主要体现在经济总量、资本总量以及贸易总量在全球中所占地位。首先，大珠三角地区以占中国国土面积的0.6%，人口不到的5%，2012年却集聚了中国外资直接投资存量（包括香港数字）的50%（珠三角为2988亿美元，香港累积的存量13015亿美元）。在全球外来直接投资存量21万亿美元中，香港与珠三角地区的总和，占全球FDI存量的8.2%；而在直接投资的流量方面，香港作为全球的投资中心，2012年在全球排位为FDI流入量的第三，流出量为第四。如果把珠三角地区的流量相加，则FDI流入量为985亿美元，占全球比重为7.3%，排名全球第三；而FDI流出量则合计为882亿美元，占全球比重为6.3%，超越中国内地（840亿美元，在全球排在第三位），排名也是全球第三。由此可见，大珠三角地区是全球最为重要的资本集聚与扩散中心之一。

在贸易量上，2012年大珠三角地区的对外货物贸易占中国商品对外贸易（包括香港、澳门数字）的比重分别为：出口40.8%，进口41.1%，是中国最大的货物对外贸易地区；而占世界货物贸易比重分别为：出口5.5%，进口

5.2%。⑪其贸易总量在全球排在德国之后，超过日本，是全球第四大对外贸易经济体。

而在服务贸易方面，2012 年大珠三角地区占中国服务贸易（包括香港、澳门数字）比重分别为：服务出口 59.1%、服务进口为 37.5%；而分别占世界服务出口的 4.5%，服务进口的 3.3%。⑫在全球服务贸易排名中，超过印度（印度出口为 1476.14 亿美元，进口为 1251.44 亿美元），排在服务出口的第 6 位、进口的第 7 位。也就是说，大珠三角地区也是位居全球前列的服务贸易经济体。

在经济总量方面，整体的大珠三角地区（包括香港、澳门）2013 年 GDP 总量接近 1.2 万亿美元，在全球 2013 年 GDP 国家排名中，仅次于排位第 15 位的韩国，其经济总量排在全球的第 16 位。

5. 竞争与制度示范的间接效应

不同经济体之间的经济合作，在直接效应上可以通过计量得出判断与推论。然而，合作产生的效应不仅有直接的方面，也有间接的方面。事实上，间接效应更具长期与战略性的意义。

"一国两制"下的大珠三角经济区，实际上是港澳与珠三角地区之间市场开放，引致资本、人员与要素等资源在整个区域中自由流动、优化配置的结果。市场开放、三地企业的相互流动，不仅会在区域市场形成竞争机制，打破区内某些市场（尤其是珠三角地区的服务市场）因封闭、保护或行政权利导致的垄断格局，极大地激发市场的活力，扩张市场的容量，加速整个区域产业的现代化和国际化进程。这就是经济学称之为鲶鱼效应——竞争效应，这也解释了为什么大珠三角地区一直维系着中国最具市场活力地区的原因。

大珠三角地区也是中国市场化程度最高与市场体制最为发达的地区，其原因在于港澳与珠三角地区的经济整合中，香港的高度市场化与国际化的经济体制，对区内产生的蝴蝶效应—示范效应。由于港澳与珠三角地区的市场成熟度有较大的落差，港澳厂商，尤其是服务商的进入，不可避免会面临着巨大的制度摩擦。而消弭制度摩擦的关键，就在于珠三角地区不断地复制香港的市场制度，以及规范的国际标准的营商环境，这本身就为珠三角地区的企业以及管理部门提供示范作用，并推动珠三角地区的市场制度不断走向完善。

竞争与制度示范效应在大珠三角地区不仅仅发生在微观的市场领域，更可扩展到三地之间的制度竞争与借鉴。大珠三角经济区与世界其他的跨境经济区最大的不同，就在于这是一个两种制度的经济区。大珠三角地区的区域经济整合过程，也就是两种制度的相互竞争、相互借鉴，发挥各自所长与优势的过程。因此，这种制度之间的竞争与示范，可以说是大珠三角经济区成为全球最具经济活力区域的基础。

---

① 〔美〕潘卡基·盖马沃特：《下一波世界趋势》，北京：中信出版社，2012。

② *Spatial integration in European cross-border metropolitan regions*: *A comparative approach*，CEPS INSTEAD Working Paper，No. 2010 – 40，December 2010.

③根据 2012 年末珠三角各市公布的常住人口，香港澳门政府公布的人口数字相加总和。

④香港特区政府统计处：《第 57 号专题报告书》，2011 年 10 月。

⑤广东省对外贸易经济合作厅外资处 2013 年 9 月为笔者走访所提供数字。

⑥根据 2013 年 5 月广东人民出版社出版，由广东省对外贸易经济合作厅主编的《广东外经贸发展报告（2012～2013）》资料计算。

⑦根据 2013 年 5 月广东人民出版社出版，由广东省对外贸易经济合作厅主编的《广东外经贸发展报告（2012～2013）》、香港政府统计处网站资料计算。

⑧《香港统计年刊 2013 年版》，香港特区政府统计处网站，2013 年 11 月。

⑨从规模看，广东省及珠三角地区远超过北京、上海、江苏、浙江等经济发达省份，不仅是全国第一消费大省，也是全国第一流通大省和名副其实的全国商贸中心。社会消费品零售总额连续 31 年排全国首位，占全国国内消费品市场 11% 以上比重。资料来源：汪一洋主编《广东发展蓝皮书 2013》，广州：广东经济出版社，2013。

⑩《澳门国际收支平衡表》，2012 年，澳门特区政府统计暨普查局网站。

⑪⑫广东省对外贸易经济合作厅主编《广东外经贸发展报告（2012～2013)》，广州：广东人民出版社，2013。

作者简介：封小云，暨南大学经济学院教授，广东外语外贸大学南国商学院兼职教授。

［责任编辑：刘泽生］

（本文原刊 2014 年第 4 期）

内地对香港直接投资的动因、特征与效应[*]

陈 恩

[提 要] 本文在分析内地对香港直接投资的背景与动因的基础上，运用计量方法探讨内地对香港投资产生的经济效应。结果表明，近年来，内地对香港投资的规模迅速扩大，香港已成为内地对外投资的最大目的地，内地则成为香港最大的外资来源地；维护香港平稳过渡和繁荣稳定，利用香港服务业优势提升生产制造业的竞争力，以香港作为中介平台拓展国际市场，是内地企业在香港投资的主要动因；内地对香港投资在促进内地经济增长、带动内地与香港经贸往来等方面发挥了重要作用。针对内地对香港投资存在的问题，文章提出进一步扩大内地对香港投资的对策建议，包括优化投资的行业布局、推动内地各省区扩大对香港的投资、鼓励民营企业扩大对香港的投资、完善对外投资促进与服务体系等。

[关键词] 内地与香港 区域合作 对外直接投资

引 言

对外直接投资是一个国家或地区融入国际经贸体系的重要途径。改革

* 本文系 2013 年度广东打造"理论粤军"重大基础理论招标课题资助项目"CEPA 框架下粤港澳服务贸易自由化理论与应用研究"（项目号 LLYJ1319）和广东省普通高校人文社科重大攻关课题"港澳珠三角区域一体化研究"（项目号 10ZGXM79001）的阶段性成果。

开放以来，随着综合国力持续增强、对外开放水平不断提升，我国内地对外直接投资呈现迅速发展的态势。2013 年，内地对外直接投资流量为 901.7 亿美元，比 1984 年增长 671.9 倍，年均增长 24.2%，增速高于全球平均水平 12.3 个百分点；占全球对外直接投资流量规模的比重为 6.1%，比 1984 年提高 5.8 个百分点。[①] 目前，内地对外投资规模在发展中国家和新兴经济体中居首位，在世界各个国家和地区中位居第三，仅次于美国和日本。

我国内地对外投资规模的迅速扩大及其在全球地位的不断上升，引起理论界和实务界的广泛关注，成为国内外学术界研究的重点领域。目前，国内外学者在这一问题的研究主要集中于内地对外投资的动因、区位、效应等方面。在动因的研究方面，Cai（1999）[②]、刘阳春（2008）[③] 等学者运用国际生产折中理论、垄断优势理论来探讨我国企业对外直接投资的动机，认为中国企业对外投资的动因既包括应对国际竞争压力、适应全球发展战略等外部因素，还包括开拓海外市场、寻求战略资源、学习先进技术等内部因素。在区位的研究方面，程慧芳（2004）[④]、Buckley et al（2007）[⑤]、李猛（2011）[⑥] 等学者从东道国经济特征的角度来探讨我国企业对外投资的区位选择，认为东道国的距离、市场规模、资源禀赋、贸易联系等因素，对吸引我国直接投资具有正向作用；Kolstad & Wiig（2009）[⑦]、王建（2011）[⑧] 等学者则从东道国制度层面来考察我国企业对外投资的区位选择，认为东道国政治稳定、市场经济限制等制度环境也是影响我国企业对外投资区位选择的重要因素。在效应的研究方面，已有文献主要从贸易、技术、就业、产业等角度研究对外直接投资对我国产生的经济效应。项本武（2007）[⑨]、刘明霞（2010）[⑩] 等学者的研究发现，我国对外直接投资的发展对出口贸易、全要素生产率、经济增长等方面产生了显著的促进效应。

作为内地联系国际市场的主要桥梁，香港是内地企业"走出去"的重要平台和最主要的投资目的地。截至 2013 年末，内地对香港非金融类直接投资金额累计为 3619.5 亿美元，占全部非金融类对外直接投资总额的比重为 68.9%。[⑪] 为此，研究内地对香港直接投资的动机、进入模式、布局特征等问题，对于总结内地对外直接投资的发展规律具有重要意义。然而，受到资料难以收集、数据统计不完整等因素的影响，目前学术界关于内地对香港直接投资的研究成果不多、探讨不够深入。鉴于此，本文将基于 20 世纪 90 年代以来的数据，深入分析内地对香港投资的背景与动因，总结内地对香港投资的演进历程与布局特征，并运用计量方法实证分析内地对香港投资的经济效应，在此基础上提出扩大内地对香港投资的对策建议，以期为我国制定对外直接投资战略提供参考依据。

一 内地对香港直接投资的背景与动因

（一）内地综合经济实力持续增强，成为仅次于美国的全球第二大经济体

根据国际生产折中理论，一国对外直接投资的规模与其经济发展水平密切相关，对外投资净额随着经济发展水平的提高而逐渐增大。改革开放以来，我国内地经济社会迈上快速发展的轨道，经济总量加速扩张，综合实力不断增强。1978 年，内地 GDP 只有 2141.6 亿美元，在世界排名第 15位；人均 GDP 仅 227.7 美元，仅相当于全球平均水平的 1/10，居世界倒数第 2 位。2010 年，内地 GDP 增长至 5.9 万亿美元，跃居世界第二位、仅次于美国，人均 GDP 达到 4514.9 美元、接近全球平均水平的一半（48.8%），在世界排名第 93 位。2013 年，内地 GDP 达 9.2 万亿美元，是 1978 年的42.9 倍，年均增长率达 10.8%，超过全球平均水平 4.9 个百分点，是全球经济增长最快的经济体；[12] 人均 GDP 达 6747 美元，是 1978 年的 29.6 倍，与全球平均水平的比例为 64.3%，比 1978 年提高 53.8 个百分点。经济实力的不断增强，为内地在香港投资提供了有利的经济条件。

（二）内地与香港具有紧密的地理、人文与历史联系

从地理联系来看，香港处于中国大陆的东南端，位于珠江口东侧，北部与内地的广东陆路相连、水陆相通，距离广东省会——广州仅 150 公里，与内地可通过铁路、公路、水路、航空等多种交通方式相互往来。从人缘联系来看，内地有大批居民迁徙到香港、参与香港的开埠和建设，这些迁移到香港地区的居民与内地同胞长期保持着密切的亲缘关系和民间往来。目前，在香港的人口构成中，华人占 94%，有 1/3 左右的人口出生于内地。从文化联系来看，内地的广东与香港同属岭南文化体系，文脉相连，语言相通，习俗相近。目前，90% 左右的香港人以粤语为惯用语言。由此可见，内地与香港具有地缘近、血缘亲、文缘深的天然优势，为内地企业在香港开展直接投资提供了有利的历史条件。

（三）内地与香港形成一体化的经贸合作关系

早在清代，香港就是我国重要的外贸港口，是当时内地对外贸易的重要桥梁。内地改革开放以来，有效承接了香港的产业转移，与香港形成

"前店后厂"的合作模式，推动两地形成相互依存、互补互利、休戚相关的经贸合作格局。从内地角度来看，2013 年，内地与香港进出口额为 4010.1 亿美元，占内地进出口总额的比重为 9.6%。目前，香港已成为内地第四大贸易伙伴、第三大出口市场和最大的转口贸易平台。从香港角度来看，2013 年，香港与内地进出口贸易金额为 38913.8 亿港元，占香港进出口贸易总额的 51.1%。其中，与内地的转口贸易为 19244.6 亿港元，占香港转口贸易总额的 54.9%。目前，内地已成为香港最大的贸易伙伴，贸易量稳居香港出口目的地和进口来源地的首位。紧密的经贸关系，为内地对香港投资奠定了坚实的经济基础。

（四）服务香港社会、稳定香港经济的社会政治动因

政治因素是 20 世纪八九十年代内地对香港投资的一个特殊动因。香港主权回归前后的一段过渡期内，受中英双方出现政制争拗、国际反华势力"兴风作浪"等因素的影响，部分港人对香港经济社会发展前途的信心不足，曾一度出现"移民潮"。为确保香港平稳过渡和顺利回归，中央政府借助香港中资企业的力量，通过收购香港当地破产企业、参与香港重大基础设施建设等方式，加大对香港的直接投资，以增强香港民众对香港经济社会发展的信心。例如，1984 年中银香港、华润集团、招商局共同出资 4.7 亿港元收购面临倒闭的香港最大电子公司 Conic Investment，使数万员工免于失业；中国国际信托投资公司于 1985 年以 3.5 亿港元收购濒临破产的嘉华银行，随后于 1990 年又以 100 亿港元收购了香港电讯有限公司 20% 的股份；1986 年招商局收购了破产的上市银行——友联银行（Union Bank）。

（五）利用香港作为国际金融、贸易和航运中心的优势，服务内地的生产制造业

20 世纪八九十年代，香港成功实现了产业转型，建立了以金融、贸易、物流为主体的服务型经济体系，逐步成为著名的国际金融、贸易和航运中心。1981～2012 年，香港服务业增加值由 1112 亿港元迅速上升至 18725 亿港元，服务业占 GDP 的比重由 67.5% 提高至 91.9%，服务业出口额由 218 亿港元增长至 7640 亿港元。在此背景下，内地企业投资香港的一个重要动因在于，利用香港高度发达的服务业体系，促进香港服务业优势与自身生产制造优势的有机结合，以增强生产制造业的国际竞争力。具体的实现途径包括：第一，在香港金融市场上开展资本运作活动，获取香港以及海外优质的生产要素，进一步增强企业在国际市场的生产经营优势。例如，2003

年 8 月京东方收购香港上市公司——冠捷科技 26.36% 的股份，以取得其光电技术。第二，在香港开展投资，依托香港发达的商贸体系建立海外的经营网络，实现境内外营销市场的有效结合。例如，1996 年 TCL 集团兼并香港陆氏公司彩电项目，利用香港的平台搭建了海外经营网络。第三，在香港开展投资，建立起与海外营销相配套的运输、仓储等中介服务体系，以降低交易成本、促进贸易活动。例如，华润集团、招商局等企业先后在香港投资集装箱码头、空运、仓储等与贸易有关的中介服务行业。

（六）利用香港"自由港"和低税率的优势，以香港作为中介开展国际化经营

与国际对外投资动因的一般规律相符，开展国际化经营、拓展海外市场是内地企业对香港投资的重要动机之一。香港经济体系国际化、市场化程度高，是内地企业走向海外的最优运营平台。在经济制度方面，香港特区政府长期以来实施"积极不干预政策"，建立了高度自由化的经济管理体制，对外来投资的限制少。根据美国传统基金会 2014 年 1 月公布的《经济自由度指数》报告，香港连续第 20 年被评为全球最自由的经济体。在营商环境方面，香港特区政府廉洁高效、法制透明，税制简单、税种少、税率低，基础设施完善、信息流通便利，具有良好的投资营商环境。在区位关联方面，香港作为世界投资中心，与国际市场联系紧密，市场规则、运作模式与世界接轨，是内地企业"借船出海"的理想之地。由于香港具有以上得天独厚的优势，内地企业纷纷以香港为平台实施"走出去"战略。商务部统计显示，内地对外直接投资中有 65% 通过香港投向世界各地。[13]

二　内地对香港直接投资的布局特征

由于具有紧密的地理、人文和经贸联系，内地对香港的投资具有悠久的历史。早在晚清和民国初年，一些官办机构开始在香港设立分支机构，当时招商局、商务印书馆等中资企业在香港先后成立。自 1949 年新中国成立以来，内地对香港投资迅速发展起来，其历史演进大致可分为四个阶段：第一阶段是贸易服务型投资阶段（1949~1978 年）。这一时期，内地主要在香港设立贸易企业，拓展对外经贸往来，进口一些必需的生产资料、生活资料和战略物资，以打破西方国家的经济封锁。第二阶段是扩大开放型投资阶段（1979~1996 年）。这一时期，内地实施改革开放战略，在香港设立了一批"窗口"企业，大力引进境外资本、技术、设备、战略性资源等生产要素，密切与海外的经济往来，以支持内地经济建设。第三阶段是政策稳定型投资阶段（1997~2003年）。这一时期，香港由于先后遭受亚洲金融风暴、SARS等的冲击，经济一度跌落低谷，出现国际资本撤离的现象。为此，内地加大对香港社会民生、基础设施等领域的投资，填补外资撤离的空缺，以维护香港经济社会的繁荣稳定。第四阶段是中介平台型投资阶段（2004年至今）。这一时期，随着CEPA及其补充协议逐步减少内地与香港在经贸往来中的体制性障碍，内地进一步加大对香港的投资，依托香港作为国际金融、贸易中心的地位以及自由港的制度优势，以香港为"跳板"积极开拓国际市场。概括说来，目前内地在香港的投资呈现以下布局特征：

表1　2003~2012年内地对香港直接投资规模变动情况

单位：亿美元，%

年份	流量	占比	存量	占比
2003	11.5	40.2	246.3	74.1
2004	26.3	47.8	303.9	67.9
2005	34.2	27.9	365.1	63.8
2006	69.3	39.3	422.7	56.3
2007	137.3	51.8	687.8	58.3
2008	386.4	69.1	1158.5	63.0
2009	356.0	63.0	1645.0	66.9
2010	385.1	56.0	1990.6	62.8
2011	356.6	47.8	2615.2	61.6
2012	512.4	58.4	3063.7	57.6

资料来源：商务部、国家统计局、国家外汇管理局：《中国对外直接投资统计公报》（各年度）。

（一）香港是内地对外投资最大的目的地

近年来尤其是CEPA实施以来，内地对香港的投资规模迅速扩大，香港长期保持内地对外投资最大目的地的地位。从流量来看，据商务部、国家统计局等部门的统计，2012年内地对香港直接投资的流量为512.4亿美元，比2003年增长了43.6倍，占内地对外投资流量总额的比重为58.4%，比2003年提高18.2个百分点，比位居第二的英属维尔京群岛高39.5个百分点。从存量来看，2012年末内地对香港直接投资的存量为3063.7亿美元，比2003年末增长了11.4倍，占内地对外投资流量总额的比重为57.6%，比位居第二的英属维尔京群岛高 51.8 个百分点。

表 2　内地对外直接投资规模前五位的国家与地区

单位：亿美元，%

序号	2012 年流量			2012 年末存量		
	国家（地区）	规模	比重	国家（地区）	规模	比重
1	中国香港	512.4	58.4	中国香港	3063.7	57.6
2	美国	40.5	4.6	英属维尔京群岛	308.5	5.8
3	哈萨克斯坦	29.9	3.4	开曼群岛	300.7	5.7
4	英国	27.8	3.2	美国	170.8	3.2
5	英属维京群岛	22.4	2.6	澳大利亚	138.7	2.6
	其他	245.0	27.8	其他	1337.0	25.1
合计		878.0	100.0		5319.4	100.0

资料来源：商务部、国家统计局、国家外汇管理局：《中国对外直接投资统计公报》（2012 年度）。

（二）内地超越英、美、荷等国成为香港最大的外资来源地

从流量来看，据香港特区政府统计处统计，2012 年内地对香港直接投资的流量为 2327 亿美港元，比 1998 年增长了 10.5 倍，占香港外来投资流量总额的比重为 42.8%，比 1998 年提高 25.1 个百分点。从存量来看，2012 年末内地对香港直接投资的存量为 35683 亿港元，比 1998 年末增长了 15.7 倍，占香港外来投资存量总额的比重为 37.0%，比 1998 年末提高 24.7 个百分点。目前，内地对香港的投资不仅超过了英、美、荷等国，而且超过了世界避税天堂——英属维尔京群岛，成为香港最大的外资来源地。

表 3　1998～2012 年内地对外直接投资在香港外来直接投资中的地位

单位：亿港元，%

年份	内地对港投资流量	中资占港外资比重	内地对港投资存量	中资占港外资比重
1998	202	17.7	2137	12.3
1999	386	20.2	8148	25.9
2000	1107	23.0	11122	31.3
2001	385	20.8	9581	29.3
2002	317	42.0	5946	22.7
2003	380	35.7	7701	26.0
2004	620	23.4	10201	29.0

续表

年份	内地对港投资流量	中资占港外资比重	内地对港投资存量	中资占港外资比重
2005	729	27.9	12719	31.4
2006	1087	31.1	20243	35.1
2007	1042	24.6	37374	40.7
2008	1797	38.7	23114	36.5
2009	2148	49.9	26036	37.1
2010	2882	52.6	31271	37.7
2011	3181	42.3	30428	36.3
2012	2327	42.8	35683	37.0

资料来源：香港特区政府统计处：《香港对外直接投资统计》（各年度）。

（三）中央与地方国企是内地对香港投资的重要主体

改革开放以来至20世纪中后期，内地把香港作为拓展对外经贸联系的主要桥梁和窗口，中央部委以及省、市、县政府纷纷到香港投资，在港设立"窗口"企业。中央部委在香港设立的"窗口"企业包括中国海外集团、华电公司、中国统计咨询公司等，省、市政府设立的"窗口"企业包括粤海集团、华闽集团、京泰实业、华海集团等。目前，中央各部委在香港设立的"窗口"企业有60多家，各级地方政府在香港设立的"窗口"企业有40多家。这些国有企业成为内地对港投资的主要力量，在香港经济体系中占据重要地位。例如，在金融领域，中银香港还是香港人民币业务的清算行、人民币兑换市场的主要做市商、人民币现钞市场的主要供应者，成为香港市场实力最雄厚的银行之一。在生活物资供应领域，香港的蔬菜、肉禽、淡水、天然气等基本生活物资长期主要依靠内地供应，绝大多数业务是由在港设立的国有企业承担。目前，东江水占香港总供水量的75%以上，内地供应的活猪、牛、鸡占香港总供应量的70%以上，中资企业分销的各类成品油占香港市场总销量的25%以上。[14]

（四）服务业特别是商务服务、金融业成为内地在香港投资的主导产业

从三次产业来看，2012年末，在内地对香港的累计投资总额中，第三产业投资额占比为87.6%，分别比第一、二产业占比高87.5个、75.3个百分点。

表 4 2008～2012 年末内地对香港直接投资存量的行业分布情况

单位：%

行业	2008	2009	2010	2011	2012
第一产业	—	—	—	0.1	0.1
农、林、牧、渔业	—	—	—	0.1	0.1
第二产业	5.4	16.7	13.2	15.5	12.3
制造业	3.1	3.1	2.6	4.1	3.3
采矿业	1.9	13.3	10.3	11.1	8.6
建筑业	0.4	0.3	0.3	0.3	0.4
第三产业	94.6	83.3	86.8	84.4	87.6
商务服务业	30.2	28.2	30.8	35.7	39.0
金融业	26.9	24.2	22.7	20.4	20.3
批发和零售业	22.5	18.6	17.9	15.6	16.0
交通运输、仓储和邮政业	9.8	7.9	9.4	7.6	7.2
房地产业	2.9	2.4	3.0	2.8	2.4
水利、环境和公共设施管理业	0.9	0.7	0.6	0.9	—
电力、煤气及水的生产和供应业	0.3	0.2	0.2	0.4	0.4
居民服务和其他服务业	0.4	0.4	1.3	0.3	0.8
信息传输、计算器和软件业	—	0.3	0.4	0.3	1.0
科学研究、技术服务和地质勘查业	—	0.3	0.2	0.2	0.3
文化、体育和娱乐业	—	—	0.1	0.1	0.1
住宿和餐饮业	—	—	0.1	0.1	0.1
其他行业	0.7	0.1	0.1	—	—
合计	100.0	100.0	100.0	100.0	100.0

资料来源：商务部、国家统计局、国家外汇管理局：《中国对外直接投资统计公报》（各年度）。

从服务业内部来看，2012 年末，商务服务、金融、批发与零售、交通运输等行业在内地对香港累计投资金额中的比重分别为 39%、20.3%、16%、7.2%，四者之和超过 80%，是内地在香港投资最集中的领域，表明内地企业在香港投资的最主要动因在于利用香港国际贸易、金融、航运中心地位来拓展海外市场。采矿业是内地在香港投资中占比较大、上升较快的行业。2012 年末，采矿业在内地对港投资中的占比为 8.6%，比 2008 年末提高 6.7 个百分点，表明内地企业越来越注重利用香港的平台作用来获取海外战略资源。

表5　2005～2013年末负责管理内地经营的企业驻港地区总部、地区办事处

单位：家，%

年份	地区总部						地区办事处					
	内地	占比	广东	占比	其他省市	占比	内地	占比	广东	占比	其他省市	占比
2005	1046	89.6	324	27.8	185	15.9	2212	84.1	784	29.8	355	13.5
2006	1073	87.4	294	23.9	193	15.7	2182	83.4	780	29.8	326	12.5
2007	1089	87.4	308	24.7	152	12.2	2176	82.3	728	27.5	292	11.0
2008	1138	87.7	365	28.1	178	13.7	2133	82.5	800	31.0	308	11.9
2009	1079	86.2	355	28.4	247	19.7	1898	81.5	720	30.9	428	18.4
2010	1102	85.8	362	28.2	274	21.3	1881	79.9	711	30.2	461	19.6
2011	1120	83.6	356	26.6	288	21.5	1911	79.2	693	28.7	494	20.5
2012	1137	83.2	357	26.1	301	22.0	1989	79.1	707	28.1	502	20.0
2013	1128	81.8	365	26.5	297	21.5	1912	77.9	691	28.1	449	18.3

注：地区总部是指代表香港境外母公司对区内（即香港及另一个或多个地方）各办事处拥有管理权的一家机构；地区办事处是指代表香港境外母公司负责协调区内（即香港及另一个或多个地方）各办事处及或运作的一家机构。

资料来源：香港特区政府统计处：《代表香港境外母公司的驻港公司按年统计调查报告》（各年度）

（五）香港在内地对外投资中的中介和平台作用日益凸显

随着越来越多内地企业以香港作为"走出去"的"练兵场"，香港在内地对外投资中的中介和平台作用日益突出。根据香港特区政府统计处公布的调查数据，2013年末，按照负责管理地区来划分的境外企业驻港地区总部中，负责管理内地经营的企业驻港地区总部有1128家，占全部境外企业驻港地区总部的比重为81.8%，其中负责管理广东经营事务的地区总部占26.5%。按照负责管理地区来划分的境外企业驻港地区办事处中，负责管理内地经营的企业驻港地区办事处有1912家，占全部境外企业驻港地区办事处的比重为77.9%，其中负责管理广东经营事务的地区办事处占28.1%。

表6　2012年末内地对外投资存量前五位的地区

单位：亿美元，%

序号	地区	存量	占内地比重
1	广东	251.8	5.8

序号	地区	存量	占内地比重
2	上海	139.5	3.2
3	山东	119.7	2.7
4	浙江	85.5	2.0
5	北京	75.8	1.7

资料来源：商务部、国家统计局、国家外汇管理局：《中国对外直接投资统计公报》（2012 年度）

（六）广东是内地对香港投资最活跃、跨境资金流动规模最大的省份

广东由于与香港具有紧密的地缘、人缘联系以及密切的经贸往来，而且处于内地改革开放的前沿阵地，一直以来都是内地对香港投资最活跃、跨境资金流动规模最大的省份。从对外投资规模来看，2012 年末广东对外直接投资存量为 251.8 亿美元，是内地对外投资规模最大的省份，比位居第二的上海多 80.5%；占内地对外直接投资存量的比重为 5.8%，比上海高2.6 个百分点。而在广东对外投资中，香港是最主要的目的地。2011 年，广东对香港投资金额为 21.9 亿美元，占当年对外投资总额的比重为 75.5%。从跨境资金流动来看，2012 年，广东跨境资金流出规模占内地跨境资金流出总量的比重为 17.6%，是内地跨境资金流动最活跃的省份。而在广东跨境资金流出规模中，流向香港的占比最高。2012 年，广东对香港跨境资金流出量在全省跨境资金流出总量中的比重为 50.8%。

三　内地对香港直接投资的效应与问题

从理论角度来看，内地对香港直接投资的快速增长，具有以下经济效应：一方面，通过带动产业升级、获得逆向技术外溢、扩大就业、获取战略性资产等途径，促进内地的经济增长；另一方面，通过带动资金、商品、人员等生产要素在内地与香港之间自由流动和优化配置，促进内地与香港经贸合作。然而，由于缺乏合理的规划和引导，内地对香港投资在行业布局、地区分布、投资主体等方面也存在一些问题，增长后劲受到制约。下面从实证与经验的角度，进一步分析内地对香港直接投资的效应与问题。

（一）内地在港投资对内地经济增长促进效应的实证分析

以内地生产总值（GDP）、内地对香港的投资（ODI）两个变量，构造

协整方程和误差修正模型，分析内地投资香港对内地经济增长的促进效应。内地生产总值（GDP）的数据来自国际货币基金组织（IMF）WEO 数据库，以美元现价为单位；内地对香港投资（ODI）的数据来自香港特区政府统计处[⑮]，时序长度为 1990~2012 年（1990~1997 年数据根据已有的香港外来投资数据进行估算而得），按照年末汇率转化为美元。为消除异方差，取变量的自然对数，分别记为 lnGDP、lnODI。

ADF 检验结果表明，lnGDP、lnODI 两个变量在 5% 的显著水平下都是非平稳的，而它们的一阶差分都是平稳的，满足协整检验的前提条件。

表 7　lnGDP 和 lnODI 的 ADF 平稳性检验结果

变量	检验类型（c，t，k）	ADF 检验值	5% 临界值	平稳性
lnGDP	（c，0，4）	1.2199	−3.0048	不平稳
△lnGDP	（c，0，4）	−5.1146	−3.0123	平稳
lnODI	（c，0，4）	−0.6180	−3.0048	不平稳
△lnODI	（c，0，0）	−4.9268	−3.0123	平稳

运用 Johansen 方法检验 lnGDP 与 lnODI 两个变量之间的协整关系。协整检验结果显示，在 5% 显著性水平下，lnGDP 与 lnODI 两个变量之间只有一个协整关系。

表 8　lnGDP 与 lnODI 的 Johansen 协整检验结果

零假设	特征值	迹统计量	5% 显著水平的临界值
0 个协整向量	0.5904	23.6139	0.0166
至多 1 个协整向量	0.2502	5.7602	0.2101

计量结果表明，lnGDP 与 lnODI 两个变量间的长期均衡方程为：

$$lnGDP = 0.5944 * lnODI + 2.8898$$
$$t\ 值　\quad (15.77)　\quad\quad (42.96)$$

由协整方程可知，就长期而言，内地经济增长与内地对香港投资之间存在一个长期稳定的关系。其中，内地经济增长对于内地在香港投资的弹性为 0.5944。也就是说，内地在香港的投资每增长 1%，将拉动内地经济增长 0.5944%。

进一步建立 lnGDP 与 lnODI 的误差修正模型。计量结果见下式：

$$\Delta \ln GDP_t = 0.1621 * \Delta \ln ODI_t + 0.1265 + \Delta \ln ODI_{t-1} - 0.0537 * \Delta ecm_{t-1}$$

t 值   (2.78)   (2.41)   (-1.29)

修正项 *ecm* 的修正系数 （-0.0537） 小于零，符合反向修正机制的原则。模型估计结果表明，从短期的动态关系来看，内地经济增长 （lnGDP） 的短期波动受到内地对香港投资 （lnODI） 短期变化的影响。当短期波动偏离长期均衡时，非均衡误差将以 0.0537 的比率对内地经济增长做出修正。这表明，内地在香港的投资对内地经济增长形成了正向反馈机制，有利于促进内地的经济增长。

（二） 内地在港投资对内地与香港经贸合作促进效应的实证分析

运用协整方程和误差修正模型，分析内地投资香港 （ODI） 对内地与香港经贸合作的促进效应。在实证分析过程中，选取贸易结合度指数[16] （Itra） 作为衡量内地与香港经贸合作紧密程度的指标，指标数据来源于联合国 UNCTADstat 数据库，时序长度为 1990～2012 年。为消除异方差，取变量的自然对数，记为 lnI。

ADF 检验结果表明，与 lnODI 相同，lnI 在 5% 的显著水平下是非平稳的，而它的一阶差分是平稳的，满足协整检验的前提条件。

表9　lnI 和 lnODI 的 ADF 平稳性检验结果

变量	检验类型 （c，t，k）	ADF 检验值	5% 临界值	平稳性
lnI	（c，1，4）	1.0382	-1.9581	不平稳
△lnI	（c，0，0）	-6.6379	-3.0123	平稳
lnODI	（c，0，4）	-0.6180	-3.0048	不平稳
△lnODI	（c，0，0）	-4.9268	-3.0123	平稳

运用 Johansen 方法检验 lnI 与 lnODI 两个变量之间的协整关系。协整检验结果显示，在 5% 显著性水平下，lnI 与 lnODI 两个变量之间只有一个协整关系。

表10　lnI 与 lnOD 与 lnODI 的 Johansen 协整检验结果

零假设	特征值	迹统计量	5% 显著水平的临界值
0 个协整向量	0.5200	21.6180	0.0323
至多1 个协整向量	0.2557	6.2025	0.1756

计量结果表明，lnI 与 lnODI 两个变量间的长期均衡方程为：

$$\ln I = 0.0862 * \ln ODI + 1.6109$$

t 值 （2.94） （20.04）

由协整方程可知，就长期而言，内地与香港之间的贸易结合度与内地对香港投资之间存在一个长期稳定的关系。其中，内地与香港之间的贸易结合度对于内地在香港投资的弹性为 0.0862。也就是说，内地在香港的投资每增长 1%，将拉动内地与香港之间的贸易结合度提高 0.0862%。

进一步建立 lnI 与 lnODI 的误差修正模型。计量结果见下式：

$$\Delta \ln I_t = 0.0897 * \Delta \ln ODI_t - 0.6727 * \Delta ecm_{t-1}$$

t 值 （2.74） （-3.64）

修正项 ecm 的修正系数 （-0.6727） 小于零，符合反向修正机制的原则。模型估计结果表明，从短期的动态关系来看，内地与香港之间的贸易结合度 （lnI） 的短期波动受到内地对香港投资 （lnODI） 短期变化的影响。当短期波动偏离长期均衡时，非均衡误差将以 0.6727 的比率对内地与香港的贸易结合度做出修正。这表明，内地在香港的投资对内地与香港的贸易结合度形成了正向反馈机制，有利于促进内地与香港的经贸合作。

（三） 内地在港投资存在与面临的主要问题

尽管近年来内地对香港的投资迅速发展，但仍存在与面临一些问题，制约其进一步增长。突出表现在：一是投资行业高度集中。内地对香港的投资主要集中在商务服务、金融、批发与零售等服务业，在制造业以及信息传输、科学研究、文化体育等新兴服务业领域的投资规模仍较小。这表明，内地企业利用香港服务业的优势培育先进制造业、现代服务业、战略性新兴产业的效果有待增强。二是地区分布不均衡。在内地各地区中，广东、山东、江苏、浙江、上海等东部沿海省市对外投资活动最活跃，也是对香港投资规模最大的地区，而中、西部地区对香港投资的规模较小、占比较低。三是投资主体结构有待优化。国有企业尤其是内地相关部委、地方政府所属企业是内地对香港投资的主要力量，民营企业在香港投资的力度仍显不足。四是投资的促进与服务体系不完善。目前，内地企业对香港直接投资的财政、金融等支持政策有待完善，专业服务机构、行业组织的服务能力仍需进一步加强。

四　结论与建议

综合上述研究，可以得出如下结论：第一，近年来，内地对香港直接投资的规模迅速扩大，香港已成为内地对外投资的最大目的地、在内地对外投资中的中介和平台作用日益凸显，内地则成为香港最大的外资来源地。第二，内地综合经济实力持续增强、内地与香港具有紧密的地理与人文联系、内地与香港经贸往来日趋密切，为内地企业对香港投资提供了有利的条件和良好的环境。第三，维护香港平稳过渡和顺利回归、促进香港服务业优势与内地生产制造优势有机结合、以香港作为桥梁开展国际化经营，是内地企业在香港开展直接投资的主要动机。第四，实证研究表明，内地对香港直接投资不仅有利于促进内地经济增长，而且有利于带动内地与香港之间资金、商品和人员的流动，从而推动两地建立更紧密的经贸关系。第五，内地对港投资面临行业高度集中、地区分布不均衡、投资主体结构有待优化、投资的促进与服务体系不完善等问题。

针对以上结论，建议从以下方面着手，进一步推动内地对香港的直接投资。一是优化内地对香港投资的行业布局。引导内地符合国际市场需求、具有较强优势的加工制造业企业在香港设立生产基地，以香港为桥梁开拓国际市场；鼓励内地科技企业在香港设立研发中心、开展研发合作，获得国际先进技术；支持内地商贸、金融、物流等生产性服务业企业利用香港优势构建全球营销网络、创建国际知名品牌；增加内地文化创意、旅游等消费服务业企业在香港的投资，带动新兴服务业的发展。二是按照分类指导原则推动内地各省区扩大对香港投资。根据内地不同地区的经济发展水平、资源禀赋条件科学规划"走出去"的地域、行业布局，在鼓励东部地区企业进一步扩大对香港投资的同时，支持中西部地区企业联合大型中央企业和东部地区优势企业，借助外力带动优势产能以香港为平台向国际转移。三是鼓励民营企业扩大对香港的投资。选择一批有实力、有品牌、有市场的民营企业予以重点扶持，推动有实力的大型民营企业实现由产品经营、资产经营向以品牌经营为核心的国际化经营转变，着力打造一批具有较强国际竞争力的跨国经营的民营企业，促进内地对港投资主体的多元化。四是完善内地对香港投资的促进与服务体系。发挥财政杠杆的作用，鼓励中央和地方合作设立企业"走出去"的专项扶持资金，适当向内地企业赴香港投资予以倾斜；引导金融机构利用内地与香港金融市场相互连接的有

利条件，针对在香港投资经营的内地企业开展银团贷款、"内保外贷"、境
外资产抵押贷款等创新业务；建议内地与香港有关政府部门建立协调机制，
定期对内地企业利用香港平台"走出去"的重大问题进行磋商，协调解决
内地企业对香港投资面临的问题；加强商会、协会等组织建设，增强香港
中国企业协会等行业组织的服务能力，支持内地企业加入香港商会组织，
为内地企业更好地在香港经营、增进对外联系提供有利条件。

---

①数据来源：根据 UNCTAD Handbook of Statistics Online（2012）相关数据计算
而得。

②Cai K.，"Outward Foreign Direct Investment：A Novel Dimension of China's Integration
into the Regional and Global Economy，" *China Quarterly*，1999，p. 160.

③刘阳春：《中国企业对外直接投资动因理论与实证研究》，广州：《中山大学学
报》（社会科学版）2008 年第 3 期。

④程惠芳、阮翔：《用引力模型分析中国对外直接投资的区位选择》，北京：《世界
经济》2004 年第 11 期。

⑤Peter J. Buckley，Jeremy Clegg，Adam R Cross，Xin Liu，Hinrich Voss，Ping Zheng，
"The Determinants of Chinese Outward Foreign Direct Investment，" *Journal of International
Business Studies*，2007（38）.

⑥李猛、于津平：《东道国区位优势与中国对外直接投资的相关性研究》，上海：
《世界经济研究》2011 年第 6 期。

⑦Kolstad I. & Wiig A.，"*What determines Chinese outward FDI?*" CHR Michelsen Insti-
tute Working Paper，2009.

⑧王建、张宏：《东道国政府治理与中国对外直接投资关系研究——基于东道国面
板数据的实证分析》，福州：《亚太经济》2011 年第 1 期。

⑨项本武：《中国对外直接投资的贸易效应研究——基于 Paul Data 的地区差异检
验》，武汉：《统计与决策》2007 年第 24 期。

⑩刘明霞：《中国对外直接投资的逆向技术溢出效应——基于技术差距的影响分
析》，武汉：《中南财经政法大学学报》2010 年第 3 期。

⑪资料来源：商务部网站，www. mofcom. gov. cn。

⑫资料来源：国家统计局网站，www. stats. gov. cn。

⑬资料来源：《内地对外直接投资六成以上以香港为跳板》，广州：《南方日报》
2012 年 8 月 23 日。

⑭资料来源：《香港中资企业为香港繁荣稳定做出重要贡献》，新华网，www. xinhua-
net. czom，2007 年 6 月 28 日。

⑮与内地的统计数据相比，香港特区政府关于内地对香港直接投资的统计数据时序更长，更适宜进行计量分析。

⑯贸易结合度指数最早由经济学家布朗（A. J. Brown）于 1947 年提出，主要用以反映两国贸易相互依存的程度。计算公式为 $Iab = (Xab/Xa) / (Mb/Mw)$，Xab 为 a 国对 b 国的出口额，Xa 为 a 国出口额，Mb 为 b 国进口额，Mw 为世界进口总额。该比值以 1 为平均值，数值越大，两国在贸易方面的联系越紧密。

作者简介：陈恩，暨南大学经济学院特区港澳经济研究所所长、教授、博士生导师。

［责任编辑：刘泽生］

（本文原刊 2014 年第 4 期）

香港国际金融经济中心地位
面临的两大挑战[*]

华晓红　　周晋竹

[提　要] 香港一直以来就是亚洲区域的国际金融经济中心，但近年来随着上海自贸区建设与亚太区域经济合作的推进，香港受到了直接挑战，面临国际金融中心地位下降，以及可能被 TPP 与 RCEP 边缘化的局面。面对这种多元化的国际竞争，香港应正视自身竞争优势的改变，采取积极应对措施，包括转换思维，以金融服务提供者的身份参与到上海自贸区的建设当中，以及积极参与亚太区域的经济合作，设定参与路径，避免陷入被动局面。

[关键词] 香港　国际金融经济中心　上海自贸区　亚太区域经济合作

一　引言

中国内地改革开放至今的 30 多年间，香港无疑是最大的支持者、同时也是受益者之一。在中国内地经济和金融开放的进程中，香港凭借其独特的地缘优势和"一国两制"的制度优势，成为中国内地与国际市场往来最重要的桥梁。在金融领域，香港帮助内地实现了资本项目下开放的第一步，即中国企业的股权境外上市，香港成为中国内地最主要的境外资本集聚中

---
* 本文系教育部社科规划基金项目"全球价值链视角下两岸产业合作研究"（项目号 13YJAG-AT001）的阶段性成果。

心，也成为海外投资者参与中国投资最重要的市场与基地，香港是内地经常项目和资本项目下资金流动的重要窗口。随着中国内地开放程度的深化与提速，随着亚太经济形势的变迁，香港作为国际金融经济中心的地位正在受到挑战。这种挑战来自两方面：一是上海自贸区的成立可能弱化香港在金融领域对中国内地的重要性；二是亚太区域经济一体化进程可能使香港作为亚太区域金融经济中心的地位呈现边缘化。

内地学者在香港近年金融竞争力的变化上作出了系统研究，如王应贵（2012）、张强（2013）等运用计量分析法，量化测算香港近年来金融竞争力的变化，基本得出虽然香港容易受到外部冲击的影响，但总体竞争力仍然较高，并且香港在全球金融体系中的比较优势在于区位优势与制度优势（冯邦彦，2011）。但是已有研究大多着重于香港自身发展对其竞争力变化的影响，而忽视了外部经济环境变化给香港未来金融经济中心地位所带来的挑战。所以本文将研究视角扩大，着重分析中国内地发展与亚太区域经济整合变化这两个外部因素对香港国际金融竞争力的影响。

二　上海对香港国际金融中心地位的挑战

香港在 20 世纪 70 年代就已经成为国际金融中心，而上海则是在 1990 年随着浦东的开放才开始着手建设金融中心。但随着中国内地经济的高速发展，"上海是否会取代香港"的问题受到越来越多的学者关注，而关于这个问题的讨论在 2013 年 9 月 29 日中国（上海）自由贸易试验区［China (Shanghai) Pilot Free Trade Zone，以下简称上海自贸区］正式挂牌之后更加趋于白热化。香港本身是一个"高度开放型经济体"，高度开放意味着经济系统对环境的依赖，以及环境对经济系统影响的直接和强烈。正因为其经济系统的特点，在新的国际政治与经济条件下，尤其是在 WTO 作用弱化，区域经济一体化协定在亚太区域开始发挥重要作用，以及中国继续深化改革的情况下，香港的竞争力不断受到来自外部的挑战。

（一）香港与上海在国际金融体系中的地位比较

关于国际金融中心的排名，国际上较有影响力的评价体系之一为伦敦 Z/Yen 研究团队发布的《全球金融中心排名指数》（*Global Financial Centers Index*，GFCI），该指数根据金融人才可获得、监管环境、参与国际金融市场容易度、商业基础设施便利程度等 14 项指标，关注市场灵活度、适应性以及发展潜力，对全球 43 个经济体所设立的 80 个国际金融中心进行打分与排名。

GFCI 从 2007 年 3 月至今共发布了 14 期，在此选取每年 9 月发布的数据进行年度比较，香港作为国际金融中心的地位一直都很稳定，紧随伦敦与纽约之后，居于全球第三；而上海的排名则起伏较大，曾在 2010 年一度跃至世界第 6 位，但在最新一期的排名中下滑到世界第 16 位。报告认为上海是"最具上升潜力"的国际金融中心，因为虽然在过去的两年中，中国经济的走向令人担忧，但随着人民币国际化进程的推进，以及上海自贸区建设的加快，使得国际金融人士普遍认为，上海作为国际金融中心的影响力会进一步加强。

人民币国际化在增强上海金融影响力的同时，同样惠及香港。随着中国内地与全球的贸易与投资量上升，人民币需求也急剧上升，这使得近年来大力发展人民币离岸业务的香港，借助其得天独厚的地理优势，成为人民币业务量最大的离岸中心，其在国际金融体系中的地位得以进一步巩固。自从 2009 年 7 月推出跨境贸易人民币结算试点以来，上海的离岸人民币业务量不足香港的 1/5。2013 年全国实现跨境贸易人民币结算量 4.63 万亿元，比上年增长了 57%，其中大约有八成的业务量发生在香港。不过自从 2013 年推出上海自贸区建设以来，上海的跨境贸易人民币结算额增长率达到 75.92%，远超过香港的 52.41%；此外，香港与上海两地经营人民币业务得到认可的机构数目差距也在缩小，截至 2013 年底分别是 146 家与 78 家[①]：如果照此势头发展下去，上海在业务量方面追上香港指日可待。

不过香港作为面向全球的首要离岸人民币业务枢纽，其离岸人民币市场的广度和深度是目前的上海所无法比拟的。世界权威金融分析机构标准普尔（Standard & Poor's）对香港的主权信用评级为最高的 AAA 级，对中国内地的评级为 AA－，金融环境方面的差别使得国际企业与国际金融机构在选择设立海外分支机构的地点上更偏向于香港。截至 2014 年 3 月，在经营人民币业务认可机构开设的人民币活期及储蓄存款户口达到 372.6 万个，每天处理的人民币交易中有九成为离岸市场业务。香港的离岸人民币资金池保持平稳，截至 2014 年 3 月，其人民币存款余额为 94491 亿元，比上年同期增长了 41.44%。[②]香港金管局还向参与人民币业务的认可机构提供人民币流动资金安排，以推动香港人民币资本市场的深化。

（二）香港与上海金融竞争力比较

一个经济体的金融竞争力表现在多个方面，不仅仅需要考察其金融业的发展程度，更依托于该经济体的 GDP 实力，及其服务业的整体发展程度。

从一些基本数据看，上海作为新兴的金融中心对香港的追赶态势十分明显。首先，比较两地近十年来的发展趋势，如表 1 所示，香港因为受到1998 年亚洲金融危机的后续影响，GDP 出现下降，增长缓慢，直到 2006 年才回复到危机前的水平，之后又由于 2008 年全球金融危机的冲击，再次出现下降，2010 年开始恢复增长，并且在 2011 年就回复到危机前水平；与之相比，上海的 GDP 增长迅速而稳定，不仅两次均未受到全球金融危机的明显影响，并且在 2009 年开始反超香港，并与之逐渐拉开距离，到 2013 年，上海的 GDP 超过香港 5010.6 亿元人民币。

表 1　香港与上海 2001～2013 年间基本经济情况比较

年份	GDP (亿元人民币)		金融业增加值 (亿元人民币)		金融业占 GDP 比重（%）		股票市价总值 (亿元人民币)	
	香港	上海	香港	上海	香港	上海	香港	上海
2001	14019.96	5210.12	1273.42	529.26	9.08	10.16	41231.25	上海
2002	13767.38	5741.03	1247.82	542.49	9.06	9.45	37769.16	25363.72
2003	13381.01	6694.23	1335.22	624.74	9.98	9.33	58326.23	29804.92
2004	14028.14	8072.83	1391.61	612.45	9.92	7.59	70613.99	26014.34
2005	14573.13	9247.66	1545.85	675.12	10.61	7.30	83729.60	23096.13
2006	14722.32	10572.24	1994.55	825.20	13.55	7.81	129745.70	71612.38
2007	15434.57	12494.01	2540.83	1209.08	16.46	9.68	192015.93	1930864.35
2008	15042.96	14069.87	2007.40	1442.60	13.34	10.25	90334.12	97251.91
2009	14588.08	15046.45	1862.51	1804.28	12.77	11.99	156227.43	184655.23
2010	14900.10	17165.98	1929.78	1950.96	12.95	11.37	175622.00	179007.24
2011	15709.17	19195.69	2034.47	2240.47	12.95	11.67	141610.94	148376.22
2012	16422.84	20101.33	2588.09	2450.36	15.76	12.19	176067.43	158698.44
2013	16591.52	21602.12	2538.34	2823.29	15.30	13.07	186895.12	150406.94

数据来源：《上海统计年鉴》（2001～2013）；香港交易所：《香港统计刊》（2001～2013），香港数据根据当年平均汇率由港币换算成人民币。

香港的金融业增加值大致呈现了与 GDP 同样的波动，也受到两轮金融危机的不利影响，区别在于金融业增加值的波动更为剧烈，恢复速度也更慢，比如香港的金融业在过去的 13 年间在 2007 年的发展势头最好，其绝对产值达到了 2540.83 亿元人民币，占 GDP 比重也高达 16.46%，但是经过金融危机以后，出现大幅产值下降，直到 2012 年，香港的金融业增加值才恢复到危机前的水平。相比较之下，上海的金融业增加值发展可用"迅猛"来形容，13 年间产值增长了 5.33 倍，远高于香港的 1.99 倍，当然，13 年前香港的金融业就已经相当成熟，所以发展速度比不上从零开始的上海也是正常现象。不过发展至 2013 年，上海的金融业产值水平已经反超香港，其占 GDP 的比重上升至 13.07%，与香港的差距进一步缩小。

由于股市一向是经济发展的"晴雨表"，所以无论是香港还是上海在股票市价总值方面的表现都更为剧烈。香港的股市表现与其 GDP 增长与金融业增长是一致的，整体呈现波动性增长；但是上海的股市表现却与其基本经济增长出现了背离，在 2007 年上海股市因为经济高速增长、人民币升值、热钱流入与乐观的心理预期等因素出现了暴涨，增长幅度达到 2596.27%，之后则迅速出现了暴跌，市值蒸发了 183.36 万亿元，上海的股票市价总值下降了 1885.42%。不过在 2007 年以后，上海的股票市价总值水平基本上与香港股市持平。如图 1 所示，上海的股票市值/GDP 值波动比香港的要更为剧烈，说明香港的证券市场要比上海的更为成熟，更具竞争力。

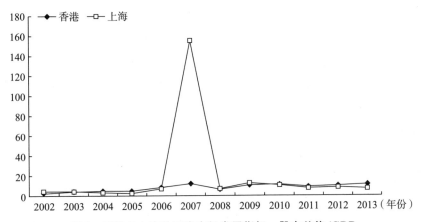

图 1　香港与上海的证券市场发展指标：股市总值／GDP

数据来源：根据香港金融管理局、中国人民银行、国家统计局数据绘制。

再从服务业整体的发展程度来看，两地的差距较大，2013 年香港服务业占 GDP 的比重为 87.37%，同年上海服务业占 GDP 比重为 62.24%。[③]虽然香港的服务业发展成熟，产值较大，但同样突显了香港的经济过于依赖服务业的结构问题。经验表明，在 2008 年的金融危机中，服务业不仅是最先受到危机影响的产业，而且在危机过程中服务业的产值缩水也较制造业更为明显，同样在危机以后的恢复期，服务业的恢复速度也较制造业相对滞后。所以从经济结构来看，香港要比上海更易受到外部经济的冲击，即具有相对合理经济结构的上海，其经济系统要比香港更具稳定性。

（三）香港的金融竞争力优势

香港作为一个全球性的国际金融中心，其金融竞争力的优势可以用金融发展指标来描述，本文根据 Levine et al.（2000）的建议使用 M2/GDP 的指标来反映金融深度（financial depth），即刻画一个经济社会金融化的程度，由于货币供应量 M2 数据仅有全国性数据而无地方数据，所以本文用中国内地整体数据替代上海数据，可能会低估上海的金融深度；再用贷款/存款指标，反映香港与上海银行系统的流动性，贷存比越高意味着银行的流动性越差，该比率越低预示着银行有越富裕的流动性，即银行可以用稳定的存款来发放贷款，但是如果贷存比低于 50%，则意味着银行出现亏损，即贷存比过高与过低都不可取，只有贷存比适中才意味着银行可以同时兼顾流动性与盈利性；最后用香港金融服务的进出口贸易数据反映香港金融服务的比较优势。

如图 2 所示，近 13 年来，香港的金融发展水平一直处于上升通道，测度其金融深度的指标 M2/GDP 值从 2001 年的 2.69 上升到 2013 年的 4.74；与此同时，中国内地整体的金融深度变化不大，从 2001 年的 1.39，2007 年经过小幅波动，缓慢上升到 2013 年的 1.95。说明香港的 M2 增速大于 GDP 增速，金融竞争力保持向上的势头，而中国内地的金融竞争力发展缓慢，与香港经济社会金融化的程度相比还有不小的差距。当然上海的情况可能要好于中国内地整体的状态。

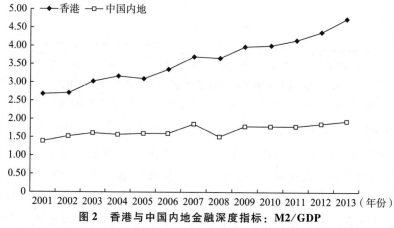

图 2　香港与中国内地金融深度指标：M2/GDP

数据来源：根据香港金融管理局、香港统计局、国家统计局、中国人民银行数据绘制。

　　香港与上海近 13 年来的贷存比情况则表现完全不同，分别展现了银行业不同的心理预期。从 2001 年开始，香港贷存比从 0.64 一路下行，中间经过 2005 年与 2008 年小幅上扬，但整体趋势不变，直到 2009 年的 0.51，几乎跌破盈亏平衡线，表明香港银行业在此时间内对香港经济发展保持的谨慎态度；从 2009 年之后，香港银行业的贷存比突然开始连续两年大幅上升，到 2011 年后开始趋稳，保持在 0.67 左右，说明香港银行业开始对香港经济持乐观预期，当然 2009 年的人民币离岸业务也是不可忽视的正面影响因素。上海的贷存比变化则是从 2001 年的 0.75 一路下行到 2013 年的 0.64，但是上海的情况不同在于，在 2001 年之前中国内地银行系统的贷款一度严重超过存款，之后在银监会与央行的控制下，设立了贷存比 75% 的红线，严格控制银行系统流动性，加上 2001 年中国入世以后，中国货币总量的供给机制发生变化，外汇占款以及贷款途径的多元化等因素使得存差上升，但总体来讲，上海的贷存比变化反映了上海银行系统逐渐理性的过程。

　　金融服务④输出是进一步表现香港金融具有较强竞争力的重要方面。从 2001 年以来，香港的金融服务一直处于净输出状态，其进出口差额虽然受到两次金融危机的影响有所波动，但整体上呈现逐年增大的趋势，到 2013 年，香港的金融服务净输出额达到 752.50 亿人民币，体现了香港金融服务方面突出的比较优势。由于数据原因，本文以中国内地整体数据与香港作比较，在金融服务贸易方面，上海的情况要低于中国内地整体贸易情况。中国内地的金融服务额与香港相差甚远，并且近 13 年间几乎一直处于净输入的状态，只有在 2001 年与 2011 年有微弱的净输出，分别为 1.79 亿人民币与 6.79 亿人民币，而且到了 2013 年，受上海自贸区金融改革的影响，中国的金融服务净输入有了巨额增长，达到 31.52 亿人民币，比上年同期增长了 11.5 倍。所以，在金融服务输出方面，上海目前还不能望香港之项背。

　　香港金融服务贸易的市场结构则进一步体现了全球性，同时也表现出较高的集中度。如表 2 所示，2011 年香港金融服务输出最主要目的地集中在西欧、北美洲与亚洲，分别占其金融服务输出总额的 39%、34.1% 与 21.1%；在金融服务的输入方面则是亚洲占据了半壁江山，达到 52.3%，西欧和北美洲则分别占其金融服务输入的 28.8% 与 15.1%；香港对所有地区都是处于服务净输出的状态。

表 2　2011 年香港金融服务贸易市场结构

单位：百万港元，%

地区	金融服务输出		金融服务输入	
	金额	比重	金额	比重
亚洲	20318	21.1	14489	52.3
澳大利亚及大洋洲	2089	2.2	868	3.1
中美洲及南美洲	2946	3.1	81	0.3
北美洲	32843	34.1	4172	15.1
西欧	37541	39.0	7976	28.8
其他	561	0.6	115	0.4

数据来源：2011 年香港服务贸易统计。

（四）上海自贸区的挑战

在已公布的《中国（上海）自由贸易试验区总体方案》中包含了 6 大服务行业[5]18 个分项的开放举措，其中较为引人瞩目的除了对最新国际规则的试验，比如对外商投资方面采用"负面清单"与"准入前国民待遇"，另外的重中之重就是对金融管制的开放。这些改革目标不仅仅局限于 28.78 平方公里的试验区，其更深刻的意义在于勾勒出中国未来的改革方向，在中国经济市场化不断深入的过程中，对现有金融体制的改革与突破，当是未来的关键点。

香港目前在金融制度方面对上海的优势是相当明显的，比如高效健全的金融体系、分布集中的金融机构、鼓励扶持的政策取向、低廉合理的税费成本与完备的基础设施等。香港金融业是全开放的，无外汇管制，其金融系统包括活跃的证券市场、外汇交易市场、国际化的银行业以及面向全球提供服务的资产管理行业，相关的配套基础设施十分完备，自成体系。香港具有完备的金融基建，可以处理主要外币与港元在香港的即时交易，并覆盖银行、股票及债券等多种不同的资金融通渠道，符合现今最高的国际标准，对于香港国际金融中心地位所提供的支撑作用显而易见。

相比较香港健全高效的金融体系，上海方面明显是金融管制占据主导，比如市场准入门槛过高，业务范围过窄、无法市场化定价等，欠缺完善性与敏捷性。当然最主要的原因是上海金融体系在金融风险管理、新产品开发及资产运用等方面受制于中央与地方的人民银行、证监会、银监会和保监会的多层管理，这种过严的、低效的金融管制给中国内地的经济系统带来巨大的隐形成本，使得中国内地整体的金融环境离市场化、自由化还有相当距离。

在上海自贸区的总体方案中，明确提出加快金融制度创新，即在试验区内主要着眼于四个方面的先行先试，分别是人民币资本项目可兑换、金融市场利率市场化、人民币跨境使用和外汇管理等，央行 2013 年 12 月 2 日发布的《关于金融支持中国（上海）自由贸易试验区建设的意见》中围绕着这四个方面给出具体的 30 条改革措施。在加大开放力度的同时，上海自贸区的金融改革同样注意金融稳定，防止区内区外热钱套利。为了使风险可控，实行"成熟一项，推动一项"的基本原则，意味着上海自贸区的金融改革推进速度可能不会太快，但其最核心的四个方面将会逐步达成，届时上海吸引国际资金直接从香港北上，减少中转，或者分流香港人民币业务的可能性非常大。

对于上海自由贸易试验区的离岸金融市场来说，它对于香港最大的优势来自两点，首先上海是中国内地境内最重要的金融重镇，深植于中国内地经济体系之中，是中国内地连接境内在岸市场和国际市场、具有双向辐射与渗透功能的市场；其次，上海自贸区直接处于中国内地法律的管辖之下，对于想入驻中国内地的国际投资者来说，省却了其先适应香港独立的司法体系，再适应中国内地司法体系的麻烦。同时，相较于香港，上海身处内地的优势同时也是其劣势，正因为这种地理位置的差别，上海在"国际化"的程度上无法超越独立关税区的香港。那么相对地，香港应该利用好其国际化的特点与人才优势，集中力量发展上海目前还没有能力提供的高端金融服务业，实行差别化战略。

三 亚太经济合作趋势对香港的挑战

（一）亚太区域经济合作最新发展情况

2008 年之后，世界经济形势迅速变化，亚太区域的发展中经济体因其在金融危机之中的突出表现，成为带动世界经济增长最活跃的区域，引起世界各大主要经济势力高度关注，促使亚太区域经济一体化迅速发展。

伴随着美国"重返亚太战略"的实施，目前，亚太地区正在谈判中的、最具有影响力的两个区域经济一体化组织分别是跨太平洋伙伴关系协定（Trans-Pacific Partnership Agreement，TPP）与区域全面经济伙伴关系（Regional Comprehensive Economic Partnership，RCEP）。这两个协议分别由美国和东盟主导，由于中国在 RCEP 的影响力，这两大正在商谈中的区域组织也被看作中美在亚太区域政治经济博弈的重要平台。加上中日韩 FTA（China-Japan-Korea Free Trade Agreement，CJK），亚太区域经济合作格局呈现了复杂的局面。但遗憾的是，在几乎囊括了亚太地区绝大部分重要经济体的TPP、RCEP、CJK中，港澳台均被排除在外。而同时处于 TPP 与 RCEP 协议中的新加坡，目前已经位于世界第四位的国际金融中心，在功能建设上与影响力方面，对香港的追赶态势十分明显，未来如果 TPP 与 RCEP 成功实施，取香港而代之也成为可能，随着各项亚太区域经济一体化协定的推进，香港的国际经济金融中心地位将面临被边缘化的挑战。

跨太平洋伙伴关系协定最早于 2005 年 5 月由文莱、智利、新西兰、新加坡四国发起。2008 年 9 月美国宣布加入并开始主导 TPP 规则的谈判。2013 年 7 月 23 日随着日本正式签署保密协议，开始加入 TPP 谈判，TPP 的成员数量扩大到 12 个，分别为美国、加拿大、墨西哥、智利、秘鲁、日本、澳大利亚、新西兰、文莱、新加坡、越南、马来西亚，目前韩国也在积极与美国进行磋商，希望在 TPP 结束谈判之前能够加入。RCEP 方案于 2011 年 2 月举办的东盟经济部长级会议上产生，邀请已经与东盟签署自由贸易协定的国家——中国、日本、韩国、澳大利亚、新西兰、印度⑥，组建一个 16 国的统一市场。无论是 TPP 还是 RCEP，其整体经济规模都十分庞大，2013 年，TPP 成员的 GDP 总量占世界比重的近四成，RCEP 的 GDP 总量则占到三成，不过 RCEP 成员具有相当明显的人口优势，其人口总量接近世界人口的一半规模，TPP 与 RCEP 成员的贸易规模相似，均在世界贸易总额的 28% 左右。

迄今 TPP 保持着每两到三个月就推进一轮谈判的较高频率，同时保持高密度的部长级会议，已经在 2013 年 7 月 23 日结束了第 18 轮谈判，并且在 2013 年 10 月 17 日发表"TPP 领导者声明"。声明表示，TPP 谈判已经进入结束阶段，12 个成员在所有领域的法律文本制定方面基本达成一致，比如各自的货物清单、服务贸易、金融服务、政府采购以及临时市场准入等；所有成员对 TPP 寄予厚望（high ambition），认为 TPP 的开创性标准可以成为新的贸易规则，TPP 最终是要建立一个全面的、可以成为新世纪协议范本的自由贸易协定。而 RCEP 与中日韩 FTA 的推进则相对较慢，2013 年 5 月，RCEP 第一轮谈判在文莱举行，也只是正式成立了货物贸易、服务贸易和投资三个工作组，预计 RCEP 将在 2015 年签署并生效。

（二）亚太区域经济合作对香港的影响

TPP 目前对于未来亚太区域可能产生的影响主要来自两个方面，一是对自由贸易规则的较大改变与创新，从传统的"边境外"议题转移到"边境内"（behind the border）议题，比如在劳工、环境标准、金融服务、合作能力与建设、国营企业、反贪腐、技术标准等方面的严苛要求和高标准的制度安排。在经济全球化的今天，经济体之间不可切断的密切联系，使得这些标准一旦在 TPP 内实行，将迫使非协议成员为了维持以往的经济联系与增长，不得不付出高昂代价同样提高相关标准。第二个影响则是 TPP 在区域内部要建立新的制造链与供应链，便于商品生产与服务能够及时有效地进行，再结合 TPP 可能会实施的严格原产地规则，比如在 TPP 区域内部建立"追溯到纱"的纺织品供应链，则意味着已经在东亚建立起来的成熟的纺织品生产网络，将面临损失生产订单与损失出口市场的双重打击。这种"排他性"的规则对非协议成员的贸易冲击要远高于简单的关税减免，介时，对外部经济依赖较大的香港，由于定位于贸易、金融服务、航运、物流与专业服务，而较少制造业支撑，更易受到冲击。

本文通过全球贸易分析项目即 GTAP（Global Trade Analysis Project）模型[⑦]对香港将会受到的经济冲击进行模拟，模拟的情景假定分为六种，即 TPP 与 RCEP 分别实施以及共同实施后，香港经济将会受到的冲击；如果香港能够成功加入 TPP 或者 RCEP，以及同时加入 TPP 与 RCEP，香港经济是否会受到正面刺激。模拟情景的前提条件里设定 CEPA 已实施。

本文使用了 GTAP 第 8 版数据库，以 2007 年为基期，该版数据库包含了 129 个国家（或地区）的 57 种产品以及 5 种生产要素。由于之后全球又实现了诸多 FTA，实际关税水平下降，使得相关经济体资源配置发生改变，因此，以 2007 年实际关税所做的模型预测，在一定程度上可能会高估冲击的影响。

模拟结果如表 3 所示，当香港被排除在 TPP 与 RCEP 之外时，无论是 TPP 实施还是 RCEP 实施，香港的经济都会遭受损失，其中香港未能加入 RCEP 的损失要远大于未能加入 TPP 的损失，因为对于香港来说，其最主要的贸易伙伴还是集中在东亚地区，如果被 RCEP 排除在外，香港的零关税优势将不再明显，很容易发生贸易转移效应。当 TPP 与 RCEP 都实施后，香港所遭受的经济损失将达到最大：香港的福利水平即消费者可获得的益处将下降 7.93 亿美元，香港的 GDP 也将下降 0.71%，贸易条件[⑧]会恶化 0.58%，贸易平衡会出现顺差增长 1.02 亿美元，但要注意到的是出口与进口都呈现下降的情况，顺差的增长来自进口下降幅度大于出口下降幅度。

如果假设香港能够加入这两个最主要的亚太区域经济合作组织，情况变得有些不同。首先，因为香港已经和 RCEP 中最大的经济体中国内地实施了 CEPA，所以加入 RCEP 并未能改变香港经济损失的根本状态，但是其所遭受的损失幅度则变小很多，福利损失为 0.73 亿美元，GDP 下降 0.02%，远低于未能加入 RCEP 与 TPP 时所带来的指标下降；其次，香港如果加入TPP，情况会发生根本性的改变，福利水平大幅上升 8.97 亿美元，GDP 与将上升 0.89 个百分点，出口与进口都将有明显增长，因为对于香港来说，加入 TPP 意味着开拓市场，并且最大程度地发挥贸易创造效应；第三，当香港同时加入 TPP 与 RCEP 时，香港所得到的正面经济刺激将达到最大，福利水平上升 10.59 亿美元，GDP 上升 1.05%，贸易条件也将改善 0.75%，贸易平衡出现顺差增长 0.83 亿美元的情况，出口与进口分别上升 1.39 个与1.59 个百分点。

表3 亚太区域经济合作对香港经济影响的 GTAP 模拟预测

情景假定	福利水平变化（亿美元）	GDP 变化率（%）	贸易条件变化（%）	贸易平衡变化（亿美元）	出口变化率（%）	进口变化率（%）
TPP 实施香港未加入	-1.02	-0.09	-0.07	0.5	-0.05	-0.09
RCEP 实施香港未加入	-7.34	-0.65	-0.54	0.69	-0.89	-1.1
TPP、RCEP 实施香港未加入	-7.93	-0.71	-0.58	1.02	-0.92	-1.16
TPP 实施香港加入	8.97	0.89	0.64	0.645	1.14	1.3
RCEP 实施香港加入	-0.73	-0.02	-0.07	1.18	0.02	-0.06
TPP、RCEP 实施香港加入	10.59	1.05	0.75	0.83	1.39	1.59

四 香港积极应对两大挑战的思路

（一）香港应充分发挥国际金融中心的制度优势与服务优势

面对来自上海的金融挑战，香港应该具有危机意识，看到竞争是不可避免的，而且这种竞争很快会不仅仅来自上海，如果上海自贸区金融改革试验成功，并"可复制"到其他地区，即随着中国资本账户的自由化，以及资本流动的增长，其他的人民币离岸中心同样会受益，那么亚洲地区的金融中心可能会出现多元化局面，包括中国台湾、新加坡等。

上海的金融业务一直以来因全国性制度的制约而未能顺利发展，这些制约包括资本项下兑换的限制，税率、利率、信息自由的限制以及法律对产权保护的不完善等。一定时期内，香港国际金融中心的地位是上海无法撼动的，其体现主要不在金融市场的规模与股票、期货或者外汇的成交量上，而是在金融体制的健全、金融市场产品的完全、相关配套措施、金融监管与服务的质量上。但是，如果上海自贸区的金融体制建设进展顺利，改革彻底，那么从长期来看，香港的金融业务量可能会被上海分流，国际金融地位可能相对下降。

面对未来将会出现的多元竞争局面，香港应慎重思考其未来与内地的关系变化，比如香港在上海自贸区的推进过程中如何定位？是以竞争者的身份，还是以合作者的身份参与其中？

一直以来，香港承担了内地与国际往来的桥梁作用，为海外企业进入内地以及内地企业"走出去"提供金融服务。上海自贸区仅仅是中国内地金融改革开放的一个起点，必然不会局限在一个上海，广东、天津等地都在申报自贸区，其中还有将香港划规在内的"粤港澳自贸区"，所以香港国际金融业务被分流，地位弱化是大势所趋。但如果香港适时调整自身定位，利用好自身的区域梯度差距和先占优势，紧密联系珠三角，扮演好在试验区内提供经验与服务的角色，不但能助力内地金融改革，推进开放，还可进一步将其领先内地的金融及相关服务业推向全国，使自身拥有更大的发展腹地，充分发挥好比较优势，产生引领与辐射作用，将目前的先占优势最大限度地延长。比如当内地允许资金自由流动时，内地资金会开始寻找海外的资产进行投资，而香港的资产管理行业具有上海无可比拟的优势，已经是亚洲地区的行业中心，如果香港抓住机会，很可能迎来资产管理业的进一步扩张。

（二）香港应积极寻求参与亚太区域经济合作

首先，亚太区域正在成为世界经济版图中新的增长极，从全球生产分工的角度来看，包括中国内地与港澳台在内的东亚生产网络也已经成型，并且占据了全球价值链中非常重要的生产环节。美国因为担忧这个充满活力的区域在继续发展中会出现"去美国化"的情况，正在试图通过重塑贸易规则来重新占据对亚太区域的主导权。比如 TPP 目前已经确定的新的贸易规则包括更加严厉的原产地规则——"追溯到纱"原则以及"在 TPP 成员范围内建立新的供应链"，这两点结合起来意味着东亚生产网络可能面临重组的局面，最糟糕的情况就是中国内地与香港因为没有加入 TPP 而被共同排除在新的供应链之外，即可能损失大量来自 TPP 成员的订单。对于香港来说，虽然香港以服务业为主，但服务业依托于制造业，并且香港服务贸易的主要伙伴是中国内地与美国，当中国内地因为制造业受损而对香港服务业需求下降，以及美国因为新的贸易规则要在 TPP 成员内重新选择服务贸易合作伙伴，比如新加坡，那么从长远来看，TPP 的实施对于香港的打击是双重的。鉴于 TPP 在美国的推动下紧锣密鼓地进入结束阶段，而 RCEP 与中日韩 FTA 却进展迟缓，可以预测，具有"白金规则"的 TPP 会比 RCEP 更早实施而占据先发优势，届时，被排除在外的中国内地与港澳台都将不可避免地遭受经济损失，所以 TPP 所带来的挑战对于两岸四地来说是同样存在的。

根据之前的 GTAP 模拟分析，RCEP 与 TPP 对于香港来说都很重要，加入 RCEP 可以避免贸易转移效应所带来的巨大损失，而加入 TPP 则是开拓香港新的服务领域，积极发挥贸易创造效应所带来的正面经济刺激。反之，如果香港没有融入亚太区域经济一体化的进程当中，而同样注重服务贸易的新加坡却同时存在于 RCEP 与 TPP 当中，那么香港的国际经济金融中心地位在长期内被新加坡所取代的可能性很高。所以积极寻求参与亚太区域经济合作可以使香港摆脱被"边缘化"的尴尬境地。

但是，香港目前缺少危机意识，其参与亚太区域经济协定的动力不足。这种动力的缺乏表现在两个方面：一是香港自身动力不足，即香港因为以服务业为主，而自由贸易协定对于服务业的效应短期内并不明显，所以香港还没有意识到被排除在亚太区域贸易协定之外的负面影响；二是亚太区域贸易协定对于吸收香港加入的动力不足，因为香港已经是"自由港"，在关税优惠上无法做出更大让步，即香港缺少谈判的筹码。

其次，对于香港来说，积极联合澳门与台湾联手打造 CEPA 升级版，形成两岸四地"中华自贸区"也是选择之一。中国内地是全世界都在努力争取的未来市场，香港应充分利用一国两制和 CEPA 优势，抢先抓住内地深化改革机遇，利用区域梯度差距引领内地金融制度建设与服务升级，提高自身的经济实力。

香港应该正视自身相对竞争力下降的局面，正视自身经济结构中的问题。在香港经历了将制造业转移至内地，形成"前店后厂"模式，继而过度依赖金融业与地产业之后，香港开始寻求经济结构转型，希望由服务业驱动型过渡到科技创新驱动型，却遇到了困难。其原因有两个：一是研发投入过低，2001 年香港的研发投入占 GDP 的比重为 0.54%，经过 12 年的发展，到 2012 年其研发投入占 GDP 的比重仍然只有 0.73%，比上海的 3.38%[①]相差甚远；二是香港几乎放弃了制造业，其科技创新就缺乏根本基础，这一点可以通过与内地制造业相结合来改变，但目前来看，显然香港未能更深入地融入内地经济体系。

　　两岸四地"中华自贸区"在解决香港经济转型的问题上可能会有帮助,研究显示,四地间存在非常紧密的经贸关系,互为重要贸易投资伙伴。四地紧密的产业分工,成为全球价值链上的重要一环,也是构成大陆东亚生产网络核心地位的基础。在亚太区域经济合作趋势中,四地面临的挑战是共同的,即贸易规则与区域供应链结构的改变同时威胁四地。近几年来,四地间的贸易投资增势出现下降,台港澳在大陆市场份额受到挤压,四地经济合作发展遇到瓶颈。在这一形势下,四地迫切需要相互扩大开放市场,加深一体化程度,使资源得到更有效配置,共同打造竞争优势,构建四地价值链,在这一过程中,以香港自身的能力与国际化的视角,应该有比现在更大的作为。

------

　　①数据来源:中国人民银行统计数据,http://www.pbc.gov.cn/publish/diaochatongji-si/4032/index.html;香港金融管理局统计数据,http://www.hkma.gov.hk/gb_chi/market-data-and-statistics/。

　　②数据来源:香港金融管理局,http://www.hkma.gov.hk/gb_chi/index.shtml。

　　③根据香港统计局和中国人民银行上海支行网站数据计算得出,http://www.censtatd.gov.hk/,http://shanghai.pbc.gov.cn/publish/fzh_shanghai/1179/index.html。

　　④这里的金融服务是指不包含保险的金融中介和辅助服务。

　　⑤上海自贸区开放的六大服务业分别为金融、航运、商贸、专业、文化和社会服务领域。

　　⑥东盟10国与这6个国家分别签署了5份自由协定,其中澳大利亚和新西兰是共同与东盟签署的一份自贸协定。

　　⑦全球贸易分析项目即GTAP模型是由美国普度大学开发维护的可计算一般均衡(Computable General Equilibrium,CGE)的模型工具。

　　⑧贸易条件是用来衡量在一定时期内,一个国家出口相对于进口的盈利能力和贸易利益的指标。

　　⑨数据来源:香港统计年刊,上海统计局。

　　作者简介:华晓红,对外经济贸易大学国际经济研究院教授、博士生导师,台港澳经济研究中心主任;周晋竹,对外经济贸易大学国际经济研究院博士研究生。

[责任编辑:刘泽生]

(本文原刊2014年第4期)

主持人语

刘泽生

十五年前，伴随着《七子之歌》的感人旋律，历尽风雨的澳门终于回到祖国的怀抱。十五载风雨兼程，十五年成绩斐然。今天，在澳门庆祝回归十五周年的大喜日子里，习近平主席再次亲临濠江。一个生机勃勃、安定祥和的澳门正以崭新的姿态屹立在祖国的南海之滨。

展望未来，澳门经济增长方式正面临着挑战，一方面经济发展深层次矛盾与制约日益显现，另一方面内外环境变化对澳门的发展与管治又带来新的压力与要求。环顾全球，各国各地区经济增长方式调整的过程依然漫长而痛苦，持续数年的"低增长、高失业、高债务"，成为发达国家后危机时代的"新常态"。2014 年，世界经济总体增长乏力、走势动荡，复苏进程出现分化，发达国家经济体在调整中走向缓慢复苏，以中国为代表的新兴市场经济体增速则在调整中走低。与此同时，世界经济正孕育着新变数、新业态、新势能，具有改写全球经济格局与商业生态的潜力。

中国经济正在全面向新常态转换。其核心特征是从高速增长转为中高速增长，经济结构不断优化升级，经济增长从要素驱动、投资驱动转向创新驱动。新常态不仅意味着经济增长转向中高速，而且伴随着深刻的结构变化、发展方式变化和体制变化，体现为"中高速、优结构、新动力、多挑战"。中央提出的宏观政策是"稳增长、促改革、调结构、惠民生、防风险"。预计未来一段时间中国经济增长将维持在 7%。

澳门经济超高增长态势在两年前开始回软，在 2014 年突然逆转，GDP增幅从第一季的 12.4% 大幅回落，到第三季已出现 2.1% 的负增长。长期以来一直作为澳门经济最主要引擎的博彩业，首次出现年度负增长，收缩幅度之大、速度之快，出乎意料。旧的增长模式突然失速，新的增长动力尚待形成，澳门经济增长方式在内外因素的多重作用下也面临着较大的调整压力。为此，本期特别刊发了蔡赤萌、龚唯平、纪春礼的一组文章，对目前澳门经济发展的路向与策略作一探讨。

蔡赤萌研究员以澳门经济增长方式为切入点，在分析其特点的基础上，对澳门经济增长趋势特征做了富有前瞻性的剖析。2014年是澳门博彩业的调整期，也是澳门经济增长从超高速增长向新常态转型的拐点。蔡文认为，在澳门经济转型过程中，有五大问题值得思考：如何培育和夯实澳门经济增长的动力基础、如何达致适合澳门宜居宜业目标的优质增长与和谐增长、如何协调好本土发展与区域合作双腿走路的互动效果、如何有效地将市场主导与政府适度有为相结合、如何保持好重点领域的有效增长及可持续发展，而这正是澳门经济走向新常态的要素内涵与目标方向。

龚唯平教授则从新产业革命的角度解读目前澳门的经济发展路向，认为澳门必须顺应时代潮流，进行生产方式和商业模式的根本性变革，并提出了一系列的基本策略和具体对策。纪春礼博士从全球价值链的视角探讨澳门产业适度多元化的发展路径，认为澳门要变因博彩业带来的"脆弱性繁荣"为"稳健性繁荣"，夯实澳门经济社会发展的产业基础，推动澳门经济的持续增长。

澳门，正面临着新的挑战和新的发展机遇。习近平主席对澳门提出了四点希望，冀努力打造勤政、廉洁、高效、公正的法治政府，并对澳门未来的发展寄予厚望——"澳门回归祖国十五周年的实践证明，只要路子对、政策好、身段灵、人心齐，桌子上也可以唱大戏"。

五百年的慷慨悲歌与历史沧桑，十五载的历史巨变与璀璨辉煌，无不令人振奋，令人荡气回肠！历史的呼唤与世纪的挑战赋予这莲花宝地新的起点与新的希望，六十万濠江儿女将用自己的勤劳与智慧谱写绚丽多彩的新篇章。祝福您，澳门！

澳门经济增长方式：从超常增长走向新常态

蔡赤萌

[提　要] 回归以来，澳门经济的超高速增长是由博彩业快速扩张所带动。2014 年，在内外环境因素制约下，博彩业的急速调整引发澳门整体经济增长趋势的改变，并出现一些新的常态特征。为此，需要认真思考澳门发展中所面对的若干方向性问题：增长动力上，如何培育和夯实澳门经济增长的动力基础；增长方式上，如何达致适合澳门宜居宜业目标的优质增长与和谐增长；增长路径上，如何协调好本土发展与区域合作双腿走路的互动效果；增长推动上，如何有效地将市场主导与政府适度有为相结合；增长后劲上，如何保持好重点领域的有效增长及可持续发展。

[关键词] 澳门　博彩业　经济增长　经济转型　新常态

回归 15 年，澳门社会经济发展成就令人瞩目。整体经济保持超高速增长，居民生活不断改善，社会总体和谐稳定，国际知名度和影响力不断提高。经过十多年的超高速增长，澳门经济社会长期形成的深层次矛盾随之显现，伴随快速扩张而新生的风险也有所积累，澳门经济增长方式面临着诸多制约，需要提质与转型。习近平主席在庆祝澳门回归 15 周年典礼上明确指出，如何在过去 15 年建设的基础上，凝聚共识、探索澳门经济发展路向及发展模式，以达致经济社会的可持续健康发展，是当前和今后一个时

期澳门发展面临的重大课题。本文试图在总结澳门回归以来经济增长方式
特点的基础上，探讨该方式所面临的瓶颈与制约，并结合内外环境的新变
化来思考澳门经济发展转型及可能出现的新常态。

一 回归以来澳门经济增长方式及其特点

作为高度外向的微型经济体，澳门经济在回归以来尤其是博彩业开放
以来进入超高速增长的轨道，取得了跨跃式发展，呈现出特有的发展轨迹
与增长方式。

（一）增长速度：总体经济呈现超高速增长，实现经济跨跃式发展

回归以来，澳门总体经济呈现超高速增长态势，也有人将之形容为
"井喷式"增长。2000 ~ 2013 年，澳门本地生产总值年均实质增长达到
13%，[①]这是澳门历史上发展最快的时期，也是同期世界经济增长最快的地
区之一。经过 15 年的跨跃式"超常高速"发展，澳门经济总量大幅扩张。
2013 年，澳门本地生产总值为 4134.71 亿元（澳门元，下同）；人均本地生
产总值为 69.75 万元（8.7 万美元）。据世界银行排名，2013 年澳门人均
GDP 位列亚洲第二、世界第四（仅低于卢森堡、挪威和卡塔尔三地），超过
了大多数发达国家或地区。[②]

（二）经济稳定性：增长波动较大，具有不稳定性，增幅呈现回落态势

与此同时，澳门经济增长的波动性较大。澳门经济自回归后开始快速
复苏，2003 年后进入双位数增幅，2008 年、2009 年一度因全球金融风暴冲
击急速回调至轻微增幅，之后又强劲反弹，连续两年呈现 20% 以上的增幅。
2012 年以来，澳门经济开始从"超高速"状态显著回落，但增幅维持在
10% 左右。进入 2014 年，因博彩业自 6 月起急速调整，澳门经济增幅的回
落速度明显加快，前两季 GDP 实质增幅分别为 12.4% 和 8.1%，到第三季
开始已呈现 2.1% 的负增长。[③]2000 ~ 2013 年 13 年间，年度 GDP 增幅最高值
与最低值竟相差 25.2 个百分点。澳门经济的这种高波动性，既与微型经济
体总体规模偏小有关，同时也与经济结构单一、高度依赖博彩业密切相关，
显示出澳门经济抗风险能力之不足。

（三）增长动力：高度依赖博彩业服务出口及博彩相关投资

2002 年澳门适度开放博彩业引入竞争，2003 年内地开放居民赴澳个人
游，分别从供给和需求两个方面为澳门博彩旅游业的发展注入了强大的新

动力，同时也令澳门经济形势全面回暖。1999～2013 年 14 年间，澳门入境游客总数从 744 万人次大幅上扬至 2932 万人次，增长 3.94 倍；博彩毛收入与博彩税收入分别从 130 亿元和 48 亿元激增至 3607 亿元和 1267 亿元，分别增长 27.75 倍和 26.40 倍。从本地生产总值构成看，在出口、投资和消费三大引擎中，澳门的经济增长主要依靠博彩出口为主的服务出口拉动。到2013 年，博彩业占 GDP 的比重已猛增至 46.1%。澳门博彩业高度依赖贵宾厅（超大额度豪客博彩）运作模式以及特定的消费群体，来自贵宾厅业务的收入，几年来一直占整个博彩收入的七成左右。贵宾厅业务的快速扩张，支撑着博彩业十多年来的超高速增长态势，这是澳门特有的运作模式，同时也是其风险所在。

（四）经济结构：博彩业独大的失衡格局日趋显著，适度多元发展推进缓慢

随着博彩业的强劲扩张，澳门经济结构失衡状态逐步加深，博彩业在经济中的比重，从 1999 年的 22.3% 迅速扩大至 2013 年的 46.1%，14 年间增加了 23.8 个百分点。[④]

博彩业对澳门经济产生着多重影响。一方面，博彩业的高速增长，带动旅游、酒店、商业零售、交通、会展等关联行业出现较快发展。只是相对于博彩业的超高速扩张，上述行业在澳门经济结构中的比重仍然有限。另一方面，博彩业通过其在土地、人力资源等方面的强大吸附能力与集聚效应，致使澳门营商成本快速抬升，中小企业的生存面临较大的成本压力，其发展受到制约。这也是多年来澳门经济适度多元进展成效不彰的原因之一。

（五）政府政策：博彩专营开放效应影响显著，但政府政策调节功能有待加强

澳门特区政府成立后，实行"固本培元，稳健发展"的施政方针，明确了博彩旅游业的产业发展方向，适时适度开放博彩业，激活经济引擎。与此同时，中央政府采取了一系列支持政策，包括 2003 年实行"自由行"政策，全面推动落实 CEPA 安排等。博彩业的开放效应，再加上"自由行"带来的强大需求，极大地促进了澳门博彩旅游业的发展，有力地推动澳门经济实现跨越式发展。此外，澳门"世界旅游休闲中心"和"中葡经贸服务平台"的功能也在逐步构建中。

澳门政府对经济的政策调节功能有待加强。澳门属于自由经济体，一向缺乏产业规划来引导经济发展。政府的经济调控手段少，货币政策缺失，财政政策功能也较为单一，政府在产业发展引导方面的统筹、规划角色发挥不足。此外，由于澳门法律法规等制度相对滞后，跟不上博彩业井喷式快速发展，在博彩业监管上存在漏洞、盲点，出现难以有效规控的情况。

（六）国际竞争力：国际知名度与经济地位快速提升

回归 15 年来，澳门的国际知名度及地位不断提升。澳门已跃升为国际知名旅游城市。2005 年 7 月，"澳门历史城区"成功列入《世界遗产名录》，吸引世界目光聚焦这个中西交融的世遗名城。近期世界知名旅游系列书籍《孤独星球》公布 2015 年"最佳旅游"的十个国家、十个地区及十个城市名单，澳门就以新旧建筑及融合不同文化魅力，成功入选"十大最佳旅游地区"。⑤得益于赌权开放，2006 年澳门博彩收入首次超越美国拉斯维加斯，成为全球最大博彩城市，目前澳门博彩收入约达到拉斯维加斯的 6 倍多。2008 年澳门跃升为亚洲人均 GDP 最高的地区之一，跻身发达经济体行列。在中国城市竞争力研究会公布的 2014 年"城市综合竞争力"排行榜中，澳门排第 12 位。但"城市成长竞争力"则跌出排行榜，从一个侧面显示澳门竞争力方面的局限以及未来增长后劲上的不足。

总体而言，澳门经济持续十多年的超高速增长，是建立在制度突破、市场开放、投资和消费显著增长的基础上，以及区域合作、资源互补所带动，同时也是"一国两制"的制度优势与澳门的特定环境相结合的结果。

二　澳门经济超高速增长引发的相关问题

对微型经济体而言，这种以博彩业为主导产业快速扩张带动的增长模式，在发挥其特殊的辐射带动效应的同时，也会形成澳门的增长路径制约、经济结构失衡、经济竞争力局限以及可持续增长掣肘等问题。主要体现在如下几个方面：

（一）经济快速发展与资源短缺的矛盾日益突出

随着澳门经济的持续快速发展，本地资源无法充分满足持续增长的市场需求，引起资源价格日趋上涨、成本压力与社会挑战增大。一是劳动力资源严重短缺，劳动力供需矛盾十分突出。近年来澳门失业率基本维持在 1.7% ~1.8% 超低水平，不少行业职位空置率常年高企，2014 年 10 月外地雇员已达 16.4 万，占澳门总劳动人口的比重进一步上升到 41%。劳资双方在开放输入外劳问题上分歧巨大。二是发展空间严重不足，土地资源更趋紧张。近年来，澳门每年接待游客量约为 3000 万人次，相当于本地人口的

48 倍，旅客空间和居民空间相互挤占，对通关、交通、酒店、餐饮等领域都产生较大压力，衍生诸多社会矛盾。澳门人口密度极高，每平方公里达1.9 万人，在全球居于前列。澳门城市发展的承载力问题已引起社会的高度关注。三是通胀高企，楼价飙升，居民生活成本快速上升。澳门经济持续过热，吸引外来资金不断流入，房价租金出现飙升，通胀率多年居高不下。澳门房价从 2003 年的每平方米 8258 元上涨到 2013 年的 81800 元，上升近10 倍。[⑥]2014 年 10 月，全澳住宅单位平均价格更增至 106000 元/平方米；同期，澳门通胀率仍高达 6.18%。[⑦]经济长期过热引发生活成本持续上升，侵蚀了居民的收入与福利，影响到基层民众的生活感受。近年来，澳门社会不少诉求与不满都与之相关。

与国际其他地区不同，澳门现行增长方式面临的问题，更多的是供给不足，是资源短缺的瓶颈制约。每年约 3000 万游客来澳旅游消费，尤其是在节假日，通常会引发口岸通关、交通客运、酒店接待、餐饮服务等领域出现严重的供不应求现象，其背后反映的是澳门土地资源、休闲空间以及人力资源和旅游服务的供应短缺。[⑧]近年来，中央政府已采取多项措施支持澳门发展，解决澳门经济社会发展的空间问题，如批准在珠海横琴兴建澳门大学校区，授权澳门对其实行法律管辖；批准澳门特区填海造地 361.65公顷，用以建设澳门新城区；在横琴设立粤澳合作产业园区；近期又正式实行 24 小时通关和批复启动研究澳门习惯水域管辖范围等。但土地有限、空间不足，始终是澳门经济增长与多元化发展的一大掣肘。

（二）经济结构失衡严重，经济发展高度依赖博彩业

一是博彩业快速扩张，产业结构日趋集中。2003 年后，澳门博彩企业或博彩配套企业在产业体系中的结构性扩张，使澳门产业结构更趋博彩化和旅游化。澳门外来投资领域以博彩、银行业与证券、批发及零售业为主，其中，博彩、批发及零售业的效益较佳。其结果是博彩业独大的程度越来越高。近年来，博彩业在本地生产总值中的比重已达 46.1%，博彩税占政府财政收入的比重约达 80%。在博彩业的强大资源吸附能力下，其他行业生存空间受到挤压，经济适度多元进展成效不彰。

二是就业结构渐趋单一，社会就业选择趋窄。2003 年，澳门博彩业从业人员为 1.54 万，占总就业人数 20.54 万的 7.5%；2013 年，博彩从业人数快速扩展到 8.33 万，在 36.1 万总就业人数中，其结构比重猛增至 23.1%，10年间上升了 15.6 个百分点，[⑨]相当于接近 1/4 的劳动人口在博彩业工作。就业结构相对集中，无疑会对澳门社会生态及青年择业观带来新的影响。

此外，澳门博彩业扩张引发社会结构的快速变化，导致财富进一步向少数人集中。尽管政府每年都以现金分享及其他方式分享发展利益，仍难以消化发展成本上扬带来的福利侵蚀，社会长效分享机制相对滞后。

（三）营商环境及行业竞争力出现二元态势，中小企业经营环境日趋严峻

目前澳门产业的经济竞争力，主要体现在作为经济龙头的博彩行业或博彩相关行业。博彩业是澳门资源吸附能力最强的行业，也是澳门较具国际竞争力的产业与吸引外来投资最多的行业。博彩业资本结构高度国际化，博彩业"一业独大"状况基本上是被美资与港资主导。于是在澳门，形成明显的二元结构，一方面，博彩业依托政策优势而发展，在竞争中呈日趋扩张的态势；另一方面，澳门绝大部分企业主体——中小企业，规模不大，竞争力不足，通常只能被动地回应来自外围市场的各种影响。对非博彩企业尤其是中小企业而言，澳门的创业营商环境不甚理想，租金高企，人员紧张，生存空间日益受压。2013 年，澳门申请破产的企业数量为 515 家，主要集中在批发零售业、酒店餐饮业和工商辅助服务业。[10]

（四）受博彩业运作模式的局限，经济持续高增长的后劲不足

2014 年，全球不少博彩城市都处于艰难的调整中。澳门经济增长主要靠博彩业带动，而博彩业又高度依赖贵宾厅运作，来自贵宾厅的收入约占澳门博彩收入的七成。而国际上其他赌场，大都是以中场收入为主，如拉斯维加斯中场收入占到七成。由于贵宾厅制度特有的运作方式，存在许多灰色地带、监管盲区以及制度不配套，其运营存在较大的脆弱性，也面临较大风险。回归以来，贵宾厅业务的扩张很快，拉升了博彩业的整体增长步伐，同时也是导致澳门经济长期过热的一个重要原因。

（五）博彩业有效监管不足，负社会效应影响澳门本地利益乃至国家整体利益

博彩业是特殊产业，其作为澳门主导产业的发展，不能简单地追求做大做强，需要同时考虑到对利益相关者的影响，也包括对主要客源地——内地的负面效应。因此，如何规范博彩业，如何适度健康发展，如何有效防控博彩业的负面效应，这是在追求本地经济高速增长中需要同步着力考虑的问题，需要下大力气去完善监管。澳门经济特别是博彩业与内地的紧密关系，决定了在衡量澳门"本地整体利益"的时候，不能只着眼于澳门

的经济增速和税收，必须考虑到内地和整个国家的经济社会安全、稳定及发展利益。[⑪]2015 年澳门特区政府将对博彩业进行中期检讨，如何对博彩业规模及运作进行有效控制与规范，确保博彩业发展符合澳门"本地整体利益"，既关系到澳门自身的整体利益与长远发展利益，也关系到国家整体利益。

三　澳门经济进入新阶段：增长方式转型面临挑战

澳门经济经过连续 15 年的高速增长，已进入一个新的台阶。与此同时，澳门经济增长也已进入瓶颈期，内部深层次问题日益突出，外部环境与竞争也日趋严峻，经济发展所面临的环境、内在动力和主要矛盾都发生了深刻变化，对澳门经济增长的基本面、动力结构与可持续性都带来了新的影响。

（一）国际经济新特征和博彩业竞争态势

2008 年金融危机爆发后，各主要经济体都在加紧反思与调整经济增长方式和发展模式，围绕新的发展制高点的竞争不断加剧。后危机时代，全球经济都进入艰难的调整阶段，经济恢复过程缓慢而痛苦，西方舆论普遍将其形容为危机之后的"新常态"。[⑫]有人概括为"一低两高"，即"低增长、高失业、高债务"。

对美国、英国等发达国家来说，新常态的特征，一是经济总体增长速度比危机之前略有下降，美欧国家总体复苏乏力，但内部复苏不均衡。二是危机后的增长动力主要来自高科技、高端服务业等领域。三是面临着如何协调经济发展与经济恢复过程中的社会矛盾，尤其是如何兼顾国内一大批丧失经济竞争力的低技能人群等挑战。后危机时代，经济全球化进程出现放缓，或者说进入新的调整阶段：发达国家相继提出再工业化战略，国际资本流动放缓甚至回流；发达国家需求增长疲软，国际贸易增长速度大幅下降；国际保护主义开始抬头。与此同时，世界经济游戏规则正面临深刻调整。世界正在酝酿新的科技革命和产业变革。新的技术和商业模式的应用，对传统产业往往具有颠覆性，对现有产业体系可能带来很大冲击。由于金融危机复苏缓慢和全球性的通缩，经济全球化的传统动力减弱，新动力尚在酝酿之中。贸易原本是经济增长的发动机，但是连续 3 年，世界贸易增长率低于 GDP 增长率。

对中国之外的其他新兴经济体而言，总体仍处于增长调整期，普遍面临结构调整和经济下行压力。从 2013 年初开始，当美国宣布将逐步退出量化宽松政策时，新兴经济体遭到新一轮撤资冲击。新兴经济体增长速度低迷，俄罗斯、巴西等金砖大国甚至面临着衰退的威胁，同时部分新兴经济体不得不推行面向全球化的经济体制改革。

国际博彩业开放及发展态势，对澳门经济影响相对较大，澳门博彩业正面临周边赌场和网络博彩双重竞争压力。近年来周边国家或地区纷纷放开赌禁，先后推出优惠政策发展博彩业，有针对性地大力增加博彩设施，如新加坡、越南、菲律宾、韩国、俄罗斯等，未来澳门博彩业在亚洲地区一枝独秀的格局可能将不复存在，内地游客或将直接成为各国博彩业重点争夺的客户群。此外，随着互联网的普及而发展的网络博彩，虽然面临着法律、隐私、支付等风险，但却是博彩业发展最快的一个领域，[13]对传统赌场的影响备受关注。

（二）中国内地经济发展进入"新常态"

受外部经济环境以及内部发展趋势制约，中国经济发展近年来也呈现出阶段性特征——"新常态"。其三个核心变化是，经济增长速度由高速转为中高速，经济结构优化升级，经济发展方式由要素驱动、投资驱动转向创新驱动。"新常态"集中体现为"中高速、优结构、新动力、多挑战"四个特点，是中国经济"换挡升级"、"由大到强"的过渡阶段、准备阶段，是一种发展阶段的转换，将进一步推动社会结构的深刻变动和利益结构的深刻调整，进入经济增长速度换挡期、结构调整阵痛期、前期刺激政策消化期。也有专家提出，中国经济"新常态"远不止经济减速，它将有四个方面的重要表现：新旧经济增长点拉锯式交替、渐进式的经济结构调整、改革的艰难推进、国际经济领域中中国要素的提升。[14]中国经济增长格局向新常态转变，需要在发展战略、结构调整、宏观经济政策以及企业微观生产经营管理等各个方面进行谋划，把握主动权，[15]上述态势无疑将对澳门经济增长方式产生较为长远的影响。

对澳门而言，内地经济增速放缓，无疑将减低外游需求及相关消费。此外，更为关键的是，近年来中央加强整治腐败，大力开展廉政建设；坚定推行八项规定，反奢侈倡节俭；规范资金运作、规范内地居民赴澳门过境手续等，都将减少奢侈品消费、提升财政资源使用效率。未来，随着内地着重完善依法治国以及提升政府治理能力，廉政、节俭、规范运作将会通过制度化建设而变为常态。这些都将在一定程度上对澳门的贵宾厅特殊客源以及高档奢侈品消费产生较为持续的抑制作用。

(三) 澳门经济增长进入调整与转型期

当前澳门正处于经济社会转型期，也是澳门历史发展的关键期，各种社会矛盾相互交织，日益显现，经济增长方式调整的压力日增。

从经济角度看，澳门经济经过连续15年的高速增长，人均GDP超过大部分发达经济体，位居国际前列，博彩旅游城市的国际知名度已初步确立，非博彩行业发展也有一定基础；政府积累了改善经济社会发展的财力基础，有条件去培养人才，推动开放与改革，谋求经济适度多元发展，促进社会和谐。[16]但与此同时，澳门发展已进入瓶颈期，深层次问题日益突出。近年来澳门经济社会中面临的一些问题，如社会上流空间变窄、年轻人就业出路窄、房价过快上升引发居民住房难及企业营商成本高企、经济适度多元进展不够理想等，都与本地经济发展方式、产业基础较窄有关，也与自由市场经济政府调节经济意识、调节空间与能力不足有关，此外还与国际经济资金走向与澳门资产的吸引力有关，同时也是一个全球政府面临的共同性难题。

从社会政治角度看，单一产业长期超高速发展的社会政治影响逐步显现，需要加以重视与调控；社会阶层、社会结构相应发生变化，对公共行政管理及法律法规也产生新的需求；此外，澳门民众的社会参与意识在逐步提升，改善社会管理、促进社会流动的社会呼声在增大。如果不能妥善处理这些问题，将对特区下一阶段的发展带来不利影响。

从当前博彩业急速回落态势看，澳门经济增长方式调整的紧迫性正在迅速增大。影响澳门经济增长的外部因素比较独特，澳门经济的调整与转型内涵也有别于国际其他经济体。由于经济结构的特殊性，澳门在全球经济阴霾下基本保持了良好的发展势头。有社会人士据此认为，澳门经济其实并不脆弱，能在全球一片萧条中保持较高的增长态势，说明澳门经济具有一定的抗跌性。也有人质疑，澳门是否有必要去做经济适度多元化，澳门缺乏相关基础条件，只要能把博彩业做强做大、能在国际博彩业竞争中占有一定地位就可以了。但进入2014年，澳门经济增长势头快速逆转。因贵宾厅业务的急速收缩，博彩业收入已出现连续7个月的大幅下跌，全年博彩收入首次出现负增长，改变了过往长期以来的上升轨迹。受其影响，澳门经济增长态势也出现逆转，2014年第3季，澳门GDP出现2.1%的负增长，为5年来首现季度经济同比负增长。预计第4季GDP仍将出现负增长，全年经济增长可能会维持在较低水平。随着澳门最主要经济引擎博彩业开始终结其超常成长阶段，澳门经济增速也将出现换挡，未来将告别超高速增长，转向稳健或者中高速发展通道。一旦澳门主导产业博彩业调整或增幅呈现趋势性态势，将会引发系列相关趋势性变化，澳门经济结构及经济增长动力等要素也将会产生新的变化。

四 澳门经济发展的趋势性特征——新常态

如何前瞻性地思考澳门经济发展可能面临的状况，探索澳门经济健康、和谐、可持续的发展模式，不仅有助于制定澳门经济转型的策略目标及相关政策，也是特区政府谋划应对澳门深层次问题、有效推进经济社会发展更上一层的前提。

对微型经济体未来转型趋势性常态特征的把握，存在一定的难度，经济结构的单一性以及经济较具波动性等特点，都使得微型经济体较难呈现出规律性趋势。一般而言，新常态的典型特征或者核心内容是，在经济增速降至中高速水平的同时，经济结构不断优化，经济发展质量和效益明显提高，这一态势会在较长时间持续，最终完成经济社会结构的全面转型升级。所以新常态不仅意味着经济增长速度的回落，还会伴随着深刻的结构变化、发展方式变化和体制变化。为此，在探索澳门在经济发展转型过程中的可能常态时，还需要从以下三个角度来把握其内涵。首先，新常态是一种新趋势，是经济发展客观规律的反映，即经济运行的新常态。其次，新常态并不是已经实现的状态，而是一种新的发展目标，需要我们积极作为才能获取，即可能实现的（或预期的）新常态。三是面对新常态，政府都要确定新的发展思路和政策，也即需要制定与经济发展新常态相适应的经济政策的新常态。[⑰]

依据上述内涵和视角来分析，本文从经济增长速度、经济结构、经济发展方式以及政府宏观政策四个方面，来观察澳门经济新常态的可能特征。未来澳门经济发展，将会出现以下若干新趋势或者常态特征。

（一）经济增长出现拐点，在波动中向中高速增幅过渡

从澳门经济运行趋势来看，澳门经济增长已进入一个拐点，由过往双位数高速增长开始转向平稳或中高速增长。澳门经济进入拐点走向新阶段的主要标志如下：

其一，澳门经济已经进入相对成熟的时期，过往支撑超高速增长的条

件已经改变。例如，澳门经济规模小、基数低；博彩业开放启动较早，周边竞争压力不大；内地大量非常态资金流入澳门博彩业等。国际经验和一般规律是，当经济发展水平达到中等收入后，经济增长率将出现 30% ~ 40% 的递减。

其二，在向新常态转型的过程中，经济运行的起落会相对较大。这与澳门微型经济体结构单一等特点有关，是澳门过往经济走势特征的延续。另外，经济增速的换挡是一个中长期的过程，是一个不断培育新增长点和新增长模式形成的过程，期间各种因素会有波动。

其三，龙头产业博彩业已率先进入调整期，今后将转向中高速或者相对稳健发展。自 2013 年起，博彩业快速增长趋势已经发生改变，从 40% 降至 10%。2014 年，博彩业在高位再次调整，速度之猛、幅度之大，出乎意料，其中主要是贵宾厅业务的大幅收缩，显示贵宾厅运作中存在较大风险，引发社会各界对博彩业发展模式的思考。博彩业增长势头出现大幅逆转，主要原因是内地反腐败倡节俭、资金供应减少、限制银联卡使用、收紧过境居留限制、中场全面禁烟、上年基数较高等。业界有分析人士认为，最为关键的原因是内地现时资金流动性紧张，中介人收紧赌资借贷，引起贵宾厅资金链的断裂。未来，博彩业升幅也趋向收窄，但长远而言将会在波动中保持中高速增长态势，甚至可能会出现短期内的大幅蹿升。

其四，原有发展动力已基本释放，新的动力源尚未建立，难以继续支撑经济快速发展。澳门经济持续十多年的快速增长，其动力主要来自以下几个方面：一是制度突破。通过开放博彩经营权引入竞争，增加博彩设施供应；推出内地居民赴澳自由行安排，增加博彩需求。二是资源增加和存量释放。通过引进外劳，增加人力资源供应，其中以内地劳动力为主；扩大娱乐场、酒店投资，大规模兴建博彩场所。三是外部市场环境的繁荣景气所带动。内地经济的快速发展，带动内地访澳旅客的急速增长及旅游消费。到今天，原有发展动力已基本释放，粗放式扩张模式遇到瓶颈。一般估计，澳门经济已进入快速发展的顶点，未来几年很有可能进入常态化的平稳发展。

综合澳门本地环境、全球经济以及内地社会经济发展趋势等因素看，影响 2014 年澳门博彩业走势的部分因素可能会呈现长期化趋势，博彩业的调整趋势初步显现，经济增长动力出现弱化态势。2014 年博彩业对澳门经济增长的贡献度首次转向下降。值得关注的是，多年来，澳门尚未培育出有实力走向国际博彩市场的大公司，未来若不能实施博彩产品结构转型或拓展国际客源市场，若不能成功促使博彩业从制度供给型转向市场竞争型，澳门博彩业的发展空间将会趋窄。

（二）经济结构一业独大趋势出现松动，增长的动力结构出现渐趋多元迹象

通过结构多元与优化升级来提升经济增长的质量，是新常态的核心内涵，也是澳门经济转型中最迫切需要解决的瓶颈。目前澳门已出现一些结构优化的利好趋势。

一是增长动力结构逐渐趋向多元与均衡。2014年澳门经济因博彩业急速调整而迅速下滑，但经济基本面仍是好的，经济下行中整体经济效益没有恶化，显示出其他非博彩行业对经济增长的支撑带动作用。一是主要经济指标整体稳定，固定资本投资及内部需求尚属畅旺；零售业虽有下降，但主要集中在高档消费品上；旅游业总体良好，访澳人次、酒店入住率均保持增长态势，只是游客消费因奢侈品消费减少有所下调。二是经济下行对就业影响不大，大量外地劳工的存在将有助于缓冲澳门本地失业压力。目前博彩业调整的主场在贵宾厅业务，对博彩企业其他业务的关联影响未显现，有待观察。与此同时，非博彩行业及整体经济，则有可能会因此缓解人力资源紧张的压力。三是目前博彩业收入的绝对值仍处于高位，政府预估2015年每月平均收入为275亿元，足以满足财政开支需求。四是尽管澳门较易受到外围经济环境尤其是内地相关政策的影响，但特殊的政治地位、"一国两制"的制度优势、博彩业已形成的规模和基础、国家对澳门发展的重视与支持，以及新一轮粤澳合作等，都是澳门经济发展的利好基础。

二是经济适度多元发展的动力与条件出现改善，有助于经济结构的调整。随着主导产业博彩业的调整与放缓，澳门经济结构调整有望出现积极变化。过去澳门经济适度多元发展成效不彰，也与博彩业过快发展密切相关。博彩业的调整，将释放更多的社会资源，非博彩产业可借机进一步扩张，社会也将有更大的共识与动力去努力提升"旅游休闲中心"与"中葡平台"等功能。短期内，博彩业作为澳门增长的单一动力可能会有所改变。中长期看，博彩业依然将是澳门经济增长的主要动力之一。业界一般估计，博彩业调整到2015年中期后才会见底，之后会随着新项目的落成，加之上年基数较低，博彩业又会重拾上升态势，但增幅会趋向稳健，也不排除临时性的较大增幅。

（三）增长方式有望呈现"提质增效"态势

当前澳门博彩业调整是经济下行的主因，是对过往超高速增长中不规范成分的挤压。经济风险虽快速释放，但总体可控，经济运行尚处正常可承受范围。

从整体经济结构看，本轮调整主要集中在贵宾厅业务，并由博彩业辐射到零售业中的奢侈品消费以及房地产业，产生高收入行业放缓的连带效应，其他产业总体保持增长态势：投资增幅依然强劲，消费增长明显趋稳，使得内需对 GDP 增长的贡献上升，拉动力增强。这与上轮经济调整有明显不同。2008～2009 年，澳门博彩业曾出现 9 个月的同比下跌，其中伴随着游客、零售业、旅游业等行业的较大幅度下跌，也伴随着中场（低额度大众博彩）博彩收入的较大幅度下跌。本轮调整一方面有效抑制了澳门房地产持续多年的过热态势，同时也显示整体经济基本面的良好状态及增长的质量。

从博彩业内部结构看，博彩收入下跌主要是贵宾厅收入下降造成，以大众游客为主的中场博彩收入仍维持增幅。显示贵宾厅运作及特殊消费群体的博彩消费量出现明显收缩，博彩业最主要的利润来源贵宾厅业务遭遇瓶颈。2014 年第 1～3 季，贵宾厅收入占博彩毛收入的比例已降到 60.33%。从绝对值看，每月博彩收入仍保持在 250 亿元左右，与年初的水平持平，也大致相当于 2013 年的水平，远高于澳门财政开支的需要。在内外环境的挤压下，贵宾厅运作模式正面临逐渐规范的压力，迫使博彩企业转变经营重点，更多地关注中场，改进服务质量，营造新的竞争优势，有助于澳门主导产业博彩业加快走向规范与健康发展。2015 年政府将启动的博彩中期检讨，也需要更多地面对实际问题与新情况。

本轮博彩业调整，属于市场主导的结构性调整，既有外部因素引发的压力，因外部市场需求结构变化而产生的被动转型，也有澳门规范博彩业运作、拓宽产业基础的内在需求，是健康有序发展的要求。调整表象的背后，其实是澳门发展阶段的转换，是社会经济发展的转型。澳门博彩业的调整，既是挑战也是机遇，而且利大于弊，不仅将扭转博彩业多年来的非常态增长的态势，同时也可缓和经济长期过热带来的资源、劳工压力。从资源释放角度看，这是对长期以来因快速增长导致的资源配置扭曲现象的矫正。本次调整是澳门博彩业和整体经济规范、健康发展的必由之路，可迫使博彩企业乃至整个社会去思考并调整经营方式，有效提升博彩业的内在服务质量与竞争力，并有助于非博彩业发展和澳门经济适度多元的展开。

（四）政府在推进经济转型中的作用将渐趋务实

当前，如何破解新常态下的发展瓶颈，考验着澳门新一届特区政府。澳门经济转型面临的难度、改革面临的阻力，都将会前所未有。新常态的形成主要是由经济发展的阶段性变化所决定的，在这一新阶段，经济发展所面临的环境、内在动力和主要矛盾都发生了深刻变化，过去适合于旧常态的经济政策和其他政策已经不适应新常态发展，必须做重大的调整和变化，并逐步"常态化"。对澳门特区政府而言，如何发挥好政府在经济转型中的引导与促进作用，尤为重要。

一是要改变观念意识滞后以及改革动力上的缺位、不到位。通过完善制度与法治，通过改革，来进一步释放制度红利；通过开放，来促进新的发展活力。

二是要根据近年来支撑经济增长因素的变化和调整节奏，合理制定经济预期目标，有针对性地推行经济政策，引导经济运行向均衡状态平稳回归。要密切关注内外环境，尽可能将经济波动幅度控制在合理区间内，减轻经济波动对市场及居民生活的影响。

三是要努力使经济运行能够较为平稳地转入新常态。一方面，特区政府要平衡好控风险、保就业、促转型的目标管理，既不能回到粗放式快速增长的老路，避免积累新的泡沫；但也要防止因经济增速过快回落而导致的经济金融风险的集中爆发。另一方面，应根据澳门发展新常态趋势特征，完善与制定宏观规划、产业推进政策，着力推进重点领域改革，加快培育新的增长点，构筑澳门经济新常态的动力基础。

在转型期，经济发展速度要服从质量。此轮调整可能会有助于推进结构调整和培育新的增长动力。只要企业可盈利、就业总体稳定、不发生系统性风险，就应该守住转型调整的底线。客观上，随着经济的改善，人们的偏好也在发生变化。更多的人宁愿以放缓经济增长来换取环境质量的改善，更为需要的是生活的质量、增长的质量。中等收入国家或地区，GDP 增速一般保持在 5% ~6% 的区间比较适宜。中长期而言，澳门需要迫切谋划与改革领域的是：澳门总体发展目标的筹划，包括"一个中心、一个平台"的建设；博彩业适度发展的调控与管理；经济适度多元发展的推进与落实等。

五　与新常态相关的几个值得思考的问题

目前全球都面临着增长方式转型的痛苦过程，澳门也处于经济增长方式转型的关键时期。笔者认为，有必要系统研究澳门在新形势下的发展环境，准确把握澳门经济发展可能出现的新趋势与常态特征，认真思考澳门在新发展阶段所要面对若干方向性问题。这也是澳门新常态的内涵要素与目标方向。

（一）增长动力：如何培育和夯实澳门经济增长的动力基础

随着博彩业进入调整期，澳门经济原有的增长主动力随之弱化，需要探寻与培育新的增长点，实现多重动力交替驱动，从而夯实澳门经济增长的动力基础。澳门经济增长的动力结构，应该实现以下多个层面的转换：从博彩业单一驱动模式转向孕育新兴产业的多元驱动，新旧增长动力是否能顺利接续至关重要；从外需拉动到外需与投资、内部消费共同推动，要密切关注内需拉动对通胀的刺激影响；从要素投入推动到创新、创意、创造联合驱动，从数量扩张型增长向质量提升型增长的转变，其中尤为需要突破人才素质瓶颈；从中央推动到特区政府与企业内在需求、内生动力共同推动；从依赖政策优势到依靠企业竞争实力与集聚优势，激发企业内在活力；从依靠内地客源为主到吸引国际多元客源的合理需求结构拉动等。动力结构的有效转换与衔接，是澳门顺利转入发展新阶段的重要基础。

（二）增长方式：如何达致适合澳门宜居宜业目标的优质增长与和谐增长

微型经济体的发展转型，核心应该是要达致适合澳门宜居宜业目标的优质增长。为此，在增长方式上，一是要与澳门总体发展目标相配套，围绕建设"世界旅游休闲中心"、"中国与葡语国家经贸合作服务平台"的发展定位，来制定澳门经济发展的总体规划及配套措施，使澳门每个阶段的经济发展都能成为具体推进"一个中心、一个平台"建设的环节。二是要与资源要素相协调、与城市动态承载力相适应，要宜居、适度，在发展过程中解决好城市"超载"问题，逐步消化澳门可持续发展中的资源制约。三是要与社会发展相和谐，优先处理增进民生的福祉，使经济增长能与民众福祉改善相关联，加大力度建设社会保障、医疗、住屋、教育和人才培养五大长效机制，研究构建财政盈余分配的长效机制，实现经济社会和谐发展。四是要与澳门本地利益以及国家整体发展利益相协调，形成在特区发展中兼顾国家整体利益、在国家发展中惠及特区长远发展的双赢局面。

（三）增长路径：如何协调好本土发展与区域合作双腿走路的互动效果

澳门经济可持续增长的难点，是要在有效推动经济适度多元发展上取得实质性进展，要在多个层面协调好双腿走路关系：在产业多元方面，实现跨域多元与本土多元相结合；在产品多元方面，实现国际品牌与澳门特色品牌共存；在企业结构多元方面，实现国际大企业与澳门中小企业互具优势、互相补充的格局。

本土发展与本土多元，是拓展澳门经济基础与提升产业竞争力的重要环节。本土发展，可直接带动本地就业与消费，将发展利益更多地沉淀在本地。做好本土发展的重点，一是做好发展规划与谋划，做好顶层设计，制定具体的推进步骤和措施；二是扶持与推进非博彩产业发展；三是做强服务功能，发挥好与世界级休闲旅游中心相配套的服务功能与商贸平台；四是处理好经济发展与民生改善的关系，改善本土就业，并构建、落实有关民生的长效机制与相关配套措施。

区域合作与跨域多元，是澳门克服空间局限、寻找资本出路的重要渠道，同时也是联手应对国际竞争的重要方式。通过区域合作实现产业的跨域多元，有利于补充澳门经济资源、拓展产业优势、累积发展经验，有助于提升澳门的产业辐射优势和相关服务功能，从而带动本地相关行业发展，实现与本土多元的良性互动。其中尤其是要把握好国家全面深化改革以及"十三五"战略规划的重大机遇。

（四）增长推动：如何有效地将市场主导与政府适度有为相结合

经济结构升级转型具有复杂性、艰巨性和持久性，在转型过程中，"市场失灵"现象一般会相对较为明显，需要市场机制与政府功能的有效结合。一方面要激发市场活力，释放增长潜力，在机制上注重调动微观主体的积极性；另一方面需要政府发挥好相应功能，顺应新形势新需要，以更大的勇气和智慧破解发展难题。例如制定发展目标与相应策略方案，制定推动经济适度多元发展的清晰的产业发展政策；通过财政手段推动转型，制定配套扶持方案，设立"特区政府投资发展基金"，实现长远发展；注重培育、优化经济环境，加快培育新兴产业成长，保留中小企业的城市发展空间，扶持中小企业升级转型；全面和具体评估澳门在国家发展战略中的功能定位和发展路向，参与内地建设与发展，分享内地新一轮经济发展的"红利"等。未来澳门经济将会呈现在波动中发展的局面，政府需要根据新形势逐步强化经济调控功能，把经济波幅尽量控制在"合理区间"内，以减轻经济波动对市场及居民生活的影响，尤其是中小企业营商环境和就业市场的健康化。[18]伴随着增速下行和结构调整，原来被掩盖的矛盾和风险会显露出来，政府经济政策及相关措施能否因应新常态的需要及时作出调整，发挥好引导作用，十分重要。

（五）增长后劲：如何保持好重点领域的有效增长及可持续发展

支撑澳门经济增长的重点领域，一是龙头产业博彩业，二是培育新的经济增长点。

对博彩业而言，其重点是要适度、健康与规范发展。政府需要完善对博彩业的产业引导与法规监管，尤其是要做好对贵宾厅运作及中介人的规管，控制相关经营风险与不规范操作，关注其资金来源及其链条断裂可能产生的效应；要做好博彩业中期检讨，对关键问题进行研究，落实博彩企业对澳门经济多元的带动；深化推进负责任博彩，降低博彩业的负面影响；同时需要在"一业独大"的脆弱性及周边国家和地区陆续开赌的竞争性中确立博彩业的"强身"之路，增强抗风险能力和综合竞争力。

对培育经济增长点而言，寻求经济多元出路的意义，除改进经济稳定性和增强可持续性外，还可为未来创造更多新空间。为此，必须重新审视澳门经济适度多元的发展路向，要"审时度势、统筹谋划"，切实推动澳门经济适度多元可持续发展。从提升澳门自身发展素质能力入手，推动综合旅游、商贸服务、会议展览、文化创意等产业形成规模和发展竞争力。要用好中央支持澳门的政策措施，在区域合作中拓宽澳门发展空间，增强澳门发展动力。

总体而言，澳门应抓住关键领域和薄弱环节，力求在拓宽澳门产业基础有所突破，扩大增长动力源，减少对博彩业的依赖程度。同时澳门需要通过制度改革与扩大开放获取新的资源和动力，在经济增长速度继续放慢的同时，实现经济结构变化在加快、市场活力在增强、长期的增长潜力在逐步释放，从而使澳门在新的发展阶段中"走稳、走实、走远"。

---

① 苏宁、彭波、江琳：《崔世安：同心致远 共创繁荣 澳门特区行政长官崔世安答〈人民日报〉记者问》，澳门：《澳门日报》2014 年 12 月 8 日。

② 石吾年：《澳经济发展彰显"一国两制"成功》，澳门：《澳门日报》2014 年 12 月 1 日。

③ 澳门特别行政区政府统计暨普查局：《本地生产总值》（2014 年第 3 季），澳门，2014 年 11 月。

④ 澳门特别行政区政府统计暨普查局：《澳门产业结构 2013》，澳门，2014 年 12 月。

⑤黄炜熊：《经济猛增澳国际地位提升》，澳门：《澳门日报》2014 年 12 月 9 日。

⑥⑨⑩澳门特别行政区政府统计暨普查局：《统计年鉴 2013》，澳门，2014 年 8 月，第 237、73、309～310 页。

⑦澳门特别行政区政府统计暨普查局：《统计月刊》，澳门，2014 年 11 月，第 50 页。

⑧杨道匡：《澳门经济适度多元发展与相关问题探讨》，见全国港澳研究会编《澳门回归 15 周年专题研讨会论文集》，北京，2014 年 11 月。

⑪李飞：《澳门基本法与特区发展——在澳门基本法推广协会主办的专题讲座上的讲话》，澳门：《澳门日报》2014 年 12 月 4 日。

⑫"新常态"作为近年来重要的经济术语，最先由美国太平洋基金管理公司总裁埃里安提出。在不同领域"新常态"有不同含义，但在宏观经济领域被西方舆论普遍形容为危机之后经济恢复的缓慢而痛苦的过程。该说法在最近两年的冬季达沃斯世界经济论坛上频繁出现。2014 年 5 月，国家主席习近平首次从中国经济发展的阶段性特征角度，提出要适应"新常态"。

⑬黄贵海：《回归十五年澳门博彩业的发展与挑战》，澳门：《澳门研究》2014 年第 2 期。

⑭李稻葵：《经济新常态远不是经济减速》，北京：《新京报》2014 年 11 月 8 日。

⑮吕政：《中国经济增长格局在向新常态转变》，北京：《新京报》2014 年 11 月 8 日。

⑯吴志良：《居安思危谋长远，开放改革创未来》，见吴志良、郝雨凡主编《澳门经济社会发展报告（2013～2014）》，澳门基金会（澳门）、社会科学文献出版社（北京），2014，第 7 页。

⑰《2014 年宏观经济形势分析与 2015 年展望》，北京：人民网，2015 年 1 月 4 日。

⑱《梁维特称中短期澳将遇困难和挑战须审慎将经济波幅控制在合理区间》，澳门：《华侨报》2015 年 1 月 5 日。

作者简介：蔡赤萌，国务院港澳事务办公室港澳研究所研究员，《港澳研究》执行主编。

[责任编辑：刘泽生]

（本文原刊 2015 年第 1 期）

新产业革命：澳门经济发展的路向与策略[*]

龚唯平

[提　要] 新产业革命是足以改变人类生产方式和生存方式的技术所带动的生产力质的飞跃，不仅推动一批新兴产业兴起并替代已有产业，还将带动整个产业形态、制造模式、运营组织等方面的深刻变革。澳门"以赌立城"的经济发展模式具有不可持续性。面对当今世界扑面而来的汹涌澎湃的新产业革命浪潮，澳门必须顺应时代潮流、进行生产方式和商业模式的根本性变革。澳门经济发展路向就是推进新产业革命。在此基础上，本文还提出了一系列的基本策略和具体对策。

[关键词] 新产业革命　澳门经济　发展路向　生产方式变革　商业模式

2013 年 12 月 18 日，国家主席习近平在中南海会见到京述职的澳门特别行政区行政长官崔世安时指出："当前，澳门要居安思危、谋划长远。如何在这些年快速发展的基础上求实创新，解决好发展过程中日益显现的矛盾和问题，探索澳门经济适度多元发展的路子，实现澳门持续发展，需要特区政府和澳门社会各界继续努力。"①细品这段话，不难发现，习近平主席关于"居安思危、谋划长远"的指示，真可谓是既一针见血又意味深长，

---

* 本文获得广东省人文社科重点研究基地广东产业发展与粤港澳区域合作研究中心和澳门中小企业协进会项目资助。

指明了目前澳门问题的要害及未来长远发展的方向。

回归十五年来，赌权的开放，自由行的实施，带来了澳门经济井喷式的爆发性增长，澳门城市也急剧膨胀扩张，南欧风情小城一举变成了流金溢彩的现代化都市。不过，昔日的高增长并不意味着未来前景的乐观，城市外观的现代化也不代表澳门经济整体的现代化。实际上，澳门依然是在"以赌立城"的固有轨道上运行，甚至是在传统道路上加速度往前冲。智者不禁发问：严重依赖赌业的澳门经济是否可以持续发展？面对当今世界扑面而来的汹涌澎湃的新产业革命浪潮，澳门果真可以置身事外、依然我行我素吗？澳门经济适度多元发展的路向究竟何在？是否需要与时俱进的变革，即顺应当代新产业革命的潮流、进行生产方式和商业模式的根本性变革？鉴于上述思考，本文对此进行深入探讨。

一　席卷全球的新产业革命潮流

早在 20 世纪 70 年代末，就不断有专家学者提出"新一轮工业革命"、"信息时代"、"知识经济"和"新经济"等论断。2011 年美国未来预测大师杰里米·里夫金（Jeremy Rifkin）出版《第三次工业革命》一书；2012年英国《经济学家》杂志编辑保罗·麦基里（Paul Markillie）发表《制造和创新：第三次工业革命》一文。值此，关于第三次工业革命的讨论成为全球关注的焦点，"新产业革命来临"这一推断得到世人普遍认同，由此揭开了当代新产业革命的帷幕。

纵观世界科技和产业发展的历程，人类已经历了两次产业大革命。第一次产业革命从 18 世纪 60 年代开始，以蒸汽机作为动力机被广泛使用为标志，形成了建立在蒸汽机和纺织机基础上的机器大工业。第二次产业革命从 19 世纪 70 年代开始，以内燃机和电力广泛应用为标志，形成了以重化工业为主体的现代工业体系。历史经验证明，科技革命推动产业革命，而产业革命则是科技革命带来的生产方式的根本性变革。

人类已经进入了第三次产业革命时代。20 世纪中期以来，电脑技术、信息技术、新材料技术、生物技术、空间技术、海洋技术和新能源技术等新技术不断涌现和逐步成熟。尤其是 21 世纪以来，随着信息技术、新能源、新材料等一系列重大关联技术的群体性突破，以及各种新技术的高度交叉和深度融合发展，终于形成了以信息技术为标志的第三次技术革命。长期的技术进步和积累最终形成了突破性的力量，由量变引发质变，从而掀起了第三次产业革命浪潮。

杰里米·里夫金认为：新产业革命必须包含"新能源技术的出现、新通讯技术的出现以及新能源和新通讯技术的融合"三大要素，而第三次工业革命就是新能源、新材料、互联网、物联网等不断融合出来的一个数字化制造时代。②保罗·麦基里则认为：第三次工业革命是在前两次工业革命的基础上迎来制造业的数字化发展，以3D打印机为核心，强调生产方式的变化，重点关注数字化制造和新能源、新材料的应用，并由此改变世界经济格局，改变制造商品的方式乃至人类的生活方式。③上述两种权威观点虽侧重点不同，但均强调了制造业数字化，并均重视新能源的应用和新技术的融合发展。

新工业革命有五大支柱，或者说是五大标志性的新技术群：一是以新制造方法为核心的制造业技术，包括3D打印、工业机器人等新技术；二是以绿色能源为核心的能源技术，包括太阳能、风能、页岩油气等非传统油气、分布式智能电网、储能等新技术；三是以电脑与通信为核心的信息技术，包括移动互联网、大数据、云计算、人工智能、机器人等新技术；四是以基因工程和细胞工程为核心的生物技术，包括转基因、干细胞、生物医药等新技术；五是以新型材料为核心的材料技术，包括碳纤维和石墨烯等新技术。在这五大新技术群的推动下，催生出日新月异的新产业或新的业态，并催生出新的经济模式和社会关系，由此形成了波澜壮阔的新产业革命。

人类已经迈入以数字化制造、新一代信息技术和再生性能源技术应用等为主要特征的第三次产业革命时代。新产业革命的实质是信息技术、新能源、新材料等技术的重大创新与融合，并推动一批新兴产业诞生与发展，进而导致经济社会发生深刻变革的过程。本质上说，新产业革命是一种足以改变人类生产方式和生存方式的技术所带动的生产力质的飞跃，不仅推动一批新兴产业兴起并替代已有产业，还将带动整个产业形态、制造模式、运营组织等方面的深刻变革。随着新产业革命的深入发展，整个世界将发生天翻地覆的变化。具体说，新产业革命的重大意义和深远影响主要有以下几点：

其一，新产业革命培育发展出一系列新型产业，并逐步替代许多落后的传统产业。这一点是显而易见的，新技术的广泛应用，必然带来新产业的勃兴。例如，3D打印技术的发展，催生出了新的数字化制造业；光伏技术的发展，开发出太阳能电力产业；云计算的普及，造就了新型信息服务业。在生物技术和材料技术革命的推动下，许多生物制药、生物工程和新材料等新兴产业正在雨后春笋般涌现出来。此外，新产业革命更加关注人本身的健康服务和节能环保，将促进休闲旅游和文化创意等幸福导向型产业的发展。

其二，新产业革命将对未来世界经济发展格局产生重大影响。首先，新能源革命将使全球能源领域的技术要素和市场要素配置方式发生革命性变化，改变目前发达国家和产油国的能源垄断局面。其次，新产业革命将带动世界经济迎来新一轮增长长周期。世界经济发展史证明，大突破必有长发展，重大科技浪潮和产业革命往往与新的经济长周期相伴而行。此次新产业革命引发制造业产量和生产率加快提高，引发全球产业链效率提升，将成为世界经济新一轮长周期的动力支撑。再次，新产业革命将导致全球制造格局发生重大变化，发展中国家低要素成本的比较优势将受到挑战，而发达国家技术密集和资本密集的优势将进一步强化。同时，由于个性化、定制化要求生产者更贴近消费者与消费市场，过去为追逐劳动力低成本转移到发展中国家的资本，可能会重新回流到发达国家，全球制造业空间布局也将发生变化。最后，新产业革命的重新洗牌，给发展中国家提供了机遇，发展中国家完全有可能通过变革和创新来提振经济发展实力，从而可能改变全球各国综合实力的格局。

其三，新产业革命将对人类生产方式进行根本性变革。全球制造业领域目前正在发生一系列深刻的数字化变革，将使现有制造业的生产模式发生颠覆性的变化。传统的大规模、集中式和标准化的工业生产时代可能一去不复返，代之而起的将是分散化且满足个性化需求的工业生产模式，适应个性化需求量身定制成为制造商的核心经营策略。其中，3D打印技术是这场革命中最引人注目的核心元素。以互联网为支撑的智能化大规模定制的方式，使得生产制造模式呈现数字化和个性化的特征。④同时，在新产业革命中，为适应全新生产方式，无论是产业内部还是产业之间，都呈现出组织方式的网络化和虚拟化趋势。具体表现为：一是生产组织的虚拟化。信息技术的飞跃发展使大量物质流被成功虚拟化而转化为信息流，除必要的实物生产资料和产品外，生产组织中的各环节开始分离，使生产方式呈现出社会化生产的重要特征。二是产业组织的网络化。通过网络平台、形成智能的网络化的产业链、供应链和创新链，使得供应商、制造商、客户都可以参与产品的开发生产。三是企业组织的扁平化。企业内部结构层次减少，管理幅度增加，组织中的等级制度逐步淡化，从而建立一种紧凑的横向组织，使组织结构变得灵活、敏捷，富有柔性和创造性，更加有利于信息的传递。

其四，新产业革命将彻底改变传统的商业模式。例如，云计算简化了软体、业务流程和访问服务，可以帮助企业简化操作或更大的灵活性操作、降低成本和提升效益。有了云计算这个公共服务平台，企业就不必自备一套计算设备和人员，甚至连伺服器都不需要了。企业可以集中资源发展自己的优势项目，优化投资规模，取得更多商业机会和经济效益。因此，云计算是一种更有效的商业模式，不仅改变了企业的工作方式，也彻底改变了传统的小生产式的封闭商业模式。又如，在货币电子化和信息平台化的推动下，三百年来都没有发生重大变化的银行商业模式，正在发生以下四个重大变化：一是无网点化，二是消费支付的移动化，三是金融服务的垂直化，四是金融信息的个人化。随着银行业务平台化运作的发展，很可能在不久的将来，传统银行将会消失。

其五，新产业革命将引发全球就业结构发生"创造性"破坏。就业结构总是伴随产业结构的调整而调整，新产业革命时将更为明显。主要体现在新就业岗位增加和结构性失业加剧并存。一方面，新技术将催生新产业、新业态、新企业，从而创造许多新的就业岗位，高学历、高技能、熟练工人更容易获得高薪工作机会。另一方面，传统产业采用新技术和新工艺，提高劳动生产率，将减少低素质雇工；部分落后企业可能被淘汰出局，也将加剧失业问题。

其六，新产业革命将推进城市化，城市将在新产业革命中发挥更加核心和主导作用。一是新产业革命使城市的优势进一步凸显，城市的经济中心功能越来越强。二是新产业革命将带动城市功能的转型提升，高附加值、高技术含量、时尚化、个性化、低碳化的新型制造业将成为城市功能和经济发展的重要支撑，具有柔性、轻型、智能等特征的制造业体系将重新成为城市发展的重点。三是全球城市网络联系更为紧密，将形成更为密切的协作网络和更为重要的功能体系。

二 澳门必须迎接新产业革命的挑战

对于澳门是否迎接新产业革命挑战，也许，不少人是不以为然的。澳门经济形势不错，四面八方的人赶着来澳门送钱，有什么可忧虑的呢？以2013年为例，一年的入境游客3000万，一年的博彩收入450亿美元，一年的博彩税上千亿澳门元，有必要搞什么新产业革命吗？或许，还有人强调澳门的特殊性，强调澳门以赌立城是资源禀赋下的历史选择。他们认为只要中央的自由行政策不收紧，赌业的客源就不缺，有客源就不愁没有国际大财团投资澳门。不缺客源，不缺投资，澳门就能坐收滚滚银钱。至于新产业革命，似乎与澳门关系不大。

不错，澳门发展博彩业确有得天独厚的条件。中央政府贯彻"一国两制"，在政策上也对澳门予以特别关照。不过，以发展的眼光来看，在加速变革的当代，"一招鲜，吃遍天"的好日子是不可能长久的。不谋万世者，不足谋一时；不谋全局者，不足谋一域。如果从长远的和全局的角度深入思考，不难发现，澳门是不可能置身于新产业革命潮流之外的。

首先，推进新产业革命，是澳门提高内生经济增长动力的迫切需要。长期以来，澳门主打博彩业，这是澳门的优势所在，但也是澳门经济发展可持续的瓶颈所在。博彩本身并不创造财富而只是转移财富，它主要是基于赌客投机发财的心理，把别人的钱巧妙地转移到自己口袋里来。因此博彩业本质上是一种以邻为壑的非健康产业，它本身并不具有内生的经济动力。澳门人自己是不赌博的，博彩业的市场需求几乎全来自境外。因此主要靠博彩业支撑和带动的澳门经济自然就主要依赖境外地区的财富转移，本质上属于一种不可持续的寄生性经济。并且，博彩业的极度膨胀和一业独大，导致资源过度聚集，必然挤压其他行业尤其是中小微企业的生存空间，从而导致澳门经济的内生动力更加不足。正如任何生命体的寿命取决于其内生的生命力，内生经济动力也是任何独立经济体赖以生存的根本。要真正保持澳门经济的长期繁荣稳定，不能不提高澳门经济的内生动力。而要提高澳门经济的内生动力，在当今形势下非迎接新产业革命不可。

其次，迎接新产业革命也是提高澳门经济抗风险能力的客观要求。不可否认，博彩业"一业独大"，是澳门经济发展的产物，是独具澳门特色的竞争优势，也是澳门在区域经济一体化中的生存之道。但同样不能否认的是，赌地与客源地之间是存在尖锐矛盾的。作为以邻为壑的产业，澳门博彩业的发展必然以客源地经济的失血为前提，同时亦以客源地政府的忍受度为限度。在区域经济合作中，谁心甘情愿当牺牲品呢？更何况国际财团成为澳门博彩业的主体之后，肥水流到了外人田。赌地与客源地之间与生俱来的矛盾，决定了发展博彩业的高风险性，即取决于外部环境及其政策的变化。2003 年开始实行的"港澳自由行"政策，使得内地赌客迅速取代港客，成为澳门博彩业的主客源。目前，内地游客已经占澳门客源的近七成。于是，在产业结构"一业独大"的风险之外，又增加了客源结构"一源独大"的风险。2007 年 5 月，内地几个省份首次采取收紧自由行的尝试。2008 年 5 月，中央政府再次实施力度更大的收紧自由行措施。最近又推出禁止在赌场中使用银联卡，开始收紧外汇管制。澳门博彩业的高度兴旺发达，对中国内地的经济安全是有影响的。且不说中国内地为澳门博彩业承担了巨大的社会成本，单说每年上千亿元资金的流失，势必将影响到国家的经济安全。因而，随着内地收紧自由行签注制度，澳门的内地客源的增长势头将被控制。其实，不仅赌权是一种特殊的资源，打开最具潜力的客源市场的自由行政策更是一种特殊资源。不同的是，政策资源来自外部，更具有灵活性或可变性，一旦这种"资源"改变或枯竭，澳门经济就会受到严重打击。因此，鸡蛋不能放在一个篮子里，为了提高抗风险能力，澳门需要推行产业多元化；而推行产业多元化的最佳途径，非新产业革命莫属。

再次，推进新产业革命是缓解澳门社会经济严重失衡的有效途径。十余年博彩业的高歌猛进，在推进澳门经济高增长的同时，也加剧了产业结构的两极化和社会的两极分化。一是博彩一业独大，产业结构畸形过度，以及外资财团的市场垄断，对澳门本土企业和行业造成了窒息般的压制。二是贫富差距扩大，引致澳门市民阶层结构的分化和重组，甚至还可能产生剧烈的社会震荡。2000 年到 2013 年，澳门的人均 GDP 增长了约 5 倍，然而收入中位数升幅仅 2 倍。如果考虑到飙升的房价及物价因素，普通市民并没有分享到经济高增长的成果，反而还承受了增长的代价。博彩业老板以及博彩中介人成为澳门财富得益最多的一群，而地产商和权贵则通过成倍翻升的地产业获益。三是澳门博彩旅游业的高速发展，已经空前地增加了澳门的社会成本，例如人口拥挤、交通拥堵、环境污染、病态赌徒增多、社会风气变坏等。大量游客挤爆了澳门，民生深受影响，整个城市近乎功能"失灵"。四是博彩业对青少年的负面影响已经出现，中学生辍学率升高，担任荷官的数万本地青壮年变成了"只会派牌的手"，这将严重影响到澳门的未来。五是土地、电力、淡水等资源消耗大幅度增加，澳门的土地等资源承载力达到了一个相当脆弱的水平。此外，澳门单一的博彩业发展模式，加剧了整个社会经济对博彩业的依赖度。如果长此以往，有可能从根本上动摇澳门的经济社会基础。作为最具活力和创造力的新经济形式，新产业革命无疑是缓解澳门社会经济失衡状态的最佳途径。

最后，更应该看到的是，新产业革命下兴起的网络博彩将对澳门博彩业产生致命的威胁。在澳门博彩业吸金示范效应下，菲律宾、新加坡、马来西亚、泰国、俄罗斯和中国台湾等地，甚至包括朝鲜，都在中国内地四周相继开赌，目标也是澳门的客源主体即中国内地游客。不过，在澳门博彩业的巨大竞争优势之下，周边博彩业的影响有限。真正对澳门博彩业构成致命威胁的是网络博彩。随着网络技术的高度发展和互联网、移动网的普及，网游博彩平台国际化和第三方支付平台的完善，专业化网络博彩公司越来越多，组织结构更加严密，带来了网络博彩的迅速发展。

网络博彩通常指利用互联网进行的博彩行为。由于受时间、地点等不确定因素影响，一般以"结果"型的赌法为主，主要项目为赌球、赌马、网上百家乐、梭哈、德州扑克、炸金花、俄罗斯轮盘等。与传统博彩相比，网络博彩优势明显：一是网络博彩吸引人的，不仅仅在于金钱，还包括"兴趣"。网络博彩往往与人们关注的话题，比如足球赛、赛马以及各种体育比赛结合在一起，也与各种游戏项目结合在一起。这样的赌博方式不仅能吸引赌徒，还能吸引更多球迷、马迷等群众参加。二是网络博彩方便快捷。只需要一台上网的电脑或手机，就能完成整个投注和收支过程。钱在网上银行、第三方支付平台和赌博公司之间进行流转，赌资支付电子化和网络化，赌资运转速度更快，下注金额数额更大。现在，只要坐在家里跟置身赌场是一样的，及时到账及时支付，甚至于比去赌场还要方便。因为在赌场你还要去换筹码，网络赌博简单得变成了一个网络购物行为。三是网络互动性强、隐蔽性强、证据保全难，网络赌博玩家广泛分散，数量巨大，不易管制。此外，网游赌博人群年轻化，越来越多青少年参与到网游博彩之中，蔓延势头异常迅猛。

北京大学中国公益彩票事业研究所的一项调查显示，内地每年由于网络赌博而流到境外的赌资高达数千亿元，远高于流向澳门的赌资。虽然中国内地视网络博彩为非法，但网络博彩形式一旦发展起来，由于其相当的隐蔽性和中国庞大的网络游戏用户的存在，其传播范围可能更广、发展变化更快，很难禁止。另外，世界上许多国家是认可网络博彩的。例如美国司法部已经做出裁决，各州的互联网赌博活动并没有触犯联邦法律。美国最大的社交游戏公司 Zynga，已经开始进军网络博彩业。

总之，未来大众博彩很可能以网络博彩为主，甚至将逐渐取代传统的赌城。也许，拉斯维加斯赌业的衰退也与此有关。相比网络博彩，澳门赌城无论怎样金碧辉煌，也显得与时代有些落伍了，尤其对许多网民和年轻人已经没有多大吸引力了。未雨绸缪，难道澳门不需要警醒吗？难道澳门博彩业还能无止境地保持高速扩张吗？难道澳门能够回避新产业革命的挑战吗？

三　澳门推进新产业革命的基本策略

新产业革命已经在全球兴起，并且已经成为历史潮流。实践业已证明，新产业革命具有光辉灿烂的前景，也是未来世界经济发展的必由之路。顺应历史潮流与时俱进，澳门无疑应该积极主动地融入新产业革命发展潮流，加速推进新产业革命。

作为人类社会生产方式的大变革，新产业革命将是一个漫长的历史过程，是不可能一蹴而就的。面对这场大变革，澳门需要从自身的实际出发，采取既有前瞻性又有可行性的发展策略。澳门是一个微型经济体，资源匮乏，空间狭小，技术基础薄弱，当然无法与发达国家或大国竞争，不可能去引领新产业革命潮流和争夺主导权。但澳门可以采取"引进和紧跟"潮流的战略，即引进新技术和新商业模式，紧跟国际市场的发展潮流，有选择有重点地发展自己的特色产业。鉴于澳门资源禀赋、市场规模和企业条件，澳门推进新产业革命的发展策略主要有以下六个方面：

（一）技术引进和革新策略

技术革命是产业革命的主推动力，因此，要推进新产业革命，得首先从技术创新或技术革新着手。从世界科技发展和技术进步的发展来看，信息技术、生物技术、新材料技术、新能源技术等高新技术的创新和变革非常迅猛，发达国家主要凭借这些核心技术控制产业链和左右国际市场。不过，这场革命有一个基本特点，新技术革命中的技术开发属于高精尖的高难度工程，而新产业革命中的技术应用则趋向于操作简单化。开发难，应用易，澳门可以利用这一点做文章。澳门基本上依靠引进技术和贴牌生产起家，技术消化能力和创新能力都较低。单凭澳门自身，一则能力有限，二则时不我待，暂时是不可能走自主技术创新之路的，也没有必要去搞高精尖的技术开发。技术引进是一个短期见成效的捷径。澳门有自由港的制度优势，很方便引进先进技术和设备。因此，澳门企业应以技术引进为主，围绕新兴产业发展的需求，重点引进 3D 打印、光伏能源、信息网络和生物制药等方面的先进技术。在大力引进的同时，加强消化、吸收和再创新能力的提高，实现产业技术的跨越式发展。

（二）信息化策略

新技术革命以信息技术为代表，新产业革命以信息网络为基础，由此可见信息化的重要性。信息技术及信息化的发展，对传统产业的改造和新兴产业的发展以及社会生活，都具有决定性的作用。因此，澳门企业应该加快推进信息化。一是全面运用信息技术提高对传统产业与传统企业改造的广度和深度，在企业中普及电脑和网络应用，鼓励企业基于数据与信息开展应用与服务创新，进而全面打开数据应用的市场空间。二是大力发展信息技术与制造技术融合而产生的新兴产业，着力推进信息技术在节能减排和能源产业中的应用，充分发挥信息化对技术创新的支撑作用。三是深化信息技术在商贸服务业中的应用，全面推动电子商务发展，促进现代服务业发展。

（三）网络大平台策略

新产业革命时代是网络平台的时代，无论是生产领域的数字化制造，还是流通领域的网络行销及服务，甚至社会生活的方方面面，都与网络平台联接在一起。长期以来，澳门企业的发展深受澳门市场规模太小的制约，如果只经营本地市场，什么行当也做不大，很难享受到规模效益的好处，企业也很难发展壮大。小池子养不出大鱼来，而鱼不大也难以游向大海，由此形成一种恶性循环。如果建立起自己的网络大平台，这种恶性循环就可以打破。网络平台面向的是整个世界，可以突破澳门弹丸之地的空间局限，与世界各地做生意，广招天下客，汇聚八方财，何愁做不成大买卖。网络平台为澳门企业提供伸展身手的大舞台，因此，应以网络平台建设为重点。⑤

（四）重点产业发展策略

澳门传统上就是一个商业城市，有发展商贸服务业悠久历史和得天独厚的有利条件。自由港、低税制，以及与内地、欧盟、葡语国家的对外经济关系，加上具有相当完善的交通、电讯等基础设施，澳门的确具有很好的营商基本条件。回归祖国后，澳门经济发展的制度优势、区位优势和枢纽优势得到进一步强化。2003 年 CEPA 签订后，随着粤港澳合作的制度性障碍逐渐消除，澳门产业发展空间得到了空前的拓展。同时，随着国际经贸交往的不断深化，澳门的离岸性或中介性商贸服务业也已日益多样化。正是基于这一优势，澳门特区政府提出了建立"三个商贸服务平台"的战略构想。所以，澳门大力发展一些具有澳门特色的高端服务业的条件已经具备。高端服务业是伴随全球产业结构调整及经济结构高级化而发展起来的现代服务产业，主要包括金融、信息、物流、会展、创意、旅游和专业服务等服务行业。澳门的产业选择重点应该是高端服务业。这种产业选择能充分利用澳门的优势条件，同时既符合世界潮流，又符合澳门特区政府推行产业多元化的政策导向，能够得到政府优惠政策的扶持。同时，澳门也不能忽视制造业的发展。加工制造业在澳门有一定的基础，虽然近年制造业衰落了，但这个基础还在。新产业革命开创的以 3D 打印为代表的个人制造浪潮，对于澳门来说是一个振兴制造业的契机。个人制造模式比较适合在澳门发展，应该利用这个契机，重振澳门制造的雄风。

（五）区域合作策略

澳门资源缺乏，光靠自己的力量是不行的。广泛发展区域经济合作，是加快发展的一条重要途径。对于澳门而言，身边既有一个现代服务业高度发展的香港，又有一个世界级的加工制造基地珠三角，开展经济合作应该是具有天时、地利和人和的条件。尤其 CEPA 实施以后，经济合作的制度性障碍基本上消除，澳门企业应该更积极主动地寻求与珠三角和香港在生产性服务业方面的全面合作，利用区域合作，加快澳门企业的发展。

（六）可持续发展策略

可持续发展的重要性已经毋庸多言，发展低碳经济和循环经济，改善环境和生态也是澳门未来发展中的一个重要问题。可持续发展产业主要表现在稀缺资源消耗（物资消耗和能源消耗）低以及有利环境保护这两个方面。资源消耗高会制约产业的发展，而环境污染有负的外部性，也会影响其他产业发展。因此，澳门应该以绿色能源的光伏产业为重点，选择可持续发展性较强、资源消耗低、没有负外部性的产业。

四 澳门推进新产业革命的具体对策

推进新产业革命，是一项规模宏大又错综复杂的社会系统工程，涉及企业、政府和社会三大层面及其方方面面的问题。其中，新产业革命的主体是企业，而主要推动者则是政府。因此本文着重从政府和企业层面提出对策建议。

（一） 政府层面的对策建议

1. 制定迎接新产业革命的整体发展规划

回归十五年来，澳门特区政府在"谋划长远"方面一直持积极作为的态度。例如，在 2001 年提出了"以旅游博彩业为龙头、以服务业为主体，带动其他行业协调发展"的经济定位。随后，又提出了打造"三大平台"（中国与葡语国家经贸合作服务平台、粤西地区商贸服务平台、国际华商联络与合作服务平台）的构想和澳门建设世界旅游休闲中心的目标。这些定位、构想和目标的提出为澳门的长远发展指明了方向，并在实践中取得了一定的成效。但遗憾的是，澳门特区政府一直没有一个全面的发展规划，没有把战略定位、构想和目标系统化为具体的长远发展规划。值此全球新产业革命兴起之时，澳门特区政府从"居安思危，谋划长远"出发，有必要凝聚澳门社会各界精英的智慧，制定一个迎接新产业革命挑战的澳门经济社会长远发展的规划。

2. 增加科技投入提升科技实力

澳门特殊的环境和资源条件限制了科技的发展，但澳门的未来也不能寄托在"只会派牌的手"上，创新型城市、智慧型城市才是城市发展的未来。长期以来，澳门科技方面的投入严重不足，科技产出亦微乎其微。近年世界主要国家研发投入占 GDP 的比例，美国、德国等超过 2.5%，日本、韩国等超过 3%；而澳门仅为 0.04%，甚至低于非洲一些贫困国家的水平。2012 年的专利立项数目澳门仅有 5 项，亦少得可怜。2013 年澳门以普通汇率计算的人均 GDP 达 91376 美元，高居全球第四位；若以购买力平价计算则人均 GDP 达 14 万美元，超过卡塔尔，排名世界第一。[⑥]世界顶级的富裕程度与地板级的科技投入，实在太不相称。澳门特区政府历年积余多达数千亿澳门元，提高科技投入不是什么难题。未来城市之间的竞争终究是凭科技实力说话的。增加科技投入是澳门提升竞争力的重要手段，更是澳门迎接新产业革命和实现长远稳定发展的可靠保证。因此，澳门有必要加大科技投入力度，全面提高澳门的科技水平。

3. 完善企业技术进步扶助政策

澳门特区政府推出了一些扶助中小企业计划，诸如"中小企业信用保证计划"、"中小企业专项信用保证计划"、"企业融资贷款利息补贴"、"扶持中小微型饮食特色老店计划"，以及工商业发展基金等。这些计划对中小企业解困济危有一定的效果，但对推动企业技术进步作用不大。企业参与新产业革命，需要进行大规模的技术更新改造，迫切需要更多的资金援助和融资帮助。因此，特区政府有必要调整和完善扶助企业发展的政策体系，建立针对新产业革命的企业技术革新援助计划，尤其是发展新型产业方面的资金援助，包括引进新技术新设备、技术更新改造和技术研发等方面的资金补贴和融资担保，以协助企业发展新兴产业，提高澳门产业的竞争力。

4. 提升城市信息基础设施建设水平

回归后，澳门的城市基础设施建设取得了很大的成就，但比较偏重于交通等硬体设施的建设，而对信息化方面的软体公共设施建设重视不够。在信息化和大数据时代，创新型城市最关键的基础设施应该是信息化公共设施。因此，特区政府有必要加强城市信息基础设施的建设。一是推动政府部门和公共服务部门的智能化、信息化改造。大数据虽然以技术为基础，但却是由应用驱动发展的，其技术只是服务于应用需求。数据信息最重要的用户是市政、电力、电信、网络、金融、交通、医疗等部门，推动这些部门的信息化改造，就开启了大数据的市场机会之门。二是建立数据库平台和信息技术创新公共平台。可以考虑在生产力暨科技转移中心的基础上加强公共技术服务平台建设，以广阔的应用创新带动产业与技术的本地化发展。三是提升网络技术水平。打造宽频城市和无线城市，改造基础网络，提升互联网国际出口能力，构建亚太通信枢纽。3D 互联网以即时感受、生动等优势，将全面替代传统互联网，澳门的网络建设需要升级换代。四是建设个性化、智能化、网络化、低碳化智慧城市单元，加强信息化与城市化的深度融合一。

5. 适应新产业革命要求调整人力资源政策

澳门人力资源严重短缺，但科技和管理人才更缺。众所周知，舒缓短缺的基本途径有二：一是通过培训和职业教育自己培养人才；二是输入外劳和引进人才。澳门在职业培训方面做得比较好，但在输入外劳政策方面则陷入两难困境：雇主抱怨输入外劳措施过严、审批时间过长、批出外劳数额不足。而本地劳工团体则认为，输入太多外劳会影响就业和生计，侵犯了本地工人利益。制定符合澳门实际的外劳政策，应该加入新产业革命的因素，即新型产业对简单劳动力的需求减少而对技术人才的需求增加。因此，在职业培训方面，要加强新兴产业技术技能方面的培训。在输入劳工政策方面，在执行原有政策的基础上，有针对性地为发展新型产业的企业开设绿色通道，例如对投资 3D 打印业、光伏产业的企业和网络平台企业，放宽审批标准，增加输入名额，提供申请审批便利，鼓励企业多引进技术和管理人才。特区政府也可以专门制定一个发展新型产业的人才引进计划，特事特批，鼓励符合条件的企业申报，利用劳工政策杠杆促进新兴产业发展，引导企业发展新型产业。

6. 建立健全公平竞争的制度环境

制度也是生产要素，并且是长期经济增长中最重要的生产要素。要加快促进新产业革命，必须要有一个良好的制度环境。澳门具有自由港和低税率等制度优势，但也有法制不完善和行政效率低等方面的问题。为适应新产业革命发展的需要，特区政府有必要加强法制建设和健全市场法规体系，加快电子商务、知识产权、信用认证体系等方面相关的法规立法进程，加强对知识产权保护和市场监管力度，创造有利于新兴产业发展的公平市场环境。

（二）企业层面的对策建议

1. 澳门中小企业家需要观念变革。人的行为行动是受其思想观念的支配的，意识先一步，发展一大步。要迎接新产业革命的挑战，首先得转变传统的思想观念。毋庸讳言，澳门本土社会的传统观念是比较浓厚的。表现在企业界，虽然有部分企业家表现非常出色，但相当多的小老板则是老成守旧，满足于小富即安、得过且过，无论是经营模式还是经营手段都比较老旧，基本上还停留在传统商业时代，保守观念相当浓重。因此有人认为"澳门中小企业发展的根本问题，并不在于资金、技术和人才，而是在于观念上的革新"。[⑦] 众所周知，企业家不仅是企业创新的主体，而且也是企业的灵魂。企业的成败兴衰完全掌握在企业家手中，企业家素质的高低对企业的生存发展有着直接的关系。新产业革命不同于一般小打小闹的变革，而是生产方式和商业模式的根本性变革。不紧跟时代与时俱进和转变思想观念，是无法适应新产业革命潮流的。为此，澳门企业老板必须解放思想转变观念，重塑企业家精神，实现从小老板向真正企业家的转变。

2. 加强高素质员工团队的组建。企业素质的高低，企业业绩的好坏，取决于企业的员工队伍。现代商业竞争，归根结底还是人才的竞争。人才的重要，对于新产业革命来说更是如此。对于大多数的澳门企业来说，普遍的情况是：不仅劳工短缺，而且管理和技术人员严重缺乏。新产业革命对低素质的人力需求将下降，而对高素质员工的需求量很大。这种发展趋势对澳门澳门企业来说，一方面将缓解劳工短缺的压力，另一方面则对企业的员工队伍建设提出了更高的要求。因此，应该从人才培养、人才引进和人才任用等人力资源开发方面下功夫，构建人力资本优化体系。一是要吸纳和培育本地创新人才，逐渐聚集高端人才，同时加大对企业一般员工的培训和培养，促进多层次的人力资源体系的形成。二是要建立开放式的多层次的人才引进与流动机制，尤其要利用澳门的有利条件，重点引进境外的高技术人才，利用外部资源把澳门建成一个新产业革命的"人才高地"。最后，要建立健全创新型人才的激励机制和任用机制，努力创造优秀人才成长和人才脱颖而出的环境和条件。

3. 大力推动企业技术进步。加速技术进步，是推动新产业革命的又一关键所在。大多数的澳门中小微企业实行的是传统商业模式，对技术的要求很低，基本谈不上技术进步。在新产业革命中，新的商业模式正在逐渐取代传统商业模式，这将迫使传统企业不得不迈上技术进步的轨道。澳门企业要按照市场化的要求，推动企业以应用为核心的技术革新，大力引进和消化先进技术，并逐步向自主技术研发的纵深发展。一是有条件的企业要建立各种形式的技术研发机构，加强企业技术创新体系和能力建设。二是鼓励企业与高等院校和科研机构合作，借用外脑进行技术开发或建立以企业为主体的产学研结合的创新体系。三是建立健全鼓励原始创新、集成创新、引进消化吸收再创新的体制机制，健全技术创新市场导向机制，发挥市场对技术研发方向、路线选择、要素价格、各类创新要素配置的导向作用。最后，要充分发挥信息化对技术创新的支撑作用，充分利用信息化对产业技术的创新、扩散、传播的优势，加快新技术、新产品、新工艺、新知识的学习、消化、吸收，利用信息网络平台开展研究与开发合作，缩短创新周期，加快技术创新步伐，降低创新成本，促进产业自主创新体系的构建。

4. 利用电子商务手段拓展业务。基于运用互联网和电子商务手段的新商业模式，具有信息灵、反应快、效率高和成本低的优点，相比传统商业模式具有巨大优势。广泛应用互联网和采用电子商务手段，是新时期商贸服务业发展的基本趋势。目前，澳门企业多以劳动密集型的传统模式经营，普遍感到成本压力大和经营效率低。如果能大规模推广新商业模式，在信息网络平台上充分利用各种技术手段和行销手段，肯定能够缓解成本压力和提高效率。例如，建立企业网站或网店，推广推介企业产品，线上线下相结合，既可以扩大销售，又能提高企业知名度。又如，餐饮业采用互联网或移动网络订餐系统，方便快捷，省时省人工，还能提高服务质量和顾客满意度。再如，应用"小企业·零售易"的电子化管理软件，可以帮助企业以电脑软体系统替代人手管理仓存、售货、销货、预约服务等工作，减低管理难度及提高效率和准确性。目前，这方面的应用系统很多，例如，销售时点系统、电子订货系统、快速反应系统、有效适应消费者系统等。电子化行销和管理手段简单、实用和高效，充分利用现代信息手段为企业服务，是提高企业的经营效率和管理水平的最佳途径。因此，企业应根据自己的实际情况，尽快推广应用电子信息技术手段，加强职工技术培训和现代信息化建设，逐步实现向新商业模式的转变。

5. 推进企业组织管理结构的转变。澳门中小企业大多是家族企业，因而被很多人视为落后。其实，家族企业与家族式企业管理还不是一回事。作为建立在血缘关系基础上的家族企业，是最为原始的企业组织形式，也是目前世界上最普遍、数目最多的企业形式。家族企业既然能够存在至今，足以说明其顽强的生命力和存在的合理性，因此它本身是无所谓落后不落后的。但家族式管理制度具有封闭性和保守性，与现代企业制度相比，无疑是落后的，已经不能适应现代企业发展的要求。随着企业规模的扩大和发展的需要，澳门一部分家族企业开始引进现代企业制度和采用现代公司治理结构，建立起科学的而又适合本企业情况的企业管理制度，并取得了显著成效。他们的经验证明，家族企业完全能够按照现代公司治理结构进行卓有成效的科学管理。因此，推进企业组织管理结构的改革，对澳门企业来说，既是必要的又是可行的。根据成功的经验，应该着重进行以下几个方面的改革：一是按照公司制设计三权分立的权利构架，即股东大会、董事会和公司经理层，使家族内部分工明确，公司治理结构清晰而严谨。二是开放股权结构，实行合理的股权分享制度，建立起良性的股权激励机制。家族后代取得企业新股权需要凭努力，经理和员工业绩出色也可以参与股权分享。三是提高企业财务透明度，充分满足企业员工的知情权，让员工知晓自己付出所取得的成绩，又让员工与企业股东一起分享公司发展所带来的回报，这样能大大增强了员工的归属感和工作积极性。四是企业所有权与经营权逐渐分离，吸纳外来专业人才，实行专业化、规范化以及制度化的科学管理。总之，推进家族企业现代公司制度的改革，把家族企业的和谐性、稳定性与现代公司制的开放性、高效性两方面的优势结合起来，无疑能够提高澳门企业的管理水平。

①李寒芳：《习近平会见崔世安》，北京：《人民日报》2013 年 12 月 19 日。

②杰里米·里夫金：《第三次工业革命》，北京：中信出版社，2012。

③王龙云、侯云龙：《保罗·麦基里：制造业数字化引领第三次工业革命》，北京：《经济参考报》2012 年 6 月 21 日。

④利普森：《3D 打印：从想像到现实》，北京：中信出版社，2013。

⑤杨正浒、汪占熬：《要素禀赋、市场结构视角下澳门经济发展研究》，北京：《商业时代》2011 年第 3 期。

⑥曾坤：《全球人均 GDP 第一的地方原来在中国》，百度文库，2014 年 8 月 6 日。

⑦郭永申：《澳门中小企业的发展与挑战》，广州：《广东行政学院学报》2013 年第 4 期。

作者简介：龚唯平，暨南大学经济学院教授、博士生导师。

［责任编辑：刘泽生］

（本文原刊 2015 年第 1 期）

基于全球价值链理论的澳门产业多元化探讨[*]

纪春礼

[提　要] 产业适度多元化已经成为澳门社会各界关注的焦点问题。在经济全球化时代，对于澳门产业的发展同样需要从全球经济发展的视角来进行考量。本文在对全球价值链的形成和发展进行分析的基础上，探讨了全球价值链时代澳门产业发展面临的问题，分析了澳门嵌入全球价值链来推动产业多元化发展的优势和劣势，进而提出了全球价值链框架下澳门产业适度多元化发展的路径。

[关键词] 全球价值链　澳门　产业多元化

一　引言

经济全球化已经成为当代世界经济的重要特征之一，也成为世界经济发展不可阻挡的趋势。在经济全球化浪潮下，任何经济体都不可能孤立于全球经济体系之外。同时，经济全球化的深化发展还打破了传统国际分工中的国家边界。[①]当代的国际分工形态，不再以产品为基本对象，演变为产品的某个环节或者某道工序，被分解后在空间上分布到不同的国家或地区，

---

* 本文系澳门理工学院科研项目"澳门产业多元化发展战略研究：基于战略逻辑与战略钻石模型整合视角"（项目号：RP/OTHER – 02/2013）、中国博士后基金项目"微型经济体经济复杂度、产业多元化与经济增长关系研究"（项目号：2014M552256）的阶段性成果。

进而形成以工序、区段、环节为对象的分工体系。[②]在这种分工体系下，一个完整的商品生产流程被分割成若干个阶段，各个阶段具有不同的增值能力，这些连续、可分割的增值阶段构成了完整的价值链条，此即被称为全球价值链（Global Value Chain，GVC）。在全球价值链中，研发、营销等环节具有较高的增值能力，处于价值链的高端环节，而加工组装和简单部件生产具有较低的增值能力，处于价值链的低端环节。[③]

全球价值链的出现，给全球各经济体的产业发展带来了重要的影响。在经济全球化背景下，任何经济体都必须思考如何发挥自身优势，嵌入全球价值链相应环节之中，提升价值增值能力以促进经济发展。一些开放型的微型经济体也正是通过积极嵌入全球价值链获得了经济的繁荣发展。以卢森堡为例，据 OECD 2013 年的测算，卢森堡的全球价值链参与指数已经超过了 70%，甚至远远高于美国、日本等国家。[④]

澳门作为一个典型的微型经济体，赌权开放以来经济获得了高速发展，但一个不争的事实是，澳门经济的高速发展仅建立在以单一的博彩业高速发展的基础之上。虽然博彩业为澳门带来了巨额财富，但对于博彩产业的过度依赖也使得社会各界开始担忧博彩业"一业独大"给澳门经济可持续发展带来的制约和影响。因此，澳门产业适度多元化问题已经成为学术界和政府关注的焦点问题。但是，对于澳门如何实现产业的适度多元化，至今依然没有一个放之四海而皆准的答案。本文认为，澳门作为一个开放型的微型经济体，其产业的发展与全球经济有着密切的关系。Michael Clancy 认为全球价值链理论是揭示全球—地方产业经济关系的最合适的研究方法。[⑤]因此，在经济全球化的浪潮下，从全球价值链的视角探讨澳门产业的适度多元化问题，兴许能为探寻该问题的答案提供一些新的启示。

二　全球价值链与价值增值

全球价值链的概念可追溯到 20 世纪 70 年代末期一些研究文献中提出的商品链（Commodity Chain）概念。[⑥]商品链概念的基本观点是追踪一个可被用于消费的最终商品的所有投入及转换环节，以描述该商品从生产到最终消费所蕴含的整个流程。[⑦]Poter 的价值链理论对于全球价值链理论的提出也有着积极的影响，除此之外，Kogut 的价值链理论对全球价值链理论的形成却更为重要。[⑧]Poter 认为企业的价值创造过程由基本活动和支持性活动构成，基本活动包括生产、营销、运输和售后服务等，支持性活动则包括原材料供应、技术、人力资源和财务等。^⑨在企业的价值创造和增值过程中，这些活动相互联系，共同构成一个完整的行为链条，因此被称之为价值链。同时，在企业外部，一个企业的价值链与其他经济单位的价值链也存在联系，任何企业的价值链都存在于一个由许多价值链组成的价值体系（Value System）之中，而且该体系中各价值行为之间的关系对企业竞争优势的大小有着至关重要的影响。Kogut 则认为，价值链基本上就是技术与原材料、劳动融合在一起形成各种投入环节的过程，然后通过组装把这些环节结合起来形成最终商品，最后通过市场交易、消费等最终完成价值循环过程。^⑩

以商品链为基础，Gereffi^⑪和一些学者曾提出过全球商品链（Global Commodity Chain）的概念并构建了分析框架，将价值链的概念与产业的全球组织直接联系起来。^⑫到 2000 年，该领域的研究学者以全球价值链代替了全球商品链这一术语，并且将全球价值链定义为产品在全球范围内，从概念设计到使用直至报废的全生命周期中所有价值创造的活动范围，包括对产品的设计、生产、营销、分销以及对最终用户的支持与服务等。^⑬近年，全球价值链研究的主导机构杜克大学对全球价值链做出了一个整体的定义，即全球价值链指的是一个产品或一项服务从其概念提出到被消费者最终消费过程中的全部环节，以及这些环节如何在地理空间和不同国家进行布局。^⑭

全球价值链将产品或服务从概念开发到消费者的最终消费以及报废回收划分为不同的价值增值环节。但是，不同环节其价值增值能力却不尽相同。为阐释价值链不同环节价值增值的差异，宏碁集团（Acer Group）的创始人施振荣提出了微笑曲线的概念，用来描述生产个人电脑（PC）各个环节的附加价值特征。施振荣认为，在整个 PC 产业链里，上游的 CPU、作业系统和下游的运输物流、售后服务等环节，具有较高的附加价值，而处在中游的组装生产等环节，则利润空间最小。如果以产业中不同环节作为横坐标，以对应的价值作为纵坐标，绘制出来的曲线，就像一张嘴角上翘的笑脸——"微笑曲线"因此得名。

在微笑曲线上，处于产业链上游的研发、设计及其商业化属于较高的价值增值环节，处于产业链下游环节的营销、广告、品牌管理、专业化物流和售后服务等环节也具有较高的价值增值能力，而处于微笑曲线中间的制造和标准化服务环节则价值增值能力较低。在全球价值链时代，从研发到营销的整个价值链已经被进行了分割，而且全球不同的区域也嵌入价值链的不同环节，占据着全球价值链的不同节点。由于占据的节点不同，所能享受的价值增值也存在较大差异。

三 全球价值链时代澳门产业发展面临的问题

澳门产业结构问题历来备受研究澳门发展问题的学者和政府决策机构关注，尤其是赌权开放以来，对此问题的关注更甚。究其原因，一方面在于，赌权开放以来澳门博彩业的急速发展挤压了其他行业的发展空间，对其他行业产生了较严重的挤出效应，[15]从而导致了澳门产业结构的失衡。从赌权开放前后澳门产业结构的变化就可见一斑。赌权开放前，博彩业在澳门产业结构中的比重未超过25%，而赌权开放以来，其占GDP的比重屡创新高，与此同时，除少数与博彩旅游业有着密切联系的产业外（例如批发零售、酒店、餐饮业），其他产业在产业结构中的比重却不升反降。据澳门统计暨普查局的数据显示，截至2012年底，澳门博彩业在产业结构中的比重已达到45.94%，而其他产业的比重还不到20%。另一方面，博彩业毕竟是一种特殊产业，[16]澳门的博彩业发展更是一种特殊的制度安排，严重受制于中国内地的经济政策变化，[17]因此，尽管澳门博彩产业的发展速度惊人，但却具有很强的外部依赖性。这使得澳门的经济发展极易受外部经济环境变化的影响，从而加大了澳门经济发展的风险。而且，由于当前澳门社会中几乎所有方面都围绕着博彩业转动，一旦博彩产业出现断崖式下滑，势必影响社会的安定。

在经济全球化时代，一个经济体的产业发展必须置于全球价值链框架下的国际分工体系来加以考量。从这个角度出发，笔者认为澳门的产业结构主要面临以下三个方面的问题：

1. 博彩产业处于全球价值链的低端环节

尽管赌权开放后的十余年来，博彩业给澳门带来了巨额财富，但是，这并不能说明澳门的博彩产业占据了价值链的高端环节。显而易见的是，澳门的博彩收益主要来自于博彩本身。换言之，如果从价值链的角度来看，当前澳门的博彩产业所能提供的仅主要是标准化的服务。在全球价值链中，标准化的服务如同标准化的制造一样，其价值增值空间极为有限。之所以澳门近些年来博彩业能够发展得如此红火，博彩收入甚至超过拉斯维加斯，其主要原因在于前十几年属于澳门博彩产业的成长期，再加之中国大陆经济的高速发展和自由行政策的刺激，澳门博彩业的利润自然丰厚。但是，随着博彩企业之间竞争的加剧、周边国家或地区赌博合法化的推进，澳门博彩产业总有步入成熟期的一天，而一旦博彩业逐渐步入成熟期，单纯依靠提供标准化的服务自然而然将落入微笑曲线底端的低价值增值环节。

2. 与旅游相关联产业的价值漏损突出

博彩业是澳门的龙头产业，博彩业的兴旺刺激了与旅游业及其相关联的产业的发展。澳门的旅行社、餐饮、酒店、品牌零售店、珠宝金饰店、出租客运、抵押、娱乐等行业在近十几年中也得到了快速发展。但从旅游业全球价值链的角度来看，澳门的旅游及其与旅游相关联的诸多产业有着非常明显的价值漏损现象。以品牌零售为例，尽管近几年来博彩游客的蜂拥而至使得澳门的品牌零售店如雨后春笋般涌现，但旅客购物支出的绝大部分并没有留在澳门，而是进入了品牌所有者的口袋。再加之很大一部分品牌店的所有者都并非澳门居民，品牌店的利润必然会转移出澳门。看似繁荣的品牌零售行业能给澳门带来的价值增值也并不丰厚，绝大部分都因漏损效应而流出了澳门。

3. 传统产业在全球价值链竞争中明显衰落

全球价值链时代，"全球制造"和"全球生产"成为大势所趋。与此相对应的是，如果一个国家或地区的某个产业无法有效嵌入全球价值链的适当位置并获取附加价值，就必然日趋衰落。澳门的制造业便是如此。20世纪60年代起，由于欧美国家开始限制香港生产的成衣和纺织品进入，促进了澳门纺织制衣业的蓬勃发展，并在70年代至80年代进入了黄金时期。同时期，澳门的玩具、电子和人造丝花等制造业亦得到了蓬勃发展。毫无疑问，当时澳门的制造业所嵌入的正是全球价值链的制造组装环节。但嵌入这一环节的最大特点是价值增值空间较低，而且需要依托廉价的劳动力降低制造成本。处于全球价值链的制造、组装环节，必须积极地进行产业的转型升级，谋求在全球价值链环节中的跃升，才能提升产业的整体竞争力。但遗憾的是，澳门的制造业发展并未实现向全球价值链上游的研发、设计，或者向下游的营销、品牌管理等环节成功跃升。在进入20世纪90年代以后，受欧美两大出口市场经济疲弱，本地工资上涨，以及新兴工业国家产品价格上的竞争，澳门的制造业开始步入了式微阶段。

四 全球价值链时代澳门产业发展的优势和劣势

全球价值链时代的分工特征决定了一个国家或一个地区的产业地位不能再以其产业产值和就业人数比例来反映，而是需要从产业在全球价值链分工中所处的环节高度上来反映。而且，对产业发展策略的思考也不能仅仅局限于一个国家或一个地区之内来考虑，必须从产业价值环节的全球分工中加以把握。赌权开放十余年来，澳门通过引入国际博彩企业，以提供更为国际化和标准化的博彩服务方式融入博彩业全球价值链分工，成就了今天世界级博彩圣地的地位。然而，当从全球价值链的视角来深入探视澳门的产业发展时，不难发现澳门的产业发展形势并不乐观，澳门产业的适度多元化发展，需要在全球价值链的框架下提升其产业的价值增值能力。而要探讨全球价值链时代的澳门产业发展，必须厘清澳门所具备的优势和劣势。

对于优势而言，主要体现在四个方面。第一，澳门拥有较为坚实的博彩产业发展基础。悠久的博彩历史、较为健全完善的博彩制度安排、规范化的管理及运营模式、别致恢宏的赌场建筑等，澳门已经具备了嵌入博彩业全球价值链的所有重要元素。这也成就了澳门当前作为世界赌城的地位。再加之与博彩业相关联的酒店、餐饮、购物、表演、交通运输等行业的不断发展，单从博彩服务业本身而言，澳门确实已在全球博彩业中具备了相当的竞争力。第二，澳门拥有数量可观的旅游消费者群体。近几年来，澳门每年的入境旅客人数均在二千万人次以上。以 2013 年为例，据澳门旅游局公布的数据，2013 年澳门入境旅客逾 2930 万人次，同比增长 4%。在联合国世界旅游组织 2012 年国际旅客入境数量排名中，澳门位居全球第二十，亚太区第五。根据经济发展的"自我发现"理论，旅游消费者群体可以极大地降低旅游目的地的"学习性投入"成本，并减少对市场不确定性的认知信息，从而为旅游目的地经济发展过程中的"自我发现"发挥催化剂作用。[18]第三，澳门拥有较为充裕的资本要素。赌权开放和自由行政策实施以来，大量博彩旅游消费者涌入澳门，不断推高澳门赌收的同时，也为澳门的资本积累发挥了极为重要的作用。众所周知，劳动、资本和技术，是经济增长的主要因素。有了充裕的资本要素，为澳门未来有效嵌入全球价值链的高价值增值环节奠定了有利基础。第四，制度优势明显。"一国两制"不仅是澳门根本性的制度保障，而且是无可比拟的巨大发展优势。[19]同时，作为微型经济体，在一些产业发展政策的创新方面也具有更高的效率和更低的成本。制度和政策的保障能够确保澳门的产业发展更具灵活性，而在全球经济的超强竞争环境下，灵活性对于产业的发展颇为重要。

但不可否认的是，作为微型经济体，澳门要嵌入全球价值链的高价值增值环节依然有着显著的劣势，主要表现在三个方面。第一，要素禀赋困境。从生产要素的丰裕程度来看，澳门的产业要嵌入全球价值链面临着巨大的困境。土地空间极为狭小、自然资源匮乏、人力资源有限且高素质人才稀缺等，这些都是澳门在产业发展过程中面临的现实困境。第二，路径依赖困境。博彩业的一业独大不仅使得澳门的产业发展过程中出现博彩业的自我强化现象，也使得整个社会缺乏产业多元化创新发展的内在驱动力，大家都自然而然地搭上了近几年博彩业快速发展的"便车"，患上了较为明显的博彩业依赖症。但在全球价值链时代，这种对博彩业的简单依赖很容易落入"低端锁定"陷阱中。第三，比较优势困境。比较优势依然是全球价值链时代国际分工的基础，只不过全球价值链的分工更为细化，这种分工的细化导致了国与国之间的比较优势更多地体现为全球价值链上某一特定环节的优势，而非传统的最终产品优势。但澳门的现实情况是，由于长期聚焦于博彩业服务环节的发展，已经很难发现在其他产业中的某个环节上所具备的全球比较优势，甚至在博彩业产业链的其他环节上，澳门也不具备太多的比较优势。

五 全球价值链时代澳门产业适度多元化的路径选择

全球价值链作为当今全球产业的组织方式，与经济全球化浪潮一起，已经深刻地改变了全球竞争的范式。鉴于全球价值链时代产业发展的内在规律和澳门产业发展的现实情境，本文认为澳门的产业适度多元化可遵循以下的路径：

1. 核心路径：博彩产业链的深度拓展

尽管在已有的研究文献中，有学者已经提出过将博彩产业链的延伸作为澳门产业适度多元化策略的观点，并据此认为澳门的产业适度多元化应该从会展、休闲、度假、观光、购物等旅游相关产业发展，逐步形成综合旅游的联动发展模式。不可否认，这些产业多元化策略具有一定的合理性，而且澳门政府也正在逐渐推动这些产业的发展。但是，一方面，这些产业虽然也是博彩产业链的延伸，但仅仅只是产业范围的扩张，并不是博彩产业本身的深化；另一方面，对于这些产业是否具有较高的价值增值空间，并没有从全球价值链的角度来加以考虑。从本质上讲，上述这些产业都依赖于澳门旅游业的发展，但这些产业在旅游业的全球价值链中处于什么环节，澳门选择发展这些产业是否嵌入到了全球价值链的理想环节依然值得加以研究。本文所指的博彩产业链的延伸，主要指的是博彩产业本身的深化发展。如前所述，如果从全球价值链的角度来看，澳门目前的博彩产业所提供的主要还是标准化的服务，但在全球价值链中，标准化服务仅处于微笑曲线的低端，价值增值空间并不高。而如果遵循全球价值链的框架来考虑博彩产业的发展，澳门的产业多元化可以考虑从博彩产业链的上端和下端来进行产业选择。具体而言，可以从以下几个方面考虑澳门博彩产业发展：

（1）博彩软件及设备产业。从全球价值链的角度来看，博彩软件产业处于博彩产业链的上游环节，具有非常高的价值增值空间。如果能嵌入这一全球价值链环节中，必将有效提升博彩产业发展的水平。但从目前的情况来看，尽管澳门在赌收上已经是全球第一，但博彩软件开发产业的发展却不容乐观。以博彩机的专利数量为例，在拥有专利数量多少的排名中，甚至连菲律宾的排名都远在澳门之前。如果能够嵌入这一价值链环节，不仅能够减少澳门博彩业自身对博彩软件的外部依赖，也有利于依托该产业进一步向游戏开发、商业软件开发拓展。而且，澳门所具备的较为丰裕的资本要素优势能够楔入这一产业提供支撑。

除博彩软件产业外，博彩设备（例如角子机、角子机的各种部件、新型赌台等）产业同样值得考虑。澳门每年对博彩设备的购买和维护维修都有着巨大的需求。但这一领域同样被一些国外的跨国公司所主导，澳门没有任何话语权。同样，如果能在这一产业中有所突破，除了澳门本地市场之外，澳门周边已开赌或将开赌的国家和地区都是巨大的潜在市场。而且，一旦在这一产业获得一定的竞争优势，同样可以进行产业的拓展，为其他行业中的企业提供设备和零部件服务。当然，鉴于澳门在自然资源和人力资源要素禀赋上的不足，可以考虑主要聚焦于博彩设备的研发设计，生产制造则可以考虑选择代工或者区域合作的方式进行。

（2）赌场建筑设计产业。博彩业与其他产业相区别的是，博彩消费者赌博的价格是一律的，并不依赌场的规模档次、辉煌程度、设施完善与否而变化。[20]这样一来，赌客对豪华赌场的追求迫使博彩企业不断追求博彩娱乐场建筑的豪华、恢宏与独特。而从建筑业的角度来看，这就凸显了建筑设计的重要价值。同样，在全球价值链上，建筑设计也处于价值增值的高端环节。因此，如果澳门的建筑设计产业能够获得有效的发展，必然能够在澳门及周边国家或地区的建筑业价值链中占据有利地位。

（3）博彩培训及咨询产业。澳门无法阻止周边国家和地区的"博彩爆炸"式发展，但可以预知的是周边国家和地区的"博彩爆炸"式发展必然构成一种"博彩业发展陷阱"。如何在日趋激烈的博彩业竞争中开拓澳门产业的蓝海，博彩培训及咨询产业可以成为一个不二选择。与周边国家和地区相比，澳门的博彩业有着悠久的历史，而且规模庞大，在管理、运营方面都有着更为丰富的实战经验。发展博彩培训及咨询产业，不仅能够有效满足澳门本身的博彩发展需要，而且能够为周边发展博彩业的国家和地区提供培训和咨询服务，甚至成为亚太地区博彩业的培训和咨询中心。如果澳门真能够打造出一个博彩业中的"麦肯锡"，那也将是澳门产业适度多元化发展中浓墨重彩的一笔。

（4）适时发展在线博彩产业。随着网络、信息技术的迅猛发展，在线博彩消费者群体日趋壮大。尤其是在年轻一代的博彩消费者中，在线博彩的影响力更甚。欧美国家已开始对在线博彩给予了充分的关注，试图以处于全球价值链下游的新营销和新服务手段抢占博彩产业全球价值链的高价值增值环节。面对网络信息、移动通讯应用技术对诸多产业发展模式的影响，澳门极有必要适时发展在线博彩产业，进而带动传统博彩产业链的数字化升级和商业模式创新，提升博彩业的价值增值空间。

2. 主要路径：旅游业的升级发展

在全球价值链中，升级指的是一个企业或一个经济体提升其能力的过程，这种能力的持续提升将使其能转移到一个利润率更高、技术更为复杂和技能更为密集的经济区域。Humphrey 和 Schmitz 提出了四种产业升级类型：产品升级（生产具有更高价值的产品）；流程升级（将更为复杂的技术纳入生产过程）；功能升级（转移到具有更高价值的新功能型产品）；跨产业升级（发挥在一个产业中获得的专门知识和技能的杠杆作用，进入一个新的产业领域）。[21]但对于旅游业而言，由于其包含着大量的多样化的利基实体，也就注定不可能有着类似于制造业转型升级的单一轨迹或模式，旅游业的多部门特质允许其可以同时通过多个路径和多种形式实现升级发展。[22]

在博彩业的带动下，澳门旅游业的发展顺风顺水，这也使其当前对转型升级压力不够、动力不足。但是，从澳门打造"世界旅游休闲中心"的角度来看，必须推动和促进澳门旅游业的升级发展。具体而言，一是借鉴产品升级的思维，从旅游业的服务业特质出发考虑其升级发展问题，打造精益服务、创新服务的旅游服务产业体系，提升澳门旅游服务在旅游业全球价值链中的竞争力；二是借鉴流程升级的思维，积极回应新科技、新技术带来的挑战，开发新的旅游产品和服务，提升澳门旅游业在网络信息化时代的全流程服务能力；三是借鉴跨产业升级的思维，凭借澳门在博彩旅游业所积累的服务业经验和能力，应用到其他产业领域（例如酒店业咨询管理、餐饮业咨询管理、娱乐业咨询管理等），并形成澳门在旅游、博彩、娱乐等领域的产学研联盟，使澳门真正占据全球旅游产业的核心节点；四是探寻跨产业的商业模式创新，将旅游业与一些更具发展潜力的产业相对接（例如文化创意、动漫网游、金融保险等），创新商业模式以引领未来的产业发展。

3. 辅助路径之一：商业服务业的挖潜增效

全球价值链的形成增加了对价值链各环节以及全球各经济体之间协同效率的要求，服务业在这一过程中所发挥的作用不容忽视。而在服务业中，商业服务业对于全球价值链的影响尤为显著。依托博彩业和旅游业的蓬勃发展，近些年澳门的商业服务业取得了长足进步，已经成为颇具影响力的商品销售市场。据多家国际品牌透露，他们在澳门的生意额冠全球。[23]在全球步入买方市场的今天，拥有庞大的顾客群已经成为经济发展至关重要的资源。因此，依托博彩旅游业的发展，澳门也开始嵌入全球价值链的营销环节。尽管当前还是低层次的嵌入，但毕竟对于澳门产业的多元化发展是一个好的信号。在未来的产业发展进程中，澳门需要加深对数量庞大的旅游消费者信息重要性的认知，充分运用现代的科技、信息手段，深入挖掘到澳旅客的消费信息，借助大数据时代的一些信息分析工具进行加工处理，形成价值斐然的市场情报。在大数据时代，有价值的市场情报已经成为重要的稀缺资源，是一座蕴含巨大价值的信息金矿。有了这些市场情报，一方面可以同一些全球知名的跨国公司进行合作，为其研发、设计、测试、销售其产品和服务，以及进行品牌管理提供科学的情报支持，或者通过购买者驱动模式与相关的跨国公司建立联盟关系，从而有效嵌入跨国公司主导的全球价值链中；另一方面，澳门的相关企业或机构也可以充分地利用这些市场情报，自主研发针对特定市场和消费者的差异化产品或服务，发挥后发优势抢占全球价值链中的关键位置。

4. 辅助路径之二：制造业的转型跃升

如前所述，在全球价值链中，制造、组装环节位于微笑曲线的最底端，价值增值空间极为有限。要实现制造业的华丽转身，必须谋求其转型升级。

虽然澳门制造业已经光环减退，但仍然具有一定的基础，如果能够激流勇进，打好转型升级牌，依然能够在全球价值链中找到更好的节点。

对于制造业转型升级，本文认为可循着三条路径。一是走自主品牌之路，向全球价值链的下游跃升。以澳门的制衣产业为例，澳门制衣业从20世纪60年代起步之时，就开始"为他人作嫁衣裳"，并未注重自己的品牌建设和管理。在"酒香也怕巷子深"的时代，品牌资产已经成为企业重要的无形资产。因此，强化澳门制造业的品牌建设、推广和管理是实现澳门制造业转型升级的重要路径之一。二是走自主研发、设计之路，向全球价值链的上游跃升。以澳门的中医药产业为例，在澳门的大街小巷，个体营业的中医药诊所和中药店铺随处可见，但中医药产业在澳门经济发展中的影响力却微不足道，更谈不上中医药在全球医药产业中的影响力。要做强澳门的中医药产业，就需要整合力量，形成战略联盟，聚焦于中医药的研发、设计环节。推出一批能够获得国际医学界认可的中成药或者中医器械，才能使澳门的中医药真正嵌入全球价值链的高端环节，成为澳门产业适度多元化的重要力量之一。三是嵌入一些高端制造环节。虽然普通的制造组装环节价值增值空间较为有限，但一些高端的制造环节却依然有着可观的利润空间。全球各地都在竞相抢占数字化智能制造、精细加工等技术含量较高的制造业制高点。这些前沿性的制造业领域对于全球每一个国家或地区都有着均等的发展机会，澳门可借助珠三角地区良好的制造业基础，共同投入力量在制造业的高端环节寻求突破。

5. 辅助路径之三：科技型中小企业的培育孵化

创新能够为任何一个经济体的持续发展提供延绵不绝的动力。当前，全球正处于信息技术纵深发展和新一轮技术革命孕育阶段，技术创新渐趋活跃，国际技术竞争空前激烈。如果能在新一轮的技术革命中占有一席之地，在未来的全球价值链竞争中也将占得先机。而在新技术的孕育和商业应用过程中，一些科技型中小企业的作用不容忽视。以中国的小米手机为例，4年前的小米手机还名不见经传，而今天，小米手机已经发展成为一家估值超过100亿美元，拥有2500名员工，产品包括手机、电视、电视盒子等多条产品线的新型科技型企业，已经逐渐在全球价值链中占据了重要的节点位置。澳门拥有大量的中小企业，但极少有企业在全球价值链中拥有话语权，科技型中小企业的发展更是势单力薄。科技型企业的轻资产特征，不需要大量的厂房仓库和机械设备，而且一般都属于资本密集型产业，因而与澳门的地域狭小和资本要素丰裕特征相吻合。因此，在澳门的产业发展进程中，政府可以采取更为积极的措施促进科技型中小企业的培育孵化。依靠科技创新和科技型企业的发展和成长，将会使澳门未来的产业多元化大放异彩。

赌权开放以来，澳门的博彩产业获得了空前的发展。但屡创新高的赌收只证明澳门博彩产业在生长，并不能证明澳门的产业体系得到了有效成长。在全球价值链时代，要变澳门因博彩业带来的"脆弱性繁荣"为"稳健性繁荣"，夯实澳门经济社会发展的产业基础，需要借鉴全球价值链理论审视澳门产业的适度多元化，以促进澳门产业能够更好地嵌入全球价值链的高价值增值环节，打造澳门产业结构的升级版，推动澳门经济的持续增长。

---

①曹明福、李树民：《全球价值链分工：从国家比较优势到世界比较优势》，北京：《世界经济研究》2006年第11期。

②卢锋：《产品内分工》，北京：《经济学季刊》2004年第4期。

③唐海燕、张会清：《产品内国际分工与发展中国家的价值链提升》，北京：《经济研究》2009年第9期。

④OECD, Global Value Chains (GVCs)：Luxembourg, *Interconnected Economies*：*Benefit from Global Value Chains*, The Organisaation for Economic Co-operation and Development (OECD)，2013.

⑤Michael Clancy, "The Globalization of Sex Tourism and Cuba：A Commodity Chain Approach," *Studies in Comparative International Development*, Vol. 36, No. 4, 2002, pp. 63 – 88.

⑥J. Bair, "Global Capitalism and Commodity Chains：Looking Back, Going Forward," *Competition & Change*, Vol. 9, No. 2, 2005, pp. 153 – 180.

⑦T. Hopkins, I. Wallerstein, "Patterns of Development of the Modern World-system," *Review*, Vol. 1, No. 2, 1977, pp. 157 – 170.

⑧张辉：《全球价值链理论与我国产业发展研究》，北京：《中国工业经济》2004年第5期。

⑨M. Porter, *Competitive Advantage：Creating and Sustaining Superior Performance*. New York：The Free Press, 1985.

⑩B. Kogut, "Designing Global Strategies：Comparative and Competitive Value-added Chains," *Sloan Management Review*, Vol. 26, No. 4, 1985, pp. 15 – 28.

⑪G. Gereffi. *A Commodity Chains Framework for Analyzing Global Industries*. unpublished working paper for IDS, 1999.

⑫谭力文、赵鸿洲、刘林青：《基于全球价值链理论的地方产业集群升级研究综述》，武汉：《武汉大学学报（哲学社会科学版）》2009 年第 1 期。

⑬UNIDO, Overview, in *Industrial Development Report 2002/2003*, United Nations Industrial Development Organization (UNIDO), 2002.

⑭DFAIT, "The Evolution of Global Value Chains," in *Canada's State of Trade: Trade and Investment Update 2011*. Department of Foreign Affairs and International Trade Canada (DFAIT), chapter 8, 2011, pp. 85 – 101.

⑮冯邦彦：《澳门经济适度多元化的路向与政策研究》，广州：《广东社会科学》2010 年第 4 期。

⑯王五一：《繁荣与矛盾：澳门赌权开放十周年回望》，广州：《广东社会科学》2012 年第 4 期。

⑰张红峰：《论中国内地经济政策的变化及其对澳门博彩业的影响》，澳门：《澳门理工学报》2013 年第 3 期。

⑱I. Lejárraga, P. Walkenhorst, "Diversification by Deepening Linkages through Tourism," paper presented at the World Bank Workshop on "Export Growth and Diversification: Pro-active Policies in the Export Cycle", World Bank, Washington, DC, 2007.

⑲杨允中：《从产业结构优化到经济适度多元》，澳门：《澳门日报》2014 年 2 月 23 日。

⑳王五一：《为什么赌场越建越豪华？》，澳门：《澳门博彩》2007 年第 5 期。

㉑J. Humphrey, H. Schmitz, "How Does Insertion in Global Value Chains Affect Upgrading in Industrial Clusters?" *Regional Studies*, Vol. 36, No. 9, 2002, pp. 1017 – 1027.

㉒Michelle Christian, Karina Fernandez-Stark, Ghada Ahmed, Gary Gereffi, *The Tourism Global Value Chain: Economic Upgrading and Workforce Development*. Duke University Center on Globalization, Governance & Competitiveness, 2011.

㉓澳门手册出版委员会：《澳门手册 2013》，澳门：澳门日报出版社，2013。

作者简介：纪春礼，澳门理工学院博彩教学暨研究中心讲师，中山大学 – 澳门理工学院博彩研究中心博士后研究人员。

[责任编辑：刘泽生]

（本文原刊 2015 年第 1 期）

主持人语

刘泽生

　　回归以来，澳门经济已连续 15 年呈现高速增长，同时也面临着严峻的挑战：内部深层次问题日益突出，外部环境与竞争日趋严峻，经济发展所面临的环境、内在动力和主要矛盾都在发生深刻变化。澳门经济正从超常增长开始换挡，其增长方式亟待转型。

　　经过多年高速增长和积累之后，作为澳门经济主要增长引擎的博彩业，自去年 6 月起出现连续 9 个月的下跌。博彩业的深度调整，对澳门经济的影响深远，澳门经济也将随之呈现出一些新的特征。一是博彩业单一引擎功能开始松动。这次经济调整，主要集中在博彩业，尤其是贵宾厅业务。去年全年计，澳门博彩业收入总体下跌 2.6%，其中贵宾厅收入的跌幅更是达到 10.8%，而中场大众博彩则仍维持 13.7% 的增幅。从月度变化趋势看，下降趋势十分显著。进入 2015 年，博彩业总体跌势仍在加剧。1~2 月博彩收入同比收缩高达 35%。到 2 月份，博彩收入已跌破 200 亿，同比跌幅进一步扩大至 49%，只相当于去年同期 380 亿的一半。博彩业的深度调整，显示过往支撑博彩业快速扩张的基础条件正在发生改变，其后续影响有待进一步观察。二是经济增速换挡，告别过往超高速增长态势。随着博彩业超强引擎的失速，澳门经济急速调整。去年 GDP 快速回落，第 3 季开始出现负增长，第 4 季度仍会收缩，全年 GDP 将出现轻微负增长。进入 2015 年，随着博彩业调整的持续，估计全年经济仍将维持负增长。三是经济结构出现改善迹象。本轮调整，澳门经济虽整体收缩，但其他不少行业仍能保持良好态势，增长动力结构会有所改善。例如，去年澳门银行业收益依然保持着 26% 的高增长。四是增长方式将呈现倒逼式调整。近年来，澳门经济社会中面临的一些问题，如社会上流空间变窄、年轻人就业出路窄、房价过快上升引发居民住房难及企业营商成本高、经济适度多元进展不够理想等，实质上都与本地产业基础较窄、过度依赖博彩业的增长模式有关。博彩业的调整，迫使澳门优化增长方式，如何达致适合澳门宜居宜业目标的优质增长与和谐增长，拓展适宜澳门的增长新动力，将成为新的发展目标。五是借助区域合作推进适度多元发展，正面临新的契机。如何抓住机遇，融入国家发展战略，在"一带一路"、广东自贸区等发展战略中，发挥澳门的独特优势，是澳门强化"一个中心""一个平台"建设的重要抓手，也有助于澳门协调好本土发展与区域合作双腿走路的互动效果。

鉴于博彩业在澳门经济中业已形成的比重与地位，博彩业的健康发展，对澳门经济的稳定增长至关重要，是决定澳门经济趋势性发展水平的重要基础性因素。澳门博彩业正经历着内外多重因素的综合影响。就内部而言，目前博彩业正处于完善监管的调整阶段，特区政府加强了对博彩中介人活动的监管与限制，贵宾厅运作资金链趋紧；就外部因素而言，内地着重完善依法治国以及提升政府治理能力，廉政、节俭、规范运作将会通过制度化建设而变为常态。这些都将对澳门的贵宾厅特殊客源以及高档奢侈品消费，产生较为持续的抑制作用；此外，澳门博彩业正面临周边赌场和网络博彩双重竞争压力，内地游客将直接成为各国博彩业重点争夺的客户群，澳门博彩业在亚洲地区一枝独秀的格局将面临更大挑战。

本期刊发的殷存毅、曾忠禄、王长斌三篇人作，既有从拓展发展空间与调整产业结构的视角切入，就澳门的经济社会发展前景展开深层分析，也有基于公共卫生模式的博彩行为研究，以及就澳门博彩许可制度和博彩业负面影响防范等方面的探讨，对读者诸君考察当前澳门经济及博彩业发展中的深层次问题、寻求解决之道，或有所启发，敬请垂注。

空间扩展与结构完善：
澳门发展的前景探讨

殷存毅　施养正

[提　要] 回归十五年来的发展见证了澳门在"一国两制"方针政策下经济腾飞的奇迹，社会繁荣、政治稳定和与内地合作更加紧密。然而，由于博彩业"一业独大"的刚性，导致经济成长的稳定性存在隐忧，以及生活成本的增加、资源分配不公、经济结构调整局限性等问题与挑战。本文在对澳门经济社会发展历程的回顾与现阶段所面临问题的分析梳理基础上，分析了现阶段澳门社会经济发展所面临的问题，发现实质上就是发展空间与产业结构适度多元化的矛盾，拓展发展空间是澳门未来发展面临的战略性选择，进而基于区位论的理论分析，提出积极促进澳门生活空间的外移扩张，有助于实现产业适度多元的目标以及民众生活质量的提高。

[关键词] 澳门研究　发展空间　产业结构　区域合作

回归以来，澳门最突出的成就就是实现了经济腾飞，城市发展面貌有了重大转变。与回归前相比，澳门在经济、社会、政治等方面均获得了充分的提升，发展水平日渐提高。然而，随着经济的快速发展以及周边环境的变化，澳门的发展正面临一些挑战，突出的问题是发展空间与产业结构适度多元化的矛盾，由此会衍生出社会问题。如何拓展发展空间是澳门面向未来的一个战略性的问题。

一　制度变革推动澳门辉煌发展

回归前，受到管治能力不强、权威性有限和认受性不足等因素影响，葡萄牙人对于澳门的管理实际上是"经济上的无所作为"，[①]一些重大的、结构性的不利情况已在影响澳门的经济。[②]回归后的澳门面临着失业率高企、治安环境恶化、民生水平大幅倒退，以及经济结构亟须调整等巨大压力。在"一国两制"和国家政策的支持下，第一届特区政府开始转变澳葡政府"自由放任"的经济发展模式，加强了政府对经济发展的干预。确立了"以旅游博彩业为龙头、服务业为主体，其他行业协调发展"的经济指导方针，实现赌权开放的制度变革，结束了博彩业长达四十年的专营垄断权，充分发挥博彩业在解困经济中"固本"的重要作用。受益于一系列制度变革与政策支持，澳门在物质生产要素不变尤其是技术不变的前提下提高了生产率，保证了澳门经济发展的突飞猛进、社会繁荣安定和政治的稳定前进，并且与内地的合作也更加紧密。

（一）经济发展突飞猛进

1. GDP 与政府财税收入大幅增长

由于博彩业发展持续向好，澳门经济水平在 2001～2013 年实现了明显增长，澳门本地生产总值由回归初期的 523 亿元（澳门元。本文凡未特别注明的均为澳门元。下同）飙升为 2013 年逾 4130 亿元，大幅增长约 8 倍，平均增长率高达 19%，成为世界上经济增长最快的地区之一。2002 年至 2013 年间，特区政府财政收入增长近 12 倍，由 152 亿元迅速提升至 1760 亿元，其中来自博彩业的发展收益贡献最大，占财政收入比重一直超过 50%，为特区政府的公共财政开支提供十分重要的保障。

2. 失业率不断下降与基本实现"全民就业"

随着整体投资环境改善，2013 年澳门固定投资总额为 528 亿元，相比 2002 年增长超过十倍，带动一系列社会基建发展，促进社会就业机会大幅增加。澳门劳动力人口由回归前约 20 万人发展到 2014 年逾 39 万人，失业率连续七年低于 4%，2013 年仅为 1.8%，可谓澳门属于全民就业的状态。

（二）社会繁荣安定

与回归前相比，回归后澳门在社会治安中关于重大刑事案件的犯罪数目下降趋势尤为突出，如侵犯生命罪在回归前为 42 宗，2013 年降低至 8 宗，公共危险罪从最高 315 宗下降至最低 59 宗，两者超过了 80%。此外，澳门整体收入中位数在博彩业开放后总体呈现不断上升趋势，从 2002 年的 4672 元上升至 2013 年的 12000 元，增长约 2.5 倍。除了 2008 年经济在金融危机中受到了较大影响，每年平均增长率超过 8%，反映出市民生活水平不断提高，社会发展繁荣稳定。

（三）政治稳定前进

在中央政府大力支持下，澳门政治在十五年间稳步发展。首先，在"高度自治"方面，《基本法》明确规定，全国人民代表大会授权澳门特别行政区依法享有行政管理权、立法权、独立的司法权和终审权；在政治架构中，"基本法"明确规定，澳门特别行政区行政和立法机关必须由永久性居民组成，其中行政长官、行政会委员、政府主要官员、立法会正副主席、终审法院院长、检察长更必须由永久性居民中的中国公民担任，从而保证了"澳人治澳"的实施。

（四）与内地合作更加紧密

回归后的澳门与内地之间的合作关系更加密切，如《内地与澳门关于建立更紧密经贸关系的安排》及其补充协议的实施和《泛珠三角区域合作框架协议》确定澳门在泛珠区域合作中的角色与定位。2009 年《横琴总体发展规划》的出台，更加奠定横琴岛在澳门未来发展中的重要地位，与中山市翠亨新区、江门市大广海湾经济区等广东三大平台联合推进粤澳合作进入快车道，其中，澳门大学横琴校区的落成，改变本地长期以来因为空间不足所带来的发展约束。

目前，澳门与内地的居民往来相当紧密。内地居民在澳门出入境的过关次数从 2008 年的 1753 万次增加至 2013 年的 3183 万次，增长约 82%，且呈现出不断增加的趋势。

二 澳门社会经济发展面临的挑战

博彩业促进了澳门经济高速增长，同时"一业独大"的产业结构也给澳门经济社会发展带来了一些隐忧，对推进适度多元化形成挑战。

（一）博彩业对社会经济发展的刚性

博彩业对澳门经济发展具有刚性的主导作用。回归后特区公共财政收入大幅改善，其中来自博彩税的收益比重从 2000 年的 37% 迅速上升至 2013 年的 76%，自 2007 年起超过同期公共财政总开支。与之相比，近年来特区政府在进行各项税例、税率修订时，均有意逐步减少各种税收在公共财政总收入中的比例，如职业税、所得补充税、营业税、房屋税、印花税、消费税和机动车辆税等主要传统政府税种多年来仅占 6% 的水平，这对维持基层市民的生活环境有着相当重要的意义。另一方面，博彩业全部就业人员占总就业人口比例达 23%，居各行业之首。然而，博彩业的特殊性使其对于国家政策与经济发展环境等因素具有高度敏感性，单一产业发展将产生经济波动，甚至对整体经济发展产生严重后果。

（二）非正常消费造成经济发展的不稳定性

博彩业属于政策支撑性极强的外向型产业，消费群体主要以外来人口为主，而且暗含大量非正常消费活动的特点。2013 年赴澳旅客逾六成来自中国内地，[③]形成"一源独大"，因此澳门经济发展很大程度上依赖于内地政治环境与消费水平。随着十八大以来内地反腐力度增大，不少腐败官员相继落马，对于一些问题官员及企业经营者起到了极大的震慑作用，明显减少了赴澳豪赌的现象。今年以来，博彩业毛收入增长率明显下滑，12 月份年变动率降幅更达 30.6% 历史新高。从侧面也反映出过去澳门博彩业市场的兴旺在很大程度上与内地对贪腐问题缺乏有效监管密切相关。随着中国内地清廉指数[④]的提升，来自内地的非正常消费将逐步减少，必然对澳门经济的平稳发展产生影响。

（三）"一业独大"对民众生活水平的影响

作为以旅游博彩业为主的国际城市，澳门的旅客数量从回归前的平均 700 万人上升至 2013 年的近 3000 万人，与本地总人口之比由原来的 16 倍迅速扩展到 46 倍，[⑤]且仍以约 10% 的幅度逐年增加。赴澳旅客的增加造成物价高涨、房价高企等问题，市民生活成本不断增加。2005 年至今澳门 CPI 平均增长率超过 5%。2014 年每平方米住宅均价超过 9 万澳门元，相比 2004 年增加近 12 倍。与此同时，办公室和工业用地每平方米价格也分别增加了 7 倍和 14 倍，经营成本比例大幅提升，这对于未来澳门经济发展的可持续性造成相当多的隐忧。[⑥]由于生活成本以及生产费用的日益扩张，特区政府需要不断增强对转移支付投入的缺口，导致财政压力的增加。自 2007 年开始，澳门本地游行活动越发明显，参与者也从最初主要以基层劳工和新移民逐步转向包括中产阶层、年轻人及大学生等跨越不同阶层，由此无不反映出社会对于贫富差距、物价腾飞、外劳输入等问题的担忧。

（四）"一业独大"对人力资源结构的影响

从平均工资的增长趋势来看，回归后的澳门总体产业结构是以博彩业带动旅游业（包括批发、零售、酒店、饮食等行业）的发展模式为主，联同金融业（主要是银行业、保险业、金融中介服务业）共同推进澳门经济发展，二者自回归十五年间月平均工资水平均超过一万元。但是，金融业的结构决定其需要较高的专业性，而澳门所具有的市场狭隘的特征使得金融业发展并不是澳门的强项。与之对应的是，金融业就业人数自回归以来始终占总就业人口的平均数不到3%，也只有博彩业平均就业人口的约15%。

一方面，博彩业的高速发展吸收了大量的就业人员，而博彩业所具有的特异性使得其并不需要过高的人力资源素质，就业门槛低。仅2013年新增加的约1.8万总就业人口中，荷官就业人口占23%，而同期专业人员和技术员等就业人口则分别只有9%和5.6%。目前，澳门全职荷官雇员超过2.5万人，大部分以本科以下学历的青年人为主。另一方面，在市场规律的效应下，更加促使社会各类资源迅速地投奔到博彩业发展中，从而造成职业发展的不平衡。由2006年起，博彩业超过长期以来一直占据首位的金融业平均工资水平，其他行业的发展更加难以与其相提并论。博彩业一业独大导致澳门劳动力市场的人力资源的拥有及储备上，缺乏适度多元化及参与区域合作的专业人才，不利于特区长远发展。

总之，由于博彩业在社会经济发展中的刚性及负面影响，澳门未来发展所面临的经济社会发展的不稳定性隐忧，人力资源的单一和短缺，博彩业"一业独大"的资源集聚"马太效应"，对其他产业的"挤出效应"，对于推动产业适度多元化形成很大的挑战。

三 适度多元化面临着"双重失灵"及空间约束

（一）发展型政府推动下的澳门经济发展模式

回归后特区政府在推动经济发展中承担着重要职能，在制定新的经济发展政策过程中表现出发展型政府的特征。发展型政府以推动经济发展为目标，长期担当经济发展的主体力量，注重人均GDP的增长和在世界市场中的竞争地位。美国学者齐斯曼（J. Zysman）认为发展型地方政府注重对经济进行适度的干预，通过产业政策工具使市场经济与政府干预有机结合，从而形成软硬适度和富于弹性的经济发展体制，[7]而这些产业政策工具则涉及产业政策、金融条件和政治基础的相互依存、彼此互动。因而后进国家虽然常常借由产业政策推动经济发展，但产业政策能否有效执行，政治基础的支持与金融条件的配合是不可或缺的。[8]

　　根据产业结构调整理论，发展中国家（地区）只有把有限的资源有选择地投入到某些行业之中，才能最大限度地发挥出有限资源的效用并达到经济增长的效果。博彩业在澳门已经拥有 167 年的发展历史，同时占据本地生产总值的 1/4，有着区域产业先发优势的基础。作为后进发展地区，特区政府加速构建现代化服务业体系，实现了回归后的跨越式发展，人均 GDP 达到世界级水平。在政策内容上制定更加公平、开放和透明的市场环境来实现博彩业产权调整，提出"以旅游博彩业为龙头""带动其他行业协调发展"的产业政策，打破垄断经营的发展模式，通过减免土地费用、吸引跨国资本，引入国际规范、管理技术与竞争机制，推动博彩业提升档次与优化服务，通过税收政策促进与博彩相关的其他会展、表演、零售、酒店等产业发展；在金融条件上保持澳门自由港制度，完善银行业信贷政策，充分发挥金融中介作用，为博彩业履行社会责任、兴建酒店或旅游设施、资金结算等提供支持；在政治基础上按照"一国两制"的方针，中央政府在法律和政策层面大力支持特区建设，同时通过开放"自由行"政策为澳门带来源源不断的经济活力。

　　然而，通过带有产业导向的政策推动发展的方式，主要是特区政府为了回归后推动社会经济稳定而采取的非常态做法。但随着市场经济体制的不断完善和产业发展进一步深化，这一模式也为社会发展带来不利的影响，政府的作用在社会发展中并未能很好地引导其他资源进行合理调整，而且在经济规律作用下，市场无法发挥有效配置的功能，经济的适度多元化更难。

1. 政府失灵

　　在中央政府的支持和经济高速发展下，特区政府财政储备由回归之初的 130 亿元增长到接近 5000 亿元，在自主性及对社会事务管理方面有了极大改进，在区域和国际资源控制和竞争中具有更多的支配力量。其中博彩业税收比重由回归初期不足三成增长到如今的近八成，是保证经济增长与财政收益的重要基础。加之受到空间制约，推动经济适度多元化存在复杂性、风险性及不确定性，因此特区政府对于产业结构调整更为谨慎，在决策的交替选择问题上难以保证政府措施的公平有效。

　　根据胡炜光对我国地方政府推动地方经济发展的特征研究，发展型政府具有投资者成为地方政府的最高客户、地方政府财政支出中投资支出比重大、地方政府通过行政力量来推动"压力型体制"的运转、地方政府过度地干预企业的发展⑨等四个特点。如今博彩业已成为澳门经济的唯一增长极，直至 2012 年澳门累计吸引投资总额有 1513 亿澳门元，而博彩业的投资占了 57.9%，其次是银行业（18.2%）和批发零售业（10.6%），而最低的则是保险业（2.1%）、工业生产（2%）、运输仓储及通讯业（0.6%）和饮食业（0.6%）。⑩其次，根据有关学者研究，澳门政府在投资方面的支出明显上升，纵使特区政府在财政管理上秉持量入为出原则，但大幅上升的非固定支出开支若是成为长久的刚性开支，则将会影响到政府在社保、医疗、教育等其他民生领域的投入。⑪为了维持经济稳定并保障社会福利，特区政府的工作基本上都在巩固与提高财政收入的压力下围绕经济增长开展，因此博彩业的高税收使得政府缺乏利益动机去干预或推动其他产业的发展，⑫不利于产业结构适度多元化。

2. 市场失灵

博彩业与一般产业不同，自身的暴利性质使其一旦成为主导产业，往往成为吸纳生产要素的"洼地"，挤压其他行业尤其是中小企业的生存空间，进而扭曲经济结构、增加社会成本，导致经济结构极端化。⑬作为中国境内唯一博彩合法地区，中央政府开放"自由行"等于为澳门博彩业创造出一种"澳门供给、全国需求"的现象，在总需求大幅增加以及人们预期对经济利好的信息引导下，博彩业规模由此实现迅速膨胀，产业结构更为集中。博彩业由 2000 年占本地生产总值的 26% 大幅增加至 2012 年的 46%，而与之高度相关的批发零售、酒店及饮食业和建筑业等也有一定增长，分别增加了 6% 和 3%。相反，金融类、运轮通讯仓储和制造业的下降尤为明显，分别下降了 7%、4% 和 9%，同时公共行政及其他服务业也从 19% 明显下降至 12%。

在市场自由配置的基础上，资本和劳动力不断向有着更高生产力的博彩业部门集聚，导致博彩业发展同时占用了大多数的土地空间与人力资源，不断挤压着其他产业的发展。按照产业发展规律，产业结构演变与经济增长是具有内在关联的，经济发展随着技术水平不断提高，社会分工越来越细，产业部门增多，部门与部门间在资本流动、劳动力流动、商品流动等联系上也是越趋复杂的。但博彩业纯资本运作的特征对于促进社会经济技术发展的作用不大，对于经济在资本、劳动力与商品的流动方面也受到许多限制，因而在不同产业之间、不同部门之间难以实现经济技术的联系与有效转换，因而说经济结构的产业链便难以拓展。长此以往，由于博彩业的高利润驱使，社会缺乏形成足够的科研制度和创新激励，无法有效凭借市场机制的引导充分发挥经济辐射作用，市场失灵使得经济适度多元化发展难以实现。

在不断的发展中，博彩业已经成为澳门的经济命脉，是经济振兴的主要动力和政府财政收入的主要来源，既成就了澳门经济腾飞的奇迹，同时其所带来的诸多问题与挑战亦不容忽视。究其原因是博彩业有着极高的收入利润。从资源配置来看，市场会不断向博彩业集聚形成极化效应，增加社会的发展成本，从而需要得到政府政策干预的调节。但从理性视角来看，由于博彩税在财政收入上过高的比重，这也直接影响着政府所实施产业政策的方向与内容，因此经济结构同时存在市场失灵和政府失灵。

（二）经济适度多元化的空间约束

在产业布局上，约翰·弗里德曼（J. Friedmann）的核心 - 外围理论指出，随着某些主导部门或者有创新力的企业在特定区域或者城市聚集，通过产生和吸引大量的革新形成一种资源的高度集中，原来中心区域的革新将逐渐向外围地区扩散，形成一种控制和相互依存的关系，区域经济增长的同时，必然伴随经济空间结构的改变。通过核心与外围的区域相互影响，核心区域从外围区域实现劳动力和资金的供给，外围区域则从核心区域取得商品、信息和技术的发展，在极化和带动的作用下共同组成一个完整的空间系统。

反观澳门，长期以来其他产业想要实现发展的规模化或边缘扩展缺乏现实的基础。2013 年博彩业每平方公里的规模产出达到 136 亿澳门元（约17 亿美元），从经济人的理性视角来看，在一个极度缺乏空间条件的范围内要推动经济适度多元，客观上难以实现。另一方面，博彩业具有对外依赖性高及缺乏促进产业技术进步的特征，使其容易受到国家政策和经济发展环境等因素的影响造成经济波动，其与经济的适度多元化亦构成矛盾。若无法解决空间发展的约束，则只能够通过削弱博彩业发展规模或进一步调整市民的生活空间。值得注意的是，无论以何种方式但结果必须要以实现更好的生活为前提。近年来，澳门特区政府不断地推动多种产业的共同发展，其中最有影响力的是金融业、会展业和创意文化产业。虽然这些产业在本地经济中仍在不断快速成长，难以判断其最终对整体经济发展的贡献，但通过与国际上成熟地区的产业价值进行对比，可大致推断出相关影响。

（1）金融业和会展业以香港为代表，作为我国特别行政区，港澳两地关系一直非常紧密，同时香港又是世界四大金融中心之一，2012 年香港的金融业每平方公里产值约 3700 万美元；此外，会展业在香港的经济结构中占有相当重要的地位，作为国际会展之都，会展业在 2010 年占香港地区GDP 的 2.1%，每平方公里约产出 420 万美元。

（2）创意文化产业以英国伦敦为代表，英国是创意文化概念的提出者，而伦敦更是世界著名文化之都，文化产业极为发达，2011 年平均每平方公里产出约 2600 万美元。

（3）以澳门 2009～2013 年博彩业发展的平均产值计算，博彩业近年每平方公里的产出约 10 亿美元。

2013 年，博彩业占澳门地区 GDP 的比重高达 88%，假设在理想状态下澳门与香港、伦敦等国际知名城市拥有相同的经济发展环境，并具备与之相应的政策、产业和人力资本等要素支撑，此时若要在澳门本土实现产业多元化，由目前博彩业一业独大调整为博彩业 + 金融业 + 会展业 + 创意文化产业共同发展，将会对特区政府财政收入产生较大影响，短期内亦势必会降低市民生活水平。

然而，博彩业发展的波动性容易造成经济安全问题。但按照特区政府在 2013 年的官方统计，澳门土地总面积只有 30.3 平方公里，而在 2014 年第三季度的人口估计上，澳门已经达到了 63.1 万人，在全世界所有的国家和地区当中人口密度最高，土地资源对澳门经济社会发展的限制由此显露无疑。考虑到澳门市民生活空间现状已经十分拥挤，改善居住、生活环境的呼声日益高涨，因此更加难以再为其他产业的发展提供足够的空间。

由此可知，受到土地资源不足，澳门发展所面临的问题实质上就是发展空间与产业结构适度多元化之间的矛盾，导致了回归后政府政策的干预无法达到预期目标，博彩业的开放并没有实现推动其他产业的协调发展。空间不足是澳门的客观现实，也是面对可持续发展最严峻的挑战，这对产业的适度多元化造成了限制，也约束着人们生活空间的范围。在长期上，澳门城市功能的结构受到空间的制约而得不到完善，城市空间极度需要拓展。

四　澳门未来发展的策略思考

如前文所述，澳门无论在推动产业结构的适度多元化，抑或改善人们生活环境，都必须为本地经济社会的发展争取更多空间。

（一）区位发展的空间选择问题

城市在发展中经常会面临着一些问题：一个企业或产业应该布局在什么地方？一个地区应该确立什么样的产业结构？以及如何协调其与社会发展的关系？德国经济学家杜能（J. H. Thunen）于 1826 年在其出版的《孤立国同农业和国民经济的关系》中提出的农业区位论认为地租是决定土地利用的主要因素，而地租差异是因距离城市远近所导致的，这被称之为"区位经济地租"。杜能指出，土地的利用类型及其经营集约化的程度是有规律的，依赖其经济状况，特别是取决于与市场的距离，提出了"杜能圈"的概念。[14]在"杜能圈"理论中，能够支付（形成）最高地租的土地利用形态给土地标上了最高价码，它排斥了其他土地利用形态，从这个意义上说，所谓利润最大化的土地区位选择，即寻求地租最大化的区位选择。由此根据达恩（S. Dunn）地租距离函数可以得出，距离中心越近的土地使用集约程度越高，它能形成的区位经济地租越高，[15]城市经济中产业结构的空间分布很大程度上是会受到地租贵贱的影响。在此基础上，塔弗（E. Taaffe）等学者根据城市发展从城市社会角度提出城市地域理想结构模式，并指出理想的城市结构模式应是由核心区向非核心区逐层向外拓展组成，分五个部分：中央商务区、中心边缘区、中间带、外缘带和近效带。与杜能的级差地租作用相类似，随着商业和轻工业的发展，带来原来生活环境的恶化，在各城市各功能区不断产生侵入和迁移下，最终呈同心圆状自核心向外扩展。

除此之外，波兰学者马利士（B. Malisz）和美国学者埃里克森（Ericksen）等研究了城市中心地区向外围地区拓展的重要性和必然性。1963 年马利士在其专著《城市经济建设》中提出"门槛理论"，指出当一个城市达到一定规模时，常会出现一些阻碍其空间拓展的限制因素，包括城市所处的地理环境、工程管网铺设技术及已经形成的城市地域结构，[16]这些因素标志着城市发展规模和人口容量限度。在一般情况下，这些限制需要一次跳跃性的投资突增才能有所缓和，这就是城市进一步发展的"门槛"成本。因此，当城市已经发展至由于地租价格的存在而需要跨越较高级别的"门槛"时，可以选择分散建设（建设副中心、卫星城等）来降低高昂成本，这样城市的基建投资和经济管理费用便会随之相应下降，发展就比较快速合理并符合经济效益。另一方面，埃里克森在 1983 年通过城市外围地区土地利用的动态演替的研究，证明了随着城市功能不断向外拓展，外围地区最终将与中心地区构成一体，称为"多核心结构模式"。他认为城市对外围土地利用的空间规律会出现三个阶段，即外溢 - 专业化阶段、分散 - 多样化阶段和填充 - 多核心阶段，由最初单功能的工业区或居住区向城市外围溢出；随着交通条件改善，城市功能向外围地区的溢出更加深化，外围地区功能趋向多元化，形成城市综合体；最后随着外围地区功能逐步完善，形成了次中心城市，最终成为核心城市结构的重要组成部分，印证出城市功能空间发展所具有的基本规律。

总括而言，在区位中关于经济产业结构在空间布局的分类必然会受到级差地租的影响，城市最核心的地带必然由产值最高或贡献最多的部门所支配，这是市场发展的客观规律。并且透过规模扩张不断向外围延伸，在市场通路效应、生活费用效应和市场挤出效应作用下，生活空间将围绕中心地区逐步外移。由于核心功能区域的不断扩展，外围空间便成为实现其可持续发展的重要依赖，为完善城市功能结构、拓展发展领域和增加核心区域竞争力打下重要基础。

反观澳门在拓展空间问题的选择上，博彩业的特殊性使其无法实现功能外溢，造成澳门土地价值高企，自回归以来房价的增长演变就是其中一个最明显的表现。作为城市主体的政府、企业和居民，受损最大的是居民，因为工资的增长是有限的，而且永远赶不上房价的增长；当中政府则受益最大，因为土地金和税收会不断随着地价的上涨而上涨；另一方面，企业虽然也会因为地价上涨而导致成本上升，但因为澳门主导产业的独特性，博彩业的高额利润则可以抵销来自地价上涨的压力，亦因此从区位论的范畴上很好地解释了生产活动近年来在澳门是如何决定其空间场所选择的规律。由此相比，居民空间更加需要得到调整才能避免民众福利的大幅受损。

（二）空间拓展类别与拓展选择途径

在资源及空间约束下，澳门必须努力寻求与内地的合作深化，有效地解决经济"一业独大"和市民生活保障等问题，即通过区域合作重新打造出一个新的澳门。但该如何合作，则是值得再思考的。对于澳门来说，拓展发展空间本身就是一种战略性选择的问题，而这个核心就是对于生产或商业空间与生活或民生空间布局的选择，形成多元化的产业结构和完善社会生活功能。通过过去经济增长中的实践经验和社会发展现状，澳门社会民间的生活功能空间更加需要有所拓展。

1. 生产或商业空间拓展的问题

作为微型经济体，生产或商业空间的拓展能够弥补澳门经济发展空间不足的问题。博彩业在澳门有着悠久的发展历史以及开放至今所创造出的巨大发展的基础，因而具有规模经济效益和辐射效应。然而，受制于博彩业的特殊性，作为龙头的博彩业无法辐射内地发展以及与内地合作，澳门是中国境内唯一博彩合法化的地区，换言之，博彩业的发展以及规模扩张只能留在本地区之内，从而为社会衍生出许多问题。如过去十几年来博彩业的急速扩张，虽带动经济收入上升，但真正受惠的是以博企及与其有着高度相关的行业或公共机构为主，非博彩行业受惠于经济的增长则相对较小，结果是造成大量财富极化的集中，而积累的财富又再度被投入到住宅及工业用地等固定资产中，甚至拓展跨界行业继续发展，例如零售业和餐饮业；另一方面，博彩业产生的挤出效应不断延伸，造成社会结构将更加趋向两极分化，贫富不均是现阶段澳门无法回避的社会问题。

其次，透过与内地园区合作的方式，以比较优势和劳动分工形式来实现区域间的互补。但"一业独大"的澳门在产业资本、技术能力和人力资源上并不具备良好条件。在过去不断强调经贸合作加强的实践中，澳门所能产生的作用收效甚微。[17]澳门长期迈向经济发展适度多元化之所以缓慢的原因，除了受到土地资源和缺乏高科技发展的约束外，很大程度上是社会始终未能形成以专业化、分工化和多元化为主要特征的人才结构以及拥有核心知识产权。而且经过发展证明，依靠澳门自身条件根本难以实现这些改变，但这在区域合作中必不可少，因此产业发展空间拓展能力不足。

再者，生产或商业发展需要的制度环境的空间拓展难度较大。土地是一种不可再生的资源，却同时是经济发展的最根本，澳门拓展生产空间的方式必然会不断产生冲突，如土地竞争、税收博弈和空间结构性矛盾等。

在涉及"一国两制"问题时，中央政府对澳门空间拓展的决定和处理需要更加谨慎。事实上，由于两地邻里相依，澳门可取得的土地面积在过去不断增加，相反珠海市可用土地面积却相对减少，如横琴的进一步深入地开发。

城市之间存在着职能和规模的竞争，政府管理者作为经济人角色也试图在最大范围内吸取更多经济资源和扩展市场，并通过土地实现税赋收益增加，由于澳门产业规模与市场力量不足，[18]生产空间的扩张实际上会剥夺原所在地方政府在空间上实现土地流转创税的收益最大化，因而成效不彰。[19]而且随着空间再度耗尽，澳门必须提出新的拓展需要，构成一个不断博弈的循环系统。

随着原生产空间的规律被打破，区域迅速实现了各种生产资源的聚合和重组，区域内的物价快速上升，生活成本大幅增加，而不同的制度安排又使得产业链或供应链更加难以实现彼此互通，增加了重复建设风险，从而更加强化了所存在的关口成本。

因此，由于制度存在着路径依赖，在经济人的特性下以及区域经济合作中的交易费用难以及时消除，产业发展在空间拓展的难度上更大。而展望未来，澳门应该更加充分发挥自回归以来特区发展积累所得的资金红利优势，在推动经济适度多元化过程中加大财政储备的投资作用，通过区域合作促进产业适度多元化。

2. 拓展生活或民生空间的选择

由于经济高度发展和劳动力需求不断增加，澳门市民的生活质量与博彩业开放前相比，生活成本大幅提高。随着回归后经济高速发展，使澳门常住人口激增，进一步平摊市民在享用住房、交通、医疗及其他公共服务资源方面的供应，亦导致贫富差距的拉大。因此，由于"一业独大"的负面影响，社会不断发出要改善居住环境和生活条件的呼声。与经济发展等问题相比，市民对于民生空间上改善的渴望显得更加迫切。按照土地资源集约化使用的经济规律，澳门现有空间被不断增长的生活需求所挤压，机会成本较大。若能把服务于城市人口中的一部分生活功能实现转移，澳门整体生活空间与环境质量将能够大幅度改善，而且与拓展生产或商业空间相比，完善社会生活功能的区位布局则相对较为可行。以澳门住房需求为例：[20]

在2004~2013年，澳门常住人口从46.3万人增加至60.8万人，平均年增长率约为3.2%，以人口净增长计算，则每年平均增加约16080人。在十年间，澳门增加了超过1/4（26%）的常住人口，因而导致房屋需求大增，同期，澳门住宅单位实际吸纳量约25235个单位，[21]假设只从人口增量与家庭人数考虑，这远低于以人口增长数计算的房屋需求（约需要53600个住宅单位）。随着人口不断增加，澳门居住压力的缺口如下：

（1）根据资料显示，在2013年新一轮的经屋申请上，澳门特区政府共收到20400多宗新申请，按现时每户平均居住人口3.03人推算，大约有61812人。同时，从上文推测可知，其中还存在着7965个潜在住房单位的隐性需求，约 24134 人。

（2）按澳门统计暨普查局的统计，截至 2014 年 6 月，澳门住户总数约 211491 户，但楼高 7 层以下、楼龄 30 年或以上的楼宇逾 2200 幢。[22]假设每幢以五层楼高及三户来测算，则超过了 1/10（15%）的住宅单位总数。这近三万户未来可能成为残危楼宇的单位意味着置换房屋需求的大增，但近十年来，澳门平均每年实际供应量只有约 2500 个，远低于市场需求。

（3）回归后，澳门的人口自然增长平均每年约占到人口净增加的 20%，每年净增加约三千人。

结合起来，澳门有着置换房屋需求的群体（1）+（2）+（3）至少有超过十一万人，占到了现时澳门总人口的近 1/6。通过 2012 年澳门人均居住面积为 218 平方尺（约 24.2 平方米）来看，房屋规模需求量在计算后得出的结果约达到 266 万平方米。此外，以 2.5 的住宅用地容积率进行反算，可以得出楼宇建设用地面积将达到 106.5 万平方米，即大约 1.065 平方公里的空间规模。由此可见，澳门现时单是由于居住压力所创造的民生缺口的需求规模就相当庞大，其所产生的潜在收益非常显著。

另一方面，由于澳门经济规模小，澳门经济增长与人口增长率关系密切，劳动力移入与移出的弹性政策是调节澳门经济增长所需要人力资源的特色。赌权开放后，移民或外雇流入成为人口增加的主导来源，人口迁移因素同时也是影响澳门未来人口规模的主要决定因素。2011 年有政策咨询文本就澳门未来 25 年的人口规模做出预测，假设未来能够继续保持较高速度的经济增长率，澳门 2036 年人口总量最高或可达到 85.2 万人，[23]与 2013 年相比增加 24.4 万人，每年人口平均净增长为 10609 人，则平均每 11 年就可能需要产生出一平方公里土地的住房需求，每年需要兴建约 4000 个单位，对于澳门有限地理面积而言是一个相当巨大的压力。

由于住房的需求得不到满足，房价高涨为社会带来严重压力。2005～2013 年，澳门就业人口收入中位数平均年增长率为 10%，实质增长约 5%；[24]同期，住宅平均售价年增长率为 30%，实质增长约 25%。比较澳门同期实质经济增长率 15% 可见，就业人口收入中位数的实质增长未能追上同期经济增长，但物业的实质升值却大幅超过经济增长。虽然高速的经济增长无疑令绝大多数澳门市民收入增加，而澳门自置物业比率达 70% 以上，意味着不少家庭的财富也大幅上升，但与此同时，也带来了通货膨胀与财富分配不均等问题，部分市民在经济发展过程中得不到太多好处，但却分担了发展的代价。对于没有自置物业的澳门市民来说，包括准备成家立室的年青一代，将面临越来越高的首次置业成本，这是澳门过去二三十年从未经历的状况。

3. 空间拓展的选择途径

综上所述，澳门民生发展的挑战日渐凸显，市民生活质量需要拓展出更多空间才能得到保障。而澳门空间拓展的方式可以有以下两种：

（1）填海造地。澳门过去主要依靠填海增加土地，其优点是成本低和开发周期较短。澳门陆地总面积从 1912 年的 11.6 平方公里增加到 2013 年的 30.3 平方公里，相当于填出 1.6 个澳门，从而不断满足由经济和人口发展所带来的更多用地需求。然而，依靠填海来扩充土地的方式实际上成效非常缓慢，例如过去的 100 多年里，澳门实际总面积只增加了 18.7 平方公里。另一方面，随着 2002 年我国《海域使用管理法》的正式实施，由于历史及海洋权等因素，标志着澳门填海仍需要事先通过中央政府监管。此外，现有基建的制约和环境保育的限制，也使得填海造地的成本将不断增加。

（2）利用横琴模式的制度特点，即用好"一国"优势、探索"两制"衔接的可能，实现资源最终整合。与其他微型经济体不同，澳门与内地任何一个地区都是中华人民共和国不可分离的部分，是一个国家主权内的特别行政体，在解决微型经济发展问题时拥有更多腹地或空间拓展的余地。通过横琴合作，加强分工与错位发展，可更有利减低因土地供应不足对澳门发展的制约。

现阶段横琴模式在澳门取得一定的成果，比如澳门大学横琴校区的成功，标志着澳门的空间发展突破行政地域边界，在"一国两制"支持下与内地形成新的合作形式。随着校区的发展不断完善，未来将会承接更多的生活和其他社会功能，从而为本地市民在生活空间拓展上做出贡献。除此以外，也能够通过建立跨域治理的手段来拓宽澳门人进入内地生活的机制，如形成横琴澳人生活社区等。通过前面例子可以假设，澳门民生空间拓展与内地的合作将会带来显著影响。

对于澳门来说，由于长期面临着因人口不断增长所带来的城市承载力严重加剧的问题，澳门市民的生活水平提升较为缓慢或甚至有所下降。通过区域合作的方式实现较大规模的生活功能交错与人员转移，将能够有力地促进澳门环境及市民生活水平的极大改善。同时，由于人口密度的降低进一步增加了土地发展供应，可在未来为澳门推动经济适度多元化提供空间支持。而横琴岛作为澳门的发展腹地，可成为本地产业延伸的重要载体，同时更能够促进澳门中产阶级与弱势群体在生活方式等方面有更多的选择，从而拓宽城市的空间限制。在这方面，香港早年的发展主要集中在九龙和香港岛地区，承载着全港绝大部分人口，城市十分拥挤。但自20世纪80年代以来，通过逐步实现生活空间从核心区域向总面积有着975平方公里、占全港面积90%的新界郊区进行拓展，成功解决了当时发展成本的问题，并且为自身雄厚的整体实力和较高的发展层次提供可持续发展的重要活力。[⑤]

从内地发展需要来看，由于珠海毗邻澳门，将会极大地吸引由澳门人口外移过程中所带来的消费红利。由于经济水平差异所带来的影响，澳门发展水平是珠海的三倍，2013年珠海住宅均价为16315元（人民币），其中横琴岛更超过三万元，因此珠海若能够加以承受澳门人口外移的影响，未来将能够每年为当地产生出相当多的经济效益，长远来看预计能够为珠海经济带来千亿元的增长。此外，以澳门市民为中心提供的大批社区服务业也能得到迅速兴起，从而完善珠海经济社会方面的发展功能。

综观澳门经济发展现状，"高收入"与"高消费"并存的矛盾使得越来越多的澳门中等收入群体已经将目光投向珠海。随着区内的交通越来越方便，人、货及资金的流动障碍不断减少，澳人试图在珠海享受更好的生活质量，如更大的居住空间、更多的休憩场所、更低的生活成本等。目前，珠海整体生活成本和居住成本只有澳门的1/3和1/5。因此，在"一国两制"基础下，澳门应把握与珠海有着经济落差的际遇，实现澳门与内地之间更深层次的生活空间拓展。这不仅能为澳门本地的财富保值或升值提供空间，同时能够促进珠海经济发展，这一举措对于两地来说无疑是双赢的。

---

① 娄胜华：《澳门法团主义体制的建构》，澳门：《行政》2004年第2期。

② 冯邦彦：《澳门概论》，香港：三联书店（香港）有限公司，1999。

③ 随着内地赴港澳"个人游"政策开放的实施，内地居民占澳门总体旅客比例按年上升，在2004年已经超过入境澳门总旅客量的一半达到57%。到2013年，全年经内地入境澳门的旅客占总旅客比例上升至64%，约有18632207人次。

④ 根据"透明国际"组织在1995～2013年的研究调查显示，中国在"腐败排行榜"上的得分和排名多年来实现了一定程度的改善。由于中国政府加强反腐力度，清廉水平不断提高，得分由1995年的2.16分上升至2013年的4分（即100分制的40分），为历史最高水平。然而，这一成绩与我国香港（8.4分）、新加坡（9.2分）、日本（8.0分）等亚洲其他国家和地区相比，清廉指数还有很大的提升空间。

⑤根据香港政府统计处统计，2013 年访港旅客人数是 54299 千人，按照香港总人口 7184 千人计算，平均比例约为 1∶8；而据新加坡统计局显示，2013 年访新旅客人数是 15568 千人，按照新加坡总人口 5400 千人计算，平均比例约为 1∶3。

⑥据 2013 年城市竞争力蓝皮书《中国城市竞争力报告》中指出，澳门城市综合经济竞争力指数排名虽然得到继续肯定，但在生态城市竞争力和宜居城市竞争力方面排名则倒退。反映出在经济高速增长背后，澳门环境经营及居住质素的条件正受到负面影响，引起了澳门政府和市民的广泛关注。

⑦John Zysman, *Governments, Markets, and Growth: Financial Systems and the Politics of Industrial Change.* Ithaca, NY: Cornell University Press, 1983, p. 18.

⑧Robert Wade, *Governing the Market: Economic Theory and the Role of Government in East Asia Industrialization.* Princeton, NJ: Princeton University Press, 1990, pp. 350 - 381.

⑨胡炜光：《发展型地方政府：概念、成因及弊端》，北京：《理论研究》2010 年第 1 期。

⑩澳门特别行政区政府统计暨普查局：《澳门统计年鉴》，2013，第 303 ~ 305 页。

⑪吕开颜、杨道匡：《澳门财政支出特点分析和建议》，广州：《广东社会科学》2008 年第 6 期。

⑫王五一：《博彩经济学》，北京：人民出版社，2011，第 158 ~ 162 页。

⑬程东升：《澳门赌权开放十年记：一半是迷失，一半是传奇》，广州：《21 世纪经济报道》2013 年 1 月 5 日。

⑭约翰·冯·杜能：《孤立国同农业和国民经济的关系》，吴衡康译，北京：商务印书馆，1986。

⑮达恩地租函数的基本内容为：R = Q（p - a）- QTk，式中 R 为因变量，k 为自变量，其他是常数或参数。R = 单位面积土地的地租；k = 距离；Q = 单位面积收获量；p = 单位农作物的市场价格；a = 单位农作物的生产费用；T = 单位农作物重量和单位距离的运费。

⑯何兴刚：《城市开发区的理论与实践》，西安：陕西人民出版社，1994。

⑰吴志良：《澳门政制》，北京：中国友谊出版公司，1996，第 123 ~ 125 页。

⑱根据 2004 年澳门理工学院社会经济研究所课题组对澳门中小企业的抽样调查结果显示，尽管目前澳门中小企业在企业制度上呈现出业主制、合伙制、公司制三种模式并存的格局，但实行业主制、合伙制的企业占调查总数的 95% 以上，公司制企业只有不到 5%，因而实际竞争力不强。

⑲截至 2014 年，横琴新区内注册的澳资企业有 402 家，由澳门特区政府推荐入驻横琴粤澳合作产业园区的项目有 33 家。但与之相比，内地进驻横琴发展的企业已超过 5300 家，两者差距明显。

⑳在澳门回归十五周年的第四届行政长官选举中，特区政府政研室对特首竞选期间

收到的逾十二万份意见和建议进行分析，结果表示在民生范畴上的交通事务、房屋和医疗卫生等在报告中分别占据前三，而且更远高于对经济及政治领域的关注度。从中反映出本地居民对发展诉求的转变，从回归初期首要关注经济及就业稳定到现阶段主要以提高生活质量为主。

㉑等于 2004～2013 年宅单位的建成楼宇供应量加上空置量的减少。

㉒《关翠杏倡推动残危楼宇重建》，澳门：《现代澳门日报》2014 年 8 月 4 日。

㉓2011 年澳门特区政府政策研究室制定《澳门特别行政区人口政策框架》咨询文本，通过假设三种可能性前提，分别是未来 25 年澳门产业结构变化不大，博彩旅游业保持较高的就业吸纳能力；澳门可以实现一定的经济适度多元和就业多元；澳门经济能够保持过往 10 年的快速发展，提出了低、中、高三预测方案，到 2036 年澳门人口总量将分别可能达到 75.4 万人、80.2 万人和 85.2 万人。

㉔2005～2013 年通胀率平均年增长率为 5%。

㉕蒋荣：《香港人口城市化发展趋势及其影响意义》，北京：《中国城市化》2006 年第 1 期。

作者简介：殷存毅，清华大学公共管理学院教授、博士生导师；施养正，清华大学公共管理学院博士研究生。

[责任编辑：刘泽生]

（本文原刊 2015 年第 2 期）

基于公共卫生模式的
博彩行为研究

曾忠禄

[提　要] 传统主导博彩行为研究的方法是心理学的方法。心理学的方法关注的是个人、治疗，以及博彩的负面影响。公共卫生的方法是更全面地研究博彩和防止问题赌博的方法。公共卫生的视角把关注重点从有问题的个人转移到一个国家或地区的社会群体，视赌博为涉及社会大众的公共健康问题。公共卫生的方法更强调预防；更注重社区的作用；更注重从多方面、多角度研究赌博和问题赌博，从而更能揭示单纯的心理学研究不能发现的问题，也能针对问题赌博提出更系统的应对战略。公共卫生的研究模式为博彩研究提供了一个全新的研究模式，对预测博彩产业未来的发展、防止和减少问题赌博都具有重要意义。

[关键词] 博彩　心理学　公共卫生　研究方法

一　有关赌博行为的心理学应对模式

相当长一段时间里，有关赌博行为的研究一直由心理学主导，研究重点主要集中在问题赌博（包括病态赌博）上。心理学视问题赌博为一种病态，应对这种病态的主要方法是针对个体进行治疗。[①]最早从心理学角度系统地研究问题赌博的专家是美国心理学家和病态赌博专家 Henry R. Lesieur。他于 1977 年发表的有关问题赌博的著作《追逐：强迫性赌博者的生涯》

（*The Chase：Career of the Compulsive Gambler*）[②]是美国第一部研究问题赌博的著作。[③]1980 年美国精神病学协会在其出版的关于精神障碍的《诊断与统计手册》第三版（*DSM-III*）中正式将问题赌博认定为一种精神障碍，或"冲动控制障碍"，并提出了诊断标准，则是根据另外一位心理学专家卡斯特博士（R. Custer）提出的意见。卡斯特博士多年一直在治疗病态赌徒，并记录他们的病情，他建议的诊断标准是基于他和其他一些治疗专家的临床经验提出的。虽然卡斯特博士的标准在临床诊断有很高的实用价值，但由于该标准并没有经过测试，其在非临床的环境中是否同样可靠则引人怀疑。而更重要的是，问题赌博是否为"冲动控制障碍"，人们有不同意见。2000年，新版的《诊断与统计手册》（*DSM-IV*）对病态赌博标准进行了修订，以反映其与药物依赖的相似性，如增加了"多次不成功地尝试控制、减少或停止赌博"的诊断标准。*DSM-IV* 认为，过度的赌博行为可能是一个狂躁病发作的迹象。正如 Nower 和 Blaszczynski（2006）[④]指出的那样，问题赌博是一种对个人有严重的负面影响的功能失调，尤其是涉及病态赌博的情况更是如此。[⑤]即使有了重要的修改，许多研究人员仍然质疑将病态赌博列入冲动控制障碍类别的合理性，因为这两种情况之间有重要的差别。Shaffer 和 Korn[⑥]指出，有盗窃癖和纵火狂（两种情况都是冲动控制障碍类型）的人会有强烈的冲动压力，行动之后有一种如释重负的感觉。相比之下，病态赌徒常常会发现赌博令人愉快，只有在赌博被终止之后或输钱之后，才感到难过。2013 年公布的《诊断与统计手册》第五版（*DSM-V*）将病态赌博重新归类，划入"物质相关和成瘾障碍"（substance related and addictive disorders）类别。[⑦]诊断标准采用判断物质依赖（如吸毒上瘾、酗酒等）的标准。因此，病态赌博被视为同吸毒上瘾是一样的问题。从冲动控制障碍到上瘾，这一变化的理由是，越来越多的病态赌博研究文献揭示了病态赌博同"物质使用障碍"（substance use disorders）有共同的特征。问题赌徒同酗酒者和吸毒者类似，这不仅仅是在造成的经济问题和人际关系问题等外部方面的类似，更在于它们内部的相似性。大脑成像研究和神经化学试验都显示赌博的刺激系统同毒品的刺激系统是一样的。病态赌徒所报告的对刺激的渴望和高频回应同其他上瘾行为也是一样的。神经科学和遗传学的研究在这方面提供了有力的支持。[⑧]

　　心理学对问题赌博有系统的处理模式，包括具体的诊断标准，如精神疾病诊断与统计手册；专业的治疗方法，如心理治疗、认知行为治疗以及心理辅导；对并发症的重视，如抑郁症或药物滥用的重视；从业人员的专业标准和认证制度等。但心理学模式存在一些重大缺陷，包括：（1）将注意力集中在问题赌博个体的心理因素上，忽略了社会的影响和环境的影响，因此限制了人们对问题赌博更全面的了解，减少了防止问题赌博的战略的选择。⑨（2）对问题赌博的解决方案主要是治疗模式。治疗模式的重点是在发现了健康问题之后采取有效的措施加以治疗，即通过对个人案例的处理来解决个人功能失调问题，⑩因此对预防的方法、非医疗的方法，如家人和朋友帮助的方法、财务辅导的方法等，重视不够。（3）缺乏对产品安全的关注和伤害最小化原则的关注。⑪

二　公共健康管理的公共卫生模式

涉及公共健康的管理模式是公共卫生模式（public health model）。公共卫生模式的定义是"通过组织、公共和私营部门、社区和个人有组织的努力，通过社会在获取资讯的基础上的选择，来预防疾病、延长寿命和促进健康的科学与艺术"。⑫早期的公共卫生模式对于健康的维护，着重于应对"疾病"，包括对疾病的预防与诊疗。早期的公共卫生模式曾有过辉煌的时期。第一次公共卫生革命利用发明的特效药和疫苗，以打针、吃药及外科手术的方式，有效地控制了传染病，成功地把国民健康形态整个改变过来。但随着社会的发展，这种治疗模式已不适用。近年来，要继续用打针、吃药及外科手术的方式来改善健康情形的功效不太明显，例如心脏病、高血压、癌症、环境污染、滥用毒品、生活压力、治安恶化等健康危险因素都无法用传统的临床医学的方法来解决。

由于早期的公共卫生方法缺陷，以及不断增加的医疗费用和 20 世纪的生活方式对人口健康的影响，人们在 20 世纪 70 年代重新思考有关公共卫生的问题。在这方面最重要的推动者是加拿大前卫生福利部部长拉隆德（Lalonde）。其 1974 年发表的"加拿大报告"认为，加拿大的公共卫生的改善，取决于环境的改善、人们生活方式的改变以及对人类生物学更深入的理解。拉隆德在报告中指出，"直到目前为止，社会上对于改善健康的大部分措施和经费，都集中在医疗组织上。但目前在加拿大主要的致病和死亡的原因却来自其他三个成因：生物性因素、环境因素和生活型态。"⑬该报告因此主张将健康促进与疾病预防分开，并给予同等的地位。他把健康促进定义为生活型态的改变，而疾病预防则定义为保护健康不受环境因素的侵害。报告特别强调个人的生活形态和行为对于维持和增进健康的重要性。

拉隆德报告导致了公共卫生政策从医学治疗主导的模式向以预防为主导的模式的转变。预防为主的模式强调通过改善环境和改变生活方式来减少疾病和死亡。[14]拉隆德提出的社会保健的模式后来被称为"新公共卫生运动"。1986年"新公共卫生"模式取得了具有里程碑意义的发展，世界卫生组织在这年发表了《渥太华健康促进宪章》。宪章有关人口健康的原则采纳了拉隆德的主张，强调"防胜于治"和"积极促进人口健康"而不是消极地停留在"没有疾病"战略上。[15]渥太华宪章有五个行动原则：（1）建立健康的公共政策——不只是单纯的卫生政策，所有的公共政策都必须考虑其对健康的影响。（2）创建一个支持健康生活的环境，如生活环境、工作环境和休闲环境。确保这些环境都不会影响人们的健康。（3）加强社区本身对健康的行动——社区自己应该确定它们自己的需求是什么，以及如何最好地满足这些需求。（4）帮助人们发展他们的技能，使他们能够更好地控制他们自己的健康。（5）重新定位医疗体系，以在促进健康和治疗服务之间保持更好的平衡。[16]

渥太华宪章特别强调社区的重要作用，指出虽然个人生活形态的改变是健康促进的主体，但为了达到增进健康的目标，透过社区组织的方法往往是最有效的，"健康促进需透过有效的社区行动来设定优先顺序、做决定、拟定策略，并执行计划"，[17]这个过程的核心是使社区具有能力去控制自己的努力和命运。

三　公共卫生的研究方法

公共卫生研究最重要的方法是流行病学的方法。所谓流行病学，是"研究特定人群的有关健康的状态或事件的分布及其决定因素，并将研究成果用于预防和控制有关健康问题的学科"。[18]流行病学的研究有三个主要特点。（1）群体宏观。研究重点是群体而不是个人，如特定地理或特定条件的人口（如特定的医院病人或工厂工人群体）或在特定时间从特定区域选出的人群。（2）注重有关健康事件（如疾病）的分布规律以及决定因素。流行病学研究的两个基本假设是：疾病不是随机分布的（有规律）；疾病不是随机发生的（有原因）。（3）强调运用。流行病学不仅仅是"研究"。作为公共卫生中的一门学科，研究的目的是为指导公共卫生行动提供资料。

流行病学最初关注的是传染病疫情，后来扩展到非传染性的感染病以及影响公共健康的生活方式。目前，流行病学方法已应用于慢性病、损伤、出生缺陷、母婴保健、工业安全、交通事故、酗酒、抽烟、药物成瘾、枪支管制、社会暴力、事故伤害、职业健康和环境健康等。⑲

流行病学的研究方法分为描述性研究和分析性研究。

1. 描述性研究。描述性研究的目的是研究与健康有关的状态和事件的分布情形，并做统计上的推估（statistical inference）。描述性研究注重研究三个因素：人群、时间、地点，它们通常被称为"流行病学量"。

人群。流行病学通过对人群的研究来发现有关健康事件在特定人群中发生的频率和模式。频率不仅仅包括一个人口中此类事件发生的数量（如发病率），也包括此类事件在人口中的比重和风险（流行率）。比重对流行病学非常关键，因为它允许在不同的人群进行有效的比较。描述性研究根据人群的人口学因素，如性别、年龄、种族或他们的活动因素，如职业、休闲活动、是否吸烟、是否吸毒等将人口划分成不同的群体，通过对不同群体的分析、比较来发现脆弱群体。

时间。流行病学通过对发病率的时间研究来预测疾病的发病时间和寻找导因。如果疾病的发生是有规律的，通过时间研究可以发现其发展规律，预测其趋势。例如，流感病例伴随寒冷天气的来临而增加，因此根据一年四季的气候变化可以预测流感的发生时间，根据预测的时间来组织流感疫苗注射，能大大提高注射的效果。有些发病率可能没有规律，不可预测，但通过检查发病率增加或减少之前的事件，有可能找到导因，并采取适当行动控制或防止进一步发生本病。

地点。流行病学通过描述一个健康事件的地点来洞察问题的地理范围。地点包括居住地点、出生地点、工作地点、学区、医院等，具体的选择根据与健康事件的关系而定。地理单位可大可小，可以是国家、州、县，也可以是人口普查的一个区域、某些街道。根据位置分类的分析有时会非常有用，如根据城市或农村、国内或国外、机构或非机构的分类发现不同地区人口的差别。分析地点的资料有助于了解导致疾病的病原在哪里生存和繁殖，通过什么方式携带和传播，扩散的途径等。如果发现一种疾病的发生与一个位置相关联，研究人员可以推断，导致疾病的风险因素或者在生活在那里的人身上（宿主因素）或那些人生活的环境中，或者在两者中。

通过对上述三个因素的研究，流行病学研究人员能获得有关健康事件的发生和发展模式。

2. 分析性研究。流行病学分析性研究的重点是发现因果关系。通常是分析不同变量之间的关系，尤其是对因果关系的推估（causal inference），发现与健康有关的状态和事件的决定因素以及控制的方法。分析性流行病学研究的重点是病原、宿主和环境，这就是所谓的"流行病学三角"。在流行病三角模型中，环境影响病原、宿主和病原将疾病从源头带给宿主的传播途径。

病原因素。病原最早指一种传染性微生物——病毒、细菌、寄生虫或其他微生物。一般来说，这些病原必须存在才能导致疾病的发生。也就是说，它们是必要条件，但不一定是充分条件。由于流行病学已经应用到非传染性的事件，因此，目前病原的概念已经扩大到包括导致疾病的化学原因和物理原因，如化学污染物、物理伤害等。

宿主因素。宿主因素是影响一个人对致病病原体的"接触"（exposure）、"抵抗力"或"回应"的内在因素。影响一个人"接触"可能性的宿主因素包括年龄、种族、性别、社会经济地位和行为（如吸烟、滥用药物、生活习惯、性行为、饮食习惯）等。影响一个人的"抵抗力"和"回应"的宿主因素包括年龄、遗传、营养、免疫状况、解剖结构、疾病和心理因素等。

环境因素。环境因素是影响"病原"和"接触"机会的外在因素。一般来说，环境因素包括物理因素，如地质、气候和物理环境（如养老院、医院）；生物因素，如传播病原的昆虫；社会经济因素，如拥挤、卫生设施和卫生服务的可得性。

病原、宿主和环境因素通过各种复杂的作用方式使人致病。分析性流行病学通过比较不同人口学特征、遗传特征、行为特征、环境接触的人群的疾病发生率的差异来解释为什么发生和怎样发生。在理想情况下，流行病学调查结果能提供足够的证据来指导迅速的和有效的公共卫生控制和预防措施。

四 公共卫生模式对博彩行为研究的价值

以公共卫生模式来研究人们的赌博行为，对博彩研究具有重要意义。首先，研究人员将获得与从心理学研究不同的全新的视角，从而获得更全面、更有效的结果。公共卫生模式与传统的心理学研究相比，至少在四个方面不同。（1）研究视角的差异。心理学研究重在个人，公共卫生研究重在社会群体。（2）从强调治疗到强调预防。（3）有更系统的研究方法。（4）更平衡地看待博彩产业。

1. 研究视角重在社会群体

从公共卫生的角度来研究问题赌博，研究重点就不是心理学研究所针对的个人，而是有关的社会群体。大量的研究显示，问题赌博并不仅仅是个人上瘾和个人精神病理学的问题，而是在一定社会背景下存在，涉及广泛人口，对社会有广泛的影响的公共卫生问题。因此，将研究重点放在社会群体上而不是个人上能发现很多从心理学的个体研究发现不了的问题。[20] 此外，大量的研究也显示，问题赌徒的产生其导因是多方面的，因此研究视角不能局限于生物学和行为学的领域，还应包括影响个人行为的一系列社会、经济、文化、政治、体制和环境的因素，[21] 研究所需要的知识基础除了心理学，还需要医学、社会学、犯罪学、教育学、经济学等方面的知识基础。公共卫生模式是综合不同学科的模式。Korn 和 Shaffer 在其开拓性的文章中指出，从公共卫生的角度来研究博彩，"能增加对赌博现象的了解，能更清楚地解释问题赌博的决定因素，并发现更多的干预方法"。[22]

2. 强调预防和健康的赌博

从公共卫生的视角处理问题赌博，首先需要的东西就不是治疗，而是教育与防控，以及推动适度的和负责任的赌博。[23] 公共卫生预防问题赌博的措施可以非常广泛，其中包括：[24] 社区参与。努力通过社区各个方面的参与来解决问题；社区为个人提供更多的彼此交往和休闲的机会，以减少居民的无聊或孤独，无聊和孤独是部分问题赌博产生的原因；让社区有更大的发言权，如让社区对赌场的位置、通过协力厂商控制名单防止家庭成员的问题赌博等方面都拥有发言权，从而达到防患于未然的目的。法律限制。包括限制提供赌博服务的地点；限制赌场的营业时间；限制自动取款机的使用；禁止某些类型的赌博游戏；或对未成年人参与商业博彩的处罚；对赌场工作人员未能执行负责任博彩的处罚等。改变技术。例如，更改博彩机的投注上限、纸钞接收器、回报率等，或者要求玩家中途休息、无现金博彩或赌博前的承诺；改变赌场员工的行为。通过员工培训让赌场员工了解提供负责任的服务和和对顾客问题赌博行为的意识。使用社会营销的方法。通过社会营销鼓励碰到问题的人寻求帮助，或鼓励人们注意可能出现问题的朋友（如澳大利亚新南威尔士州针对年轻人的"Gambling Hangover Campaign"），通过印刷品或广播电视对风险的警告等。通过教育的干预。通过让赌客了解博彩游戏的随机性，让他们了解赌博输赢的概率、赌场优势等，使他们对博彩有更理性的认识和行为。

3. 更平衡地看待赌博问题

公共卫生模式鼓励平衡的视角和研究方法，主张从广泛的角度研究赌博而不是仅仅关注赌博的社会成本。公共卫生模式既考虑赌博的社会成本也考虑赌博的潜在益处。公众健康的做法不排除赌博的积极影响。公共卫生的研究认为，如果赌场提供安全舒适的环境，为顾客提供有用的资讯使他们能明明白白地消费，消除对赌博的错误看法，记录赌博输赢情况，限制赌博支出等方法，赌博便具有一般游戏的娱乐价值。因此，公共卫生的政策并不一味地排除赌博，而是将赌博区分为可接受的赌博和不可接受的赌博。为发现不可接受的赌博风险，公共卫生的方法鼓励做流行病学调查，了解赌博的参与率与问题赌博的比重。了解赌博的分布情况和影响因素，以及造成问题赌博的因素。采用平衡的研究方法更能全面地看问题。比如，研究人员采用公共卫生的平衡的方法调查酗酒问题，结果除了发现酗酒的危害外，也发现了适当饮酒对身体的益处。

4. 更系统的研究方法

借鉴公共卫生的流行病学的研究方法可以为博彩研究提供一个更系统的方法。利用流行病学方法来调查赌博和赌博有关的问题，可以更好地了解赌博以及赌博问题的分布和生物心理社会学的决定因素。[25]早在1977年Lesieur就提出需要有坚实的流行病学的研究来发现病态赌博的发生率和流行率。[26]

（1）基于分析流行病学的方法能更有效地应对问题赌博

几十年来基于宿主、病原、环境的"流行病学三角"的公共卫生模型早已被用于研究影响整个公共卫生现象的所有因素，包括影响健康的生活方式和危险行为，而不仅仅限于研究传染病。将该模型用于研究问题赌博，更容易发现导致问题赌博的因素和制定更好的应对战略。基于流行病学的模型，对问题赌博的研究需要从三个方面入手（见图1）。宿主（Host）：参与赌博的居民或游客。病原：赌客参与的具体赌博游戏，包括赌桌游戏、角子机、网络赌博游戏、新的赌博技术等。环境：宿主之外的因素，包括赌博场所、家庭、社区的微观环境，也包括有关地区的社会经济、文化、法律法规和政治等宏观环境。[27]

不同的社会群体有不同的问题赌博行为，受到的危害也不同。采用分析流行病学的方法更容易辨识具有脆弱人口特征的群体。[28]目前流行病学的研究方法对赌博分布的研究已经比较精确地确定了不同国家问题赌博的人口发生率，确定了发生率高的脆弱群体。如果接下来将问题赌博发生率高

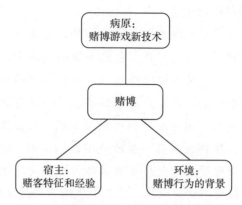

图 1 基于流行病学三角的问题赌博研究

的脆弱群体和发生率低的健康群体做比较研究，就能够检验其中的一些因果关系的假设。"虽然发现导致问题赌博的唯一原因是不可能的，就像没有单一的原因能解释癌症或心脏疾病一样，但流行病学的研究最终能发现产生疾病的因素的因果链中的一些具体成分。"[29]在确定了导因之后，研究可以发现其中哪些因素是可以改变的，然后医生可以开发新的预防和治疗方法来改变这些原因，从而减少人口疾病发生率。

基于流行病学三角的研究，预防问题赌博也需要从三方面入手。宿主因素。包括解决社会经济的弱势群体的根本问题，发展有关人员的个人技能以加强他们应变能力，建立社区（包括弱势群体）的能力，治疗健康问题、对个人和社区提供关于赌博风险的教育，健康筛查发现病态赌博的情况，治疗受到影响的人员。通过与家庭和社区共同努力提供一个全面的解决方法。[30]

病原因素：产品安全、场地环境、消费者保护。改变国家标准，使博彩机更加安全，利用技术创造共赢。具体措施包括：在博彩机上设安全程式（如限制投注金额、限制赌博时间），限制访问高强度的角子机，降低社区赌博场所和设施的密度，减少博彩的激励，发展健康的替代品，宿主/照顾机构的责任和义务（玩家追踪、早期干预）等。[31]

环境因素。改变环境因素，包括增加社区对问题赌博的意识，社区提供替代的娱乐活动，完善政府监管的法律法规，降低博彩的场所或设施的密度（人均老虎机的数量、赌场的数量）。为防止问题赌博进行广泛的营销活动，更多的资讯和教育等。

如果能对流行病三角的三个因素都有效控制，就能防止或大幅减少问题赌博的发生。过去20多年来，澳大利亚、新西兰等国家采用公共卫生的方式来制定博彩政策，并取得很好的效果。

（2）基于描述性流行病学的趋势预测

利用流行病学的描述性研究方法，分析流行病学变量（地点、时间、人群），有助于预见博彩产业未来的发展趋势。现有的公共卫生研究在这方面已取得很大的成果。比如，对赌博设施的区位研究，可以发现博彩设施距离居民居住地的距离对居民或游客的博彩参与率、博彩支出的金额的影响。对距离的研究有助于判断一个博彩旅游地的市场规模和辐射区域，以及预测周边赌场竞争的影响。对一个地方开设博彩设施的时间研究，可以发现居民和游客接触博彩设施的年限会影响他们的博彩参与率、博彩支出的金额，以及问题赌博的发生率。这些资料有助于判断一个赌城或赌场未来的增长趋势。而人口特征的研究发现不同的性别、不同的年龄对不同的博彩游戏有不同的偏好。如果能够比较精确地获得一个地区的博彩产业的流行病学变量资料，则可以比较清晰地了解这三个变量的现状、交互作用和发展趋势，从而更容易预见未来博彩产业发展前景。更容易解释为什么世界博彩产业在快速增长的同时，许多城市或地区的博彩产业却日益衰落（如美国的大西洋城），或停止增长（如澳大利亚）。

5. 基于公共卫生视角的研究日程

澳大利亚在利用公共卫生模式监管博彩产业已取得巨大的成就。公共卫生模式在美国也日益受到重视。借鉴澳大利亚等国的经验，基于公共卫生模式的博彩行为研究的重点应包括如下方面：（1）评估博彩对公众的影响。需要开展基线调查，测量引进博彩设施（如赌场）之前的社会、经济状况，赌博发生率、问题赌博比重等指标。在引进博彩设施之后，再做同样的测量，从而更准确地判断博彩设施的影响。（2）制订年度的研究计划和全面的调查计划以把握变化趋势。（3）使用同一的、连贯的方法来收集资料以保证资料的可比性，包括纵向研究、区域研究、不同群体比较研究等。（4）增加对赌场和彩票之外的赌博情况研究，以及对全体人口中的问题赌博的风险因素和保护性因素的研究。（5）确保预防手段包括社会意识、社会教育、能力建设、替代活动、以社区为基础的流程和环境战略。

五　总结

传统主导博彩行为研究的方法是心理学的方法。但心理学的方法关注的是个人，关注的是治疗，以及博彩的负面影响。公共卫生的方法是更全面地研究博彩和防止问题赌博的方法。公共卫生的方法把关注重点从有问题的个人转移到整个社会群体，视赌博是涉及社会大众的公共健康问题。公共卫生的方法更强调预防而不是治疗；它更注重社区的作用；更注重从多方面、多角度研究赌博和问题赌博，从而能更揭示单纯的心理学研究不能发现的问题。公共卫生的流行病学研究模式对预测博彩产业未来的发展前景和防止问题赌博都具有重要意义。

---

① ⑲ ㉙ H. J. Shaffer, "A Public Health Perspective on Gambling: The Four Principles," *AGA Responsible Gaming Lecture Series 1*, Vol. 2, No. 1, 2003.

② H. R. Lesieur, *The Chase: Career of the Compulsive Gambler.* Rochester, VT: Schenkman Books, Inc., 1977, p. 262.

③ ⑤ ㉒ ㉓ N. Dyke, Gambling and addictions: 2009 International Symposium, Fonds quebecois de la recherche sur la societe et la culture, 2009.

④ L. Nower & A. Blaszczynski, "Impulsivity and Pathological Gambling: A Descriptive Model," *International Gambling Studies*, 6 (1), 2006, pp. 61 – 75.

⑥ H. Shaffer, & D. Korn, "Gambling and Related Mental Disorders: A Public health Analysis," *Annual Review Public Health*, 23, 2002, pp. 171 – 212.

⑦ 参见美国精神医学学会（American Psychiatric Association）网站的有关说明：http://www.dsm5.org/Pages/Default.aspx。

⑧ C. Reilly & N. Smith, *The Evolving Definition of Pathological Gambling in the DSM – 5.* Beverly, MA: National Center for Responsible Gaming, 2013.

⑨ D. Marshall, "Gambling as a public health issue: The critical role of the local environment," *Journal of Gambling*, Issues 23, 2009, pp. 66 – 80; N. Hing & S. Gainsbury, "Risky business: Gambling problems amongst gaming venue employees in Queensland, Australia," *Journal of Gambling Issues*, Issue 25, 2011, pp. 4 – 23.

⑩ American Psychiatric Association, *Diagnostic and statistical manual of mental disorders: DSM – IV* (4th ed.). Washington, DC: Author, 1994.

⑪ C. Livingstone & R. Woolley, "Risky Business, A Few Provocations on the Regulation of Electronic Gaming Machines," *International Gambling Studies*, 7 (3), 2007, pp. 361 – 376.

⑫ Novick & Morrow, *Public Health Administration: Principles for Population-Based Management.* Burlington, MA: Jones & Bartlett Learning, 2013, p. 2.

⑬ M. Lalonde, *A New Perspective on the Health of Canadians: A Working Document* (1981 ed.). Ottawa: Minister of Supply and Services Canada, 1974.

⑭ D. Hunter, "Public Health: Historical Context and Current Agenda," in A. Scriven &

S. Garman ed. , *Public Health*, *Social Context and Action.* Open University Press, 2007.

⑮⑰World Health Organisation（WHO）, *Ottawa Charter for Health Promotion.* Geneva: WHO, 1986.

⑯A. Wass, *Promoting Health*: *The Primary Health Care Approach.* Harcourt, Brace & Co. , 1995.

⑱R. M. Merrill, *Introduction To Epidemiology*（6edition）. Burlington, MA: Jones & Bartlett Learning, 2012; H. J. Shaffer, "A Public Health Perspective on Gambling: The Four Principles," *AGA Responsible Gaming Lecture Series 1*, Vol. 2, No. 1, 2003.

㉑㉛Productivity Commission, *Australia's Gambling Industries*, Report No. 10. AusInfo, Canberra, 1999.

㉒㉚D. A. Korn & H. J. Shaffer, "Gambling and the Health of the Public: Adopting a Public Health Perspective," *Journal of Gambling Studies*, 15（4）, 1999, Winter, pp. 289 – 365.

㉔D. Marshall, "Gambling as a public health issue: The critical role of the local environ-ment," *Journal of Gambling*, Issues 23, 2009, pp. 66 – 80; L. Dickson-Gillespie, L. Rugle, R. Rosenthal, T. Fong, "Preventing the incidence and harm of gambling problems," *The Jour-nal of Primary Prevention*, Vol. 29, 2008.

㉕H. Shaffer, D. Korn, "Gambling and Related Mental Disorders: A Public health Analy-sis," *Annual Review Public Health*, Vol. 23, 2002.

㉖S. I'se, J. Wong, H. Kim, "A public health approach for Asian people with problem gam-bling in foreign countries," *eGambling*: *Electronic Journal of Gambling Issues*, Vol. 12, 2004.

㉗H. J. Shaffer, "A Public Health Perspective on Gambling: The Four Principles," *AGA Responsible Gaming Lecture Series 1*, Vol. 2, No. 1, 2003; N. Dyke, Gambling and addic-tions: 2009 International Symposium, Fonds quebecois de la recherche sur la societe et la cul-ture, 2009.

㉘H. J. Shaffer, R. A. LaBrie, D. A. LaPlante, "Laying the foundation for quantifying re-gional exposure to social phenomena: Considering the case of legalized gambling as a public health toxin," *Psychology of Addictive Behaviors*, Vol. 18, 2004.

作者简介：曾忠禄，澳门理工学院博彩教学暨研究中心教授、中山大学博士生导师。

［责任编辑：刘泽生］

（本文原刊 2015 年第 2 期）

澳门博彩业的许可制度：现状与未来

王长斌

[提　要] 澳门博彩业自 2001 年以来，相继对博彩公司、博彩中介人、博彩机供应商及其拥有 5% 或 5% 以上公司资本的股东、每名董事和主要雇员实行许可制度。但与美国等国家相比，澳门博彩业的许可制度表现出三个比较突出的弱点：一是覆盖面较低，且缺乏层次；二是缺乏明确、具体的审查标准；三是博彩监察机关的审查局限于书面审查，缺乏深度调查。为了树立、培养博彩业的形象，澳门应当重视并加强许可制度，科学区分层次，对许可对象进行有效的实质性调查。

[关键词] 行政许可　许可的审查　博彩法律　博彩规管　适当资格

一　引言

许可，就其基本的含义而言，是指政府为了保护公共利益或公共安全，对特定实体或个人进行审查或考核，对于通过审查或考核的，允许其进入某一行业或从事某项活动，否则即被排除于该行业或活动之外。①许可有多种表现方式，诸如允许、核准、认可、资格审查、颁发许可证或执照等。由于许可制度通常由行政机关执行，所以这一制度在中国内地被直接称为行政许可。

许可制度在世界博彩业应用广泛。这一方面出于历史的原因，另一方面是维护博彩业形象的需要。二十世纪五十年代，美国内华达州政府迫于联邦政府的压力，发展了一套适用于博彩业的严格的许可制度。其重点，是政府审查已进入和申请进入博彩业人士的历史背景与财务背景，判断其是否适合在博彩业工作。被认为不适合的，例如有黑社会背景的人，即被驱逐出博彩业，或不被允许进入博彩业执业。经过三十多年的努力，到二十世纪八十年代，内华达州基本上肃清了黑社会对博彩业的影响，从而使博彩业的形象得到根本性的改善。受这一成果鼓舞，美国许多州，以及世界不少国家，先后放开博彩业，使博彩业在二十世纪后期及二十一世纪以来，得到迅速发展。各地政府在放开及发展博彩业的同时，也继承、推广了内华达州博彩业的许可制度。它们希望通过这一制度，将犯罪分子排除于博彩业之外，向普通民众展示博彩业的形象，维护博彩业的正当性。[2]因此，尽管许可制度在其他行业屡遭批评，[3]但在博彩业始终受到重视。

澳门自开放赌权以来，和世界许多其他法域一样，采用了许可制度。《娱乐场幸运博彩经营法律制度》（第16/2001号法律）明确规定参与竞投公司、承批公司及其管理公司、拥有公司5%或5%以上公司资本的股东、该公司的董事以及在娱乐场担任要职的主要雇员，均须通过适当资格审查；博彩中介人需要获得准照，5%或5%以上公司资本之持有人、以及其行政管理机关成员及主要雇员，也须通过适当资格审查。[4]《博彩机、博彩设备及博彩系统的供应制度及要件》（第26/2012号行政法规）规定，博彩机制造商必须获得政府许可，其董事及5%或5%以上公司资本的持有人必须通过适当资格审查。该行政法规也规定对博彩机实行核准制度，对博彩机经营室实行许可制度。[5]

但是，许可制度在澳门并未受到足够的重视。这一方面表现在澳门法律规定上的不完善，另一方面表现在执法上的不严谨。本文着重分析澳门博彩业许可制度的现状，并与美国内华达州博彩业许可制度进行比较分析，指出澳门博彩业许可制度需要改进的地方以及面临的困难与挑战。

二 澳门博彩业许可制度的内容

澳门博彩业的许可包括四种类型，一是对经营实体的许可，二是对个人的许可，三是对博彩机的许可，四是对博彩机经营室的许可。

（一）对经营实体的许可

所谓经营实体，主要包括博彩经营公司及其管理公司、博彩中介人和博彩机供应商。

1. 对博彩经营公司及其管理公司的许可

在澳门法律中，博彩经营公司在为进入澳门博彩市场而参与投标的阶段，被称为参与竞投公司，被政府接纳进入澳门博彩市场之后称为承批公司。许可主要是针对参与竞投公司，而不是针对承批公司，因为一个博彩公司如果被称为承批公司，意味着已经得到了政府的许可，所以对于承批公司而言，讨论许可是没有意义的。

第 16/2001 号法律规定参与竞投公司必须具备适当资格，这反映在该法第十四条第一款："经营娱乐场幸运博彩之批给仅可判给予被认定具备适当资格取得批给之参与竞投公司。"为此，参与竞投公司必须接受政府的专门审查。⑥《规范娱乐场幸运博彩经营批给的公开竞投、批给合同，以及参与竞投公司和承批公司的适当资格及财力要件》（第 26/2001 号行政法规）第十六条规定，博彩公司所聘请的管理公司、该管理公司 5% 或 5% 以上公司资本的持有人、该管理公司的董事及在娱乐场担任要职的主要雇员，同样须接受一项审查是否具备适当资格的程序。

对于参与竞投公司以及承批公司的管理公司满足何种条件才算具备"适当资格"，澳门法律未作明确规定，只是提及政府在审查参与竞投公司是否具备适当资格时尤其应当考虑的因素，包括：（1）参与竞投公司之经验；（2）参与竞投公司之商誉；（3）属同一参与竞投公司集团之其他公司之性质和商誉，尤其是有关参与竞投公司之控权股东之性质和商誉；（4）与参与竞投公司有密切联系之实体之性质和商誉，尤其是有关参与竞投公司之控权股东之性质和商誉。⑦

而对于"经验"或"商誉"的审查，政府所依赖的主要是一份关于公司本身及其控权股东的"参与竞投公司或承批公司资料披露表"。⑧其主要内容包括：公司名称、住所、经营业务等基本资料，诉讼情况（包括任何刑事诉讼、民事诉讼及在行政法院提起的诉讼），股东、董事、主要雇员、公司秘书、核数师等人员的姓名、地址、出生日期、报酬等基本资料，股东所拥有的资本数量及比例，过去五年的年度报告书、账目、投资等财务资料，公司集团的架构及联系（包括披露特定的财货或劳务合同、集团内的控股股东、子公司、董事、主要雇员等是否有贿赂行为、政治捐款等），公司是否被政府调查过，有关准照及批给的资料，企业破产情况，经营博彩业务的历史，公司上市情况，公司信用评级报告书等。⑨

审查是否具备适当资格的程序由博彩监察协调局负责进行，并在该局局长编制报告书后结束，参与竞投公司须支付用于审查其资格的调查费用。报告书应说明参与竞投公司或承批公司是否具备适当资格。如果报告书做出参与竞投公司不具备适当资格的结论，则导致该公司被淘汰。[⑩]

2. 对博彩中介人的许可

第16/2001号法律第二十三条第一款明确规定博彩中介人须领取执照方能在澳门开展博彩中介业务。在澳门法律中，博彩中介人的概念具有特定的含义，是指"在娱乐场推介幸运博彩者，其工作系给予博彩者各种便利，尤其是有关交通运输、住宿、餐饮及消遣等，而收取由一承批公司支付之佣金或其他报酬"。[⑪]简言之，只有直接向博彩经营公司（承批公司）收取佣金或其他报酬的博彩中介业务的经营者，才是"博彩中介人"；如果其佣金或其他报酬不直接向博彩经营公司收取，则该人并不属"博彩中介人"，而是"博彩中介人"的"合作人"。在澳门，直接向博彩公司收取佣金或其他报酬的人基本上是承包经营赌场贵宾厅的人。因此，澳门法律中的博彩中介人实际上是指贵宾厅的承包人，他们需要领取博彩中介人执照。而博彩中介人的"合作人"，即通常所称的"叠码仔"或"沓马仔"，虽然从事推介幸运博彩的工作，但因为不直接由一承批公司支付佣金或其他报酬，所以不属澳门法律规定中的"博彩中介人"，不需要领取准照。

博彩中介人既可以是公司，也可以是属自然人的商业企业主。按照法律的规定，无论公司还是自然人商业企业主，均须具备适当资格。但是，澳门法律并未指明博彩中介人适当资格的衡量标准，甚至没有像对待博彩经营公司那样，明确规定政府在审查过程中所考虑的因素。

为审查是否具备适当资格，属公司的博彩中介人准照申请人或博彩中介人，应向博彩监察协调局呈交一份填妥的"属公司的博彩中介人资料披露表"。[⑫]该表的内容，与上述"参与竞投公司或承批公司资料披露表"相若。[⑬]属自然人商业企业主的博彩中介人准照申请人或博彩中介人，应向博彩监察协调局呈交一份填妥的"属自然人商业企业主的博彩中介人个人资料披露表"。[⑭]该表的内容，与下文所述的股东、董事个人资料披露表的内容相若。[⑮]审查博彩中介人是否具备适当资格的程序由博彩监察协调局进行，并在该局局长编制报告书后结束。审查程序所需的费用，由接受审查者支付。如果报告书的结论指出属公司或属自然人商业企业主的博彩中介人准照申请人不具备适当资格，则不发给博彩中介人准照。[⑯]

3. 对博彩机供应商的许可

第26/2012号行政法规第四条规定，拟在澳门供应博彩机的制造商应取得博彩监察协调局的相关许可，而这种许可仅发给被政府视为具备适当资格的制造商。该行政法规指出政府在审查博彩机制造商是否具备适当资格时须考虑以下准则：（1）制造、供应、装配、安装、编程、维修、改装、改造、技术支援及保养博彩机的经验；（2）制造商及其产品的信誉；（3）包括最终控权股东在内的与制造商属同一集团的公司的性质及商誉，以及该等公司的5%或5%以上公司资本持有人及董事的商誉；（4）博彩机制造商的董事及5%或5%以上公司资本的持有人是否具备适当资格。与上述第16/2001号法律及第26/2001号行政法规的规定相同，第26/2012号行政法规同样没有明确规定"经验""信誉""商誉"的具体条件。

为了审查博彩机供应商是否具备适当资格，博彩机供应商必须向政府提供公司资料披露表及其他相关表格，以及在其他管辖区域获许可经营业务的资料。进行适当资格审查程序所需费用，由博彩机制造商负担。[17]适当资格审查程序由博彩监察协调局负责，并在该局局长编制报告书后结束，报告书应载有就博彩机制造商是否具备适当资格所作的决定。[18]博彩监察协调局可随时就许可设定条件、期限或负担。博彩机制造商在许可生效期间应维持适当资格并接受政府持续的监察及监管。博彩监察协调局在许可生效期间，可随时对博彩机制造商进行额外的适当资格审查程序。如博彩机制造商因公司资本的拥有权出现变动而导致有5%或5%以上的公司出资产生，则须接受额外的适当资格审查程序。博彩机制造商须每六年接受一次额外的适当资格审查程序。[19]

（二）对个人的许可

澳门法律除了对上述经营实体实施许可制度外，还对博彩经营公司、持有博彩中介人5%或5%以上公司资本的股东、每名公司董事以及公司主要雇员实施许可，也对持有博彩机供应商5%或5%以上公司资本的股东和每名公司董事实施许可，要求其具备适当资格。[20]

与对经营实体的适当资格审查一样，澳门法律未就"适当资格"的衡量标准做出具体规定。

为了进行个人的适当资格审查，相关公司需要向政府提交"公司股东及董事个人资料披露表"和"主要雇员资料表"。[21]"公司股东及董事个人资料披露表"的内容相当详细具体，主要包括：姓名、地址、出生、电话等个人资料，过去十五年期间或自十八岁起的居住资料，婚姻、子女、父母、兄弟姐妹的姓名、出生日期、住址、职业等家庭成员资料，服兵役的资料，学历资料，职位，个人及配偶的受雇工作及许可的详细资料，家庭成员与博彩业或与酒精饮料业的联系，被政府调查及民事、刑事诉讼程序资料，以及财务资料。而"主要雇员个人资料披露表"则非常简略，只是要求填报一般的身份信息、电话、住址、家庭成员的姓名、雇用合同的开始、生效日期以及有无刑事犯罪前科。

审查是否具备适当资格的程序由博彩监察协调局负责进行，并在该局局长编制各份报告书后结束。如果报告书做出有关董事或主要雇员不具备适当资格的结论，则相关的参与竞投公司或承批公司应促使即时终止该等董事或主要雇员的职务。如报告书做出有关股东不具备适当资格的结论，则该股东应在政府专门订定的期限内将其股份移转予第三人；如上述期限届满而仍未将股份移转，则相关的参与竞投公司或承批公司应取得该等股份。[②]

（三）对博彩机的许可

第 26/2012 号行政法规第十六条规定："在获许可供应博彩机的博彩机制造商提出申请时，应由博彩监察协调局核准有关博彩机。"而具备下列要件的博彩机可获核准：（1）符合澳门特别行政区核准的《博彩机技术标准》；（2）符合博彩机的基本要件；（3）负责装配、安装、编程、维修、改装、改造、提供技术支援或保养工作的技师符合要求；（4）获政府认可的博彩机测试研究所发出的证明书，证明为在澳门特别行政区经营而对博彩机进行的改装不影响博彩机的运作、安全、完整、会计监控或审计。

（四）对博彩机经营室的许可

博彩机经营室，是指在娱乐场之外独立专营博彩机的场所。按照第 26/2012 号行政法规第四十六条的规定，这类博彩机经营室，仅可设置于下列建筑物：（1）评级不少于五星的酒店；（2）整幢楼宇为非住宅用途且与获许可酒店娱乐场的距离少于五百米的大厦；（3）非设在高密度住宅区范围且属名胜的商业休闲综合大楼。

（五）小结

从上述内容，可以得出以下几点观察：（1）澳门法律对博彩机以及博彩机经营室的许可审查标准尚算明确、具体；（2）对于作为经营实体的博彩中介人的审查，没有规定明确的标准；（3）对于作为经营实体的博彩公司和博彩机供应商，主要从"经验""商誉"的角度进行审查，而所谓"经验"和"商誉"，主要依靠审查人员的主观判断，法律没有规定客观标准；（4）对于股东、董事、主要雇员等个人的审查，标准是"适当资格"，但何为"适当资格"，法律未置一词。总体而言，澳门法律对博彩业许可审查标准的规定，多数失之偏颇或失之模糊，大有改善余地。

三　澳门博彩业许可审查需要确立什么样的标准

（一）对博彩业经营实体的审查应当转移侧重点

如前所述，澳门法律对于博彩业经营实体所规定的审查标准，主要是"经验"和"商誉"，这起源于 2001 年颁布的《娱乐场幸运博彩经营法律制度》。当时，政府决定有限度开放博彩市场，将原来一家公司的独占经营变为三家公司经营。[23]为了决定哪家公司可以在澳门经营，政府必须对众多参与竞投公司的实力进行比较，从中选出条件较好的公司，为澳门带来更大的利益。再者，三家公司进入市场后，将获得长达 20 年的经营期限，[24]在此期间，政府实际上难以更换或淘汰已经被允许进入澳门市场并已开展经营的公司，所以需要谨慎从事。因此，当时强调对参与竞投公司的"经验""商誉"等进行比较、审查、判断，是可以理解的。

但对于博彩中介人和博彩机供应商，许可审查的重点不应当继续沿用"经验"及"商誉"了。也就是说，所谓经营能力方面是否杰出，不应作为许可审查的主要标准。只要经营实体具备一般的商业经验，就可以被接纳进入相关市场。其一，法律对于博彩中介人和博彩机供应商没有规定数量限制，政府没有必要像对待参与竞投公司那样，对博彩中介人或博彩机供应商的经营能力进行比较，以此手段达到淘汰公司的目的。其二，如果政府对于博彩中介人和博彩机供应商进行经营能力审查的目的，是选出条件较好的公司，防止公司进入澳门市场后经营不善，给相关市场带来伤害，则此目的实际上难以达到。一方面，绝大多数政府工作人员没有市场经营经验，缺乏判断公司经营状况的能力。另一方面，市场是千变万化的，再严格、成功的审查也不能保证公司一直兴旺。事实上，澳门博彩业的实践已经为此提供了一个很好的注脚。2002 年，澳门政府甄选了两家过去经营卓著的美国博彩公司，"金沙"与"永利"，进入澳门市场。但 2008 年世界金融危机重创两家公司，危机严重时甚至有破产之虞。所以，对博彩中介人和博彩机供应商经营能力的判断，主要应当交给与其有生意往来的博彩经营公司。博彩经营公司愿意还是不愿意选择哪家公司作为合作伙伴或交易对象，主要是博彩经营公司自己的事情，政府不应太过越位。

对博彩业经营实体的审查，重点应当在其历史背景与财务背景。具体而言，政府应当重点考察以下因素：第一，博彩业经营实体不应与犯罪集团有联系，不应被控制在不适当的人手里。第二，财务来源必须清白，防止不干净的钱进入博彩业，同时防止博彩业经营实体成为犯罪集团洗钱的工具。第三，博彩经营实体应有一定的财务实力，换言之，其财务能力必须能够满足开业的基本条件，并有与拟开展业务相符的资本。如前所述，博彩业许可制度的主要目的是借助政府的力量，树立、培养、维护博彩业的形象，所以博彩经营实体在遵守法律、道德方面的历史、资金的来源才是真正需要重视的。至于经营能力，能够达到一般要求即可，不应成为许可审查的重点。

（二）政府需要制定"适当资格"的具体标准

什么才是博彩业经营实体的股东、董事、雇员等个人的"适当资格"？美国内华达州博彩法给出了三个标准：（1）有良好的品行，诚实，正直；（2）过去的行为、刑事犯罪记录、声誉、习惯和交往不对公共利益或有效的博彩规管和控制构成威胁，或者产生或增加博彩活动中不适当、不公平或不合法的行为；（3）在所有其他方面满足获得许可的要求或与本州已经公布的政策相符合。[㉕]内华达博彩控制局 1973 年发布了关于实施上述标准的指南，至今仍然使用。根据该指南，不符合上述要件的品行因素一般包括：（1）因涉及暴力、赌博或道德沦丧被逮捕或被定罪；（2）无法解释的经常性的被逮捕（显示对法律的不尊重）；（3）因为博彩犯罪而被逮捕；（4）与有组织犯罪集团或不适当的人交往；（5）在申请时不填写对己不利的信息；（6）有不良商业伦理表现（例如涉及欺诈等民事诉讼，或违反证券法律而被政府采取行动）；（7）持续使用或正在非法使用毒品；（8）不适当的商业行为，例如贿赂、逃税等；（9）不能向博彩监管机构的调查员提供真实的和完整的回答。被判断有可能对博彩监管造成麻烦的因素包括：（1）从前在经营娱乐场或其他博彩生意时有不正当操作；（2）有不良、缺失或不正确的记账；（3）经常性的违规，无论有意还是无意；（4）在完成博彩执照的申请材料时缺乏谨慎和勤勉；（5）在博彩监察机构调查过程中不能及时回复。[㉖]

澳门应当借鉴内华达的经验，制定"适当资格"的具体标准。没有具体标准的审查是危险的。无论对于负责审查的政府机构和人员，还是对于有兴趣进入澳门博彩市场的投资者，如果没有具体标准，法律就丧失了应有的指引和约束作用，许可审查因此变成黑箱操作。有兴趣进入澳门博彩市场的企业不得不与审查机构或人员进行各种正式或非正式的接触，因此极易导致审查机构或人员的腐败现象。更为严重的是，博彩业实行许可制度的主要目的，是改善博彩业的形象，但黑箱操作的结果是让人们难以信任审查机构，结果无助于博彩业形象的改善，导致许可设定的目标无法实现。

四　澳门应当如何进行博彩业许可审查

许可能否达到目标，除了决定于立法因素之外，还决定于执法因素。迄今为止，澳门的许可审查基本上局限于书面审查，只是在较少的案件中求助于警察机构的帮助，而美国博彩业的许可审查不仅包括书面审查，而且包括实实在在的调查。与美国内华达州博彩业的许可审查相比，澳门还存在不小的差距。

（一）调查意味着什么

在美国内华达州，博彩业许可审查分为较低水平的调查、中等水平的调查和较高水平的调查。[27] 较低水平的调查针对博彩业的一般雇员，主要调查他们是否曾经犯罪。[28] 在这种审查中，博彩监管机构对申请人递交的材料进行书面审查，并进行电脑数据库的核查，或者向有关执法部门核对是否有犯罪记录。这一水平的调查只收取很少的费用。中等水平的调查针对博彩公司的中层雇员、处于敏感岗位上的雇员和称为"独立经纪人"的博彩中介人。他们被要求提供较为详细的个人背景信息和财务信息，博彩监察机构对其进行较具实质性的调查，同时收取较高的费用。[29] 较高水平的调查针对博彩公司的股东、董事和主要雇员，博彩监察机构对他们进行完全、彻底的调查，调查费用根据案件的复杂程度有很大差异，有时候数额惊人，甚至超过一百万美元。[30]

为了进行全面调查，博彩监察机构需要组织一个具有专业技能的队伍，例如从事财务审查的官员需要有财务方面的专长，从事背景调查的官员需要具有法律及调查方面的专长。根据案件的复杂情况，这个队伍少则数人，多则十数人。

申请人被要求填写极尽详细的个人履历表与个人财务表格，其中在个人履历表中需要详尽填报申请人个人、家庭、教育、婚姻、民事诉讼、刑事诉讼以及住址等信息，在个人财务表格中需要详尽填报个人拟投资于博彩业资金的数量及来源、税务信息、是否有过破产、薪金信息以及资产负债声明。

审查人员首先审阅申请材料，目的是发现申请材料中的疑点，制定调查策略。其后即与申请人面谈，向申请人当面核实申请材料中的信息，询问其中的不一致之处、断接之处或其他问题。审查人员具有法定的或与申请人约定的广泛的权利，他们可能要求申请人提供各种文件，可能进入申请人的办公场所进行检查，可能进入申请人公司或私人的电脑检查、复印文件以及约谈证人。审查人员联系学校核实教育经历，联系部队核实服役经历，审查婚姻信息，尤其注意申请人是否离婚，因为离婚通常能提供许多关于申请人是否曾经做错事的有用信息。审查人员核查警察机构以及其他执法机构的信息系统，以确定申请人是否曾经被逮捕、受过治安处罚或被判刑。对于与申请人有关的民事诉讼信息，审查人员亦格外重视，因为这些信息可以帮助其发现申请人在商业领域是否诚信。

负责财务审查的人员的任务主要是分析资金来源，确保进入博彩业的资金与犯罪、犯罪分子或犯罪集团无关。为此，审查人员审查申请人的银行账户，分析申请人的现金流，尤其关注一次性大笔存款或取款。审查人员也审查申请人的纳税情况以及其他财务信息。

审查完毕之后，审查人员写出审查报告，对申请人是否具有资格进入博彩业提出建议。该报告构成博彩监察机关许可决定的基础。但是，博彩监察机关还要召开一次公开听证会，听取申请人的解释，也接纳申请人提出的证据。听证会过后，博彩监察机关才作出是否授予许可的最终决定。

全面调查所需费用不菲并且旷日费时。[31]但其好处是对申请人有全面、深入、透彻的了解，有利于保护公共利益，实现设定许可的目标。澳门博彩监察机关的资格审查，只是书面审查，也就是核对所要求的表格是否填妥，是否已经提交相关的书面材料。未提交或提交不规范的，要求补缴，仅此而已。这是美国对于赌场中的"非博彩雇员注册"所采取的方法。用这种方法进行的资格审查，显然难以达到法律所设定的许可目标。

（二）澳门应当扩大许可制度的覆盖面，并建立符合实际的分层次调查制度

澳门博彩业许可制度的覆盖面较低，只要求持有5%或5%以上公司资本的股东、公司董事和主要雇员具备适当资格，对于中等层次的管理人员、一般雇员以及博彩中介人的"合作人",都不实行许可制度。澳门应当借鉴内华达州的经验,扩大许可制度的覆盖面,[32]并在此基础上建立符合实际的、科学的分层次调查制度。分层次调查制度既有涵盖面比较宽的好处,同时也能够突出重点,节省资源,更好地实现许可目标。

根据澳门博彩业的实际,澳门博彩业许可调查应当分为以下三个层次。

第一层次针对持有博彩经营公司、博彩中介人以及博彩机供应商5%或5%以上公司资本的股东、每名公司董事、担任要职的主要雇员,对这一层次的人员进行最高水平的调查。目前,对这一层次的人员,澳门存在的问题主要是:第一,对主要雇员的定义过窄。在澳门的实践中,主要雇员是指博彩公司最高层次的雇员,例如行政总裁、财务总裁、公司秘书等。而在内华达州,主要雇员是指博彩公司中对于公司任何部分的营运具有实质性影响的行政人员、雇员或经纪,具体包括年薪超过40万美元的雇员(或5个最高年薪的雇员,取决于用哪个标准衡量出来的雇员人数多),有权给予或延长博彩借贷的雇员,有权决定注销或减少支付博彩借贷的雇员,有权决定谁可以给予顾客优惠(complimentary benefits)的雇员。[33]第二,澳门博彩监察协调局对于股东、董事与主要雇员在填写申报材料上区别对待。股东、董事需要按照第26/2002号行政法规的要求,填写非常详细的表格,而主要雇员填写的表格则过于简单,只是一般性的身份资料和提供刑事犯罪记录。主要雇员的职位是关键性的职位,例如行政总裁负责公司的日常管理,财务总裁负责公司的财务管理,他们对公司的营运有重大影响。如果填报资料过于简单,意味着行政机构实际上无法对其进行审查,无疑使法律规定的"具备适当资格"的要求落空。鉴于主要雇员在公司中的重要功能与地位,澳门应当改变以往的做法,将其与股东、董事的调查一视同仁,令其填写相同的披露资料,接受同一水平的调查。

第二层次针对娱乐场的中层管理人员、与钱直接接触的雇员(例如账房人员、庄荷等)以及博彩中介人的"合作人",对其进行较高水平的调查,包括查核其历史背景和财务背景。众所周知,博彩中介人在澳门博彩业举足轻重,而博彩中介人的"合作人"实际上相当于内华达州的"独立经纪人"。"合作人"带领高端客户进入澳门娱乐场,其行为对于澳门博彩业的形象建设起相当重要的作用,所以也应当要求他们具备"适当资格",而不应当沿袭现在的做法,要求博彩中介人向博彩监察协调局报一个名单了事。[34]

第三层次针对娱乐场内的与博彩有联系的一般雇员，对其进行较低水平的调查，主要核查其有无刑事犯罪记录。

（三） 澳门进行调查所面临的困难、挑战与解决策略

从书面审查过渡到实质性的审查，澳门政府显然面临不少困难与挑战，其中以下几个方面尤其值得重视。

第一，政府需要做好许可审查的基础性工作。由于过去澳门的审查主要是书面审查，实质性调查基本上没有开展起来，所以澳门政府进行实质性调查的基础比较薄弱。为了改善这一状况，首先，博彩监察机构必须选配有能力的人员，即具备金融、会计、法律、调查、博彩等方面的经验或专长的人，从事调查工作。其次，建章立制亦需加强。迄今为止，关于适当资格审查，澳门法律只是规定由博彩监察协调局负责，并在作出报告书后结束，中间的阶段，即博彩监察协调局审查的程序、原则与规则，澳门法律均未规定。为了增加审查的透明度与可预测性，博彩监察协调局应当制定相关的规章制度，并公之于众，接受社会监督。最后，应当建立被审查人员申诉的机制。审查之后的决定涉及当事人的权利，所以应当有一定的机制，给予当事人发表意见、进行申诉的机会。为了切实保障当事人的权利，并对相关行政机关的权力形成制约，澳门可以考虑把审查与作决定的权力相分离，由一个机构负责调查，另外一个机构负责作决定。⑤调查与决定集中在一个机构手里，既可能对被审查人产生不公平，又可能产生腐败问题。

第二，澳门的调查绝大多数为跨域调查，面临与中国内地、其他国家或地区协调的困难。在澳门博彩业拥有股份或在澳门博彩业执业的人，不少来自其他法域，而澳门是一个面积狭小但具有高度独立管辖权的特别行政区。所以，在对相关人员进行调查时，不可避免地需要其他法域的帮助与支持。为此，澳门政府需要作出巨大的努力，加强国际合作，其中难度可以想见。尤其是在与中国内地法律的协调上，可能存在不小的困难。例如，内地法律禁止博彩中介在内地组织人到澳门参赌，否则即为犯罪行为。这使澳门对于博彩中介人及其合作人的许可审查处于尴尬的境地，因为澳门的许可调查有可能直接导致被审查人在内地落入法网。

但是，与其他法域政府机构合作的困难并非不可克服。首先，如果处理好某些技术上存在的问题，则中央政府总体上应该支持博彩业许可调查，因为这对于澳门加强博彩业监管、维护澳门博彩业形象有利，也符合内地的利益。其次，非澳门资本的博彩企业主要来自中国香港、美国、澳大利亚，澳门政府只要能与这些重点法域的有关机构建立合作关系，即可达致事半功倍的效果。最后，许多其他法域已经建立了严格的审查制度，对于这些法域已经审查过的人，澳门政府不必从头再来一遍，只审查重点事项即可。同时，国际博彩监管机构近年来不断有加强国际合作的呼声，澳门可以积极参与其中，通过建立、加入国际合作组织，借助于其他法域的力量，克服管辖区狭小带来的困难。

第三，澳门政府需要处理好严格审查与"对博彩企业友善"的关系，掌握好二者之间的平衡。严格审查的目的是为了帮助博彩业树立形象，促进博彩业的长期、健康发展。但是严格审查也会带来增加博彩企业负担的副作用。如果审查过于严格，反而会挫伤博彩企业的投资、经营积极性，妨碍企业正常决策，使得澳门博彩业在国际竞争中处于不利地位。所以，在强调严格审查的同时，也要坚持"对博彩企业友善"，避免为其增加不必要的负担。强调严格审查不是要政府站在博彩企业的对立面，而是要政府成为博彩业的"诤友"，帮助博彩业发展。

经验证明，博彩业许可是树立、培养博彩业正面形象的有效制度，关乎博彩业的长远发展，澳门应当予以足够的重视。而且，能否发展出一套行之有效的许可制度，是衡量澳门博彩监管水平与执法水平能否提高一个层次的重要指标之一。从博彩业发展的长远计，澳门对于建立、发展许可制度实不宜等闲视之。

---

①关于行政许可含义的讨论，参见张兴祥《中国行政许可法的理论和实务》，北京：北京大学出版社，2003，第 1～23 页。

②参见王长斌《澳门博彩法律制度》，北京：人民出版社，2013，第 68～70 页。

③批评的原因包括政府干预过多影响市场效率、政府借许可寻租等。

④⑥⑦⑪㉞见澳门《娱乐场幸运博彩经营法律制度》第十四条及第二十三条；第十四条第二款；第十四条第四款；第二条第二款第（六）项；第二十三条第七款。

⑤⑰⑱⑲见澳门《博彩机、博彩设备及博彩系统的供应制度及要件》第五、第十六条及第四十六条；第五条至第八条；第五条；第九条。

⑧⑨⑩澳门《规范娱乐场幸运博彩经营批给的公开竞投、批给合同，以及参与竞投公司和承批公司的适当资格及财力要件》第八条；附件一；第十二条及第十四条。

⑫⑬⑭⑮⑯澳门《订定从事娱乐场幸运博彩中介业务的资格及规则》第八条第一

款；附件一；第九条；附件三；第十条。

⑳参见澳门《娱乐场幸运博彩经营法律制度》第十四条，《规范娱乐场幸运博彩经营批给的公开竞投、批给合同，以及参与竞投公司和承批公司的适当资格及财力要件》第七条至第八条，《博彩机、博彩设备及博彩系统的供应制度及要件》行政法规第五条。

㉑澳门《规范娱乐场幸运博彩经营批给的公开竞投、批给合同，以及参与竞投公司和承批公司的适当资格及财力要件》第八条第四款规定参与竞投公司及承批公司需要提交"在娱乐场担任要职的参与竞投公司或承批公司主要雇员资料表"，该表式样由经济财政司长批示核准。但是，后来澳门政府未对外公布此表格式样。《订定从事娱乐场幸运博彩中介业务的资格及规则》第八条第三款规定博彩中介人需要填写"博彩中介人主要雇员个人资料披露表"，该表内容可以在博彩监察协调局网站上找到。本文的论述主要依据"博彩中介人主要雇员个人资料披露表"。

㉒澳门《规范娱乐场幸运博彩经营批给的公开竞投、批给合同，以及参与竞投公司和承批公司的适当资格及财力要件》第十二条，《订定从事娱乐场幸运博彩中介业务的资格及规则》第十条。但《博彩机、博彩设备及博彩系统的供应制度及要件》对此未作规定。

㉓后来实际上演变成六家公司。

㉔澳门《娱乐场幸运博彩经营法律制度》第十二条规定，经营娱乐场幸运博彩的期限不得多于20年，但行政长官可以延长该期限为总数最多5年。

㉕见美国内华达州第 NRS463.275 号法律。

㉖参见 Robert D. Faiss & Gregory R. Gemignani, "Nevada Gaming Licensing：Qualifications, Standards, and Procedures," in David G. Schwartz ed., *Frontiers in Chance：Gaming Research across the Disciplines.* Las Vegas：UNLV Gaming Press, 2013; Anthony Cabot, Obtaining a Non-Restricted Gaming License in Nevada. available at www. lrlaw. com.

㉗关于内华达州博彩业调查的具体情况，参见 Anthony N. Cabot & Keith C. Miller, *The Law of Gambling and Regulated Gaming：Cases and Materials.* Durham, NC：Carolina Academic Press, 2011, pp. 87 – 170.

㉘除了博彩监察机构的调查外，赌场作为雇主在雇用员工之前还要进行调查，包括核实工作经历等。如果想要成为庄荷，还要通过毒品检测。

㉙Anthony Cabot 在 Obtaining a Non-Restricted Gaming License in Nevada（available at www. lrlaw. com）一文中提及对独立经纪人的调查费用为 750 美元。

㉚1990 年代初期，一个非限制性执照的申请人必须缴纳 500 美元的申请费，另外缴纳的调查费平均为 7500 美元，调查费超过 30 万美元的并不鲜见，有些案例超过 100 万美元；一个限制性执照的申请人必须缴纳 150 美元的申请费和 200 美元的初期调查费。限制性执照申请人的调查时间为平均 4.1 个月，非限制性执照申请人的调查时间为平均 8.1 个月。Randall E. Sayre, "The Investigations Division of the State Gaming Control Board：An Introduction to the Investigative Process," *Gaming Research & Review Journal*, 1（1），1994。

㉛参见注㉙。为了解决审查时间过久的问题，美国博彩业许可机关在经过一定程度的审查后，如果没有发现申请人有严重的足以影响其进入博彩业的信息，可能采取颁发临时执照或出具初步批准信函的办法，使申请人有机会在得到正式执照之前即可以开始作各种准备工作。

㉜澳门理工学院王五一教授也曾有此建议。参见王五一《把经济港湾挖深》，澳门：九鼎传播有限公司，2008，第206～209页。

㉝见内华达博彩控制局 Regulation 3：Licensing：Qualifications。

㉟参见王长斌《澳门博彩立法要论》，北京：人民出版社，2012，第150～169页。

作者简介：王长斌，澳门理工学院博彩教学暨研究中心副教授，博士。

［责任编辑：刘泽生］

（本文原刊 2015 年第 2 期）

主持人语

刘泽生

博彩业在澳门有着独特的地位与难以替代的影响，是澳门经济的主导产业与龙头行业，是带动澳门整体经济快速增长的重要引擎，也是澳门财政收入的主要来源。近年来，博彩业约占澳门 GDP 的 46%、财政收入的88%。博彩业能否保持健康、持续发展，对澳门经济社会影响举足轻重。回归后尤其是自 2002 年博彩业开放以来，该行业一直呈现着超高速增长的态势。然而自去年 6 月起，澳门博彩业出现连续 11 个月的同比下跌，且跌幅有逐渐扩大之势。从绝对值来看，到今年 4 月，博彩月收入已收缩至 191 亿澳门元，约为最高峰值的一半，大约相当于 2011 年初的水平。博彩业的深度调整，对澳门经济的影响极其深远；其下跌的深层原因、未来走势及发展方向，引发社会的广泛忧虑与思考。

关于本次澳门博彩业的深度调整，从影响因素看，有论者认为主要是由贵宾厅业务大幅收缩所引发。贵宾厅收入自去年第二季度开始下挫，全年下跌 11%。今年第一季度贵宾厅收入再度急挫 42%，导致贵宾厅业务占博彩总收入的比重从高位时的七成降至不足六成；博彩税占财政收入的比重也回落至 83%。因此，澳门博彩业的未来走势，很大程度上取决于贵宾厅的走势，而贵宾厅运作模式正遭遇发展瓶颈。博彩业开放后，贵宾厅运作模式赖以生存的环境正在发生变化，贵宾厅实施的赌厅承包制或分租赌厅制，以借贷信用为基础、高度依赖特殊高端消费群体的运作模式，其风险与弊端正日益显现。有业内人士分析，贵宾厅业务资金链的断裂，正是导致博彩收入持续大幅收缩的最为关键的因素之一。而外部的竞争环境，周边国家（地区）博彩市场相继设立，都将内地客源作为主要争夺目标，并以较低税率和较具吸引力的码佣率招徕澳门中介人，这对澳门的博彩业也形成一定的分流压力。

澳门博彩业的走势及可能影响，正引发澳门社会及国际投资者的高度关注，也将成为澳门政府管理与调控的重点。由于上年基数较低，一般估计下半年博彩收入的跌幅将有所回落，但能否止跌回升值得期待。有投行分析员认为，澳门赌场收入下滑趋势至少延续至今年下半年，有人更认为将延续至明年。影响贵宾厅业务下滑的基本因素在年内依然存在。其中较为关键的因素，是博彩业开放后贵宾厅运作模式赖以生存的环境发生变化，需要相应的监管环境与其匹配，而这方面仍存在着欠缺甚至空白，有舆论认为澳门相关监管滞后了。一些博彩从业人员也发出期望政府完善监管的呼声，使博彩业能够朝着专业化的方向发展。有学者及业界人士认为，澳门需要利用博彩调整契机，结合博彩中期检讨，深入研究、完善监管、优化服务，提升整个博彩行业的专业性和竞争力，使博彩业经过本次阵痛之后能走上新的发展旅程。

需要指出的是，澳门博彩业的健康发展、经济适度多元的实现，并不会随着博彩业的下滑而自动实现。一方面要有针对性地根据目前博彩业（尤其是贵宾厅）发展模式中存在的问题，寻求完善监管的思路与方案；另一方面要密切关注博彩收入下降对经济财政的影响。澳门是在高通胀背景下出现经济下调，对基层民生的影响尤为值得关注。尽管澳门目前财力较为殷实，截至5月底尚有近3500亿元的财政储备，但仍需要提前做好准备，善用财政资金，应对财政收入大幅下滑而民生及投资开支逆势扩张的现实需求，确保澳门经济"调速不转势"。

本刊近期已连续发表了蔡赤萌、殷存毅等多位知名学者的高论，本期特别刊发柳智毅、刘毅、王五一等学者的大作，祈望对读者诸君的思考有所裨益，是则幸甚！

澳门通货膨胀成因研究

柳智毅　刘　毅

[提　要] 澳门自赌权和对我国内地游客自由行的相继开放，经济持续高速增长，相应地消费物价指数同比增长亦由负转正，并经历了三个通货膨胀周期，至今仍在高位运行。本文运用扩展的菲利普斯曲线模型实证研究发现，内部需求和外部冲击共同对澳门通货膨胀产生作用，但在不同的通胀周期中，各项因素所产生的作用大小和主次会有所变化。对于外部冲击，可通过输入商品来源地多区域化和分散化措施进行应对。对于内部需求，应考虑调整普惠性的福利政策和超低失业率的就业政策，并加快推进经济适度多元化。

[关键词] 通货膨胀　内部需求　外部冲击　澳门

一　引言

通货膨胀是一个在世界范围内普遍存在的、复杂的、综合的宏观经济现象，它可以改变各种商品和生产要素的相对价格体系，对实际产出、消费、就业和资源配置等许多宏观经济变量产生深远影响。任由通货膨胀的发展，更会关乎一个国家（或地区）的经济、社会稳定以及人民的生活状况。严重的通货膨胀不仅阻碍经济的发展，在某些国家（或地区）甚至还会引起政治危机。因此，通货膨胀被各国（地区）政府和人民所共同关注，特别是"二战"后，许多国家（地区）都将稳定物价、抑制通胀作为政府的重要工作任务。长期以来，关于通货膨胀问题的研究，也在经济理论中占据着非常重要的地位。

澳门自回归以来，消费物价指数（CPI）走势呈现出两个明显不同的阶段。前期（2000 年 1 月～2004 年 5 月）CPI 为负增长，通胀率均在零以下，表现为通货紧缩，这主要是受 1997 年亚洲金融危机的影响，经济增速放缓及社会需求收缩，促使物价下滑。后一阶段（2004 年 6 月至今）随着澳门赌权和我国内地游客自由行的相继开放，在旅游博彩业的带动下，经济高速增长，相应地 CPI 同比增长由负转正后经历了三个通货膨胀周期。先是于 2006 年 5 月达到 6.33% 的高位，在略有回落后再次于 2008 年 3 月冲高至 9.49%，随后的 2009 年 CPI 快速下降，一度跌至 2009 年 10 月的 -1.1%，然后重新掉头向上攀升，于 2011 年 12 月再次达到 6.81%，至今仍在高位徘徊。[①]特区政府已经认识到高通胀的存在及其对民生带来的影响，2013 财政年度的特首施政报告中明确表示："近年本地经济快速发展，通胀结构已发生变化，除输入性因素外，内需带动的因素逐渐凸显。政府加强监察食品进口及零售价格，并对有关消费者权益法规进行检讨和修订。基于由内需带动的通胀对民生带来的影响，特区政府采取了多项适切的安排，加强扶助弱势社群，纾缓居民的生活压力。"[②]

政府面对通货膨胀，不仅仅只是采取纾困民生的被动应对，更应当积极地进行治理。澳门是一个小型开放经济体，没有中央银行，实行与港币的固定汇率和完全开放的资本账户，这就意味着澳门不可能拥有独立的货币政策。如何运用财政政策及各项经济政策抑制通胀、稳定物价，将是澳门必须深入研究探讨的问题。面对这些问题，首要的是准确判断澳门通货膨胀的产生原因，分析影响通胀的各项因素及其传导机制。然而，关于澳门通货膨胀的研究，可见的不多。赵世勇（2011）从中国内地通胀和人民币汇率两方面论述对澳门通胀的影响，并提出了长、中、短期的治理路径。[③]叶桂林（2006）认为外部环境变化是澳门通货膨胀的主因，内部需求过热加速了通胀的程度；澳门的通胀未来还有进一步恶化的可能；提出的治理对策一是增加输入外劳以控制工资增长，二是约束政府的整体开支。[④]刘本立（2012）也表示，澳门通胀是受到内部需求、输入性因素、通胀预期的综合影响，其中内部需求既有本地消费和投资的因素，也源于访澳旅客的消费需求；政府应对通胀的重点则在于着力从民生环节纾缓居民通胀压力。[⑤]柳智毅（2012）分析澳门内部经济持续增长、内部需求不断膨胀，外部经济体实行量化宽松财政政策导致大量资金进入而产生流动性过剩推高通胀；并在肯定政府应对通胀措施的基础上，提出推动工薪阶层向上流动才是上策。[6]李嘉曾（2012）对澳门的通货膨胀现象和政府的应对措施作了简要的评述。[7]此外，黄立佳（2004）还就亚洲金融风暴之后的几年间，澳门出现的通缩成因及影响进行了研究。[8]仅有的此类研究，未够系统，更欠深入。本文研究的重点在于全面考察澳门通货膨胀的成因，运用菲利普斯曲线模型分析澳门通货膨胀各影响因素的作用、特征和传导路径，为治理通胀提供分析基础和理论依据。

二　分析框架及模型设定

（一）澳门通货膨胀的内部需求与外部冲击

西方主流经济学认为，通货膨胀产生的原因和形成机制是以需求拉动和成本推动为基础的，并进一步扩展至结构性和输入性的分析。但无论哪一种类型，都可被宏观经济学中经典的 AD－AS 总供需模型所解释。根据通货膨胀成因的这一基本理论，结合澳门的实际经济形态，对可能影响澳门通货膨胀的需求和成本进行梳理。其中，需求包括本地（内部）需求和外地（外部）需求，由于澳门原产地商品的出口较少，外部需求主要体现在外地游客对澳门旅游博彩的需求。成本包括土地、人力资源以及各类商品和服务的原材料价格等。澳门作为一个资源匮乏、开放度高的小型经济体，绝大多数资源和原材料需要通过境外输入，因此，可能引起通货膨胀的成本因素亦可划分为本地（内部）成本和外地（外部）成本。其中土地、人力资源等更多的是本地成本，而各类资源和生产原材料则更多是受外部成本的影响。

由此，对于澳门通货膨胀形成的因素，将其转化为内部需求与外部冲击两方面进行分析，可能会得到更为明晰的刻画和解释。内部需求主要体现在居民收入的增长和货币供应的增长等方面；同时，居民对通货膨胀的预期也是严重影响通货膨胀的一个重要因素，亦应列入内部需求中进行考察。外部冲击既包括外部需求，亦包括外部成本，以及外部需求和成本在澳门实现时所面临的汇率变化，前者如进入澳门的境外游客数量的增长，后者如国际大宗商品价格的变动。但由于澳门元与港元挂钩，而港元实行联系汇率制度，与美元挂钩，实际意义上澳门元也是间接与美元挂钩。再加上澳门与中国内地的经贸往来极为密切，大量的外部需求与成本更多地源自于中国内地，因此人民币汇率的变动对澳门的影响也很大。同时，内地的物价变动也将深刻地影响澳门的通货膨胀，因而也需列入外部冲击的因素当中。

（二）菲利普斯曲线模型及其扩展

菲利普斯曲线是研究通货膨胀成因的经典模型，由于考察问题的视角不同，菲利普斯曲线也有很多变形。如 Gordon（1990，1997）的"三角模型"就把通胀归结为通胀惯性、需求拉动和供给冲击三个因素。[⑨]我国内地也有大量研究通过菲利普斯曲线模型估算通货膨胀的动态特征。[⑩]本研究借鉴 Gordon 的"三角模型"，结合澳门经济发展和通货膨胀的特征得到扩展的菲利普斯曲线：

$$\pi_t = C + \alpha\pi_{t-1} + \beta D_t + \gamma\chi_t + \varepsilon_t \tag{1.0}$$

其中，C 为常数项，π_t 表示通货膨胀率，D_t 表示经济增长率缺口，χ_t 表示其他的控制变量，如居民收入、货币供应等内部需求变量，以及国际油价、粮食价格、汇率等供给冲击变量，也可加入标志制度变化的虚拟变量。α、β、γ 分别表示各变量的系数。

（1.0）式中的经济增长率缺口 D_t 等于实际经济增长率减去潜在经济增长率。关于潜在经济增长率，有很多计算方法，但结果各异，从而得出的经济增长率缺口也就不确定。为了回避这种不确定性，我们直接用 GDP 增长率替代 D_t，由于（1.0）式是线性的，所有关于潜在增长率的不确定性都被转移到常数项 C 和误差项 ε_t 中。[⑪]

为了深入考察内部需求和外部冲击分别对澳门通货膨胀的产生所起的作用，我们将菲利普斯曲线模型作进一步的调整，分设下列四个模型进行实证分析：

1. 基准模型：只考虑经济增长率缺口和滞后一期的通货膨胀率，经济增长率缺口可反映出各生产要素是否被合理利用，滞后一期的通胀率可反映居民对通胀的预期。模型的表达式为：

$$\pi_t = C + \alpha\pi_{t-1} + \beta D_t + \varepsilon_t \tag{1.1}$$

2. 内部需求模型：在基准模型的基础上，加入内部需求因素，形成分析内部需求各因素对通胀的作用，即：

$$\pi_t = C + a\pi_{t-1} + \beta D_t + \gamma\chi_{1t} + \varepsilon_t \tag{1.2}$$

其中 χ_{1t} 为内部需求因素向量。

3. 外部冲击模型：排除经济增长率缺口以及各项内部需求因素，仅考虑外部冲击因素对通货膨胀的影响，即：

$$\pi_t = C + \gamma\chi_{2t} + \varepsilon_t \tag{1.3}$$

其中 χ_{2t} 为外部冲击因素向量。

4. 混合模型：将基准模型、内部需求模型和外部冲击模型进行全面整合，所有分析变量均进入模型，以全面考察所有影响因素在同一条件下对通胀影响的各自作用，即：

$$\pi_t = C + \alpha\pi_{t-1} + \beta D_t + \gamma\chi_{1t} + \delta\chi_{2t} + \varepsilon_t \tag{1.4}$$

（三）变量及数据来源

根据上文对澳门通货膨胀成因的理论分析，因变量为通货膨胀率，取居民综合消费物价指数（CPI），自变量中除地区生产总值（GDP）作为产出缺口外，进一步将影响通货膨胀的需求和成本划分为内部需求和外部冲击两部分，设定分析变量（及变量符号）如下：

1. 内部需求因素：就业人口工作收入中位数（INCOME）、货币供应量M1（M1）和滞后一期的消费物价指数（CPI_₋₁），数据来源于澳门统计局。

2. 外部冲击因素：国际能源价格指数（ENCPI）、国际食用品价格指数（FOODCPI）和国际工业原料价格指数（INDUCPI），数据来源于国际货币基金组织的 *International Financial Statistics*；入境游客数量（VISITOR）、澳门元与人民币汇率（EXCHANGE），数据来源于澳门统计局；中国内地消费物价指数（LANDCPI），数据来源于中国国家统计局。

除澳门元与人民币汇率直接采用实际汇率数据外，其他各个变量均采用同比数据。因数据的可获性所限，各项指标数据为2002年第1季至2013年第4季的季度时间序列数据。

三　实证分析

（一）模型变量的平稳性及协整检验

时间序列计量分析需要样本是平稳的单位根过程，否则就存在"伪回归"问题。运用 ADF 检验发现各变量的水平值均为非平稳序列，服从 I（1）过程，一阶差分后各变量都是平稳的，服从 I（0）过程，检验结果见表1。

表 1　各变量的单位根检验结果

变量	水平检验（验形式：C，T，K）		一阶差分检验（验形式：C，0，K）	
	ADF 值	10% 临界值	ADF 值	1% 临界值
CPI	− 1.758741	− 3.189732	− 3.070035	− 2.621185 ***
GDP	− 3.076336	− 3.189732	− 4.361362	− 2.621185 ***
INCOME	− 1.883694	− 3.189732	− 4.144141	− 2.621185 ***
M1	− 3.698545	− 3.189732	− 3.475683	− 2.621185 ***
FOODCPI	− 2.491477	− 3.189732	− 3.253287	− 2.621185 ***
INDUCPI	− 2.575776	− 3.189732	− 2.653915	− 2.621185 ***
ENCPI	− 2.532586	− 3.189732	− 4.233829	− 2.621185 ***
VISITOR	− 2.804077	− 3.189732	− 4.775224	− 2.621185 ***
LANDCPI	− 2.686749	− 3.189732	− 3.272941	− 2.621185 ***
EXCHANGE	− 2.751325	− 3.189732	− 2.196111	− 1.948313 **

注：①检验类型（C，T，K）分别表示单位根检验方程包括常数项、时间趋势项和滞后阶数，
　　　0 指不包括 C 或 T，加入滞后项是为了使残差为白噪声。除了 EXCHANGE 差分序列滞后项
　　　为 1，其余都是 4。
　　②*** 代表在 1%、** 代表在 5% 显著性水平上拒绝零假设。

　　尽管各变量的一阶差分后消除序列中含有的非平稳趋势，但变换后所
建立起来的时间序列模型不便于解释直接的经济含义。而从协整理论上，
如果一组非平稳时间序列存在一个平稳的线性组合，即该组合不具有随机
趋势，那么这组序列就是协整的，这个线性组合所组成的协整方程表示一
种长期关系。协整检验有两种主要方法：一是由 Engle 和 Granger（1987）
提出的两阶段回归分析法；二是由 Johansen 和 Juselius（1990）提出的极大
似然估计法。本研究采用后一种方法来检验变量之间的协整关系，并综合
使用似然比统计量（LR）、最终预测误差（FPE）、赤池信息准则（AIC）、
施瓦茨准则（SC）和汉南信息准则（HQ）作为选择最佳滞后阶数的判断标
准。具体协整检验结果见表 2。

表 2　变量组合的协整检验结果

模型序列组合	特征值	轨迹统计量	5% 临界值	协整个数
CPI、GDP	0.348839	28.07219 ***	15.49471	1
	0.165787	8.338248 ***	3.841466	

模型序列组合	特征值	轨迹统计量	5%临界值	协整个数
CPI、GDP、INCOME	0.532549	60.75954 ***	29.79707	2
	0.318722	25.77838 ***	15.49471	
	0.161898	8.124295 ***	3.841466	
CPI、ENCPI、LANDCPI、EXCHANGECPI	0.620863	97.77608 ***	63.87610	1
	0.456216	53.16265 ***	42.91525	
	0.339218	25.13933 *	25.87211	
	0.123814	6.080122	12.51798	
CPI、GDP、INCOME ENCPI、LANDCPI、EXCHANGECPI	0.786759	161.2562 ***	95.75366	2
	0.576773	90.17092 ***	69.81889	
	0.449101	50.61794 **	47.85613	
	0.328635	23.19260	29.79707	
	0.099541	4.864254	15.49471	
	0.000893	0.041100	3.841466	

注：*** 代表在1%、** 代表在5%、* 代表在10%显著性水平上拒绝零假设。

通过表2可见，4组时间序列数据至少存在一个协整，符合条件进行协整方程的估计。由于在其后分组的协整方程估计中，货币供应量（M1）[⑫]、国际食用品价格指数（FOODCPI）、国际工业原料价格指数（INDUCPI）以及入境游客数量（VISITOR）等指标的估计系数出现负值，与经济理论相悖，最终被排除在模型变量之外，反映出这些变量对澳门通货膨胀影响的关联度不大。可能的解释：一是澳门对我国内地商品进口的依赖较大，直接从国际市场进口食品和工业原料不多，国际市场食品和工业原料价格的变动已经转化在我国内地输澳商品价格中给予体现。二是入境游客需要通过消费行为影响物价，这一行为已经包含在GDP变量中获得反映，而单纯的游客数量对CPI缺乏直接的关联。三是澳门的货币发行局制和联系汇率制，促使货币发行量被严格控制在现实产出和可完全兑换性条件之下，基本避免货币超发。也有可能是在资金完全自由进出的环境下，境外热钱通过非正常渠道大规模流入，在现实经济中形成货币供给超量，而由于缺乏对热钱流入的掌控造成数据统计的缺失，从而无法准确测算澳门的真实货币供给量，导致本模型的估算偏差。但若存在这一偏差，也不会影响模型估算结果的基本格局和对整体通胀成因的基础性分析。基于此，在表2以及下一节的模型估计中不再列出相应的协整检验和模型估计结果。

(二) 协整方程估计分析

Philips 从理论上证明,长期相关的存在会导致普通最小二乘法 (OLS) 估计是有偏的,基于 OLS 估计的残差所进行的协整检验就缺乏可靠性。[13] Philips 和 Hansen 提出了完全修正的最小二乘估计 (FMOLS),以实现协整向量估计的一致性。[14] 本研究将采用 FMOLS 方法对模型进行估计。

从模型的估计结果看,基准模型的拟合度已经很高,校正的 R^2 达到 0.9216,可以认为基准模型已经具有相当高的解释力,显示出经济增长和通胀预期及惯性对澳门通货膨胀起着决定性的作用。尽管内部需求模型和外部冲击模型的校正 R^2 低于基准模型,但各变量的系数均为正值,表明这些变量指标的提高将会引致 CPI 的上涨,即会在不同的程度上推高通货膨胀。相对于内部需求模型,外部冲击模型的 R^2 明显较低,说明外部冲击因素只能部分地解释通货膨胀的原因,并且其解释力大大低于内部需求因素,表示在观察期内澳门通货膨胀的形成因素主要来自于内部需求。在混合模型中,将内外因素结合进行全面考察,校正的 R^2 比基准模型进一步提高了 0.034,模型已经有相当高的效率。从混合模型中各变量系数看,澳门元与人民币汇率的变动对澳门通胀的影响最大,其次是通胀预期及惯性,第三位是内地通胀率,工作收入中位数、国际能源价格和本地生产总值的增长对澳门通胀的影响作用较为接近 (见表 3)。

表 3　协整方程 (FMOLS) 估计结果

变量	基准模型	内部需求模型	外部冲击模型	混合模型
C	-0.428514 (-1.677278)	-0.473751 * (-1.741873)	-8.451892 *** (-2.904926)	-2.078725 * (-1.900500)
GDP	0.051928 *** (5.454659)	0.052350 *** (5.495916)		0.012160 (1.191934)
CPI (-1)	0.878983 *** (25.07830)	0.866290 *** (23.00315)		0.836084 *** (20.07521)
INCOME		0.009667 (0.523080)		0.025665 * (1.653751)
ENCPI			0.011491 (0.811149)	0.022874 *** (4.881115)
LANDCPI			0.647648 *** (3.732559)	0.096394 (1.403517)

续表

变量	基准模型	内部需求模型	外部冲击模型	混合模型
EXCHANGE			8.894222 *** (3.286446)	1.552718 (1.523311)
判定系数 R^2	0.925044	0.924579	0.509278	0.961520
校正的 R^2	0.921558	0.919191	0.475042	0.955599
D.W. 统计量	1.792066	1.764829	0.175692	2.405509

注：*** 代表在 1%、** 代表在 5%、* 代表在 10% 显著性水平上拒绝零假设。括号内数字为T 统计量。

四 澳门通货膨胀主要引发因素的传导机制及特征

澳门通货膨胀的周期性变化，不仅反映了澳门经济增长的周期性和产业结构变动、经济适度多元化的进程，而且还反映了澳门与国际及中国内地经贸合作日益紧密所表现出来的价格形成机制的动态变化。在上一节基于扩展菲利普斯曲线模型对通胀成因及其影响程度分析的基础上，进一步对各项成因的传导机制和特征作分析。

（一）经济高速增长的带动

2002 年的开放赌权和 2003 年的开放内地游客自由行，成为澳门回归后经济提速的两大关键性标志。使澳门快速走出 1997 年亚洲金融危机的阴影，以当年价计算的地区生产总值增长率由 2000 年的 2.4% 和 2001 年的 1.1% 快速提高至 2002 年的 7.2%，其后更是以 19.87% 的年均增长率持续至 2013 年，2013 年的经济总量比 1999 年提高了 7.43 倍。经济持续快速增长，规模不断扩大，其背后是固定资产投资的急剧扩张、劳动工资的上升和全社会消费的增加，从而形成了巨大的社会需求，在社会总供给未能满足并出现缺口时，便催生通货膨胀。

随着两大开放的实施，吸引了大量的外商直接投资，特别是酒店娱乐博彩设施的大规模兴建，澳门新增固定资产形成总额由 2002 年的 56.7 亿元大幅增加至 2013 年的 528.13 亿元，增加了 8.31 倍。与此同时，政府用于配套的道路、澳氹新城的大规模填海，近期开工的轻轨以及保障民生的 1.9 万套公共房屋等工程建设推动公共投资快速增加，政府每年新增公共投资亦由 2002 年的 13.5 亿元，提高到 2012 年的 143.92 亿元，提高了 9.66 倍，2013 年的政府公共投资虽然比 2012 年有所回落，但仍高达 77.1 亿元。大量投资项目的兴建和陆续投入运营，对劳动力的需求开始膨胀，直至达到现时的充分就业状态，失业率已由 2002 年的 6.3% 下降至 2013 年的 1.8%。与此相应的是劳动收入不断提升，月工资收入中位数由 2002 年的 4672 元增长至 2013 年的 12000 元，提高了 1.57 倍。零售业销售总额更是由 2002 年的 52.23 亿元扩大至 2013 年的 660.43 亿元，大幅提高了 11.64 倍。由此可见，澳门经济繁荣带来了经济领域各项指标的普遍上升，通货膨胀也必然随之上升，应合了通货膨胀与经济高速发展相伴随的一般性规律。

根据经济学理论，产品价格增长率 = 劳动成本增长率 − 劳动生产率增长率。即劳动生产率的提高有两个出口：一种是保持劳动生产率不变的情况下引起物价下跌，这就是升值；另外一种是物价不变的情况下，劳动成本上升，这就会导致消费的升级。对澳门而言，在加快升值与通胀存在替代关系的情况下，尽管产生适度的升值，但就业率和劳动成本的普遍提升，以及消费水平的显著提高表现得更为强烈。

（二）通胀预期作用强劲

在上节扩展菲利普斯曲线模型实证结果中，通货膨胀预期对澳门通胀的影响作用较大。虽然模型中仅是将滞后一期的消费物价指数作为通胀预期的变量指标进行测量，这种简单地把前一期市场价格作为本期的预期市场价格，属于静态预期，但仍然在一定程度上反映出通胀预期对通胀的作用。我国内地有研究通过对中国人民银行居民储蓄问卷调查数据转换为定量的预期通货膨胀率进行分析，结论显示决定实际通货膨胀率短期变动的主要是滞后一期的实际通货膨胀率的变动。[15]事实上，无论具体测量的工具和指标如何选取，预期对通胀的影响是显著存在的。美联储主席伯南克就确切地指出：毋庸置疑，通胀预期对实际通胀有很大的影响力。[16]

在澳门，首先，持续攀升的居民消费价格指数加深了社会公众对未来通货膨胀持续上升的担忧。2004 年 6 月综合消费物价指数同比增长率转负为正之后开始逐步攀升，到 2006 年 5 月上升至 6.33%，22 个月就急升了 6 个百分点多，到 2008 年 7 月更是达到 9.22%。居民对物价的快速上涨必然产生出较强烈的通胀预期，认为未来物价上涨的状况将会继续。

其次，资产价格的大幅上扬亦是强化居民通胀预期的重要诱因。尽管资产价格并没有纳入 CPI 的核算当中，但不少研究均认为资产价格对通胀预期是正向的。Keni 和 Lowe（1997）[17]提供了一个简单的模型，验证了资产价格的膨胀会导致未来商品与服务价格上涨的预期，这一效应的传导渠道最为常见的是资产价格上涨的财富效应导致消费的增长。源于资产价格上涨而得以提高的消费者情绪会刺激消费的增加，于是通货膨胀的压力就会增加。因此，迅速增长的资产价格使得私人部门预期未来的商品与服务的价格上涨，其反馈效应就会导致实际通货膨胀增加。我国内地的实证分析也反映出伴随着房地产价格的快速上涨，房价对通胀预期的影响日益显著。[18]澳门楼宇交易价格自2004年有统计以来至2013年，短短的9年当中，住宅、工业楼宇和办公室每平方米均价分别由8259元、2432元和10354元上升至81811元、33721元和74525元，涨幅分别达8.91倍、12.87倍和6.20倍。资产价格的快速高涨，成为居民通胀预期的重要参照，最终又重新传递到实际价格当中，进一步推高通货膨胀。

（三）人民币升值与内地通胀的推动

澳门与我国内地经贸关系非常紧密，特别是经济发展所需的各类原材料以及生活所需的消费品大部分由内地输入。据统计，澳门从中国内地进口的货物总额占澳门全部进口货物总额的比例，由2000年的41.05%下降到2013年的32.6%，尽管比例有所下降，但仍然是各国（地区）输澳货物中占比最高的，并且是占绝对优势。而从内地与澳门CPI的走势看，内地CPI的变动比澳门略为领先，而趋势基本一致（见图1）。可见，内地通货膨胀造成的高物价必然通过输澳产品直接传导至澳门，成为澳门通货膨胀的重要因素。

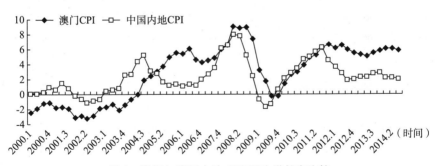

图1 澳门与我国内地CPI同比增长率比较

在人民币升值方面，同样因我国内地商品的大量输入而直接带动澳门的通货膨胀。由于澳门元间接与美元挂钩，因此，人民币一旦对美元升值，澳门从内地进口同样的商品，将必然要付出更多的资金，其实质也就是商品价格的提高。2005年中国开始实行汇率制度改革，人民币对美元的升值从缓慢到急速，至今累计已达到34%左右。这意味着，即使是内地的物价水平维持不变，但以澳门元计价的内地输入商品价格将根据人民币对美元的升值水平而相应提高，这时人民币升值因素直接传导为澳门的通货膨胀。[19]

此外，国际能源价格的上涨亦直接或间接地通过传导渠道加剧澳门的通货膨胀。澳门的能源100%依赖进口，按照统计口径，燃料及润滑油的进口，2000年47.67%来自内地，至2013年该比例上升到82.23%。一方面，在本研究的观察期内国际能源（特别是石油）价格在高位运行，促使中国内地油气价格节节攀升，再加上人民币汇率升值的因素又进一步推高输入澳门的油气价格。另一方面，能源价格的上涨，增加了本澳的生产成本，从而再次给澳门的通胀施加压力。

事实上，包括所有的内地输澳商品，在传递路径中都面临两次甚至三次推高澳门通胀的风险。一是内地通胀直接使输澳商品价格同步上涨；二是人民币汇率上升间接提高以澳门币结算的内地输澳商品价格；三是内地输澳的原材料在前两项涨价的基础上，作为本澳的生产成本会再次推高本地商品的价格。若三种情况同时出现，澳门的通货膨胀压力将叠加。

（四）商品批发与零售差价过大产生拉动

在本文的模型分析中没有商品批零差价变量，是受相应的时间序列数据缺乏所限，留下了计量分析的缺陷。但近段时间以来澳门居民对副食品零售价格过高尤表不满，而食物及非酒精饮料占CPI的权重为32.78%，居各类物品之首，食品价格的上涨对CPI的影响最大。为此，我们将可获取的各种能反映澳门批零差价的数据，以及就此所作的专项调查数据进行综合分析，探讨计量模型各变量之外对通胀产生影响的重要因素，以弥补计量模型的不足。

在观察期中，食物及非酒精饮品类的升幅最为突出，除2005年和2006年外，其他各年的升幅都高于综合消费物价指数的升幅，2008年更是同比上涨17.21个百分点，涨幅非常剧烈。2013年与2000年相比，许多日常食品如鱼类和蔬菜价格的涨幅已经超过100%，牛肉的涨幅更是达到231.24%。行政长官崔世安在2014年4月22日出席立法会答问大会，回复议员问及的物价问题时认为：澳门的物价高除澳门内部需求强劲，尤其入境游客多、消费力强，以及缺乏渔、农、畜牧业，当市场价格上升又缺乏供应时，调控弹性少这两大成因之外，本澳的批发及零售差价大也是其中的重要因素。他还援引澳门统计局及消委会专项物价情报站数据，部分食品的批发和零售差价达到两三倍；不同地点同一货品的零售价差亦可超过五成。[20]

表4 澳门部分农副产品批发与零售价格比较（2014年11月18日）

类别		批发（元）	零售（元）	价差比（%）
蔬菜	生菜（斤）	4.4	10.4	136.36
	菜心（斤）	5.6	12.2	117.86
	白菜（斤）	3.8	12.1	218.42
	黄瓜（斤）	1.8	9	400.00
	萝卜（斤）	2.3	8.7	278.26
	蕃茄（斤）	4.6	11.4	147.83
肉类	生猪（斤）	15.9	44.3	178.62
	牛肉（斤）	48.8	83.1	70.29
	鸡（斤）	19.7	27.8	41.12
大米	泰国香米（斤）	7.1	7.9	11.27
	中国米（斤）	5.5	6.1	10.91
水果	苹果（个）	3.25	5.5	69.23
	橙（个）	1.77	4.1	133.53
	香蕉（磅）	2.67	4.5	68.75
其他	鸡蛋（只）	0.97	1.5	56.86
	花生油（公斤）	20.5	40.8	99.00
总平均值				127.40

注：蔬菜、肉类零售价为街市价格，大米、水果和其他零售价为超市价格。

澳门统计局数据显示，2012年澳门批发业的经营场所及摊档4080间，比2000年增加了88.54%；零售业的经营场所及摊档7653间，比2000年增加了19.39%。虽然批发业经营单位的增加高于零售业，但整体经营规模和收益的增加却远不及零售业。与2000年相比，2012年澳门批发业整体的经营规模和收益提高了2.8倍，零售业的经营规模和收益提高了8.8倍；增加值总额的提高，前者是3.1倍，后者是15.5倍。更能说明问题的是，批发业的整体经营收益，从2000年的7.5%下降到2012年的4.8%；而零售业的整体经营收益则从2000年的3.48%上升到2012年的13.58%。从人均营业额及其他收入、人均增加值总额看，2000~2012年，批发业分别增长了68.94%和83.47%，而零售业则分别增长了352.3%和656.37%。十多年来，批发与零售业的此消彼长，到2008年零售业的经营收益和人均增加值总额由低于批发业转而高于批发业。

为进一步揭示澳门批发与零售价差的程度，我们于 2014 年 11 月 18 日进行了一次调查，采集当天澳门居民最常食用的部分农副产品的批发和零售价格。批发价格采自位于青州的农产品批发市场，该市场是全澳农产品最主要的批发源。街市和超市零售价格来源于民政总署专项食品价格调查和澳门消费者委员会旗下的澳门超市物价情报站发布的官方数据。在调查的 16 种农副产品中，零售与批发的平均价差比值高达 127%，其中有 13 种商品的价差比超过 50%；有 8 种商品的价差比超过 100%；3 种商品的价差比超过 200%。在调查的五个类别中，蔬菜类的平均批零价差比位列第一，高达 216%。其后依次是肉类 96%，水果类 91%，其他商品如鸡蛋和花生油为 78%，大米为 11%。由此可见，澳门市场上日常食品批零差价悬殊的状况较为普遍并相当严重（见表 4）。一系列的统计数据表明，近年来零售业的经营收益大大超越批发业，其中批零价差扩大发挥了相当重要的作用，而商品零售价格的大幅提高，必然拉升通胀水平。

五　结论及政策含义

上述分析的各项因素，在不同的通胀周期中，所产生的作用大小和主次会有所变化。其中，第一个通胀周期以本澳的内部需求为主导，这一周期在摆脱了之前受亚洲金融危机的冲击之后，本澳经济开始复苏，特别是赌权和内地旅客自由行的相继开放，带来了旅游博彩设施的第一波兴建高潮，大规模的投资和旅客消费成为本轮通胀的首要因素和动力。第二个通胀周期则受内地通胀和人民币升值的因素影响较大，此期间，美元兑人民币汇率先后突破 1∶7 和 1∶6 关口，人民币兑澳门元也相应突破 1∶1.05 和 1∶1.15；同时内地 CPI 达到了本研究观察期的最高点（2008 年 1 月 CPI 同比涨幅高达 8.03%），人民币升值和内地通胀作为外部冲击因素成为本轮通胀的重要诱因，输入性通胀特征明显。正在经历的第三轮通胀，诱发因素更为复杂，内部需求和外部冲击作用同样显著，经济持续高速增长、居民收入不断提高、各类大规模设施建设，人们在前期通胀的阴影下对未来的通胀预期更加强烈；人民币继续升值，兑澳门元近期已达到 1∶1.3 的新高位，内地通胀压力仍然存在；此外，这一时期本澳的批零价差明显扩大。所有这些都对澳门的本轮通胀发挥着推动力，相对来说，内部需求的因素更多，作用力更强。

通货膨胀的治理方式及措施主要包括三个方面的内容，即：紧缩货币供应量、缩小通胀的负效应和从源头上消除通胀的形成因素。基于澳门的货币发行局制和联系汇率制，澳门并不具备调控货币供应量的货币政策，反通胀的正统工具货币政策和财政政策二缺一，将在相当程度上加大了抑制通胀的难度。特区政府在缓解通胀对居民产生的负效应方面已经作出了极大努力，当然仍需加强。目前及未来一段时期，治理通胀的重点应多在消除通胀成因方面着力。

对于外部冲击，特别是来自内地的通胀和汇率变动，澳门可通过拓展输澳商品渠道，采取输入商品来源地多区域化和分散化的措施进行应对。特区政府已经关注并意识到这一点，行政长官崔世安就明确表示：政府将积极开拓食品货源市场，鼓励社企经营鲜活食品及蔬果生意。[20]但仅仅强调拓展食品货源还远远不够，应全盘考虑澳门各类生活和生产要素资源的输入地多元化。向周边地区，如东南亚、澳洲等寻求商品供应。通过实现货源产地的全球化、进口渠道的扩大化和商品供应的多样化，尽可能减少因我国内地通胀和人民币升值带来的通胀影响。

内部需求的增加是经济社会发展的必然，关键在于引导，同时还要防止因政策的不协调而形成更大的推高通胀的诱因。最新发布的2014年财政预算案中将继续实施现金分享计划，向永久居民每人发放9000元，非永久居民每人5400元。学界及政府应当重新检讨这一计划，分析每年约占公共开支9%的分享总额在加剧通胀和减缓居民（特别是低收入居民）对通胀的压力之间能否获得平衡，是否需要适时暂停或至少不再逐年增加派发额度，以缩减货币流动性对通胀的影响。又如是否需要维持超低失业率？无论在理论上还是现实中，通胀率与失业率存在着替代。可通过产业结构的适当调整，加快推进经济适度多元化，实现经济增长、通货膨胀和失业率之间的新平衡。所有这些都正考验着决策者的智慧。

针对批零差价过大的问题，必须通过鼓励竞争、打破垄断来理顺。流通环节是否畅顺，会对物价产生一定程度的影响。在充分竞争的市场环境下，商品价格主要由供求状况决定，如果商品的货源渠道通畅，则不会引起物价的上涨。若市场出现垄断、寡头或暴利，则会将商品价格拉高，导致部分价格扭曲，并推动通货膨胀上升。充分的市场竞争是保证商品供应和物价稳定的最佳方式，通过市场竞争，可达到减少中间流通环节，降低物流、仓储、销售等众多环节的成本，最大限度地降低输澳商品的成本。尤其是在食油、肉类、蔬菜、水果，以及燃料等涉及公众日常生活消费品领域，鼓励更多的商户参与经营和竞争，去除专营垄断，降低批零差价。

---

①柳智毅、刘毅:《澳门通货膨胀的走势、性质及特点分析》，澳门:《澳门经济》，总第 36 期，2014 年 6 月。

②崔世安:《2013 年财政年度施政报告》，澳门特区政府，2012 年 11 月 13 日。

③赵世勇:《"一国两制"下的澳门通货膨胀及其治理》，澳门:《"一国两制"研究》，总第 9 期，2011 年 7 月。

④叶桂林:《当前澳门通货膨胀的原因及其趋势分析》，福州:《亚太经济》2006 年第 6 期。

⑤刘本立:《本澳通胀逐渐为由内需上升带动》，澳门:《现代澳门日报》2012 年 6 月 30 日。

⑥柳智毅:《通胀持续:有效推动工薪阶层向上流动是上策》，澳门:《澳门日报》2012 年 3 月 26 日;《特区政府应对通胀的新措施值得肯定》，澳门:《澳门日报》2012 年 8 月 13 日;《流动性过剩是高通胀的幕后推手》，澳门:《澳门日报》2012 年 8 月 20 日;《CPI 与经济增长的关系》，澳门:《澳门日报》2012 年 9 月 10 日。

⑦李嘉曾:《澳门通货膨胀现象评析》，澳门:《澳门日报》2012 年 8 月 22 日。

⑧黄立佳:《澳门通缩的成因及影响》，澳门金融管理局，2004。

⑨Robert J. Gordon, "The Phillips Curve Now and Then," *NBER Working Paper*, No. 3393, 1990, June. Robert J. Gordon, "The Time-Varying NAIRU and Its Implications for Economic Policy," *Journal of Economic Perspectives*, 1997, Vol. 11, No. 1, pp. 11 – 32.

⑩刘树成:《论中国的菲利普斯曲线》，北京:《管理世界》1997 年第 6 期;王少平等:《预期增广的菲利普斯曲线及其对中国适用性检验》，北京:《中国社会科学》2001 年第 4 期;曾利飞等:《开放经济下中国新凯恩斯混合菲利普斯曲线》，北京:《数量经济技术经济研究》2006 年第 3 期。

⑪中国经济增长与宏观稳定课题组:《外部冲击与中国的通货膨胀》，北京:《经济研究》2008 年第 5 期。

⑫我们也同时采用 M2 作为货币供应量的变量替代 M1 进入模型计算，模拟结果亦相似。

⑬P. C. B. Phillps, "Understanding Spurious Regressions in Econometrics," *Journal of Econometrics*, 1986, 33, pp. 311 – 340.

⑭P. C. B. Phillps and B. E. Hansen, "Statistical Inference in Instrumental Variables Regression with I (1) Processes," *Review of Economic Studies*, 1990 (57), pp. 99 – 125.

⑮肖争艳、陈彦斌:《中国通货膨胀预期研究:调查数据方法》，北京:《金融研究》2004 年第 11 期。

⑯伯南克：《通货膨胀预期与通货膨胀预测》，广州：《南方金融》2008 年第 1 期。

⑰C. Kent & P. Lowe, "Asset-Price Bubble and Monetary Policy," *Reserve Bank of Australia Research Discussion Paper*, 1997, No. 9709.

⑱张健华、常黎：《哪些因素影响了通货膨胀：基于中国居民的经验研究》，北京：《金融研究》2011 年第 12 期。

⑲赵世勇：《"一国两制"下的澳门通货膨胀及其治理》，澳门：《"一国两制"研究》，总第 9 期，2011 年 7 月。

⑳㉑《特首：援弱势拓货源遏通胀》，澳门：《澳门日报》2014 年 4 月 23 日。

作者简介：柳智毅，澳门经济学会理事长，澳门大学澳门研究中心研究总监，博士。刘毅，广东省社会科学院港澳台研究中心研究员，博士。

［责任编辑：刘泽生］

（本文原刊 2015 年第 3 期）

论博彩业的监管依赖

王五一

[提　要] 自由竞争容易导致合成谬误——一种由社会合力的盲目纠结而形成的逻辑错误。由个体理性合成的集体非理性，必赖于外力监管方能舒解，是为监管依赖。博彩产业，由其产业特性所决定而易存弊端，易生合成谬误，易具监管依赖。澳门更有贵宾厅博彩，牌主、厅主、叠码仔、赌客等各方利益主体间的竞争形成的诸多合成谬误纠结，如码佣竞争、借贷竞争、台面台下等，皆有待政府的疏导与监管而加以协调。

[关键词] 澳门　博彩业　合成谬误　博彩业监管　监管依赖

现代市场制度由自由竞争与政府监管一体两面构成，二者互相依存，缺一不可。没有自由竞争的政府监管必归于僵死；没有政府监管的自由竞争定疏于混乱。

一般说来，监管者与被监管者是敌对关系，监管者想监管，被监管者不想被监管；监管，会使被监管者失去部分自由和利益，故而被监管者会想方设法逃避监管。例如，一个避开监管而偷着往河里排污水的化工厂，一旦被环保部门盯上（监），抓着（管），化工厂要么将失去免费向河里倾倒污水的自由，要么需要缴交排污费而失去一块利益。这是监管与被监管的常规关系。

常规关系之外，还存在着一种相反的监管与被监管关系，即本文所要讨论的"监管依赖"——监管者不一定想监管，但被监管者却希望被监管。

一　合成谬误与监管依赖

有这样一类社会活动或社会组织，由其本质上的技术构造所决定，它客观上要求甚至主观上希望监管者来监管自己。对于这类活动和组织而言，外部权力的监管，对被监管者虽然仍构成一种外部约束，但更重要的是它还构成了被监管者能够得以生存和顺利运转的内在条件，没有这一条件，活动就可能停顿，组织就可能死亡，或者，至少会发生经济学上所说的"租值耗散"[①]和/或社会浪费。在这种情况下，被监管者从监管者那里得到的，实际上是一种行政服务，它从此服务中获得利益而不是失去利益，或者至少，它从中得到的利益大于它失去的利益。正如一个受到大人监管的孩子，他从被监管中失去的是部分自由，得到的却是安全，利大于弊。明白了孩子与大人的关系，基本上就明白了监管依赖的概念。孩子有监管依赖。[②]

"监管依赖"是人类社会生活中存在着的客观现实。世间虽久有其事，学界却向无其理。本文将之开发为一个学术概念，以图填补此一理论空白，以承循朱老夫子"有一事必有一理"[③]的学术遗训。

监管依赖的例子在现实生活中随处随时可以找到。20世纪90年代，中国的许多城市为了"搞活"市内公交，允许私人个体户购置中小型客车，加入城市公交系统的营运，以为官办公交的补充，山东时人称之为"小公共"。小公共是彻底私营的，一辆车为一个所有权单位和经营单位。如果一个城市有二百辆小公共，那就是二百个商业实体和经营单位。如此，二百家中无一对小公共行业的整体信誉负责，无一具有通过提高服务质量为自己"创牌子"的动机，无一具有若经营不当就会"砸牌子"的担心。所有的车主都是短期行为、即时利益，都只关心眼前这几分钟之内能敛到多少钱，因为，他现在能敛到多少钱与他一个小时以后或一天以后或一年以后能敛多少钱毫无关系，因为，小公共没有"牌子"。排队（先到者先上客先走，前边的车不走后边的车不能开始敛客），是这一制度的唯一的游戏规则。于是，当排队轮到自己的车上客时，车主会尽可能长地霸住站口以便敛到尽可能多的乘客再走。乘客上车后担着一个挺大的风险：不知道这车需要花多长时间才能敛满人，需要等多长时间才会开动。有的车主"心软"，经不住先上车乘客的叫喊，客敛得差不多了就走；有的车主"心硬"，不为叫喊所动，敛不满人不走。乘小公共的效率对于乘客来说成了不可预知的，乘客不知道他的两块钱最终会买来什么样的服务，服务者与被服务者之间的交易边界模糊了。于是，经济学的"负选择理论"④开始发生作用，乘客阶级开始按照最差的（心硬的）车主的行为来预期小公共系统的服务质量，越来越多的乘客因此而退出了交易，不坐小公共了。敢于坐小公共的人越少，其经营就越艰难；经营越艰难，车主们的心越硬、越坏。这个正反馈系统终于崩溃，小公共行业集体自杀了。许多城市的小公共是由政府明令取消的，有人据此认为小公共是他杀而不是自杀。这是一个误解。其实，政府的那纸文件所做的只是收尸的工作。而且，从某种意义上说，正是政府自己为自己造成了这一不得不为之收尸的尴尬，如果政府一开始就能够清醒地意识到小公共系统存在着的监管依赖，能够有效适时地施以监管措施，例如，把二百辆车组织成五家公司，让五家公司间展开"创牌子竞争"，并规定，小公共与官办大公共遵循同样的到站即停、上客即走的运营规则，也许我们今天仍能在中国的城市里看到小公共。一个孩子从高楼阳台上爬下摔死算是自杀，然而这自杀的责任却应当由负有监管义务的大人来负；小公共的自杀的责任应当由负有监管义务的政府来负，因为，小公共有监管依赖。

小公共的例子是过去完成时，再举一个现在进行时的例子。与澳门的十六浦隔河相望，是珠海的湾仔村，村里有条海鲜美食街，街上有几十家餐馆、几十个卖生猛海鲜的地摊。"海鲜一条街"的目标市场是澳门人，恰有关口直通，地理位置优越，海鲜种类丰富，小街远近闻名，天时地利皆占，唯独没有"人和"。为什么没有人和？因为竞争激烈。几十家餐馆，家家派人站在当街拉客，食客或疑似食客一到，竞争者蜂拥而上，争抢拉扯，纠缠不休。竞争决出胜负后，食客还须跟着胜利者再到海鲜摊上逐摊挑选，讨价还价，麻烦无比。食客在享受到吃海鲜的"收益"之前，须付出如此重大之精神成本，而此等成本完全是由竞争所制造出的一种社会浪费或租值耗散。食客因被争抢纠缠而受精神之害；餐馆为派出拉客抢客人士而须付人工费，受钱财之害；整个市场因之而不景气，可谓有百害而无一利。许多食客不胜其烦，第一次也是最后一次，另寻清静了。因其竞争激烈，所以生意不火；因其生意不火，所以竞争激烈——这个正反馈机制，已为这个小市场注定了可期的结局。如果，湾仔村政府明白，这里实际上存在着一个监管依赖，从而施以及时有效的监管措施，例如，规定各地摊的海鲜必须明码标价，不得看人出价，讨价还价，各餐馆不得派人上街拉客，各自只在"酒香不怕巷子深"的竞争逻辑上下功夫，那么，所有的人都会从此一监管措施中受益，海鲜一条街定会由衰转盛，越办越热闹。

张五常讲述了自己小时候经历的这样一个小故事：江轮上行，由岸上的一群纤夫拉着走，船头有一监工持鞭监督，像赶八驾马车一样，见有偷懒卸责者，即挥鞭击之，以维持纤夫间出力的平衡和纤夫队整体的功能，防止这个组织结构被"卸责攀比"瓦解掉。挥鞭的技术含量比拉纤要高得多，若要防止"鞭打快牛"，需要雇请专业鞭手，在整个纤夫队中，这是唯一的专家型人才，所以张五常甚至猜测，这个"挥鞭者"是纤夫集体出钱雇来监管自己的。⑤在纤夫队的组织结构中，由卸责攀比所形成的监管依赖，靠着这个鞭手的"监管供应"而得到了满足。

从以上所举的几个例子中，可以得出一个重要的印象：在监管依赖的形成机理中，有一个重要的逻辑要素在起作用，这就是"合成谬误"（fallacy of composition）。

合成谬误是美国经济学家萨缪尔森指出的、经济学容易犯的一种逻辑错误，其基本含义如萨氏所说："有时我们会假定，对局部来说是正确的东西，对总体来说也正确。然而，在经济学中，我们经常发现总体并不等于局部之和。如果你认为对局部来说成立的东西，对总体也必然成立，那你就犯了'合成谬误'。"⑥为了说明概念，萨缪尔森举了一些例子，例如单独一个农场主的丰收会为他带来超常的高收入，但当所有的农场主都丰收时，反而会通过谷贱伤农的机制使所有农场主的收入都下降。

合成谬误理论是经济学家提出的，但合成谬误现象却可能存在于任何人类的社会活动中，而并非仅存在于经济领域。第一个有原子弹的国家是世界上最安全的国家，如果据此推导结论，认为一个所有的国家都有原子弹的世界是最安全的世界，这就犯了合成谬误。当人群分裂成为一个个利益相互独立的社会实体时，就容易产生合成谬误，或者说，凡并争之世，无论争者为何，皆易产生合成谬误。

合成谬误是一种逻辑错误，是人在自己的思维活动中所犯的错误，不仅如此，社会群体也会犯合成谬误，历史也会犯合成谬误。假如萨缪尔森的那位农场主是通过发明了某项新技术而获得的丰收，那么，这会迫使着其他农场主为了摆脱竞争劣势也不得不采用那项新技术；当农场主都采用了这项新技术时，谷贱伤农的恶运最终就会落到整个行业头上。从某种意义上，整个工业文明就可以看作是一个合成谬误。当世界上每一个经济主体都在通过技术发明而为自己的个体利益制造短期奇迹时，发明竞赛的长期后果却使全人类失去了其赖以生存的"阳光、空气、水和笑容"（苏格拉底语）。汤因比正是理解到了这一层意义上的合成谬误，才主张世界统一的。[⑦]有了一个统一的世界政府，对"发展"的监管才有了可依赖的监管主体，人类文明所陷入的合成谬误才能从根本上得以避免。这是一个全人类意义上的监管依赖。

监管依赖，是由合成谬误衍生出的。理解了合成谬误的概念，监管依赖的形成机理就可以表述如下：自由竞争—合成谬误—监管依赖—监管供应。

对这个机理，需要有几点小的补充说明：第一，积极的自由竞争可能导致合成谬误，反过来，消极的推卸责任也会形成合成谬误，张五常的纤夫队就是如此。第二，并不是所有的自由竞争一定会导致合成谬误，但任何合成谬误都会形成监管依赖。第三，监管依赖意味着监管需求，但此一监管需求的客观存在并不意味着它一定能得到实际的监管供应，并不是所有的监管需求都能得到满足，上述机理的最后一个逻辑环节经常是缺位的，例如，人类的原子弹市场早就存在着监管需求了，但一直没有得到相应的监管供应。

二 博彩业的监管依赖

在当今经济生活的"芸芸众业"中，博彩业承受着几乎是最严厉的政府监管。对此，英国圣弗德大学博彩研究中心的科林斯教授有此妙语："世界上没有哪个产业部门像博彩业这样，其赚钱发财主要地取决于政府说什么而不是（像市场经济中那样）取决于公众要什么。"[⑧]一国一地博彩业要开赌，需要经过专门特殊的司法程序；合法化后还需要订立专门特殊的博彩法律；立法后一般还需要设立专门的博彩监管机构，如内华达的 Gaming Control Board、澳门的博彩监察暨协调局等。一国一地是否可以有赌场，有多少赌场，在哪里可以建赌场，什么人可以开赌场，什么人可以做赌场的员工，什么人可以做赌场的顾客，乃至与赌场有关的资金往来、承包合同、合作关系等，一般都要报政府备案甚至政府审批。另有，各类博彩游戏的使用要经政府批准，各种游戏的赔率及相关的技术数据要报政府备案，游戏装置的入场要经过政府的认证，游戏装置的技术标准要定期抽查[⑨]等等。

澳门的博彩监管体制更有其甚者，政府要监管赌场经营过程的整个财务流水：加彩返彩、荷官换班等各个环节的筹码点算（inventory），要有政府巡视员的参与和签字；每张赌台每天赢的钱，乃至一间赌场和一家博彩公司每天的收入,都要有政府清点员（counting team）的参与和签字。在每间澳门的赌场中都有政府的监控录像系统。把内华达的监管体制与澳门的监管体制作一比较,二者可谓宽严各有特色;管人,内华达比澳门严;管钱,澳门比内华达严。

博彩业为什么承受着如此严厉的监管,或者换个问法,博彩业为什么需要如此严厉的监管?答案就是博彩产业在其运转中天然存在着的合成谬误,以及由此所必然衍生出的监管依赖。博彩业求着政府去管它!不管,它自己就活不下去。直观上看,博彩业是个天然藏污纳垢的行当,政府对之严厉监管是要帮着它清污除垢,防止犯罪。这其实只是博彩监管工作的表层道理,更深一层的道理是,政府管赌场就像大人管孩子一样,防止他干出伤害他人的坏事是一方面,更重要的是管着他不要做出伤害他自身的事情。即使没有警察的打击,世界上也没有哪间地下赌场可以长寿,所有的地下赌场都逃不掉在作弊出千、欺诈赌客中自取灭亡的下场。地下赌场不能长寿的道理与合法赌场必须监管的道理,是同一个道理。

在赌场经营的几乎每一个财务环节上,都存在着作弊的可能性。作弊的主体可能是赌场顾客,可能是赌场雇员,可能是赌场老板,甚至可能是政府驻场的巡视员和警员等。同样,作弊的受害者也可能是赌客,可能是员工,可能是赌商,可能是政府。合成谬误与监管依赖,存在于赌场经营的各个环节和各个主体的行为中,需要政府从不同的视角以不同的方式分别加以监管。

1. 对不良赌客的监管

美国内华达州博彩监管局的网页上有三套黑名单,其中两套是不良赌客的黑名单,而且只有这两套名单是附有照片的。一套叫"WANTED",在赌场里犯了罪跑了还没抓着的通缉犯;另一套是"EXCLUDED",在赌场中记过牌、出过千、作过弊、撒过尿、捣过乱、赖过债等,够不上犯罪,但被赌场宣布为不受欢迎、不准再进赌场的人。本来,各间赌场都雇有自己的保安,对赌客中的此类害群之马应当都能对付得了,需要劳动政府的缘由还得从合成谬误说起。一位不文明人士在一间赌场里干了不文明的事,被这间赌场赶了出去,记下了名字,留下了照片,通知本赌场所有保安人员,以后不准这个人进来了。但是,这间赌场不能进了,他可以进别间。间间赌场都实行这种各扫门前雪的保安政策,结果将会形成一种合成谬误:没有哪间赌场希望这种"坏分子"来祸害自己,但都希望他去祸害别家,如此，由着"坏分子"一家家祸害开去，直到把整个内华达州的几百间赌场都祸害一遍。并且，这样各扫门前雪的避害政策，还会把更多的"坏分子"吸引到内华达州的赌业系统中来。于是，政府出手，凡在本州内的任何一间赌场搞过事的，只要搞过一次，名字与照片即上黑名单，知会所有的赌场，谁也不让他进。如此，通过政府在面上的统一监管，合成谬误得到了消除，赌场的经营秩序得到了一定的保证。

2. 对赌客年龄限制的监管

年龄太小的人不能进赌场，这件事，也必须由政府来管，否则也会形成合成谬误。试想，假如没有政府的监管，由着赌场自己去确定年龄门槛，在利益诱惑和竞争压力的作用下，门槛一定是越来越走低。当第一间赌场为了自己的利益而昧着良心把年龄门槛由 18 岁降到 17 岁时，一定会勾起别家赌场的相应跟进。谁也不愿意为了坚持良心而使自己处于竞争劣势。于是，你降我也降，谁也不怕降，"有志不在年高"，童叟一律欢迎，博彩业的社会危害迅速加剧，最后惹恼了社会，通过自己的代议机构把博彩业一风吹掉。为了防止社会最终不得不走上"因为虱子烧个袄"的合成谬误结局，政府就要通过自己的监管措施来帮助社会事先把袄上的虱子清掉。

3. 对游戏赔率和其他技术指标的监管

赌场作为企业，它向其顾客销售的产品是什么？这产品的价格是什么？这些问题，虽然都可以在理论上作出牵强的揭示，[①]但毕竟在经济现实中它们是不存在的。人们知道的或能感觉到的，只是博彩游戏设计上的输赢概率和赔率，政府对博彩业的"价格管制"，管的只能就是这些东西。在管制中，政府不一定会为赌场定"价"，但至少会要求博彩公司把自己各种游戏的赔率变动以及与赔率相联系的一些游戏规则的变动，上报备案，政府根据上报的资料定期到场检查核实。一般说来，在自由市场经济下，价格管制不但是多余而且是有害的，自由交易下由买卖双方的供求合力铸成的价格，是最合理的价格。政府为什么要在博彩业中管这个闲事？还是怕合成谬误。在博彩经营实践中，不但感觉不到博彩价格的存在，甚至有些游戏，如老虎机，连赔率也没有，赌客坐在机器面前两眼一抹黑。博彩公司要在老虎机上做手脚且使赌客浑然不觉，太容易了。市场上卖白菜的要给白菜提价，很简单，改写价目表即可，买白菜的人马上就知道提价了，而博彩机器的"提价"，需要相当长的时间赌客才能感觉到，尤其是像澳门这样的博彩市场，其赌场中的赌客基本都是游客，常客少，回头客少，要让赌客自己感觉出来机器不对头，并形成共识，进而向博彩监管局举报，这样的"消费者监督"机制是很难形成的。所以，如果没有政府的监管，凭什么让赌客信任这台机器？政府若是不对博彩企业实行这种类似于价格管制的赔率管制或技术标准管制等，那就很容易把博彩公司通过在游戏规则上作弊以取利的"馋虫"勾起来，如此，你作弊我作弊，互相攀比起来，直到形成合成谬误，局面不可收拾。正是赌场技术管理中存在着形成合成谬误的可能性，构成了这方面的监管依赖。

4. 对赌场经理人士的监管

以美国内华达州的博彩监管体制为代表，世界多数拥有合法博彩业的国家和地区的博彩监管体制中，都包含着这样一项核心性内容：对赌场老板及高层经理人士的背景审查制度。看上去，这只是一个为保持产业纯洁度的防犯罪措施，但实际上，这一层监管的实施与合成谬误的经济逻辑也有相当的关系。从20世纪40年代拉斯维加斯开始发展博彩业，到70年代内华达博彩监管当局着手清理博彩业，30多年里，拉斯维加斯的赌场基本上控制在黑社会手里，可以说是赌匪一家，与百年前澳门的情况类似。黑帮经营赌场，其管理水平和服务质量不可能太好，赌场中犯罪案件不断，黑金丑闻经常，正常的政府监管很难深入其中，久之，博彩业的经营与发展必走下坡路，这也是一种合成谬误。实际上70年代的清理赌场，其动机之一，就是希望通过赌场的净化来实现内华达州博彩业发展的健康化。雄伟的拉城金光大道确实是清理赌场后的成果。可见，保持赌场远离黑帮与犯罪也是一种监管依赖。

5. 对博彩税收的监管

博彩税存在着作弊空间，并且，此一作弊的攀比性最强。当一家赌场通过偷漏税的方式而欺诈政府时，就像发明了一种新技术一样会取得一种超竞争利益，这会迫使其他的博彩公司也不得不采用这种"新技术"，否则就会处于竞争劣势。如前所述，即使是正经的技术发明创新，在行业使用中也存在着合成谬误现象。最初发明新技术的企业会取得一种技术红利，但当行业内所有的企业都使用了这种新技术时，行业的整体利润不但不会提高，反而会下降。[①]正经技术如此，遑论作弊。在税收上欺诈政府，互相攀比之下，政府的赌税会越收越少，这会使政府开赌的初始哲学从根本上受到侵蚀。一地开赌或禁赌的权力既握在政府手上，而政府开赌的动机说到底无非是为收税，政府说服议会和公众允许开赌的主要说服力，也来自收税，博彩企业偷漏税的攀比如果不能及时地受到"监管力"的制止，最后只会导致政府在议会和公众面前丧失说服力而不得不走上禁赌的道路。赌权，是赌场用自己缴纳的税收从政府那里购买来的，购买者在价格上作手脚的结果很可能是卖者的放弃，买者的出局，赌权的丧失，赌场的关门。要防止出现这样的合成谬误结局，政府需要对赌税施以严厉监管，并以此向社会证明赌税的严肃性和赌业的财政价值。

以上五个方面所述，只是博彩业监管依赖之大要，尚有不尽之处，如对博彩业资金往来的监管，对赌客资金来源的监管，对博彩业商业合作关系的监管等监管措施，皆多多少少都与监管依赖有关系。

人是最聪明的动物。这句话从个体理性上说是对的，从集体理性上说却是错的，因为世界上只有人类的活动中存在合成谬误现象。每一个人都是理性的，但由理性人组成的群体却可能是非理性的。所有的人都认为原子弹是个坏东西，但此一理性认识对于人类摆脱原子弹并无帮助，合成谬误是一种群体现象，它无法通过个体的智慧去消除。谁都知道，就人类的整体利弊而言，所有的国家都有原子弹当然不如所有的国家都没有原子弹，然而靠人类自身的力量是解不开这个合成谬误疙瘩的，除非有一个上帝政府。在博彩监管制度的设计和运作中，政府就扮演了这样一个上帝的角色，它可以运用自己的权力把自己的理性强加给经济生活，管着每一家博彩企业和整个行业，防止它做出那种搬起石头砸自己脚的事。总之，博彩业有监管依赖。

三 澳门贵宾赌业的监管依赖

与世界赌林中的其他博彩市场相比，澳门赌业有其诸多独特之处，其中最突出的便是贵宾厅承包制。澳门贵宾厅承包制发明于20世纪80年代，在彼时独家专营的产业组织大环境下，该体制运转良好，为澳门博彩业的发展发挥了近20年的健康作用。赌权开放为澳门博彩业引入了自由竞争，相应地也为贵宾厅体系引入了自由竞争，自由竞争为贵宾厅体系制造了合成谬误和监管依赖。

1. 码佣竞争的监管依赖

博彩公司在自己的赌场中划出一些"单间儿"，专事接待大赌客，即所谓的贵宾厅。贵宾厅的拉客促销业务承包给了赌厅承包人，俗称"厅主"。厅主下面一般会"挂靠"着一群"叠码仔"，由他们"走出去，请进来"

为贵宾厅拉客。赌厅承包人与叠码仔，统称为"中介人"。贵宾厅里使用一种只能用来下注而不能兑换现金的筹码——泥码。博彩公司以略低于一比一的虚价向中介人销售泥码，中介人再以一比一的实价向贵宾赌客销售泥码，虚价与实价的差额，称为"码佣"，它是中介人的"计件工资"，是博彩公司为中介人的拉客服务支付报酬的主要方式。自然，拉来的客人越多，客人赌得越多，从而泥码销售得越多，中介人赚的码佣就越多。

以上就是贵宾赌厅承包制的基本制度构造，在此一制度发明迄今的30多年里，以赌权开放为断代时点，前后两个历史时段的贵宾厅体系大不相同。

在赌权开放前独家垄断的市场条件下，一群中介人在同一个牌主老板面前展开竞争。澳娱公司是唯一的赌厅发包人，唯一的泥码销售人，唯一的码佣定价人。单方面的"卖方"竞争，从一定意义上改变了澳娱公司的制度角色，使之由一个理论上的商业实体变成了实际上具有相当行政色彩的监管实体，或者说，成了代替政府履行监管职能的赌业"二掌柜"。这个"二掌柜"具有把贵宾厅体系中最核心的经济变量、码佣率"锚住"的行政力。码佣率的长期稳定决定了整个贵宾厅业务体系中的各个利益主体之间分配关系的稳定，分配关系的稳定进而稳定了整个体系。中介人竞争的破坏力在"二掌柜"的有效"监管"下被消除了。垄断时代的贵宾厅体系至少在码佣率层面上没有合成谬误。

赌权开放，牌主一变六，澳门赌业的产业组织大环境发生了根本改变，贵宾赌业体系内部的竞争双向化了，中介人群体所面对着的不再是一个牌主老板，六个牌主之间也在竞争。中介人手里拿着客人，往哪家赌场送，码佣率要多高，有了选择。码佣成了牌主间争夺中介人进而争夺贵宾客的竞争杠杆，操纵杠杆的基本手段就是提高码佣率。你开出 0.7%，我开出 0.8%，他开出 0.9%……你低我高，你高我更高，一高压一高，码佣竞争失去了控制，合成谬误形成。

与此同时，一变六的自由竞争，把原本"二掌柜"的角色瓜分掉了。在新的市场结构下，老的"二掌柜"已不可能继续独支"二掌柜"的角色，而此一角色又不可能由六家来分割。由"二掌柜"的消失而余下的监管真空，政府确曾想来填补。2008 年谭伯源宣布 1.25% 的官定码佣上限就是例证，但事实证明它填补不了。在垄断专营时代，"二掌柜"是靠着自己"只此一家，别无分店"的商业地位来行使其"行政"职能的，所有的经济杠杆都握在它手上。而赌权开放后政府的手上，除了常规的行政手段，什么经济杠杆也没有。垄断时代的美丽设计，在新的市场结构面前露出了软肋，自由竞争导致合成谬误进而导致监管依赖的因果链启动起来了。而此一监管依赖所产生的监管需求至今仍然缺位，并且补位的办法迄今仍无计可施。

2. 借贷竞争的监管依赖

贵宾厅承包制，本质上是一个集拉客促销、顾客服务与赌博融资为一体的博彩经营体制。它的运转靠两个基础轮子：泥码制和泥码借贷制。叠码仔把大赌客拉来澳门，照顾好客人之余，一般还要向赌客提供泥码借贷的金融服务。赌客不必自带现金而可以从赌厅或叠码仔手上借码玩。赌权开放前，贵宾赌业主要做港客生意，港澳社会在人际交往与文化氛围上本就是一体化的，港客的财务背景和信用记录易于查验，叠码仔与客人相互熟悉，相互了解，客源稳定，再加上当时码佣率稳定，竞争并不激烈，所以赌博借贷的生意也相对健康平衡，死账坏账率很低。在此环境下，博彩专营公司也愿意涉足赌博借贷业务，在要求厅主缴纳一定数额的押金为保障的前提下，牌主向厅主发放泥码借贷，从而充当贵宾厅赌博借贷体系的总金库和终极债主，牌主把泥码贷给厅主，厅主再转贷给叠码仔，再经由叠码仔放到赌客手中。如此，不仅赌客可以先玩后算账，叠码仔也可以无本经营，而仅以自己掌握的客源为资源，做服务客人、赚取码佣的无风险生意。

赌权开放，自由竞争，整个贵宾厅体系的大环境一下子崩紧了。码佣竞争的压力使牌主在贵宾厅生意上的利益实现了最小化，继续在借贷上蹚浑水已无价值，于是，金盆洗手，既不向厅主要押金了，也不向厅主贷泥码了，退出了贵宾厅借贷体系，在借贷风险上置身事外了。厅主不得不担起风险，充当了贵宾厅借贷体系的主债主的角色，同时，越来越多的叠码仔也不得不自掏腰包，直营借贷。与码佣竞争并存的另一个竞争，借贷竞争就这样启动来了。牌主通过码佣竞争来拉住和争夺中介人，中介人则通过借贷竞争拉住和争夺客人。从山西拉来一位小老板，知道他家里有三个加油站，一个砖厂，满打满算一千万元的家底，要玩，至多借给他五百万码，再多，就危险了。但客人玩五百万元不过瘾，想玩一千万，怎么办？你不敢借？我敢借。你借不借？旁边有另一位更大手的叠码仔在等着。

借贷竞争就这样失去了平衡，失去了底线，合成谬误形成。由此一合成谬误所形成的监管依赖，正在发出强烈的监管需求。最近，澳门社会也从不同的角度发出声音，要求政府建立一个赌客借贷信息交流系统，以弥补此一监管供应的缺位。

3. 台面台下的监管依赖

牌主是码佣竞争的受害者，叠码仔是借贷竞争的受害者，而厅主，则是这两个竞争的共同受害者。在贵宾厅体系中，厅主阶级是整个制度大厦的最重要的"承重墙"，它一头担着博彩公司，一头挂着叠码仔，还要经常地直接与赌客打交道，整个体制靠它来运营，来周旋，来润滑。而在赌权开放后所形成的新的市场竞争结构下，它的谈判地位实际上是最软的。上面有博彩公司承包限额的压力，下面还要尽可能地挤点好处给叠码仔，以便拉住他们别跳槽。如何挤好处给叠码仔？两条线，一条是"码佣倒挂"，[12]一条是在借贷上为叠码仔扛着。厅主阶级两头受挤。叠码仔，在贵宾厅体系中干的本是拉客服务跑腿办事的行当，广东话一个"仔"字便标志了它的原始角色，而现在，在借贷竞争的浑水中，他们也不得不做起"有本的买卖"，并在债务网中越陷越深，苦不堪言。

于是，为在这日益艰难的困境中求生存，厅主与叠码仔，这个被统称为"中介人"的商业群体，联合起来发明了一条"自救"的门路，即所谓的"台面台下"。台面上，有博彩公司的荷官主持的正常的博彩流水，台底下，中介人傍着台面上的盘口与赌客对赌，以期从台底对赌中找回一块利益，以弥补码佣竞争和借贷竞争的损失。台底对赌，无需筹码，只需记账，大家盯着台面盘口的输赢结果，一笔笔记在小本上，最终根据记录结账。

为了说明台底私赌的合成谬误性质，指出其本质上是中介人自构自陷的一个陷阱，我们假定这样一个例子进行分析。假定，有一位叠码仔，一个月内做了一个亿的台面生意，即一个月内他自掏腰包先后共借出了一个亿的泥码给他的客人。为便于分析，假定这一个亿的泥码分别借给了一百个赌客，即这一个月内他接待了一百个赌客；再假定每位赌客各借了一百万；更假定他与这一百个赌客都进行了"拖五"的台底对赌。

先算台面的账。假定这个月贵宾百家乐游戏的"储留率"（hold percentage）[13]是15%，即从这一个亿的原始借码额中，赌场赢去了其中的1500万，剩下的8500万被赢钱的赌客赢走了。按我们的假定，每位赌客都借了一百万码，故而，赌客输，至多输100万。赢钱的赌客一个人赢了多少，却没准。可能这8500万被一个赌客赢了去，也可能被10个赌客赢了去。我们就假定有10个赌客赢了，90个赌客输了，并且每个输钱者都把100万借的赌本都输光（没有不输不赢的，也没有百万赌本中只输掉一部分的）。10 个赢钱赌客所赢的这 8500 万中，当然有 1000 万是自己的赌本，实际赢的是 7500 万。这样，输钱的 90 个赌客输掉的 9000 万，其中 1500 万输给了赌场，另有 7500 万输给了赢钱的赌客。10 个赢钱的赌客各自把当初借的百万赌本还上，把赢的那 7500 万带走，叠码仔因此而收回了 1000 万的债权。但是，输的那 90 个赌客所构成的 9000 万债务，却要慢慢讨——叠码仔生意的真正难点在这里！如果 9000 万的债务全收回来，再加上从赢钱的赌客那里已收回的 1000 万债务，叠码仔一个亿的债权就清了。另外，赌场赢的这 1500 万中，有 40% 的码佣，[⑭]600 万。叠码仔得了这 600 万的真金白银。这意味着，如果单算台面的账，在这 9000 万的债务中，只要有 600 万的死账，叠码仔这一个月就白干了（还不算侍候赌客的经营成本）。

再算台底的账。"拖五"，原则上是把台面的账翻五倍，但不完全是这么简单。台底下的对赌，叠码仔的财务角色等于是一个荷官，他从台下对赌中拿到的已不仅是 15% 的储留当中的 40% 的码佣，而是储留的全部。只是，这 15% 的概率优势，并不会像台面上那样，形成这个假"荷官"手里真金白银的收入，而只会在最终结果上表现为他的债权优势。

100 个赌客中有 90 个输 10 个赢，这是由台面上的盘口定死了的。赢的，赢去 7500 万 × 5 = 37500 万，输的，9000 万 × 5 = 45000 万，二者相减，7500 万，这是叠码仔在台底交易中收获的债权优势。如果输钱的赌客输的 45000 万都能讨回来，那么用以抵销已经付给赢钱赌客的 37500 万，他就能赚 7500 万。再加上台面上 600 万的码佣，共有 8100 万的收入。

撇开信用风险的因素，这个账对叠码仔确实是很"着数"。问题是，信用风险是不能"撇开"的，它是整个台面台下把戏乃至整个贵宾厅体系的本质内容。关键是，赢钱的赌客并不会等着你收回这 4.5 亿以后才向你要他的 3.75 亿，正常的支付程序是，赌客赢了，叠码仔要即付，而输了的，则要假以时日去追讨。也就是说，在台底下，叠码仔输，是实输，而赢，却是虚赢。还有，台下交易为叠码仔的讨债带来了一个巨大的心理困难。台面上，泥码是实实在在地从叠码仔手里接过来的，有借有还，天经地义。而台底下形成的债务，根本是空对空形成的，赌客心里会觉得，我不还你你也不失去什么。这种心理因素在实践中发挥着残酷的经济意义。在台底交易中，对中介人而言，有意义的已不是在账面上能赚多少，而是实际上能收回多少债来。讨债已经成为中介人生意的核心内容。在这个例子中，

"拖五"的杠杆率把叠码仔讨债的负担也增加了五倍。在台面交易中，他需要讨回 8400 万的债来，才能开始有得赚；而在台底交易中，他需要讨回 37500 万债来，才能开始有得赚。

把台面台下的账归总一下：叠码仔的台面债权是 9000 万，台下债权是 45000 万，二者相加，54000 万的总债权，即他的总应收款：台面台下加在一起，叠码仔的总赢利是台面上 600 万的码佣加上台底下 7500 万的赢钱，8100 万。问题是，要把这 8100 万真正赚到手，必须把 54000 万的债收上来。这意味着，在 54000 万的应收款中，只要有 8100 万的死账，这一个月他就白干了。8100 万 ÷ 54000 万 = 15%，这就是他死账率的临界点。

如果这个超临界的死账率长期保持，如果整个澳门贵宾厅体系都是这样超临界运作的，那么基本上就可以说，这个制度已经在走下坡路，澳门博彩收入的连月下滑，基本上就用不着再去找别的原因了。当我们把借贷风险的因素纳入模型时，可以很清楚地感觉到，台面台下的把戏其实只不过是中介人饮鸩止渴的一种"会计幻觉"，它不会挽救贵宾厅，相反，巨大的杠杆率将会转化为它走下坡路的加速率。这是一种合成谬误。

码佣竞争、借贷竞争、台面台下，都是竞争催生出来的。"如果限制贵宾厅的数量，加强贵宾厅审批资格，……给我们一个正规的资金渠道，能光明正大地经营而不是偷偷摸摸的台底买卖，我们都可以成为一个好人或成就一个伟大的企业。"这段话是一位厅主说的。这个阶级自己发出了要求被监管的强烈呐喊。

四 余论

赌权开放、垄断变竞争给澳门赌业带来的益处，这么多年来已显现得差不多了，道理也说得挺透了，而它在多大程度上会衍生出多少我们当初所预想不到的体制冲突、合成谬误和监管依赖，却是需要我们在今后的实践中逐渐加以理解和辨识的。上述贵宾厅体系中所表现出的合成谬误和监管依赖实例，并不是全部。例如现在澳门满街跑的"发财车"，也是一个明显的合成谬误。当第一间赌场派出发财车的时候，它在拉客上抢占了竞争优势，始作俑者的竞争优势意味着其他不派发财车的赌场所处的竞争劣势。为弥补自己的竞争劣势，防止赌客都被别人拉了去，其他赌场也不得不派出发财车去抢客。当大家都派发财车的时候，澳门博彩市场上的拉客竞争便恢复了平衡——所有的赌场都派发财车与所有的赌场都不派发财车，揽客效率完全一样。不一样的是，大家平添一块经营成本背在身上。假如现在澳门政府把发财车禁掉，而代之以拉斯维加斯那样的商业性穿梭巴士，赌场对这项监管措施一定会举双手拥护，因为这就等于政府通过禁车令帮助大家把由于合成谬误而不得不背在身上的这块成本卸了下来。没有政府的"监管协助"，靠行业自身的"理性"是卸不下这个包袱来的。这是一个典型的监管依赖。

关于博彩业为什么要承受最严厉的政府监管，法学家可能会从另一个角度说出一番道理：博彩业是无用产业，赌权不是天赋的而是官赋的，经营博彩是一种法外特权，既是法外特权那自然就不受宪法保护，所以，它就必须老老实实地接受博彩监管当局的专制。[15]本文则是从经济学的视角，从自由竞争和政府监管的对立统一关系中来理解这一点。博彩业可以有竞争，但博彩市场天然不是自由市场，它的构造原理决定了它会滋生出合成谬误和监管依赖。在博彩业面前，监管不但是政府的权利和权力，而且也是其义务和责任。

---

①租值耗散（rent dissipation）是制度经济学所发明的一个概念，其定义并不是很清晰，笔者愿意用另一个词来解释它，曰"制度性浪费"，即由制度的不合理而造成的浪费。例如，如果在一个制度体系中存在着一些无主的财产，这些财产的租值最终就可能在竞争中耗散掉，"浪费"掉。租值耗散与监管相联系的道理在于：制度中有一些财产，理论上有主人，但实践中有没有主人则取决于主人对它的监管力度。管得严，这财产就是有主的，管得不严，虽有主仍可能耗散掉。

②几乎所有的西方国家都对孩子的监管依赖给予了法律上的认可和规定。孩子们客观上的监管依赖在法理上转化成了他们的"被监管权利"，此一权利进而又转化成了家长或监护人的"监管义务"，此一监管义务甚至体现了在刑法上。在美国，家长若把12岁以下的孩子单独留在家里，是可能坐牢的。

③"上而无极太极，下而至于一草、一木、一昆虫之微，亦各有理。一书不读，则阙了一书道理；一事不穷，则阙了一事道理；一物不格，则阙了一物道理。须着逐一件与他理会过。"《朱子语类·卷十五·大学二》

④"负选择理论"是信息经济学的一个分支，其基本思想是：在市场交易中，交易双方的信息往往是不对称的，例如，卖鸡蛋的都会把自己的鸡蛋说成是走地鸡蛋，而买鸡蛋的无法鉴定所卖者是走地鸡蛋还是养鸡场鸡蛋，于是，为了防止受骗，买鸡蛋的人会假定所有的鸡蛋都是养鸡场鸡蛋，并以此确定自己对鸡蛋的需求价格。走地鸡蛋因此便无法卖出自己应得的市场价格来。结果，在信息不对称的情况下，经营走地鸡蛋成了

不合算的生意，走地鸡蛋只好退出市场。如此，市场便具有了劣胜优汰的功能，这便是"负选择"。

⑤ "抗战期间，我和母亲在广西逃难，坐船江上行，见到船是由岸上的多个劳工用绳拉行的。每个拉船的人都意图卸责，大作用力之状，其实把船的重量推到他方去。因此，有一个拿鞭子的人，判断谁有卸责之意，挥鞭而下。我说：这个挥鞭的人可能是由被鞭的劳工聘请的，究竟谁是雇主，谁是被雇？" Steven Cheung, *The Theory of share Tenancy*. Hong Kong：Arcadia Press Limited, 2000, p. 20.

⑥ 〔美〕保罗·萨缪尔森、威廉·诺德豪斯：《经济学》第十六版，萧琛等译，北京：华夏出版社，1999，第4页。

⑦ 〔日〕池田大作、〔英〕汤因比：《展望21世纪——汤因比与池田大作对话录》，荀春生、朱继征、陈国梁译，北京：国际文化出版公司，1996，第268～293页。

⑧Peter Collins, *Contemporary Multi-fatted Casino Companies and the Role of Regulation*: *The European and South African Experience*, Presented on the 2002 Gaming Management Symposium, University of Macau, 2002.

⑨ "In actions made public Tuesday, the New Jersey Division of Gaming Enforcement fined Caesars Atlantic City ＄5000 for losing two slot machines and filing monthly reports indicating that all machines were accounted for. It also fined the Golden Nugget Atlantic City ＄4000 for using unshuffled cards in four blackjack games in August, then realizing its mistake and handing a gambler who lost ＄1600 in the tainted games a stack of chips to cover his losses. Both are forbidden, according to state gambling regulations." Wayne Parry, "Lost slot machines, unshuffled cards draw fines for casinos", CDC Newsroom, Gaming Reports, February 3, 2015.

⑩王五一：《论博彩业的多元两面性》，澳门：《澳门理工学报》2014年第2期。

⑪卡尔·马克思在《资本论》第三卷中以"有机构成"的概念，详尽地阐述了此一合成谬误机理以及由此产生的利润率趋向下降的规律。马克思没有使用"合成谬误"的概念，但阐述了合成谬误的道理。

⑫码佣率有两层概念，一层是牌主给厅主的码佣率，一层是厅主给叠码仔的码佣率。一般情况下，前者应高于后者，以使厅主有利可图。但在激烈的竞争压力下，有时会出现"倒挂"，厅主给叠码仔的码佣率反而会高于牌主给厅主的码佣率。这意味着厅主在赔钱做生意。

⑬Hold Percentage是赌场经理人士用以管理博彩收入而使用的一个经验统计指标，它在数理上并无根基，无法通过博彩经济学的其他变量计算出来，即它不是一个数理上的函数值，而只是一个实际统计率。它的含义是，一张赌台，或一间赌场，从赌客当天掏腰包购买（或借）筹码的数额中，赢了多大一个比例。澳门理工学院的萧嘉明博士曾将之翻译成"储留率"，本文就使用他的翻译。

⑭这个40%是怎么来的，参见王五一《博彩经济学》，北京：人民出版社，2011，

第 118～127 页。

⑮ Jim Kilby, Jim Fox and Anthony Lucas, *Casino Operations Management*, *2nd Edition*. New Jersey: John Wiley & Sons, Inc. , 2005, p. 17.

作者简介：王五一，澳门理工学院教授，博士。

［责任编辑：刘泽生］
（本文原刊 2015 年第 3 期）

主持人语

刘泽生

记得在 2011 年本刊改版伊始，也即本专栏开篇第一期，笔者特别约请了一组文章，即陈庆云《对〈粤澳合作框架协议〉的理论思考》、蔡赤萌《澳门经济发展方式的路径选择》、冯邦彦《粤澳"合作开发横琴"的几个问题》，对其时澳门经济发展中所特别关注的若干问题提出了颇具见地的思考。然而，四年过去了，其中的主要问题——澳门经济多元化发展的路径选择、粤澳（琴澳）合作发展、澳门世界旅游休闲中心建构等，仍然有待我们的破解和努力。

澳门作为一个微型经济体，其经济结构中博彩业"一枝独秀"的局面颇为世人所诟病。博彩业是澳门经济的主导产业与龙头行业。近年来，博彩业约占澳门 GDP 的 48%、财政收入的 88%。博彩业能否保持健康、持续发展，对澳门经济社会影响举足轻重。然而自去年 6 月起，澳门博彩业已经录得连续 15 个月的同比下跌，且调整时间远比当初估计的更漫长。至笔者发稿时，刚刚获悉 8 月博彩毛收入按年下跌逾三成至 186.2 亿澳门元。鉴于 1～8 月累计为 1588.8 亿澳门元，月均 198.6 亿澳门元，低于《修正 2015 年财政年度预算》月均 200 亿澳门元的"警戒线"，政府宣布所有公共部门即日起实行紧缩财政开支措施，涉及年度预算约 14 亿元，但不会影响已公布的民生福利开支，包括本年度的现金分享，以及投资与发展开支计划（PIDDA）。显然，目前澳门经济所面临的局面，已经引发社会的广泛忧虑。有论者认为，从总体上看，对当前澳门经济仅仅表达一种"审慎乐观"态度是不够的，更应该有一种强烈的忧患意识与危机意识。诚如上期本栏目

"主持人语"中笔者所强调的,澳门博彩业的健康发展、经济适度多元的实现,并不会随着博彩业的下滑而自动实现。随着本次澳门博彩业的深度调整,目前更需要在围绕世界旅游休闲中心定位上,寻找一条合适的多元发展的产业道路——既可持续发展,又可提升博企长远发展的竞争力,也有助于改善博彩城市形象。在当前的经济环境下,如何通过横琴自贸区促进澳门产业适度多元化,共同推动澳门"世界旅游休闲中心"和"中国与葡语国家商贸合作服务平台"建设,就非常值得关注。为此,本刊特别刊发张光南《横琴促进澳门经济适度多元发展研究》及陈章喜《世界旅游休闲中心模式比较与澳门的选择》两文,希望有助于相关的讨论思考。

横琴新区开发上升为国家发展战略以来,深化粤澳经济合作,优化资源配置,促使双方形成"合作开发横琴"模式,通过粤澳合作产业的联动,成为共同探索双方合作的方向。张光南梳理了横琴—澳门合作"一岛两制"等五个创新模式,提出了粤澳服务贸易、政府部门管理、粤澳规划标准衔接、产业社区管理、通关便利化横琴试点等政策建议。张文对澳门构建世界旅游休闲中心、中国与葡语国家商贸合作服务平台,促进澳门经济适度多元可持续发展,具有重要的现实意义与理论意义。

打造世界旅游休闲中心,对澳门的经济社会长远发展具有深远的影响。关于"世界旅游休闲中心"的研究已经不是一个新的议题,但对这一研究的多方成果进行梳理、归纳、提高,以提供相关方面的参考,却是一件颇具难度的事。陈章喜在总结学界乃至社会各界的研究成果基础上,提出了澳门构建世界旅游休闲中心的模式比较与路径选择,认为澳门需要重点在提高城市国际知名程度、完善旅游基础设施、开发旅游休闲资源、拓展国际旅游客源等方面做好这篇大文章。

关于澳门经济适度多元发展——尤其是关于粤澳(珠澳)关系、澳门博彩业发展、构建世界旅游休闲中心的研究,本刊将持续予以密切关注,期待有更多佳作奉献给读者。

横琴促进澳门经济适度多元发展研究[*]

张光南

[提 要] 为研究如何通过横琴自贸区促进澳门产业适度多元化，共同推动澳门"世界旅游休闲中心"和"中国与葡语国家商贸合作服务平台"建设，本文通过横琴促进粤澳合作项目成效分析，总结了横琴—澳门合作"一岛两制"、"横琴出地，澳门出资"、"横琴引导，澳门中小企联合投资"、"横琴规划，港澳特色"和"横琴度假，澳门游客"五个创新模式，提出政策规划统筹协调、"产官学民"沟通、人车通关便利化、产业园与自贸区建设、社会管理与民生合作、旅游休闲养生产业、会展商贸战略分工"前会后展"、文化创意金融服务与专业服务、澳门青年创业创意中心"梦工场"，以及中葡、中巴、基建等经济文化论坛重点任务，并制定粤澳服务贸易、政府部门管理、粤澳规划标准衔接、产业社区管理、通关便利化横琴试点等政策建议。

[关键词] 横琴 澳门 产业多元化 经济合作

横琴新区开发上升为国家发展战略以来，通过粤澳合作产业的联动，深化粤澳经济合作，优化资源配置，促使双方形成"合作开发横琴"模式，

---

* 本文为作者主持的中国（广东）自由贸易试验区珠海横琴新区"横琴新区促进澳门经济适度多元发展总体方案（2015~2020）"项目的部分成果。

本文就合作项目、模式、成效、优势以及问题五个方面进行回顾，探索粤澳双方合作新方向。

一 横琴—澳门经济合作：项目机制、
创新模式与合作成效

当前横琴新区促进粤澳经济合作项目主要有环澳产业带和粤澳产业园两大部分。

其一，关于环澳产业带。环澳产业带实行"高标筛选，龙头带动"的原则，项目准入根据用地条件、投资强度、产出效益指标预测分析，通过"土地集约、规划优美、环保达标"三个维度的横琴产业发展策略选择项目。[①]启动以龙头项目带动的七大产业，即"商务服务"通过口岸服务区和十字门中央商务区的城市综合体项目带动；"休闲旅游"通过长隆国际海洋度假区和富盈酒店项目带动；"科教研发"通过澳门大学横琴校区带动；"文化创意"通过丽新集团星艺文创天地项目、香洲埠文化院街和南方报业传媒集团横琴国际传媒交流中心项目带动；"金融服务"通过横琴国际金融中心和工银国际股权投资项目带动；"高新技术"通过粤澳合作中医药科技产业园带动。

其二，关于粤澳产业园。澳门特区政府成立"横琴发展澳门项目评审委员会"，以"有利于澳门经济、促进澳门打造成为世界旅游休闲中心、凸显澳门商贸服务平台作用、有利于澳门适度多元化及居民在横琴就业、能带动澳门中小企业共同参与、具实力及规模"等准则对项目进行评分，确定粤澳合作横琴发展的 33 个澳方项目，包括文化创意、旅游休闲、物流、商贸、商务服务、科教研发、医药卫生、高新技术领域。[②]同时，横琴通过制定《横琴新区"粤澳合作产业园"推荐项目对接服务分工表》，对澳方推荐的项目，实现每个项目都由专人跟进，提供一站式服务。

在横琴—澳门的合作过程中，出现了与以往不同的若干有益的创新模式。

1."一岛两制"：横琴岛澳门大学新校区

横琴岛澳门大学新校区[③]是"一国两制"伟大战略的生动实践。根据第十一届全国人民代表大会常务委员会第九次会议审议决定，横琴岛澳门大学新校区启用之日起至 2049 年 12 月 19 日止，授权澳门依照澳门特别行政区法律实施管辖。澳门特区与横琴校园间建有一条 24 小时全天候运作的隧道连接，师生、职员、澳门居民及访客可通过隧道便捷进出校园，无须办理边检手续，横琴新区也因此成为"一岛两制"区域。[④]

2. "横琴出地，澳门出资"：粤澳合作中医药科技产业园

粤澳合作中医药科技产业园由澳门以现金出资 51%，珠海以土地作价出资 49%，澳方控股并担任法人代表；在利润分配方面，澳门占 45%，珠海占 55%；成立"粤澳中医药科技产业园开发有限公司"负责其建设、经营、运作及管理等。通过"横琴出地，澳门出资"的创新合作方式，整合广东中医药医疗、教育、科研、产业优势和澳门科技人才资源，吸引国内外大型医药企业总部聚集，打造集中医医疗、养生保健、科技转化、健康精品研发、会展物流于一体的国际中医药产业基地，以及绿色特色药材国际交易平台。[⑤]

3. "横琴引导，澳门中小企联合投资"：励骏友谊广场

励骏友谊广场通过联合澳门 40 多家中小企业创立"澳门中小型企业联合总商会"，采用会员广泛参股的方式组建公司参与横琴开发，励骏友谊广场项目涵盖大型商场、零售、餐饮、戏院等，解决了澳门中小企力量薄弱、较难参与横琴开发的问题，打造澳门中小企进驻横琴投资开发和中葡文化交融的新平台。[⑥]

4. "横琴规划，港澳特色"：红旗村商业步行街

横琴商业步行街引入港澳品牌商家，建造别具特色的街亭七十余座。其中，休闲亭四座、购物亭五十座、美食亭二十二座，街亭造型优雅，展示横琴岛"海岛风情，古朴小镇"的特色。

5. "横琴度假，澳门游客"：长隆国际海洋度假区

珠海长隆国际海洋度假区包含八大主题公园：长隆海洋世界、动物王国、摩天轮公园、海豚湾水上乐园、科幻世界、世界花园、鸟类世界、滨海沙滩公园。此外，横琴还将兴建主题酒店、国际会展中心、体育休闲公园、国际海洋大剧院、主题购物中心、国际游艇会和生态居住区等，打造集主题公园、豪华酒店、商务会展、旅游购物、体育休闲、生活居住于一体的世界级超大型综合主题旅游度假区，与澳门共同建设"世界旅游休闲中心"，更好地服务来自澳门的国际游客与澳门本地居民。[⑦]

通过横琴—澳门经济合作的创新模式，实现如下合作成效：第一，投资结构和投资方式多元化。横琴引进世界 500 强投资企业 37 家，中国 500强投资企业 45 家，初步形成了以高端服务业为主的国际化投资结构。此外，通过 BT（建设—移交）融资模式建设全国最大的市政基础设施 BT 项目，通过国有控股企业筹建横琴新区跨境产权交易所，打造国内首家海外回流文物展示和交易中心，通过跨境企业合作投资"粤澳中医药科技产业园开发有限公司"，负责粤澳合作中医药科技产业园建设、经营、运作及管理等工作，形成多元化的投资方式。第二，产业政策规范化。横琴新区通过粤澳产业政策改革创新，就项目准入、限制销售、用地监管、总部经济、产业指导等方面进行规划，以推动法制化营商环境的建设。如《横琴新区投资（用地）项目准入管理暂行办法》规定，除科教研发类、高新技术类项目外，所有用地项目的投资规模应"不低于 5 亿元人民币"。在用地项目方面，《横琴新区用地项目限制销售物业处置核准办法》对销售物业比例方面也有严格的限制。在用地规范方面，《横琴新区产业项目出让用地监管办法》提出实行"履约保证金制度、产业项目奖励制度、用地产权分阶段管理制度、产业项目用地退出制度、产业项目规划报建方案预审、履约情况纳入横琴诚信建设体系"等措施。在产业指导方面，国家发改委发布了《横琴新区产业发展指导目录》，目录涵盖了横琴新区七大产业共计 200 条鼓励类产业条目，作为横琴新区高端服务产业体系建设的国家指导性标准。[8]第三，商事登记改革。借鉴港澳企业登记制度，横琴新区出台了全国第一个商事登记管理办法，内容涵盖登记、审批、监督以及外商投资等方面，最快在一天之内即可领到外资批准证书和工商营业执照，简化审批程序，审批事项从原来的 648 项减少到 271 项。[9]第四，深度改革与高度开放。2011 年 7 月 14 日，广东省政府《关于加快横琴开发建设的若干意见》和《珠海经济特区横琴新区条例》全面实施，下放或委托 21 项省级管理事项，为横琴营造了开放度最高、体制宽松度最大、创新空间最广的发展环境。比如，借鉴港澳咨询委员会制度，组建横琴新区"决策委员会""咨询委员会"，与横琴新区管委会组成"三位一体"的决策、执行、监督机制。构建智能化、大纵深、多层次的虚拟电子信息围网，采用非物理围网技术实施海关特殊监管区的监管业务。[10]此外，建立"一号通、一网办、一站式"的跨部门联合服务机制，打造高效便捷的民生服务和城市管理模式。[11]

二　横琴—澳门经济合作：独特优势与存在问题

澳门作为世界博彩中心、旅游中心，具有区域性商贸服务平台和国际化等独特优势。第一，国际市场："一国两制"与中葡重要枢纽。第二，自由港体制：自由与开放。第三，财政资金：投资能力强。第四，博彩旅游业：增长迅速。第五，世界文化遗产：多元文化融汇。然而值得注意的是，澳门在其发展过程也面临如下问题：产业结构单一、发展空间局促、城区发展不协调、博彩城市形象固化、人力资源不足、区域合作协调机制缺乏等问题，制约澳门经济的多元化发展。

横琴作为"特区中的特区"，是全国唯一的"一岛两制"的国际级新区和首个粤港澳紧密合作示范区，其所具备的优势包括：第一，区位优势与土地资源。第二，政策制度优势。第三，国内市场。第四，人才政策创新。第五，生态环境。因此，横琴能协助澳门突破经济发展在土地和人力资源等方面的瓶颈，进一步延伸澳门现有优势产业，促进澳门经济适度多元发展。

然而，当前横琴—澳门经济深度合作仍需要解决如下问题：

1. 发展规划协调：沟通机制尚未完善。第一，行政级别差异：沟通障碍。澳门是隶属于中央政府的特别行政区，横琴为广东省珠海市南部的一个副地厅级行政管理区，其行政级别差异很大，导致跨境项目沟通障碍。第二，直接沟通渠道：低效缺失。协调解决横琴建设中在政策落实、项目安排、体制机制创新等方面往往需要上报中央政府予以支持，客观上导致了珠澳沟通和协调的效率较低。[12]

2. 人货通关：签注、车辆、通关问题。第一，签注制度过于严格。出于限制赌博人数的考虑，内地居民赴澳"两月一签"，其签注政策过于严格。第二，通关设施建设不足。目前拱北口岸平均日通关人数达到 26.3 万人，高峰时刻达到 31 万人，通关时间长达 1～2 小时，口岸承载力有限，难以实现方便快速通关。第三，车辆通行限制过多。随着粤澳合作的不断深化，粤澳两地陆路口岸车辆通关验放压力不断增大，而目前澳门车辆自驾进入广东尚受到限制。另外，目前澳门申请粤澳两地车牌受制也导致车辆自由出入难以实现。

3. 项目规划实施：定位差异。横琴与澳门关于合作开发中的项目定位差异较大。2009 年 8 月 14 日，国务院正式批准实施《横琴总体发展规划》，将横琴岛纳入珠海经济特区范围，逐步把横琴建设成为"一国两制"下探索粤港澳合作新模式的示范区、深化改革开放和科技创新的先行区、促进珠江口西岸地区产业升级的新平台。[13]横琴新区政府希望横琴产业进行中高端的七大产业战略合作开发，与澳门共建"世界旅游休闲中心"，而澳方意在通过"整体租赁"横琴岛进行开发，使其服务澳门，协助澳门解决可用于商业、民生等领域的土地紧缺问题，两地对横琴开发定位差异导致横琴开发存在困难。

4. 政策商务推广：渠道缺失。第一，联合推广缺失。横琴发展过程中未能联合香港贸发局、香港投资推广署、澳门贸易投资促进局在粤港澳地区进行推广，政府之间就政策方面的推广招商合作较少。第二，招商方式单一。横琴目前的招商方式主要依靠驻澳、驻港咨询联络点招商，方式过于单一，且受到时间以及人力资源的限制，未能及时将企业按行业类别进行投资咨询，针对性差。港澳企业"一站式"服务平台建设尚未完善，专业化的招商体系尚未健全。第三，专题推介缺乏。商务推广过程中针对性差，未能借助港澳及国际重要专业展会和经贸活动平台举办有针对性专题招商推介。第四，国际宣传不足。缺乏与世界知名招商中介机构、企业联合会、知名国际商会开展战略合作，利用其环球联系网络，在世界范围内开展联合招商或代理招商。国际级媒体对横琴新区的宣传较少，无法将横琴的政策优势、市场机遇和投资环境向国际宣传。

三 横琴新区促进澳门经济适度多元发展：重点任务

横琴新区面临国际旅游岛、城市产业群和优质生活圈等国际发展趋势，肩负"以开放促改革"、"以先试促先行"和澳门建设"一中心一平台"等国家战略，因此，为实现粤港澳服务贸易自由化、澳门实现多元发展目标和横琴新区发展的区域需求，横琴新区将全面贯彻落实《粤澳合作框架协议》和《横琴总体发展规划》，实现如下战略目标：（1）与澳共建"世界旅游休闲中心"。（2）与澳共建"中国与葡语国家商贸合作服务平台"。（3）横琴"自贸区"建设。重点完成以下任务：

（一）政策规划统筹协调

横琴与澳门行政级别差异大，跨界合作机制和直接沟通渠道尚未建立，影响两地沟通协调效率和对《粤澳合作框架协议》的落实。另外，横琴本身发展规划和政策创新也涉及国家各部委协调。因此应实现两地政策规划统筹协调：一是联合编制"横琴—澳门协同发展规划"。加强横琴与澳门两地在城市规划、基础设施、口岸通关、公共服务、产业布局、生态环境等方面的统筹规划，共同研究与编制各专项规划，统筹具体合作项目，共建琴澳国际都会区。⑭二是完善"五规合一"体系，统筹协调相关部门。继续完善横琴创新的国民经济和社会发展规划、主体功能区规划、城市总体规划、土地利用总体规划、生态环境建设规划的"五规合一"开发政策,协调国土局、海洋局、海关总署等相关国家部委。

(二)"产官学民"沟通

由于宣传力度不够,沟通渠道缺失等原因,导致澳门的中小企业和民众对横琴的开发情况和政策优惠不了解。对此,应重视澳门角度和企业需求,加强"产官学民"宣传,包括如下四个方面:一是开设"横琴发展论坛"。根据横琴经济和社会发展不同主题,邀请澳门"产官学民"不同界别群体,共同探讨横琴发展战略,收集横琴促进澳门适度多元发展的产业发展建议和诉求。二是通过网络技术、设点咨询、奖惩机制,建立网络信息平台,提供政策商议和反馈渠道,加强与商会行业协会协作,推广产业政策、行政和商事改革政策、税收政策等。三是沟通方式实现"针对性、专业化、高效率"。以"澳门角度、企业需求、民生影响"考虑,扩大对澳门商界尤其是中小企业界进行"针对性、专业化、高效率"的沟通推广。四是打造"横琴—澳门—葡语国家"交流机制,建立横琴—澳门—葡语国家经贸平台相关部门的直接沟通机制,建立横琴与澳门产业合作委员会,下设旅游、商贸、培训等分会。此外,建立横琴—澳门—葡语国家工商交流机制。加强横琴、澳门、葡语国家重点行业协会、商会等组织的联系,构建横琴、澳门、葡语国家行业的联系信息平台与沟通机制,促进中国和葡语国家企业的经贸往来。⑮

(三)人车通关便利化

人车通关问题是当前制约横琴促进澳门多元发展的核心问题之一,无论对两地产业合作还是经贸交流都将造成巨大的阻碍。因此,应积极推进人车通关便利化。第一,签证便利化。比如将"一签多行"签注制度扩展到"四地互认"的层面,即深圳和珠海户籍的居民可以办理赴港澳"一签多行"的签注。横琴户籍居民免签多次往返澳门,内地游客可以在横琴"异地办签"多次往返澳门。此外,借鉴外国人通过旅游团队免签进入海南岛的政策,对外国游客签证便利化。协调省公安厅边检部门,尽快恢复运作横琴口岸签证机关。第二,通关便利化。包括增加通关通道和口岸设施,加紧推进对港澳交通衔接,加强与澳门协调通过"联合办公、一地两检"的方式,将目前的"双边验放"调整为"单边验放",以提高通关效率。⑯第三,探索"车辆自由行"制度。沟通协调两地在交通法律、行车规则、收费系统的不一致，加强与省公安厅沟通，推动公安部尽早出台澳门牌照车辆自由进出横琴的办法和实施措施，为澳门居民和企业进出横琴提供便利。

（四）产业园与自贸区建设

横琴应全面实行澳门商户管理"准入前国民待遇"。支持澳门永久性居民中的中国公民在横琴设立个体工商户，无须经过外资主管部门审批，由工商行政管理机关依照内地有关法律、法规和行政规章予以登记。对澳门居民在内地设立个体工商户不设从业人员人数及营业面积限制。[17]此外，结合土地管理制度及行业管理制度创新，建立横琴产业项目的更新、提升和淘汰机制。对于横琴自贸区服务贸易自由化和投资便利化，横琴应采用"高度开放、国际标准、横琴实际、优势互补、逐步推进、底线思维"标准制定横琴版"负面清单"管理办法。

（五）社会管理与民生合作

横琴应借鉴港澳在社会管理方面的经验，推进社会管理体制改革先行先试，探索建立多主体合作治理的新型社会管理体制，提高城市管理及社区管理水平。此外，促进医疗合作的"异地执业、机构合作、服务共享、跨境结算"。应适当放宽港澳医务人员在横琴跨境执业限制，建立医务人员异地执业机制；推动港澳医疗机构通过合作、合资、独资方式来横琴设立医院及医药医疗保健机构；鼓励港澳公立医院与横琴医院合作，为港澳居民提供医疗服务；探索三地商业保险，建立跨境费用结算制度的可行性。[18]

（六）旅游休闲养生产业

横琴要重点发展生态健康的多元特色旅游，打造"免税岛"，与澳门联合争取游艇通航、低空飞行、通关政策等"海陆空"政策突破，联合规划建设"花园城市"和国际机场"横琴航站楼"，共建世界级旅游休闲中心。

第一，旅游定位为"多元、健康、生态"。横琴具有城市滨海湿地、大小横琴山以及城市绿化资源优势，借助粤澳合作中医药科技产业园，建设中国全球最多样化中医保健的滨海湿地和多元化的文化体验，打造生态健康特色旅游品牌。如建设中医保健滨海湿地，发展针灸、推拿、火罐、瑜伽等滨海养生体验方式，药膳、药酒等中医药保健活动，以及中式名医诊疗体检等项目。

第二，旅游路线联合"海、陆、空"。海线建设"海洋生态文明示范区和游艇俱乐部"。如打造奢华游艇展会、海上运动项目和远海特种旅游等，争取游艇通航政策。[19]陆线打造"一程多站"旅游。如联合推出"澳门历史城区—开平碉楼—韶关丹霞山"世界遗产旅游专线,开发文化历史、休闲度假、会议展览、医疗保健、邮轮游艇等精品旅游项目。^⑲空线建设"亚洲最大最全的空中极限运动基地",如开发岛际小型直升机旅游线路,开发空中低飞试点和旅游线路。

第三,争取横琴新区成为"免税岛",采用"特定免税"制度,实现莲花口岸"健康产品购物自由港"和境外游客离境退税。

第四,横琴应以粤澳中医药科技产业园为载体,发展中医药"商贸会展、检测认证、保健体验"。包括打造成为集中医药养生保健、商务、会展、文化等功能于一体的国际一流健康产业集群基地,建设对港澳乃至对国际的绿色道地药材、名优健康精品的国际交易平台,支持沉香医药产业园和澳门·健康谷两大项目的中医药专项会展;探索符合中医药特点及规律的中成药开发、检测的产业化标准,支持澳门设立中医药重点实验室和检测中心,拓展欧盟、东盟与葡语国家市场发展中医药养生体验产品,包括名医诊疗与特色诊疗体验和中医药传统文化与产业文化体验。

(七) 会展商贸战略分工:"前会后展"

第一,"前会后展、一展两地、区域联动"。依托澳门品牌会展需拓展更大的承载空间以及配套功能、横琴较大的空间承载力的优势,因此澳门与横琴通过"前会后展"的模式实现"会议在澳、商谈在澳,展览在横、配套在横"。此外,针对澳门会展业买家卖家两头在外,引入"区域联动"模式,引导粤澳建立会展协会或联盟,制定区域行业规范和标准,加强粤澳会展业的交流,共同编制会展业资讯,推动联合办展和差异化办展。

第二,特色会展、错位发展。采用同期会展、联合会展、巡回会展,结合国际性会议、商业化展览、国际性展览配套研讨会和专题会等模式,打造国际会展品牌。其中,澳门侧重于 MIF 展览、环保展等所需空间较小的专业会展;珠海横琴则侧重于所需空间较大的航展、打印耗材展、游艇展等大型会展。横琴可依托其产业基础,建设十字门会展发展方向(大型综合性会议会展、珠海主导产业相关会展) +人工岛会展发展方向(游艇等海洋制造、海洋工程等专项会展) +本岛会展发展方向(文化创意、旅游、医药等专项会展)。^㉑

第三,推进粤澳会展业人员与展品跨境流动,为广东进入澳门的展品提供通关便利。协助澳门会展服务提供者在广东开设外汇账户,鼓励会展业务跨境交付使用人民币结算。^㉒

（八）文化创意、金融服务与专业服务

文化创意发展"展贸交易、文化体验、文创合作"。包括围绕"文化传媒、文化展览"，发展文化代理经纪、拍卖及文化金融产业；融合横琴"海、河、山"特色，发展"文化休闲、文化表演"，发展"岭南特色、中西融合"的文化体验；影视合作与文创产业链"一体化"。㉓

金融业发展"旅游金融"、"产业金融"、跨境结算。针对澳门打造旅游休闲中心，结合人民币国际化与市场化在横琴先行先试，发挥澳门与葡语国家和欧盟经贸关系紧密的优势，发展"个人旅游贷款、跨境保险、跨境贸易人民币结算"，放开横琴与澳门之间人民币"双向流动管制"，以旅游休闲为特色，发展产业投资基金、设备融资租赁、资产证券化等相关产业金融。㉔

专业服务方面引进港资，琴澳优势互补，推动两地互认。引进香港法律、会计、审计、建筑、工程以及管理顾问等专业服务，澳门发挥旅游及酒店管理、法律服务、会计等中介服务优势，利用中葡商贸服务平台地位发展物流管理业务，横琴则结合珠三角制造业升级要求重点发展物流、总部经济、服务外包和商贸服务等生产性服务业，完善两地专业认证。㉕

（九）澳门青年创业创意中心："梦工场"

澳门博彩业薪酬较高，使大量澳门青年投身博彩行业，导致澳门社会人才培养存在问题。因此，建立澳门青年创业创意中心"梦工场"，提升澳门青年创新、创意、创业能力，促进澳门就业结构多元化发展，并为经济多元化提供人才储备，具有重要的意义。这里包括了五个方面的内容。一是创业创意引导。横琴和澳门联合高等教育机构举办年度"创业创意大赛"，青年学生提交创业创意方案至"梦工场"网络平台，经由"梦工场"评选委员会筛选方案进入"梦工场"孵化中心培育。二是创业创意筛选。横琴"梦工场"评审委员会负责创业创意大赛方案筛选，制定项目方案筛选标准、筛选过程，与涉及的相关人员交流和沟通。三是创业创意推广。建设"梦工场"网络平台，设立推广小组负责大赛宣传、推广和沟通。四是创业创意孵化。创业创意孵化中心可提供研究、生产、经营场地，通讯、网络、办公共享设施，系统培训、政策、法律、融资、推广、高校等联络咨询服务，推动青年创业者创新和成果商业化，促进澳门未来产业多元化发展。五是项目监管平台。制定定期审核项目执行监督规范，通过监管平台落实与监管入选项目方案的执行，并指定专人负责监管项目执行进度。

（十）经济文化论坛：中葡论坛、中巴论坛、基建论坛

第一，中葡论坛分会场：中国与葡语国家经济文化桥梁。由于澳门特别行政区的历史因素，使其作为中国内地与葡语国家的中介和桥梁优势明显。中国是世界最大的发展中国家，而葡语系国家则拥有超过两亿人口，自然资源丰富，两者在经贸合作空间存在巨大发展潜力。因此，通过设立"中葡论坛"横琴分会场，搭建了中国与葡语国家经济文化平台，促进其从经贸领域走向教育文化等多个领域延伸。包括葡语国家金融创新合作；葡语国家小商品市场建立；打造中葡跨境电子商务平台；葡语法律商务服务；文化传播企业"走出去"。鼓励澳门和内地文化创意企业与葡语系国家在广播、电影、电视等文化传播领域广泛合作；建立中国和葡语国家文化交流中心，利用巴西桑巴、足球、狂欢节等异域元素，在琴澳两地打造嘉年华活动，同时通过举办体育培训和赛事等，加强与葡语国家的文化体育交流。

第二，中巴论坛：中国与巴西合作平台。中国和巴西作为世界重要新兴经济体，经济贸易具有明显的互补性。巴西基础设施仍待发展，中国基础设施工程承包和相关机械设备在巴西具有较大的需求；而中国经济发展所需的粮食和矿石等资源在巴西具有比较优势。因此，横琴依托澳门葡语体系优势设立中巴论坛，为巴西提供专业的葡语翻译和专业服务，促进中巴两国经济文化合作。中巴论坛重点关注两国经济与贸易、交通运输、基础设施、金融和能源合作，以及文化教育领域的深层次合作。

第三，基础设施论坛：推动中国基础设施工程和设备"走出去"。2014年7月，习近平主席对巴西进行首次国事访问期间明确提出，"要聚焦共同发展，促进务实合作，推动中巴全面战略合作伙伴关系加速向前发展"。横琴"基础设施论坛"设立可搭建中国与葡语国家、拉美国家和非洲国家在基础设施方面的推广平台，推动中国经济设施服务外包互联互通发展；推动中国基础设施工程输出，包括路桥、港口、机场、电站、通讯、石油、化工、冶金、水利等；促进基础设施机械设备"走出去"，包括高铁、机床、地铁等。

四　横琴新区促进澳门经济适度多元发展：政策建议

基于上述对横琴新区促进澳门经济合作回顾和发展，以及琴澳合作的重点任务，针对性制定了以下五项政策措施：

（一）粤澳服务贸易："负面清单"横琴版

横琴作为深化改革开放和科技创新的先行区和"一国两制"下探索粤

港澳合作新模式的示范区，应尽快推出横琴版"负面清单"，推进粤澳服务贸易自由化，促进澳门经济适度多元化。编制横琴版"负面清单"应基于以下原则：第一，高度开放。第二，国际标准。为使粤港澳服务贸易自由化负面清单管理措施符合国际规范，并与 CEPA 衔接，应采用国际规范的部门分类和行业代码标准，部门分类采用《服务贸易总协议》服务部门分类。行业代码采用联合国秘书处经济与社会事务部统计司 2004 年公布的《产品总分类（CPC）版本 1.1》（2004）。第三，优势互补。应通过分析粤港澳服务贸易的优势、劣势、机会、挑战，结合横琴与澳门经济合作和发展的实际需要，制定横琴版服务贸易负面清单管理措施。第四，逐步推进。采取"由点带面、先试再行"、"阶段推动、循序渐进"推动服务贸易自由化进程。第五，底线思维。为保证国家安全和社会安全等底线，横琴版服务贸易负面清单应考虑禁止和限制的部门主要为国防安全、公共事业、能源安全、高精尖技术等相关的服务行业。[26]

（二）政府部门管理：权责界定、跨部联办

第一，政府权责界定："权责清单"。2014 年 2 月 11 日，李克强指出，对市场主体要实行"法无禁止即可为"的"负面清单"；而对政府则是"法无授权不可为"的"权力清单"。[27]因此，横琴应以简政放权为原则，明确划定市场与政府的职责范围。设立各级相关政府部门有关工商注册登记、行政审批、牌照发放等经济领域的政府"权责清单"。第二，完善跨部门"多证联办"和"网上办证"制度。继续完善工商营业执照、国地税税务登记证、组织机构代码证"四证联办"，推行商事登记由窗口经办到网上联办，逐步将网上办事大厅向居委会延伸，全面提高商事登记服务效率。第三，建设"廉政岛"。构建廉政风险防控体系，探索经济责任审计与部门预算执行相结合的审计制度。[28]

（三）粤澳规划标准衔接：制度化

粤澳在制度、文化、法律等方面存在较大差异导致发展规划和城市规划存在衔接问题。因此，双方制定城市规划、基础设施、口岸通关、公共服务、产业布局、生态环境等方面，应参照国际惯例以及澳门与横琴两地的特点，衔接规划标准和发展理念。

（四）粤澳产业社区管理：改革试点

作为改革试点，粤澳产业社区以突破现有城市产业和环境发展失衡，配套现代产业基础建设完善的商务与生活基础设施，解决新区国际化和本

土化人才需求，推动澳门乃至世界其他国家更好地融入横琴新区互促互进，以环境提升推动横琴新区建设和产业发展，通过产业发展来促进新区建设和环境提升，实现横琴新区空间集约、人文共建、产业和生活一体化的"优质生活圈"。

第一，"产业社区"公共服务：产业与生活共享，内地与港澳共享。产业社区管理是指将生活圈和产业群相互融合的城区发展的一种新型管理模式。横琴产业发展过程中的产业园和生活圈相融合产生创新产业社区管理需求，是城市管理的新起点、新探索和新模式。社区提供的服务围绕产业和生活两大模块共同建设享用，如社区内建设国际教育基地，既服务于社区人员又对外提供教育输出。推动幼儿园和中小学教育资源与港澳地区相互开放，研究跨境学生通关、交通等便利措施；开展社会保障制度国际对接试点，探索建立港澳人士、外籍人士的社会保障对接机制。

第二，"城市管理"新模式："物管 + 城管 + 法管"。创新行政综合执法，调整职能、归并机构、精简人员，建立权责明确、行为规范、监督有效、保障有力的行政执法体制；创新城市管理，建设完成并正式运营警务信息、综合执法等信息平台；探索设立社会秩序管理基金，鼓励社会力量参与城市管理。㉙

第三，"国际化社区"：国际服务。创建"国际化社区"示范区，在港澳和外籍人士居住集中的社区设立国际化社区服务中心。营造国际化的城市氛围，在十字门 CBD、国际商务居住区等重点区域，实现双语标识全覆盖，建立语言援助中心，开展多语种 24 小时咨询服务热线，健全社会志愿服务体系，提升国际交流环境水平。㉚

（五）通关便利化横琴试点：部门协调

横琴通关便利化涉及两方面协调问题：一方面，横琴与澳门的协调。横琴新区与澳门行政级别的差异，导致其与澳门的政策协调需先备案上报中央，再由中央与澳门政府沟通，流程复杂、时效性低和信息不对称导致较难解决横琴发展规划问题。另一方面，通关涉及国家各部委的协调。横琴海关、横琴出入境边防检查站、横琴出入境检验检疫局隶属中央部委机构不同，上报审批时间和三大部门之间协调困难也影响横琴新区通关便利化。因此，需要建立口岸直接沟通机制和成立中央通关协调委员会来保证部门统筹协调。

第一，粤澳联席会议专责小组衔接横琴澳门海关检验。通过设立粤澳联席会议框架下的"横琴开发专责小组",沟通反馈横琴通关问题,避免横琴与澳门行政级别差异导致的沟通障碍。推动横琴与澳门海关查验结果参考互认,加强检验标准、技术方法和检测结果共享,减少重复查验,提高通关速度。

第二,粤港澳联合申报中央协调。粤港澳联系会议联合向中央申报通关政策建议,以统筹协调海关、公安部出入境管理局和出入境检验检疫局,争取实行针对内地居民的"异地办证"政策和"一次签注,多次往返"政策。制定"口岸通关查验联席会议制度",按季度召开口岸相关单位高层次联席会议,研究和协调处理直接出入国境的人员、货物、物品和交通工具在通关、查验、监管等方面的有关问题,探讨改进通关查验工作的思路和办法。

[作者感谢项目研究助理日本名古屋大学博士生黎艳艳,中山大学港澳珠江三角洲研究中心硕士生赵淑吟、吴思豪,感谢中国(广东)自由贸易试验区珠海横琴新区片区统筹发展委员会闫卫民主任、澳门经济学会理事长柳智毅博士、澳门基金会杨道匡博士、澳门大学博彩研究所冯家超教授等提供的宝贵意见。]

---

①⑤⑧⑨㉚横琴新区统筹发展委员会:《横琴新区创新发展与深化珠港澳合作研究》,2013。

②《澳门公布粤澳合作横琴发展33个澳方项目名单》,新华网,http://news.xinhuanet.com/2014-04/15/c_1110235280.htm。

③澳门大学新校区位于横琴新区东侧,占地1.0926平方千米,总建筑面积约82万平方米,为澳门大学原校区的20倍,总投资逾100亿澳门元,将设立8~10个学院。

④⑦横琴新区管理委员会:《横琴新区15个重点项目进展情况》,2011年5月。

⑥《澳门中小企业融入横琴开发建设的重要平台横琴新区励骏友谊广场动工》,广东珠海:《珠海特区报》2014年3月29日。

⑩横琴新区统筹发展委员会:《横琴新区开创改革创新"十大全国率先"》,2014年6月。

⑪横琴新区统筹发展委员会:《横琴新区体制机制创新实现十五大突破》,2013。

⑫⑬珠海市人民政府:《澳珠协同发展规划》,2012年3月。

⑭珠海市港澳事务局办公室:《珠港澳合作发展"十二五"规划(2011~2015年)》,2011年5月。

⑮横琴新区管理委员会：《横琴全力配合澳门构建中国与葡语国家经贸合作服务平台》，2015 年 3 月。

⑯《横琴新区如何配合澳门建设世界旅游休闲中心发展壮大休闲旅游产业的政策建议》，2014 年 9 月。

⑰横琴新区管理委员会：《横琴新区支持澳门经济适度多元发展的十一条措施》，2014。

⑱珠海市港澳事务局：《关于印发〈珠港澳合作发展"十二五"规划（2011～2015年）〉的通知》，2011 年 5 月。

⑲㉑㉓上海合律房地产咨询有限公司：《横琴土地一级开发前期策划产业策划专题报告》，2014 年 8 月。

⑳㉒广东省人民政府：《粤澳合作框架协议》，2011 年 3 月。

㉔横琴管委会：《关于横琴新区金融产业规划情况报告》，2012 年 11 月。

㉕㉖张光南等：《粤港澳服务贸易自由化："负面清单"管理模式》，北京：中国社会科学出版社，2014。

㉗《李克强：对市场主体而言"法无禁止即可为"》，新华网，2014 年 2 月 24 日。

㉘横琴新区管理委员会：《在横琴新区开发建设现场会上的汇报》，2014 年 1 月。

㉙横琴新区管理委员会：《横琴新区 2013 年工作总结及 2014 年工作计划》，2014 年 4 月。

作者简介：张光南，中山大学港澳珠江三角洲研究中心副主任、副教授，博士。

[责任编辑：刘泽生]

（本文原刊 2015 年第 4 期）

世界旅游休闲中心模式比较
与澳门的选择

陈章喜

[提　要] 世界旅游休闲中心与一国经济社会发展相伴随，是人民生活水平不断提高的产物。从国际经验来看，世界旅游休闲中心具有不同的发展模式，具备不同的发展路径与特点。澳门世界旅游休闲中心建设是国家发展战略的重要组成部分，对澳门经济社会的长远发展影响深远。推动澳门世界旅游休闲中心建设，应借鉴国际相关经验，以都市特色型世界旅游休闲中心模式为基调，提升旅游形象，加快旅游休闲文化产业的发展及旅游基础设施建设，加强旅游休闲人才培养，推进澳门和珠海的区域合作。

[关键词] 世界　旅游　休闲　模式　澳门

一　引言

　　世界旅游休闲时代正在推进中。与此相应，越来越多的国家和地区着眼于旅游休闲产业的开发，世界旅游休闲中心的研究也得到了越来越多专家学者和政府官员的高度关注。国内外对此问题内涵的理论研究，主要观点有：陈庆云认为世界旅游休闲中心是指满足世界各地游客，通过旅游形式，实现以休闲为基本需求，具有世界中心位置的国际化城市或地区。"核心休闲、形式旅游、立足世界、定位中心"是世界旅游休闲中心的四个基本特质，四个内涵元素的关系相辅相成。[①]Murphy 等国外学者也提出了旅游休闲中心产品的概念模型，强调旅游休闲目的地产品应包含环境和服务设施两个方面，前者包括自然环境、法律因素、政治因素、经济因素、文化因素和社会因素等，后者包括食、住、行、游、购、娱等旅游服务要素。这些研究对于合理把握世界旅游休闲中心的定义具有重要的启发作用。根据世界旅游休闲中心的基本内涵和构成要素，笔者认为，所谓世界旅游休闲中心，在其动态的意义上，是指以休闲为导向、旅游为形式、国际化为依托，在世界旅游格局中具有中心地位的区域。

随着科学技术的进步、收入水平的提高和闲暇时间的增多，越来越多的人们将对物质生活的追求转向对精神享受的追求，人类也将越来越多的时间和收入花费在旅游、娱乐、运动等各种休闲项目中，且更青睐于高品质的休闲旅游活动。世界旅游休闲中心正是一国经济社会不断发展和人民生活水平不断提高的产物。进入 21 世纪以来，世界上不同国家和地区或上演着不同层次的休闲化进程，或已经迈入休闲旅游的不同阶段，人类进入了在人们社会生活中越来越重要的休闲旅游时代，休闲旅游成为各国经济新的增长点。根据美国学者的权威预测，2015 年前后，主要发达国家将相继进入"休闲时代"，发展中国家也将紧随其后。②以娱乐、旅游、体育健身、文化传播等为主的休闲产业将在 2015 年左右主导世界劳务市场，在世界 GDP 总额中占有一半份额，成为世界经济发展支柱性产业。③休闲旅游将成为 21 世纪全球经济发展的五大动力源之一。无可置疑，休闲旅游将成为世界旅游发展的主要趋向。休闲问题研究专家冉斌指出休闲与旅游的结合是实现产业资源配置的一种最佳形式，让旅游业的发展适应休闲时代的需求，是中国经济发展面临的一个新的战略任务。④

在此背景下，各国政府以休闲旅游为主要内容的规划与政策层出不穷。2006 年，中国杭州成功举办了以"休闲：社会、文化和经济发展不可分割的组成部分"为主题的第九届世界休闲大会和以"休闲——改变人类生活"为主题的首届世界休闲博览会，开启了中国的"休闲元年"；2009 年初，中国国家旅游局就"国民旅游休闲计划"进行了大量调研，标志着中国国民休闲纳入了政府的中长期规划，建设生态中国的构想为打造休闲旅游生活奠定了思想与现实基础。与此同时，为了顺应时代的发展潮流，把握社会发展的新趋势，国家根据澳门经济运行特点，出台了一系列政策推动澳门建设世界旅游休闲中心。2008 年，中国国家发展与改革委员会发布的《珠江三角洲地区改革发展规划纲要（2008～2020)》，首次把澳门定位为世界旅游休闲中心；2010年11月，时任国务院总理的温家宝提出"支持澳门建设世界旅游休闲中心"；2011年，国家"十二五"规划和《粤澳合作框架协议》均明确提出"支持澳门构建世界旅游休闲中心，促进经济适度多元化发展"。所有这些政策均将澳门世界旅游休闲中心的建设纳入到了国家发展战略中。

目前，在世界旅游休闲中心的建设过程中，如何根据澳门的实际情况，选择一个与澳门旅游资源相匹配的世界旅游休闲中心模式，以此进一步提高澳门在全球旅游休闲市场的国际竞争力，促进旅游休闲产业的协同与可持续发展，已成为亟须解决的问题。因此，通过对美国拉斯维加斯、意大利威尼斯、中国香港等几个世界主要国际旅游休闲中心旅游休闲资源的特点进行比较分析，总结并探索出世界旅游休闲中心的特征和模式，对于澳门学习国际经验，在建设世界旅游休闲中心过程中少走弯路，探寻适合澳门的世界旅游休闲中心模式具有不可低估的现实意义。

二 世界旅游休闲中心形成的主要模式

（一）关于世界旅游休闲中心模式的研究

理论界对世界旅游休闲中心模式的研究存在一系列基本观点，对于世界旅游休闲中心建设产生了积极而深远的影响。罗明义等根据对国内外著名休闲型旅游中心的分析研究，将世界旅游休闲中心的发展模式归纳为四种：一是核心资源导向发展模式，是以具有突出特色与品质的旅游资源为依托，根据旅游市场需求和变化，通过对核心旅游资源的开发，建设相应的基础设施和公共服务设施等，开发能够满足人们对旅游休闲需求的旅游中心；二是客源市场导向发展模式，是指靠近旅游客源市场的地区，充分发挥其区位优势与基础设施优势，通过对旅游客源市场的调查分析，大力开发休闲旅游产品，构建与旅游需求对接的国际旅游休闲中心；三是主题品牌导向发展模式，是以某一主题品牌为导向，突出旅游休闲的差异性和个性的旅游休闲中心；四是综合休闲地旅游发展模式，是指从资源优势和市场需求出发，既立足对现有资源的发掘与合理利用，推出有特色的旅游休闲产品，又立足满足不同游客多样性需求的旅游休闲中心。⑤马谊妮、姜芹春对世界著名旅游休闲中心的发展路径进行研究，将旅游休闲中心划分为六种模式：滨海型旅游休闲中心、湖泊型旅游休闲中心、温泉型旅游休闲中心、乡村型旅游休闲中心、体育型旅游休闲中心、旅游综合体型旅游休闲中心。⑥毛润泽指出按照不同的标准，旅游休闲中心有不同的模式，一是以所依托的核心资源为标准，可以分为依托自然旅游资源的旅游综合体、依托人文旅游资源的旅游综合体、依托主题公园类的旅游综合体、依托社会类旅游资源的旅游综合体；二是以旅游休闲中心的主体功能为标准，可以分为度假类旅游综合体、游憩类旅游综合体、商贸类旅游综合体；三是以旅游休闲中心的规模为标准，可以分为大型旅游综合体、中型旅游综合体、小型旅游综合体；四是以旅游休闲中心的客源市场为标准，可以分为国际旅游综合体、区域旅游综合体、本地旅游综合体。⑦刘少和等基于广东休闲旅游度假模式的研究，提出了六种发展模式，分别是"环城市（群）休闲度假带"的空间布局模式、"度假＋观光＋娱乐＋专项＋特种旅游"的产品开发模式、民营企业为主的经营管理模式、"多业共生"的产业组织模式、主题体验型的旅游度假区发展模式、主题休闲型的度假旅游地发展模式。⑧金丽基于系统动力学的国际旅游城市形成发展的驱动模式，将国际旅游城市的形成模式划分为四大模式，分别是环境驱动模式、区位驱动模式、资源驱动模式、综合发展驱动模式。⑨国外学者 Alan A. Lewa、Bob McK-ercherb 根据旅游目的地的多寡和旅游线路的空间结构来考察旅游休闲中心的模式，划分出五种模式：一是单一目的地模式，即游客只是到一个旅游目的地旅游；二是中途点模式，即有一个旅游目的地作为重点，另在客源地与目的地之间设有引起游客兴趣的中途点地区；三是网关目的地模式，也称辐射状模式，即游客停留的第一个目的地，再从这个主要的旅游目的地出发游览区域内的其他目的地；四是疏散旅游模式，即游客旅游所到的最后一个目的地；五是中心旅游模式，其特征是游客的旅游线路包含多个多样性的旅游目的地套装组合设计。

（二）世界旅游休闲中心的主要模式

1. 美国拉斯维加斯。面积约 340 平方公里，主要凭借特色产业，通过构筑核心吸引力来定位旅游休闲业的发展形态。其城市具有突出特色，产业结构围绕特色发展，旅游专业市场具有高度的吸引力，对区域的其他专业市场产生影响。拉斯维加斯是全美最大的赌城，形成了以博彩业为中心的庞大的娱乐、购物、休闲度假、会议展览业、旅游产业体系，是世界上第一大娱乐之都，并以博彩业发展为契机逐步成为世界旅游休闲中心，拥有"世界娱乐之都"和"结婚之都"的美誉。拉斯维加斯还拥有"世界会议之都"的美称，平均每年举办展会超过 2 万次，且承办大量国际性展会，几乎每天都有重要的展览或会议在此召开。拉斯维加斯是世界上唯一一个把娱乐、景观和旅游配套设施完美地组合在一起同时呈现给游客的地方，市内有许多豪华的夜总会、旅行社、餐馆和赌场，国际级豪华赌场超过200个，全世界前20大超级大酒店有17家分布在这里。拉斯维加斯经过一个多世纪的发展，从最早的单一的赌城发展成为现在集会展、旅游、娱乐、观光、休闲、婚庆、演出、培训为一体的多元化的世界旅游休闲中心。根据LVCVA（Las Vegas Convention and Visitors Authority）统计，这个拥有超过210万人口的现代化沙漠城市，每年到访的游客为4000万人次左右。2014年吸引了4112.65万次游客，其中超过20%的游客来自国际，2014年全市博彩收入约为172.11亿美元。

2. 意大利威尼斯。世界著名的水乡，这个面积不到7.8平方公里的城区，118个岛屿被纵横交错的177条运河和400多座桥梁联成一个城市整体，有"因水而生，因水而美，因水而兴"的美誉，享有"水上都市""水城""亚得里亚海海上明珠""百岛城""桥城"等美称。作为独一无二的水上城市，威尼斯旅游休闲资源丰富，城内古迹众多，有各式教堂、钟楼、修道院、博物馆和宫殿450余座。除此以外还有四通八达的独特的水道，无可替代的风景和丰富的艺术宝藏，成为世界上最具有吸引力的国际旅游休闲中心，每年接待的游客量超过1500万人次，旅游总收入超过126亿欧元。

3. 中国香港。香港面积约为1104平方公里，人口约726万人，是亚太地区乃至国际重要的经济、金融、会议会展、服务业、航运和贸易中心，也是粤港澳旅游区域的重要组成部分。国际知名度方面，作为名扬海内外的世界旅游休闲中心和亚太地区的交通和旅游中心，被冠以"东方之珠"、"美食天堂"和"购物天堂"等美誉。旅游基础设施和旅游服务水平方面，公共交通运输网几乎伸展到香港的每一个角落，航运业和航空业也非常发达。目前，香港已与超过200个国家和地区的港口有航运往来，形成了以香港为枢纽，航线通达五大洲、三大洋的完善的海上运输网络，香港国际机场是全球最繁忙的机场之一。[⑩]香港拥有一流的旅游休闲服务水平及设施，包括星级酒店（含甲级高价酒店）、住宿服务机构、餐饮及酒楼、零售商店等。旅游休闲资源方面，香港拥有发达的商品零售网络；本地佳肴美食结合中西饮食文化精粹；景色怡人的郊野和独特的文化遗产（如各具特色的宗教建筑，以及寺庙、围村、祠堂、殖民地建筑等法定古迹）。旅游客源结构方面，根据香港旅游发展局公布的统计数据，2014年访港旅客达到6083.88

万人次，同比增长 12% 。其中香港接待国际入境游客 884 万人次，外国入境游客占入境游客总量的 14.5% ；接待中国内地入境游客 4724.77 万人次，同比增长 16% ，占访港旅客总数的 77.66% 。在澳门经济发展的历史进程中，"香港因素"对澳门经济发展一直扮演着不可或缺的角色，大量香港资金进入澳门，推动着澳门经济快速发展。

三 世界旅游休闲中心模式的比较

（一） 世界旅游休闲中心的模式类型

根据对美国拉斯维加斯、意大利威尼斯、中国香港等世界旅游休闲中心的综合分析，世界旅游休闲中心主要模式表现为两种：一是都市特色型世界旅游休闲中心。这是较高层次的世界旅游休闲中心，是以城市整体为旅游空间，凭借某种特色的产业、自然、人文类资源，以城市形态为基本依托，以文化、社区、商业、会展、节事等综合要素构成的城市风景为核心吸引，以城市功能为发展支撑，以都市产业为延伸，以旅游者、居民、企业等利益相关者的互利发展为目的的旅游休闲中心，其旅游休闲业在区域经济中发挥重要的辐射带动作用，典型代表有美国的拉斯维加斯、意大利的威尼斯等。其旅游休闲业的发展受到中心地理空间的限制无法发展成为大都市综合型世界旅游休闲中心。二是大都市综合型世界旅游休闲中心。这是最高层次的世界旅游休闲中心，在其形态上以世界城市、国际大都市为主，集聚交通、人力、文化、金融等多种资源，汇聚人流、物流、信息流、资金流，旅游休闲业全面依托完备的经济文化中心功能发展，凭借对世界、区域经济文化的全面影响力吸引旅游者，旅游休闲产业综合性极高、影响力极大，国际化水平高。为方便比较分析，现将世界主要的国际旅游休闲中心的模式归纳如下（见表1）。

表 1 世界旅游休闲中心主要模式比较

模式	旅游休闲中心	面积（km²）	形成条件和特点
都市特色型	拉斯维加斯	340	国际博彩中心；特色的休闲旅游资源；完善的旅游设施
都市特色型	威尼斯	小于 7.8	国际旅游中心；旅游休闲资源特色；旅游基础设施完善
大都市综合型	香港	1104	国际大都市；经济、金融、会议会展、服务业、航运和贸易中心；旅游休闲资源丰富；旅游基础设施完善

（二）世界旅游休闲中心的共性特征

1. 具有较高的国际知名度。目前世界旅游休闲中心都具有较高的国际知名度，总体形象和旅游资源具有鲜明的个性和魅力，具有较强的吸引力和美誉度。如香港作为国际化大都市，是世界的金融、交通中心；被誉为"世界娱乐之都"的拉斯维加斯以其发达的博彩业举世瞩目而成为世界旅游休闲中心；被誉为"亚得里亚海海上明珠"的威尼斯以其特有的水上城市风貌吸引来自世界各地的游客。

2. 旅游基础设施完善和旅游服务水平先进。食、住、行、游、购、娱是休闲旅游的六大要素，世界旅游休闲中心必须具备旅游饭店、旅游宾馆、旅游交通、景区点、购物街、娱乐消遣等主要的旅游休闲设施，而且还应该拥有相应数量和高质量配套服务的旅游咨询服务中心、旅行代理商、旅游集散中心站、停车场等旅游公共服务基础设施。除此以外，世界旅游休闲中心还必须拥有高素质的旅游服务人才。例如，拉斯维加斯虽然位于美国西部荒凉的沙漠腹地，然而却拥有全世界最为奢华的酒店、赌场和餐厅；香港拥有完善的公共交通网络，车辆24小时川流不息，其地下铁路、海底隧道几乎都是世界最繁忙的交通网络之一。

3. 具有丰富而独特的旅游休闲资源。世界旅游休闲中心必须具备丰富多彩且有自身特色的旅游休闲资源，不仅要有一定的旅游休闲场所，而且需要有能满足游客多样性需求的旅游休闲产品，包括观光游览、娱乐消遣、文化体验、养生度假旅游休闲等项目。拉斯维加斯以赌博业为中心的庞大的旅游、购物、度假产业而著名；意大利的威尼斯是世界著名的水上城市，其特有的水上生活情趣吸引着来自世界各地的游客等。

4. 客源结构国际化。客源结构是旅游系统的重要元素，不同客源市场的客流量和旅游消费反映出地区旅游业发展水平。世界旅游休闲中心一般都具有较大的开放度，通常是以国际游客为目标市场，即国际游客在游客总数中占有较高的比例，以及国际旅游收入在旅游总收入中所占的比例也较高。

四　澳门世界旅游休闲中心模式的选择

（一）关于澳门建设世界旅游休闲中心的研究

在澳门建设世界旅游休闲中心的研究中，高舜礼阐明了澳门建设"世界旅游休闲中心"的内涵与策略，指出"世界旅游休闲中心"应具备驰名国际的知名度，享誉国际的龙头产品，领先国际的服务水准，通达国际的交通条件。[⑪]张作文等从旅游六要素出发，找出澳门建设世界旅游休闲中心存在的差距，进而提出推进建设世界旅游休闲中心的策略。[⑫]杨道匡认为澳门受土地面积狭小、人口密度高的困扰，应为澳门建设世界旅游休闲中心开拓新的空间，通过珠澳合作，在澳门与横琴共同建造世界旅游休闲中心。[⑬]郑炎潮等提出了共建"澳门—横琴"一体化的"世界旅游休闲中心"，营造以博彩业为核心的世界旅游休闲产业链和聚集区。[⑭]这些观点对于澳门建设世界旅游休闲中心，有一定的启示意义。

（二）澳门建设世界旅游休闲中心的条件分析

1. 国际知名度。澳门以博彩旅游业闻名于世，是世界三大赌城之一，拥有"东方拉斯维加斯"的美誉。但澳门"赌城"负面形象深入人心，博彩业"一业独大"的局面制约着澳门旅游休闲业的发展。2014 年，澳门博彩毛收入 3527.14 亿澳门元，澳门本地生产总值 4432.98 亿澳门元，博彩收入约占澳门本地生产总值的 80%。博彩业不同于一般产业，在道德上备受争议，具有明显的特异性：一方面，表现在自身的暴利性质，它一旦发展为经济体的主导产业，往往成为吸纳生产要素的"洼地"，挤压其他行业尤其是中小企业的生存空间，进而扭曲经济结构、增加社会成本，导致经济结构极端化，发展风险剧增；另一方面，博彩业是一个政策依赖性极强的外向型产业，发展好坏不仅取决于设赌地政府的开赌政策，更取决于客源地政府的禁赌政策。

2. 旅游基础设施。澳门的旅游基础设施比较完备，拥有比较发达的海陆空交通运输条件，游客可从三个边检站进入澳门，目前正在修建的港珠澳大桥预计 2018 年通车，将为游客提供更便捷的入境方式设施。根据澳门统计暨普查局的数据分析，2014 年，商业班机和直升机航班的入境航班数为 31655 班次，客运船班 69518 班次，陆路、海路、空路入境的人数分别为 17.39 百万人次、12.08 百万人次、2.06 百万人次；2014 年陆路、海路、空路入境游客比例分别为 55.16%、38.31% 和 6.52%；2015 年 5 月，澳门入境总人数为 2548562 人次，陆路、海路、空路入境的人数分别为 1384263 人次、991323 人次、172976 人次，所占比例分别为 54.3%、38.89% 和 6.78%。由此可以看出，陆路是游客入境的主要方式。通讯、信息等相关配套基础设施比较完善。2014 年，可与澳门通电话的国家和地区超过 250 个；拥有高级旅游的服务水平。2014 年，澳门共有星级酒店 66 家，其中高级酒店（四星级酒店和五星级酒店）41 家，客房数达 2.73 万间，其中高级酒店的客房数占 86.33%。旅行社超过 200 家。但澳门土地面积狭小，陆地面积仅有 30.3 平方公里（2014 年）。⑮随着经济的发展和人口的增多，澳门建设世界旅游休闲中心对土地的需求与日俱增，可供开发的土地紧缺，土地供需严重失衡，澳门在建设世界旅游休闲中心过程中受土地资源约束的情况会更加突出。

3. 旅游休闲资源。澳门旅游休闲资源丰富，博彩旅游业作为其支柱产业之一，不仅规模大、管理质量优，而且服务水平高。2014 年，澳门博彩税收占澳门政府公共收入的比例为 84.46%。澳门有着四百多年中西文化交流的悠久历史，形成了独特的文化，在艺术、建筑、风俗习惯、饮食、节庆活动等方面表现出中西交融的文化气息，澳门历史城区在 2005 年被列入《世界文化遗产名录》，成为中国第 31 处世界遗产。澳门会展业实现了跨越式的发展，2014 年举办了 793 次会议会展，与会人次 258.59 万，2010 年以来与会人次年平均增长率达 158.1%；2015 年第一季度，举办会议会展 200 项，与会人次 25 万。澳门在发展会展业方面具有一定的潜力。而且澳门还是名副其实的购物天堂，既有价廉物美的中低档商场，更有世界顶级奢侈品牌聚集的名店街。2014 年底，在旅客人均旅游消费中（不包括博彩消费），购物消费所占的比重达 48.7%，物美价廉的优势，吸引着各地的游客纷纷前往购物。但是，澳门旅游休闲资源由于对外宣传的力度有限，被世人所知的程度不高，部分游客对澳门的历史建筑、中西融合的文化和饮食不甚了解；澳门旅游人力资源缺乏，根据澳门经济学会、澳门社会科学学会等近年来关于澳门人力资源的调查报告，澳门人力资源处于极其短缺的状态，旅游业从业人员中，高等学历人员严重不足。

4. 客源结构。澳门独特的文化旅游资源具有吸引国际游客的潜在优势，但澳门客源结构近年来没有显示出国际化的特征，中国大陆是澳门主要客源市场。2014 年，中国大陆访澳游客达 2100 万人次，占澳门入境游客总人次的 67%；2015 年第一季度，中国大陆游客消费为 108.1 亿澳门元，占入境游客总消费的 80.91%。2015 年 5 月，中国大陆访澳游客 1690987 人次，占澳门入境游客总人次的 66%。

5. 澳门建设世界旅游休闲中心条件优劣势比较。澳门世界旅游休闲中心建设的条件，包括国际知名度，旅游基础设施，旅游休闲资源，旅游客源结构方面，存在许多显性优势或潜在优势，但其劣势也不容忽视（见表 2）。

表2　澳门构建世界旅游休闲中心条件优劣势比较

特征	国际知名度	旅游休闲资源	旅游休闲基础设施和服务	客源结构国际化
优势	东方赌城、海上花园、东方蒙地卡罗	澳门历史城区及世界文化遗产、旅游观光塔、博彩建筑设施等	海陆空交通便捷；娱乐旅游、会展旅游、购物旅游、观光旅游等旅游基础设施较完善	具有吸引国际游客的潜在优势
劣势	"赌城"负面影响	旅游休闲资源的优势发挥不够	土地面积仅有 30.3km²，旅游休闲业发展的人力资源不足	国际游客和国际旅游收入比例低

(三) 澳门世界旅游休闲中心的模式与路径

1. 模式选择。都市特色型的世界旅游休闲中心。由于澳门土地面积狭小，旅游休闲产业的发展受到限制，无法像香港那样发展为大都市综合型世界旅游休闲中心，而且博彩业易受到国际经济变动的冲击，随着相邻国家和地区博彩权的开放，澳门博彩业的发展受到威胁。由此观之，澳门需立足于自身的文化特色，构筑多元产业结构，强化与珠海横琴新区的合作，最大限度突破澳门人多地狭、自然资源匮乏等瓶颈，将澳门城市特色和优势发挥到极致，实现包容、均衡、可持续的长期增长，共建澳门—横琴一体化都市特色型世界旅游休闲中心。这种选择并不是我们的主观愿望，而是由一系列客观条件所决定的。

首先，澳门经济转型的客观要求。推进澳门经济多元化发展，是中央政府和澳门特区政府的重大战略决策，都市特色型的世界旅游休闲中心建设，有利于澳门经济的长远发展和经济结构的转换。美国拉斯维加斯作为都市特色型的世界旅游休闲中心，利用博彩业合法化的后天优势，形成以点带面的多元化发展模式，为澳门经济转型提供了必要的经验。

其次，澳门历史文化遗产开发的客观要求。都市特色型的世界旅游休闲中心发展，很大程度上是依托特色资源，而澳门历史文化遗产正是澳门经济发展的特色资源之一。意大利威尼斯以历史文化古城而闻名世界，在城市历史文化遗产保护与开发方面是世界的典范。近年来，威尼斯坚持对历史文化古迹的整体保护，并在保护资金、保护方法、专业人才等方面给予大力支持。威尼斯充分利用自身的历史文化优势，结合现代旅游业，将自身打造成现代历史古都的世界旅游休闲中心，吸引全世界的游客，极大地强化历史古都的形象。这些经验对澳门建设都市特色型的世界旅游休闲中心有重要的借鉴意义。

第三，澳门推进区域合作的客观要求。都市特色型的世界旅游休闲中心建设，有利于澳门充分利用粤港澳区域合作的机遇，加强与珠海市的合作，积极参与横琴岛的开发建设，并作为发展战略纳入澳门长远的土地发展规划之中。同时，有利于澳门在世界旅游休闲中心建设过程充分利用香港国际化大都市的优势，大力拓展国际客源。

2. 路径选择。关于建设澳门世界旅游休闲中心的路径选择，已经成为各界高度关注的议题。多年来，学术界乃至社会各界均有不少的学术探讨与实践尝试。受制于澳门本身的自然资源条件，从澳门的现实状况出发，笔者赞同下述四个方面的选择。澳门建设世界旅游休闲中心作为国家社会经济发展战略的一个组成部分，将对澳门未来的整体发展产生重大的影响。

其一，提高国际知名程度。加强澳门休闲度假和历史文化形象的宣传，大力发展主题多样、特色多元的旅游休闲业，打造具有国际高知名度的"宜居宜游之城"。长期以来，澳门深入人心的旅游形象是"赌城"，而其独特而丰富的文化、历史等方面的旅游休闲形象没有得到彰显，这不利于澳门"世界旅游休闲中心"的建设。因此，澳门应摆脱单一"赌城"形象，加强旅游文化和休闲度假旅游的宣传，大力发展主题多样、特色多元的旅游休闲产业，塑造出多元文化融合的旅游休闲中心形象，打造具有国际知名度的"宜居宜游之城"，提升澳门魅力。扩大澳门文化遗产的知名度和美誉度，形成以文化遗产为依托，以建筑文化、历史文化、宗教文化为主题，以历史建筑群为重点，构建特色鲜明、主题突出的旅游形象；积极举办各种形式的节庆活动和体育盛事。节庆活动和体育盛事具有高影响度、高参与性、高体验性等特征，能够在短时间内达到很好的宣传效果。

其二，完善旅游基础设施。建设和完善交通基础设施，构建高效、快捷的交通运输体系。目前，虽然澳门对外交通比较通达，能满足旅游业的需求，但从长远来看，澳门要发展成为"世界旅游休闲中心"，就必须拥有更通达和高效快捷的交通运输系统。因此，澳门特区政府不仅要加快市内道路交通网络建设，解决市内交通拥挤问题，还需要进一步完善对外交通设施，特别是加快国际机场的建设和通关便利化，延长游客逗留时间，吸引多元国际客源。同时，积极推进粤港澳三地旅游合作发展机制，特别是加强与珠海横琴新区的合作，共建国际著名旅游休闲中心。澳门土地面积狭小，旅游休闲空间有限，要把澳门建设成为真正的"世界旅游休闲中心"，扩大澳门旅游休闲区域，要加强粤港澳区域合作，共建"以澳门世界旅游休闲中心为龙头，珠海国际商务休闲度假区为节点、广东旅游资源为依托"的"国际著名旅游休闲目的地"。积极推进澳门与珠海横琴新区的合作，把价值链相关的行业延伸至珠海横琴，从比较优势理论出发，在澳门本土，重点发展具有竞争优势的综合性旅游业，如博彩业、文化产业；在横琴，则发展高端旅游休闲精品项目，如高档酒店、海滨游乐、疗养中心等，形成与澳门产业配套和错位发展的国际知名旅游休闲目的地。

其三，开发旅游休闲资源。积极发展澳门的综合性旅游产业，以澳门的博彩、独特的欧陆小镇风光和中葡文化风情三者并重来吸引国际旅客，发展与澳门旅游配套的相关产业，如餐饮、休闲、购物、表演等产业，让有限的旅游资源满足更多国际旅客的需求。大力发展会展旅游业，构建"博彩—综合性旅游—会展旅游"为主的"三业一体"服务型产业结构。提升澳门的人力资源素质，打造国际一流的服务水平。澳门极其缺乏旅游人才，严重制约着澳门发展成为世界旅游休闲中心。因此，必须加强培养和引进高级旅游人才。从短期来看，提高人力资源素质最快捷的方法是引进高素质人才，澳门特区政府可以根据经济发展的需要，制订合理的人才引进计划；从长期来看，提高人力资源素质的根本方法是加强对本地人力资源的充分挖掘和有效利用，这就要求加强高等教育，特别是加大和改善职业教育培训力度，其中一条重要而又有效的途径就是联合珠海打造国际一流的旅游高等学府。

其四，拓展国际旅游客源。澳门博彩旅游客源市场"内地化"带来了一系列问题，严重困扰着我们的思维视野与澳门经济发展进程。显然，在旅游业发展中，"内地化"已经不是澳门博彩旅游客源市场的理性选择，必须有效地调整博彩旅游客源市场结构，走"多元化、国际化"的发展道路。澳门博彩旅游客源市场的"多元化、国际化"定位，其基本内涵是指澳门博彩旅游业发展，应该以其世界旅游休闲中心定位为基础，通过优化有澳门特色的旅游资源及充分发挥"三个商贸平台"的作用，以吸引更多的世界各地游客，特别是东亚、南亚、欧美等地区的游客，并站在全球的高度为促进世界旅游业发展和优化资源配置发挥作用。

---

① 陈庆云：《对粤澳合作框架协议的理论思考》，澳门：《澳门理工学报》2011 年第 4 期。

② 宋国琴、郑胜华：《杭州城市旅游休闲与国际接轨的问题及对策研究》，杭州：《商业经济与管理》2006 年第 7 期。

③马惠娣：《21世纪与休闲经济、休闲产业、休闲文化》，北京：《自然辩证法研究》2001年第1期。

④冉斌：《我国休闲旅游发展趋势及制度创新思考》，长春：《经济纵横》2004年第2期。

⑤罗明义等：《休闲型旅游目的地培育研究——理论·实证·个案》，北京：科学出版社，2013，第35~38页。

⑥马谊妮、姜芹春：《休闲旅游与休闲型旅游目的地研究》，昆明：云南大学出版社，2013，第146~194页。

⑦毛润泽：《旅游综合体：概念、类型与模式》，见中国区域科学协会区域旅游开发专业委员会《第十五届全国区域旅游开发学术研讨会暨度假旅游论坛论文册》，成都：第十五届全国区域旅游开发学术研讨会暨度假旅游论坛，2010年10月26日，第73~78页。

⑧刘少和、李秀斌、张伟强：《广东休闲度假旅游发展模式探讨——以滨海珠海市与粤北清新县为例》，广州：《热带地理》2008年第4期。

⑨金丽：《国际旅游城市形成发展的动力机制与发展模式研究》，天津：《天津商业大学学报》2010年第3期。

⑩数据来源：搜狐网，http://www.sohu.com。

⑪高舜礼：《澳门建设"世界旅游休闲中心"的内涵与策略》，北京：《中国旅游报》2011年第3期。

⑫张作文、王亮：《澳门建设世界旅游休闲中心：差距与策略》，北京：《港澳研究》2013年第1期。

⑬杨道匡：《横琴开发——珠澳合作建设世界旅游休闲中心》，澳门：《澳门理工学报》2014年第1期。

⑭郑炎潮、卢晓媚：《共建"澳门—横琴"一体化的"世界旅游休闲中心"——营造以博彩业为核心的世界旅游休闲产业链和聚集区》，广州：《南方经济》2011年第11期。

⑮陈章喜、粮欣：《澳门房地产业：经济地位、香港元素与产业合作》，广州：《产经评论》2015年第3期。

作者简介：陈章喜，暨南大学特区港澳经济研究所教授，广东产业发展与粤港澳台区域合作研究中心研究员。

［责任编辑：刘泽生］

（本文原刊2015年第4期）

主持人语

刘泽生

  2015 年 10 月 29 日，中共十八届五中全会在京闭幕。全会通过了《中共中央关于制定国民经济和社会发展第十三个五年规划的建议》，提出"创新、协调、绿色、开放、共享"五大发展理念，勾画了全面建成小康社会的新路径。《建议》第六部分指出，要深化内地和港澳、大陆和台湾地区的合作发展，全面准确贯彻"一国两制"、"港人治港"、"澳人治澳"、高度自治的方针，发挥港澳独特优势，提升港澳在国家经济发展和对外开放中的地位和功能，支持港澳发展经济、改善民生、推进民主、促进和谐。支持香港巩固国际金融、航运、贸易三大中心地位，参与国家双向开放、"一带一路"建设。支持香港强化全球离岸人民币业务枢纽地位，推动融资、商贸、物流、专业服务等向高端高增值方向发展。支持澳门建设世界旅游休闲中心、中国与葡语国家商贸合作服务平台，促进澳门经济适度多元可持续发展。要加大内地对港澳开放力度，加快前海、南沙、横琴等粤港澳合作平台建设。加深内地同港澳在社会、民生、科技、文化、教育、环保等领域交流合作，深化泛珠三角等区域合作。短短的 300 多字，为港澳地区未来发展描绘了新的蓝图。

  目前，中国综合国力正在大幅提升，并成长为仅次于美国的世界第二大经济体。迅速崛起的中国正在改变世界的地缘政治格局。习近平主席提出的"一带一路"倡议，正是当代中国全球观念与全球大格局的集中体现。《建议》提出，要推进"一带一路"建设。秉持亲诚惠容，坚持共商共建共享原则，完善双边和多边合作机制，以企业为主体，实行市场化运作，推进同有关国家和地区多领域互利共赢的务实合作，打造陆海内外联动、东西双向开放的全面开放新格局。

以基础设施和产业合作为重点，以不同文明和平共存、不同发展道路相互尊重为前提的"一带一路"倡议，有别于传统的、以市场开放为主要特征的双边和多边谈判与协议的自贸区合作方式，为21世纪地区合作创设了一个新的发展模式，一个中国式的全球公共产品。陈广汉教授认为，"一带一路"倡议的实施代表一种全球经济治理的中国模式，是中国作为负责任大国解决当今世界"和平与发展"两大主题的一种可贵探索，不仅会改变世界经济发展的格局，而且也将带动中国区域经济的新发展，港澳可以在实施中扮演重要的角色，从而提升自身在国际和区域经济中的地位和竞争力。

封小云教授多年来一直关注港澳经济的发展战略研究。她认为，即将到来的十三五规划期是粤港澳合作深化，实现区域合作跨越式发展的重大时期。在这个时期中，粤港澳三地必须如期完成初步建成世界级城市群的历史使命。早在2008年中国政府就已经明确将珠三角地区与港澳合作发展提升为国家战略。十三五时期是中国进入经济新常态的第一个五年规划期。经济新常态不仅标志着中国经济从过去30多年的高速增长转为常态增长；更标志着中国经济成长动力的根本性转换，即由要素、资本驱动走向创新驱动。十三五终期的2020年，正是珠三角地区与香港、澳门通过全面融合而形成具有全球竞争力的世界级城市群的重大时期。为此，封文围绕着十三五规划期粤港澳如何深化合作、完成初步建立世界级城市群的目标，进行了全面的论述。

港澳地区发展正迈入一个新阶段，处于产业优化、动力重塑、竞争优势再造的关键阶段，需要在国家发展新理念及"一带一路"合作新模式中寻求机遇与突破。本刊将以此为专题陆续发表两地学者的研究成果。本期率先推出的陈、封两位佳作，希望对相关的理论探讨与策略选择有所裨益，也期待有更多的专家学者、热心人士加入到我们的研究行列中来。

全球经济治理的中国模式
和港澳独特作用[*]

陈广汉

[提　要] 以基础设施和产业合作为重点，以不同文明和平共存、不同发展道路相互尊重为前提的"一带一路"倡议，有别于传统的、以市场开放为主要特征的双边、多边谈判和协议的自贸区合作方式，正在形成一种全球经济治理的中国模式，是为解决当今世界"和平与发展"两大主题的可贵探索。它有利于不同历史文化、制度背景、发展模式和发展阶段国家之间的经贸合作。在中国对外开放中扮演重要角色的香港和澳门不仅是金融、商贸、航运、旅游中心，也是中西文化交流前沿和不同文明包容互鉴窗口，可以在"一带一路"建设中发挥独特作用。

[关键词] 一带一路　全球经济治理　中国模式　港澳作用

"一带一路"是中国提出的伟大倡议和国际合作公共产品，有别于传统的、以市场开放为主要特征的双边和多边协议的自贸区经贸合作方式，正在形成一种全球经济治理的中国模式。经国务院授权，由国家发展和改革委员会、外交部、商务部发布的《推动共建丝绸之路经济带和 21 世纪海上

* 本文系中山大学粤港澳发展研究院项目"后政改时期香港国际竞争力和民生改善研究"（项目号：15WKJC19）、教育部人文社科基地重大项目"珠三角港资企业转型升级研究"（项目号：13JJD790039）的阶段性成果。

丝绸之路的愿景与行动》明确指出："（要）发挥海外侨胞以及香港、澳门特别行政区独特优势作用，积极参与和助力'一带一路'建设。"在中国对外开放中扮演重要角色的香港和澳门，可以在"一带一路"建设中承担独特作用。

一 "一带一路"：全球经济治理的中国模式

全球治理理论是为了应对全球化和多极化趋势以及由此而产生的一系列国际性问题，而提出的对全球事务进行共同管理的理论。该理论最初由西德前总理、社会党国际主席、国际发展委员会主席维利·勃兰特于 1990 年提出。1992 年，有一批国际知名人士发起成立了"全球治理委员会"（Commission on Global Governance），该委员会于 1995 年发表了《天涯成比邻》（*Our Global Neighborhood*）的研究报告，较为系统地阐述了全球治理的理论。该委员会认为：治理是个人和制度、公共和私营部门管理其共同事务的各种方法的综合。它是一个持续的过程，其中，冲突或多元利益能够相互调适并能采取合作行动。它既包括正式的制度安排，也包括非正式的制度安排。全球治理的核心要素包括治理的价值、规制、主体、客体和效果。全球问题的治理不可能在追求个别或者少数国家利益最大化的情况下实现，它应该是全球范围内所要达到的理想目标，应当是超越国家、种族、宗教、意识形态、经济发展水平之上的全人类的共同价值。从全球经济发展的层面看，全球经济发展的不平衡、发展中国家与发达国家由于经济发展水平巨大差异引起的利益冲突、"二战"后形成的制定和实施全球经济规则的组织机构和制度如何适应全球经济格局的变化，这些都是全球经济治理的重要内容。经济发展的实践表明，现行的国际经济治理制度包括组织和规则，在促进发展中国家经济发展和解决世界经济发展不平衡方面存在不足。近几年来，美国分别推出 TPP（跨太平洋战略经济伙伴协定）、TTIP（跨大西洋贸易与投资伙伴协定）和 PSA（多边服务业协议）计划，旨在主导后金融危机时代世界经济秩序的构建和经济规则的制定。这种以市场开放为主要特征的双边、多边谈判和协议的自贸区的经贸合作模式，但高门槛将一些欠发达国家排斥于门外，不能解决欠发达国家的经济发展。为了应对国际经济秩序以及世界格局变化的挑战，近年来，中国一方面在国内建立自贸区，在国际上加快双边和多边自贸区谈判和建立，提升对外开放的水平；另一方面推出"一带一路"倡议和建立亚投行，以中国行动和方式推进世界经济发展和区域合作，形成"更大范围、更高水平、更深层次的区域合作，共同打造开放、包容、均衡、普惠的区域经济合作架构"。中国提出的亚投行、"一带一路"等倡议旨在支持各国特别是发展中国家经济共同发展，它不排斥现行国际经济秩序，也不是要谋求势力范围，而是一种新的经济全球治理模式的探索。

"一带一路"由"丝绸之路经济带"和"21世纪海上丝绸之路"构成。丝绸之路经济带主要依托国际大通道，以沿线中心城市为支撑，以重点经贸产业园区为合作平台，共同打造新亚欧大陆桥、中蒙俄、中国—中亚—西亚、中国—中南半岛等国际经济合作走廊。21世纪海上丝绸之路以重点港口为节点，共同建设通畅安全高效的运输大通道，同时涵盖中巴、孟中印缅两个经济走廊。"一带一路"的建设将以亚洲国家为重点，以经济走廊为依托，以交通基础设施为突破，以建设融资平台为抓手，促进经济要素有序自由流动、资源高效配置和市场深度融合，推动沿线各国实现经济政策协调，开展更大范围、更高水平、更深层次的区域合作，共同打造开放、包容、均衡、普惠的区域经济合作架构，构建政策沟通、设施联通、贸易畅通、资金融通、民心相通的国际经济治理体系。传统的、以市场开放为主要特征的多边谈判和协议自贸区，在不同发展水平的经济体和国家之间，往往存在巨大的利益冲突和矛盾。发达国家高开放标准往往会损害发展中国家的利益，将一些发展中国家拒之门外。"一带一路"倡议以基础设施和产业合作为重点，以不同文明和平共存、相互尊重为前提，正在形成一种有别于传统的、以市场开放为主要特征的双边、多边谈判和协议的自贸区经贸合作模式。它更有利于推进不同历史文化、制度背景、发展模式和发展阶段国家之间的经贸合作，构建包容、均衡和普惠的国际经济合作体系。

（一）产业国际投资的互惠。产业发展是国家经济发展的基础，工业化是经济起飞的必经阶段。产业合作和相关的国际直接投资可以带动一个国家的经济发展，也是"一带一路"沿线国家发展经济的需要。经过多年发展，中国已形成许多具有国际竞争力的产业，包括消费品工业、装备制造业和高科技产业，尤其一些与基础设施相关的装备制造业具有国际领先水平。这些产业具备了开展跨国投资的能力和意愿。据国家商务部披露，目前中国正在全球50个国家建立118个经贸合作区，其中有77个处在"一带一路"沿线的23个国家。① 这些境外经贸合作区主要分为加工制造型、资源利用型、农业加工型以及商贸物流型四类园区，位于丝绸之路经济带上的

35 个合作区，分别位于哈萨克斯坦、吉尔吉斯斯坦、乌兹别克斯坦、俄罗斯、白俄罗斯、匈牙利、罗马尼亚和塞尔维亚等国。而对"21 世纪海上丝绸之路"，经贸合作区更是遍布沿线，包括东南亚的老挝、缅甸、柬埔寨、越南、泰国、马来西亚、印尼；南亚的巴基斯坦、印度和斯里兰卡；非洲的埃及、埃塞俄比亚、赞比亚、尼日利亚、坦桑尼亚、莫桑比克等国家。这些产业园成为"一带一路"的重要承接点和支点，带动相关国家的工业化和经济增长。

（二）基础设施投资的共赢。基础设施的先行性、不可分性和准公共产品性，表明基础设施在国家社会经济发展中的重要作用，特别是对于经济处于起飞时期的发展中国家更是如此。"一带一路"沿线国家在基础设施建设方面需求迫切，供求缺口巨大。基础设施建设是推进"一带一路"建设实施的突破口。一方面基础设施建设可以促进沿线国家的互联互通，加快生产要素流动，促进市场开放，降低经济运营成本，同时也可以为投资国的资本和产业找到市场，实现资源更大范围的有效配置。另一方面基础设施投资还具有乘数效应，可以带动一个国家的经济增长。中国牵头成立亚洲基础设施投资银行就是一个以基础设施投资为主要对象、开放性多边金融机构，与丝路基金一起，将成为"一带一路"建设的重要融资平台。

（三）不同文明的包容和互鉴。在古代世界人类发展的历史中，形成了几个相对隔绝、独立发展的文明中心以及相应的文化圈。历史上的丝绸之路是东西文明和文化交流的纽带和桥梁。中国古代的造纸、印刷技术、丝绸、磁学等中华文明的成果，通过丝绸之路传播到欧洲，对欧洲发展产生了重要影响。丝绸之路的历史证明，不同文明之间虽存在差异，但并不必然导致对抗和冲突。"一带一路"建设为中华文明、印度文明、伊斯兰文明的交流、合作和互鉴提供新的契机。"一带一路"倡议"倡导文明宽容，尊重各国发展道路和模式的选择，加强不同文明之间的对话，求同存异、兼容并蓄、和平共处、共生共荣"，主张"包容、均衡、普惠"的发展理念，将"民心相通"视为"一带一路"建设的社会根基，提出"传承和弘扬丝绸之路友好合作精神，广泛开展文化交流、学术往来、人才交流合作、媒体合作、青年和妇女交往、志愿者服务等，为深化双多边合作奠定坚实的民意基础"。[②]

"一带一路"建设已经在经济上取得初步成效。在全球经济依旧处于深度调整，复苏乏力，需求不振的情况下，2015 年上半年，我国与"一带一路"沿线国家之间的经贸合作扎实推进，特别是在投资和工程承包方面成效显著。对外贸易方面，我国与沿线国家双边贸易总额 4853.7 亿美元，同比下降 8.4%，占同期进出口总额的 25.8%。其中，对沿线国家出口 2957.7 亿美元，增长 1.9%，占出口总额的 27.6%；自沿线国家进口 1896 亿美元，下降 20.9%，占进口总额的 23.4%。"一带一路"沿线国家对华投资设立企业 948 家，同比增长 10.62%；实际投入外资 36.7 亿美元，同比增长 4.15%。从所投资的行业看，信息传输、计算机服务和软件业、金融业、租赁和商务服务业实际投入外资增长幅度较大，同比增长分别为 116.54%、1262.15% 和 150.02%。从所投资的地区分布看，上海、江苏、山东的投资占比较高，所占比重分别为 22.24%、16.04% 和 7.84%。从国别来源看，实际投入外资增幅较高的国家有马来西亚（增长 135.51%）、沙特阿拉伯（增长 697.27%）、波兰（增长 3621.92%）、俄罗斯（增长 129.36%）、斯洛伐克（增长 196.67%）。对外直接投资方面，我国企业共对"一带一路"沿线的 48 个国家进行了直接投资，投资额合计 70.5 亿美元，同比增长 22%，占我国非金融类对外直接投资的 15.3%。投资主要流向新加坡、印尼、老挝、俄罗斯、哈萨克斯坦、泰国等。我国企业在"一带一路"沿线的 60 个国家承揽对外承包工程项目 1401 个，新签合同额 375.5 亿美元，占同期我国对外承包工程新签合同额的 43.3%，同比增长 16.7%。其中新签合同金额在 5000 万美元以上的项目 137 个，累计合同金额 309 亿美元，主要涉及电力工程、通讯工程、房屋建筑、交通运输、石油化工建设等领域；完成营业额 297 亿美元，占同期对外承包工程完成营业额的 44%，同比增长 5.4%。我国企业与"一带一路"沿线国家签订服务外包合同金额 70.6 亿美元，执行金额 48.3 亿美元，同比分别增长 17% 和 4.1%。其中，承接东南亚国家的服务外包合同金额 40.3 亿美元，执行金额 29.3 亿美元，同比分别增长 18.2% 和 9.1%。[③]

二　香港在"一带一路"建设中的作用

改革开放 30 多年来，香港对内地发挥的功能主要是"引进来"。随着国家"一带一路"建设的实施，中国对外投资将快速增长，走出国门的企业会不断增加。香港具有高度开放和比较完善的资本市场、发达的国际商业网络、与国际接轨的法律体系、自由和通畅的信息交流，香港可以助力中国经济和企业更好地"走出去"。

（一）发挥香港国际金融中心的优势，为"一带一路"提供金融支持

金融支持在"一带一路"建设中起到主导作用。目前内地金融机构还无法满足"一带一路"建设带来的跨国融资需求，有中国牵头组建亚洲基础设施投资银行拟定的注册资本金一千亿美元，但是实际上各成员国只有20%的实缴资本，剩余的资金需要通过发债和筹资获得。香港是世界主要金融中心，金融市场及银行体系发达，资金充裕，聚集了数以千计的世界知名投资银行、基金管理及财务公司，监管规范，市场运作成熟，是"一带一路"建设融资的重要平台。

1. 利用香港完善资本市场，发行"一带一路"建设债券。利用香港完善的金融市场，专业的金融分工，透明的、标准化的金融产品，齐备的金融基础设施优势，通过发行各类债券，分散国际投资风险。

2. 发挥香港发达的银行体系和融资便利、成本较低优势，筹措资金。香港本地及国际资本充裕，资本流动自由，在资金融通、资产管理和资金运行方面优势明显，融资便利和成本较低。

3. 离岸人民币业务带来的新优势。香港已经成为大陆以外最大的人民币结算中心和人民币业务中心。CEPA（《内地与香港关于建立更紧密经贸关系安排》）的日益深化使得内地与香港之间经贸及服务业不断开放，香港人民币贸易结算不断放宽，为香港人民币业务的发展提供了制度性的保障。离岸人民币业务发展会降低内地企业"走出去"的汇率风险。

（二）利用香港现代服务业和国际商业网络，打造"一带一路"的国际营运平台

1. 现代服务业体系和熟悉国际规则的人才。现代服务业是香港的支柱产业，聚集了大量的专业服务机构、高端服务人才，能够提供国际化程度很高的专业服务。这些专业人士熟悉国际管理、西方会计制度、税例的商业管理与顾问、会计及审计咨询、国际融资、企业兼并，其中许多都具有通晓两文三语的优势，能为实施"一带一路"倡议中"走出去"的内地企业提供专业服务。

2. 高度开放的经济和全球化商业网络。香港是自由港，资本、人员、信息和商品自由流动，形成了国际商业网络，为企业更好地在全球范围进行布局和运营创造了条件，有利于企业实现资金的自由、高效调度以及进行资产管理，实现资金利用效益最大化，还可以利用香港国际化宣传品牌和商业网络，宣传企业品牌，建立品牌形象。

3. 国际跨国公司聚集地。香港跨国企业众多，内地企业在香港这个国际化的环境之中，不断地接触到世界各地的企业，与不同文化背景的人士打交道，丰富了其在国际市场上的经验。

（三）发挥国际化营商环境及国际交通枢纽的优势，建设海上丝绸之路的国际枢纽

1. 自由经济制度与自由港地位为企业全球运营带来诸多便利。香港政府长期奉行"大市场、小政府"原则，很少对市场和企业经营进行干预，没有烦琐的审批程序。内地企业投资香港手续便利，在港注册公司亦没有资本金要求。内地企业在香港这样的自由化经济环境下，能够充分利用香港市场的国际化资源和品牌优势，拓展海外市场。

2. 与国际接轨的法律制度。回归后香港的法律制度继续沿袭了普通法体系，有与欧美大多数国家接轨的优势，内地企业在香港签订的合约受到香港法律的保护，日后有纠纷和分歧可以按照香港法律裁决。

3. 简单税制和低税率。香港的简单税制和低税率是吸引内地企业通过香港走出去的重要诱因。其一，香港税制简单，征收税种较少及主要为直接税，包括俸薪税、利得税及物业税。其二，香港不征收资本增值税或者红利预扣税，在征税方面采用地域来源原则，只对香港的利润或者收入征税。企业进口机器和原材料无须缴付关税，对于香港研究及开发工作，香港推行优厚的税项宽减措施。

4. 香港的地域优势与发达的交通网络也为企业全球经营带来了便利。香港地处亚洲中点，又是太平洋和印度洋航运要冲，是东南亚乃至世界的重要交通枢纽和商业中心。香港背靠内地、面向世界的独特地理位置使得内地企业在走出去的过程中不仅能够顾及其东南亚以及欧美市场，还能够保持其与内地的紧密联系，是海上丝绸之路的重要门户和国际枢纽。

（四）发挥"一国两制"优势，内地和香港企业联手开拓"一带一路"市场

内地企业可以与香港企业合作，利用香港作为"一国两制"下独立关税区的地位优势，以联合投资、联合投标、联合承揽项目等多种方式，共同开拓"一带一路"市场。随着"一带一路"建设的推进，中国过剩产能和优势产业的"走出去"有时会面临接受国出于政治因素、保护本国企业等考虑而出现的种种限制。与香港企业"联合走出去"，可以利用香港企业

已建立的商业网络，更快地进入东道国市场，借助香港的国际化优势，推动"中国标准"走出去，以争取更大的竞争优势，还有利于避开某些贸易壁垒和不合理政治因素，拓展国际市场。

（五）发挥珠三角制造业优势，打造"一带一路"沿线经贸产业园

美国波士顿咨询集团（BCG）发布报告《全球制造业经济大挪移》显示，全球出口排名前25位的经济体，以美国为基准（100），中国制造业的成本指数为96。中国制造业的成本已经与美国相差无几。中国商务部部长高虎城提出，商务部2015年将推进"境外经贸合作区创新工程"。中国正在全球50个国家建设118个经贸合作区，其中涉及"一带一路"国家共达77个。这些境外经贸合作区成为"一带一路"建设的重要承接点。改革开放以来，珠三角承接香港和国际产业转移，促进本土制造业发展，形成具有国际竞争力的产业集群，被誉为世界制造业基地。粤港联手，推进珠三角制造业到"一带一路"沿线国家建立产业园。

（六）借鉴香港PPP投资和运营模式的成功经验，参与"一带一路"的基础设施建设

基础设施建设是"一带一路"经贸合作的重要内容，其中需要整合政府和民间力量参与其中，PPP（Public Private Partnership）被认为是一种有效投资和运营模式。亚洲金融危机之后，香港政府财政赤字严重，开始重视PPP模式的应用，并由其效率促进组（Efficiency Unit）专门负责PPP模式的推广。事实上，香港早在几十年前就已将PPP模式应用于其基础设施建设中，包括红磡海底隧道、东区海底隧道、西区海底隧道、大老山隧道、大榄隧道、化学废物处理厂、内河货运码头、数码港、亚洲国家博览馆、香港迪斯尼乐园等，而为人熟知的香港地铁也通过上市实现其公私合营模式。香港可以利用这些成果的经验，与内地政府和企业合作，参与"一带一路"的基础设施建设。

（七）香港应为内地企业高管来港工作和进出香港提供更多便利

目前内地企业来港设立分公司或分支机构，管理层主要是通过"输入内地人才计划"获得工作签注和居留资格。由于专才计划对人才的定义设定了一些条件，如教育背景、专业技术资格等，一些内地企业派出的管理人员因不符合条件而被拒之门外。而企业一般员工，则要根据输入劳工的有关规定受到更严格的限制。这些规定对于香港打造成为内地企业"走出去"的海外营运中心有一些负面影响。为吸引内地企业将香港作为海外营运中心,需要给这些企业高管来港工作和进出香港提供便利。

从"引进来"到"走出去",表明了随着内地新一轮构建开放型经济新体制的推进,香港的角色正在发生变化。近几年来,香港社会内耗和空转拖累了香港经济,损害了港人的切身利益,最终将削弱香港在国际和区域中的经济地位。香港需要回归理性和务实,以发展经济和改善民生为中心,凝聚社会共识,在国家实施"一带一路"建设中扮演独特角色。

三 澳门在"一带一路"建设中的作用

澳门 16～19 世纪在海上丝绸之路中扮演过重要的枢纽角色,当时海上丝绸之路分东线(太平洋)和西线(印度洋、地中海、大西洋),澳门货币(pataca)是海上丝绸之路西线通用的货币。当时这种货币由南美墨西哥、秘鲁等国的银矿铸造出来,用以换取中国的丝绸、茶叶、瓷器等产品,而通过东、西两条丝绸之路销售到全世界。同时有福建、广东的许多劳工、技师、商人等通过这条航线移民到世界各地。澳门成为当时人流、物流的重要集散地,目睹了经济全球化的第一步。[④]由于缺乏深水港,在 19 世纪下半叶澳门的自由港地位逐渐被香港所取代,但是澳门仍保留其低税或免税、货币自由兑换、人员和资本自由出入等自由港的制度。在中国改革开放过程中,澳门的企业率先投资内地特别是珠三角地区,在为内地引进资本、技术、现代管理经验等方面发挥了重要的中介作用。

(一) 澳门在"一带一路"建设中的文化交流作用

经贸合作和人文交流是"一带一路"建设的两翼。文化交流是各国人民心灵沟通的桥梁,建立政治互信的基础工程,影响深远。经贸合作与人文交流可以相互促进。丝绸之路既是经贸合作的纽带,也是文化交流的桥梁。"一带一路"涵盖的国家众多,这些国家历史文化、宗教信仰、社会制度、发展阶段的差异性很大,经贸合作要走稳行远,文化交流和政治互信显得特别重要。文化交流有利于建立政治的互信,促进经贸合作,形成利益共同体和命运共同体。澳门是一座在中华文化与西方文化、东方文化与西方文化的交流、互鉴和融合生长中发展起来的城市,在中西和东西文化交流中做出过突出贡献。澳门学者吴志良认为,在澳门,不同民族、不同文化、不同宗教和不同信仰在这里和睦相处,共生共存,孕育出一个不同文明互相尊重、互相学习、互相吸纳、共同进步的交往模式。[⑤]澳门城市的这种包容开放和共生共存的文化品格和交往方式,与"和平合作、开放包容、互学互鉴、互利共赢"的丝绸之路精神和"一带一路"合作理念、建立命运共同体的主张是一脉相承的，来源于中华文化兼容并蓄、海纳百川的恢宏气魄，需要在推进"一带一路"建设中发扬光大。澳门社会的发展是不同文明可以包容互鉴与和平共处的"范式—经验"的有机结合，具有在"一带一路"建设中扮演文化交流的独特作用。

（二）澳门在"一带一路"建设中的商贸服务功能

2008 年国务院发布的《珠江三角洲改革发展规划纲要（2008～2020）》首次将澳门定位为世界旅游休闲中心。2011 年 3 月《国民经济和社会发展第十二个五年规划纲要》提出："支持澳门建设世界旅游休闲中心，加快建设中国与葡语国家商贸合作服务平台。"澳门要发挥自身优势，把握"一带一路"机遇和中国与葡语国家经贸关系蓬勃发展的态势，全面落实和实施"一个平台"（中国与葡语国家贸易合作服务平台）和"三个中心"（中葡中小企业商贸服务中心、葡语国家食品集散中心和中葡经贸合作会展中心）计划，将澳门作为中国与葡语国家商贸平台的服务功能做实、做大、做强，并以此为依托向"一带一路"国家和区域拓展。同时，以第八届亚太经合组织（APEC）旅游部长会议在澳门成功举行和通过《澳门宣言》的契机，倾力打造"世界旅游休闲中心"，开拓"一带一路"国家旅游市场。将建设中国与葡语国家商贸合作服务平台与打造世界旅游休闲中心、参与国家"一带一路"建设有机结合起来。

澳门虽然具有自由港的优势，但是澳门现代服务业的竞争力不强。澳门可以通过建设葡语国家商贸服务平台和打造中葡中小企业商贸服务中心、葡语国家食品集散中心及中葡经贸合作会展中心，形成自身现代服务业优势，服务于国家"一带一路"建设。

1. 强力打造"三个中心"，将经贸合作服务平台做实

以"中葡中小企业商贸服务中心、葡语国家食品集散中心及中葡经贸合作会展中心"的建设为抓手，以中小企业商贸服务、食品集散和经贸合作会展为核心，扎实推进商贸服务平台建设，巩固和提升澳门作为中国内地与葡语国家商贸的中介和桥梁角色，为中国内地与葡语国家以及澳门的企业带来新的商机。建立"中葡合作发展基金"，在澳门设立"中葡论坛培训中心"等多项推动中葡经贸合作的建议和措施。

2. 全面提升服务功能，将经贸合作服务功能做大

按照发挥优势和彰显特色的原则，以提升"一个平台"和"三个中心"

的服务功能为中心，明确市场定位，发展金融、商贸服务、企业咨询、市场营销、法律服务、食品检测、会展服务、物流、双语教育等现代服务业，拓展服务领域，提升服务能力，在中国与葡语国家经贸合作和"一带一路"实施中更好扮演"引进来"和"走出去"的角色和平台。

3. 切实推进体制和技术创新，将经贸服务能力做强

适应世界贸易与投资自由化发展的新趋势，创新体制和管理模式，强化竞争意识，充分发挥和挖掘澳门自由港制度和"一国两制"优势，为提升经贸平台功能创造更好的制度条件和市场环境。大力推进现代科技特别是信息技术在现代服务业中的运用，推动现代服务业与信息产业的融合发展，培育和引进经贸服务和科技产业的优秀人才和优质企业，增强服务能力。通过制度和技术创新，提升商贸服务业的国际竞争力。

（三）发挥澳门产业优势，建设"一带一路"旅游休闲中心

提升澳门旅游业的国际化程度，拓展国际市场是建设世界旅游休闲中心的要求。处于"一带一路"的东南亚、南亚，以及欧洲国家应该成为澳门旅游业开拓国际市场的重点，并以此带动旅游休闲业发展，促进澳门产业适度多元化。

1. 开展全方位和多层次的旅游合作，拓展"一带一路"旅游市场

以旅游市场一体化为目标，进一步推动区域内制定相关法律法规，消除市场壁垒，促进旅游市场相互开放。积极推进实施《APEC 旅游战略计划》，促进中国与"一带一路"国家特别是东南亚、南亚和拉美国家之间全方位、多层次的旅游合作，拓展澳门旅游业的国际市场，提升旅游休闲业的国际化水平。

2. 加快旅游业和其他产业的融合，促进产业适度多元化发展

以旅游休闲产业为主导，注入文化、保健、美食、购物、演艺、世界遗产、会展、娱乐等元素，促进旅游产品多元和旅客来源多元，带动其他产业，提升澳门旅游业在全球旅游发展的影响力和辐射力，将澳门建成集旅游休闲中心、旅游文化中心、旅游服务和集散中心于一体，集旅游观光、休闲度假、文化创意、会议展览、娱乐体验等多元功能于一身的综合性旅游城市。

3. 加快现代科技与旅游业融合，建设国际"智慧旅游"城市

广泛应用现代科技，尤其是信息技术，改造传统旅游产业，适应现代旅游业信息化发展趋势，全面提升旅游休闲产业的竞争力和辐射力。提升旅游业的信息化、智能化水平，利用科技手段和信息技术促进签证、人员交流、市场开放等领域的便利化，促进互联互通，建设国际"智慧旅游"城市。

4. 倡导绿色和低碳发展理念，实现旅游业可持续发展

倡导绿色低碳发展理念，事关社会、经济和环境的协调与可持续发展。积极参与和推动亚太地区旅游业低碳发展合作，实施绿色旅游和低碳旅游计划，使澳门旅游业成为推进亚太和"一带一路"地区绿色、可持续增长的良好示范。

四　建设粤港澳大湾区，打造"一带一路" 桥头堡和发动机

"充分发挥深圳前海、广州南沙、珠海横琴、福建平潭等开放合作区作用，深化与港澳台合作，打造粤港澳大湾区"⑥是国家"一带一路"建设的重要内容。深化香港、澳门和广东之间的合作，整合三地的优势，可以为"一带一路"建设提供重要支撑和动力。

（一）促进粤港澳经济深度融合，为"一带一路"建设提供动力

以广东自贸区建设为依托，推进粤港澳经济深度融合，打造粤港澳大湾区，为"一带一路"建设提供强大动力。广东自贸区建设将会引领内地的新一轮改革开放，加快广东产业转型升级，促进港澳经济发展，推动粤港澳经济深度融合，促进"一带一路"特别是海上丝绸之路建设。充分发挥横琴、前海和南沙自贸区发展带来的制度创新优势和毗邻港澳的区位优势，落实国务院批复的自贸试验区建设总体方案，深入推进粤港澳服务贸易自由化，深化粤港澳金融合作，强化粤港澳国际贸易航运功能集成，提升粤港澳区域经济的国际竞争力，为"一带一路"建设提供动力。

（二）推进国际产能合作，为"一带一路"提供产业支撑

国家提出将我国产业优势和资金优势与国外需求相结合，以企业为主体，以市场为导向，大力推进国际产能和装备制造合作，促进国内经济发展、产业转型升级，拓展产业发展新空间，打造经济增长新动力。力争到2020年，与重点国家产能合作机制基本建立，一批重点产能合作项目取得明显进展，形成若干境外产能合作示范基地。广东特别是珠三角地区制造业发达，其中轻纺、家电、建材、信息、通讯等行业是我国的优势产业，被称为世界制造业基地。香港的金融、商贸服务业和现代专业服务人才，澳门是葡语国

家商贸服务平台。粤港澳三地可以充分发挥自身优势，抓住国家"一带一路"建设和推进国际产能合作的机遇，将两者有机结合起来，推动本区域特别是珠三角制造业"走出去"，在"一带一路"国家建设产能合作园区。

（三）深化区域金融合作、推动人民币国际化进程

2015 年第 17 期"全球金融中心指数"（GFCI）发布，这份每半年更新一次的全球金融中心竞争力排行榜显示，在全球排名前十的国际金融中心中，纽约和伦敦继续领跑，并拉大了与后来者的差距；香港、新加坡和东京仍然在亚洲领先，依次排名全球第三至第五。中国内地则有上海、深圳、北京和大连四个城市上榜，12 个入榜亚洲金融中心的城市中，有 11 个得分和排名上升。上海得分 695，排名全球第 16，较上期上升 4 位；深圳得分 689 名列全球第 22，上升 3 位；北京得分 674，名列全球第 29，上升 3 位。大连首度进入榜单，成为我国内地第四个进入 GFCI 指数的金融中心，排名全球第 51。粤港澳金融合作潜力巨大，将能对内辐射中国内地，对外辐射全球市场，为"一带一路"建设提供强大的金融支持，推动人民币国际化进程。

1. 引进香港金融机构和管理，打造南方金融总部基地和国家金融创新示范区。利用前海、南沙和横琴自贸区建设的制度创新优势和毗邻港澳的区位优势，引进香港金融机构以及相配套专业服务，加快金融管理体制创新，推进利率体系和形成机制的改革。通过和香港银行业合作吸引人才、借鉴管理经验、开拓金融服务产品，打造地区银团贷款和财富管理中心。其一，借鉴国际银行业成功经验，在珠三角地区率先建立客户信息的保密制度，建立个人及团体资产专业化管理体系，吸引香港优秀银行业人才进入，在广东建立起特有的专业化银行服务。其二，应允许设立港澳资银行以及民资与港澳资合办合资银行。港澳资银行可在前海、南沙和横琴自贸区开展扩大人民币业务试点，享受国民待遇，可从事各类零售及批发银行业务，包括接受存款、企业融资、贸易融资、财务活动、贵金属买卖及证券交易等。其三，借助与香港的同业合作，着重建设以银行业为重心的金融业，大力发展银行存贷款业务，打造华南地区银行业务中心。其四，结合广州及深圳正在形成的对资本市场的巨大需求，推动粤港澳金融机构携手开发银团贷款，引进金融产品，开展网络银行合作，推动华南地区银行机构在香港发行人民币债券。支持香港银行机构入股本地银行机构，以最大限度地发挥协同效应。其五，加快推进以中央银行利率为基础，以货币市场利率为中介，由市场供求决定金融机构存贷款利率水平的市场利率体系和形成机制的改革步伐。

2. 推进人民币及外汇跨境结算合作，提升区域性资金结算中心地位。广东要加强与香港的结算合作。其一，完善人民币和外汇跨境结算系统，积极推动跨境外汇结算系统和境内外汇结算系统的联网，提升区域性结算中心地位。其二，支持深圳银行机构为符合条件的香港银行机构开立人民币同业往来账户，为符合条件的香港企业开立非居民人民币结算账户，推动深港跨境个人人民币业务稳步开展。其三，加强与香港金融管理局和金融机构的沟通，推进广东自贸区跨境人民币贷款业务的开展，争取扩大试点范围。利用新框架下市场准入放宽，建立人民币离岸业务中心的人民币回流机制。

3. 打造人民币国际化的境内桥头堡，支持香港人民币离岸业务中心发展。充分利用前海作为内地金融创新示范区的制度创新优势和毗邻香港的区位优势，在人民币国际化过程中发挥积极作用。推进前海区域开展境内人民币"走出去"和境外人民币"流进来"两个方向的跨境人民币业务创新。在前海区域内对境外资本逐步地开放国内金融市场，可以考虑在中国尚未放开资本项目、人民币尚不能自由兑换的总体宏观背景下，通过中央政府和人民银行的政策和制度创新安排，在前海积极试行人民币有限度的自由兑换，探索人民币国际化和资本项目的开放路径及其风险防范措施，为人民币国际化积累经验、探索路径，支持香港人民币离岸业务中心的建设和发展。

4. 适时推出"深港通"，推动深港两地资本市场融合发展。国务院总理李克强2015年1月5日在深圳考察时表示，沪港通后应该有深港通。希望能在2015年推出深港通，促进资本市场的融合，加快A股市场国际化进程。从区位优势看，深圳与香港地理相连，交通便利，两地包括资金流、信息流、投资理念等都有非常紧密的联系，深港通推出后对两地资本市场的发展会有积极的促进作用，有利于探讨在金融、法律等众多方面进行全面融合，通过实践制定有利于两地资本市场共同发展的游戏规则。

总之，"一带一路"倡议的实施代表一种全球经济治理的中国模式，是中国作为负责任大国解决当今世界"和平与发展"两大主题的一种可贵探索，不仅会改变世界经济发展的格局，而且也会带动中国区域经济新发展，港澳可以在这一倡议的实施中扮演重要的角色，从而提升自身在国际和区域经济中的地位和竞争力。

---

①中国境外合作区 118 个，"一带一路"沿线 77 个。中国新闻网，2014 年 12 月 31 日，http://finance.chinanews.com/cj/2014/12-31/6926328.shtml。

②⑥参见国家发展和改革委员会、外交部、商务部《推动共建丝绸之路经济带和 21 世纪海上丝绸之路的愿景与行动》，2015 年 3 月 28 日。

③数据来源：商务部召开例行新闻发布会，见商务部官方网站，2015 年 8 月 4 日。

④魏关昌：《澳门的对外平台角色——与拉美国家的关系》，中山大学港澳珠三角研究中心演讲，2015 年 4 月 22 日。

⑤吴志良：《"一带一路"战略与澳门角色》，"21 世纪海上丝绸之路"经济论坛上的发言，2015 年 8 月 15 日。

作者简介：陈广汉，中山大学港澳珠三角研究中心、港澳与内地合作发展协同创新中心、粤港澳发展研究院教授，全国港澳研究会副会长。

[责任编辑：刘泽生]

（本文原刊 2016 年第 1 期）

十三五规划期粤港澳合作
深化的思考[*]

封小云

[提　要] 本文围绕十三五时期粤港澳将建成世界级城市群这一愿景，对粤港澳合作"前店后厂"模式解体之后，三地在新常态下形成深化合作的新互补关系内容、正在崭露苗头的产业链与供应链，以及新合作机制的推进，展开了全面的论述。而尽快制定粤港澳城市群的规划和标准体系，设立城市群的组织协调机构，应是粤港澳三地合作在 2020 年完成初步建成城市群愿景的基本条件之一。

[关键词] 十三五规划　粤港澳合作　新合作格局　世界级城市群

即将到来的十三五规划期是粤港澳合作深化，实现区域合作模式跨越的重大时期。在这个时期中，粤港澳三地必须如期完成初步建成世界级城市群的历史使命。2008 年中国政府发布的《珠江三角洲改革发展规划纲要（2008～2020）》，明确提出"将与港澳紧密合作的相关内容纳入规划"，把珠三角地区与港澳合作第一次提升为国家战略。随后粤港澳三方分别签署了《粤港合作框架协议》和《粤澳合作框架协议》。这是粤港澳三方首次共同商议、签署的具法律地位的中国次区域性合作协议。作为指导三方合作

---

* 本文系 2015 年广东省人民政府港澳事务办公室委托研究课题"十二五粤港澳合作与目前发展阶段分析"的阶段性成果。

的重要文件，粤港澳共同在这个协议中提出了三方合作，建立世界级的大珠三角城市群的目标。"到本世纪二十年代，基本形成先进制造业与现代服务业融合的现代产业体系、要素便捷流动的现代流通经济圈、生活工作便利的优质生活圈、国家对外开放的重要国际门户，香港国际金融中心地位得到进一步巩固和提升，建成世界级城市群和新经济区域。"①

10年时间打造全球具竞争力的世界级城市群，就是粤港澳三方以框架协议方式，共同达成的合作大战略愿景。首先，大战略必须有阶段性战役。为此，在两个框架协议中，规定2011年起的第一个五年，即十二五时期，粤港澳三地将围绕2020年的终期目标，共同合作创造与奠定粤港澳城市群的基础；而第二个五年即十三五时期，是这个城市群的初步建成期；其次，大战略也需要由点的实验与示范来向面推进。由此，十二五规划期广东的前海、横琴与南沙三地，成为实现这个大战略的三个新合作平台，且被列入国家战略。

十二五规划期的结束，意味着粤港澳合作框架协议中的大战略正进入一个阶段转换期，即第一个五年的结束，与第二个五年的起步期。这个时期恰好与十三五规划期叠交。也就是说，十三五终期的2020年，正是珠三角地区与香港、澳门通过全面融合而形成具全球竞争力的世界级城市群这个终期目标完成的重大时期。为此，本文围绕着十三五规划期粤港澳如何深化合作，完成初步建立世界级城市群的目标，展开下述的探讨。

一 以粤港澳经济转型为基础，形成新的互补合作关系

十三五时期是中国进入经济新常态的第一个五年规划期。经济新常态不仅标志着中国经济从过去30多年的高速增长转为常态增长，更标志着中国经济成长动力的根本性转换，即由要素、资本驱动走向创新驱动。中共中央在十三五规划的建议中着重指出："实现'十三五'时期发展目标，破解发展难题，厚植发展优势，必须牢固树立创新、协调、绿色、开放、共享的发展理念。"要通过"激发创新创业活力，推动大众创业、万众创新，释放新需求，创造新供给，推动新技术、新产业、新业态蓬勃发展，加快实现发展动力转换"。②

创新驱动不仅是中国新常态下动力转换的主要内容，也对粤港澳三地的经济转型、形成深化合作的新互补关系具战略意义。

1. 转型与发展是目前粤港澳三地面临的共同要求

目前粤港澳合作进程胶着反复,粤港两地民众群体间的矛盾冲突,最重要的原因是植根于三地自身经济发展面临转型的矛盾与挑战。在整个十二五规划期间,三地经济成长均进入一个下降的通道,就佐证了这一事实。数字显示,广东经济已经从21世纪前10年的双位数高速增长,因其拉动力减缓而进入中速成长阶段;而香港十多年来陷入增长低迷通道,已经排位于亚洲四小龙之末;澳门在历经十数年急速成长之后,2014年出现了惊人的大逆转,2015年前三季更录得了–21%的成长记录,成为全球表现最差的经济区(表1)。

表1　十二五期间粤港澳三地的经济成长率

单位:%

	2011	2012	2013	2014
广东	10.0	8.2	8.5	7.8
香港*	4.8	1.7	2.9	2.3
澳门	29.4	16.9	19.3	8.1

*香港数字是以2011年环比物价计算,广东、澳门则以当年市价计算。
资料来源:广东省统计局《广东统计年鉴》各年号;香港特别行政区政府统计处《香港统计年刊2015》;澳门特别行政区政府统计暨普查局—国民收入统计。

由此可见,成长动力的不足与缺失,成为三地经济发展最大的挑战,也预示着三地已经进入了一个经济转型的重大时期。

经济转型的根本在于破解发展困局,寻求新发展的动力。而新动力的形成关键是创新。创新驱动战略应当成为破解三地发展挑战的首要战略。

从发展阶段看,香港早已跨越中等收入陷阱,成为发达经济体。而澳门10年来经济高速增长,更使其人均收入进入全球高收入地区的行列。由此,港澳两地进一步发展的路向,应当是知识型经济。不言而喻,发展知识经济最重要的战略性资源就是人才、知识创新。而广东2014年的人均GDP已跨越1万美元,进入中等偏上收入阶段。通过制度改革创新,与科技推动的产业创新,是成功使经济跨越中等收入陷阱、走上发达经济阶段的关键。

粤港澳三地各自的经济持续发展与寻求新成长的动力,蕴含着对自身经济转型、重建经济竞争优势的巨大需求。建基于这种需求上的三地合作,应是三地在旧有经济互补关系解体下,重新构筑新互补关系,凝聚经济合作共识，深化融合进程，开启新合作模式的关键。如果三地能够从各自经济转型的实际需求出发，去构思新合作的内容，则三地合作与深化就具有了长期的战略性基础。

事实上，目前粤港澳均面对自身经济生态体系中需要求解的难题：香港生产性服务业的式微，全球化服务业功能提升的局限；澳门产业"一赌独大"的生态系统危机；广东产业升级的困顿与发展陷阱的跨越。上述难题本身就包含三地形成合作互补，共同争取市场机遇、加速实现经济转型的巨大利益。尤其是推进地区性的创新驱动战略方面，粤港澳三地的合作应是大有作为。

2. 合作建立城市群的区域创新生态系统

创新驱动战略的实施，前提是区域创新生态系统的建立。区域创新系统是一个区域内有特色的、与地区资源互动关联、推进创新的制度组织网络。这个网络由企业、研究与开发机构、高等院校、地方政府机构和服务机构代表（融资、人才与技术交易、商会及各类中介组织）的创新主体，以及创新主体之间的社会交互作用而构成。网络中的人才与金融因素的互动，制度因素和治理安排对于各种创新的形成、利用和扩散具有重要作用。

相较而言，粤港澳在创建区域创新系统上各具优势和劣势。港澳的知识产权保护与法治环境提供了一个有利于知识创新的制度安排；香港更有排在世界前列的高等院校，以及各类中介服务机构，是香港本地知识创新的优势；而澳门则集聚了大型国际化酒店与娱乐设施，是各类文化创意与内容产品展示的平台；"一国两制"下港澳实行与内地不同的制度，具发达的全球技术、信息联系网络，是两地自由引进世界最先进的一流知识、专利和人才、创意产品及研发机构的有利条件。上述种种，都构成了港澳在转向知识经济过程中的长处。

但是港澳地区的产业与企业创新主体缺位，政府机构的参与力度不足，则是其劣势。由此，香港 R&D 多年来主要局限于高等院校而无法落地于产业与企业，造成香港生产性服务业功能的发展乏力；两地政府参与力度的局限（一般来说，科技创新初期因企业规模、资金、承担风险的限制，政府作为主体参与其中，是创新成功的关键。新加坡、中国台湾、韩国均为主导型政府的成功案例），使得港澳虽有较高的人均财富，却仅有接近地板的 R&D 开支（2013 年香港 R&D/GDP 比例仅为 0.78%，为亚洲四小龙最低；澳门更低至 0.04%，几乎是全球最低水平[③]）。这就是港澳创新科技、创意产业多年来无法成功突破、孕育新产业的问题所在。

广东是全球制造中心之一，具强大的产业与企业实力。在广东的研发投资与活动中，企业占 60%～70%，是主要的创新主体。广东科技市场规模巨大，科技创新的客观需求强烈。政府机构的强力参与，以及具较高的 R&D 强度（珠三角地区比例在 2% 以上，而深圳则超过 4%④），技术发明专利数量连续五年排在全国首位，均是其科技创新的强势。但是广东的高等院校、研发机构、科技人才在国内不具一流竞争力，科技资源开发能力不强，水平不高；缺乏科技中介服务机构，以及严格保护知识产权的制度安排和环境；加上因国内制度的原因，往往受到西方发达国家的技术、创意扩散的限制。上述种种，则是其劣势。

粤港澳三地在打造区域创新生态系统中的不同优劣，本身存在互补的关系。一方的短缺，恰是另一方的优势。这种互补关系正好反映了三地具有共同发展的利益。在各方无法在短时期内填补各自空白，建立独立的区域创新生态系统情况下，通过合作，建立粤港澳城市群功能空间分工的一体化区域创新生态体系，应当是中国经济新常态下，三地经济发展的共同需求。在这个一体化的区域创新生态系统中，香港可以适应广东的产业与企业创新发展的巨大需求，发挥自身的全球网络连接、服务中介完备和知识产权保护的环境优势，发展密集性的知识产业，把知识引进与广东的企业相连接，从而推进香港成为地区性的全球一流知识引进、研发和创新中心；而广东则能够从香港引进大量产业与企业所需的知识、技术资源，通过科技模仿—创新路径，建立地区性的全球产业创新基地，促进产业与经济的持续转型升级；澳门与粤港的合作则可以着重于发展创意产品，利用广东的人才因素、香港的金融因素，推进本地文化创意与内容产品发展，通过本地大型国际性娱乐平台向全球推广，成为地区性的创意平台与中心。

为此，合作推动与建立区域一体化的城市群创新生态系统，应当是粤港澳合作框架协议进入第二个五年阶段，即十三五规划期中的重中之重，或首要战略。

二 以新供应链构筑粤港澳合作新格局，提升区域综合竞争力

粤港澳三地在生产全球化中构筑的"前店后厂"产业合作格局，在进入 21 世纪，尤其是全球金融海啸后，因美国主导的经济全球化破局，世界

产业版图的重组，中国内地经济形势变化而逐步式微。如何顺应全球发展的大势，根据三地不同的分工定位，重构新的产业链、供应链格局，是三地合作深化的重要内容，也是粤港澳合作在产业格局上的一种源创新。

中国经济转型的变化，使得粤港澳地区的产业分工逐步出现了新的变化，新格局的端倪正在崭露。一方面，过去三地之间通过产业分工，形成的产品走向海外，即商品由内向外的生产销售格局，现在逆转为国际商品通过港澳大量进入内地与珠三角，即商品由外向内地流动；另一方面，珠三角制造生产也从过去的在地生产，销售在外的格局，转变成通过珠三角企业投资，由港澳延伸海外，即内地企业通过港澳走出去，在外建立生产加工基地的新格局。由此，这种资本与要素、商品在粤港澳三地之间跨境流动，预示着区域内部新的商品供应链、产业链的空间重组进程正在发生。这无疑将成为粤港澳合作框架协议深化的主要内容。

1. 共同打造零售全球化下的粤港澳商品供应链与物流链

在中国经济急速走向消费型社会，中国制造转向中国市场的大转型时期，由跨境电商、跨境物流与海淘等带动的中国消费，已经大量跨向海外，不仅在改变着全球的消费方式，推动新商业模式、贸易方式的发展，更形成了当今零售全球化的新浪潮。

零售全球化在粤港澳地区的主要表现，是内地尤其是珠三角地区居民消费的"港澳化"倾向。这种通过人员流动而出现的境外消费潮流，首先是带动了粤港澳之间的服务贸易大幅增长，使得港澳成为全球旅游贸易顺差最大的服务出口地区。粤港澳三地的服务贸易结合度指数极大地超过了货物贸易结合度指数。

深究近年来推高粤港澳之间服务贸易结合度的主要因素，可以得出的共同判断是内地人员对港澳地区流动的爆炸性增长。由这种增长带动了旅游成为港澳服务跨境贸易的最大行业，从而推动了粤港澳三地服务贸易的快速发展。虽然随着珠三角服务的发展，对港澳的其他服务贸易一直在持续增长。但是，跨境的购物、旅游需求是当前内地跨境服务需求中增长最为显著的部分。这种需求增长的速度与幅度，使得其他的服务需求增长相形见绌。由此可见，即使广东与港澳，尤其是与香港之间各类服务的流动都在增长，然而三地之间稳定持续的人员相互流动，尤其是内地人员对港澳地区的流动，是三地服务贸易结合度维系高水平的主要因素之一（表2）。

表2 2013年粤港澳货物贸易与服务贸易结合度指数

项目	粤港	粤澳
货物贸易结合度	12.5	5.1
服务贸易结合度	29.3	NA*

*广东没有专门公布与澳门服务贸易数字，澳门也没有服务贸易的国家、地区构成统计。

资料来源：根据广东省商务厅《广东商务发展报告 [2013~2014]》，香港特别行政区政府统计处《2014统计年刊》、澳门特别行政区政府统计暨普查局《澳门统计年鉴2014》中数字计算。

其次，珠三角居民消费的境外化或称港澳化，又使香港与澳门对全球商品进口的数量大增。我们仅从香港持续增长的进口货物（2010~2014年以年均7%的比率增长，超过出口的增长率⑤）中，本地留用比例仅占三成；澳门近年来进口数倍于出口的增长，2014年进口为出口的9倍以上，⑥就可见一斑。

在零售全球化浪潮推动下，香港航运、航空与物流网络的商品流，已经开始从过去的主要向外流动，即进入世界市场，转变为从外即国际市场采购，向内地的流动。这个转变不仅凸显香港国际品牌代理的地位，更推进了香港国际贸易中心的转型；而澳门也开始了通过实体与网络结合的形式，向内地提供葡语世界的产品，壮大其葡语国家经贸平台的地位；广东作为中国跨境电子商务的集聚地（2013年广东的电子跨境商务占全国七成比重⑦）——深圳的全国跨境仓储、物流网络枢纽；广州的跨境电商总部，以及华南商品集散中心地位，开始成为零售全球化的重镇。

粤港澳三地发挥自身优势，通过深化分工组合，构筑一体化、内外市场链接的国际商品供应链与物流链，共同争夺内地内销市场的巨大商机，将会极大地增强其城市群的竞争力。而目前在粤港澳地区兴起的新商业模式与贸易方式，需要海关、贸易政策，尤其是口岸管理的配合与体制创新，否则，粤港澳三方就无法顺利组合成一体化的内外商品供应链。

2. 粤港澳重构全球生产产业链，推动中国企业走出去

2000年之后，尤其是十二五期间，粤港澳"前店后厂"的产业链出现了根本性的变化。一方面，珠三角制造的转型升级速度加快，使得以港商为主体的加工贸易大幅缩小（表3），前店后厂荣景不再。与此同时，港资制造商的数量呈现持续减缓，2014年底，在珠三角地区存活的接近4.7万家港商企业中，制造业港商仅为2万家，仅是2005年5万家的40%；而同期港资服务商则上升到了2.5万家，占港商总量之比达到53%。⑧

表3 2010～2014年广东加工贸易占全省比例

单位：%

年份	加工贸易出口	加工贸易进口
2010	60.8	51.4
2011	58.6	51.4
2012	56.6	50.0
2013	50.8	44.6
2014	49.6	46.4

数据来源：中国海关统计。

另一方面，前店后厂的衰退在香港则表现为，由这个"店"发往珠三角地区制造加工的数量减缓，这个走势直接体现在香港从广东进口的制造服务，无论在相对数（表4），还是在绝对数方面均持续缩减。

珠三角制造的产业升级、产品换代的结果，不仅极大地改变了这个地区在全球生产价值链中的地位，使珠三角制造从终端的消费品加工，向更高链条的中间产品、资本品生产，即机电产品、电子零组件生产过渡。同时，产业链条的提升也体现在珠三角企业转移低端制造链条，通过海外布局、形成国际化生产的进程。由此，广东开始成为中国内地企业走出去的最大省份，而珠三角地区企业更是其先行者。2014年广东非金融类对外直接投资已经接近100亿美元的流量，其七成比例进入了香港。[9]可以说，港澳地区作为企业走出去的海外布局跳板，发挥着巨大的作用。

珠三角制造向海外延伸的进程，为香港的贸易中心、金融中心以及航运物流中心，注入了新的内容与活力。事实上，香港是珠三角地区企业海外布局中的重要节点，是企业海外销售、融资，以及零部件的物流配送所在地。2014年由广东经香港输往东南亚或其他地方进行转口加工的货品达8984亿港元之巨，为2009年的1.5倍。[10]

表4 香港对内地制造服务进口占香港服务总进口比重变化

单位：%

年度	2003	2010	2011	2012	2013	2014
比重	39.5	27.2	24.1	23.4	19.9	19.8

资料来源：依照香港特别行政区政府统计处《香港统计年刊2015》服务贸易数据计算。

由此，珠三角地区与港澳之间正在形成新的产业链关系。也就是说，过去由跨国公司主导、港澳企业经营的从外向内"前店后厂"的产业格局，开始逐步变化为内地企业主导、港澳企业参与的从内向外的制造总部（珠三角地区）——资本运营、物流枢纽（香港）——海外生产基地的新产业格局。随着内地尤其是珠三角地区企业加快走出去的步伐，可以预言，这种新产业格局将会在未来五年更为成型发展，因此将持续强化港澳与珠三角地区之间的资本、商品、技术与资讯的流动。

澳门在广东企业走出去的海外布局中，不仅具长期与葡语国家维持经济联系和经济网络的优势，且还在近年来通过大量向广东企业提供融资，使得本土的金融业得以迅速发展，成为澳门服务顺差增长最快的行业（按照 2014 年澳门的服务贸易资料计算，澳门旅游贸易的顺差，与 2002 年相比增长了 11 倍，而金融服务顺差则增长了 80 倍①）。这个发展势头显示，澳门在粤港澳新产业分工格局的形成中，具有重要的融资通道地位。

3. 充分发挥中国（广东）自贸区与三个国家战略平台作用，建设"一带一路"中的粤港澳大湾区

经济新常态下的中国对外开放格局，是"一带一路"的发展倡议。中共中央关于十三五规划的建议中指出：要深化内地和港澳、大陆和台湾地区的合作发展，要支持港澳参与国家双向开放、"一带一路"建设。而在国家发改委、外交部和商务部联合发布的《推动共建丝绸之路经济带和 21 世纪海上丝绸之路的愿景与行动》（简称《愿景与行动》）中，更提出了设立粤港澳大湾区，作为新型海上丝绸之路的重要节点。并且力推前海、横琴、南沙三个国家级战略平台，作为粤港澳大湾区的重点区域。

粤港澳对海上丝绸之路的建设，既有历史的联系，更具共同的合作需求。广州是历史上海上丝绸之路的重要起点，近年来更发展了与东南亚、中东、非洲的经贸关系。广州的食品、快消品、珠宝、大宗商品批发市场，在亚洲、东南亚和非洲占据十分重要的地位。而这些批发市场上大约活跃着数十万的中东与非洲商人，他们已经是现实中海上丝路的参与者；而广州批发市场以及大量外来批发商与亚洲、东南亚及非洲地区的商品流通关系，很大部分通过香港链接，凸显了香港在广州与这些地区联系中的"超级联系人"地位（梁振英语）。港澳凭借着 100 多年积淀的对外经济联系和网络，尤其是香港作为东南亚的资金中心，在"一带一路"中的作用不可低估。根据《愿景与行动》，三地要合作做好粤港澳大湾区这篇大文章，重点推进的区域仍然在珠三角，即粤港澳共建中国（广东）自贸区，以及前海、南沙、横琴三个国家战略平台。

由此可见,粤港澳大湾区的核心区域,正是大珠三角的城市群。粤港澳之间在城市群中的分工合作,以及形成的空间一体化和功能一体化,是其向广东东西海岸辐射,组成海上丝绸之路的延伸连线、连片节点的关键。

三 以合作新机制推进三地融合,加快粤港澳城市群的建立

十二五期间,根据粤港澳合作框架协议,以服务贸易为重点,广东先行先试开放为核心,三地政府持续地推动了 CEPA 的机制创新。2014 年末,粤港澳三地更分别签署了服务贸易自由化协定,以准入前国民待遇及否定清单方式,为未来合作提供了新的机制,或称升级版的 CEPA。根据协定,广东对港澳开放的服务部门达 153 个,涉及世界组织服务贸易 160 个部门总数的 95.65%(开放广度);完全实现国民待遇的部门 58 个,开放深度达 36%。而负面清单限制为 132 项。[12]无论在开放与限制方面,均在国内占据领先水平(表5)。

表 5 十二五期间粤港澳对 CEPA 的推进

年份	名称	对港先行先试政策	对澳先行先试政策
2011	CEPA 补充协议八	47	37
2012	CEPA 补充协议九	64	53
2013	CEPA 补充协议十	79	68
2014	CEPA 服务贸易自由化协议	确定"准入前国民待遇加负面清单"管理模式	

升级版的 CEPA,或称新的合作机制,其目的在于加大清除合作制度性障碍的力度,在此基础上通过促进资源要素间的自由流动,三地共同获取合作的市场新机遇。由此重新凝聚利益共享的合作共识,推进粤港澳进一步融合的进程。以新机制启动与落地推进粤港澳深度合作与融合,加快粤港澳城市群的建立,或可采取以下对策:

1. 合作制定粤港澳城市群规划与指标体系

十三五规划的终期即 2020 年,将是粤港澳世界级城市群的目标实现期。为保证这个目标的实现,目前最为紧迫的是三地共同制订跨境城市群的规划。

至今为止,三地对粤港澳这个跨境城市群的特征、范围(涉及的城市)、标准、各自的分工定位以及运行规则等,均缺乏共识,更遑论采取何种措施

推进城市群的发展，以实现目标。也就是说，对2020年这个跨境城市群的达标标准、运转机制、协调组织以及特点，三地目前都缺乏沟通与共识。

从全球城市群的形成发展看，无论是大东京、大纽约这样的世界级城市群，还是大洛杉矶都会区、大哥本哈根都会区等地区性城市群，以及欧洲小规模的跨境城市群，其共同特点都是规划先行。事实上，没有城市群的发展规划，缺乏对各城市的分工定位，协调机制，则各成员方就不能形成共同发展的利益，也就无法实质性地推进发展，最终使城市群成型。

为此，粤港澳三地根据各方利益和市场需求，共同制定城市群的发展规划刻不容缓。规划不仅是确保城市群发展及成型的纲领，更是三方利益协调，形成合作利益最大化的保证。尤其是规划中对三方的比较优势而确定的分工定位，涉及三方利益不能仅由一方制定。

此外，为使跨境城市群的合作进程顺利推进，更需要尽快制定统一的世界级城市群指标体系。这个指标体系首先要具国际水平和较高认可度。为此，必须在参考、借鉴全球的世界级城市群指标的基础上，制定具世界级城市群共性的指标体系，例如市场的一体化程度、全球化服务业的判断，以及竞争力衡量标准和全球影响力指标等；其次粤港澳城市群的指标体系制定也要考虑其跨境、多中心，以及"一国两制"的特点，勾画出与其他世界级城市群相区别的特定指标。例如经济流量与资源流动的自由度、城市群经济功能的专业化程度以及空间分工、经济制度的融合度等。因边界效应与两制的存在，必须具有粤港澳城市群的特有指标。

2. 逐步形成粤港澳要素多向流动的机制

"发挥港澳独特优势，提升港澳在国家经济发展和对外开放中的地位和功能"是十三五规划期两地在国家发展中的主要定位。[13]在粤港澳合作深化的进程中，这个定位的具体落地，港澳独特优势的发挥，最终要通过大珠三角城市群的分工实现。

事实上，由地区比较优势（或可以称之为独特优势）而引发经济流量的空间流动，是保证城市群各成员方充分发挥本地优势，形成专业化分工和优化整体区域资源配置的关键，也是城市群空间与功能分工最终成型的基础。只有顺应市场需求与扩张要求的多向而非单向流动，才最有利于实现城市群中不同的分工与合作。

囿于制度或行政因素而压抑流向的经济流量流动，是不可能产生分工合作的城市群的。粤港澳三地经济流量的多向流动是各城市实现比较优势，从而城市群最终落地成型的基础。例如在粤港澳这个区域中，内地目前的信贷体系是世界上限制最严格的信贷体系之一。而香港则具全球最便利、最低廉成本的资本融通体系，是全球的资本中心，这正是香港的独特优势之一。为此，放开资金的双向流动，鼓励广东企业进入香港借贷、上市、发债，或金融机构进入香港发行各种基金、证券。不仅可以实现广东企业的低成本融资，也可以强化香港本身的资本、金融中心地位。

逐步扩大粤港澳经济流量的多向流动，主要是具有要素性质的流量，包括企业、资金、资源以及人员的流动十分重要。为此，在CEPA机制中启动贸易投资便利化机制，不仅要针对广东对港澳的市场开放，也要放松广东的资源与要素进入港澳市场。在三地的人员流动方面，鉴于目前限制"一签多行"自由行的情况下，逐步开放以商务、研发、专业交流为目的，具有要素流动性质的内地人员"一签多行"，将会有利于三地间人才互动，推进城市群的创新合作深化。

3. 以体制改革为动力促进 CEPA 实施落地

CEPA实施经十多年的实践表明，内地的服务行业管理体系及准入要求、方式，是阻碍CEPA实质落地的最大内部壁垒。即使目前两地已经启动升级版的CEPA，其最终落地仍然取决于内部隐形壁垒的清除。为此，以体制改革带动新机制，是新阶段与十三五时期CEPA落地的关键。

目前广东已经形成了深化改革、扩大开放促进粤港经济合作的四个不同层次：改革最前列的中国（广东）自贸区为第一层次；第二层次为粤港澳合作的三个国家战略平台与中山翠亨粤澳合作示范区，以及大广海湾开发区等；第三层次为CEPA服务业实施重点的珠三角六个城市；最后为三个层次向外复制、推广改革成果的广东全域。

无论哪一个层次的开放改革，围绕粤港澳合作、CEPA落地而展开的内部壁垒清除，其主要内容与目的是为广东塑造一个类似港澳自由开放的服务市场，一个符合国际服务业运行规则的市场体制与环境。为此，冲破目前国内服务市场的行业管理体制，即由政府行业管理部门制定进入标准、资质，政府审批方式进入市场，改变为按照市场运行规范，主要由行业协会等中介组织确立进入的标准和进入方式；由政府直接介入市场转变为政府主要对市场进行监管的新体制。

中国（广东）自贸区作为体制改革创新的最前沿，其步伐应当迈得最快最大。在争取由中央全权授权之下，其改革方案可以完全抛开或挣脱原有体制框框，设计与创新一个全新的服务市场开放模式，且复制目前世界服务市场中行之有效的准入方式和行为规范，进行试点实验。改革本身就是一个不断试错的过程，因此中国（广东）自贸区方案应当允许涵盖某些暂时不可复制、推广的试验，而无须如其他地区般，通过逐步修改旧体制，逐步摸索适应服务市场发展的新体制路径。在此，争取港澳服务行业协会、服务管理机构、资深专业服务人员参与方案设计，应当是一个可行的选择。这不仅可以使中国（广东）自贸区成为粤港澳合作推进体制改革创新的高地，同时还有利于利用香港参与美国主导的服务贸易协定（TICA）成员方地位，率先引进TICA的相关规则在自贸区内先行先试，推动广东服务市场的规则与体制站在全球前列。

4. 以规则为核心推进粤港澳市场一体化

市场一体化是区域合作融合的必然结果。粤港澳合作外部、内部壁垒的清除，粤港澳城市群的建立，必然要求整体区域的市场一体化。而市场一体化发展的主要内容是统一规则的建立。通过广东的服务市场制度改革破除现有的政府行业管理体制，打通跨境的经济与资源流动，其结果是市场逐步走向统一。于是统一市场的规则问题必然成为粤港澳合作持续深化以及粤港澳城市群推进的重要前提。

以"前店后厂"合作模式为代表的粤港澳第一次经济合作与整合，因其市场是外部的国际市场，仅有加工制造环节在广东。所以这种合作仅涉及产业一体化。国内市场（内需）与港澳代表的国际市场（外需）是割裂的。而粤港澳第二次以内地服务市场开放为主的经济合作与整合，是建立在中国经济社会转型为消费型经济与社会，中国市场日益崛起，且与外部市场逐步对接的基础之上的，因而这个合作的进程实质就是粤港澳之间内外市场整合统一的过程。

按照国际经验，区域服务贸易自由化协定的进展，一般会沿着非歧视：产品与市场主体的国民待遇；相互承认：双方认可各自的资格标准；国际协调：采用共同的标准，建立市场的统一政策和机制这三个层次逐步深化。CEPA也是按照这个进程持续推进的。而目前粤港澳建立城市群的进展，以及三地市场融合的程度，都存在统一市场规则的共同需求，也即区域合作已然进入第三个层次。

以规则为核心推进粤港澳市场一体化，首先是粤港澳两地产品制造、检测标准与商品进入市场规则的统一，即商品市场的一体化。其次则是服务市场准入标准与规则的统一，即服务市场的一体化。

目前在粤港澳的商品市场上，CEPA的推进仅是认可相互的标准、检测及进入方式，三地分别按照各自的规则进入各自的市场。不同的商品准入标准和规则，成为粤港澳市场对接的内部障碍。一方面，在珠三角地区从事制造的港澳厂商，因长期服务于国际市场的需求，一直按照港澳标准与规则生产。当珠三角地区转向内需带动后，港澳厂商的市场转换则直面标准、规则的转换，但这个转换因涉及生产线及工艺的调整，并非能在很短时期内完成。由此，标准转换往往成为港澳厂商进入内需市场的障碍。但在事实上，广东与珠三角地区居民目前普遍认可的，是港澳的国际市场标准与规则，而非内地市场的标准与规则。对内地市场的不信任，带动了自由行的跨境消费。这种跨境消费的日益扩大，意味着粤港澳商品市场已经客观存在对规则统一的内在需求和诉求。

另一方面，在服务市场上，CEPA与港澳对服务贸易总协定的承诺内容，都涵盖了相互进入市场的国民待遇。CEPA更承诺了对港澳的准入前国民待遇，但是各方国民待遇下的服务市场准入标准与规则存在很大差异。港澳作为自由港，其服务商的进入自由开放，其进入标准由专业行业协会制定，主要针对专业人员的资格，有了资格认可就可以注册，承担服务活动的主体主要是专业服务人员，尤其是取得资格的自然人。服务市场由专业协会进行直接管理，而政府则负责市场的监管。专业服务人员会随时根据市场需求，组成所需要的服务提供机构，或以自然人身份直接提供服务，这是一种典型的市场进入方式。

而内地的国民待遇，即使是准入前国民待遇下的市场准入标准、方式，目前仍然主要是由政府行业管理机构认定、确定或审批。这种认定主要针对机构。也就是说，专业人员即使取得政府认可的专业资格也不可以注册。注册需要符合政府规定的资质标准，即每个服务商具备的专业人员数量。承担服务活动的主体不是专业服务人员自身，而是由这些人员组成的法人组织。组织必须由政府批准才能进入。而政府的批准是把组织内的专业人员多少，即组织的规模大小作为决定进入市场提供服务数量与内容（一级、二级、三级资质决定其经营内容）的依据。也就是说，服务企业的发展地位不是靠市场竞争取得，而是靠单位所拥有的专业人员数量即规模，通过政府对不同资质的不同服务范围与经营内容的规定来保证。这种进入体制，使国内服务市场的国民待遇，本身就包含了对中小企业（中小服务商很难取得一级资质）的歧视。这种做法不仅是内地服务业成长缓慢的原因，也是港澳中小服务商难以进入内地市场的主要壁垒。由此，统一服务市场的进入规则，不仅反映广东本身发展服务业的客观需求，也是粤港澳三地推进服务资源流动的共同诉求。

有鉴于目前粤港澳服务市场发展水平的现状，统一粤港澳相互流动的市场规则，可以采取不同的两种做法：一是一步到位地把香港的商品制造、检测，以及商品和服务的进入市场标准、规则复制到广东。因为香港的市场体制是高度成熟开放的体制，采用其规则有利于提升广东服务市场的发育与规范，同时也有利于内部壁垒的清除。二是如果复制到广东全域的条件不成熟，则可以把一步到位的做法先放在中国（广东）自贸区和三个粤港澳合作平台试行，其他地区则由粤港澳三方，包括三方政府、商会和服务行业协会，共同制定商品、服务进入广东的市场规范与规则。

四 建立粤港澳城市群协同管理委员会，
进行政策协调与障碍化解

从城市群发展的一般规律看，一个城市群协调管理组织的诞生，是城市群建成的主要标志。粤港澳三地在十三五规划终期达成初步建成世界级城市群的目标，必须遵循全球城市群发展的一般规律与共同特征。

1. 城市群发展的进程与一般规律

城市群的产生，其初期阶段往往是由市场需求（新技术兴起或是基于各类环境变数的变化、基础设施的改进等）的拉起，出现了城市间互动，尤其是产业空间集聚的共同获利机会。由此，城市之间的经济流动，导致原本相互隔离的城市之间产生互补关系，且互补关系逐渐深化，最终促进了城市间的产业与功能分工，促使城市网络的逐步成形与发生。这就是城市空间一体化与功能一体化，也即经济一体化发生的最初进程。

市场驱动的一体化，主要由市场主体自发地进行，又称为诱致性的制度变迁。意指市场主体或变迁主体在潜在的市场利益驱动下，对现行制度作相应的调整或更新。例如30多年前广东的先行改革开放为港澳厂商带来了市场机遇、为珠三角地区带来工业化机遇，从而启动了这个地区以港澳产业转移、与广东投资贸易合作为主要内容的城市化发展，使港澳地区摆脱了长期与珠三角地区隔离、重新回归为大珠三角地区经济的重要组成部分。

市场驱动型的一体化，是以各个城市自身的利益为基础之上产生的城市间合作，这种合作源于共同获利与各个城市自身利益的一致性。当城市合作不断推进，城市群日益壮大发展之时，超越单个城市的共同利益必然产生。此时，城市间的利益协调、基础设施的对接、市场的统一与监督、城市空间发展的规划，以及政府的经济发展政策相互衔接，就不能由微观的市场主体去承担。强制性的制度变迁，或称之为制度驱动型的一体化必然产生。由此，城市群的发展就进入了一个市场、制度双驱动的时期。

制度驱动型的一体化是由城市群中的各个地方政府协商，共同制定合作的规则，由政府强制性推行的。合作规则或称制度代表着城市群利益的最大化。因此，在协商的过程中，为了推进城市群的共同利益，各地方政府必须让渡部分的城市管制权，甚至是局部的经济利益。2003 年中国内地与港澳签订的 CEPA，2008 年 CEPA 在广东的先行先试，以及 2009 年颁布的《珠江三角洲地区改革发展规划纲要（2008～2020）》、2011 年粤港澳三地分别制定的《粤港合作框架协议》与《粤澳合作框架协议》，就是内涵制度驱动的内容。

2. 粤港澳城市群协调管理机构的设计与职能

作为政府参与推动的一体化，必然需要提供实施组织推进合作规则的落实。由此，成熟的城市群一般都有其协同与管理机构，展开城市群的空间规划与管理。例如大东京城市群的首都经济圈管理委员会、荷兰 RANDS-TAD 城市群（由阿姆斯特丹等四个城市组成）协调管理委员会等。而在粤港澳地区，为推进粤港澳城市群建立的目标，至今为止是由粤港、粤澳高层联系机制承担着这个跨境区域的协调与管理职能。

事实上，粤港澳高层联系机制在粤港澳城市群的初创阶段可以发挥组织协调与管理的职能。因为初创阶段主要的任务在于跨境基础设施的建设，跨境项目的实施。但是现有的粤港澳高层联系机构主要为三地政府的协商机构，缺乏对粤港澳城市群具体的发展规划、地区间资源与要素流动的合作规则调整、市场的统一与监管以及三地经济政策的协调等职责，尤其是对上述内容的落地缺乏政府的强制性推进措施。因此，面对即将成型发展的粤港澳城市群，仅靠目前的高层联系机制已经难以胜任城市群的客观推进进程及需要，粤港澳三地的合作组织管理模式创新已经提到议事日程。

从国际经验看，一旦城市群的协同管理机构出现，则代表城市群的真正建立与进入成熟。面对 2020 年粤港澳城市群的最终建立这个历史使命，成立专门的粤港澳城市群协商与管理机构，是达致粤港澳城市间的利益最大化，真正实现粤港澳城市群的分工与互补关系的组织基础。建立专门的粤港澳城市群的组织实施机构，由这个机构负责城市群的分工、经济功能布局的空间规划、跨境合作规则的执行、城市间经济利益的协调，以及粤港澳三地经济政策的协同，以防止政策溢出的负面效应。事实上，城市群的协同管理组织的建立，不仅可以代表粤港澳城市群的全局利益，同时可以通过强制性执行来确保全局利益。

适应目前全球各区域合作协定管理部门的组织扁平化发展潮流，参照全球城市群的协同管理机构模式，粤港澳城市群的组织机构主要由三地政府组成，并广泛吸引民间的商界代表、行业协会与商会、相关学术机构与智库参与。主要由政府组成可以保证合作规则（例如 CEPA、城市间具体的合作规则等）的强制性实行，以及保证局部利益服从于全局的最大利益；而民间的广泛参与，则可以使城市群的发展随时体现及回应市场的需求，以及各方的经济利益诉求。通过协调机制，在确保各方利益的基础上，寻求合作的最大共同利益。

---

① 《粤港合作框架协议》，2010 年 4 月 7 日。

②⑬ 《中共中央关于制定国民经济和社会发展第十三个五年规划的建议》，2015 年 11 月 3 日。

③ 香港特别行政区政府统计处：《香港统计年刊 2015》；澳门特别行政区政府统计暨普查局：《澳门统计年鉴 2014》。

④ 广东省统计局：《广东统计年鉴 2015》。

⑤⑩ 香港特别行政区政府统计处：《香港统计年刊 2015》。

⑥⑪ 澳门特别行政区政府统计暨普查局：《澳门统计年鉴 2014》。

⑦ 广东省商务厅：《广东商务发展报告 2013～2014》，广州：广东人民出版社，2014。

⑧ 广东省工商行政管理局提供数字。

⑨⑫ 广东省商务厅：《广东商务发展报告 2014～2015》，广州：广东人民出版社，2015。

作者简介：封小云，广东外语外贸大学南国商学院教授。

[责任编辑：刘泽生]

（本文原刊 2016 年第 1 期）

主持人语

刘泽生

又是一年两会时。近日，全国两会正在北京举行。李克强总理在政府工作报告中指出，要发挥港澳独特优势，提升港澳在国家经济发展和对外开放中的地位和功能；要深化内地与港澳合作，促进港澳提升自身竞争力，并对香港、澳门的未来发展寄予厚望。

当前，澳门经济社会发展正处于一个关键时期。就外围环境看，2016年，国际经济下行压力较预期严峻，促进结构性改革、推动经济增长，已经成为全球共同面临的挑战。对中国内地而言，2016 年，是国家"十三五"规划的开局之年、全面建成小康社会的重要一年，也是推进结构性改革的攻坚之年。新的一年令人期待！

2016 年也是澳门社会经济发展的特殊节点。本年是澳门首个本地五年发展规划的起始年。澳门特区正尝试以较为长远的视角，结合自身功能定位，主动谋划长远发展目标、配套策略及落实措施，社会治理向前瞻性、精细化方向迈出可喜的一步。特区政府已公布的五年规划《基础方案》，把建设"世界旅游休闲中心"作为五年发展规划的基础，将"世界旅游休闲中心"的定位具体化为"旅游城市、休闲城市、世界城市"三大要素，提出要致力于把澳门建成有国际先进水平的"宜居、宜业、宜行、宜游、宜乐"的"五宜"城市，并体现"安居乐业、繁荣稳定"的城市标志。澳门社会各界正积极建言献策，共同优化和细化未来发展蓝图的框架内容与落实措施。

同时，本年也将是澳门凝聚共识、谋划发展、提振经济的转折年。自

2014 年博彩业贵宾厅业务进入急速调整以来，博彩业收入持续 21 个月下跌，经济持续收缩 6 个季度，调整持续时间及深度超出预期，影响已逐步波及其他行业。目前，澳门经济仍处调整期，博彩业的调整态势已趋缓和，是否触底仍有待观察。如何促进澳门经济适度多元化，推动澳门迈向健康发展的新阶段，已成为澳门社会的关注焦点和共识，也将是政府经济施政的重点与方向。

港澳在国家发展战略中的地位功能、国家对港澳的政策支持方向也值得期待。刚刚通过的"十三五"规划已明确，要"支持澳门建设世界旅游休闲中心、中国与葡语国家商贸合作服务平台，促进澳门经济适度多元可持续发展"；"发挥港澳独特优势，提升港澳在国家经济发展和对外开放中的地位和功能"；同时将通过双向开放，在更广阔的领域深化交流合作，加大内地对港澳开放力度，加快前海、南沙、横琴等粤港澳合作平台建设。加深内地同港澳在社会、民生、科技、文化、教育、环保等领域交流合作。上述定位和支持政策，将有效提升港澳的发展空间与战略地位。国务院明确澳门特别行政区习惯水域管理范围和澳门陆地界线，给了澳门更大的发展空间，国家"十三五"规划及"一带一路"等的实施，也将注重发挥港澳地区的独特优势作用，这必将对促进澳门经济社会发展产生积极影响。

作为一名资深的港澳研究专家，蔡赤萌研究员对澳门经济近期出现的深度调整表示了极大的关注，认为澳门要有居危思机的意识，亟须积极应对，谋划长远，为未来经济的适度多元、可持续发展做好充分的准备。文章在剖析澳门目前的经济社会现状特征及相关风险影响基础上，结合其经济特点及发展目标，提出澳门急需优化发展方式，完善经济增长的动力结构，包括稳定经济增长主动力、拓展经济基础培育多重动力、利用国家支持政策强化"一中心一平台"功能建设、发挥重点行业龙头企业在结构调整中的核心作用，通过提升自身发展素质和加强粤港澳区域合作，有效推进经济适度多元与可持续发展。期待澳门经济取得新的突破。

澳门经济深度调整与可持续发展动力构建

蔡赤萌

[提　要] 2015 年澳门经济持续收缩，调整幅度之大、时间之长，超出预期。总体经济受博彩业影响大幅收缩两成，其他宏观领域总体平稳、通胀缓和、就业状况良好；与博彩业关联密切行业整体下挫，金融及其他行业逆势上扬。澳门急需优化发展方式，完善经济增长的动力结构，包括稳定经济增长主动力、拓展经济基础培育多重动力、利用国家支持政策强化"一中心一平台"功能建设、发挥重点行业龙头企业在结构调整中的核心作用等。通过提升自身发展素质和加强粤港澳区域合作"两条腿"走路，有效推进经济适度多元与可持续发展。

[关键词] 澳门　经济调整　可持续发展　发展动力　适度多元　"十三五"规划

当前澳门经济正处于调整转型的关键时期。自 2014 年年中以来，澳门经济增长受博彩业大幅收缩的影响进入拐点，结束了回归以来超高速增长势头。2015 年澳门经济持续急速下行态势，据澳门特区政府预计，全年经济收缩约二成。此轮调整幅度之大、持续时间之长，远远超出社会各界预期，多年来依赖博彩业（尤其是贵宾厅业务）急速扩张作为经济高增长主要动力的发展方式受到严峻挑战。其深层原因及关联影响，正引发澳门各界乃至国际社会的高度关注。与此同时，澳门社会对拓展经济基础、改变经济过度依赖单一行业、推进经济适度多元发展有了进一步共识。澳门不仅需要"居安思危"，而且更需要有底线思维，"居危思机"，积极应对，谋划长远。

一 澳门经济持续深度调整的现状特征

近年来澳门经济持续大幅调整，经济走势及其稳定性与全球经济呈现比较明显的差别。2015年，全球经济增长温和，但经济的下行压力增大。受全球进口需求疲弱、大宗商品价格下跌、流向新兴市场的资本减少、新兴市场货币面临压力及金融反复波动等因素影响，国际货币基金组织（IMF）、世界银行等机构已数次下调2015年全球经济增长预测，今年初最新数据分别为3.1%和2.4%。同期，中国内地经济保持6.9%的中高速增长，香港经济微增2.4%。而澳门经济则呈持续深度调整态势，全年经济跌幅达20.3%，调整面也从博彩业扩散至其他领域，但总体经济运行仍处稳健可控状态，通胀、就业情况良好，财政收支仍处盈余，其经济走势呈现以下特点。

（一）总体经济大幅收缩，但经济其他宏观领域总体平稳、通胀缓和、就业状况良好

一是博彩业大幅下调引发服务出口急速收缩，经济持续深度调整。澳门经济增长自2014年第三季进入拐点后，本地生产总值（GDP）已连续下跌了6个季度，跌幅之深，超出预期。2015年四个季度，GDP实质下跌分别为21.9%、23.7%、21.0%和14.4%，第四季跌幅略有收窄，全年GDP收缩达20.3%。[①]从外需、消费、投资三大经济动力看，引发经济深度收缩主要动因是外部需求中服务出口的持续大幅回落。2015年澳门服务出口跌势不止，按年倒退26.8%，其中博彩服务出口大幅收缩33.4%，其他旅游服务出口下跌11.6%。[②]与此同时，内部需求扩张步伐减慢，按年仅录得1.9%的轻微增长。2015年澳门GDP为3687亿澳门元，人均GDP为574790澳门元（约71984美元）。[③]内部需求增长趋弱、投资不振，难以抵消服务出口的收缩效应。

二是长期高企不下的通胀出现回软。近5年澳门通胀率因经济持续畅旺一直与国际走势相背离，维持在5.5%～6.0%的高位，居高难下。2015年随着整体经济的大幅收缩，楼价出现明显回落，再加之人民币贬值、国际油价的持续下降等，澳门通胀压力得到部分舒缓，通胀率明显回落。2015

年 12 月，澳门综合消费物价指数（CPI）按年升幅收窄至 3.7%，全年澳门 CPI 涨幅为 4.6%，较上年回落 1.5 个百分点。④随着整体经济的收缩，本地要素成本开始回落。

三是人力资源紧张状况有所松动，就业状况总体良好，失业率仅在低水平上略微回升。2015 年第四季，澳门失业率为 1.9%，本地居民失业率为 2.6%，两者均较上年回升 0.2 个百分点。⑤各行业的职位空缺有所减少，但结构性人才不足现象依然存在。12 月期末外地雇员 18.16 万人，较上年增长 6.6%。由于经济调整集中于博彩业等局部行业，人力资源仍处紧张状态，澳门居民整体收入尚未受到影响，2015 年就业人口月工作收入中位数 1.5 万澳门元，较上年增长 7.1%。⑥

（二）博彩业以及与博彩业关联行业的业务整体下挫，金融及其他行业盈利理想

一是博彩业持续深度调整、大幅收缩，贵宾厅业务跌势不止。自 2014 年 6 月博彩业收入出现下跌以来，博彩月收入已连续 21 个月同比下跌。2015 年全年，澳门博彩收入 2308.4 亿澳门元，按年下跌 34.3%，平均每月收入约 192.4 亿澳门元。其中，11 月赌收创下 5 年多来单月最低点，仅 164.3 亿澳门元。⑦博彩业收入尤其是贵宾厅收入的不断下滑，显示一直以来支撑着整个澳门博彩业的贵宾厅业务遭遇到发展的瓶颈，年内不少贵宾厅倒闭结业，有的厅主甚至卷款跑路，引发连锁反应，贵宾厅业务的资金链趋向紧张。进入 2016 年后，博彩业跌幅才开始收窄，1～2 月合计下跌 11.8%。⑧

二是与博彩旅游相关的领域也出现不同程度的下滑，访澳旅游业出现回调。2015 年，受外部经济疲弱、外游需求下降以及博彩业持续调整等因素影响，澳门经济的调整面逐步扩大至旅游业、酒店业、零售业等行业。2015 年，访澳游客人次按年微跌 2.6% 至 3071.46 万人次，这是自 2009 年金融风暴以来首次下跌。从访澳形式看，参团游客大幅缩减，跌幅达到 12.2%；从客源地区看，中国内地游客下跌 4.0%，除中国香港、中国台湾、美国及加拿大游客按年微升，其余地区都出现不同程度的下跌；从客源结构来看，中国内地和中国香港依然是最大的两个客源地，分别占 66.46%（2041.06 万人次）和 21.28%（653.45 万人次）。如果加上中国台湾，则共占到 91%，国际游客占比仍不到 10%，游客的国际化程度有待拓展。⑨受客流量及酒店降价等因素影响，2015 年澳门的游客消费、酒店入住率、零售业销售情况都出现不同程度的下跌。旅客总消费（不包括博彩）按年下跌 17.2% 至 511.5 亿澳门元，全年游客人均消费 1665 澳门元，按年下跌 15.0%；⑩酒店入住率下降至 80.5%，较上年减少 6 个百分点；零售业销售额下跌 10.4% 至 608.9 亿澳门元。⑪显示进入 2015 年后，澳门博彩业调整态势已明显影响到其他关联行业，经济收缩效应在扩大。

三是长期过热的房地产价格出现下调，跌幅较为显著。自开放赌权及内地居民个人游后，澳门楼市持续畅旺上升 11 年，直至 2014 年第三季才进入调整期。2015 年，受澳门经济下行、赌收下跌、房地产调控尚未松动、外围经济持续波动、加息周期临近等多重因素综合影响，澳门楼市持续调整态势，整体市场气氛淡静，价量齐跌，全年成交量不足 6000 宗，跌幅超过两成；普通住宅成交价跌幅约 20%，部分豪宅跌幅甚至达到 40%。博彩贵宾厅客户流失，也令豪宅租赁需求大减。2016 年澳门楼市仍缺乏推动力，业内对后市采取审慎观望态度，预计成交量将跌至更低水平，楼价亦仍会面临下行压力，中小型住宅在"刚性需求"支撑下跌幅会较高级住宅小。⑫

四是金融业等部分行业发展势头良好，在经济调整中逆势而上。2015 年，澳门银行业发展稳健，银行体系资产素质良好、资本充足、流动性充裕。应对外部经营环境，银行业积极开拓新市场、不断推出新产品，推动融资租赁、财富管理等"特色金融业"，在多个方面取得突破。年内成功获批葡语国家人民币清算平台，承做首笔进出口银行信贷委托代理，开发多项自贸区相关的业务创新等。截至 2015 年底银行业总资产为 13408 亿澳门元、税后盈利 117 亿澳门元，分别增长 14.2% 和 21.1%。⑬银行业在逆境中的稳步增长，为澳门总体经济的平稳发展和未来发展注入"金融动力"。澳门对外贸易在 2015 年也维持增长态势，整体货物出口增加 7.8%，主要由再出口带动，本地出口仍处跌势。澳门与内地之间的贸易、投资也有所加强。由于金融、外贸等产业在澳门经济中比重不高，其升幅对经济增长的贡献率也相对较小。

五是会展业发展稳健。会展业一直是政府致力培育的产业和新的经济增长点之一，现已形成一定的基础优势，包括近 18 万平方米的不同类型活动场地配套、逾 3 万间酒店客房供应，并逐步获得国际认可。2015 年，在澳门举办的会议和展览活动共 909 项，较上年增加 116 项，其中会议增加 125 项，展览减少 9 项；会议及展览入场人数总计 248.1 万人次，按年减少 4.0%。⑭澳门会展业的推动策略是以"会议为先"，目标是向"亚太区会展之都"迈进。特区政府透过多元渠道优化会展业的软硬件,提供多项扶持措施,包括"会展竞投及支援'一站式'服务"、"会展活动激励计划"、"国际性会议及专业展览支援计划"及"会展专业人才培训支援计划",推动及支持业界发展。2015 年,澳门贸易投资促进局透过"会展竞投及支援'一站式'服务"跟进的项目共 123 项,涉及医学、保险、教育、金融、餐饮、资讯科技、旅游、文化创意等领域。⑮

(三) 不确定性显著,经济走势受外围影响波动大、各领域冷热不一

澳门本次经济调整,呈现了澳门微型经济自身特有的轨迹。一是调整幅度大,仅以 2013～2015 年 3 年的季度 GDP 增长率计算,上下波幅差距竟超过 30 个百分点。一方面显示微型经济体若干经济行业对整体经济的可能影响程度,另一方面也显示产业结构一业独大对经济稳定性的作用效应。在现有经济结构下,特区政府稳定经济的调控能力及政策工具都比较有限。二是经济走势与外围经济相异,与个别甚至不同的因素密切相关,经济各领域表现冷热不均。2014 年下半年澳门经济进入调整,先是由局部调整引发,主要是博彩业贵宾厅业务的收缩,之后才逐步波及与博彩经济关联相对较为密切的旅游、酒店、商业零售等行业,一直过热的房地产业在综合因素影响下也转入拐点急速调整。在这一过程中,整体经济基本面保持良好,通胀从高位回落,劳工市场就业状况良好,金融货币运作稳健,银行业增势可观。近期博彩收入已连续数月大致稳固,跌幅有所缓和。从绝对值看,至 2016 年 2 月,已连续 3 个月出现按月微增,市场预计博彩业调整已接近底部。本轮经济调整也带来了正面影响,尤其是通胀缓和、资产价格下降、游客略有减少,本地民众的生活成本及空间略有松动,人力及其他发展资源紧张状况也得到一定缓解。此外,由于博彩收入尚未跌破警戒线,政府财政尚能收支平衡并略有结余,再加上贵宾厅调整的主要负面影响外溢客源地,澳门经济虽然呈双位数跌幅,但尚未伤及筋骨,社会状况总体平稳。

二 经济调整的深层原因及相关风险

观察澳门经济本次调整的特征与态势可以看出,以博彩业为龙头的高度外向的澳门经济,存在着自身特有的经济运作机理与影响因素,也有着自己特有的经济风险,面临诸多新考验。

（一）特殊的产业结构及其增长路径，形成了澳门经济特有的支撑因素

鉴于主导产业的特殊性，澳门经济走势与轨迹与一般的开放型微型经济体有所差异。从产业结构看，澳门属服务型经济体，第三产业几乎占绝对比重。2014 年第三产业比例超过 92%，其中又严重依赖博彩业。2014 年，博彩及博彩中介业占 GDP 的比重，按基本价格计算为 39.8%，按生产者价格（包括产品税）计算，则高达 59.1%，较 2013 年分别下降了 6.4 个和 4.9 个百分点。[16]澳门经济大致可以分成两大版块，博彩业和非博彩业。而非博彩业又可分为与博彩密切关联的服务业及其他较为独立的服务业。与此相对应，澳门经济的动力结构与影响因素也分成若干板块，遵循不同的增长路径。

一是博彩业。该行业有着自身特殊的供求结构。从供给方面来看，自 2002 年澳门博彩经营权有限度开放以来，澳门的博彩设施供给增长迅猛，6 家博彩企业的娱乐场所及高档酒店设施相继开业，形成强大的"新场效应"，一度成为拉动博彩业乃至整体经济的最主要的因素。除硬件供给外，博彩政策、监管制度、其他配套制度甚至社会政策等关联博彩业健康发展的软件制度供给也十分重要，但易被忽视与遗漏。从需求方面看，客源除了原来的中国香港、东南亚游客外，新的增量更多的是来自中国内地。2003 年以来中国内地逐步开放个人游政策，成为支撑澳门博彩业超高速增长的重要需求侧拉动力。在博彩消费结构中，除了大量中场普通游客的贡献外，更多的是来自特殊消费群体——贵宾客户的贡献。这部分客户的博彩模式及消费倾向遵循着特殊的运作模式：贵宾厅制度。博彩中介人承包贵宾厅，专门为大额消费的贵宾客户提供博彩及相关服务，包括博彩资金的借贷等，事后再追讨贵宾客户所欠的博彩资金。于是，贵宾厅博彩业务量的走势，与中场"小赌怡情"式的博彩形成了关联不大的现实状况，与国际经济的一般走势以及外需状况也关联有限。澳门贵宾厅客户有不少来自内地，与内地的经济状况、政治气候、消费动向、资金规范管理、个人游开放进度、人员进出境政策等形成关联，同时也与境外其他赌场竞争、分流有关。过往，澳门博彩业的超高速增长，相当一部分来自贵宾厅业务的飙升，贵宾厅博彩收入最高时占到博彩总收入的近七成。经过一年多来急速调整，目前其所占比重已回落至五成多。

二是非博彩产业。其一是与博彩业关联度较高的，或一定程度上与博彩业走势相同的行业，如旅游、酒店、零售、餐饮等。在这次调整中，原来受博彩业发展带动的行业，也就是垂直多元的行业，也大多进入调整状态，只是时间略微滞后。其二是具有一定相对独立性的行业，如金融、房地产、对外贸易等，其行业影响因素与外围经济关联度相对较高，在 2015年，澳门金融、外贸仍保持不同幅度的增长态势，成为支撑澳门经济、抵消服务出口下行冲击的动力之一。这类行业，更多地受外围经济尤其是内地经济走势的影响，如能成功拓展新业务，便能在盈利及税收上逐步发展成为新的增长点。其三是特区政府积极扶持的新兴产业，如会展、文创、中医药产业等，这些产业目前虽然仍较多地依赖政策性支持，但已经逐步建立起一定的基础，只是尚未完全形成市场化能力和产业竞争优势。根据2015 年展览主办机构的 77 项会展资料，展览收入为 2.32 亿澳门元，其中政府和其他机构资助（1.27 亿澳门元）占主办机构展览收入的一半以上（54.5%）。[⑰]

（二）博彩业独大风险与压力快速显现，其未来走势对整体经济影响巨大

澳门的经济结构过度集中，经济增长及财政税收一直高度依赖博彩业。澳门博彩业占经济的比重近 40%，其增速状况成为影响经济走势的最主要因素。近期博彩业的深度调整，博彩税收在 2015 年 1~11 月急速下跌34.7%，导致同期财政总收入下跌 29.9%。澳门博彩税占到总税收的 82%，对澳门经济贡献重大，构成政府维持日常运作、实现财政支持政策、改善民生的财政基础。面对博彩业的深度调整，政府需要密切关注并做好应对调整的配套准备。2016 年政府预期全年赌收 2000 亿澳门元，月均赌收 166亿元，尚能维持基本开支需求。

博彩业深度调整的另一影响是引发贵宾厅运作模式中的负面因素，带出相关法律监管及行业指导上的漏洞与不足。澳门博彩业的未来走势，很大程度上取决于贵宾厅的走势，而贵宾厅运作模式正遭遇发展瓶颈。博彩业开放后，贵宾厅运作模式赖以生存的环境正在发生变化，贵宾厅特有的赌场承包制、以借贷信用为基础、高度依赖内地特殊高端消费群体的运作模式，其风险与弊端正日益显现。从客源结构看，澳门贵宾厅业务高度依赖内地特殊客源。随着内地经济增长放缓、反腐力度加强、银联卡赌场消费受限、持护照过境政策收紧，都会影响到赴澳豪赌的客源量、出境便利及其消费能力。从运作模式看，贵宾厅实施的赌厅承包制或分租赌厅制，

受限于跨境资金管制及竞争客源需要，"叠码仔"与厅主通常会先将资金借贷给贵宾客，这是一种风险较大的金融借贷行为，一旦过度垫资、客人欠账不还，将导致中介人资金链断裂。为自保，中介人纷纷收紧借贷条件甚至惜贷。目前澳门相关监管措施及法律保障明显不足，涉及跨境债务更是难以有效保障。有业内人士分析，贵宾厅业务资金链的断裂，才是导致博彩收入持续大幅收缩的最为关键的因素。如何在澳门博彩业中期检讨直面现实问题，是今后博彩业健康发展的关键。

（三）经济增长动力结构转换尚未到位，可持续增长面临压力

澳门经济增长的主动力，一直集中在博彩业的扩张，其他若干增长点规模有限，其中不少行业与博彩业密切关联，属于垂直多元化的下游行业。在这种产业模式下，整个经济抗风险能力的局限便会显现。一是非博彩产业在经济中规模与实力不足，而且存在不同程度的依附性。一旦主导产业出现调整，便会产生关联效应，相关产业随后也会相应收缩。二是增长动力结构的调整与完善，面临较大困难，需要较长的过程。经济发育程度、产业结构、企业结构上的不足，内部资源与经济要素的欠缺等，都会加大结构调整的困难。目前澳门正处于动力脱节阶段：原有增长动力减弱，新的增长点尚未形成，其他行业的替代功能有限，尚不足以弥补博彩业收缩留下的空间，导致增长的平稳性及可持续性上的困难。未来如何发掘可持续增长的动力，适度平衡经济结构，提升经济的抗风险能力，紧迫性和压力都很大。在短期内，澳门经济的复苏回升，更多的还是要依赖主导产业博彩业的回稳。

（四）经济发展制约瓶颈尚待进一步突破，局限与挑战不小

长期以来，澳门发展一直受到诸多因素的制约。其一，优势产业不多，产业基础偏窄。博彩业主要是体量大，具有政策优势；服务业偏重消费性服务业，生产性服务业不强、优势也不明显，世界旅游休闲中心、中葡商贸合作服务平台等功能未能充分发挥，尚待挖掘和提升。其二，人才资源短缺，不仅缺乏高端人才，也欠缺基本的劳动力数量。社会总体偏向保守，对本地人力资本保护较严，一定程度上制约了经济适度多元所需人才的引进。其三，依靠外来游客消费为基础的经济增长方式，面临着城市承载力极限，但同时又存在路径依赖。博彩旅游经济的发展，同步伴生着游客人数的持续扩大，在繁荣澳门旅游业的同时，也挑战着澳门的城市承载力与政府行政管理能力。如果政府治理跟不上经济扩张的速度，前瞻性研究不

足、配套设施建设滞后、精准化管理不到位,都会放大发展中的负面成本,导致出入境、交通、住房及部分旅游区空间的拥挤与不适。2015 年 11 月澳门特区政府推出的《澳门特别行政区五年发展规划 (2016～2020) 基础方案》(简称《基础方案》),⑱明确具体方向、细化建设内涵、完善配套协调、提升系统的有序联动与协调推进,向精细化管理迈进了一步。但政府经济功能,需要谨慎界定与合理设置。

(五) 结构性调整是全球性的难题,任重道远

结构性调整是全球性的难题,是一个系统工程,涉及经济发展方式及模式的再调整,需要多方面立体谋划、多领域的配套政策。2016 年 2 月召开的 G20 会议,全球聚焦结构性改革,促进经济增长、完善经济治理,G20 机制正从应对危机向长效机制转变。澳门经济也面临着结构调整的严峻压力。贵宾厅业务的收缩,只是引发产业结构计算时相对比例的调整,并不意味着其他非博彩产业的实质性生长。澳门推进经济适度多元所需的政策引导能力、推进落实能力以及社会微观主体的活力等方面,都存在不同程度的欠缺,需要政府、业界及社会的共同努力。

三 澳门优化经济发展方式的路径选择

特殊的产业结构及其增长路径,形成了澳门经济特有的支撑因素。在贵宾厅运作模式遭遇发展瓶颈的今天,澳门需要有针对性地谋划应对策略,优化经济发展方式、拓宽经济基础、提升经济增长的质量。

(一) 研判内外经济形势,凝聚共识,将稳经济与拓基础有机结合

短期而言,澳门需要客观判断发展问题与面临的内外形势,凝聚社会共识,稳经济、拓基础,促使经济尽快回升。做好促增长的配套政策与营商环境,是澳门经济社会健康发展的基础。

就外部环境而言,全球经济下行压力进一步增大,IMF、世界银行和欧盟委员会相继下调经济增速预期。IMF 2 月 19 日发布的最新《世界经济展望》认为,全球经济活动回升较预期缓慢。新兴市场经济体的增长普遍减缓,中国经济正处于再平衡调整之中,大宗商品价格下跌,美国逐步退出异常宽松的货币政策。为此 IMF 下调 2016 年及 2017 年全球经济增长预期至 3.4% 和 3.6%。⑲从各国相继发布的统计数据看,一些主要发达经济体增速低于预期,一些发展中国家和新兴市场国家出现了"负增长"。外部需求的低迷,将影响到澳门主要客源地的外游消费意愿。

中国内地经济也处于结构改革的转型中。2015年12月的中央经济工作会议提出了"十三五"开局之年的五项工作任务：去产能、去库存、去杠杆、降成本、补短板。中央政府的政策聚焦供给侧改革，采取更加有力的积极财政政策和更加灵活的稳健货币政策，为结构改革创造环境。㉑2016年3月的政府工作报告，将2016年经济增长的预期目标设定为6.5%～7.0%，并提出年度八项重点工作，包括稳定和完善宏观经济政策，保持经济运行在合理区间；加强供应侧结构性改革，增强持续增长动力；深挖国内需求潜力，开拓发展更大空间；推进新一轮高水平对外开放，着力实现合作共赢等。政府的政策目标是要实质性地推进深化改革，扭转经济颓势，维持稳定的经济增长，推动转型和结构调整。国家"十三五"规划的核心，是要引领经济新常态、贯彻发展的新理念、跨越中等收入陷阱、全面建成小康社会，并将中国经济5年增长保持6.5%以上的中高速水平。国家未来5年的发展态势，为澳门经济的稳定发展提供了有利的外部环境。

就内部而言，澳门调整产业结构、保持经济后续动力仍面临一定的压力。短期而言，博彩业能否尽快走出调整成为经济上行拉动力尚有不确定性。其一，影响博彩业贵宾厅业务的外部因素及内部制度环境未有变化，主要客源地——中国内地的经济增长也面临下行压力。其二，博彩中介人既面临着政府规范监管的环境压力，同时也承担贵宾厅博彩资金的借贷风险，在外部环境未有明显改善情况下，中介人仍会倾向谨慎惜贷。其三，中场大众博彩所依赖的访澳游客数量，难有较大升势。此外，非博彩产业因规模不足对经济的拉动能力仍有局限。博彩业的稳定健康发展、非博彩行业的活力培育、本地经济的发展推进、区域经济共赢互利商机的把握，都十分紧迫。随着经济持续调整，社会民生保障及经济支持需求将逐渐浮现并且更为显著。

为此，在短期内如何有针对性地采取有效措施，稳定经济增长，对澳门是个不小的挑战。特区政府可考虑结合澳门建设世界旅游休闲中心功能的需要，适时投放与启动部分政府工程，作为反周期的调节政策。此外，澳门需要提升各经济行业的内生动力，作为平衡博彩业下跌的经济稳定力量；需要对如何达致博彩业持续健康发展、如何有效推进经济结构的适度多元，谋划具体策略与方案，并激发业界主动参与的内在动力。一个产业竞争力的形成、一个地区经济社会的持续发展，并不能简单地依靠内地扩大自由行输送访澳人流来获取。经过本次经济调整，澳门社会对拓宽经济基础、推进经济适度多元的共识在增大，对拓展本土经济基础、支持中小企业发展，通过参与区域合作、参与国家"一带一路"建设把握可能的发展契机，有了更多的关注与期待。尽管目前澳门非博彩产业的规模及竞争力尚未形成优势，但也见到了曙光，不少产业在悄悄地成长，为经济适度多元发展带来新的活力与希望。

（二）科学谋划，力促发展，推进澳门长远发展目标与定位的有效落实

中长期而言，是要有效推进"世界旅游休闲中心"和"中国与葡语国家商贸合作服务平台"（"一个中心、一个平台"）的功能建设。这是澳门经济的发展定位，也是其经济质量及目标优势的体现。在"国家'十二五'规划纲要""珠江三角洲地区改革发展规划纲要（2008～2020）"等重要规划性文件及领导人有关讲话中，都已明确并要予以"支持"或"促进"。澳门特区政府在施政报告及其他重要文献中，也都将此作为施政目标。2015年11月中共十八届五中全会通过的《中共中央关于制定国民经济和社会发展第十三个五年规划的建议》，再次明确澳门的地位与功能定位，以及国家支持澳门的重点政策方向："支持澳门建设世界旅游休闲中心、中国与葡语国家商贸合作服务平台，促进澳门经济适度多元可持续发展"；"发挥港澳独特优势，提升港澳在国家经济发展和对外开放中的地位和功能"；"加大内地对港澳开放力度，加快前海、南沙、横琴等粤港澳合作平台建设。加深内地同港澳在社会、民生、科技、文化、教育、环保等领域交流合作"。[21]2016年3月提交十二届全国人民代表大会第四次会议审议的《国民经济和社会发展第十三个五年规划纲要（草案）》，在港澳专章中进一步细化了"支持港澳提升经济竞争力，深化内地与港澳合作"具体内容，如"积极发展会展商贸等产业，促进经济适度多元可持续发展"；"支持港澳参与国家双向开放、'一带一路'建设，鼓励内地与港澳企业发挥各自优势，通过多种方式走出去"；"支持内地与港澳开展创新及科技合作，支持港澳中小微企业和青年人在内地发展创业"等。[22]与国家"十三五"规划同步，澳门特区也着手实施首个以"建设世界旅游休闲中心"为基础的5年发展规划，在2015年11月公布的《基础方案》中，特区政府将"世界旅游休闲中心"的定位具体化为"旅游城市、休闲城市、世界城市"三大要素，致力于把澳门建成有国际先进水平的"宜居、宜业、宜行、宜游、宜乐"的"五宜"城市，并体现"安居乐业、繁荣稳定"的城市标志。[23]

要达致以上目标，关键是澳门能否在以下几个方面做出有效突破。一是澳门本地是否具有内生动力，能成功生长出与经济发展定位所配套的业态与核心竞争力。也就是说，澳门需要寻求有效方式，切实有效地推进经济适度多元发展，发掘根植本土自由经济体制下的微观主体的活力和样板，提升自身发展素质与能力。二是澳门能否通过加强区域合作有效落实澳门的功能定位，并将此功能作为带动澳门发展的持续动力。三是澳门政府能否有效发挥经济功能，为澳门的长远发展引导适宜的方向、营造良好的营商环境、提供恰当的政策支持。近年来，特区政府加强了对经济的规划及引导力度。2015 年 10 月底，特区政府宣布成立"世界旅游休闲中心委员会"，由行政长官担任主席，就建设中心做出研究和顶层设计，并制定有关政策，制订未来 5 年的发展规划；同年 11 月公布了特区五年规划《基础方案》，提出了提升澳门发展质量的具体目标方向。

（三）善用国家支持政策，补长短板，做好澳门中长期发展的引导与制度供给

澳门经济发展方式的优化，经济适度多元可持续发展的有效推进，首先需要克服澳门经济发展中现有的诸多短板。这些制约因素，有的是与微型经济体相伴生，例如发展空间狭小、产业基础有限、多元化人才不足、政策调控工具不多等；有的则是与澳门自身经济特点有关，例如经济发展动力严重依赖博彩、抗风险能力不均衡，主导产业优势偏重规模、其他产业竞争力不强，企业竞争力及规模不足、市场创新及创业气氛欠缺、政府经济引导与规管能力尚待提升、法制相对滞后等。尽管有研究将澳门经济竞争力在中国城市竞争力排名中位居第九，但客观上澳门的竞争优势存在局限，经济发展质量提升面临着不少制约与挑战。

在迈向经济适度多元可持续发展的目标时，澳门需要克服上述局限、补长短板。其一是练好内功：增长动力上，培育和夯实澳门经济增长的动力基础；增长方式上，达致适合澳门宜居宜业目标的优质增长与和谐增长；增长路径上，协调好本土发展与区域合作双腿走路的互动效果；增长推动上，有效将市场主导与政府适度有为相结合；增长后劲上，保持好重点领域的有效增长及可持续发展。[24]其二是要善用国家支持政策，做好腹地拓展与优势对接。例如，借助国务院明确的澳门 85 平方公里水域管理范围和陆地界线，规划沿岸、水域、海域三层次的发展和利用蓝图，大力发展海洋经济、改善本地环境和促进区域合作；通过"一中心、一平台"的功能建设，带动休闲旅游、会展商务、中医药、教育服务、文化创意等产业领域的发展。其三是要做好与建设目标相配套的总体发展蓝图，细化政策目标及相应制度建设，为澳门中长期发展及重要产业的发展提供政策导向。总之，提升澳门在国家经济发展和对外开放中的地位和功能的前提，是要做强基础功能、补长短板、提升商贸服务能力。

四　构建可持续增长动力的策略思考

保持好重点领域的有效增长及可持续发展，是积蓄澳门经济增长后劲的有效方法。其中，抓好重点领域与关键环节，尤为重要。这既包括应对近期经济深度调整、稳定经济核心领域，也包括促进经济长远发展和有效挖掘经济动力等。

(一) 稳定经济增长的主动力，促进博彩业健康可持续发展

博彩业的健康可持续发展，是澳门经济的核心环节。长期以来，澳门博彩业处于一种规模不断扩张的粗放式增长。大量博彩设施投资与不断放开的内地个人游，分别从供给及需求两侧同时拉动博彩业务量的高涨，形成经济的持续过热及虚胖，社会资源紧张、结构失衡，与博彩有关的制度建设滞后于现实，部分领域出现监管真空、制度缺失等盲区，致使澳门博彩业虽具规模但实质不强，一直未能朝着专业化和规范化方向发展。随着博彩经营权的有限开放以及近年来外围形势的变化，贵宾厅运作模式赖以生存的环境发生改变，自身运作中的问题被迅速放大。至今，贵宾厅调整持续时间已近两年，其面临的困境及持续状况，将成为影响澳门经济近期走势最为关键的因素。促进贵宾厅业务的规范发展，稳步扩展中场业务，同时也就成为促进博彩业健康发展的重要内涵。

目前正值博彩业中期检讨之际，也是博彩业调整的可能转折点，澳门需要研究并完善博彩业监管及有关公共政策，为澳门博彩业发展提出路向指引。一是研究澳门博彩业发展模式、完善方向及在经济中的适宜定位，制定相应的行业总体规划、法规、运作、监管、规范等指引。二是要有针对性地根据贵宾厅发展模式中存在的问题，寻求完善监管的思路与方案。贵宾厅业务大挫的重要原因之一是资金链的断裂，影响博彩资金贷放的原因是信心不足，损害信心的背后因素是借贷风险，化解借贷风险则要涉及多层要素，其中特别需要特区政府的监管与协助。三是要结合博彩中期检

讨，理顺博彩业开放以来出现的总体问题，系统研究、完善监管、优化制度，提升整个博彩行业的专业性和竞争力，使博彩业经过本次阵痛后能获得新的发展。

行政长官在 2016 年施政报告中针对博彩业健康发展已提出措施，要加强对博彩业监管、完善法规。一是在博彩中期检讨中，重点检视娱乐场幸运博彩经营批给执行情况，分析博彩业对本地经济、中小企业营商环境、社会及民生的影响，博彩与非博彩元素的联动效应、中介人的发展及现状等方面。二是规范中介人的经营，预防和遏制博彩违法活动。三是适时对贵宾厅营运进行分析，研究加强监管。四是推动博彩企业拓展大型综合旅游项目。五是继续推动负责任博彩。㉟财政司司长也表示要努力推进对博彩业监管，引导行业健康、有序发展，做精做强博彩业。有学者认为，澳门博彩业管治制度正面临着方向性选择，但迄今为止博彩业中期检讨更侧重于对博彩公司的评估，而对博彩法律制度及公共政策的检讨未能引起足够的重视。博彩批给制度、资格审查制度、第三方贵宾厅制度以及税收制度，均属澳门博彩业的核心制度，理应成为澳门博彩中期检讨的核心目标，以期为澳门社会的长期稳定发展打下一个坚实的制度基础。㊱

目前澳门博彩业发展仍存在不少有利因素：一是总体需求依然持续，每年 3000 万人次的访澳游客，可以维持中场博彩的基本盘；二是博彩业已积累了良好基础，建立起较具规模的博彩设施供应量，博彩旅游业已具有国际知名度；三是国际游客的拓展空间较大；四是特区政府累积了一定的财力与经验，有助于推进旅游休闲中心的建设；五是澳门具有较好的社会基础，能够凝聚发展共识；六是经过 21 个月的调整，博彩业虚胖水分已挤出不少，月度博彩收入开始企稳。但由于影响贵宾厅业务从高位下滑的基本因素依然存在，再加上周边赌场的竞争分流，短期内博彩收入尚难出现较大回升。有效拓展中场业务尤其是"高端中场"，将是博彩业稳定增长的一个方向。

（二）密切关注并妥善应对主导产业深度调整可能引发的风险点

一是对财政税收的压力。博彩税一直占澳门总税收的 80% 多，博彩业的调整，对税收的影响首当其冲，而后者又直接关系到社会基本运作与经济民生政策的开支。经济财政司司长曾将博彩收入每月 180 亿澳门元作为财政平衡的"红线"，在此水平，民生工程及预算案提供的各项服务不会受到影响。受博彩税大幅下降的影响，2015 年 1～11 月澳门财政税收按年减少

29.9%，财政盈余减少56.9%。2016年，政府根据当期形势将本年度博彩收入预算进一步下调至2000亿澳门元（每月166亿澳门元），年度预算仍有盈余。尽管澳门目前财力较为殷实，截至2015年12月底财政储备尚有3451亿澳门元（加上外汇储备，总储备共计4958亿澳门元），但澳门需要提前做好准备，善用财政资金，应对财政收入大幅下滑而民生及投资开支逆势扩张的现实需求。短期而言，主要提升财政资金的使用绩效，在保障民生及促进经济基本开支前提下，做好缩减开支的相应准备。长远而言，则是要努力拓宽财政税收的来源基础，要培育起一批能立足市场并创造税收的企业实体。财政来源多元，应是经济适度多元成效的重要标志之一。

二是对本地就业的影响。博彩业是澳门最大的就业行业，近几年来，博彩业（及博彩中介业）就业人口约为8.7万人，占澳门本地劳动人口的26.2%；如果加上与博彩业关联密切的酒店及饮食业，占劳动人口比例达到40.9%，澳门的就业市场与博彩业及相关行业的走势高度相关。博彩业调整，已导致不少贵宾厅结业，但有关影响尚未在本地就业中相应显现。到2015年第四季，澳门失业率仍保持在1.9%的较低水平，本地失业人口约1万人。社会也尚属稳定。也就是说，迄今为止，此次经济调整尚未引发社会就业状况的明显逆转。其原因一是澳门有大量的外雇人口，成为就业调整的缓冲池；二是不少厅主及中介人，或是自雇或是外地人，贵宾厅结业的影响外溢；三是六大博彩企业虽然盈利大幅下降，但尚能顾及社会稳定，未有在市场上大幅裁员；四是澳门人力资源长期处于紧缺状态，不少行业职位长期空缺，借机调整吸纳。但若经济调整持续、调整领域进一步扩大至非博彩行业的话，社会就业压力就会逐步增大。相对而言，面临调整压力的中小企业，其就业稳定能力会较弱。

三是楼市走势对金融及民生的可能冲击。澳门楼价走势，跌势较急变化较快，从2014年高位至今回落约四成。如楼价跌势持续，银行系统及置业者的压力会相应增大。要综合评估美国加息、国际资金抽离新兴经济体以及本地相关政策产生的综合效应，避免楼价调整对金融体系和经济造成过度压力；关注楼价持续下跌可能造成的供楼者负资产情况，以及断供可能产生的连锁影响。

（三）培育多重动力，提升澳门经济增长的稳定性

提升澳门经济增长的稳定性，减缓经济增幅的大起大落，是特区政府经济施政的目标之一，同时也是高度外向的小型经济体的固有内在局限。

其根本方法是要拓宽与夯实澳门经济增长的动力基础,在经济增长主动力(博彩业)失速时,其他产业可以起到辅助驱动作用;在要素投入推动脱节时,可以由创新、创意甚至制度改革红利来带动;在数量扩张受到局限时,可以走质量提升的增长推动。也就是说,澳门动力结构的有效衔接与转化、经济适度多元的切实推进,并不会随着博彩业的下滑而自动实现,需要根据澳门总体发展目标,有针对性地去设计构建和推动落实。

一是深化世界旅游城市建设,提升旅游业综合竞争力。重点是旅游元素的深度开发与有效整合、旅游配套设施的建设(航班航线、多语种导游培训等)、客源市场的多元开拓,推动休闲旅游朝多元化和精品化的方向发展。要致力于延长旅客在澳住宿时间,积极拓展家庭客群、商务人士、会议展览一族。政府正在推动智慧旅游发展,计划推出不同语言的旅游资料电子版本,开发更多互动功能;通过资讯平台整合澳门旅游的资讯,提供完善的观光服务和配套,以吸引多元客源。

二是强化商贸服务业功能,提升城市现代经济发展基础。尤其是要提升生产性服务业的优势,强化对商贸服务平台的支撑功能;要寻求适合微型经济体特点的项目,开拓根植本地的新增长点。提升金融业作为支柱产业对整体经济的支持与带动作用,依托金融创新(应用)与"走出去"做大做强金融业,建设好葡语国家人民币结算中心功能。

三是加大力度扶持新兴产业,促使其尽快自立成长。澳门会展业进步较为明显,被国际展览业协会(UFI)评定澳门为2014年亚洲区内表现最佳的展览市场;国际会议协会(ICCA)在《2014年度国际协会会议市场年度报告》中,把澳门在亚太区会展城市排名从上年的第34位大幅提升至第20位。特区政府已表示要研究澳门会展业发展蓝图,为制定会展业发展路向提供依据。文化创意产业起步稍晚,政府已启动扶助文化产业发展的措施,透过跨部门合作完善各项政策,研究推出"文化产业奖励制度",设立相关资讯服务平台,提升文化产业的综合实力。[27]中医药产业的旗舰项目是粤澳合作中医药产业园,目前正在向建设"国际级中医药品质控制基地"和"国际健康产业交流与交易平台"的核心目标推进。特区政府期望通过国际平台的建设,结合澳门"中国与葡语国家商贸合作服务平台"的优势,为推动澳门中医药产业发展以及促进中国内地与"一带一路"沿线国家中医药合作发挥积极作用。

（四）利用新的优势条件和发展机遇，强化"一中心、一平台"功能建设

国务院明确澳门的水域管理空间，有效拓宽了"世界旅游休闲中心"建设基础，澳门在拓展海上旅游产业和海洋经济产业上大有可为。海洋经济领域甚广，主要包括海洋科技、海洋装备制造业、海洋旅游、生态保护和海洋文化，澳门可选择适合本地条件的产业方向，例如海洋旅游、保护生态、海洋文化、相关海洋经济的会展/酒店业等，并且拨资于相关大学开设培训学系，鼓励/资助研究活动，推进成为南中国的海洋经济中心。[②]通过详细的城市规划，沿岸地带可以变成为沿海海滨长廊，建设跨海大桥、海上旅游设施、邮轮码头、游艇停泊中心，开拓海上旅游新构想，使澳门旅游活动走向多元化，帮助吸引旅客延长留澳时间，促进过夜消费。

促进"中葡商贸合作服务平台"功能的强化与有效发挥，需要做实与商贸服务平台有关的基础功能，在澳门现有语言、文化基础上，提升与商贸平台对应的各种生产性服务业优势，如专业化服务能力及电子商贸等基础功能。可将构建"一个平台"的目标与国家"一带一路"建设及区域合作相结合，通过一个个可供操作的项目，将澳门服务中葡经贸文化、提升自身产业实力有效结合与互动。

（五）发挥重点行业龙头企业的核心作用

非博产业竞争力的提升，首先要发挥好重点行业龙头企业在推进产业适度多元中的核心作用。一是通过多种形式，推动大型博彩企业加大对非博彩领域投资，提升其非博彩收益占比。二是发挥好驻澳中资企业在产业多元中的作用，尤其是在金融等生产性服务业的功能，提升澳门基础产业的质量以及"走出去"参与国际合作的能力。三是吸引外资及各类资本投资澳门基础产业，提升澳门作为世界城市、智慧城市的产业基础。四是鼓励与扶持本地中小企业创新与发展，推动其在澳门总体发展目标中，寻找适合自身长处的发展空间。在巩固澳门博彩旅游等优势产业的同时，尽可能培育更多的新增长点，提升经济的稳定性与抗风险能力。

结　语

澳门经济发展正处于历史转折点，面临着优化经济结构、提振发展动力、走出调整逆境等考验，同时也处于特殊机遇期。国家已出台明确澳门水域管理范围等系列支持澳门发展措施，澳门特区政府也正在凝聚社会力

量积极谋划未来发展蓝图。如何结合澳门"世界旅游休闲中心""中葡商贸合作发展平台"的总体功能定位、综合考虑社会经济发展需求、人口资源及环境承载能力，制定好总体发展战略以及配套规划和建设安排，对提升澳门自身竞争力和抗风险能力极为重要。国家"十三五"时期，也是澳门发展的关键时期。如何挖掘澳门的特有优势，补长短板，对接国家战略找到"国家所需、港澳所长"的交汇点；如何通过提升自身发展素质和加强粤港澳区域合作"两条腿"走路增强发展动力，是提升澳门在国家经济发展和对外开放中的地位功能、推进经济适度多元及长远发展取得实质进展的重要基础。

---

①②③澳门特别行政区政府统计暨普查局、经济局、金融管理局：《澳门经济季刊》（2015 年第 4 季），2016 年 3 月。

④⑤⑥澳门特别行政区政府统计暨普查局：《澳门社经摘要》（23 号刊），2016 年 2 月 19 日。

⑦澳门特别行政区政府统计暨普查局：《统计月刊》（2016 年 1 月），2016 年 2 月。

⑧澳门特别行政区政府博彩监察协调局：《每月幸运博彩统计资料：2016 年及 2015 年每月幸运博彩毛收入》，http://www.dicj.gov.mo/web/cn/information/DadosEstat_mensal/2016/index.html。

⑨澳门特别行政区政府统计暨普查局：《入境游客》（2015 年 12 月），2016 年 1 月。

⑩澳门特别行政区政府统计暨普查局：《旅客消费调查》（2015 年第 4 季），2016 年 2 月。

⑪澳门特别行政区政府统计暨普查局：《零售业销售额调查》（2015 年第 4 季），2016 年 2 月。

⑫《市场乏条件扭跌势 今年住宅交投料不足五千宗》，澳门：《澳门日报》2016 年 1 月 15 日。

⑬《去岁银行税后盈利增逾两成》，澳门：《澳门日报》2016 年 2 月 23 日。

⑭⑰澳门特别行政区政府统计暨普查局：《会议与展览统计》（2015 年第 4 季），2016 年 2 月。

⑮《中国会展经合论坛明年澳举行》，澳门：《新华澳报》2016 年 1 月 25 日。

⑯澳门特别行政区政府统计暨普查局：《澳门产业结构》（2014 年），2016 年 1 月。澳门博彩税（产品税的一种）非常庞大，为了更准确地反映博彩业对澳门经济的贡献，澳门特别行政区政府统计暨普查局自 2014 年起采用生产者价格计算的行业生产总额及增加值总额（即将博彩税计入博彩的产出）。

⑱㉓澳门特别行政区政府:《澳门特别行政区五年发展规划（2016～2020）基础方案》，2015 年 11 月 17 日。

⑲《IMF 预估 2016 全球经济回暖将慢于预期》，北京:《经济参考报》2016 年 1 月 20 日。

⑳《中央经济工作会议:2016 年五项工作任务》，香港:凤凰财经网，2015 年 12 月 21 日，http://finance.ifeng.corn/a/20151221/14132208_0.shtml。

㉑《中共中央关于制定国民经济和社会发展第十三个五年规划的建议》，北京:《人民日报》2015 年 11 月 4 日。

㉒《支持参与国家双向开放一带一路建设 十三五规划挺澳发展》，澳门:《澳门日报》2016 年 3 月 6 日。

㉔蔡赤萌:《澳门经济增长方式:从超常增长走向新常态》，澳门:《澳门理工学报》2015 年第 1 期。

㉕㉗中华人民共和国澳门特别行政区:《二〇一六年财政年度施政报告:促经济，重民生，稳发展》，2015 年 11 月 17 日，第 17、18 页。

㉖王长斌:《澳门博彩业中期检讨的几个问题》，北京:《港澳研究》2016 年第 1 期。

㉘张宏业:《中央给力 澳门拓"多元经济"》，香港:《文汇报》2016 年 1 月 19 日。

作者简介:蔡赤萌，国务院港澳事务办公室港澳研究所研究员、全国港澳研究会理事。

［责任编辑:刘泽生］

（本文原刊 2016 年第 2 期）

港澳保健政策之比较研究

赖伟良

[提　要] 本文的主旨在比较香港及澳门特区的保健政策，比较面向包括两地保健体系的基本结构、服务供应角色、医疗保障网络、健康状况、服务资金来源及保健开支水平。比较结果显示，香港政府比澳门政府扮演较重要的服务提供者角色，后者则比前者承担更大的财政责任，支付大部分的保健服务开支。总结而言，两地的保健体系均属于"政府主导的混合型"。虽然两地保健服务的效果同样出众，但澳门体系则较具成本效益。研究结果的启示是，政府的介入程度及非牟利体系的规模，乃影响保健服务效果及成本效益之重要因素。

[关键词] 香港　澳门　保健体系　保健政策　卫生政策　医疗服务

一　引言

在 20 世纪末期，香港及澳门先后成为中华人民共和国的特别行政区。从经济发展水平而言，香港和澳门已经是富裕城市。两地政府推行各式各样的福利政策及计划，以满足民众的各方面基本需要。保健服务乃社会福利制度的主要支柱之一，[①] 它在提升民众的生活质量方面，发挥着十分关键的作用。

有关香港保健政策或体系的比较研究，学者倾向把香港与邻近的亚洲国家或地区做比较。M. Ramesh 及 Ian Holliday 比较中国香港、新加坡及马来西亚的保健体系，他们的结论是三地政府所提供的大规模医院服务，有助于维持它们的高效率保健系统。[②]其后，M. Ramesh 比较中国香港、中国台湾、新加坡及韩国的保健体系，结果显示中国香港及新加坡的公营服务较具效率，而中国台湾及韩国却面对保健开支急速上升的风险。[③]Ian Holliday 在比较"东亚四小龙"的保健体系后，指出四地的保障体系均具有"生产性导向"（productivist orientation）的元素，但不能总结出一种"东亚保健模式"（East Asian health care model）。[④]M. Ramesh 的另一项研究发现，中国香港及新加坡保健政策的特点是"政府供应及私人融资"，而中国台湾及韩国则是"私营系统供应及社会保险融资"。[⑤]余伟锦比较"东亚四小龙"及 18 个经济合作与发展组织（OECD）国家的保健政策，指出中国香港与英国应同属于一种福利模型，主要特征是其保健服务发挥高度的"去商品化效应"（decommodification）。[⑥]他在另一项比较研究也发现，中国香港及新加坡应与英国、澳大利亚、芬兰、法国、挪威等国家同属于一类福利模型；而中国香港的保健体系则不能与韩国及中国台湾纳入同一种福利模型。[⑦]近年，也有研究比较中国香港及其他国家或地区的政策改革，例如 M. Ramesh 比较中国香港与新加坡公营医院的改革情况。[⑧]

在文献中，有关澳门保健体系的比较研究可说是绝无仅有。常峰等学者曾比较港澳的"医疗券"计划，结果发现该计划的优点包括保健服务的"需方"和"供方"均积极参与，市民对计划的满意程度高，推动市民更多使用私营医疗服务，提升市民的防病保健意识和推广家庭医生制度；而缺点是存在违规使用的问题。[⑨]此外，有些研究集中探讨澳门保健政策的模式或特征。宋燕及卞鹰分析镜湖医院的发展后，总结澳门"公私合营模式"的运作经验，对内地发展非营利私营医疗机构有很大的参考作用。而且，政府的参与和合作在发展"公私合营模式"中发挥积极的作用。[⑩]根据赖伟良的研究，澳门的保健体系属于"政府主导的混合型"。[⑪]因此，本文可以填补港澳相关比较研究的空白。

二　保健体系的结构

1. 香港

香港保健体系的基本结构早于 20 世纪中期已经确立，在过去 60 年并没有基础性的转变。[⑫]港英政府早在 1962 年就已表明，其保健政策是为不能使用私营医疗服务的广大市民，提供廉价或免费的医疗及个人保健服务。当时的具体政策目标是为 50% 的市民提供公营门诊服务，以及为 80% 的市民提供公营医院服务。[13]现在，香港保健体系的主要特征是"双执并行、公私医疗界别互相配合"。[14]公营系统主要由政府卫生署和医院管理局（医管局）组成。政府卫生署在保健政策及服务范畴发挥"顾问及监管"功能，同时也提供一部分的保健服务，如母婴保健等。医管局是一个法定及独立政府以外的机构，负责管理香港的所有公营医院，同时提供公营的专科门诊及外展医疗服务。香港政府的政策方针是，公营保健系统发挥"安全网"（safety net）的功能，确保所有居民均能接受所需要的保健服务。[15]

截至2013年12月底，卫生署辖下有32间母婴健康院，为香港居民提供免费的母婴保健及指导服务。医管局辖下有42间公营医院及机构，病床总数为27400张。同期，它亦管理47间专科门诊及74间普通科门诊诊所。医管局提供高额资助的保健服务，香港居民在公营普通科门诊诊所的诊治费用为每次港币45元，该收费已包括药物费用、检验费用等。专科门诊服务的首次诊治费用为港币100元，其后每次诊症费为港币60元，每种药物的收费为港币10元。在住院服务方面，香港居民的入院费为港币50元，住院费为每天港币100元，已包括一般护理、药物及检验费用。[16]大致上，政府资助约95%的公营医院服务费用。[17]

私营保健系统包括私家的门诊诊所和私家医院。截至2013年底，香港共有11间私家医院，病床总数为3882张。此外，有些志愿组织或慈善团体也开设非牟利性质的诊所，提供较廉价的保健服务。[18]

香港政府由2009年1月开始推行"长者医疗券试验计划"，对象为年满70岁的香港居民。符合资格的长者可以使用医疗券到私营机构购买所需的医疗服务。到了2014年，该计划已转化为恒常性的计划。2015年，每名长者获发医疗券的数额为每年港币2000元。[19]

虽然香港保健体系的基本结构已确立数十年，但在过去20多年，香港政府曾提出不同的改革方案，如提高公营医疗服务的收费，推行强制性医疗保险，设立医疗储蓄账户等，但最终它们都未能获得社会各界的认同。[20]到了2010年10月，香港政府出版名为《医保计划由我抉择》的咨询文件，建议制订一个由政府规管的自愿私人医疗保险计划。该计划的重点是政府加强对私营医疗保险及私家医院的控制，同时推出一些措施，推动有能力的市民购买私营医疗保险。到了2014年12月，政府再出版名为《自愿医保计划咨询文件》，进一步就"自愿医保计划"的实施内容搜集公众意见。[21]咨询的内容包括该计划之保障项目、补充性质的保险计划、"高风险地"、保险计划的转移安排、规管机构等。[②]

香港政府提出的"自愿医保计划"是一种"市场化"（marketization）的改革策略。在该计划中，政府加大对私营保险市场及私家医院的干预，令它们更迎合市民的需要及购买力；同时动用公帑，支持那些高风险人士（如在投保前已患病人士或长期病患者）参加私营保险。其实，这明显有别于一贯由"政府主导"的政策方针。

2. 澳门

近年来，澳门政府采用"'妥善医疗，预防优先'的卫生政策，继续加大医疗卫生资源的投入，健全制度建设，完善医疗卫生设施……充分利用社区医疗资源，有效发挥政府、非牟利和私人医疗机构的力量，致力于提升医疗服务的质量，保障居民的健康"。[㉓]目前澳门保健体系的基本结构，在20世纪80年代中后期已确立起来。澳葡政府在1984年的施政方针中表示，将要建立一个综合的医疗卫生体系，其政策路向是建立以基层卫生护理为主的医疗卫生网络，先以仁伯爵医院为中心，其次在澳门、氹仔及路环设立9间卫生中心。[㉔]

现在，澳门的保健体系主要由公营和私营保健系统组成。公营系统包括政府卫生局的仁伯爵综合医院、卫生中心、公共卫生化验所及其他相关的中心（如疾病预防控制中心、捐血中心等）。仁伯爵综合医院为所有居民提供特级卫生护理服务，如急诊、专科门诊及住院服务等。除了有关法例所规定的10多类组群外，例如孕妇、儿童、长者、学生、残障人士、传染病患者、恶性肿瘤病患者、贫困人士及教师等（免费医疗组群），其他澳门居民在接受服务时需要缴付费用，例如住院服务的收费是服务成本的70%。

澳门政府设立卫生中心的目标是让"所有居民都可以在自己的居所附近享有免费或可负担的初级卫生保健"。卫生局辖下的7间卫生中心及3所卫生站/保健站，均为居民提供各类免费的初级卫生护理服务，例如儿童保健、成人保健、产前保健、学童保健、中医服务等。[㉕]此外，卫生局也资助一些（非牟利）私营医疗机构，提供不同种类的保健服务，包括住院、急诊及门诊服务。例如在2012年，卫生局以固定资助的方式，透过与14间民间非牟利的医疗机构合作，共提供了超过52万个免费或廉价的保健服务名额。[㉖]

澳门的私营保健系统包括私家医院、非牟利及营利性质的诊所及化验所。2014年，澳门共有4间私家医院及687间私家诊所（包括西医、牙医及中医等）。[㉗]其中镜湖医院的规模最大，2011年设有580张病床，共提供急诊诊治 179658 人次及门诊诊治 964023 人次。㉘镜湖医院属于一所非牟利的医疗机构，它所提供的服务大致可分为三类：一是由政府资助而免费提供的服务（例如 C 等病床、产前保健等）；二是由镜湖医院慈善会资助而免费或象征性收费的服务；三是"自负盈亏"性质（self-financed）的服务。那些非牟利的诊所通常由民间社团开办，提供免费或廉价的保健服务，例如同善堂、工人医疗所、街坊福利会中医诊所、民众建澳联盟民众医疗中心等。㉙2015 年 1 月，卫生局进一步扩大符合资格接受资助医疗服务的群体。资助金额为每次门诊澳门币 110 元，每次急诊为澳门币 230 元。㉚

卫生局 2009 年开始推行"医疗补贴计划"，为全体市民提供同等金额的"医疗券"，资助她/他们在私营保健场所使用非资助的服务。2015 年，每位澳门市民获发总值澳门币 600 元的"医疗券"；参与该计划的医疗服务单位共有 682 间。㉛

2010 年，澳门政府制定了"完善医疗系统建设方案—10 年规划"，计划在 2020 年之前，从三个层面扩充澳门公共保健服务的规模。其一，扩建及重建的工程包括仁伯爵综合医院急诊大楼、专科大楼和综合服务大楼、路环岗顶传染病康复中心、九澳康复医院等。其二，分阶段筹建离岛医疗综合体，当中的设施包括离岛急症医院、放疗中心、离岛综合医院、护理学院及离岛康复医院等。其三，扩建或重建部分现有的卫生中心，还在青洲、新填海区、氹仔和路环等地区增建 5 间卫生中心。㉜总结而言，澳门政府面对现在及将来社会对保健服务的庞大需求，其主要对策是大规模地扩展公营保健服务，同时增加由非牟利社团所提供的资助服务，这与上述香港政府所采用的策略有明显差异。

三　保健体系的比较

1. 保健政策模式及分析面向

在文献中，学者提出不同的保健政策模式，用以分析各地保健体系的特征。例如 Milton Terris 早在 1978 年提出三种保健体系模式："公共援助模式"、"健康保险模式"及"国民保健服务模式"。㉝经济合作与发展组织的研究总结出三种模式："国民保健服务模式"、"社会保险模式"及"私营保险模式"。㉞Michael Moran 提出四种保健国家体制（health-care states）："牢固支配及控制国家型"、"供应国家型"、"共责国家型"及"欠缺保障的支配及控制国家型"。㉟Claus Wendt 等学者先提出三个理想模型（ideal-types）：

"国家保健体系"、"社会保健体系"及"私营保健体系"。"国家保健体系"的特征是国家或公营机构主力承担保健体系的融资、服务供应及管制三方面任务。在"社会保健体系"中，社会机构（例如工会）主力负责保健体系的融资、服务供应及管制三方面工作。在"私营保健体系"，市场主力负责保健体系的融资、服务供应及管制三方面工作。然后，他们在每一个理想模型中，再根据三个分析面向中的多元性，细分出 24 个混合模型（mixed-types）。[36]直到现在，他们的理论架构可说是最精细及最具概括性之分类模型。

总结上述的分类模式，大致上有三种典型的保健政策模式。第一种的特征是国家直接提供大部分的保健服务（尤其医院服务），承担很高比例的保健服务开支，所有市民有权接受免费或廉价的公营保健服务，接近上述的"国民保健服务模式"、"牢固支配及控制国家型"及"国家保健体系"，例子包括英国及瑞典。第二种的特征是国家设立公营健康保险，支付国民的大部分医疗费用，公营及私营系统共同提供各类的保健服务，类似上述的"健康保险模式"、"社会保险模式"、"共责国家型"及"社会保健体系"，最有代表性的例子是德国。第三种的特征是大部分国民都参加私营健康保险，以应付保健服务的开支；公营及私营系统共同提供保健服务，但私营系统的规模较庞大，接近上述的"私营保险模式"、"供应国家型"或"私营保健体系"，美国是最典型的例子。

还有，值得进一步讨论的是不同学者所采用的分析面向（analytical dimensions）。经济合作与发展组织的研究以覆盖程度、融资及供应三个面向为分类基础。[37]Michael Moran 的分析面向包括服务消费、供应及科技管理。[38]Claus Wendt 等学者选取控制、筹措资金及服务供应三个分析面向，建构他们的精细分类架构。[39]笔者采用了其中三个分析面向，因为它们较适用于港、澳的情况。（1）保健服务的资金来源，当中包括政府税收、社会保险、私营保险及病者个人缴付等方式之比重。（2）服务供应角色，分析各类服务提供者之分工：政府、非牟利团体及市场（营利机构）等。（3）医疗保障网络的覆盖面，意思是有多少市民能享用政府提供的免费或廉价保健服务或由民间医疗机构提供的资助服务，或已加入公营健康保险计划。此外，笔者增加采用两项的面向。（4）健康状况。（5）保健服务开支。希望更全面比较港、澳两地的保健体系。

2. 服务供应角色

在香港，私营系统提供约70%的门诊服务。[40]换言之，只有较小部分的居民接受公营的初级保健门诊服务，反映公营服务的规模相对较小。但是，香港政府乃医院服务的最主要提供者，医管局辖下的公营医院提供81.3%的住院服务；而只有18.7%的病患人士在私家医院接受住院服务（见表1）。

表1　港、澳公营及私营医院的出院病人数目（2013年）

	香港	澳门
公营医院	1571424（81.3%）	18922（38.0%）
私营医院	362376（18.7%）	30860（62.0%）

注：数目包括死亡人数。

资料来源：香港政府统计处：《香港统计年刊2014年版》；澳门统计暨普查局：《医疗统计二零一三年》；澳门卫生局：《2013统计年刊》。

在澳门，卫生中心在2013年提供了597334人次的门诊服务，占总数的15.7%；（非牟利及营利性质）私营机构提供3200620人次的门诊服务，占总数的84.3%。[41]但必须指出，在这八成多的服务人次中，有一定比例属于政府资助的免费或廉价服务，如工人医疗所、镜湖医院提供的服务等。

公营仁伯爵综合医院提供的住院服务占了总数的38.0%；两间私家医院（镜湖医院及科大医院）则提供其余62.0%之服务。表面上，私营系统所提供的住院服务占了大多数（见表1）。不过，如果以病床的性质来分类，情况就有点不同。如上文所述，政府资助镜湖医院的一部分病床（如C等及康宁中心病床），为特定群体提供免费服务（如长者、产妇等）。因此，如果把仁伯爵综合医院的病床与这些"资助病床"的病人数目合计，数目将超过整体住院服务的一半。例如在2011年，这两种病床的病人数目占了总数的52.8%；而非资助病床的病人数目只占总数的47.2%。[42]

总结而言，港、澳两地的私营机构是初级保健服务的最主要供应者，为大部分居民提供不同类别的门诊服务。不过，在澳门有相当部分的私营门诊服务是受政府资助，显示澳门政府的介入程度较香港政府更大。在住院服务方面，香港的公营医院是最主要的供应者，提供超过八成的服务；相反澳门的私家医院提供六成多的住院服务。纵然当中有部分的服务受政府资助，但香港政府的供应角色明显大于澳门政府。因此，在两地无论是政府或私营系统都没有"独占"（dominated）整体保健服务的供应。

3. 医疗保障网络的覆盖面

在香港，所有居民均有权接受各类的资助保健服务，当中包括公营门诊及医院服务。香港政府的政策方针是确保所有居民不会因经济状况欠佳而得不到足够的医疗服务。因此，政府设立不同的"医疗安全网"，保障各类弱势群体的保健需要得以满足。[43]所以，公营保健服务原则上覆盖所有市民。可是，由于在实施上公营服务之供应不足，尤其普通科及专科门诊，因此有部分人士选择到私营机构接受服务，结果私营机构提供约七成的门诊服务。换言之，在服务供应上未能达到全民覆盖的程度。

在澳门，政府卫生中心的初级保健服务原则上是覆盖全民。但由于卫生中心的部分服务名额有限（如成人保健），所以有部分市民选择到私家诊所接受服务。结果公营初级保健服务只占整体的一成半左右。不过，如果把公营门诊服务和那些"资助"门诊服务合计，某些类别人士的保健服务之覆盖率相对较高。例如在2012年，产前保健覆盖率为89.91%，老人保健覆盖率为59.07%。[44]此外，公营医院和镜湖医院的资助病床共为超过一半的病人提供住院服务。总结而言，澳门的公营及资助保健服务应覆盖超过一半居民，但仍然未能达到全民覆盖的程度。如果比较两地的医疗保障网络，澳门公营及资助门诊服务的覆盖程度高于香港；而香港公营医院服务的覆盖程度则明显高于澳门。

4. 健康状况

笔者选用三项国际通用有关健康状况（health status）的指标，以反映港澳两地保健服务之成效。它们包括"出生预期寿命"、"婴儿死亡率"及"癌症死亡率"。此外，笔者把港澳情况与一些已发展国家或地区进行比较。众所周知，平均预期寿命与公共卫生及医疗服务的水平有直接关系。香港的出生预期寿命（83.3）高于澳门（82.3），但两者相差不远。值得注意的是，两地的出生预期寿命与其他已发展地区相比均属于高水平。香港及澳门的数字高于瑞典（81.9）、英国（81.1）、德国（80.8）、韩国（81.1）、中国台湾（79.1）及美国（78.7）；但澳门的数字则稍低于日本（82.7）及瑞士（82.8）（见表2）。

表2　各地的健康状况指标

国家/地区	出生预期寿命	婴儿死亡率（每十万人）	癌症死亡率（每十万人）
中国香港	83.3	1.7	104.4

续表

国家/地区	出生预期寿命	婴儿死亡率（每十万人）	癌症死亡率（每十万人）
中国澳门	82.3	2.0	110.4
瑞典	81.9	2.1	189.1
英国	81.1	4.3	226.3
德国	80.8	3.6	205.0
日本	82.7	2.3	183.9
韩国	81.1	3.0	185.1
中国台湾	79.1	4.2	132.2
瑞士	82.8	3.8	181.5
美国	78.7	6.1	193.6

注：香港及澳门的统计是 2013 年的数字，其他国家或地区的统计是 2011 年或最接近年份的数字。

资料来源：香港卫生署卫生防护中心网页；澳门卫生局网页；http://www. mohw. gov. tw/cht/DOS/；OECD, *Health at a Glance 2013*：*OECD Indicators*；United Nations Statistics Division 的网页。

婴儿死亡率直接反映产科保健服务的成效。香港的婴儿死亡率（1.7）低于澳门（2.0）。在国际比较中，港、澳两地的婴儿死亡率均处于低水平，它们低于所有比较的国家或地区，如瑞典（2.1）、日本（2.3）、韩国（3.0）、瑞士（3.8）和美国（6.1）（见表2）。由此观之，港、澳两地的产科保健服务之成效相当不俗。两地政府提供全民性的产前保健及产科医院服务，相信是一个十分重要的因素。

无论在港、澳或已发展国家或地区，癌症乃最常导致死亡的疾病，所以"癌症死亡率"可以反映保健体系对于这种疾病的医疗水平（包括筛查、诊断及治疗等）。香港的癌症死亡率（104.4）低于澳门（110.4），但两者相差不远。更重要的是，两地的癌症死亡率均远低于所有比较的国家或地区，如瑞典（189.1）、德国（205.0）、日本（183.9）、中国台湾（132.2）、瑞士（181.5）和美国（193.6）（见表2）。其结果显示，港、澳的保健体系在诊断及治疗癌症方面的成效相对地十分出众，在国际上已属于较高水平。[15]总结以上的比较结果，港、澳保健服务之成效已优于不少已发展国家或地区，如英国、德国、韩国、中国台湾及美国等，表现应该令人满意。

5. 服务资金来源

保健服务开支大致上分为公营和私营保健服务开支。在香港，公营及私营保健服务开支相当，前者平均占 49.3%，后者平均占 50.7%（见表3）。换言之，政府承担约一半的保健服务开支，另一半则由服务使用者、其雇主或私营医疗保险支付。例如在 2010/2011 年度，在私营保健服务费用之分布中，"住户用者自付费用"占了 65%，"雇主提供的私人医疗保险"及"个人名义购买的私人医疗保险"同样占 15%。[⑥]其实，香港保健体系的融资方式与"全民保健服务模式"有明显差别，因为在后者政府支付大部分的保健服务经费。值得思考的问题是，私营系统提供接近两成的住院服务及约七成的门诊服务，但私营保健服务开支却占了约一半的比例，反映私家医院及私家专科门诊的收费相对较为高昂。

澳门的公营保健服务开支占总保健服务开支的 70.6%，私营保健服务开支的比例为 29.4%（见表3），显示政府乃整体保健服务之最主要财政承担者，支付最大部分的服务经费。究其原因，除了政府承担各类公营保健服务的开支外，还资助民间社团提供医疗服务，以及向所有市民发放"医疗券"。因此，澳门政府比香港政府承担更大的财政责任，而服务使用者或私营医疗保险只负担小部分的经费。

表3　港、澳保健服务开支的分布

年份	香港		澳门	
	公共保健服务开支（%）	私营保健服务开支（%）	公共保健服务开支（%）	私营保健服务开支（%）
2009	49.3	50.7	70.3	29.7
2010	49.8	50.2	70.5	29.5
2011	48.7	51.3	71.1	28.9
平均	49.3	50.7	70.6	29.4

资料来源：澳门数字由笔者根据澳门统计暨普查局所提供的资料计算；香港数字取自香港食物及卫生局网页。

6. 保健服务开支

保健服务开支水平的指标是"保健服务开支占本地生产总值的比例"及"人均保健服务开支"，它们均是在比较研究中惯用的指标。为了从相对的角度评估港、澳情况，笔者同时选取一些已发展国家或地区进行比较。澳门的保健服务开支占其本地生产总值的比例（2.0%）低于香港（5.1%），两者有十分明显的差距。而与英国（9.4%）、德国（11.3%）、日本（9.6%）、韩国（7.4%）、瑞士（11.0%）及美国（17.7%）等则有更大的差距。虽然香港的比例也低于所选取的国家或地区，但与台湾的比例（6.6%）较为接近（见表4）。所以，以港、澳两地的经济发展水平而言，社会整体投放在保健服务的资源相对较少；这种情况在澳门比香港更为明显。

表4　各地的保健服务开支水平

国家/地区	年份	保健服务开支占本地生产总值的比例（%）	人均保健服务开支（以美元计）
中国香港	2010/2011	5.1	1705
中国澳门	2011	2.0	1310
瑞典	2011	9.5	3925
英国	2011	9.4	3405
德国	2011	11.3	4495
日本	2010	9.6	3213
韩国	2011	7.4	2198
中国台湾	2011	6.6	1326
瑞士	2011	11.0	5643
美国	2011	17.7	8508

资料来源：澳门的数字由笔者自行计算；香港卫生署网页；http://www.mohw.gov.tw/cht/DOS/；OECD, *Health at a Glance 2013*: *OECD Indicators.*

澳门的人均保健服务开支（1310美元）低于香港的水平（1705美元），两者有一定差距。当然，港、澳两地的开支均速低于英国（3405美元）、德国（4495美元）、日本（3213美元）、韩国（2198美元）、瑞士（5643美元）及美国（8508美元）（见表4）。根据这些比较结果，港、澳两地保健服务之成本仍然处于一个较低的水平，而当中澳门比香港的成本更低。但必须指出，澳门的人口老龄化程度低于香港及其他国家或地区，这是其服务开支偏低的其中一个原因。

四　结论及讨论

综上所述，香港的保健体系有三项主要特征。一是政府承担约一半的整体保健开支，因此"个人融资方式"也扮演重要的角色。二是政府及私营机构之分工，前者提供很大部分的医院服务，后者乃初级保健门诊的主要供应者。三是虽然公营医院为大部分的居民提供服务，但公营初级保健服务只覆盖小部分市民。根据这些特征，香港当然不属于典型的"国民保健服务模式"、"社会保险模式"或"私营保险模式"。如果采用 Claus Wendt 等学者的理论架构，香港的保健体系并不属于"理想保健体系模型"，而较接近"政府主导的混合型"（state-based mixed model）。

澳门的保健体系也具有三项特征。一是政府税收乃整体保健服务开支之最主要财政来源，公帑支付约七成的保健服务费用。二是政府及私营机构建立伙伴关系，后者担当较重要的服务供应者角色，但有相当部分的服务受政府资助。三是公营及资助保健服务覆盖超过一半的市民，但仍未达到全民覆盖的程度。因此，澳门保健体系应属于"政府主导的混合型"。虽然同样属于"政府主导的混合型"，但整体上香港政府的服务供应角色较澳门重要，后者则承担较大部分的保健服务经费。

香港及澳门的健康状况指标处于较高水平，反映两地保健体系的服务成效出众；而更重要的是，两地的保健服务开支仍处于相对较低水平。所以，港、澳两地的保健服务可说具成本效益；而澳门的服务之成本效益更高于香港。在某种程度上，可以归因于政府提供或资助大规模的保健服务，尤其是住院服务。其实有文献已显示，政府大规模提供特级保健服务乃维持保健开支低水平的重要因素。主要原因是，除了政府服务的成本较低外，廉价的公营服务也变成私营保健服务的"竞争者"，有效控制私营服务的价格。[⑰]虽然澳门政府的服务提供角色比香港政府小，但资助了不少的非牟利保健服务，间接控制保健服务市场的规模。由于那些非牟利服务当中没有盈利的元素，故有助于维持澳门保健开支的偏低水平。

现时，大部分已发展国家正在构思或推行保健政策改革，以回应社会庞大的服务需求及保健开支持续上升的情况。本研究结果的启示是，如果要有效控制保健服务的开支，同时维持高水平的服务效果，政府必须作出高程度的介入，除了直接提供公营保健服务外，也可以资助非牟利机构提供服务，港、澳的经验便是此观点的实证。

但必须指出，港、澳政府在保健政策中的高度介入，其实在某些条件下才能发挥上述优势。第一，多年来港、澳的经济持续增长，两地政府一直都获得较充裕的税收，因此就算在没有供款式的融资制度下，仍然有能力高度介入保健服务的供应。第二，港、澳政府对公营和资助保健服务有较高程度的控制及监管能力。无论两地的公营单位或受资助民间团体，都能提供一定素质的保健服务，而一般民众也较能接受这些服务，结果使"政府主导"的政策方针持续得到较高程度的应受性。

①在本文，"保健"一词与"卫生护理"和"医疗卫生"是同义的。

②⑪ M. Ramesh and I. Holliday, "The Health Care Miracle in East and Southeast Asia: Activist State Provision in Hong Kong, Malaysia and Singapore," *Journal of Social Policy*, Vol. 30, No. 4, 2001.

③M. Ramesh, "Health Policy in the Asian NIEs," *Social Policy and Administration*, Vol. 37, No. 4, 2003.

④I. Holliday, "Health Care," In I. Holliday and P. Wilding, eds., *Welfare Capitalism in East Asia: Social Policy in the Tiger Economies.* New York: Palgrave Macmillan, 2003, p. 97.

⑤M. Ramesh, *Social Policy in East and Southeast Asia.* London: RoutledgeCurzon, 2004, pp. 114 – 115.

⑥W. K. Yu, "The Contributions of the Health Decommodification Typologies to the Study of the East Asian Welfare Regime," *Social Policy and Administration*, Vol. 46, No. 1, 2012.

⑦S. Yu, "Studying the Health Care Systems in Seven East Asian Countries by the Cluster Analysis," *Development and Society*, Vol. 43, No. 1, 2014.

⑧M. Ramesh, "Competition and Control in Public Hospital Reforms in Hong Kong and Singapore," In Ka Ho Mok and Ray Forrest, eds., *Changing Governance and Public Policy in East Asia.* London: Routledge, 2009.

⑨常峰等：《我国港澳地区医疗券制度及其对内地的启示》，北京：《中国卫生政策研究》2015 年第 3 期。

⑩宋燕、卞鹰：《公私合营模式在医疗领域中应用的探讨——以镜湖医院在澳门的发展为例》，大连：《医学与哲学 A》2012 年总第 462 期。

⑪⑫赖伟良：《澳门保健体系的现况与发展》，见吴志良及郝雨凡主编《澳门经济社会发展报告 2013 ~ 2014》，澳门：澳门基金会，2014，第 251、249 页。

⑫⑩⑬World Health Organization and Department of Health, Hong Kong, *Health Service Delivery Profile Hong Kong（China）2012*, 2012, p. 1, 2.

⑬D. Gould, "A Historical Review: The Colony Legacy," In G. M. Leung and J. Bacon-Shone, eds., *Hong Kong's Health System: Reflection, Perspectives and Visions.* Hong Kong: Hong Kong University Press, 2006, p. 20.

⑭㉑㉒㊼香港食物及卫生局：《自愿医保计划咨询文件》，2014，第22、27~30、8~19、15~16、22页。

⑮⑰⑳ Hong Kong Secretary for Food and Health, "News. gov. hk：HK Healthcare is a dual-track system", http：//www. news. gov. hk/en/record/html/2013/04/20130409_190409. shtml, Downloaded 11 July 2015.

⑯⑱香港政府新闻处：《公共卫生》，2015，第1页。

⑲香港政府：《医疗券——长者医疗券计划背景》，http：//www. hcv. gov. hk/tc/pub_background. htm，最后访问日期：2015年7月11日。

㉓澳门特别行政区政府：《二○一三年财政年度施政报告》，2012，第14页。

㉔赖伟良：《澳门社会政策模式》，澳门：澳门理工学院公共行政高等学校社会工作学课程，2003，第36页。

㉕澳门卫生局：《主要卫生部门——卫生中心》，http：//www. ssm. gov. mo/portal/，最后访问日期：2015年7月9日。

㉖澳门卫生局：《卫生局工作报告2012》，2013，第18、31页。

㉗澳门统计暨普查局：《医疗统计二零一四年》，2015，第5~7页。

㉘资料由澳门镜湖医院提供。

㉙澳门卫生局：《卫生局工作报告2011》，2012，第37页。

㉚澳门卫生局：《卫生局2015年1月29日消息》，http：//www. ssm. gov. mo/docs/8308/8308_967742b79abd 4e0aa48f5bc557ac89e3_000. pdf，最后访问日期：2015年7月12日。

㉛澳门卫生局：《2013医疗补贴计划》，http：//www. vs. gov. mo/vs2013/main. htm？menutype = public&tabidx = 0&lang = ch，最后访问日期：2015年7月9日。

㉜澳门新闻局：《医疗系统建设跟进委员会成立，推动〈完善医疗系统建设方案〉—10年规划》，http：//www. gcs. gov. mo/showNews. php？PageLang = C&DataUc n = 51435&Member = 0，最后访问日期：2014年1月3日；澳门卫生局：《医疗系统建设跟进委员会成立，推动〈完善医疗系统建设方案〉—10年规划》，2011年2月28日。

㉝M. Terris, "The Three World Systems of Medical Care：Trends and Prospects," *American Journal of Public Health*, Vol. 68, No. 11, 1978.

㉞㊱㊲㊴C. Wendt, L. Frisina & H. Rothgang, "Healthcare System Types：A Conceptual Framework for Comparison," *Social Policy and Administration*, Vol. 43, No. 1, 2009.

㉟㊳M. Moran, "Understanding the Welfare State：the Case of Health Care," *British Journal of Politics and International Relations*, Vol. 2, 2000.

㊶澳门统计暨普查局：《医疗统计二零一三年》，2014，第27页；澳门卫生局：《2013统计年刊》，2014，第58页。

㊹澳门卫生局：《2012统计年刊》，2013，第74~76页。

㊺有一点必须补充，澳门卫生局设有"送外就医"的机制，在某些情况下会把癌症病人转送外地接受治疗，例如香港。

作者简介：赖伟良，澳门理工学院公共行政高等学校副教授，博士。

[责任编辑：刘泽生]

（本文原刊 2016 年第 2 期）

主持人语

刘泽生

毋庸置疑，澳门史研究在"澳门学"中具有非常重要的地位，也是"澳门学"中开展学术研究时间最早、研究成果最为丰硕的学科之一，可以毫不夸张地说，在目前港澳研究的诸多领域中，澳门史研究的成果还是最具学术理论深度、最引人关注的部分之一。2013 年，本刊曾连续用三期的篇幅，集中刊发了港澳及内地学者 11 篇关于澳门史研究的学术论文，论题涉及澳门史研究的回顾与展望、澳门近现代以来的对外贸易、澳门华商发展历程、澳门土生葡人研究等，引起了学界的多方关注，甚获好评，其中还有多篇论文荣获"澳门人文社会科学研究优秀成果奖"等奖项。三年过去了，本刊在连续关注港澳社会经济发展的同时，再一次聚焦澳门历史研究，期待学界乃至社会各界给予更多的关注。

回归 17 年来，随着社会经济的发展，"澳门学"研究有了全新的拓展——拓宽了研究视野与完善其理论建构，无论在研究的广度还是研究的深度方面，都取得了明显的成绩，这已是学界的共识。以澳门基金会、中国社会科学杂志社与广东省社会科学界联合会联合举办的"澳门人文社会科学研究优秀成果奖"为例，2004、2009、2012、2015 年先后共举办了四届大型评奖活动，获得了海内外澳门学研究者的高度关注和热烈反响，共有参赛作品 1617 份，其中获得一、二、三等奖及提名奖（优异奖）的共有 225项。据笔者不完全统计，参赛作品中，历史文化类的著述即占了近半壁江山，成果不可谓不丰硕，这是值得学界引以为荣的。

尽管澳门史的研究已经取得如此丰硕的成果，近年也出版了如《澳门史新编》、《澳门编年史》、《明代澳门史论稿》等著作，以及整理出版了《葡萄牙外交部藏葡国驻广州总领事馆档案》（清代卷）等档案资料，发表了数量颇为可观的学术论文，但面对当前澳门史研究的现状，仍有不少问题值得学界关注，有些问题也仍未能走出澳门史研究"瓶颈"的制约。近期，笔者先后专程拜访了本澳及内地的多位专家学者，也与部分青年学者及在读研究生交流，他们均对此表示极大关注。

笔者曾在本栏过往的"主持人语"点评中指出，"澳门学"的研究仍有不少可供拓展的空间，也存在一些需要引起学界关注的现象，包括学术研究存在的方向、方法、选题、资料困惑，包括澳门研究中各相关学科领域的协调发展，包括研究队伍老龄化的问题，等等。三年来，这些问题于今或多或少仍困惑着我们。有学者指出，澳门历史研究经过百年的演进，已经呈现出从学术失范到学术守范、从宏大叙事到史实考辨、从通史性作品到专题性研究的嬗变，完成了由粗糙到精细、由浅表到深层、由一般描述到史论结合的主观阐发的过程。但澳门历史研究碎片化与系统化的矛盾，史学理论的取舍与运用，研究路径的选择与空间拓展，尤其是如何组建一个澳门历史档案文献翻译中心，以走出目前澳门历史研究中文献整理严重滞后的局面，这是目前影响澳门历史研究进程的一个严重"瓶颈"。重提"旧事"，再次呼吁学界的关注，目的就在于希望在不久的将来，这种状况能够有比较明显的改观。这对于推进澳门历史研究的进程，是非常必要的。

从事学术研究是一个颇为艰辛的选择，尤其是历史研究，令人心生敬畏。当然，作为一名学者，能够以一己之史学才识为澳门文化建设添砖加瓦，对有志于此者也是一件值得欣慰的事。本栏特别刊发李长森《麦德乐出使雍正朝与其翻译策略》、吴玉娴《十九世纪澳门华人医疗研究》以及李庆《居澳葡人对马尼拉华货供给的"垄断"与远东海贸格局》，我们借此对从事澳门历史研究的学者致以由衷的敬意。这也是本栏再次聚焦澳门历史研究的初衷。

麦德乐出使雍正朝与其翻译策略

李长森

[提　要] 清代康雍两朝，天主教在华传教事务由于礼仪之争而陷入困境，澳门亦由于海禁及其他各种原因而危机重重。为使清廷改变对天主教的态度及舒缓居澳葡人的困境，葡萄牙国王若望五世以恭贺雍正皇帝登基为名派出麦德乐出使中国。由于此次出使任务艰巨，麦德乐吸取之前罗马和里斯本多次遣使来华失败的教训，为了能够与雍正皇帝顺畅沟通，在使团翻译组成问题上颇费心思。本文旨在通过对麦德乐出使过程翻译策略的研究，说明翻译在清代中葡关系中的作用。

[关键词] 麦德乐　出使　雍正　翻译策略

天主教传入中国后，以利玛窦（Matteo Ricci）为首的一批耶稣会士在传教中采取适应政策，尊重中国礼仪，对于教徒敬天、祀祖、祭孔均不禁止，使天主教在中国得到迅速发展。然而，利玛窦去世后，天主教各修会及传教会之间就传教政策问题出现分歧，耶稣会内部亦有争议。争论的焦点是：儒家经典中的"天"、"天主"和"上帝"是否和拉丁文的"Deus"一词具有同一意义？敬天、祀祖、祭孔是否属于偶像崇拜和迷信活动？后来，这场争论演变成礼仪之争。康熙三十二年（1693），担任福建代牧的法国巴黎外方传教会士颜珰①突然下令，禁止辖区内中国教徒祀祖祭孔。颜珰的这一举动将礼仪之争推向高潮，在中国和欧洲引起激烈争论。

421

一　出使缘由

康熙三十九年（1700），闵明我（Philippus Maria Grimaldi）等耶稣会士联名上疏朝廷，一方面表明他们对中国礼仪的看法，一方面请求皇上颁谕，证明中国礼仪与宗教无关。收到奏疏当天，康熙帝立即朱批："这所写甚好，有合大道。敬天及事君亲、敬师长者，系天下通义，这就是无可改处。"②耶稣会士收到批示后，立即派人送往罗马。然而，罗马教廷却采取了相反的做法。1704 年 11 月，教皇克莱门特十一世置康熙帝的看法于不顾，作出了在传教过程中禁止中国礼仪的决定，并派遣多罗（Carlo Tommaso Maillard de Tournon）出使中国，解决礼仪之争。

1705 年，多罗抵华。康熙皇帝十分有礼地接见了他，并耐心向多罗解释中国礼仪，说明祀祖、祭孔、敬天绝不是迷信，并明确指出："中国之行礼于牌，并非向牌祈求福禄，盖以尽敬而已。此乃中国之一要典，关系甚巨。"并强调："尔天主教徒敬仰天主之言与中国敬天之语虽异，但其意相同。"③可是，多罗依然坚持传教过程中禁止中国礼仪的立场。为解释礼仪问题，多罗向康熙推荐了颜珰，说他精通中国文献，通晓中国事务，建议召颜珰北上。1706 年 8 月初，颜珰入京觐见康熙。

然而，自称对中国语言文化十分了解的颜珰却因来自福建而不精宫廷官话，康熙便命法国耶稣会士巴多明（Dominique Parrenin）充任翻译。据说康熙皇帝让颜珰辨认挂在室内的一幅条幅，上有四字，而颜珰只认出其中两字。至此，康熙眼中的颜珰已与多罗的描述完全不同："伊不但不知文理，即目不识丁。"④多罗请颜珰入京，本想让其通过在中国传教的实践和经历说服康熙皇帝认同罗马教廷的立场，未料康熙接见颜珰后对此类教士更加反感。于是，康熙皇帝下令将颜珰逐至澳门。1706 年底，颜珰取道爱尔兰返回欧洲，在罗马度过余生。

然而，多罗仍采取对抗态度。1707 年 1 月，他在江宁（今南京）公布了教皇禁止中国礼仪的文件，要求传教士无条件执行，结果被驱逐出境，拘禁于澳门。康熙还严斥："众西洋人，自今以后，若不遵利玛窦的规矩，断不准在中国住，必逐回去。"⑤1710 年，多罗死于澳门狱中。尽管如此，康熙帝仍希望教廷能改变态度，撤销禁令。

1720 年，教皇特使嘉乐（Carlo Mezzabarba）抵华。此次陪同他来京担任通事的是澳门耶稣会士李若瑟（José Pereira）。嘉乐于 9 月 26 日抵达澳门，澳门主教嘉素（João de Casal）⑥及天主教"各修会与传教会教长十分尊重这一决定，并于1720年12月将双手放在嘉乐手上宣誓"。⑦毫无疑问，他们把在华传教士的命运和澳门未来的希望均寄托在罗马教皇派来的这位使者身上。嘉乐到京后，康熙帝仍以贵宾相待，多次接见，同他进行说理辩论。康熙帝对礼仪之争表现出极大的耐心，不愿因此而造成中西方的决裂。

然而，出人意料的是，1721年1月，传教士竟将教皇禁令译成中文，进呈御览。康熙帝阅后愤怒批示道："览此条约，只可说得西洋等小人如何言得中国之大理。况西洋等人无一通汉书者，说言议论，令人可笑者多。今见来臣条约，竟与和尚道士异端小教相同。彼此乱言者，莫过如此。以后不必西洋人在中国行教，禁止可也，免得多事。"⑧从此，康熙帝对天主教的政策发生了根本性的转变，与罗马教廷彻底绝裂。虽然嘉乐宣布教皇谕旨时，附加了八项变通办法，以示让步，但并未使康熙改变主意，传旨："中国道理无穷，文义深奥，非尔等西洋人所可妄论。"⑨

1721年3月，嘉乐一事无成返回欧洲。而康熙皇帝则于同年"再次拒绝教皇禁令中的要求，停止天主教在中国的传播，正式开始实施1717年就已经颁布的禁止欧洲传教士在中国活动的命令"。⑩从此，由利玛窦等人开创的天主教在华传教活动进入低潮。原本是天主教各修会及传教会内部的争论最终导致中国政府的致命性干预。

虽然康熙帝与罗马教廷决裂，颁布了禁教令，但并未真正严格实行。清廷所驱逐的只是未领印票的传教士。凡有一技之长的传教士，履行手续向清廷领取印票之后，便可留居中国。另外，康熙帝并没有改变招徕西洋科技人才为清廷服务的方针。于是，仍有大批掌握西洋科学技术及特殊技艺的传教士留在北京为宫廷服务。同时，清廷于1721年派遣张安多（António de Magalhães）神父作为特使赴欧，再次向教皇阐明康熙帝对传教的立场。

毫无疑问，礼仪之争及海禁对澳门造成极大影响。在罗马教皇向康雍两朝频频派出使团之际，里斯本王室亦十分关注澳门与中国内地的关系。嘉乐出使失败，使葡萄牙国王更加担心澳门的未来。作为崇尚天主教并拥有东方保教权的葡萄牙，自然对礼仪之争造成的后果十分关注；同时，葡萄牙王室对澳门的社会经济形势能否保持稳定，对居澳葡人能否在如此艰难的形势下继续生存更加重视。于是，在嘉乐返欧不久，葡萄牙国王便决定派麦德乐（Alexandre Metelo de Sousa e Meneses）以祝贺雍正皇帝继位名义出使中国，试图说服中国皇帝对澳门采取更加宽容的政策。

二　遣使来华

1725 年 4 月 12 日，受葡萄牙国王若望五世派遣，麦德乐携带国书及三十箱礼品，随张安多等九位神父，乘坐奥利维拉圣母号帆船从葡萄牙特茹河口出发，经巴西里约热内卢和印尼巴达维亚前来中国。行程历时一年两个月，于 1726 年 6 月抵达澳门。为表达葡方出使诚意，麦德乐还带来若望五世国王致雍正皇帝的信函。

> 钦惟圣祖仁皇帝恺泽溥施，声名洋溢，私心感慕，久切于怀。凡我国臣民寓居中国者，莫不多方顾复，事无巨细，备极周详，盖数十年来于兹矣。复差我国之臣张安多，附赍珍品，俾远国深知德意无穷。心领之下，正图竭蹶报称，忽闻各路惊传圣祖仁皇帝大行之恸，心中伤感，不胜思慕之极。恭遇我皇嗣位，丕显前谟，遂稍解此中迫切之情。钦惟我皇纯孝至仁，缵承鸿业，当日往来之盛典，自然济美于今时。窃自不揣，特差大臣历山麦德乐航海而前，趋朝恭贺，以申数万里外向慕之忱，与前无异，庶几自今以后，更相得而益彰也。不尽之言，使臣自能口达，惟望俯垂鉴纳，曲赐优容。臣使臣小心敬谨，必能仰合我皇之心也。⑪

由于此行关系到澳门未来前途，故麦德乐及其随从受到澳葡当局和市民的隆重欢迎，各炮台和战船礼炮齐鸣，水陆官兵组成仪仗队，人们希冀这位大使能舒缓雍正对天主教的厌恶情绪，进而改善澳门处境。麦德乐抵达澳门后，被安排在位于南湾的弗兰西斯科（Francisco Leite）家大宅中下榻。该幢别墅后改建为澳门总督府。

麦德乐 1687 年生于葡萄牙东北部山区马里亚尔镇，完成预科学业后进入科英布拉大学，1712 年获教规及民法学位证书。曾任葡萄牙驻马德里大使佩德罗（Pedro de Vasconcelos）的秘书，取得外交经验。表面上看，麦德乐出使中国是礼节性的：感谢康熙皇帝派出使者到里斯本赠送礼物，同时向雍正皇帝登基表达葡萄牙国王的祝贺及问候。而其实质目的则是维护葡萄牙在中国的利益，包括希望善待澳门葡人及在华传教士。

麦德乐出发前，若望五世就此次出使活动的全部计划与安排向麦德乐做了二十九条指示，或者说规定了二十九项任务。除使团组成、财务安排、旅行船只以及到澳门后的入华准备等问题外，最重要的就是澳门问题了："除上述谈判内容外，你等应提出澳门城之政治利益问题，尽一切可能要求皇帝增加澳门同华人之贸易，及保持居澳葡人在已故皇帝执政时期所取得的自由。如果此有任何变化，须竭尽努力予以解决。"⑫看来，麦德乐的任务十分繁重。

麦德乐一行抵达澳门时，康熙帝已驾崩四年，雍正早已嗣位。照理说使团应立刻进京，但考虑到此次出使关系重大，况且雍正皇帝对禁教一事态度坚决，需时商量对策，保证出使成功。其中最为困难的，就是商讨出使对策和文书文件的准备。故安排供职清廷的张安多神父等人先行回京，麦德乐一行则继续留在澳门，直至11月底，葡国使团才出发北上。使团一路舟车劳顿，历时半年，于1727年5月18日抵达京城。

雍正四年八月初五日（1726年8月31日），广东巡抚杨文干就"外洋归诚心切，遣员入贡事"奏报朝廷："窃西洋人张安多于康熙六十年奉差回国，并赍颁赐物件。今该国王闻圣天子新登大宝，向慕心殷，专遣亲信内员麦德乐恭捧表文方物，航海远来，虔诚朝贡。查西洋原非常贡之国，理应具题请旨，方可令其进京。但麦德乐等急求瞻天仰圣，不敢在粤稽留。今张安多拟于八月十三日先行进京，麦德乐拟于九月初旬进京。臣因该国王系朝贺圣天子嗣位，非同泛常，是以加意优待，以仰体皇上柔怀远人之至意，并不敢延缓，阻其向化之诚。"⑬

张安多神父于1726年11月19日先期抵京，稍事休整后便于25日入觐复命，并向皇帝引见了随麦德乐来华的天文历算家陈善策和麦有年两人。⑭因张安多完成了康熙帝派其赴欧与教廷及葡国国王沟通的使命，并伴同葡国使臣麦德乐来京，雍正对其大加奖赏，命令赐张安多缎胎熏貂皮帽一顶，并钦点其担任麦德乐使团的专门通事。至此，麦德乐尚未进京，便有了第一位翻译。由于禁教及海禁等事，雍正皇帝对葡人来意颇有戒心。此前，曾遣其十三弟怡亲王胤祥询问张安多神父，葡国使者此行是否为传教事务而来。张安多十分谨慎地表示，使者前来是对康熙驾崩表示哀悼，并对雍正登基表示祝贺。同时婉转请求大清皇帝保护居澳葡人。雍正对此回答并不十分满意。⑮据巴多明回忆：

> 十三皇弟受雍正皇帝之命处理重要国家事务及有关我们的事务，他向张安多神父问了许多有关这个使团的问题。我给他当翻译，因为他有点忘记了以前学的中文了。张安多神父回答说："大使没有向我们

说其他的事，只说他是受国王之命向皇帝陛下来吊唁他的父亲康熙皇帝并祝贺皇帝登基的，同时请求他庇护澳门的居民们及其他在中国的臣民们。"⑯

雍正的态度缘于海禁和教禁。然而，在具体事务的处理上，亦多显大国怀柔。雍正前期严格执行海禁，但后来考虑沿海百姓确实因海禁而饱受疾苦，于是雍正五年重开洋禁，允许民人往南洋贸易。海禁施行于闽、粤两省，对澳门造成严重影响。雍正对当时鸦片贸易的政策亦较宽松：贩卖毒品者自然严惩不贷，但严格区分药用鸦片与毒品鸦片。毒品严禁，药用不干涉，且照顾小本商人的正当利益。对于教会，仍竭力反对天主教在中国民间的传播，但同时对天主教也并无恶意，故对西欧来的使者，雍正亦能以礼相待。

葡国使团十分了解雍正的态度：若触及底线，雍正必会坚持原则，不予让步。于是，一方面千方百计讨好雍正，送上大宗礼品；另一方面，在觐见中国皇帝过程中小心行事，谨言慎行。张安多神父的表现正基于此。为达此目的，使团精心挑选译员，甚至组成阵容强大的通事团队，其中包括不同的代表人物，以保证沟通过程中万无一失，不致于产生误解和误会。

三　翻译团队

麦德乐一行数十人浩浩荡荡来华本来是打着祝贺雍正继位旗号的，使团抵达澳门时雍正早已登基，但麦德乐却迟迟按兵不动，未即时出发赴京，与其需要做大量准备工作有关。在诸多准备工作中，组成翻译团队尤为重要。麦德乐等人总结之前本国及罗马多次出使失败的教训，知道翻译在同中国皇帝沟通过程中的作用至关重要，于是做了他认为万无一失的准备。据史料载，麦德乐在京期间，特别是会见雍正皇帝的过程中，有多人为其充当通事。除了皇帝安排两名宫廷神父协助沟通外，麦德乐自己又找了宫廷之外的四人担任通事，而且全是葡萄牙人。在雍正钦点的两人中，就包括长期居住在北京的张安多神父。张安多神父也是葡萄牙人，由于其与宫廷关系非同一般，被雍正钦点为使团通事。据巴多明信函记载：

葡萄牙国王陛下委任唐·亚历山大·麦德乐·苏赞·梅内兹（Dom Alexandre Metello Souzay Menezes）一个重要又艰难的使命。他和张安多

（Antoine Magalhaens）神父一起到了澳门。张安多神父是几年前由康熙皇帝派到欧洲去的。张安多和麦德乐大使首先要解决来自广东官员们的刁难。广东的官员们立即派出急使去了解他本人、他的随行人员、他带来的礼物和他此行的目的。确切地调查了他的旅行目的后，他们通过礼部票报葡萄牙使团到来了，他们同时也发现他并没有列在向礼部送钱的名册中。⑰

前引巴多明信函内容曾提到"我给他当翻译，因为他有点忘记以前学的中文了"，说明张安多原来是懂中文的，由于受康熙之命返欧多年，汉语渐有生疏。巴多明神父亦在康雍两朝为清廷服务。因此，虽然张安多和巴多明为皇帝钦点通事，负责接待葡国使团的联络翻译工作，但麦德乐为保证与皇帝沟通过程万无一失，又挑选多名忠实可靠的人为使团做翻译工作，其中包括澳门圣保禄学院的副院长李国成（Caetano Lopes）神父，耶稣会徐懋德（André Pereira）神父和传教士李若瑟神父，以及在澳门专门挑选的民间译员若昂·法兰西斯科（João Francisco），阵容强大，各具所长。

麦德乐翻译团队的组成不无道理。在该翻译团队中，巴多明神父的地位十分重要。巴多明，字克安，1665 年 9 月 1 日生于法国。在里昂耶稣会公学毕业后，于 1685 年 9 月 1 日进耶稣会初学院。巴神父才智最显著的表现，是他遇到棘手问题时，能当机立断而又妥善处理。1698 年 11 月 4 日来华，1741 年 9 月 29 日卒于北京，终年 76 岁。在众多曾为中国传教事业做出贡献的传教士中，巴多明神父无疑是最杰出的人物之一，不但德业上和救灵热忱上出类拔萃，而且在汉文和满文方面的造诣更是超群轶凡。⑱

巴多明当年随同乡传教士白晋（Joachim Bouvet）辗转来华，"行十月而抵中国。康熙帝玄烨善知其人，见其体貌魁伟，十分器重，选派良师授以满汉文字，不久其遂谙华语文字。其满语流利程度，与操本国语无异，前此欧人之操华语者，无人能及。玄烨颇喜与之言，辄作长谈。玄烨前从张诚、白晋所习之几何、植物、解剖、医科等学，至是遂日渐精通。多明常以世界各国之政治、风俗，西洋各国之利害关系相告，玄烨得以重视路易十四之为人，皆赖多明进讲之力"。⑲可见康熙帝对其十分赏识，并挑选最好的教师教其学习满汉两种语言。

巴多明神父使康熙对天主教一直保持好感，并给予保护，他本人也受到皇帝一贯尊敬。巴多明凭借其语言天赋、外交才能与广泛的科学知识，博得康熙的青睐，得以常侍御侧，因而有机会向康熙献策。如清初进行的全国大地测量即由他提议，这件事在今天看来仍是一项了不起的工程。巴多明精通汉、满、法、葡、拉丁等语言，曾担任教廷、葡萄牙和俄国使臣的翻译，并在宫中教授拉丁文，培养清政府外交人才。雍正皇帝亦对其十分器重，其对教会的忠诚及与雍正皇帝的私交极其有利于麦德乐与雍正的沟通。

同雍正钦点的"通事"张安多相比，巴多明具有明显的语言优势。麦德乐带给雍正的所有信函都是巴多明翻译的。当麦德乐面对皇帝致葡国国王信函的译文时，对信中致意部分不符合葡文规范的表达方式大感疑惑。巴多明向他解释："翻译国王信件的时候同中国官员商量过，根据他们的风格，葡文的表达方式并不适用于致（中国）皇帝的信函。"清政府要求葡人通事须与中国官员共同翻译各种重要文书，不仅语言流畅、内容准确，而且符合汉文风格及规范。[20]

至于雍正皇帝钦点的另一位通事张安多，麦德乐并非完全放心。这倒不是怀疑张安多对传教事业及葡萄牙的忠诚，而是考虑到他的不同处境。张安多虽为同乡，亦是耶稣会士、神父，但长期效力清廷，未必能在所有问题上与葡国特使保持步调一致。另外，张安多1721年受康熙帝派遣返回欧洲转达清政府对礼仪之争的态度及对天主教的政策，离开中国多年，语言难免生疏，未必能在会谈中流畅地发挥沟通作用。为了保证出使万无一失，必须在通事问题上做到多重保险，以防不测。为此，麦德乐需要在翻译团队中加入另外一些不同背景的人。于是，他邀请澳门圣保禄学院副院长李国成神父[21]加入翻译团队。据李向玉研究，李国成于1725年担任澳门圣保禄学院代理院长。[22]麦德乐出使的一项重要任务是改善教廷与北京由于礼仪之争而日益恶化的关系，说服雍正皇帝解除教禁。而李国成神父作为澳门圣保禄学院的负责人，必然对中国传教情况及禁教带来的严峻形势十分了解。由他亲自陪同使团赴京，直接用汉语与雍正皇帝及清廷大员沟通，应能把握交谈的气氛及说话的尺度，最大限度疏通双方关系，达到出使目的。想必这是麦德乐认为最理想的选择。

另外，耶稣会士李若瑟亦被麦德乐邀请担任使团"通事"。李若瑟1674年生于葡萄牙里斯本，1698年受耶稣会派遣来到澳门时仅有24岁。他在华工作33年，1731年卒于澳门。李若瑟长期在澳门生活，亦精通汉语，多次入内地担任使团翻译。之前最重要的一次是1720年从澳门出发，陪同来华的教廷使节嘉乐赴京，以解决礼仪之争引发的诸多问题，包括康熙皇帝于1717年宣布全面禁教的问题。李若瑟多次充当使团翻译的经历，使麦德乐深信其定能胜任此次意义重大的出使翻译任务。

使团中另一位担任翻译工作的就是耶稣会士徐懋德，号卓贤，1689年生于葡萄牙波尔图，1716年与德国传教士戴进贤（Ignatius Kgler）同船抵达澳门，1717年奉康熙帝之召进京，在钦天监工作近20年，并与戴进贤等共同编撰《历象考成后编》，介绍刻普勒天文学理论及欧洲天文观测最新结果，对中西天文学交流做出了贡献。至麦德乐使团入华，徐懋德在中国已近十年，精通汉文，故能编译出介绍欧洲最新研究成果的天文巨著《历象考成后编》。1743年卒于北京，葬于栅栏墓地。㉓

为保证出使任务顺利进行，除上述十分重要的教士兼翻译人员之外，麦德乐还在澳门重金聘用了一位名叫若昂·法兰西斯科的民间译员。他说这位民间译员"是他亲自在澳门挑选的"，并称他是"和善的人"。㉔为了聘用该名译员，麦德乐向若昂·法兰西斯科支付了52新克鲁扎多，即85600列依的费用，这差不多相当于葡萄牙王室支付整个使团出使费用的1%还要多一点。仅从重金聘用这一点，即可看出麦德乐看重的是翻译人员的翻译水准和资质。由此看来，麦德乐入华之前在澳门做的准备工作十分认真充分。

在葡萄牙布拉加档案馆保存的多份历史文献中，均有关于若昂·法兰西斯科的记载。通过文献中的记载可以证实，若昂·法兰西斯科既非耶稣会士，亦非来自葡萄牙的西方人士，而是一位出生于澳门的普通土生葡人。也许若昂·法兰西斯科的此种身份，更有利于其成为麦德乐处理葡萄牙东方保教权之争问题的最佳翻译人选。虽然他没有直接参与业务翻译，亦无参与重大议题的争论和讨论，在更多情况下更像一个局外人，但正因为如此，他的翻译可能会更加客观，更加符合对话双方想要表达的真正含义。㉕对若昂·法兰西斯科的选择，充分显现出麦德乐的智慧。

作为对中国语言文化一无所知的葡萄牙使臣，麦德乐对使团翻译团队的组成做了充分的思考和准备。张安多虽为耶稣会士，且从葡萄牙一路陪同使团到澳门，但由于其受康熙帝派遣离华多年，汉语生疏，能否胜任如此重要的翻译任务，令人生疑。更何况张安多为雍正皇帝钦点的"通事"，多少有些不太放心。巴多明精通多种语言，但他亦是雍正身边的人，加之其为法籍，能否完全站在葡萄牙国王的立场上，尚有疑问。麦德乐必须想方设法填补出使过程中可能会出现的各种翻译漏洞。这是他选用澳门三位教士及一名民间通事担任使团翻译的主要理由。

另外，组成翻译团队的六人中，既有北京宫廷的，亦有澳门派出的；既有在中国长期生活的，亦有了解澳门情况的；既有耶稣会传教士，亦有民间人士；既有通晓粤语及官话的，亦有掌握其他语言的；既有西方人士，亦有澳门土生葡人。麦德乐希望通过这样的组合，能达到各取所长，优势互补的目的。他认为，如此阵容的通事团队，一定能使自己和皇帝更好地相互了解对方的看法，掌握外交谈判过程中的所有细节。他完全明白翻译的重要性，知道翻译是关乎此次出使活动成败的关键。看来，麦德乐确实吸取了之前皮莱资由于翻译不力而导致出使失败的惨痛教训。

四 无功而返

然而，人算不如天算，麦德乐的周密安排最终变成竹篮打水一场空。麦德乐抵达北京后，时刻惦记着自己的使命，多次寻机向雍正帝表达葡国国王若望五世想要解除教禁保护澳门的意思。但前几次会见均找不到合适的机会。1727 年 7 月 8 日，在与雍正皇帝的最后一次会见中，麦德乐想抓住这一时机，无论如何也要表达此次出使北京的真正意图。然而，会见一开始皇帝就提出此次会谈用满语沟通，而能听得懂并且能翻译此种语言的只有法国传教士巴多明，于是麦德乐精心组成的翻译团队完全没有派上用场。据麦德乐后来回忆：

> 在雍正皇帝安排的最后一次辞别会见中，他安排了三位通事，即法国耶稣会的巴多明神父、葡萄牙耶稣会的徐懋德神父以及我在澳门挑选招募的和善之人若昂·法兰西斯科。然而，皇帝在那次会见中使用的却是只有巴多明神父才能听懂的满语。这种情况使另外两名通事完全不知所措。可以推测此种情况绝非偶然，而一定是事先预谋仅让巴多明一人充当现场翻译的。[25]

毫无疑问，此种形势不可能让葡国使臣有机会在最后时刻向雍正皇帝解释若望五世的计划及真正意图，尤其是希望雍正能下令禁止非来自葡国的外国人踏足澳门或经澳门入华。因为巴多明神父很可能早已清楚使团的真正意图并且将其告知其他传教士。因此，会见中译员的安排绝非偶然，亦非巧合，发生在使团身上的一切都是雍正皇帝与巴多明故意安排的。满语当然是雍正皇帝十分熟悉的语言，而使用满语可以体现清王室的威严。但前几次会见并未使用满语，唯一的原因是为了让麦德乐带来的可信任的同乡通事无法发挥沟通的作用。

在此种情况下，葡国使臣自然由于自己带来的通事帮不上忙而无法插话，同中国皇帝的对话也就不可能按照自己原先的设计向前发展。麦德乐面对雍正皇帝而显现出来的无能，见于有关麦德乐的许多其他历史文献中。"皇帝一开始就讲满语，两位葡籍通事变得非常沮丧，因为在传教士中只有法国来的巴多明神父通晓满语。"㉗有些文献对此次会见有另外的记述，认为葡国使臣在会见中表达了自己的意思，但引起雍正的不满。法国耶稣会士宋君荣㉘在其书信中记载了这次召见的情况。雍正皇帝在会见后对巴多明说：

> 倘若尔将事实真相告诉了麦德乐，倘若尔对伊正确地解释了朕所讲的道理和意图，伊是绝不会对朕说出那样的话的。伊请朕下令归还所有的教堂，并允许传播尔等的教义，就像父皇康熙在世时那样。请尔等听朕之言：尔等要转告在这里和广州的所有欧洲人，并且要尽快转告他们。倘有别的使臣再来，尔等应事先告知他们，要他们注意，不要像麦德乐那样讲话。当麦德乐清楚了朕之理由后，他也会赞同朕的这些道理的。即使罗马教皇和各国国王亲临吾朝，麦德乐提出的那些要求也会遭到朕拒绝的。因为这些要求没有道理。假如有道理，尔等一经提出，朕即会赞同。请不要让尔等的国王也卷到这件事中来吧！㉙

然而，无论会见时的场景是怎样的，麦德乐都是失败者。该事例说明两点。首先，语言及其表达对建立及保持澳门与明清两朝政府的顺畅沟通是十分重要的，尤其是在发生矛盾及冲突的情况下。正因为如此，麦德乐做了十分认真而细致的准备；另一方面，顺畅的沟通必须建立在双方互信、友好且有诚意的基础之上。若互相猜忌，互相提防，则会造成误解，甚至故意设置沟通障碍，使不同语言的转换无法进行，形成鸡同鸭讲的局面。雍正皇帝就巧妙地利用了这一点，阻止葡国使臣谈论自己不愿涉及的问题，既非失礼，又让对方无法得逞。翻译的诡谲，可见一斑。

对于使团来说，关注翻译团队的组成，重视翻译人员的沟通能力及掌握语言的程度固然重要，也是保障沟通顺畅进行的第一要素，但语言背后的文化问题及社会政治问题亦是需要认真考量的重要因素，尤其在交往过程中出现严重歧义时，会使沟通的可能和效果大打折扣。在这种情况下，与其说沟通双方在相互交流，不如说在彼此斗智。而翻译在此时往往会陷入无所适从的尴尬境地而失去作用。由此，亦可以看出翻译工作者在政治冲突及外交矛盾中的困难处境。澳门传教士努力学习汉语固然重要，但适应中国国情及文化更加重要。礼仪之争，便是一例。

1727 年 7 月 18 日，葡国使团离京赴澳门，踏上回国路程。为彰显礼仪之邦的宽容大度，雍正皇帝命令御史常保住伴送麦德乐一行南下，经江苏、浙江、江西前往澳门，并授意各地官吏热情招待，厚待使团，希望葡国使臣亲眼目睹大清帝国的昌明盛世和博大精深的中华文化。雍正五年十一月初六日，广州署理巡抚石礼哈奏报雍正皇帝："本年十月十二日，钦差御史常保住奉旨送玻尔多斯国使臣麦德乐回广州，本月二十一日，自广州起身，二十六日到澳门。因使臣麦德乐感激圣恩，留御史常保住在澳门公同颂祝万寿，于十一月初四日，御史常保住回广州。今于初六日回京复命。"③

虽然麦德乐出使未能成功，但其于 12 月 8 日回到澳门后依然受到澳葡当局和市民的热烈欢迎。时逢雍正寿辰，为感谢中国皇帝"深仁厚泽"，便于十一月初一（12 月 13 日）率"异官商民，排列行礼于天主堂，诵经恭祝圣寿"。③1728 年 1 月 17 日，麦德乐一行在澳门北湾登上天主圣母号帆船黯然起锚回国，于同年 11 月 21 日抵达葡萄牙。麦德乐一行数十人出使中国，历时三年七个月零九天，行程数万里，耗资巨大，一路艰辛。然而四次觐见雍正皇帝均无机会表达葡国国王意图，落得无功而返的下场。

澳门为麦德乐出使中国付出沉重代价。葡国王室为此行拨出的经费绝大多数由澳门承担，共花费白银三万两。③澳葡政府倾其公库所有仍不足，不得不由教会及私人捐赠五千两，使团才得以启程回国。澳门不但未能得到预期的结果，反而因负担出使费用而使财政大伤元气，直至 1762 年才恢复正常财政运转。西方学者普遍认为："这次出使最后的一个结果是让澳门的管理者沮丧，因为没有给他们在中国和葡印的经济和政治地位上带来任何改善。"③

---

①颜珰（Charles Maigrot，1652 ~ 1730）是中国天主教史上举足轻重的人物，在礼仪之争中扮演了重要角色。颜珰生于法国巴黎，自幼虔信天主教，24 岁就已晋铎。1680年入巴黎外方传教会，1683 年随该会创始人之一陆方济（François Pallu）主教来华传教。他所发布的禁令激化了礼仪之争，直接导致清廷与教廷失和，使中国天主教面临被禁长达

一个多世纪的艰难局面。关于颜珰的生平和"礼仪之争"中的活动，参阅 Claudia von Col-lani, "Charles Maigrot's Role in the Chinese Rites Controversy," in D. E. Mungello ed. , *The Chinese Rites Controversy*：*Its History and Meaning.* Nettetal：Steyler Verlag, 1994, pp. 149 – 183；Adrian Launay, "*Mémorial de la Société des Missions Etrangères*," Paris, Séminaire des Missions-Etrangères, 1916, pp. 417 – 423.

②方豪：《中国天主教史人物传》（中），北京：中华书局，1988，第317页。

③中国第一历史档案馆：《康熙朝满文朱批奏折全译》，北京：中国社会科学出版社，1996，第872条。

④北平故宫博物院编《康熙与罗马使节关系文书》第11，"谕西洋人"，北平：故宫博物院，1932年影印本。

⑤中国第一历史档案馆编《清中前期西洋天主教在华活动资料》第1册，北京：中华书局，2003，第12页。

⑥嘉素（1641~1735），葡萄牙维德堡人，1690年至1735年任澳门主教。其领导澳门教区长达45年，为澳门天主教史上仅有。

⑦*Os jesuitas em Macau*, publicada pela Biblioteca Central de Macau, p. 185.

⑧北平故宫博物院编《康熙与罗马使节关系文书》第14，"教王禁约释文"。

⑨杨森富：《中国基督教史》，台北：台湾商务印书馆，1978，第140页。

⑩*China in Transition*, *1517 ~ 1911*, Dan J. Li trans. , New York：Van Nostrand Rein-hold Company, 1969, p. 22.

⑪《雍正五年四月十三日（1727年6月2日）葡萄牙国王若望为雍正帝继位遣使恭贺表文译稿》，原文形成时间为1725年2月16日，见中国第一历史档案馆、澳门基金会、暨南大学古籍研究所合编《明清时期澳门问题档案文献汇编》（一）档案卷，北京：人民出版社，1999，第151页。

⑫Mariagrazia Russo, *A Embaixada enviada por D. João V ao Imperador Yongzheng* (*1725 – 1728*) *através da documentação do Arquivo Distrital de Braga*, Centro Científico e Cultural de Macau, I. P. , Lisboa, 2007, p. 35.

⑬《广东巡抚杨文干奏报葡萄牙国王所遣使臣麦德乐急求赴京情形折》，见《雍正朝汉文朱批奏折汇编》第七册，《明清时期澳门问题档案文献汇编》（一）档案卷，第150页。

⑭陈善策（Domingos Pinheiro, 1688~1748）和麦有年（Paulo de Mesquita, 1696~1729）两人均为耶稣会士，精于天文历算。1725年随麦德乐使团出发来华，但先于麦德乐抵京。其中陈善策在京为清廷服务22年，曾任副主教，领导葡萄牙在中国的传教使团，1748年去世，终年60岁。麦有年则于抵京三年后英年早逝，终年33岁。详见佛朗西斯·罗德里格斯：《葡萄牙耶稣会天文学家在中国：1583 – 1805》，澳门：澳门文化司署，1990，第115 ~ 116页。

⑮㉛Anderw Ljungstedt, *An Historical Sketch of the Portuguese Settlement in China, and of the Roman Catholic Church and Mission in China*. Boston: James Munroe & Co., 1836, pp. 96 - 98, 102.

⑯⑰《耶稣会传教士巴多明神父致尊敬的本会尼埃尔神父的信》，见杜赫德编《耶稣会士中国书简集——中国回忆录Ⅲ》，朱静译，郑州：大象出版社，2001，第 229、228 页。

⑱费赖之：《在华耶稣会士列传及书目》（上），冯承钧译，北京：中华书局，1995，第 509 ~ 525 页。

⑲鞠德源：《清宫廷画家郎世宁年谱——兼在华耶稣会士史事稽年》，北京：《故宫博物院院刊》1998 年第 2 期。

⑳㉔Mariagrazia Russo, *Traduzir e Interpretar Embaixadores: O caso de Alexandre Metelo de Sousa e Meneses, in Para a História de Tradução em Macau*, IPM e CCCM. Lisboa, 2012, pp. 85 - 86, 86.

㉑李国成（Caetano Lopes, S. J., 1690 ~ 1735），葡萄牙传教士，天文历算家，曾在多种场合担任重要翻译工作。麦德乐事后在多种文件中都提到他。“这位大臣十分隆重地来探访问我，并同我做了长时间的谈话。在场做翻译的是李国成神父”；“我让李国成神父翻译广东大员写给我的信件，他当时是澳门神父中最精通中文字的专家”；“我还带上曾任澳门圣保禄学院院长的耶稣会士李国成神父”。分别见 Mariagrazia Russo, *Traduzir e Interpretar Embaixadores: O caso de Alexandre Metelo de Sousa e Meneses, in Para a História de Tradução em Macau*, pp. 181, 183, 190.

㉒李向玉：《漢学家的摇篮——澳门圣保禄学院研究》，北京：中华书局，2006，第 99 页，注明为代校长。据麦德乐认为，李国成口笔译皆十分精通，尤其熟知官方文书的翻译方法。详见 Mariagrazia Russo, *Traduzir e Interpretar Embaixadores: O caso de Alexandre Metelo de Sousa e Meneses, in Para a História de Tradução em Macau*, pp. 85 - 86.

㉓北京栅栏墓地有徐懋德墓碑保留至今，用拉丁文和汉文两种文字刻成，碑文如下：徐先生，讳懋德，号卓贤，泰西玻尔都噶尔国人。童年入会，立志贞坚。时值康熙五十五年，亲来粤东，圣教广传。一十四载，终日乾乾。雍正甲辰，奉旨传宣，授职监副，管理钦天。内外治事，独著精专，阖会善士，颂声万千。天主命至，功完德全。乾隆癸亥，遂善终焉。帑银二百，皇恩无边。计在会中三十六年，五十四岁，享寿绵绵。勒诸贞石，荣光常悬。见林华等《历史遗痕》，北京：中国人民大学出版社，1994，第 133 ~ 134 页。

㉕根据葡国国王若望五世给麦德乐的第四项指示，王室支付 5000 克鲁扎多作为出使费用。Mariagrazia Russo, *Traduzir e Interpretar Embaixadores: O caso de Alexandre Metelo de Sousa e Meneses, in Para a História de Tradução em Macau*, p. 86.

㉖Mariagrazia Russo, *Traduzir e Interpretar Embaixadores: O caso de Alexandre Metelo de Sousa e Meneses, in Para a História de Tradução em Macau*, p. 223. 另外，在耶稣会士中，

还有穆敬远（João Mourão）通晓满语，但当时已去世。

㉗Carta de 18 de Dezembro de 1727, publ. Julio Firmino Júdice Biker, *Collecção de tratados e concertos de pazes que o estado da India portugueza fez com os reis e senhores com quem teve relações nas partes da Asia e Africa Oriental desde o principio da conquista até ao fim do seculo XVIII* (*1881*), Lisboa, Imprensa Nacional, 1881 – 1887, t. VI, p. 48; e Eduardo Brazão, *Relações externas de Portugal, reinado de D. João V*, Livraria Civilização, 1938, vol. I, p. 467.

㉘宋君荣（Antoine Gaubil, 1689 ~ 1759），法国盖拉克城人，出身贵族家庭。1723年4月9日来到北京。其亦精于翻译，除曾作为译员出使俄国和去新疆测绘地图外，始终在京居住直到去世，在华三十余年。

㉙宋君荣：《有关雍正与天主教的几封信》，见杜文凯编《清代西人见闻录》，北京：中国人民大学出版社，1985，第144 ~ 145页。

㉚《广州将军石礼哈奏报常保住送葡萄牙使臣至澳门事毕回广州即将回京复命折》，《雍正朝汉文朱批奏折汇编》第一〇册，《明清时期澳门问题档案文献汇编》（一）档案卷，第153页。

㉜Beatriz Basto da Silva, *Cronologia da História de Macau*, Século XVIII, Volume 2. DSEJ, Macau, 1993, p. 61.

㉝George Bryan Souza, *The Survival of Empire: Portuguese Trade and Society in China and the South China Sea, 1630 – 1754*. London: Cambridge University Press, 1986, p. 204.

作者简介：李长森，澳门理工学院教授，博士。

［责任编辑：刘泽生］

（本文原刊 2016 年第 3 期）

十九世纪澳门华人医疗研究

——兼谈澳门华人对西医之心态

吴玉娴

[提　要] 澳门华人作为生存在澳门却被隔离在西方文化之外的特殊群体，在以往研究中受关注不多。本文从医疗角度着手关心澳门华人的医疗市场、《镜海丛报》在医疗市场的角色以及华人的择医心态，特别探讨澳门华人普通民众及菁英对于西医的"抗拒"和"接受"的不同心态，并分析认为西医文化的"陌生医疗空间"是华人恐惧之根源，而华人菁英更倾向接受西医。

[关键词] 澳门华人　医疗　《镜海丛报》　西医

华人是澳门社会的特殊群体，从十六世纪葡萄牙人定居澳门开始，华人即与葡人共同生活，其中一小部分人皈依天主教并服从葡萄牙人管治。但大部分华人在澳门半岛北部的华人村庄及水面生活，以传统耕种、渔猎等为生；这部分人群虽然在澳门生活，但仍然遵循中国传统文化，并受香山县管治。十九世纪，全球贸易网络迅速扩张，澳门成为对华贸易的重要中转港口，入澳华人增多。1839 年，钦差大臣林则徐派员赴澳清点户口人数，计得华民 1772 户，男女人口 7033 人，西洋葡人男女共 5612 人；[①]后鸦片战争和太平天国运动相继爆发，大量华人涌入澳门避难，到 1867 年华人居民达到 56262 人，尚不包括在水上生活的华人。[②]虽然此后这一群体的人数有所回落，但在澳门社会逐渐形成一个成熟的社群。过往的研究往往关注澳门作为坐落在中国的"欧洲城市"的特殊性，包括中西文化、海外贸易或主权政治等问题，却忽略这群同样生活在澳门岛上、被隔离在西方文化之外群体的生存状态。本文以关乎生老病死的医疗为切入点，讨论游走在东西方文化之间的澳门华人如何选择医生治疗身体疾病，以及他们对西医心态的前后转变。

一　澳门华人的医疗市场：形形色色的医家

居澳华人虽然秉承传统儒家文化，但在多族群聚居的澳门社会，华人有着多种医疗选择。同时，十九世纪澳门社会的医疗市场上分布着传承各种文化的医家，他们遵循的医疗知识体系各不相同，医疗形式也多种多样，成为明清医疗史上独有的风景。

明清时期中医继承了宋金元时期丰富的经典医学传统。一般来讲，在中医医疗市场上存在各层级医生，包括太医院御医、各王府良医所的良医、地方行政级别的医官以及民间的游医等。③从行政级别上来讲，十九世纪上半叶，澳门仍属于香山县下恭常都下辖十三个行政乡之一，即"澳门乡"。加之没有相关材料显示澳门有官方中医医疗组织存在，因此，民间游医成为澳门华人看病的唯一选择。嘉庆十年闰六月二十六日（1805年8月20日）香山县与澳门议事会来往公文记录："查陈亚连被喽嗲吥咘戳伤，载运回澳，在苏招元铺延医生吴三宽用药调治。"④这则澳门司法档案提及了医铺名称"苏招元铺"，推断苏招元为医师。研究明清澳门史料，众多寺庙的碑刻中出现了很多商铺名称，它们因为捐资修庙而留名。这些名字多以"行""记""号"结尾，且取较吉利的"合""盛""源"等字眼，如"永盛记""合盛号"等。据笔者统计，谭世宝教授《金石铭刻的澳门史》⑤中收集的明代澳门庙宇碑刻华人商铺名称，1753年至1863年这110年里共出现1738个。虽然从名字上无法判断这近两千个店铺哪些是医馆或者药铺，但是有理由相信，其中存在一定比例的药铺和医馆，它们承担着澳门华人的医疗工作。这些民间医生虽然并不是有头衔的官医，但往往有家学渊源。声誉较好的医生可以与官方取得合作关系，承担部分官医之责，为自己行医赢得资本。上述苏招元铺医生吴三宽为中葡司法纠纷中的受伤华人"鉴定伤势"，一定程度上承担了官医之责。

澳门毕竟是香山县下属乡，中医医疗资源并不丰富，澳门人也时常须到省城广州请医生。嘉庆三年正月十四日（1798年3月1日）《澳关委员李培滔为严禁蕃人私驾三板进埔事下理事官谕》："本月初七日，有墺来三板一只，夷梢四名。查询据称：暂泊一夜，即往省请医。"⑥澳门医疗资源有限或水平不高，去广州请医也在情理之中，但这一定不是普通民众能够承担的费用。

"稳婆"是中国民间从东汉以来就一直存在的以接生为职业的妇女，澳门也有妇女以此为生。嘉庆十二年正月初七日（1807 年 2 月 13 日）："谕到该夷目，即传谕夷兵，嗣后以交子初为率，如有灯火奉差公事，及民间延医请稳，有紧要事务者，不得阻拦。"⑦可见，为妇女接生的稳婆亦被视作澳门医疗从业人员的一分子。

十九世纪下半叶，部分华人为躲避战乱迁往澳门，华人人口剧增，并逐渐成为澳门社会主体。一些华人富商在澳门兴办实业，在较短时间内就掌握了澳门的经济命脉，包括缫丝、博彩、纺纱、爆竹、火柴等行业。这些华人富商在经济地位上升的同时，也开始寻求政治话语权，医院成为他们寻求地方领导地位最易于被人接受的突破口。1872 年，在澳门华商的推动下，⑧澳门第一所华人医疗机构——镜湖医院成立。镜湖医院是一所"西学为体，中学为用"的医院，即用西式医院的管理体制，中医为主要治疗手段的医院。建成的医院设立严格的管理规定，⑨安排值理轮流值班，设有中医医师坐诊，且有数十间宽敞通风的病房，药房、花园等设施一应俱全。⑩镜湖医院成立后，成为澳门华人医疗的新去处。

中医一般讲求家学渊源，世代相传，澳门本地中医往往缺乏这样的世家。为了提高医疗水平，镜湖医院依靠值事推举聘请外地名医来澳坐诊。1894 年 11 月 14 日，镜湖医院值董邀请名医到澳："澳地医生甚多，其能起死回生者颇鲜。往时镜湖医院延请某医，人言啧啧，本报屡烦笔舌，今始停关。近闻宋永康堂延有省城南关海味街邓贵修医士到澳，其人精达岐黄，品学俱瞻。今有华绅陈直垣、蔡鹤朋、宋子衡拟即延留在院，以福斯民。"⑪这里提到"澳地医生众多"，说明到十九世纪末期澳门的医疗资源已经较为丰富。文章这里交代了邓医生的具体出处，且将推荐华商名列于此，可见"名医"之誉不虚。镜湖医院之《医师规条》规定："应聘医师者要经过一定的考核方能进入医院试用一个月，期满合格后由值事讨论再延三个月，一经录用需遵守医院规章。"⑫一些医生不获镜湖医院延聘，便在澳门自立门户。1895 年 4 月，上述邓贵修医生就自立门户，在澳门开诊，成为独立的医馆医生。"镜湖医院前时聘有邓云山贵修在院赠诊，此医精于岐黄，人多颂说，所操术早多着手成春，人争延请。今在红窗门街悬壶，朝夕之就诊者，踵趾相接，几如山阴道中，应接弗暇。"[13]

镜湖医院规条要求医师须经过考核，严格把关，但实际却极少达到要求。《镜海丛报》1893 年 12 月 19 日中葡版同时刊登评论镜湖医院管理之文，其中提到："盖医院以医生为最要，若医生不得其人，则救人之地反变为杀人之场。今该院之中国医生，叩其学则无有，考其出处则卖菜、担水者或亦有之。其席位则三月一易，其请医则不计其能医人与否，惟视推荐值事情面而定弃取，此则医生之弊，亟宜整顿，方为有益。"[14]镜湖所聘名医并不严谨，滥竽充数者不少，竟有卖菜、担水者，可见澳门医疗市场缺乏监督机制，从业者鱼龙混杂。

虽然澳门的第一所西式医院设立于 1568 年，但数百年来华人去求医者鲜。孙中山在《伦敦蒙难记》中提到，"遍及整个清帝国，从来没有任何一个中国医院的董事会给与西医任何直接正式的支持和鼓励，除了澳门"。[15]澳门华人绅董聘用西医治疗，始于镜湖医院。1892 年 12 月，孙中山向镜湖医院借银 1440 两，在草堆街 80 号开设"中西药局"，成为镜湖医院第一位西医。后不久，镜湖医院正式设立西医局："镜湖医院之创开西医局也，经费虑有未敷，遍发缘部以呼将伯，首由前山文武衙署捐助百圆，已登前报。今接檀香山埠商唐辉涵翁来信，该埠之人，多有情殷桑梓，踊跃投捐。……西医局之开，殊大益于澳门，足补华医之不及，疮伤各症，犹为神妙。"[16]孙中山的西医门诊在澳门开办没有几个月就停办了，但镜湖医院的西医局服务却未终止。到 1895 年，西医局至少有两名西医赠诊，一为刘香甫，一为王泽民。值得注意的是，在现存的资料中，镜湖医院聘请的仍然以华人西医为主。

澳门民间也有西人西医向华人平民招揽生意。"西医庇厘刺，由西洋到澳，系前译官伯多禄之婿，不日验照悬壶，大行其道。"[17]庇厘刺，即安东尼奥·若泽·庇厘刺（António José Gonçalves Pereira），毕业于波尔图医科学校（Escola Médica do Porto），曾担任海军军医。[18]其岳父伯多禄·施利华（Pedro Nolasco da Silva）曾担任政府汉语通事。庇厘刺是澳门土生托拉斯库·库尔瓦家族第五代，在澳门长大，精通汉语和葡文。值得注意的是，伯多禄·施利华是《镜海丛报》之主编。[19]《镜海丛报》中鲜见西医广告，主编施利华利用职务之便为其婿刊登广告，也从侧面说明西人西医在华人医疗市场行医较为罕见。

在澳门医疗市场中，"开放"是其主要特征，从业人员没有门槛，无论资历，所以很多其他行业之人也会充斥到医疗队伍中。"莲峰庙"原是顺德龙涌杜姓乡人之宗祠，明末曾有一游方僧人来庙中居住，每日往附近龙田村为人治病，因医术不俗，故募获颇多，后得杜姓祠主施赠，遂将此祠堂改为寺庙，此为莲峰庙之由来。[20]虽为传说，但也可见，僧人治病在澳门并非怪事。1894年，《镜海丛报》刊登文章，"香山崖口平山乡有飞来寺焉，其地得山林之秀。近有住持僧人礼韶大师，法名仁履，自幼出家，精习岐黄，住在平山南乡一带行其医术，各乡群耳其名而重之，后游羊城沪上，皆手握青囊为行脚，远近争迎。……常以医术惠济乡人，各绅耆感焉，为之集资修建是寺，俾有依托，永为栖禅。近以大工未竣，尚赖合尖，欲成厥事，仍以医术托锡澳门。赁一厘而悬壶，名曰行济医局。到未数月，每日登门求诊之众，计约百数十人，几与镜湖和同善两处相衡。诚利济于群生，不愧行济之名矣。某等与佛有因，与佛有缘，且素知平日医理精明，佛戒纯净，特泐数言登报，以彰师之功德焉，局在仁慈堂旁巷"。[21]香山县僧人行医多年，声名在外，来澳行医，开设"行济医局"，门庭若市，引得澳门中文报刊《镜海丛报》都刊登广告，从医疗神迹到近年医病痊愈案例，寥寥数言已经勾勒出一个医术高明的神僧形象。

在十九世纪澳门医疗市场中，医疗从业者鱼龙混杂，既有传统医馆的医师、聘请的名医、华人西医，也有僧人、稳婆等。总的来讲，呈现出从业门槛低、服务时间较短的特点。作为十九世纪澳门华人唯一的医疗机构，镜湖医院在一定程度上改变了这一局面。这间由澳门华商菁英阶层领导的医疗机构，既利用经济优势从外地聘请名医作为补充医疗队伍的新鲜血液，又能够作为半官方"声音"影响病人的就医选择，在一定程度上成为十九世纪末期华人医疗事业的领导者。

二 医家声誉经营之阵地：《镜海丛报》

中国传统儒家文化中医师的地位不高，哪怕掌握着生老病死中不可缺少的环节，这与医疗技术的落后不无关系。由于没有权威行业认证标准，这些医家往往需要制造良好的声誉，为自己迎来"客源"。《镜海丛报》创刊于1893年，是澳门第一份双语报纸，从创刊以来就成为医师宣传的好地方，甚至成为医师之"口舌"。"医者区连，其妻罗氏夙染必痛之疾，七年于兹矣。每次发动，痛若刀刺，区虽贫苦，竭力延医，终不见效。本月初二日敬延同善堂医生黎莲峰先生往诊。据称，内有恶虫，非用药以吐出之，势不可愈。乃按症开方而去。初四日申刻，果见胸腹作痛，喉中格格作痰响，俄而吐出怪虫，一条长约八寸，赤其首而碧其身，满身皆爪，如百足虫，立投于火而毙之，其苦遂脱，黎之技术可谓神乎其神。"②这则消息为了更吸引眼球，有夸大之嫌。可以推测，医生捏造夸大加之坊间谣传，造就了这个传奇神医的故事，这也是传统中医自我宣传不可缺少的"桥段"。

除了医师的"自我造势"，在澳门医师评价体系中，病人并非完全被动接受者。1893年8月8日《镜海丛报》刊载病人的感谢信《神乎其技》："人身似病而非病，虽不致命，而为终身之累，其惟痔乎？西医专以济人为心，故特于此疾不厌……友人何瑞田闻之见访，力陈孙逸仙之人品学问及所习欧洲医法，坚属延其施治。……请孙逸仙诊视。……不过七日之功，其痔遂脱，毫无他害。念余年痼疾，一旦顿除，因之家内男女老幼上下人等亦皆信之不疑。请其医治或十数年之肝风，或数十年之脑患，或六十余岁之咯血，均各奏效神速。予受人之益，不敢藏人之善，仅登日报以告四方之同胞是病者。濠镜榷舍主人前山军民府魏谨识。"③此信内容翔实，来信者虽未告知全名，但公布推荐医生之友人姓名，且将自己之籍贯告上，可信度较高。该信在《镜海丛报》上连续刊登三期，推测目的有三：首先，如信上所言，"不藏人之善"，将孙中山之神技公之于众，为澳门民众提供多一种择医选择；其次，宣传西医，澳门华人对西医一直存有芥蒂，这种指名道姓的叙述或可消除民众对西医之疑虑；第三，镜湖医院之宣传"软文"，孙中山1893年开始在镜湖医院挂牌行医，这篇文章也可视为为其推波助澜之作。

有神医必有庸医。《镜海丛报》本着为华人社会服务的目的，不仅宣传名医，也将庸医信息公之于众。"旺夏村有张茂才者，日前妻患有外感之疾，延有某医诊视，谓为伏热症。初用犀角灵羊大凉之剂连服两帖，不见其效验；忽而改用补中益气汤。询以病，既伏热，何为初终易辙？答以，譬诸捉贼，先以劲卒围捕，贼已就执则非官不能治其罪。理其原凉剂去热，劲卒之围捕也，热去而本亏，补中益气，请官以理治也。嗣又改用附子炮姜，曾未逾时，张茂才遂抱黄门之痛，享龄不满四十。此医为某善众所延，姑隐其名，为善众捐题计，为此医衣食计，所以略其事而登诸报，非有他也。欲觉澳人之慎于延医，万不可自轻性命。"④此处表明《镜海丛报》并非全为商家之"口舌"，对于医疗事故如实刊登，且道明医生乃靠声誉吃饭，没有了良好声誉就等于失去了饭碗，这是社会的普遍认识。而新闻中医家南辕北辙之治疗方法，和所谓"捉贼围捕"之解释，也说明了庸医昏聩以及中医医理之模糊，难以对症下药。

实际上，同时期西医也在报纸上刊登广告，不过内容与中医有天壤之别。1851年4月26日《澳门宪报》上刊登广告："外科医生、牙医、眼科医生、维多利亚英女王的桑德斯牙医的首席助理努波特先生（Mr. K. Nuvbolt）将要在澳门停留一段时间，住在约翰·史密斯（Mr. Jonh Smith）家，如有看病需要，欢迎垂询，价格适中。"㉕不难发现，西医宣传更加突出医生资质，包括执业证书、工作经历等，对于其工作案例却是只字未提，这充分说明中西医文化之差异。中医缺乏行业建设，对于从业者之执业资质没有官方认定，仅凭道听途说之口碑来判定医师技术水平之高下，这也是中医被人诟病之处。

除了对于医家医术之宣传，商家也经常在报纸上刊登药品广告。"本局拣选中西地道良药，各按中西制法分配成方，中药则膏丹丸散色色具备，并择上品药料，监工督制，每日所发汤剂，皆系鲜明。饮片参著桂术，不惜重资购储极品，以待士商惠顾，冀为传播。所制西药早已功效昭昭，遍闻远近，无烦赘述焉。中西各药取价从廉，已于十七日开市。"㉖这则广告说明，十九世纪末期澳门药品市场非常开放且成熟，有各色中西药品供市民选择。

声誉是中医从业者的职业生命，声誉的好坏决定了医师的生计。在《镜海丛报》出现之前，口耳相传是最为传统的声誉传播方式。上文提及的濠镜榷舍主人也是在朋友何瑞田的介绍下向孙中山求诊的。而《镜海丛报》出现后，立刻成为华人的医疗信息平台和医疗市场的"一只无形的手"。该报创刊于1893年，是从葡文《土生葡人回声报》（Echo Macaense）中分出，刊行人为土生葡人弗兰西斯科·飞南第（Francisco Hermenegido Femandes），主笔"黔中味味生"即贵州人王真庆，㉗报纸发行遍及澳门、香港、广州、福州、厦门、上海等地。值得注意的是，关于澳门医疗的信息均被放在"本澳新闻"栏，而不是"告白"（即广告）栏，说明编辑关于医疗的文章是希望客观地为读者提供信息或提出参考观点。这些信息具有一定的权威性，引导华人选择医生，甚至监督澳门华人医疗；同时，《镜海丛报》多次刊登夸张或者错误的医疗信息，也是澳门华人医疗资源混乱和市场无序的表现。

三　华人的择医习惯：中西医并求及医巫并用

澳门华人医疗市场的多种从业者，决定了华人的就医选择众多。十九世纪影响病人及其家属选择医生的因素很多，除了医疗市场上的资源、医生的素质，还有择医者的医疗知识，甚至求医心态都成为左右病人选择的原因。

自有记载以来，民众生病素有求巫问道之传统，澳门华人亦不例外。镜湖医院入口即设有华佗仙师的神龛，入院就医者须先拜谒神像，[28]可见在澳门拜神之风习丝毫不减。1894年，澳门暴发鼠疫，谣言四起，人心惶惶。镜湖医院之绅董积极谋求对策，一方面在湾仔搭建隔离篷寮，将患病者接至该处养病；另一方面应民众要求，请神巡街。"广州府属新宁县内有福神焉，曾受敕封为绥靖伯神，本陈姓，符于有功于民，则祀之。义一县奉为香火，水旱疾疫求祷灵应，粤人之受荫者多矣。日前镜湖医院各绅董肃为迎致，连日巡行街道，期静恶氛。"[29]镜湖医院之绅董是澳门华人社群的领导阶层，其行为对澳门华人具有影响力，其带头求助神巫，说明这是社会极普遍的做法。

这种治病求巫的心态甚至为一些江湖骗子利用骗取钱财。"近有疍民自称为阎魔王之婿，能向阴曹说情，可以保全人命。倘造其处求乞寿元，定免疫劫。此次澳地之灾，实系阴司怒人不道，如能改过迁善，速具香烛财帛祈求，自蒙神佑。雇备小船一只，逍遥河上，引惑愚民，借求财利。曾赴医院簧惑绅董，请建高台丈尺如式，每日送进病人四名登台，可以救活云。"[30]在瘟疫流行之际，江湖骗子以巫术之名大行其道，不仅普通民众上当，连镜湖医院绅董也愿意听其胡言，一方面听从澳葡指示，建立隔离篷寮；另一方面却大行求拜巫术之事，充分说明了澳门华人"巫医并求"的心态盛行。

与清代其他地区华人医疗相比，澳门华人医疗市场最大的特点就是更容易获取西医资源。西医自十七世纪已经传入中国，但一直在宫廷流行，在民间未能产生巨大影响力，但西医之名早在士绅官僚中传开。广东地区就曾经出现当中医不能解决问题时，病人向澳门西医求助的事例。嘉庆五年四月二十一日（1800年5月14日），澳门同知丁如玉致函澳门总督："署军民府三，谕夷目唛嚟哆知悉：尔等夷人在澳住居年久，自必有医生惯习于内外等科之人。兹因原任理猺分府刘大老爷两耳重聪，遍访调治，闻澳中亦有能医者，合谕饬查。谕到该夷目，即便转询，尔等夷医中，如有专治耳聋屡效者，饬令将所用之药，立交差役赍带回衙。仍将如何调治缘由，逐一分晰明白禀赋，以凭札知，依样调理，或方秘不传，必需亲身来澳，亦当禀闻。若果见效痊愈，定行重谢。此系本分府相爱同寅，断不相负也。"[31]此后，澳门为其推举了西医医治，但是一直没有见效。"有澳夷能于医理，续经刘分府抵澳就医，迄今旬余，未见效验，合行谕知。谕到该夷目，立将在澳不论外国本澳夷人，如有精于耳病者，另行选举医治，以期速痊。速速。"[32]十九世纪早期，广东省官员耳疾，中医治疗多年无果，于是香山县饬西医为其治病，说明对于西医，华人并非一定排斥，只要能够取得成效，西医依然可以是求医的选择。值得注意的是，广东省官员求助西医，却用"谕令"通知澳葡总督，说明清代澳门政治地位之低以及澳门岛上中葡之间的"鸿沟"之深，这也是葡萄牙人租居澳门这种特殊政治背景下华人社会独有的择医途径。

民众这种"中西医并求"的心态，从十九世纪下半叶澳葡开始对澳门殖民统治、华葡之间的政治"鸿沟"消失后逐渐更为普遍。1895年1月，《镜海丛报》刊登一则新闻，"西洋水师官医生贾华路，西医之妙手也，操心谨细，操术精良。前被凶人掷强中伤头额，所延华医多不见效，溃烂肿胀，几有性命忧。嗣蒙赠以刀圭，不半旬而伤愈。今接西京来电，调赴回非利加，仍作营医，不日便附轮就道。言念橐情，曷胜惆恋！阿洲为寒苦地，循例轮值，此次贾尚不应轮到，突被移调，殊为不公。似此徇情作弊宜乎？西洋之日弱虑将渐就衰微，日落蹞渊不见踪影"[33]。贾华路，考证为安东尼奥·科斯塔·贾华玉（António da Costa Carvalho），1888年开始在澳门担任海军医生，后被派往帝汶工作。[34]从内容判断，此条新闻似出自主笔王真庆之手，编辑从自身经历出发，感慨有一位西医被调往帝汶工作之事，内容真实可信。可以看到，在十九世纪末，华人求助西医的路径较为便捷，和延请其他中医类似，这也使平民"中西医并求"的成本大大降低。

事实上，在多族群聚居的澳门社会，无论华人、葡人或是土生葡人，在择医心态上都较为实际，只要能达到医治效果，什么医疗方式均可以接受。1846年6月，《澳门政府宪报》上用粗体葡文连续三期刊登了一份悬赏通知："现在在圣拉法尔医院（白马行医院），一个病人在左边腋窝下生癌，据说华人中有类似症状的病人被治愈，但在欧洲这种情况被认为是不可治愈的，在欧洲这是众所周知的事情。现在向所有江湖医生、女巫或者中医，谁治愈这种疾病，一旦治愈就可以获取 400 帕塔卡，以此为证。谁先到谁就赢得这笔奖金，无论地位身份，只要找到药方就可以得到上述奖金。"㉟从内容推测，这应为居澳葡人或者土生葡人发出的告示，在报纸上向华人悬赏寻医，只要能够治愈疾病，无论是哪一种"医生"均能接受，体现了澳门居民长期在多种文化中浸淫使其具备了较大的包容性，为了达到治疗目的，愿意尝试不同文化的医疗方法。在这样的社会氛围下，华人"中西医并求"的择医心态也就不足为奇了。

以上看来，在多种医疗文化包围下的澳门华人选择医生的心态也较为开放，"中西医并求"以及"求助巫神"的现象在平民及华人菁英群体中也时常发生。特别是中西医并求的求医心态，令人反思在华人接触西医文化的过程中，"抵抗"也许并非必经之路，数百年多重文化混杂的生活环境，使居澳华人对于外来文化更有包容之心。那么，澳门华人对于西医的心态如何？经历了怎样的变化呢？

四　澳门华人对西医之心态

在求医过程中，澳门华人似乎并不排斥接受西医，那是否意味着华人对与中医本土医疗模式完全不同的西医文化就能够全盘接受呢？事实并非如此。居澳华人对于西医并不陌生。从十六世纪葡萄牙人入居澳门以来，西医就已经在澳门扎根。1568 年贾尼劳神父创建澳门第一所西式医疗机构——贫民医院，希望接收"基督徒和非基督徒入院"，㊱但实际运营中这所医院只收治夷人。《澳门记略》中称："医人庙，在澳城之东，医者数人。凡夷人鳏寡茕独，有疾不能自疗者，许就庙医。"㊲医人庙，即贫民医院，不难看到，夷人才是医院的收治主体。当然，除了文化隔阂，政治原因也是贫民医院不接受华人就医的原因。1710 年，澳门总督贾士度（Francisco de Melo e Castro）下令逮捕仁慈堂主席弗朗西斯科·郎热尔（Francisco Rangel），因为其接受了一位被澳门市民打伤的华人入住贫民医院养伤。贾士度认为，按照惯例不应该接受这些病人，因为如果他们在医院死亡，会给城市带来很大的麻烦，且根据当时医生所言，这个病人已经快不行了。㊳这些病人，即指非基督徒的华人，因为华人如果在西式医院死亡，很可能成为中葡双方的司法纠纷，这对于明清时期不具备"合法居留权"的澳门政府来说，无疑是巨大的麻烦。这也成为西医和居澳华人之间的一面无形的屏障。

数百年来共同生活在一片土地上的华人与葡人，难免会有一些医疗纠葛存在。嘉庆十九年八月十七日（1814 年 9 月 30 日），两位华人被葡人所伤，"二华人受伤俱重，议着医人庙医生调理，惟二华人亲属不肯从医，诚恐伤重冒风，致关人命，理合禀明，伏乞察夺，饬令速即就医"。㊴澳门总督送其去贫民医院看病，但是他们却害怕会加重病情。可见，华人并不熟悉西医。1895 年，澳葡政府为了应对鼠疫，设立隔离篷寮，但华人却拒绝前往，后在镜湖医院主持下，澳门华商在湾仔石角嘴设立了隔离棚，收治华人疫病患者。"石角嘴新设之镜湖医院分局，既得地利，复竭人功，盖滨海临水，绝无地气之升腾，四面生风，所有疫氛而荡涤，各等工役人众照料周详，遇有病故，统照华人规程，西医不行过问，缘是人心欢畅，不起惊惶，安心调治。"㊵因为"西医不行过问"，所以"人心欢畅，不起惊惶"，这充分说明澳门华人对西医"抗拒"的心理。那么，为什么华人前后有如此矛盾的行为出现呢？

比较中西医之差异，则能发现这种"恐惧"之根源。从就医方式来看，中医一般讲究"请医师"，诊病过程是在病人熟悉的家中或者是开放的环境中进行；而十九世纪西医医院的医治过程是在病人的陌生环境——医院，并且在相对封闭的空间内。"托管制度"是西医思想的灵魂，主要指"与病人相关联的每一件事如健康、生命等会依赖一种宗教的信任委托给医生，而医生则会把医疗行为作为对上帝及其追随者的回答。这一中心思想已贯穿进现代医院、诊所、红十字会、救济院与收容所"。㊶这种托管信念往往使得现代医院成为一个密闭的空间，民间百姓对这种陌生人存在的陌生空间"医院"自然充满疑虑和恐惧。对于西医的隔离病院来说，送进去的病患本就已经身患瘟疫，极易死亡，因此出现"进去了就出不来"这样的谣言也不足为奇。同时，中医文化体系中是不赞成外科手术的，而十九世纪正是西医外科技术发展的高峰期，也是最为人称道的领域。外科切除、尸体解剖和保存器官标本，这些行为都挑战着地方社会的敏感神经，成为华人"恐惧"的源头。

一般来讲，相较于英式的强势管治方式，澳葡政府更倾向于保留华人原有的医疗习惯，这也是因为葡萄牙本身的医疗资源有限，很难管治整个澳门华人的医疗市场。但只有当瘟疫流行，会严重影响到居澳葡人及其他欧洲人的健康时，澳葡政府才会"入侵"华人的生存空间。因此，华人对西医的"恐惧"往往与西医的"殖民入侵"有关。十九世纪中期澳葡展开殖民统治后，数次的瘟疫流行，使其不得不开始关注城市公共卫生，因为华人社区的"卫生"问题，已经影响整个居澳人群，甚至在帝国主义思想背景下，殖民地"疾病温床"的形象，会危及到葡萄牙作为"宗主国"的形象。因此，澳葡当局开始制定法律法规，约束华人的日常行为，此时西医的公共卫生行为已经带有强烈的"殖民侵略"的痕迹，这也成为华人对西医"谈虎色变"的原因。在1895年鼠疫流行期间，澳葡政府要求华人"家有疫人，立即驰报金罢剌，即旧议事亭之议事公局也，循章往报，局绅自会料理一切"。"按例疫死，当即呈报，派发差役用药洗涤"。[42]这种入侵到华人住宅的防疫行动为华人所恶，经常秘而不报，也不愿意配合清理，导致疫情更加严重。澳门卫生局人员在针对天花的防疫行动中就这样感慨："我们的隔离部门让华人十分恐惧，那些上门抽查发现在家中的华人患者无声无息地消失了。虽然警察对他们进行了监视，往往还没有等到那些运他们去隔离病房的担架到达，他们就已经逃往位于镜湖医院设在对面山的隔离篷寮中。社会上有一些关于澳门的圣拉匝禄隔离病房荒诞不经的传说。据说，只要住了进去，就不能活着出来。正是这些令人恐惧的传说使得华人在很多年之内都远远地避开我们的医院，这也是这一疾病不能根治的根本原因。"[43]华人对于西医的看法，不仅仅是基于医疗文化差异的考量，也不仅仅是因为对西医密闭的"医疗空间"的恐惧，同时更有基于与世界政治环境下现代帝国的"殖民特性"的认识，因此才会有强烈的"敌对"意味。

但是，澳门华人的菁英阶层——华商在民众与西医的来往过程中往往扮演着桥梁的角色。1895年鼠疫流行期间，澳门华商在湾仔搭建隔离篷寮，因为华人不愿前往澳葡政府设立的篷寮。[44]这一部分华人菁英往往对西医的接受程度高，特别是他们面对瘟疫暴发时期，病源中心均在华人居住区，且西人的感染人数也较低的事实时，更希望接受西医的管理和治疗，摆脱落后者的身份。中文报纸《镜海丛报》刊登文章批评华人的卫生问题："闻所死之众，华人多，西人少，其故何哉？华人多不顾其住居，不理其服食，每屋之中，常至岁尾才一涤之，其衣之污，几欲生盐，竟不思洗；更有屋窄人多，略开小窗，又常局闭，皆致命之由也。试观疫盛之区，常在最污之处，可以思矣。"[45]患者死亡的数据，使华人不得不相信，鼠疫流行的原因就在于华人居住环境狭窄、不干净、不换衣物、不注意清洁身体等问题上。瘟疫的残酷现实，令居澳华人不得不接受自己因为"不洁净"而导致"瘟疫"的事实，选择接受西医的"卫生"观念，还主动提出希望澳葡政府加大宣传卫生思想："极望澳督速谕华绅善酌劝导澳民之法，使人自相洁净，通为遵依。更有最妙之术，莫如齐将辟毒药分早晚两次通澳齐烧，其气蒸蒸，疫无藏处，必将消退。若虑贫家无资，可赴公局取药，早晚两炊后，因其余热而焚之，不须买薪。此等之法，似亦可采。澳督酌而议行，发谕督遵地方，其庶几有益乎。"⑥华人绅士在"卫生"问题上表现出和澳葡政府一样的立场，希望当局可以积极劝导民众，真正养成"洁净"的生活习惯。"顷承梁华政嘱言，现在西官为整洁民居，沿街焚烧辟秽各药，地广力微，似无甚益。不若民居各自焚药，同时举办，则药气熏蒸通澳，结成祥瑞矣。何不登诸报端，劝民速从？此自宫之善心，姑为述登。然民情甚愚，要非官为督之，仍是虚劳笔舌。"⑰澳门华人菁英的这种接受态度，从另一角度也可以理解为将自己定位为华人社会的先进群体，区别于普通民众，希望摆脱"肮脏落后"的标签，并且身负"唤醒民众"的重任。

澳门华人对于西医的心态是复杂的。对于普通民众来说，医疗市场充斥的大量关于西医荒诞的谣言、文化差异，以及西医昂贵的收费，使他们对西医"退避三舍"，但是在不得已的情况下，西医也不乏成为治病的"最后一根救命稻草"。对于华人菁英——澳门华商来说，他们或许更趋向于接受西医知识。瘟疫流行期间，华商成为西医管治华人疫情的助手。华商希望改善华人的医疗状况，也可以为自己在澳门社会赢得一些"政治筹码"。华人菁英的这种心态，可以理解为希望在社会中扮演"先知先觉"者的角色，摆脱自身"落后民族"的标签，不仅身体力行接受西医治疗，而且在华人社区内提倡西医卫生观念，唤醒民众的卫生意识。但无论如何，在对西医的心态上，澳门华人比内陆地区华人更为开放和包容，且有华商阶层作为华人民众与西医之间的"桥梁"，为澳门公共卫生事业的发展推波助澜。

---

①林则徐：《林文忠公政书》，《使粤奏稿》卷六《会奏巡阅澳门情形折》，上海：上海古籍出版社，1996，第145页。

②施白蒂：《澳门编年史（十九世纪）》，姚京明译，澳门：澳门基金会，1998，第170页。

③关于明清医疗市场，已有不少相关研究，如邱仲麟《医生与病人——明代的医病关系与医疗风习》，收入李建民主编《从医疗看中国史》，台北：联经出版事业股份有限公司，2008；涂丰恩：《从徽州医案看明清的医病关系（1500－1800）》，台北：台湾大学历史研究所，硕士学位论文，2008年；祝平一：《药医不死病，佛度有缘人：明、清

的医疗市场、医学知识与医病关系》，台北：《中央研究院近代史研究所集刊》第 68 期，2010 年，等等。

④⑦㉛㉜刘芳辑，章文钦校《葡萄牙东波塔档案馆藏清代澳门中文档案汇编》（上），澳门：澳门基金会，1999，第 339、506、363、364 页。

⑤谭世宝：《金石铭刻的澳门史——明清澳门庙宇碑刻钟铭集录研究》，广州：广东人民出版社，2006。

⑥㊴刘芳辑，章文钦校《葡萄牙东波塔档案馆藏清代澳门中文档案汇编》（下），第 628、666 页。

⑧根据镜湖医院创立之时门口石刻门板，有来自广东、香港、澳门的商号及个人共 152 家筹款 690305.80 两，建设镜湖医院。

⑨镜湖医院成立后不久，就制定了《镜湖医院办事细则》，包括《值事规条》31 条、《医师规条》31 条、《司事规条》18 条、《工人规条》9 条、《赠医所规条》19 条、《福生所规条》4 条、《济生所规条》1 条、《義山规条》5 条。详见《澳门镜湖医院慈善会会史》，澳门：澳门新艺印务有限公司，2001，第 13 页。

⑩汉学家波乃耶（James Dyer Ball）在其书中从西方人角度对镜湖医院进行描述，赞其环境优美，干净整洁。详见 J. Dyer Ball, *Macao: The Holy City: The Gem of the Orient Earth.* Canton: The China Baptist Publication society, 1905, pp. 36 – 37.

⑪⑰《名医到澳》，澳门：《镜海丛报》1894 年 11 月 14 日，澳门：澳门基金会，2000 年影印本（以下简称"影印本"），第 70 页。

⑫《澳门镜湖医院慈善会会史》，第 13 页。

⑬《悬壶澳市》，澳门：《镜海丛报》1895 年 4 月 17 日，影印本第 195 页。

⑭《照译西论》，澳门：《镜海丛报》1893 年 12 月 19 日，影印本第 11 页。

⑮孙中山：《伦敦蒙难记：我被伦敦中国公使拘押和释放的经历》，庾燕卿、戴祯译注，北京：中国社会科学出版社，2011，第 6~8 页。

⑯《无远弗届》，澳门：《镜海丛报》1893 年 11 月 14 日，影印本第 428 页。

⑱Manuel Teixeira, *A Medicina em Macau, Vol. III.* Macau: Imprensa Nacional, 1975, p. 308.

⑲Manuel Teixeira, *A Imprensa Periódica Portuguesa no Extremo Oriente.* Macau: Instituto Cultural de Macau, 1999, p. 52.

⑳金丰居士：《莲峰庙位居要冲关系风水》，香港：《新报》2005 年 11 月 3 日。

㉑《佛手仙心》，澳门：《镜海丛报》1894 年 10 月 17 日，影印本第 46 页。

㉒《神乎其技》，澳门：《镜海丛报》1893 年 12 月 19 日，影印本第 16 页。

㉓《神乎其技》，澳门：《镜海丛报》1893 年 9 月 5 日，影印本第 420 页。

㉔《延医宜慎》，澳门：《镜海丛报》1895 年 4 月 3 日，影印本第 184 页。

㉕*Boletim do Governo da Provincia de Macao*, *Timor*, e Solor, 1851.04.26, p. 28.

㉖澳门:《镜海丛报》1893 年 9 月 26 日,影印本第 423 页。

㉗1895 年 12 月 4 日《镜海丛报》"两为存志"一栏指出,该报主笔人为黔人王君琴,即王真庆。

㉘J. Dyer Ball, *Macao: The Holy City: The Gem of the Orient Earth.* pp. 36 – 37.

㉙《远迓灵神》,澳门:《镜海丛报》1895 年 5 月 1 日,影印本第 207 页。

㉚《妖言可笑》,澳门:《镜海丛报》1895 年 5 月 15 日,影印本第 219 页。

㉝《良医又去》,澳门:《镜海丛报》1895 年 1 月 9 日,影印本第 117 页。

㉞与葡文档案相互印证,贾华玉医生 1895 年被派往帝汶工作,推测这里的"非利加"应指帝汶某一具体地名。Manuel Tcixeira, *A Medicina em Macau*, *Vol. III.* pp. 257, 264.

㉟ *Boletim da Governo da Provincia de Macau*, *Timor, e Solor*, 1846.06.25, p. 105.

㊱㊳ Manuel Teixeira, *A Medicina em Macau*, *Vol. I.* Macau: Imprensa Nacional, 1975, pp. 240, 246.

㊲印光任、张汝霖:《澳门记略》卷下《澳蕃篇》,澳门:澳门文化司署,1992,第 150 页。

㊵《办理妥善》,澳门:《镜海丛报》1895 年 6 月 20 日,影印本第 243 页。

㊶Haroll Balme, *China and Modern Medicine——A study in Medicine Missionary Development.* London: United Council for Missionary Education, 1921, pp. 192, 196. 关于西式医院的"托管制度",本文参考了杨念群《再造"病人":中西医冲突下的空间政治 1832—1985》中"病人是怎样委托给外人的"这一部分,北京:中国人民大学出版社,2006,第 61 ~ 66 页。

㊷《择地谕迁》,澳门:《镜海丛报》1895 年 5 月 22 日,影印本第 226 页。

㊸P. J. Peregrino da Costa, *Medicina Portuguesa no Extremo-oriente*, *Sião, Molucas, Japão, Cochina. Pequim, Macau*, Século XVI a XX, 1948, p. 236.

㊹澳葡在马交石炮台脚下设立了孤山隔离棚(Barraca da Solidão),设有西医现场服务。J. Gomes da Silva, *A Epidemia de Peste Bubonica em Macau.* Macau: Typographia Mercantil, 1895, p. 14。

㊺㊻《译文附言》,澳门:《镜海丛报》1895 年 5 月 1 日,影印本第 203 ~ 204 页。

㊼《仍须官办》,澳门:《镜海丛报》1895 年 4 月 17 日,影印本第 195 页。

作者简介:吴玉娴,澳门大学历史系博士。

[责任编辑:刘泽生]

(本文原刊 2016 年第 3 期)

居澳葡人对马尼拉华货供给的
"垄断"与远东海贸格局
（1619～1634）

李 庆

[**提 要**] 自十六世纪八十年代的伊比利亚政治变局以来，澳门、马尼拉两港的贸易从开辟逐渐走向繁荣，1619～1634 年的澳马贸易呈现了急剧上升的态势。与之相反，同时期马尼拉与福建的贸易则每况愈下，西班牙人将其归罪于居澳葡商对华货供给的垄断。在日本和美洲白银竞相追逐中国生丝的大背景下，居澳葡商软硬兼施的策略和荷兰人对中菲贸易的打击是"此降与彼升"形成的主要原因。这一现象及成因，既反映明末欧洲数国在远东错综复杂的关系，也说明了澳马航线业已成为白银流入中国的另一重要渠道。

[**关键词**] 澳门 马尼拉 贸易 华货 荷兰人

十六世纪中后叶，中国的澳门、月港，吕宋岛上的马尼拉，和日本的长崎四个港口相继开设，在远东海域构造出了"澳门—日本"、"福建—马尼拉"两大海上贸易航线。其中，澳门、马尼拉两港不仅是航线的枢纽，还分别是葡属东印度最东边的商站和西班牙人在太平洋西侧的据点。然而，囿于葡萄牙和西班牙两国的保教权和商业利益等因素，两个相隔不远的重要城市却各自为政，相互敌视。

而后欧洲政局风云突变。在 1581 年的托玛尔会议（Cortes de Tomar）上，因葡萄牙王室后继无人，踌躇满志的西班牙国王菲利普二世如愿以偿地兼领葡萄牙王位。菲利普二世一统西、葡两国及其海外据点，使西葡联合王国成为第一个"日不落帝国"。澳门、马尼拉作为远东的商站，也被这场政治变动的余波触及。

一 十六世纪末十七世纪初远东海贸的概况

1582 年 5 月底，西班牙籍耶稣会士桑切斯（Alonso Sánchez）背负双重使命抵达澳门，一方面传递葡萄牙与西班牙合并的消息，督促葡人宣誓效忠西班牙国王。另外，他还试图从广东当局获得许可，开通菲律宾群岛与广东的贸易。[①]忧喜参半的是，西班牙人将中菲贸易扩大至中国南部海域的希望落空，却成功地使居澳葡人宣誓效忠，缓和了两国在远东的敌对态势，为"澳门—马尼拉"航线的开辟提供了契机。

自始建，澳马航线就是"非法"的。国王菲利普二世曾多次下令禁止两港间的交通和贸易，令其长期陷于违法经营的困境。此外，葡人为垄断广州的华货市场，也严禁西班牙人的船只驶向广东。在贸易的初期（1582～1610 年），澳船缴纳的关税额极低，占马尼拉关税总额不到 1%，几乎可忽略不计。[②]进入十七世纪，新教荷兰人涉足远东，逐渐打破了天主教国家对远东海贸的垄断。荷兰舰队在 1601、1603、1607 等年份数度攻袭澳门。[③]与此同时，他们又出没于中菲航线，劫掠满载丝货、布疋、白银的华船。荷兰人对伊比利亚人远东据点的军事威胁，导致澳马两港城防费用攀升，甚至两港的经济来源和物资补给时而会陷入中断。基于此，如果澳、马当局仍各自为政，就不合时宜了。

在此情势下，1607 年西班牙人里奥斯（Hernando de los Rios）上书国王，请求准许两港加强联系，以拯救东、西印度于水火。[④]这才有了 1608 年的宽松法令：

> 尽管禁绝两地贸易，不准任何形式、任何数量的贸易往来是我的意愿，然而为了东西印度的存续，两地有必要互相帮助；菲律宾极度缺乏军火，除澳门之外，又无从获得。为了两地的存续，当菲岛总督向澳门甲必丹寻求军事物资及其他必需的物资时，澳门甲必丹须谨慎而无耽搁地提供，但不得载运其他货物。[⑤]

即便国王仅容许澳门向马尼拉输送必要的军事物资，然而这份"宽松法令"为葡商打入马尼拉市场提供了盼望已久的"法律漏洞"。不久之后，两港就合作签订了"水银贸易"协议。可是水银或者铁、铅、硝石等物资仅占据商船的一个小角落，"其他货物"反而成为了主角。葡商借此逐渐加强了其在马尼拉市场上的影响力。

进入十七世纪之后，澳日航线已渐现危机。庆长五年（1600），德川家康（Tokugawa Ieyasu）在关原之战中获胜，之后他开始施行政治孤立政策，缩紧了与外国的交流。从而不难理解，谟区查（C. R. Boxer）会将 1600 年视为澳日贸易的转折点。[⑥]日本当局为军事和财政考虑而与外国建立的"传统贸易"[⑦]关系，此时已显得没有那么必需；相反，以往为人忽视的"大名介入国外贸易"与"天主教的潜在危险"等问题得到了更多关注。家康与家光（Tokugawa Iemitsu）还着意政权的合法化和中央集权，这一切促使幕府在对外贸易和天主教问题上采取了更为严厉的态度。[⑧]1608 年，在处理当地日本人的动乱时，澳门葡人杀害了数十名日本人，授幕府以口实，引发了著名的"圣·玛丽亚号事件"。1610 年，澳日航线甲必丹佩索阿（André Pessoa）所率"圣·玛利亚号"帆船在日本遭受长崎奉行长谷川藤广（Hasegawa Sahioye Fujihiro）部队的攻击，佩索阿随同船上的大批白银和三千担生丝悉数沉入海底。[⑨]由此可见，虽然澳日贸易仍处于黄金年代，然暗藏的宗教和政治问题已浮现，居澳葡人必定会考虑将投资渠道多元化以降低风险。

另外，两大贸易航线的另一条也在十七世纪初的前十余年间走向了鼎盛。众所周知，一定时期内船只数量和关税额的浮动，最能直接、明晰地说明两地贸易的发展变化。据西班牙原始文献，十六世纪末自福建赴马的华船数量多为 10～20 艘，1600 年后逐渐上升到 30～40 艘；在关税上，1591～1595 年华船在马纳税约 11 万比索，1596～1600 年约 12 万比索，1601～1605 年约 15 万比索，1606～1610 年约 23 万比索，1611～1615 年约 32 万比索。[⑩]不难看出，二十年间中菲贸易船只数量和贸易额均迅猛提升。可是，一旦结合 1615 年后的数据来考察，可以发现中菲贸易在 1615 年前后出现了"盛极而衰"的现象。

二 1619～1634 年马尼拉市场中的"此降与彼升"

西班牙塞维利亚印迪亚斯总档案馆（Archivo General de Indias，AGI）

收藏了一组十七世纪三十年代的手稿（编号：AGI，Filipinas，41，N.16），包括：（1）菲律宾官员阿尔瓦拉多（Joseph Navada Alvarado）请求禁止澳门葡人赴马尼拉贸易的十七条理由，未署日期；（2）1634 年 11 月 10 日菲利普国王给菲律宾总督、最高法院、审计官及其他官员下达的禁止澳门葡人在马尼拉贸易之禁令的抄本；（3）1606～1631 年华船在马尼拉所缴关税额，1619～1631 年澳门船只在马尼拉所缴关税额；（4）1633 年 8 月 14 日菲岛总督信件的部分抄本，有关葡商的介入导致中菲贸易衰落。⑪其中第 3 份文献为年度税单，连续不断地记载了 26 年间华船在马尼拉所纳关税的数据。这份税单制作于 1632 年 9 月 23 日，⑫是研究中菲贸易史不可多得的史料。兹整理如下：

表 1 展现的是 1606～1631 年的历年关税数据，为更清晰地呈现中菲贸易的发展态势，笔者在表 1 的基础上制作了图 1（其中，1607～1610 年无年度数据，图 1 中选取了两年的平均值，即 1607、1608 年数据为 37731，1609、1610 年数据为 65670.5）。综合表 1 和图 1 可以得出，中菲贸易在 1612 年达到顶峰，关税 9 万多比索。之后关税逐年下跌，在 1618 年跌至 5770 比索，创造了极低的数值。而且，此年之后两地贸易一蹶不振，20 年内关税额从未超过 3 万比索，不足鼎盛期的三分之一。由此可说，中菲贸易在 1619 年左右盛极而衰，逐渐走向了没落。

表1　1606～1631 年华船在马尼拉所缴关税统计表

编码	年代	税额（比索）	编码	年代	税额（比索）
1	1606	32113	14	1619	11148
2	1607	75462	15	1620	27797
3	1608		16	1621	6692
4	1609	131341	17	1622	8040
5	1610		18	1623	1759
6	1611	26053	19	1624	2998
7	1612	95639	20	1625	10894
8	1613	69427	21	1626	22580
9	1614	36105	22	1627	20385
10	1615	41588	23	1628	2943
11	1616	23377	24	1629	3957
12	1617	37179	25	1630	6287
13	1618	5770	26	1631	18344

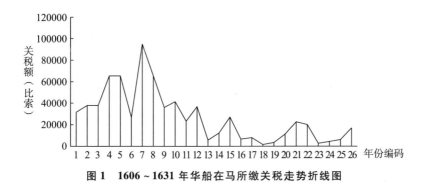

图1　1606～1631年华船在马所缴关税走势折线图

与之相对，同时期的澳马贸易却出现了上升的态势。据已知史料，1609年赴马贸易且纳税的澳船有1艘，1610年2艘，1612年7艘，1618年1艘，[13]纳税额也无法跟华船相提并论。

不过，澳马贸易在1619年出现了"转机"。菲律宾官员阿尔瓦拉多称，因有贸易禁令和马尼拉西班牙人的阻碍，1619年前葡人加强澳马贸易的企图未能得逞；然而此年之后，阻碍的力量消失了，马尼拉港缺少华货，西班牙人不得不从澳门葡人手中高价购买。[14]

对比分析表1和表2的数据可知，在某些年份澳马贸易额已经超越了中菲贸易额，如1621年，澳船纳税9653比索，华船纳税6692比索。而这种情况绝非特例，在1623、1624、1630年等年份也有发生。

使用表2时还需多加留意，由于澳船经常偷税、漏税，表中数据所能揭示的贸易规模明显小于实际的情况。譬如，表2中1628年澳船纳税登记额为3036比索，1631年为7480比索，然而另外的史料显示，这两个年份的关税额并不低于8726比索和8404比索。[15]如果这种数据偏差的现象普遍存在，那么以往的研究或许低估了澳马贸易的重要性。

据统计，1619～1633年每年均有澳船赴马贸易，总计50余艘。其中仅1620年一年澳船数量就高达13艘，是60年间最高的。[16]另外，以上数据尚未计入西班牙船只自马尼拉到澳门贸易的情况，也未计入部分西班牙船只自澳门赴马贸易的数据，[17]而这些情况下单艘船只的货物量和船只的数量也不容小觑。例如1623年，为抵御荷兰人入侵，一艘西班牙船只给澳门送去数门大炮。这艘船在返回马尼拉时所载货物的总价就高达50万杜卡特（Ducat），而该时期（1619～1633年）类似的船只数量又不少于7艘。[18]故而可说，澳马贸易在某些年份已经超越了中菲贸易，澳马航线业已成为白银流入中国的另一重要通道。

表2　1619～1631年澳船在马尼拉所缴关税统计表[19]

年代	税额（比索）	年代	税额（比索）	年代	税额（比索）	年代	税额（比索）
1619	1172	1623	4238	1626	10248	1629	641
1620	8903	1624	5444	1627	9092	1630	11645
1621	9653	1625	6917	1628	3036	1631	7480
1622	7370						

在当时的文献中，亦可找到一些有关"此降与彼升"的主观记述。1621年初，澳城内部就澳马航线合法化问题展开了调查，打算将有利于澳方的调查文书寄回欧洲，以请求国王完全放开两港的贸易。议案如此写道：

　　若本城不运送货物到马尼拉，将使得闽商（os chincheos）与其建立了新的协议，他们会每年派遣20～30艘船只（somas）携带极多货物去马尼拉，从而令华人富有而势力大增，本城市民却无望而贫困；以上结果非禁令下发之初衷。[20]

根据葡人的记述可知，1621年闽商与马尼拉市场的联系已显薄弱，需要建立新的协议关系，这也印证了上文的数据和分析。葡商对澳门陷入"无望"和"贫困"的担忧，还说明中国市场所能供给的货物有限，彼升则此必降。这也从侧面表明中菲航线上损减的贸易份额并未凭空消失，而是向南部的澳马航线转移了。

贸易额向澳马航线的转移并未给马尼拉市场带来益处。相反，在马尼拉当局看来，澳马贸易的兴盛已经危及中菲贸易。易言之，"彼升"造成了"此降"。因此奥斯定会士麦地那（Juan de Medina, O. S. A）在1630年写道："菲律宾总督席尔瓦（Don Fernando de Silva）认为马尼拉与中国的贸易每况愈下，原因在于中国的海盗劫掠赴马之华船，另外华人为规避风险将货物出售给葡人，而葡人到此漫天要价，西班牙人为求生存只能购买。"[21]1633年8月14日新任总督萨拉曼卡（Juan Cerezo de Salamanca）也谈及此事：

　　与中国的贸易也下滑了，因为澳门葡人凭借地理优势已垄断了该项贸易。准许葡人进入马尼拉城，不利于本地的治理。他们到此零售此前华人会带来的货物，菲律宾各省急需这些货物。这一切给我们造成了损失，而有利于中国，因为即便是成本低廉的商品，葡人在价格的制定上占尽优势，卖给我们的价格超过了葡人卖往印度的价格。我相信，如果陛下禁止澳门与马尼拉之间的贸易，并下令葡人不得介入本处之治理，那么纵使初期会造成物资缺乏，这种境况终将得到缓解。除此之外，陛下的税收也会得到增长，（马尼拉与）中国、台湾岛间的贸易亦可就此建立，虽然目前这（台湾岛）耗费不少资金，然而其对于陛下的重要性将会彰显。㉒

教会人士和世俗官员一致认为，中菲贸易衰落的主因是葡商对马尼拉市场的垄断。不过，这显然不是唯一的因素。如前文已述，葡商的商业举动只是远东海贸格局下的必然选择，而荷兰人对马尼拉港的袭扰，却在无形中帮助了葡商。

三 "垄断"现象之形成与远东海贸格局

无论是澳日、中菲航线，抑或澳马航线，其上流通的货物主要是中国的生丝、丝织品和日本、美洲的白银，三条航线皆可称为"白银—丝货"的贸易航线。

在大航海时代，跨洋交通困难重重，帆船载货量又有限，丝货"量轻价高"的特性很自然地令其成为航线上的首要贸易品。一份十七世纪初的澳日贸易清单显示，贸易品中未捻白丝（seda floxa blanca）、各色捻丝（retros）、普通杂色捻丝（retros de comun sorteado）和各色箱装丝（seda de la darca）共计上千担（pico），在日本出售价格每担200～400两不等；丝织物约2000疋，每疋售价约3两；其他货物如棉纱（algodon ylado）每担售价约17两，大黄（ruibarbo）、甘草（regalis）和黑糖（regalis negro）等每担甚至卖不到1两，数量也大多不会超过200担。㉓因而，丝货是贸易中最为贵重和大宗的货物。同样地，经马尼拉中转到美洲的货物，也是以生丝和丝织品为主。同时期的文献显示，马尼拉运往美洲的货物中，各类生丝约1000担，以疋为计算单位的丝织品约4000疋（其中1000疋为广州缎 raso de Canton），采购这批丝货花去了345000比索，㉔即每年美洲输往马尼拉白银总量的大半。也就是说，西班牙商人和葡商从事的贸易具有极大相似性，两者势必争抢闽、粤市场上的丝货。

　　经马尼拉中转到美洲的货物中有"广州缎"，根据命名可知"广州缎"应该是闽商从广州市场购得的货物。"上千疋"绝非小额，那么闽商在广州的采购活动或许会拉升丝货的市场售价。1622 年葡国经济学家索利斯（Duarte Gomes de Solis）观察到这个问题，认为葡商和西班牙商人竞相购买华货，引致两方在日本的贸易利润下降，反而使得中、日商人从中获利。[25]谟区查认为索利斯观点成立的基础——中国市场的供给不能同时满足西葡商人的需求——是不存在的。[26]可是，谟区查以每年中国丝货的总供给量来衡量其是否能满足两港需求的出发点是站不住脚的，年度供需总量的平衡并不能说明葡商和西班牙商人在某个时段的需求一定得到满足，时而供大于求、时而供小于求的情况一定是存在的。

　　除此之外，从日本市场获取白银较美洲更便利，因而西班牙商人对日本白银的兴趣并不亚于葡商。普塔克（Roderich Ptak）指出，葡人担忧西班牙人可能加强其在日本的地位，经由马尼拉转运日本白银到闽浙两地。[27]

　　索利斯并未到过澳门、长崎和马尼拉等地，他称自己的观点乃建立在"总督、主教"等他人的报告和信件之上。[28]想必向其提供信息的就有日本主教塞凯拉（D. Luís Cerqueira）。1607 年 3 月 1 日，塞凯拉在信中写到："去年季风期，自马尼拉而来的生丝数量如此巨大，降低了澳门生丝的售价，据称给澳门城造成了 5 万两的损失。"[29]次年 3 月 5 日，他又不厌其烦地写到："我于去年 11 月信中所述不外两事，一是马尼拉的西班牙籍传教士到日本传教，二是马尼拉与日本间的贸易损害了葡人的利益……澳日贸易正在被西班牙人一点一点蚕食，这些年来他们率船携来许多生丝，这些生丝是他们从闽商手中购得的。"[30]显然西班牙人输往日本的生丝已经严重影响了澳门葡人的商业利益，威胁到教会的资金来源，才引得日本主教多番抱怨。

　　葡商对两地的竞争关系也直言不讳，称"因为国王禁止澳马贸易，澳门遭遇了巨大损失，闽商运载生丝到马尼拉，转而又运到了日本，因为日本人每年都到马尼拉去"，[31]"澳日贸易的衰落，源于日本从马尼拉购得闽商运去的生丝"。[32]另外，1621 年葡人西凯拉（Rafael Carneiro de Siqueira）提到，"一艘从马尼拉去往日本的船只载运了 3000 担生丝，引致本城（澳门）在日本的生丝销量降低"。[33]若西凯拉没有夸大数据，则马尼拉与日本的生丝贸易量是相当可观的。需指出的是，1600 年左右澳日贸易中的生丝量浮动在 1600~2000 担，1578 年约 1600 担，1600 年约 1500 担，1603 年 1400 担，[34]1610 年左右为 2000 担。[35]而马尼拉与日本的生丝贸易量居然高达 3000 担，远远超过了葡人输往长崎的数量。即便是为了凸显西班牙人所带来的威胁，西凯拉才有意夸大其词，但这种借题发挥、扩大事态的言辞已说明两港商人在日本的微妙关系。

"白银—丝货"的贸易共性，使得两地必然争夺华货的来源和销售市场。但是澳、马两港所处的地理、政治环境，造成两者的市场地位严重不平等。澳门因靠近广州市场，更易以较低价格采购货物，又可阻断粤商与西班牙人的联系。马尼拉官员里奥斯在 1620 年左右指出，西班牙人前往澳门采购物资时，本可以直接从华商手中购买，但为了不激怒葡人，却从他们那里高价采购，葡商"首先买下我们所需的货物，转而逼迫我们的代理人以更高价格购买"。㊱阿尔瓦拉多尤为详尽地说明了此问题：为从源头上垄断华货，葡商收取粤商 5% 佣金，代其载货赴马出售；又以荷兰人劫掠华船为由，劝诫华商勿载货赴马。㊲当以上两种手段达不到目的时，葡商甚至攻击赴马的华船，阿尔瓦拉多称："一艘澳门船只在经过时袭击了华人，并追捕之。澳门船向华船开炮，试图掠夺、击沉它，以阻止华人前往马尼拉。"㊳除抢夺广州市场上的华货外，葡商还时而借"闽揽"之力，北上福建抢购丝货。据荷兰人的记述，1631 年 5 月葡商到漳州附近"抢购所能买到的生丝……甚至预支数千两给距离澳门很远的安海商人去收购生丝"。㊴

无论是为积极开拓中国市场，抑或至少摆脱葡商的垄断，在中国沿海获得一个类似于澳门的通商场所，向来是马尼拉西班牙人梦寐以求的。短暂经营的台湾鸡笼港正是在此背景下建立。不过，在西班牙人将入驻台湾的意图付诸实践之前，葡人就已警觉。1621 年，当葡人得知西班牙人打算在台湾南部建港以加强与华商的联系时，认为这将终止葡商与华商的贸易协议，影响到澳日贸易，甚至可能引致葡人被驱逐出澳门。因此葡商要求进一步加强澳马两港的商业联系，意图将澳日和澳马两条航线合并。㊵即便在西班牙人建立鸡笼港之后，葡人仍阻止华商前往：

> 当澳门的葡人发现我们在台湾拥有了一个据点后，他们派遣了一名葡籍会士到中国的某一个贸易港口，尝试劝华人不要带货物到台湾岛，以此阻断我们在这个岛上的贸易。如今，他们仍然在做这些努力和尝试。㊶

另外，1634 年菲利普四世在给最高法院门多萨（Juan de Quesada Hurtado de Mendoza）博士的信件中谈及制止葡人在马尼拉的商业投资后，也于信末的角落写到，"以便在艾尔摩莎岛对抗这些葡萄牙人（Para lo de la Ysla Hermosa contra los portugueses）。"⑫

值得注意的是，居澳葡商之所以能垄断马尼拉华货的供给，还离不开荷兰人的"帮助"。十七世纪初荷兰势力的加入，为远东的海贸平添了更多变数。自1720年代以后，荷兰人在中国南部海域的频繁出没，的确给澳日贸易带来巨大打击，但即便如此，葡人却从荷兰人对马尼拉的不断封锁中寻得了机会。

荷兰人对马尼拉港的袭扰、封锁行动贯穿了十七世纪上半叶，其目的在于阻挠华人赴马尼拉贸易，进而切断"太平洋丝绸贸易"的西线，将西班牙人从马尼拉及摩鹿加等地驱逐。1600年，首位抵达菲律宾的荷兰人诺特（Olivier van Noort）就已指出，菲律宾之生存系于中国，称这个群岛自身并不富有，最重要的是其与中国人的贸易。⑬1614年，一只荷兰舰队停留在马尼拉港外数周，试图阻断中菲贸易、劫掠华船。⑭而五年后，即1619年，荷兰人对马尼拉贸易的破坏程度已令西班牙人焦头烂额。1621年7月21日，菲律宾总理事官（procurador general）的请愿书称，由于荷兰人攻击赴马华船，菲律宾群岛的贸易已经停滞三年了。⑮荷兰人对华船的围追堵截导致马尼拉货源不足，使得西班牙人已无力顾及王室法令。如阿尔瓦拉多所言，西班牙人"不再抵抗"葡商在马尼拉的贸易活动。因而，1619年后大批华货才会经由澳门涌入马尼拉。

荷兰人又先后在1620年、1621年多次封锁马尼拉海湾。其中1621年最甚，荷兰和英国的联合舰队共9艘船只封锁了马尼拉港口，劫掠自日本、中国沿海、澳门、摩鹿加及印度而来的船只。⑯这次封锁持续近一年半，马尼拉几乎与外界隔绝，直到次年5月9日，封锁才告结束。⑰英国人对此有详细的记录。

　　　1621年1月3日，我们驶离了Coochy停泊区，开赴马尼拉。24日，巡航马尼拉海湾……26日，荷兰人的"希望号"掳获了一艘中国舢板船；27日，又掳获两艘中国舢板船，其中一艘载粮食，一艘载木材；31日，另掳获两艘船只，烧毁一艘；2月1日至6日，我们巡航于Ile Marvels（今马里韦莱斯）和甲米地（Cavetta），西班牙船只常来往于两地；8日，我们驶过甲米地城，西班牙人向我方旗舰发射两枚炮

弹，未中。我方所有船只停泊在了甲米地和马尼拉两港中间……1621
年 3 月 28 日，经委员会（Councell）决议，舰队船只分散在该海域，
寻找来自中国的帆船……5 月 26 日，一艘荷兰船（Frigat）与一艘中国
帆船作战，未能掳获，不过我军一艘船只上前将其截获……30 日，这
艘荷兰船又与一艘中国船作战……1622 年 5 月 9 日，4 艘船只被派往澳
门，剩下的去往澎湖，以葡籍俘虏赎回我们的人，并试图截击澳门的
船只。5 月 17 日，经过漫长战斗，一艘澳门船只（Frigat）为我方掳
获，另有货物 320 捆。6 月 1 日，我方发现 3 艘去往澳门的船只驶入菲
律宾群岛，未能截获。⑱

　　在如此艰难的形势下，却有 3 艘澳门轻快帆船（galliots）载运生丝和其
他货物侥幸地进入马尼拉港，另外还有一艘先前运送大炮到澳门的船只，
也载着生丝返回了马尼拉。⑲1618 年后葡人起用轻快的帆船，有效地降低了
被荷兰舰队劫掠的几率。显然，这种变革也应用在澳马航线中，效果立竿
见影。荷兰人对中菲航线上华船的劫掠和对马尼拉港的封锁，大大降低了
经此航线流入菲岛的华货数量，澳船却似乎总能避开荷兰船队潜入马尼拉。
1626 年，菲岛总督在给国王的报告中提到，由于荷兰人在台湾大员港的经
营和他们对中国官员的贿赂，抵达马尼拉的 50 艘华船仅带来 40 担生丝，别
无他物，"若不是从澳门来的那些（生丝，开往新西班牙的）船简直无货可
带"。⑳如此可见，在荷兰舰队的封锁和袭扰下，马尼拉已经严重地依赖葡商
的华货供给了。

四　结语

　　西班牙人笔下的"垄断"，或与实际情形略有差距，但 1619～1634 年葡
人对马尼拉市场拥有强有力的控制力，这一点是不可否认的。阿尔瓦拉多称，
1619 年后澳船每年携至马尼拉的货物价值高达 150 万比索，这一数字已经远
高于同时期华船所带货物的价值。若完全采信其说，那么该阶段澳马航线
上的白银流动额高达 4000 万比索，约合 3200 万两。可是，澳马贸易中货物
量的提升，并未显著提高马尼拉的关税收入，澳船纳税极少超过 2 万比索。
而同等规模（150 万比索）的中菲贸易，却往往能为马尼拉带来 8～10 万比
索的关税收入。合理的解释是，葡商在登记货物和缴纳关税时使用各种手
段，大肆偷税、漏税。在交易中葡商也不按照 pancada 制度，㉑议定一个双方

接受的价格。他们往往在未获得满意价格前不售出货物，甚至延误至冬，还将货物出售给涧内（parian）的华人，再由其零售。因此，葡商在澳马航线上的利润率达到 61%，而此前两港约定的葡方利润率为 40% 。[52]

由于垄断带来了诸多不利结果，十七世纪三十年代菲岛官员频繁上书国王，请求重新禁止澳马贸易。为解决此问题，1633 年 2 月 28 日菲利普国王重申了禁止澳马贸易的法令。[53]次年 1 月 7 日，又致函印度副王："我已经多番下令禁止澳门与马尼拉的交通和贸易，因为那会给两港的经营带来诸多麻烦。"[54]可是，在中菲贸易未能回到以往的交易规模、荷兰人在大员港的经营渐入佳境之时，[55]单方面禁止澳马贸易是不可行、亦不可能的。所以，当 1634 年禁令传达澳门时，总督罗郎也（Manuel da Camara de Noronha）才会进退两难地辩解到："我愿意试着在澳门执行新颁发的禁令，然而这是不明智也不可行的，澳门人宁愿死于敌手，也不愿服从新禁令……如果澳门人不再运载生丝去马尼拉，粤商将不再以葡人为中介，转而加入闽商的队列直接与葡人竞争。"罗郎也进而总结道："无论什么样的禁令都不可能得到执行。"[56]而与之相对，马尼拉总理事官莫法尔康（Juan Grauy Monfalcon）则在 1634 年 9 月 27 日、1635 年 12 月 9 日、1636 年 8 月 29 日继续且无可奈何地请求国王禁止澳门葡人赴马贸易。[57]

无论王室如何重申法令，也不管澳、马两方如何表态，蓬勃发展的澳马贸易一直持续到了西葡联合王国瓦解之前。而且，在最后两年（1641 ～ 1642）澳船所纳关税已经占据马尼拉关税总量的 50.80%，澳马航线一跃成为美洲白银流入中国的最重要航线。

---

① *Cartas de Domingo de Salazar al Rey*, Archivo General de Indias（AGI），Patronato 25, R. 8.

②⑩ Pierre Chaunu, *Les Philippines et le Pacifique des Ibériques（XVIe，XVIIe，XIIIe Siècles）*. Paris：S. E. V. P. E. N. , 1960, p. 200；pp. 200 – 202.

③ 范岱克：《马尼拉、澳门、广州：紧密相联的三座城市》，广州：《广东社会科学》2007 年第 1 期；C. R. Boxer, *Fidalgos in the Far East* 1550 – 1770：*Fact and Fancy in the History of Macao*. The Hague：Martinus Nijhoff, 1948, p. 72.

④ *Petición de Rios Coronel sobre Portugueses de Macao*, AGI, Filipinas, 27, N. 60.

⑤ *Documentos Remettidos da India, ou Livros das Monções*. Nendeln/Liechtenstein：Kraus, 1976, vol. 1, p. 186.

⑥C. R. Bxoer, *The Great Ship from Amacon.* Macau：Instituto Cultural de Macau, 1988, p. 62.

⑦与朱印船贸易相对。

⑧Robert Leroy Innes, *The Door Ajar：Japan's Foreign Trade in the Seventeenth Century.* Doctoral Dissertation, Ann Arbor：University of Michigan, 1980, pp. 124 – 125.

⑨C. R. Boxer, *Fidalgos in the Far East 1550 – 1770*, pp. 52 – 62. 另可参见谟区查专论此次事件的著作 *The Affair of the "Madre de Deus"：A Chapter in the History of the Portuguese in Japan.* London, 1929.

⑪*Petición del Cabildo Secular de Manila sobre Comercio dc Portugueses*, AGI, Filipinas, 41, N. 16. 为后文方便引用，分别以 Document A, B, C, D 指代此四份史料。

⑫*Petición del Cabildo Secular de Manila sobre Impedir Comercio a Portugueses*, AGI, Filipinas, 27, N. 197.

⑬Pierre Chaunu, *Les Philippines et le Pacifique des Ibériques（XVle, XVIIe, XIIIe Siècles）*, pp. 152 – 153；Emma Helen-Robertson Blair, James Alexander, *The Philippine Islands 1493 – 1898, Vol. 17.* Cleveland & Ohio：The Arthur H. Clark Company, 1904, pp. 129 – 130；Emma Helen-Robertson Blair, James Alexander, *The Philippine Islands 1493 – 1898, vol. 18*, p. 230. 为了方便，后文以 B & R 指代 *The Philippine Islands 1493 – 1898* 这套 55 卷的史料。

⑭㊲㊳㊶㊾Document A, AGI, Filipinas, 41, N. 16.

⑮Document C, AGI, Filipinas, 41, N. 16.

⑯Juan Gil, *Los Chinos en Manila：Siglos XVI y XVII.* Lisboa：Centro Científico e Cultural de Macau, 2011, pp. 594, 596.

⑰李庆：《伊比利亚的远东双城：澳门与马尼拉交通、贸易之兴衰及影响（1582 – 1642）》附录二 "澳马两港交通、贸易年表"，澳门：澳门大学，博士学位论文，2015 年。

⑱与中菲、澳日贸易不同，澳马贸易航线并非完全单向的，偶尔西班牙人会以采购军事物资，或以失风为由到澳门贸易；此外，澳门赴马尼拉贸易的船只，也并非全是葡籍，也有西班牙籍船只，AGI, Filipinas, 41. N. 16 手稿中的关税数据并未计入后者。

⑲B & R, vol. 20, p. 57.

⑳㉛㉜㉝Elsa Penalva, *Fontes para a História de Macau no Século XVII.* Lisboa：CCCM, I. P., 2009, pp. 99, 99, 102, 105.

㉑Juan de Medina, *Historia de los Sucesos de la Orden de N. Gran P. S. Agustin de estas Islas Filipinas desde que se Descubrieron y se Poblaron pot los Españoles, con las Noticias Memorables.* Manila, 1893, p. 249.

㉒*Copia de Capitulo de Carta que el Gouernador de Philipinas Escriesio a el Magestade en 14 agosto de 1633*, AGI, Filipinas, 41, N. 16.

㉓AGI, Patronato, 46, R31. 另参见 Francisco Colín, *Labor Evangélica de la Compañia de Jesús en las Islas Filipinas por el P Francisco Colin de la misma Compañía*. Barcelona: 1904, vol. 3, pp. 219 – 221; B & R, vol. 19, pp. 306 – 319; C. R. Boxer, The Great Ship from Amacon, pp. 179 – 183.

㉔Francisco Colín, *Labor Evangélica de la Compañia de Jesús en las Islas Filipinas por el P Francisco Colín de la misma Compañía*, vol. 3, pp. 218 – 219; B & R, vol. 19, pp. 304 – 305.

㉕Duarte Gomes Solis, *Discursos sobre los Comercios de las dos Indias donde se Tartan Materias Importantes de Estado*, u Guerra, 1622, pp. 118 – 119.

㉖C. R. Boxer, *Fidalgos in the Far East 1550 – 1770*, pp. 133 – 134.

㉗Roderich Ptak, "Trade Between Macau and Southeast Asia in Ming Times: A Survey," in *Monumenta Serica*, Vol. 54, 2006, pp. 481 – 482.

㉘Duarte Gomes Solis, *Discursos sobre los Comercios de las dos Indias donde se Tartan Materias Importantes de Estado*, u Guerra, p. 118.

㉙*Carta de D. Luís Cerqueira ao Assistente*, Nagasaki, *1 de Marco de 1607*, Archivum Romanum Societatis Iesu (ARSI), Jap-Sin 21, I, ft. 139v.

㉚*Carta de D. Luis Cerqueira ao Assistente. Nagasaki. 5 de Março de 1608*, ARSI, Jap-Sin 21, II, fl. 165.

㉞Manuel Teixeira, *Macau no Séc. XVII*. Macau : Direñão dos Serviços de Edução e Cultura, 1981, p. 2.

㉟Michael Cooper, "The Mechanics of the Macao-Nagasaki Silk Trade," in *Monumenta Nipponica*, vol. 27, No. 4, 1972, pp. 427 – 433.

㊱B & R, vol. 18, pp. 293 – 294.

㊴江树生译注《热兰遮城日志》第 1 册,台湾台南:台南市政府,2000,第 47 页。

㊵Luís Gonzaga Gomes, Documentos Setecentistas Portugueses no Arquivo Colonial de Holanda, *Boletim do Instituto Luís de Camões*, Vol. 9, No. 1, 1975, pp. 33 – 34.

㊷AGI, Filipinas, 21, R. 10, N. 47;另参见李毓中主编《台湾与西班牙关系史料汇编 III》,台北:台湾文献馆,2013,第 171 ~ 175 页。

㊸Ruurdje Laarhoven and Elizabeth Pino Wittermans, "From Blockade to Trade: Early Dutch Relations with Manila, 1600 – 1750," in *Philippine Studies*, Vol. 33, No. 4, 1985, p. 488.

㊹㊼William Lytle Schurz, *The Manila Galleon*. New York: E. P. Dutton & CO., Inc., 1939, pp. 346, 349.

㊺*Petición sobre Comercio de Filipinas con China*, AGI, Filipinas, 27, N. 124.

㊻B & R, vol. 20, p. 32.

㊽*Hakluytus Posthumus, or Purchas His Pilgrimes, Contayning a History of the World in Sea Voyages and Lande Travells by Englishmen and Others, vol. 10*. Glasgow: James MacLehose and Sons, Publishers to the University of Glasgow, 1905, pp. 502 – 505.

㊾B & R, vol. 20, p. 33.

㊿B & R, vol. 22, p. 97.

○51关于此的研究可参见 G. B. Souza, *The Survival of Empire：Portuguese Trade and Society in China and the South China Sea, 1630 – 1754*. London：Cambridge University Press, pp. 58 – 63.

○53Arquivo Nacional da Torre do Tombo (ANTT) /Livros das Monções, Liv. 31, fl. 19.

○54 "*E porque pot muitas e dupplicadas ordens tenho mandado phibir a comonicação e comercio entre Machao e Manilla pellos grandes inconveinientes quedella resultão a meu seruiço*". ANTT/ Livros das Monçães, Liv. 31. fl. 619.

○55进入十七世纪三十年代，荷兰人凭借大员港逐渐加强了与日本、福建的贸易往来。在官方文书中时常能看到诸如 "人员贸易规模大于从前" "我们先后对中国采取的行动（对此我们在决议和书信中已详细记述）所取得的进展，公司几乎相继 32 年来所期望得到的结果" "从中国运到大员的各种货物日益增多，使我们不必担心中国商品不足而是忧虑仓库资金缺乏" 这样的词句。程绍刚译注《荷兰人在福尔摩莎》，台北：联经出版事业公司，2010，第 158、164、178、188、194 页。

○56Manuel da Camara de Noronha's letters to the Conde de Linhares, 16 September and 20 December 1633, in AHEI, Livros das Monções, XIX D fls. 1008 – 1034, 转引自 C. R. Boxer, *The Great Ship from Amacon*, pp. 135 – 136.

○57*Boletim da Filmoteca Ultramarina Portuguesa*. Lisboa：A Filmoteca, nos. 44, 1971, pp. 84, 87, 90.

作者简介：李庆，浙江大学人文学院博士后研究人员。

［责任编辑：刘泽生］

（本文原刊 2016 年第 3 期）

主持人语

刘泽生

澳门回归祖国将近十七年了。目前，澳门的发展正进入历史性时刻，如何全面准确落实"一国两制"、"澳人治澳"、高度自治的方针，将推进"一国两制"的伟大实践与中华民族伟大复兴的"中国梦"紧密相连，将澳门的未来发展与"两个一百年"的宏伟蓝图结合起来，正是澳门践行"一国两制"和科学发展的伟大事业。近日正式推出的《澳门特别行政区五年发展规划（2016～2020 年)》（以下简称《五年发展规划》)，标志着澳门经济社会发展进入了一个新阶段。

《五年发展规划》的颁布，是特区政府引领经济社会发展的一个新突破与新尝试，在澳门历史上具有标志性的意义。作为澳门特区政策的顶层设计，五年发展规划是关于未来五年澳门各项事业发展的总体蓝图，是特区政府实施战略的行动纲领、宏观调控的重要工具以及对祖国和澳门民众做出的郑重承诺，关系着澳门自身的前途和未来，也关系到澳门能否融入国家发展轨道，以及能否与其他地区进行有效合作和谋求互利共赢的政策指引。澳门居民对此寄予厚望。

《五年发展规划》自其"基础方案"于去年 11 月公布以来，就引起了社会各界的广泛关注。从"基础方案"到"草案文本"，直至正式颁布，前后经过了近一年的时间。经反复论证、修订后的《五年发展规划》，亮点颇多，其中包含着多个战略性转变。一是积极统筹规划社会经济发展目标，主动引领澳门发展方向。规划兼顾了澳门短中长期的发展需要，提出八大发展战略，是澳门提升治理水平的重要战略部署。二是更加主动地融合于国家整体的"十三五"规划和"一带一路"倡议，更自觉地推进"一个中心"与"一个平台"建设，加快澳门经济适度多元发展的步伐。规划中强调要把握国家实施创新驱动发展战略的机遇，增强创新理念、提升创新能力，逐步加强创新和科技进步。通过理念先行、规划引领、创新带动，提升澳门自身竞争力，实现共享繁荣。澳门将努力争取到 21 世纪 30 年代中期，建设成为一个以休闲为核心的世界级旅游中心，成为具有国际先进水平的宜居、宜业、宜行、宜游、宜乐的城市。从现在起到 2020 年，是澳门加快建设"一个中心"、实现总体目标的第一个五年，也是打基础的五年。为此，在未来的五年，政府和广大市民必须通力合作，努力实现《五年发展规划》提出的目标：整体经济稳健发展；产业结构进一步优化；旅游休闲大业态逐步形成；居民生活素质不断提高；文化与教育持续发展；环境保护成效显著；施政效能进一步提升，法治建设不断加强。

当然，要达到如此宏伟的目标，需要政府和全体居民，乃至包括外来投资者在内的社会各界共同努力。笔者以为，澳门属于高度开放的微观市场经济体制，政府宏观调控的空间与效力会受到内外诸多环境因素的影响。因此政府在引领经济社会发展时，一方面要充分重视市场经济自身的调节作用，另一方面要发挥好政府在凝聚社会共识、构建相关体制机制保障、提升社会治理能力等方面的重要功能。要借鉴市场经济体制在运用规划手段进行宏观管理时的一般性做法与主要功能，厘清澳门在制定规划乃至落实规划中自身应有的特殊内涵。

为此，本栏特别刊发鄞益奋、张锐昕的文章，就《五年发展规划》的编制及实施过程中政府的应对措施、规划编制的背景和城市发展定位、规划的实施与政府的执行要点等，进行了较为深入的阐述。此外，本栏另刊王五一和王长斌两文，聚焦澳门主导产业，探讨贵宾厅运作及博彩监管两大深层次问题，分别从历史视角和域外借鉴阐述博彩业调整的内在机理和完善监管的借鉴启示。相信上述文章可为读者诸君解读澳门当前发展与未来规划提供若干参考。

关于澳门五年发展规划的
若干思考

鄞益奋　张锐昕

[提　要] 澳门特别行政区首个五年发展规划的编制和实施，意味着澳门有规划时代的到来，也标志着澳门特区政府将进入一个新的治理阶段。由于未来发展环境的复杂性、不确定性，编制规划不可能一步到位。因此，一方面，规划所设计的目标的合理性、措施的精当性以及承诺的有效性都需要接受实践检验；另一方面，规划的改进将成为特区政府在规划实施中必须要做的重要工作，考验着特区政府的智慧、意识品质和行为能量，对特区政府眼光境界、合作精神和施政能力提出了更高要求。

[关键词] 澳门　五年发展规划　世界旅游休闲中心　战略　措施

　　澳门五年发展规划的编制和实施，在澳门是有史以来的第一次，既意味着澳门有规划时代的到来，也标志着澳门特区政府将进入一个新的治理阶段。在这个新的发展时期，澳门的机遇和挑战并存。要利用机遇、战胜挑战，特区政府不仅须要拥有战略思维、宽广视野和长远眼光，面对未来的变化和需求精心编制规划，对关系经济和社会发展的核心和关键领域范畴做出前瞻性筹划和战略性部署，而且须要以战略意识、合作意识、竞争意识以及正确的全局观和利益观，在修为养成、作为施展，特别是制度环境建设上改革创新，做到积极引导发展、主动寻求合作和勇于承担责任。

本文仅就澳门五年发展规划本身的编制问题，以及实施中政府的应对措施与相应要求阐发相关思考。

一 规划的背景和政府自我挑战

回归以来，特区政府在大力发展博彩业的同时，也清醒地意识到经济过度依赖博彩业的脆弱性和风险性，开始探索经济适度多元化。近年来，"建设世界旅游休闲中心"成为其破解经济适度多元难题的主要依托和寻求经济适度多元发展的主攻方向。

继 2008 年《珠江三角洲地区改革发展规划纲要 （2008～2020）》提出，要"巩固香港作为国际金融、贸易、航运、物流、高增值服务中心和澳门作为世界旅游休闲中心的地位"之后，2011 年国家把"支持澳门建设世界旅游休闲中心，加快建设中国与葡语国家商贸合作服务平台"写入《国民经济和社会发展第十二个五年规划纲要》，并提出"支持澳门推动经济适度多元化，加快发展休闲旅游、会展商务、中医药、教育服务、文化创意等产业"。2016 年《国民经济和社会发展第十三个五年规划纲要》（简称《国家十三五规划》） 又再次强调，"支持澳门建设世界旅游休闲中心、中国与葡语国家商贸合作服务平台，积极发展会展商贸等产业，促进经济适度多元可持续发展"。可见，从多个层面上讲，"经济适度多元"命题已经转化为"一个中心、一个平台"问题，成为特区政府和居民乃至国家共同关注的核心议题。

关于"一个中心"——世界旅游休闲中心，国家发展与改革委员会将其解读为："具有世界知名度，符合世界现代化标准，形成良好的公共卫生、安全、环保体系，可为人们获得生活的健康、愉悦、消遣，以及提供商业和其他目的活动的地方。"[①] 陈庆云教授从"世界旅游休闲中心"的逻辑关系上分析其重点与核心，认为"仅从字面上讨论，它包含了四层意思：休闲、旅游、世界与中心四个不同角度的理解"，并提出"所谓世界旅游休闲中心，是指为满足世界各地游客，通过旅游形式，实现以休闲为基本需求，具有世界中心位置的国际化城市或地区。这个界定涵盖了'休闲城市'、'旅游城市'、'世界城市'三大元素。其中，'核心休闲'，'形式旅游'，'立足世界'，'定位中心'，是应具备的四个基本特质，它们之间相辅相成"。因此他提出"作为'世界旅游休闲中心'，要靠独特的休闲产品吸引人；要靠顶级的管理资源留住人；要靠包容的多元文化陶冶人；要靠真诚的服务信誉感染人；要靠久远的国际品牌征服人"。②

无疑，对于澳门来说，"一个中心"是个宏伟目标，也是个宏大工程，它需要特区政府和全体居民的齐心合作与共同努力，也需要获得国家的支持以及与相邻地区的合作，这就需要有一个中长期的规划，以筹划发展蓝图，引导各方参与，合理配置资源并约束政府行为，为实现这一宏伟目标提供政策和社会基础、行政和财政保障。历经多年的讨论和思考，特区政府和社会公众已经逐渐认识到，"一个中心"的建立需要各种社会软硬环境，而规划就是一个非常重要的软环境，并基本达成共识，即"随着时代发展，以及内外环境复杂多变，仅靠传统的、单一的年度计划，或单项规划难以综合平衡整体发展。面对建设'一个中心'任务的艰巨性和紧迫性，有必要加强统筹规划和目标管理。为此，特区政府在落实执行已制定或正编制的年度计划、单项规划的基础上，将综合制订整体五年规划，以均衡和协调未来发展"。③可见，澳门五年发展规划的出台，主观上是缘于制订世界旅游休闲中心的规划，客观上是缘于经济社会发展对增强澳门自身发展能力的需要，前提条件是社会各界的充分讨论和广泛共识，同时还在于澳门特区政府勇于励精图治、创新发展的决心和敢于自我约束、接受监督的勇气。

为了进一步汇民意、集民智，特区政府政策研究室于2014年11月分别举行了五场"国家十三五规划关于澳门发展定位"意见收集会，尽可能多地听取来自粤澳发展策略小组、工商界、专业界、学术界、教育界等不同范畴、不同专业领域的意见，获得的反馈是"社会多数意见广泛认同应该延续和深化本澳作为世界旅游休闲中心和中国与葡语国家经贸合作服务平台的发展定位，以促进经济适度多元化的发展，有效改善民生"。④这使得特区政府更加坚定了建设世界旅游休闲中心的发展方向。

2015年，特区政府正式启动澳门五年发展规划编制工作。同年3月，行政长官崔世安先生在连任后发表的首份施政报告中首次提出，成立由行政长官亲自统领的"建设世界旅游休闲中心委员会"，以统筹制订"建设世界旅游休闲中心五年规划"，同时"要求未来各范畴的年度施政计划必须以五年规划为目标，规划执行的成效亦将与绩效管理结合"，⑤由此正式拉开了特区政府制订五年发展规划的序幕，也确立了五年发展规划的地位，明确了其权威性。为做好规划编制的前期工作，行政长官办公室的相关团队曾拜访国家发展和改革委员会负责规划编制的部门和清华大学等机构，参阅了祖国和其他国家的五年规划，以及多个关于建设"一个中心"的研究报告。[⑥]同年 11 月，建设世界旅游休闲中心委员会第一次全体会议确定"统筹编制以建设世界旅游休闲中心为基础的澳门未来五年发展规划，并设立定期检查当年中期规划的制度"，[⑦]《澳门特别行政区五年发展规划（2016～2020 年）基础方案》出台。随后，相关部门进行了三个月的社会意见收集工作，广泛收集社团、专家学者、各界人士和居民对基础方案的意见建议，使意见建议收集过程成为高度凝聚澳门社会各界共识的过程。多数意见认为五年发展规划的制订将弥补澳门缺乏中长期发展总体规划的不足，对澳门未来五年的发展有正面的、积极的作用和影响。在充分吸取了各方面意见的基础上，2016 年 4 月，特区政府推出《澳门特别行政区五年发展规划（2016～2020 年）草案文本》（以下简称《澳门五年发展规划草案》），并再次开启为期两个月的咨询，广泛听取专家和公众的意见，为的是使最终推出的五年发展规划建立在公众广泛参与和充分集中公众智慧的基础之上。

在新的历史机遇和挑战面前，首次尝试、缺乏规划编制和实施经验的特区政府该如何克服修为方面的不足，既勇于冲破思想观念的障碍，又勇于突破利益固化的藩篱，[⑧]在清醒地认知规划的地位和理性地对待规划作用的基础上，合理地利用好规划这个工具呢？正所谓"志之难也，不在胜人，在自胜"。[⑨]特区政府要迎接挑战，必先挑战自我，完善自我，方能兑现规划中对全体澳门居民做出的承诺。为此，特区政府在澳门五年发展规划设计的内容之外，还需在知与行上做足努力、下够功夫。

首先，建立对澳门五年发展规划引领地位的明确认知。一是其权威性。既然经济社会发展规划在各类规划中处于"龙头"地位，是编制其他规划及制订各项经济政策和今后年度计划的依据，[⑩]是政府的施政纲领，那么，就必须保证澳门五年发展规划在指导其他规划、政策和计划的制订中真正发挥作用；二是其战略性。既然澳门五年发展规划是大目标、大政策，就应重视它，利用好它，真正把它置于战略高度，借此对自身面临的国际、国内形势有全面的分析，对未来经济社会的发展趋势与国际、国内形势的发展趋势有长期的把握，做到立足长远、谋求大势、筹划全局。

其次，理性地对待澳门五年发展规划的作用。规划的作用主要体现在指导、规范和约束等方面，作用发挥的好坏以及发挥的程度如何，不仅取决于内外环境的因素，也有赖于良好的制度安排和战术措施。特区政府要把澳门五年发展规划确定的各项目标任务视为一个有机统一的整体，统筹安排并协调好各部门的工作，使之齐心协力，精诚合作，共同行动，还要制订必要的行为规则，为共同行动提供标准规范。当然，仅有规则还不够，要真正使特区政府各部门在实施工作中尤其是在跨部门合作中树立正确的整体观，还需要建设合作文化并创设合作氛围，以形成经常沟通、相互交流、相互理解、相互支持、善于合作、密切合作、分担责任、分享成果的行政文化，故此，培养特区政府工作人员的合作意识和协同能力也应提上议事日程。在此基础上，再寻求具有针对性和可操作性的战术措施，逐一攻艰克难。

最后，合理地利用好澳门五年发展规划这个工具。借鉴国外经验，"绝大多数具体的发展规划都是地方政府的职责"。[①]虽然规划编制中需要广泛征求民意，听取专家意见，但规划设计的战略终究要由政府来推动，措施终究要由政府来执行，所以，特区政府必须有足够的责任担当，并敢于和善于担当。需知，作为特区政府的行动纲领，澳门五年发展规划既是特区政府自身履行职责的重要依据，也是其规范自身行为、承担相应责任的基本准绳，其指导、规范和约束作用亟待发挥。为此，特区政府除了要在澳门五年发展规划编制、实施和评估过程中发挥主导作用，定清工作目标，履行好自身的职责，落实好所承担的任务，为社会公众广泛监督提供条件，还应制订专门的法律、法规和政策，采取切实可行的工作措施，为澳门五年发展规划各项工作任务的高标准完成提供法制保障。在澳门五年发展规划实施中一定会出现各种各样的问题。一方面，要求特区政府拥有居安思危的心态、强烈的忧患意识、清醒的头脑，以有效措施防范隐性危机，并随时准备应对各种突发问题。另一方面，要求特区政府在面对危机时能冷静应对，有能力实施具体的解决方案和行动计划。这些都需要有危机意识作依托。当然，为了更好地利用规划这个工具，特区政府工作人员还需要努力学习、勤勉修炼，以超越自我局限，提升素质，提高能力，适应创新，增强竞争力，助力规划愿景目标的最终实现。

上述三方面要求意味着特区政府要担当相应责任，无疑对特区政府提出了重大考验，标志着特区政府将进入一个新的治理阶段，将深远地影响澳门的未来发展和政府绩效。

二　规划的愿景和城市发展定位

已公布的《澳门五年发展规划草案》的核心内容是设定目标，包括愿景、总体目标、阶段性目标和主要目标，预设的完成时间是 21 世纪 30 年代中期。其中，愿景是建设一个中心，使澳门真正成为名副其实的旅游休闲城市、宜居城市、安全城市、健康城市、智慧城市、文化城市、善治城市；阶段性目标有四个，分别是"加速建设'一个中心'"，"提质建设'一个中心'"，"基本建成'一个中心'"和"全面建成'一个中心'"；主要目标涉及七大方面，包含了整体经济稳健发展、产业结构进一步优化、旅游休闲大业态逐步形成、居民生活素质不断提高、文化与教育持续发展、环境保护成效显著、施政效能进一步提升、法治建设不断加强等内容。

愿景中已经给出了澳门未来城市发展的方向——旅游休闲城市、宜居城市、安全城市、健康城市、智慧城市、文化城市、善治城市，其进一步的诠释——将澳门建成一个以休闲为核心的世界级旅游中心，成为具有国际先进水平的宜居、宜业、宜行、宜游、宜乐的城市，亦对澳门城市功能定位作了极好的注解，即澳门既要成为宜游宜乐的城市，让外地游客休闲和愉悦，更要成为宜居宜业宜行的城市，让本地居民幸福和满意。这些都为澳门未来的城市发展定位指出了方向。以下拟从旅游休闲城市、宜居城市、健康城市、智慧城市、文化城市和善治城市着眼探讨澳门未来城市发展的定位。

第一，定位于旅游休闲。在旅游和休闲之间，休闲是核心，旅游是形式。"休闲的内容应该多元化"，其理想的境界是，"休闲的节奏应该是慢的，人的感受必须是轻松的，身心的追求一定是自由的"，而旅游的目的是休闲，理想状况是为各方游客提供"独具特色的休闲资源，尤其是那些誉满全球的休闲产业与休闲产品，包括特有的娱乐产品"。[12]这种对休闲、旅游及其逻辑关系的诠释，或许为澳门旅游休闲业的发展提供了较有裨益的思考。

第二，定位于宜居。作为新的城市观，宜居意指适宜居住程度。城市定位于宜居，就不仅要拥有良好的人居环境，还要建设良好的空间环境、人文社会环境、生态与自然环境以及生产环境，这些环境要素的宜居程度如何，可用社会文明度、经济富裕度、环境优美度、资源承载度、生活便宜度、公共安全度等多维指标来衡量。在建设宜居城市进程中，澳门需要依照各宜居环境要素逐一建设，亦需参照其多维衡量指标逐步将其完善，并非仅仅局限于《澳门五年发展规划草案》中提出的进行土地储备，建设好居民住屋、公共基础设施、道路治理、原水管道及居民用水安全保障等工程。此外，"从框架指导到具体建设的相互协调的、完整的规划体系和运作实施机制"[13]也亟须建设。这些建设内容都是宜居城市建设所需提供的必要准备。

第三，定位于健康。作为新的城市观，健康是以人的健康为中心，构建健康人群、健康环境和健康社会的有机整体。以健康作为城市发展定位，澳门就必须做到持续地提供洁净安全的环境，可靠安全和持久的食品、饮水、能源供应和垃圾清理系统，保障居民的工作和就业要求，提供娱乐和休闲活动场所以及健康和福利政策等。而为了保障上述目标达成，特区政府需要持续完善从城市规划、建设到管理各个方面以及从自然环境到社会环境建设的相关政策，并在保障健康设施和改善健康服务质量方面做出持续努力，使居民在拥有选择有利于健康行为权利的同时享受到更好的健康服务。

第四，定位于智慧。智慧不等于智能，不仅仅是智能，它高于智能之处在于具有情商。为此，智慧城市应是人性化的城市，施以人性化的设计，实行人性化的治理，提供人性化的服务。"人性化"的精髓在于技术的发展、系统的设计和环境的营造都要围绕人的需求展开，达成技术、系统、环境与人的关系的和谐包容，从而让城市更智慧，让作为城市主体的人更智慧，并让政府具备更智慧的、从全域角度发现问题、解决问题的能力。澳门城市发展定位于智慧，需要整合现有的信息资源并建立强大的基础数据库作为信息基础，以促进分布在城市不同角落的海量数据的流转、交换、共享、比对；需要统筹建设遍布城市各处的固定网络、无线网络、移动通信网络等信息基础设施作为硬件环境基础，以支撑数据、系统和平台运作；需要拥有先进的身份认证、目录交换、信用评估、公共服务、决策支持等信息系统构建应用体系，以提供智能、高效、及时的社会管理和公共服务，满足不同用户的不同层次需求，推动城市治理与运营的智慧化和灵活性；需要特区政府以智慧、包容、互联、共享、集约和协同理念为准绳，抓紧研究制订支持性政策措施，进行管理体制、机制和模式的改革创新，实现自我学习、共同成长和高效协同，彻底改变城市治理与运作方式。

第五，定位于文化。长期以来，澳门一直把文化作为城市名片。从16世纪开始，澳门就是海上丝绸之路的重要据点，现已成为多元文化融汇的城市，成为中西文化双向交流的重要桥梁。自2005年澳门历史城区成为世界文化遗产之后，特区政府更是致力于宣传城市的文化秉性，不断向外推广自身的文化品牌。《澳门五年发展规划草案》对"文化澳门"的城市定位，在于凸显澳门中西文化交融和继承中华主流文化的取向，其最大的特色和魅力在于，在中西文化交融的多元文化中，使中华文化占据主流地位。面向未来，对澳门文化属性的深度挖掘，将成为政府推行文化城市的主要任务和使命。

第六，定位于善治。特区政府正式提出"善治"始于行政长官崔世安先生 2014 年的参选政纲"同心致远共享繁荣"，表明特区政府致力于通过自身的改革及与社会公众的良性合作来进一步提升政府治理的能力和成效的决心，来为经济多元发展和社会民生改善提供制度保障。回归祖国以来，澳门经济快速发展，社会民生福利水平有很大提高，但相比之下，政府的行政管理改革和法律制度改革都远远滞后于经济社会发展需要，政府施政能力仍有很大的提升空间。因此，善治城市定位的提出，根本上冀望于以特区政府施政能力的提升为世界旅游休闲中心建设提供基础和保障。澳门城市发展的上述定位需要以安全作保障，相关条件的准备和内容的供给是对特区政府的又一项重大考验。

三 规划的结构和国家战略对接

"规划的结构是指规划内容的布局安排。"⑭《澳门五年发展规划草案》的结构分为战略篇、民生篇、发展篇和善治篇。

战略篇仅有一章——"开拓特区发展新局面"（第一章），包括形势分析、最高原则、愿景与目标、发展战略四个部分。其中，八大发展战略是以提高城市竞争力为主轴、围绕竞争力指标体系的主要要素制定的，具体内容包括增强创新发展观念，形成合作创新网络打造"文化澳门"新形象，增强城市竞争力；实施教育兴澳、人才建澳战略；改善软硬基础设施，提升旅游服务素质；加快智慧城市建设，推动产业与互联网融合；优化公共决策系统，提高宏观政策效力；完善协同治理机制，统筹"一个中心"和"一个平台"建为实施深化区域合作战略，融入国家发展。

民生篇置于所有战略措施内容的首位，是澳门特区政府关注民生、以民生需求为出发点的具体体现，是该规划的亮点所在。该篇包括两章——"加速建设宜居城市"（第二章）和"增进民生福祉"（第三章），主要涉及土地储备、城区建设、公共基础设施建设、医疗服务、城市安全、城市交通体系、智能城市、环境保护、文物保护、居民就业、教育发展与人才培养、居民福利、关顾弱势群体、养老保障、体育运动等内容。

发展篇是规划的重点内容，由"推动经济适度多元"（第四章）和"'一个平台'建设和区域合作迈向新阶段"（第五章）两个部分组成，主要内容包括：促进博彩业与非博彩业协同发展；形成旅游休闲大业态，建设宜游宜乐城市；培育新兴产业发展；加大力度扶持中小企业；落实设立澳门特区投资发展基金；落实与国家十三五规划的对接，建设"一个平台"升上新层次；强化区域合作，拓展国际交往。

善治篇也仅有一章——"致力提升政府施政能力和水平"（第六章），包括完善咨询机制、推进科学决策、实施精兵简政、提升政府执行力、促进政府绩效治理、优化公共服务、推进法治政府和法治社会建设等多个方面的具体策略安排，致力厘清特区政府实现善治的基本思路，提升施政能力及水平，探索特区政府在不断完善自身内部事务管理的基础上如何实现与社会及公民的协商合作、互动沟通、优势互补，最终实现政府和社会及公民的良性合作与共同治理。其具体体现是：在完善政策咨询机制、推进科学决策方面，侧重利用新媒体的发展，以更广泛地了解社情和听取民意，继续整合及精简现有咨询组织，推进智库建设；在实施精兵简政、提升政府执行力方面，从"精兵"和"简政"两个方面提出具体措施，推动政府公职法律制度改革和机构改革；在促进政府绩效治理制度、增强服务能力方面，对推进政府绩效治理制度进行多层面整体设计，提出完善领导官员绩效评审制度，引入第三方评估机构，推行绩效评估与官员问责紧密结合的绩效问责制。

虽然《澳门五年发展规划草案》绝非纯粹为配合《国家十三五规划》而编制，其本身也是独立的，但从其筹备开始，特区政府确实参照《中共中央关于制定国民经济和社会发展第十三个五年规划的建议》，考虑到了与其的对接。以下四个方面体现了内容构成方面的衔接成果。

第一，两者都有对环境形势的分析，分别体现在《国家十三五规划》第一章的"发展环境"和《澳门五年规划草案》第一章第一节的形势分析。共同点是都阐述了以往成就、面临的困难（矛盾）和挑战，也提到了所提供的发展机遇（契机）。不同之处在于，《国家十三五规划》阐发的是对国内外发展环境的综合判断，《澳门五年规划草案》所做的形势分析主要涉及国家对特区发展的利好条件和澳门2000～2014年经济社会发展主要指标。

第二，两者都有指导思想（原则）的阐释，分别体现在《国家十三五规划》第二章的指导思想和《澳门五年规划草案》第一章第二节的最高原则。虽然两者的内容有很大差别，但《澳门五年规划草案》提出的最高原则——"坚定不移地全面准确落实'一国两制'、'澳人治澳'、高度自治的方针，将推进'一国两制'伟大实践与实现中华民族伟大复兴的'中国梦'紧密相连。严格依照宪法和基本法办事，始终坚持依法施政。在维护国家主权、安全及发展利益的前提下，促进澳门长期安定繁荣"，充分体现了澳门人"祖国好，澳门更好"的家国情怀，与《国家十三五规划》对澳门的期许是一致的。

第三，两者都有具体目标的呈现，见《国家十三五规划》第三章的主要目标和《澳门五年规划草案》第一章第三节的愿景与目标。前者的主要目标包括经济、创新、发展、人民生活、国民素质和社会文明、生态环境制度等方面；后者的愿景是"一个中心"，七大目标涉及经济、产业结构、旅游休闲、居民生活素质、文化与教育、环境保护、施政效能和法制建设等方面。澳门把创新驱动发展、发展协调性等融合贯穿在建设宜居城市、增进民生福祉、推动经济适度多元，特别是推进教育兴澳、人才建澳的战略措施之中。

第四，两者主体内容都是各项战略的阐释。《国家十三五规划》从第二篇到第二十篇用 75 章的篇幅阐释了实施创新驱动发展，构建发展新体制，推进农业现代化，优化现代产业体系，拓展网络经济空间，构筑现代基础设施网络，推进新型城镇化，推动区域协调发展，加快改善生态环境，构建全方位开放新格局，深化内地和港澳、大陆和台湾地区合作发展，全力实施脱贫攻坚，提升全民教育和健康水平，提高民生保障水平，加强社会主义精神文明建设，加强和创新社会治理，加强社会主义民主法治建设，统筹经济建设和国防建设，强化规划实施保障等战略措施；因为澳门是特别行政区，在"一国两制"框架下运行，遵循的是"澳人治澳"、高度自治的方针，所制订的又是地区级规划，不涉及国防建设、社会主义精神文明建设、农业现代化、城镇化等内容，但国家规划中其他战略措施的对应内容在《澳门五年规划草案》的战略措施阐释中均有不同程度体现，说明与《国家十三五规划》的战略措施相比，虽然目前的《澳门五年规划草案》显得有些过于量力而行，但特区政府在战略措施探索上确实付出了很大的努力，呈现一份较好的答卷。

实质上，与《国家十三五规划》对接最为明显的是《澳门五年规划草案》的最高原则和愿景目标。除此之外，《国家十三五规划》和《澳门五年规划草案》的两个显而易见的区别在于：前者有"发展主线"，后者只有"'规划'贯穿的主线"；前者有"发展理念"的详细阐述，而后者虽然在战略措施中体现了"创新、协调、绿色、开放、共享"等发展理念，但没有相应的完整阐述，表明特区政府在为规划实施所做的思想、理论和基础准备方面存在着差距。

当然，国家规划的主导思想和结构内容是要随着社会经济发展要求的变化不断改进的，澳门五年发展规划也要不断地改进和完善，并更好地实现与国家规划的衔接。基于这一点，建立规划动态调整机制和制订配套性文件或法规，以保障对规划进行进一步的延伸和细化，也是特区政府的应尽职责。

四 规划的实施和政府执行的要点

五年发展规划为特区未来五年发展设定了战略目标和行动指南。为保证战略目标有效实现，引入战略管理和目标管理非常必要，应作为特区政府追求科学施政和实行科学管理的重要手段。如前所述，在澳门五年发展规划编制过程中，特区政府既充分听取了相关专家的意见，又广泛听取了社会各界的意见，努力做到了规划制订的科学化和民主化。与规划编制的科学化、民主化相比，规划实施和战略执行中坚持科学化、民主化同等重要。既然澳门五年发展规划所制订的发展愿景、发展目标和战略措施等内容已在澳门社会各界取得了广泛的社会共识，为澳门顺利推行五年发展规划实施奠定了较好的基础，那么今后在规划实施中更要努力做到听取公众意见和建议，为政府执行到位提供保障。

一般来讲，战略管理的过程包括战略规划制订和战略规划实施两个部分。其中，战略规划实施又往往牵涉战略评估以及反馈调整。"战略管理旨在将计划功能与整体的管理工作整合在一起，它不仅包括战略规划过程，而且扩大到包含战略执行和战略控制在内的更大的范围。"[15]因此，特区政府在完成了澳门五年发展规划战略目标制定并进入战略规划实施阶段之后，应特别强调执行的重要并注重发挥控制的功效。因为如果实施出现了问题，那么规划制定得再好也没有意义。从这个角度上看，澳门五年发展规划的制定，不仅需要特区政府有战略观、战术观，更需要特区政府有顺利推进战略目标实施的能力和机制。由于澳门特区实行的是自由市场经济，政府和市场的权限及边界有别于内地实行的社会主义市场经济,特区政府对全社会资源配置的掌控程度与内地政府相比较弱。因此,特区政府在规划实施中更要注重各个政府职能部门的协同配合,更要注重评估机制的完善,在征求反馈意见和调整战略措施时更要注重公众的参与配合,以获得政府内外的广泛支持,最终形成一套完整的五年发展规划战略管理链条,确保战略目标的落实,实现多元主体的共同治理。

首先,在规划实施中要避免各个政府部门陷入独自作战、各自为政的藩篱,达成各个部门的协同合作,形成各个部门之间的合力。

战略管理具有全局性、综合性和系统性的特点,不能单独依靠政府某个部门实现,而应充分调动各部门的积极性来协同配合,并鼓励社会公众积极主动参与,以赢得支持合作。为此,在规划实施的过程中,必须注意根据环境的变化,针对计划、组织、沟通、激励、控制等管理环节,不断地对实施战略和措施进行评估和修正,使规划改进持续进行。此外,要特别注重达成短期利益与长远利益、局部利益与整体利益、地区利益与国家利益的均衡,并"通过有效的控制手段,让组织在向着战略目标迈进的同时尽量满足短期利益,而不是在短期利益繁多的目标追求中迷失战略方向"。⑯

澳门五年发展规划牵涉民生改善、经济发展以及政府改革等多项战略安排,无法单独依靠某个司或某个局级部门来实施,需要多个政府部门协同配合。在这个认知基础上,特区政府专门成立了"建设世界旅游休闲中心委员会"来统筹和协调澳门五年发展规划的制订和执行。遗憾的是,在"建设世界旅游休闲中心委员会"的成员中,五个司的司长并没有全部加入,这恐怕会对澳门五年发展规划的执行和落实造成一定的负面影响。事实上,在澳门,由于五个司的地位平等又缺乏牵头的司级部门,再加上政府部门性质迥异、委任制及部门主义文化等问题,政府部门间的协调和配合比较困难。由此,为了确保澳门五年发展规划顺利实施,需要完善政府部门间的合作机制,确立一个负责牵头、协调的部门,并建立起跨部门合作机制,以防止出现部门间互相推诿、卸责的情况,提升跨部门合作的效能,形成强有力的综合力量,确保是整体性的政府而非分散化的政府在执行和落实规划。

其次,在战略评估中要注重评估机制的完善。

战略评估分为对战略实施过程的评估及对战略实施效果的评估两个方面。对实施过程的评估,主要评估战略实施进度情况,评估战略实施行为是否朝向预定目标前进，如果目标完成情况不尽理想、已经偏离战略目标方向的话，就应及时纠正相关政府部门的行为或改进相应措施以适应发展环境和形势的变化；对实施效果的评估，则主要牵涉实施过程中的资源分配效率最大化问题，需要审视战略实施过程中的投入和产出，评估相关资源配置是否合理。

当前，特区政府对年度施政报告有监督和跟进评估的机制，规定每个局级部门需要三个月进行一次季度报告，向上级汇报工作进度及绩效情况，以此对经济建设与社会发展进行指导和控制。当然，特区政府在推出五年发展规划后，只进行规划的中期检查是不够的，还需采取实时评估和设置必要的阶段性评估的做法。至于如何设立定期检查澳门五年发展规划的制度？是采取自上而下的检查监督机制还是采取第三方评估机制？在这些方面，可以在考虑政府人力、物力和财力的前提下，采取自上而下评估和第三方评估相结合的方式，同时引入公众满意度调查，以期对五年发展规划的进度和效度进行客观公正的评估，以不断发现存在问题，并寻求更好的解决策略，促进规划实施效益的最大化。

最后，在征求反馈意见和战略规划调整中要注重公众的参与配合。

在政府对规划实施进行战略管理的过程中，征求反馈意见和调整措施是指政府根据外部环境变化，特别是社会公众对政府战略管理的意见反馈，来相应调整原有的行动目标。开放式的政府战略管理，意味着政府内部之间和政府与外部社会公众之间需要建立顺畅的沟通渠道和密切的合作关系，重视利用外部社会公众的反馈来不断调适修正自身的行为策略，从而促成合作型的战略管理，以充分调动各方的积极性。为此，政府在战略管理的每个阶段都应该重视研究外部环境的变化及社会公众的意见建议反馈，动态地调整措施乃至战略，以适应各种变化，进而改进规划。只有这样，才能更有效地实现规划实施效益的最大化。可见，澳门五年发展规划实施能否成功，很大程度上依赖于政府与社会公众的沟通合作状况。

五 结论

作为澳门特区政策的顶层设计，五年发展规划是关于未来五年澳门各项事业发展的总体安排，是特区政府实施战略的行动纲领、宏观调控的重要工具以及对祖国和澳门民众做出的郑重承诺，关系着澳门自身的前途和未来，也关系到澳门能否融入国家发展轨道，以及与其他地区进行有效合作和谋求互利共赢。为更好地保证规划的有效实施，并保证特区政府在规划实施的过程中很好地利用战略管理手段，本文就澳门五年发展规划本身的编制问题，以及规划实施中政府的应对措施与要求阐发相关思考，得出如下结论。

首先，在机遇和挑战面前，特区政府应该正确知和善于行，不仅要建立对五年发展规划的引领地位的明确认知，在树立起其权威性的同时发挥其权威作用，在明确其战略性的基础上将其作为战略来看待和对待，还要理性地对待五年发展规划的作用，视其各项目标任务为有机整体，统筹安排并协调政府各部门工作，制订必要的行为规则，形成良好的行政文化，寻求具有针对性和可操作性的战术措施，更要合理利用五年发展规划工具，提供法制保障，拥有科学意识，提高素质能力。

其次，五年发展规划把加快建设世界旅游休闲中心作为基本愿景，把改善民生，发展经济，达成善治作为主攻方向，把旅游休闲、宜居、安全、健康、智慧、文化和善治作为城市发展定位，为澳门未来各项事业发展明确了努力的目标、需要准备的条件和具体行动的参照。

再次，《澳门五年规划草案》与《国家十三五规划》对接的主要成果体现在战略篇中的形势分析、最高原则、愿景目标以及主体部分的战略阐释，而民生篇、发展篇、善治篇则显示出自身的特色和个性，说明虽然澳门特区政府编制规划的经验有限，但在战略措施探索上确实付出了很大的努力，呈现出了一份较好的答卷。

最后，是规划实施以及实施过程中的绩效评估和规划改进问题。我们认为，编制好规划在首位，非常重要，实施好规划是关键，更为重要。为此，在编制好规划之后，特区政府在战略规划实施中既应坚持绩效评估的周期性，又应重视规划改进的相对性，既要引入战略管理的完整体系，又要注重战术措施的配套跟进，不断探索规划体系变化趋势，逐步稳妥地改进规划。

---

① 周锦辉：《全民打造世界旅游休闲中心》，澳门：《澳门日报》2011 年 6 月 20 日。

②⑫ 陈庆云：《对〈粤澳合作框架协议〉的理论思考》，澳门：《澳门理工学报》2011 年第 4 期。

③⑥⑦《世旅中心编制五年规划》，澳门：《澳门日报》2015 年 11 月 4 日。

④《十三五规划澳门定位征意见》，澳门：《澳门日报》2014 年 12 月 4 日。

⑤《世旅中心委会将成立》，澳门：《澳门日报》2015 年 3 月 24 日。

⑧陶文昭：《习近平五大改革思维》，北京：《人民论坛》2013 年第 12 期（下）。

⑨韩非：《韩非子新校注》，陈奇猷校注，上海：上海古籍出版社，2000，第 460 页。

⑩《制"十一五"规划要把握三大重点》，北京：《领导决策信息》2005 年第 20 期。

⑪⑬徐东：《关于中国现行规划体系的思考》，昆明：《经济问题探索》2008 年第 10 期。

⑭胡少维：《制订"十一五"规划的原则、重点与问题》，南昌：《金融与经济》2005 年第 4 期。

⑮陈振明：《战略管理的实施与公共价值的创造——评穆尔的〈创造公共价值：政府中的战略管理〉》，福州：《东南学术》2006 年第 2 期。

⑯包国宪、保海旭：《以公共价值为基础的政府战略管理》，兰州：《兰州大学学报（社会科学版）》2015 年第 4 期。

作者简介：鄞益奋，澳门理工学院社会经济与公共政策研究所副教授，博士；张锐昕，澳门理工学院社会经济与公共政策研究所访问教授，博士，吉林大学行政学院教授、博士生导师。

[责任编辑：刘泽生]

（本文原刊 2016 年第 4 期）

一场两制：历史视野下的
澳门贵宾赌业

王五一

[提　要]　与政体上的"一个国家两种制度"相映成趣，澳门的博彩业是"一间赌场两种制度"——中场和贵宾厅。两制中贵宾厅是主角。近年来博彩业的大衰退，主病灶也是贵宾厅。要对此次大衰退作出正确的诊断，需要理解的是贵宾赌业的"生理构造"。构造不是一天形成的，因而需要回顾它产生的历史线索。贵宾厅体系在技术构造上的核心要素是泥码，它的主要经济学器官则是借贷。"兴也借贷，衰也借贷"一句，既概括了此一产业门类演变的历史主线索，也是对此次赌业大滑坡的基本诊断结论。

[关键词]　澳门　博彩业　贵宾厅　赌博借贷

引　言

　　自 2014 年 6 月，回归十五年来第一次，澳门博彩收入出现了同比负增长，起初是一位数的跌幅，然后是百分之十几，百分之二十几，百分之三十几地，越跌越猛。到本文截稿时候的 2016 年 5 月，已连跌了整整两年。按月算，月月跌；感觉上印象最清晰的是按天算，2013 年高峰时的常态赌收是一天十个亿，现在则是一天五个亿多一点。回想回归之初，2002 年赌牌开标，2003 年开放港澳自由行，2004 年第一间美式赌场开张……产业高速发展，先超美国拉斯维加斯，再超整个内华达州，赌税连年增长，财政巨额盈余，政府连年"派糖"，房价不断攀升，一片繁荣景象。如今形势一逆转，官商学民各界皆为之震动和忧虑。

要探寻此次赌业大滑坡的原因，首先需要指出一个重要的事实：澳门的赌业体系是二元的，"一场两制"，中场与贵宾厅。"两制"的账要分别算，"两制"的道理要分开说。中场，就是典型的、标准的博彩业经营体制，世界上的赌场，除了澳门（以及近年来由它示范出来的几个东亚小徒弟），都只有中场生意。澳门中场赌业的下滑，原因也很容易找，到旅游业那里就能找到——中场收入少了，一定是因为是中场客人少了；中场客人少了，一定是因为游客少了；内地游客十之八九是港澳联游，来澳门的游客少了，一定是因为去香港的游客少了；去香港的游客少了，其原因众所周知，线索不难理清。难理清的是贵宾厅体系。赌权开放以后的澳门赌业大势，兴衰起伏，贵宾厅体系都是火车头，此次大滑坡亦然。赌收下跌，中场与贵宾厅都在跌，但两个"跌"，量上质上都不同。中场之小幅下跌的原因是外生性（exogenous）的，而贵宾厅体系的大滑坡则是内生性（endogenous）的，恰如两个人，前者是饿了，后者是病了。饿了不难理解，病了就不易解释，因为，要理解病灶病理病根，首先要理解病人的生理构造。而要理解其生理构造，又需要具有历史的眼光，因为，贵宾厅体系从生成，到发育，到壮大，到衰老，经历了一个由简单到复杂的历史演化过程。

一　制度构造与历史起源

世界上几乎所有的赌场，都有一个称作"顾客分类"（customer ranking）的管理方法，根据顾客的财务背景和消费规模，把赌客分为三六九等，区别待之。小赌客，径到大堂（澳门谓之"中场"），自助自乐；大赌客，则高接远迎，单间儿接待，是谓"贵宾客"。也就是说，世界上哪里的赌场其实都有其专事接待大赌客即贵宾客的经营体制，因而，从广义上说，任何一个赌场业内部都包括着"贵宾赌业"，都有大堂和单间儿两个部分，如同许多餐馆一样。澳门的赌场里当然也有这样两个部分，不同的是，澳门的这两个部分同时还是两种制度。两种制度在管理模式上存在着深刻的体制差异，有着不同的经营概念和统计体系，受着不同的经济规律支配。

要精确地介绍澳门贵宾赌业制度的技术构造，是一件相当困难的事情，原因在于，这是一个不断变化着的体制，不同时点上它的技术构造是不一样的。在此简而又简地将其几个核心制度要素作以下几个方面的归纳。

第一，承包制。博彩公司把一个个贵宾"单间儿"的拉客促销业务承包出去。承包人^①的主要承包义务是在一定时期内完成一定量的泥码购码额。澳门赌圈一般把赌厅承包人称为"厅主"，而把发包人，即博彩公司，称为"牌主"。

第二，泥码制。澳门赌场里使用的筹码分为两大类：现金码与泥码。^②现金码即一般意义上的筹码，既可用来下注，也可用于兑换现金（refundable），中场与贵宾厅通用；泥码则是只可用来下注而不可兑换现金的筹码，只用于贵宾厅。泥码是贵宾厅体系中的本质性制度要素——一间赌场算不算是"一场两制"，关键是看其是否使用泥码。

第三，码佣制。赌场以略有差别的价格分别销售泥码和现金码，前者的价格略低于后者，二者之间的差额便形成"码佣"^③，由此所产生的百分比称为"码佣率"，这是贵宾厅体系中关键性的利益分配杠杆。需注意的一点是，现金码与泥码的价差只存在于销售环节，在赌台上，两种码的价值和功能是无差异的。

第四，拉客制。贵宾客之贵，表现在吃喝玩乐上下来去都有人招待，澳门赌圈对此类服务者冠以"叠码仔"的俗称。服务的本质是促销。简单一句话，贵宾客就是被叠码仔伺候到、服务到、拉到澳门去的。^④

第五，叠码制。客人拉来后，赌场（牌主）以码佣的方式向此一促销服务支付佣金：叠码仔向赌场以泥码价购买泥码，再以一比一的价格（现金码价）转售给其客人，以赚取两种筹码之间的价差。此一支付机制的基本原理如此，但实际上，这种"筹码倒爷"的生意，远比行外人所能想像的要复杂。关键要知道的一点是，在贵宾厅的赌台上，赌客可以用两种码的任何一种下注，但当赌客赢了时，赌场则必须付之以现金码而不能付之以泥码。这一制度条件给筹码倒爷创造了很大的谋利空间，他可以站在赌客的身边，不断地以手中的泥码换取赌客在赌台上刚刚赢来的现金码，保证赌客只用泥码下注，而避免其用现金码下注而带来的"浪费"。如此，赌客输，输的是泥码；赢，赢来的是现金码。随着赌客在赌台上的输赢往来，叠码仔手中赚得的码佣便越来越多。这就叫"叠码"，"叠码仔"的俗称便是由此来的。据笔者计算，当码佣率为 1.25％ 时，概率上，整个博彩收入中的 43％ 归了叠码仔，即如果一位贵宾赌客输了一百万，其中有 43 万输给了他的"顾客代表"。^⑤一般情况下，叠码仔须通过厅主的中介作用，完成与牌主的交易，故而澳门社会一般把赌厅承包人称为"中介人"。其实叠码仔也是一种中介人，赌客与厅主之间的中介人，而且，在经营实践中，叠码仔与厅主的界限并不清晰，鲜见只经营赌厅而手中一个客人也没有的厅主，也鲜见只拉客叠码而与赌厅经营毫无关系的叠码仔，所以，澳门也有人把厅主和叠码仔统称为"中介人"。本文在这个统称的意义上使用"中介人"这个术语。

第六，借贷制。叠码仔服务客人，除了吃住行乐以外，最重要的服务内容是借贷服务。澳门贵宾厅体系经多年运作，已形成了类似餐馆吃饭那样先消费后埋单的经营方式，客人到澳门去不必带钱，中介人（厅主或叠码仔）先把泥码借与客人，玩完了再算账。[6]赌客借贷，作为贵宾厅体系中的一个制度要素，看上去不是那么核心，赌客无论是借钱还是自掏腰包，不会从本质上影响贵宾厅体系的技术构造，然而，从经济学意义上却可以说，借贷，是贵宾厅机体上最重要的器官，澳门贵宾赌业的大命大运，生老病死，盖系于此。

以上六大制度要素，给理解澳门贵宾赌业的设计原理大致描绘了一个框架结构。[7]这种横向的框架式的系统性介绍，可能会制造出一种错觉，以为这个制度是由哪一个智慧人士在哪一个时点上一揽子设计出来，端给澳门赌业史的。而历史事实是，这诸多制度要素并不是同时发明，同时问世的。体系是由简单到复杂逐渐丰富起来，器官是先后安装到机体上去的，以致于我们今天不仅很难认定谁是此一制度的发明者和设计师，也很难为贵宾厅体系找到一个确切的时间上的历史起点。为了更深一步地理解这个体制，需要把这框架结构竖起来，变成一个纵向的历史线索。尤其是，要理解最近贵宾厅体系发生的"疾病"，理解其"积劳成疾"的过程，更需要理解它的历史线索，它的前世今生。

在上述贵宾厅体系的六个制度要素中，"拉客制"的历史最长，资格最老，至少，自从澳门有了企业化的博彩专营公司，就有专门从事拉客生意的人士了，他们的早期称呼叫"进客"。[8]拉客业务的制度化，则应当从1970年代澳娱公司化黄牛党为进客仔的那项精明的交易说起。1970年代初，澳门的葡京赌场开张，这在当时的港澳地区算是件大事，许多香港人争相过海享受这一现代化大赌场的辉煌，结果搞得当时的港澳轮渡一票难求。一些"黄牛党"便趁机切入，做起了炒票的生意。而港澳轮渡的老板也是何家，黄牛党炒船票，既影响了他的赌场生意，也影响了他的轮渡生意。于是，何氏把黄牛党召来，给他们提了一个"合理化建议"：如果你们能放弃炒票生意，我可以打开我的赌场，让你们来做拉客赚回佣的生意。这无疑是一个聪明透顶的办法：既解了轮渡之烦，又促进了赌业的生意。而于黄牛党而言，拉赌客赚回佣的生意比炒船票可肥多了。于是，一拍即合。⑨

为解决对制度化了的拉客生意的支付机制问题，泥码随后被发明出来，发明的时间当在 20 世纪七十年代末八十年代初。泥码的发明，是贵宾厅体系之制度建设中最有意义的事，它是整个体系的核心制度要素。有了泥码，便有了码佣的经济概念，也便有了叠码的经营活动。"一场"分裂为"两制"的关键要素，就是泥码的发明和使用。可以用一个相反方向的思维实验来证明泥码的关键性制度角色：假如有一天澳门政府要用行政力量取消"一场两制"，那么，只要把泥码取缔掉，整个贵宾厅体系就坍塌了，"两制"就合二为一了。

泥码发明之初，叠码仔可能是直接与"牌主"做交易的，并无"厅主"阶级居其间。"厅主"是赌厅承包制的产物，此一制度可能是受了1980年代普遍实行的联产承包责任制的启示而发明的。刘品良说，它发明于1985年，刘氏据此而把这一年看作是"叠码制度正式建立"的年头。⑩承包制下，由厅主去组织叠码仔，去主持贵宾厅的拉客行销业务，其效率较之牌主直营，大大提高。

据业内人士回忆，借贷制应当始于 1990 年代初期。起初，它只是作为叠码仔的一项附加的服务内容从既有的服务结构中自然衍生出来的。客人来了，有钱的，把钱给我，我替你去买（泥）码。没带钱？没关系，我先给你垫上，先玩着再说。渐渐地，越来越多的客人知道了这种不带钱也能玩的"好事"；进而，商家，包括牌主厅主叠码仔，更意识到了赌博借贷中存在着的巨大商业潜能——如果在拉客程序的初始环节就向客人或"疑似"客人讲明白，可以空手到澳门去套白狼，则由此所形成的拉客效率的杠杆力将是非常巨大的。澳门贵宾赌业体系中最具经济意义的制度要素——借贷制，就是这样产生的。实际上，三十年来澳门贵宾赌业的命运，甚至整个澳门博彩业的命运，用借贷这一个因素来解释差不多就够了。

综上所述，贵宾赌业体系的诞生过程，可以说是十月怀胎，却不是一朝分娩，而是一个从1970年代到1990年代大时间跨度的历史事件。因此，要给贵宾厅体系找个"生日"，只能靠"认定"。本文接受刘品良的说法，将之认定在 1985 年，这有三个理由：一来，这恰好是这个漫长的分娩过程的时间中点；二来，贵宾厅承包制，按刘氏说很可能就是在这一年产生的；

三来，固定码佣率的制订，也应当是这一年前后的事。如此便可以说，澳门的贵宾赌业史，已历三十年，本文的写作，也因此多少有点贵宾赌业"三十年祭"的意思。

二　社会土壤与生长发育

关于贵宾赌业的成因，有两种错误的观点：一是认为，贵宾厅承包制纯粹是澳门赌业人士之智慧的产物，如果没有当时的那些聪明人，就不会有这个制度；二是认为，它只是一个"Historical Accident"（历史意外），一个"自组织"现象，没有什么历史必然性。而本文则认为，对贵宾厅体系在澳门的产生，应当有一个历史唯物主义的认识：它是在当时澳门赌业、澳门经济，乃至整个澳门社会的各项客观条件的共同作用下必然产生的。只有这样认识问题，才能进一步地理解三十年来贵宾赌业自身以及由其所带动的整个澳门赌业之发展壮大的历史必然性。导致澳门贵宾赌业必然产生的，是下述三个客观条件。

首先是经济条件。贵宾赌业产生于赌王时代。在独家专营制度下，全澳一家，别无分店，一家政府监管一家企业，这家企业自然便成为澳门赌业的"二掌柜"[①]，政府也乐得顺水推舟，把许多监管职能顺手下放给了它。在二掌柜因此而拥有的诸多自主权中，包括着体制创新权。要招人进赌场叠码，要把赌厅承包出去经营，要经营"押金—放贷"，要确定码佣率，这些都是二掌柜的权利和权力，大掌柜不必也无意干预。贵宾厅体系的产生，与这种二级监管的灵活体制，有着很大的关系。

二掌柜不但发明了贵宾厅体系，而且也有效地、健康地管理着这个体系。一牌独大，贵宾厅体系中的竞争结构是单向的，一大群中介人（叠码仔和厅主）在独家牌主面前进行竞争，如此形成的码佣的牌主一口价，为整个贵宾赌业提供了一个关键性的"锚变量"，从而为其他变量的灵活性和透明性创造了条件。另外，百厅归一牌，所有的厅主都向同一家牌主包厅，都是何家管的厅，厅与厅相互之间的信息很容易交流，一个赌客在一个厅借了钱输光后再跑到另一家厅借，由这种重复借贷所形成的经营风险，比较容易避免。这就在很大程度上保证了贵宾厅体系的良性健康运作。

其次是地理条件。1980年代的澳门，是一个封闭且偏僻的小地方。它不是交通要道，自然也就无法像高速公路四通八达的拉斯维加斯那样做过路客的生意；它也非旅游胜地，也就无法像加拿大的尼亚加拉瀑布的赌场那样做游客的生意。要在这样的地理条件下把赌业做上规模，让它担负起养活澳门的财政担子，澳门需要的是一种特殊的大赌客，他们只赌不玩因而不需要其他旅游资源，他们赌完就走因而不占用太多接待设施，如此，一个"走出去请进来"的拉客行销机制，就成为必要的了。可以想像，若是几十年来澳门赌业按国际上的常规经营体制运作而只做中场生意，则澳门的博彩业绝无后来之局面。

最后是文化条件。贵宾厅体系，是一个法外运作的体系。"法外"不是说它非法，而是说它是一个不麻烦法官的体系，说白了，它是一个建立在人情关系基础上运作的商业体系。贵宾赌业三十年，其目标市场主要是香港。港人与澳人，商业圈子、社交圈子、文化圈子多年来一直是一体化的，[12]圈子里，人情是实在的，面子是管用的，只凭一张嘴和一张脸就可以做生意的。失掉了这样的文化条件，或者，把这个制度搬到别的文化土壤上，无论是搬到西方的商业文化土壤上，还是搬到二十一世纪中国大陆的文化土壤上，它能否生存，都是问号。

以上三个条件，构成了贵宾厅体系得以产生的社会土壤，"三合土"。一、三两个条件，决定了贵宾厅体系在澳门产生的可能性，第二个条件则决定了它的必要性。可能性与必要性相结合，产生了必然性。

澳门贵宾赌业，在此有利的社会土壤上，于二十世纪末度过了自己的"生长发育期"，为二十一世纪初的大发展打下了基础。2002年赌权开放，2003年开放自由行，2004年第一家外资博企开张，澳门博彩业在这些因素的推动下迅速发展，赌台的数量由数以百计很快变成了数以千计，博彩收入由数以百亿计很快变成了数以千亿计。博彩业整体规模的迅速增大，自然带着贵宾赌业也跟着增大；赌场大楼多了，里边的"单间儿"也跟着增加。随着赌厅的增加，越来越多来自不同领域的人士，加入了博彩中介入这一行。在贵宾赌业的"生产函数"结构中，似乎并不存在因片面地增加单一生产要素而导致的边际效率递减现象，人是最革命最活跃的因素。大陆开放自由行，不仅送来了顾客，也送来了叠码仔乃至厅主，如此"三头在外"，澳门坐地抽头，一张贵宾赌台有时一天赚的钱比一间五星级大酒店还多，澳门赚得盆满钵满。

贵宾赌业三十年。前二十年，可以看作是它的青壮年时代，成长壮大，发达兴盛。兴盛源于健康，而健康则源于垄断。垄断，在经济学教科书里本是个不健康的概念，是个贬义词，然而，在澳门博彩业特殊的历史背景和制度条件下，贵宾厅体系的健康运作却得益于这个"不健康"因素。在二掌柜的"垄断"下，有力的码佣定价和有效的借贷控制，保证了整个体系的健康有效运转，从而使得贵宾厅体系为整个澳门博彩业的发展做出了其积极正面的贡献。

体系得以健康运作的另一个重要条件是健康的文化土壤。也许没有理由在人类学意义上把当年的香港客和如今的大陆客区分为两个不同的文化群体，但有确凿的理由在经济学意义上将之分为不同的行为主体，因为二者在行为上确有着清晰的差异：港客时代的死账坏账率很低，借贷风险很低。澳门贵宾赌业的青壮年时代，是港客时代。

经济条件、地理条件、文化条件的"三合土"构成的有利土壤，养育了澳门的贵宾赌业，推动了它的迅速成长。贵宾厅体系在澳门赌业中所扮演的角色越来越醒目，所占的比重越来越高，到赌权开放前后，已占70%。如果说，博彩业是澳门经济之龙头，那么，贵宾厅体系就是龙头的龙头。贵宾赌业的青壮年时代不但表现为在无息借贷刺激下的高速增长，而且还表现在它的"抗击打"能力上——贵宾们，似乎是既不怕SARS，也不怕金融风暴；贵宾赌业与尘世上宏观经济的大风大浪似乎是绝缘的。兴盛期的贵宾赌业，可谓有百顺而无一逆。

三 一家变六家与港客变陆客

世纪之交的澳门，两年一件大事——1999年回归，2001年赌权开放招标，2003年港澳自由行。第一件，为澳门赌业继续生存下去提供了政治保证；第二件，为其得以生长壮大打下了制度基础；第三件，为其得以迅速做大做强创造了肥沃的市场条件。同时，三件事合在一起，也使得贵宾赌业生长于其上的"三合土"的土质发生了深刻的变化。

变化最明显的是经济条件。赌权开放，牌主一变六，澳门博彩业由一家企业变为一个市场，垄断变竞争，二掌柜变为了普通一兵。牌主阶级内部有了竞争，这个竞争从根本上改变了澳门赌业的产业组织构造和市场运转原理。产生于"独牌"时代、并在那个时代有效运转的贵宾厅体系，能否适应于"多牌"时代的新土壤？

变化最深刻的应当说是文化条件。港澳自由行政策的实施，使得澳门博彩业的客源结构发生了根本性变化，由原来的以港客为主变成了陆客为主。导致此一客源结构转化的动因，直观上是港澳自由行政策，而深入看来却应当由更大的原因来解释，那就是中国内地的有钱人多了，自由人多了，愿意并可以到澳门赌场来娱乐一番的人多了。可以想像，若是仅仅放开内地居民到澳门的签注政策，是不会为澳门的赌场送来多少客人的。还有更重要的一点，不但中国内地的经济条件改变了，而且它的文化环境也改变了。发展环境的变化，在为内地制造了更多富人的同时，也在文化上、道德品位上为澳门制造了更多潜在的赌客。澳门的贵宾赌业就是在这样的时代背景下，通过自由行打开的大门而迎来自己的新一群米饭班主的。也正是在这层意义上可以说，港客变陆客，是一个文化条件的改变，否则，香港人和内地人，同文同宗同族，谈不上是文化改变。

那么，贵宾赌业赖以生成的文化土壤既已今非昔比，这种靠人情关系做生意的生意还能做下去吗？

实际上，开放自由行之后的澳门，地理条件也发生了巨大的变化。澳门仍然很小，但已不偏僻，与香港共舞，它已经成了旅游热点，甚至，在两岸"三通"之前，一度也可以称得上是交通要道。一年上千万的游客流量，澳门的中场赌业的市场条件大大丰富起来，博彩业还需要这个"走出去请进来"的贵宾拉客体制吗？

"三合土"的土质条件发生了根本性的变化，这意味着，澳门贵宾赌业继续存在的可能性与必要性，其理论上的合理性与实践上的必然性，早在十年前就已经成了问题。问题是由赌权开放和港澳自由行引发的，因此，逻辑上就存在这样一种可能性：在政府走出赌权开放和自由行这两步之前，社会的智慧，就可能自觉地把这两个问题提了出来。博企一变六，对贵宾赌业会有什么影响？港客变陆客，对贵宾赌业会有什么影响？如果问题一开始就作为赌权开放和自由行这两大决策的可行性分析的要素提了出来，那么，这两个问题的答案，至少是理论上的答案，可能在十年前就有了。关于澳门贵宾赌业之命运的根本性态度，可能在十年前就确定了。当然，历史不能作这种假定，当初我们没有走理论前瞻这一步，也就只能留待历史实践给出结论了。

2009 年，六家博彩公司联合成立了澳门博彩商会，由何鸿燊先生任会长。这本是件好事，但它实际上却标志着澳门贵宾赌业的由盛转衰。商会成立的唯一目的是，为了解决赌权开放给贵宾赌业带来的第一个麻烦——码佣竞争。独家垄断为多家竞争所代替，市场的竞争结构由单向变双向，牌主为争夺大赌客而争夺中介人，谁家给的码佣高，中介人就把客人往谁家送。贵宾厅体系中最重要的经济变量——码佣的定价机制发生了根本性变化。牌主阶级，由码佣率的定价者变成了受价者。"锚变量"锚不住了。

码佣率的狂涨为中介人撑出了很大的一块利益空间，为他们进一步把生意做大创造了广阔天地。在一口价时代形成的 0.7% 的码佣率变成了1.25% 以后（实际上这个限度如今也已突破），贵宾厅体系内部的分配结构，由原来的中介人拿两成半，政府拿小四成，博彩公司拿三成半，变成了如今的"4、4、2"，即中介人拿大四成，政府拿小四成，博彩公司拿小两成。[13] 巨大的利益刺激使得中介人的队伍进一步膨胀，贵宾厅的生意越做越大。

当牌主阶级为了争夺中介人而展开码佣竞争、从而推着码佣上涨时，中介人阶级内部展开了另一场竞争——借贷竞争。那一边，哪家牌主给的码佣高，中介人就把客人往谁那儿带；这一边，哪个中介人在借贷上更大手，客人就跟着谁走。当中介人阶级从内部的竞争中受益的时候，他们也开始从自己本阶级内部的竞争中受害。中介人既是码佣竞争的受益者，也是借贷竞争的受害者。码佣和借贷都绷紧了，贵宾赌业内部的各方面的利益关系都崩紧了，牌主和中介人的生意都不好做了。危机开始酝酿。澳门贵宾赌业，本质上已经日头偏西了。

四 下坡路上的"制度创新"

夕阳较之朝阳在感觉上要炽热得多，下坡路比上坡路要快得多，贵宾厅生意做得更火了，以"贵宾百家乐"[14] 为火车头的整个澳门博彩业，呈现了所谓"井喷式增长"，超金光大道，超拉城，超内华达，辉煌的统计数字背后是巨大的财政实惠，财政实惠背后是殷实的市民生活，殷实生活的背后是普遍的乐观情绪。

潜在的危机并没有引起多少人的危机意识。越来越割喉的码佣率也并未见割了谁的喉，控制码佣上涨的努力，无论是博彩商会还是澳门政府，都使不上多大劲，最后也就只好撒手随它去了。大家似乎终于明白了一个道理，码佣问题并不会构成贵宾赌业的致命伤，因为，毕竟在中场与贵宾厅两个产业门类之间，存在一个等边际均衡的约束机制，毕竟博彩公司拥有在两个门类之间调整资源配置的权力和能力，如果码佣真地涨到了博彩公司的贵宾厅业务无利可图甚至赔钱的地步，赌台由贵宾厅向中场的边际转移就会发生，直到达致等边际均衡。在这层意义上，博彩业的市场机制有着与其他产业的市场机制同样的"维稳"能力。

真正致命的，是赌客借贷。中介人日益体会到，现在的客人越来越滑，脸皮越来越厚，赖账的越来越多，死账坏账率越来越高，资金周转越来越艰难。

香港市场养了澳门赌业一百多年，这个历史事实意味着：香港的客源潜力，多年来已经被澳门挖掘得差不多了。赌权开放，澳门这边的"产能"猛然膨胀，香港那边的客源供应立成瓶颈。所幸，恰好中央政府开放了港澳自由行，送来了及时雨，帮着疏解了客源瓶颈。如此一来，澳门博彩业的客源市场便由港客为主变为了陆客为主，并且，演化是双重的，伴随客源的变化，贵宾赌业中介人的队伍也在发生着类似的"以陆代港"的变化。看上去，这些变化只是量变而非质变，只是个数量上此消彼长的纯经济现象，但实际上，经济现象背后隐含着的是深刻的文化性质变，它实际上是一场澳门贵宾赌业的文化移植工程——把一个在香港客源的文化土壤上栽培发育起来的"经济植物"，移植到新的文化土壤上。港客变陆客，港厅变陆厅，中介人与客人之间不认识、不信任、不在乎了。文化排异性发生了。原来那种建立在认识、信任、在乎的文化条件下仅靠一张嘴和一张脸就能做生意的信用氛围，已经被另一种相反的氛围所代替。新的文化基础与老的制度构造相结合，化合出了新的商业原则，越来越多的客人咂出了此一商业原则的核心味道：债，借了白借，不借白不借；还了白还，不还白不还。

于是，随着借贷生意的扩大和死坏账的累积，贵宾厅中介人生意的商业性质发生了根本性变化，由服务业变成了金融业。贵宾厅生意日益成为主要是讨债的生意，经济效益主要取决于讨债的效率，债能讨回来就赚，讨不回来就赔，生意的好坏与"基本面"上码佣率的高低以及那虚幻的"4、4、2"分配结构的关系越来越小。而赌台，则日益成为仅仅是这种债务游戏的一个金融道具而已。澳门贵宾赌业的"基本面"与"金融面"[15]分裂了。

产业性质的概念分裂，导致了商人身份的概念分裂。一方面，在基本面意义上，中介人仍然是商人，他们仍然惦记着那点码佣，仍然是以赚取码佣的形式参与"4、4、2"分配而取利的赌商；另一方面，在金融面意义上，他们已变成了赌徒，放债就是下注，赌的是每一单生意中的每一位客人的信用条件，是客人的输赢结果以及如果输了他能不能还钱。中介人在基本面上从码佣上涨中得到的好处，越来越多地受到了金融面上死坏账的侵蚀；以赌商的身份所赚取的利益，越来越多地又通过赌徒的身份而流失掉了。从字面上看肥得可怕的那个43％的毛收入分配比重，其实并没有多少真地落入了中介人的腰包，其相当大的一个部分让那些赖账的赌客卷走了。当中介人生意在整体上进入了"金融面之所失大于基本面之所得"的经营逻辑时，这个产业门类就在走下坡路了。统计上的由盛转衰，只是个时间问题了。

下坡路引发了危机感，一个旨在反危机的"制度创新"被中介人发明了出来，这就是所谓的"赌台底"：傍着赌台台面上的输赢盘口，中介人与赌客之间私下另开一盘赌局。从赌客的角度看，是"一注两赌"，他每在台面上下一注，等于同时在台底下的那一局也下了一注，一般情况下，台底这一注的实际下注额，按事先约定，是倍加的，即行话中的"拖五""拖十"等。

此一"制度创新"是基于这样的算计："金融面之所失大于基本面之所得"的问题，可以从两个方面着手克服，或者通过提高讨债效率使金融面之所失缩小，或者通过提高赌收分配中中介人份额的比重而使基本面之所得提高。前者无计可施，只能在后者想办法，这办法就是通过台底私赌而实现"4、4、2通吃"。

这个算计的逻辑错误在于，它假定后者对前者没有影响，赌台底对死坏账率没有影响。事实是，当在"会计感觉"上中介人的基本面收益因赌台底而提高的时候，金融面上的死坏账则因之有了更大幅度的提高；从增量的角度看，由赌台底带来的基本面收益的增量，远远小于因之造成的债务损失的增量。

理解以下两点，有助于深入一层理解这个得不偿失的制度创新的谬误所在：第一，在赌台底的勾当中，中介人赢是虚赢，输是实输。赢了，赢来的只是个债权，只是小本上记着的"应收款"数字；输了，则要马上付钱给赌客。第二，在台面交易中，赌客借的泥码是实实在在地从中介人手里接过来的，债务关系是从真实的借贷活动中产生的——借债还钱，天经地义，欠债不还，于心不忍——人类道德天性中的这些因素在心理上是起作用的。而在赌台底下形成的中介人债权，感觉上是空对空形成的，债务人会觉得，我不还你，你也不失去什么。这个心理因素会大大增加讨债的难度。

结果，这个得不偿失的制度创新，不但没能缓解贵宾赌业的困境，反而推着它在下坡路上滑得更快了，可以说，在导致贵宾赌业最终崩盘的诸因素中，赌台底做出了最大的贡献。

因赌台底而进一步绷紧了的债务链，又压迫着中介人进行了另一项"制度创新"，社会集资。与赌台底相比，这项制度创新已经没有什么智慧含量了。借新债还旧债，是世界上任何一种算错了大账而不觉的金融生意在自己的小账中艰难挣扎的典型手法，小到传销的老鼠会，大到华尔街的金融巨鳄，人类经济史上玩这一手的人和事不计其数。贵宾中介人生意本是放债的生意，当他自己的债权收不回来，生意做不下去了而又不甘心就此罢手的时候，这种拆东补西的手法就登场了。

社会集资有三大弊病：第一，它推迟了贵宾厅体系发病的时间，而加剧了它最终发病的烈度。第二，它把贵宾厅体系内的问题，扩散到了全社会，使得每一个贵宾厅的关门，多少都会转化成为社会性的债务事件。第三，社会集资复杂化了各个中介人的债务缠结，从而缩窄了他们生意进退的选择空间，许多人因为债务缠结想关门也关不了，甚至迫使有些人选择卷款跑路、一走了之。两年来澳门贵宾赌业中发生的卷款跑路一类的丑闻，与社会集资有着直接的关系。是这种糊涂账下的糊涂生意，导致了最终的破罐子破摔。试想，若是能像银行那样，项目利润率—贷款利息率—存款利息率，一环环算得清清楚楚，谁不愿意做安稳生意，谁不愿意老老实实地赚流水钱，谁愿意卷款跑路，把自己一夜之间由人变成鬼？

后　话

两年来的澳门赌业，由抽象的统计数字与形象的新闻事件相结合而构成的症候群，其病根是澳门贵宾赌业史上三个环环相系的"制度创新"：赌客借贷—赌台底—社会集资。推动此一系列制度创新的基本逻辑动力是饮鸩止渴：为了弥补因赌客借贷所造成的债务损失而发明了赌台底；为弥补因赌台底所造成的债务损失而发明了社会集资。

贵宾赌业三十年，像世上许多产业门类一样，经历了一个由盛转衰的过程，这符合自然规律。虽然没有理由断定，澳门的贵宾赌业会就此一病不起，但它无疑已进入了产业生命周期的老年。并不是所有产业的生命周期都是三十年，有的长，有的短，这就要具体情况具体分析了。一般性的规律是，决定一个产业的生命周期之长短的，是它的内生因素，即导致产业在青壮年时代兴旺发达的因素，恰恰也是最终导致它衰老的因素。就澳

495

门贵宾赌业而言，借贷，就是这个关键性因素。可谓兴也借贷，衰也借贷。展望贵宾赌业的前途，一个很简单的逻辑摆在这里：没有借贷，贵宾厅生意根本就没法做；要让客人自己揣着现金来澳门玩，人家凭什么要让你去赚那个43%？然而，随着越来越多的客人摸去了此一体系在三十年前的原始设计上就具有的制度底牌，赖账会像传染病一样制度化、文化化；如此，面对越来越多"肉包子打狗"的事，中介人手里有钱也不敢贷。有钱不敢贷，不贷就没法做生意——澳门的贵宾赌业在这个矛盾结面前僵住了。

---

①赌厅承包人可以是个人，也可以是公司。

②泥码又称"死码"。

③码佣又称"码粮"。

④Wang Wuyi and Peter Zabielskis, "Making Friends, Making Money: Macao's Traditional VIP Casino System," in *Global Gambling. Cultural Perspectives on Gambling*, edited by Sytze F. Kingma, London: Routledge, 2010.

⑤见王五一《博彩经济学》，北京：人民出版社，2010，第111~135页。

⑥玩完了在哪算账？玩完了以后多久才算账？这些都是贵宾厅经营中细腻而重要的问题。

⑦W. Wang and W. Eadington, "The VIP-Room Contractual System and Macao's Traditional Casino Industry," *China: An International Journal*, 2008, Vol. 6, No. 2, pp. 1 – 24.

⑧"'叠码仔'和'扒仔'，这些称谓，港澳人尽皆知，甚至连国际传媒也加以关注。如果规范化后，可以称之为'赌博经纪'，甚至实行发牌制度；它的前身叫'进客'，其发展和形式、产生的变化，有一段历史渊源和过程。"参见刘品良《澳门博彩业纵横》，香港：三联书店（香港）有限公司，2002，第406页。

⑨刘品良：《澳门博彩业纵横》，香港：三联书店（香港）有限公司，2002，第407页。

⑩"澳门旅游娱乐有限公司自1985年起采取类似'承包责任制'的方式，变相承包分销促销，批出赌厅近40个，好景时促销回佣每月约四亿元，亦即每年约50亿元，成了赌场的边缘利益。叠码制度正式建立。"参见刘品良《澳门博彩业纵横》，香港：三联书店（香港）有限公司，2002，第407页。

⑪笔者把独家专营时代的博彩专营公司称为当时澳门博彩监管体制中的"二掌柜"，意即，它在一定程度上具有监管者的功能。因此，如果把政府称作澳门博彩业的"一掌柜"，则博彩专营公司就是"二掌柜"。见王五一《博彩经济学》第六章，北京：人民出版社，2011，第188~200页。

⑫许多澳门人的口袋里同时装着香港的身份证，从而形成了一个相当数量的拥有港澳双重居民身份的群体，例如，最著名的澳门人何鸿燊，同时就是个香港人。

⑬见王五一《博彩经济学》第四章，北京：人民出版社，2011，第118~129页。

⑭在澳门博彩业的统计指标体系中，反映贵宾赌棠之博彩毛收入概念的指标，称为"贵宾百家乐"，这是因为，在澳门贵宾赌业体系中，几乎只有一种游戏，百家乐。也许，将来贵宾厅里有了其他游戏，澳门政府将不得不修改此一统计指标的名称。

⑮股份经济可以分作两个层面来认识，基本面与金融面。所谓基本面，是指发行股票的公司的经营绩效以及与之相联系的股息率的高低和受股息率高低所影响的股票价格。所谓金融面，则是指受股票市场上的供求关系影响的股价行市。基本面与金融面，都会影响股价，但二者在财务上却是绝缘的。

作者简介：王五一，澳门理工学院教授，博士。

[责任编辑：刘泽生]

（本文原刊2016年第4期）

澳门博彩业的监管：原则、内容与重点*

王长斌

[提　要] 澳门博彩业需要加强监管。博彩监管既须严格，又须适度。在阻止有组织犯罪及保证博彩正直性方面需要严格，但不能过分干预博彩企业的经营决策。现阶段，澳门需要强化资格审查制度，防范不适当的人进入博彩业；建立最低限度的内部控制标准，实现博彩经营的规范化；改善博彩立法罚则阙如的现状，采取非常规侦查手段等措施揭露及惩罚犯罪。私人贵宾厅暴露出许多监管漏洞，需要成为监管的重点。针对私人贵宾厅存在的问题，澳门应当拓宽资格审查的范围，提高注册资金门槛，建立借款报告制度以及借款与自有资金的比例制度等。

[关键词] 博彩监管历史　博彩执照　合规性监管　博彩执法　博彩中介人

　　加强博彩业监管，是澳门特区政府近十年的一贯取态。[①]澳门社会也一直存在加强博彩监管的呼声，尤其当博彩业出现问题的时候，加强监管的呼声就高涨。尽管如此，有些人仍然存在疑虑，认为加强博彩监管将在一定程度上阻吓赌客前来澳门参与博彩活动，从而影响澳门博彩业的发展。这种意见虽然不常出现在报端，但实际生活中恐不在少数。因此，有必要

---

* 本文系澳门理工学院科研项目"拉斯维加斯旅游产业集群及动态能力研究——对澳门的警示"（项目号：RP/OTHER – 03/2015）的阶段性成果。

从理论上分析加强博彩监管的依据，为加强博彩监管扫清认识上的障碍。在澳门，关于加强博彩监管的讨论多属泛泛而谈，鲜有深入细致地探讨具体监管措施，以至于迄今为止尚未形成明确的方向性意见。有鉴及此，本文着重探讨加强澳门博彩监管的理论基础，并分析加强博彩监管的原则、内容与重点。

一　澳门博彩业为什么需要监管

经济学家普遍认为，市场通常是组织经济活动的好方法，政府一般情况下不应干预经济的运行。但是，如果出现了市场失灵，政府则应予干预，因为干预可以改善市场结果。[②]市场失灵的一个原因是外部性。外部性是一个人的行动对旁观者福利的影响。[③]如果一种市场行为产生负外部性，也就是说对旁观者的福利产生负面影响，政府就有必要对其进行干预或管控。博彩业存在明显的负外部性，例如产生问题赌博、犯罪或贫困等问题。[④]没有政府的监管，博彩经营者以营利为先，难以真心实意采取措施对付这些负外部性。因此，博彩业的负外部性构成了政府监管的一个经济学基础。

博彩业需要政府监管的另外一个原因是博彩产品或服务的资讯不对称。就是说，在许多博彩游戏中，由于游戏本身的设计（例如博彩机、彩票等，是由博彩游戏提供者预先设计好的，赌客只能接受，不能参与设计）、游戏规则的复杂性以及博彩主持人一般情况下比顾客更了解游戏，所以经营博彩的一方比赌客掌握更多的资讯。博彩经营者很容易利用自己的优势做手脚，欺骗赌客，而赌客难以察觉，这对于赌客显然是不公平的。政府通过监管，保证博彩游戏的正直性，从而保护博彩者的利益。博彩产品或服务的资讯不对称，构成了政府干预或监管博彩业的又一个经济学基础。

很明显，上述经济学的一般理论是把经营者作为监管对立面看待的。监管之所以有必要，是因为顾客、第三者或社会整体利益有可能或容易受到经营者的侵害。在一般的监管经济学看来，经营者是被政府管束的对象，而非受益者。但是，对博彩业的监管却与一般行业有所不同。在博彩业监管中，博彩经营者既是政府管束的对象，同时还是受益者。换言之，政府对于博彩业的监管，不仅对于顾客、第三者或社会整体利益是必要的，即使对于博彩经营者而言，对于博彩业的整体利益而言，也是必要的。这是因为，第一，博彩业是一个极其特殊的行业，这个行业因为其产品或服务的性质而声名不佳。第二，大多数国家在相当长的历史时期内禁止博彩业的存在。长期禁止博彩业所产生的副产品，是博彩业多被控制在有组织犯罪分子手中，甚至事实上成为有组织犯罪的融资工具。第三，大众传播媒介向来把赌场描绘成一个充满欺诈与犯罪的地方。所有这些因素，包括产业性质、资讯的不对称、历史发展的事实以及大众传播媒介的作用等，使得人们对于博彩业始终充满疑虑。这种根深蒂固的疑虑，不仅构成普通民众参与博彩活动的障碍，而且构成人们反对博彩业的基础。尤其在现代民主社会中，尽管博彩业近三十年来在全世界范围内呈爆炸式增长，⑤但如果得不到普通民众的理解与支持，博彩业被限缩甚至禁止的危险一直是存在的。⑥由于产业性质和历史原罪的捆绑，博彩经营者很难像其他行业那样通过自身的努力，例如改善产品品质等，赢得人们的信赖。而政府的监管却可以帮助博彩业改善形象。也就是说，政府的公信力，可以为博彩业的健康发展背书，从而使人们减少甚至放弃对博彩业的疑虑，这正是博彩经营者所需要的，也是博彩业的正常发展所需要的。从这个意义上讲，博彩是具有监管依赖性的行业，⑦政府对博彩业的严格监管是博彩业得以存活及稳定发展的保障。

博彩业在世界上的发展历程，从实践上证明监管之于博彩的重要性。现代博彩监管体系始于1950年代末期的美国内华达州。该州博彩业于1931年合法化，是美国第一个博彩合法化的州。但当时该州并没有建立一个有效的监管体系，以至于在此后二十年左右的时间内整个行业被有组织犯罪分子控制。"二战"之后，美国联邦政府在全国范围内大力整顿有组织犯罪。内华达州政府迫于联邦政府压力，发展了一套以资格审查为核心的博彩监管制度。经过二十多年的努力，内华达政府成功地清除了博彩业的有组织犯罪，帮助博彩业建立了正面的形象，使博彩成为许多普通民众可以接受的娱乐。内华达博彩业的成功，极大地鼓励了美国其他州开放博彩。1978年，新泽西州宣布博彩业合法化。1980年代，美国联邦政府允许印第安人开设赌场。1990至2000年，博彩业在美国各地蓬勃发展，被绝大多数州所接受。从1931年内华达开放博彩到1978年美国第二个州——新泽西州开放博彩，经过了将近半个世纪的时间。而从新泽西州到印第安人被允许建立赌场，只用了不足十年的时间，再经过十年左右的时间，博彩业已经遍及美国绝大多数州了。尽管多种因素促进了博彩业发展的加速，但监管制度居功至伟，如果没有监管制度，博彩业被有组织犯罪所控制的局面将难以得到根本改观。内华达之后开放博彩的州，全部效仿内华达建立了一套类似的监管体系。不仅如此，世界其他许多地区也效仿内华达建立了以资格审查为核心的监管体系。博彩业在世界各地的发展历史说明，有效的监管制度，是博彩业在全世界得到快速发展的保证。

在澳门，博彩业是支柱产业，最近十五年经历了一个辉煌的发展时期，就博彩收入而言已然跃升为世界第一位，⑧但博彩业被认为是"偏门"的传统观念至今仍然难以改变。澳门政府对于赌牌数量及赌台增长均有严格的规定。⑨经济多元化之所以被一而再、再而三地强调，根源之一在于对博彩业根深蒂固的怀疑。澳门博彩业要想成为一个长期稳定发展的正常行业，必须摆脱传统上被认为的贪婪、欺诈、犯罪等负面形象，建立起健康、透明、负责任等正面的行业形象。在这方面，政府的有效监管不可或缺。

澳门所处的地理和政治环境使得加强对博彩业的监管尤为必要。澳门处于中国大陆的南端，内地居民是澳门的主要顾客来源。⑩换言之，内地居民是澳门博彩业收入的主要贡献者。按照《澳门特别行政区基本法》的安排，澳门无须向中央政府缴税，⑪意味着内地居民不能持续性地分享澳门博彩业发展的果实。⑫从这个角度看，中国大陆是资金的净输出方，同时承担了问题赌博、犯罪等博彩业的许多负面影响。因此，澳门政府需要加强对博彩业的监管，减少博彩业的不规范及犯罪现象，赢得内地的支持，使澳门博彩业获得一个长期稳定发展的外部环境。

自然，加强监管可能阻却犯罪分子以及不正当资金进入澳门赌场，从而减少澳门的博彩收入。但是，这些减少对于改善澳门博彩业的整体环境、提升澳门博彩业的国际形象是有好处的，从长远角度看，优良的环境能够吸引更多的赌客和游客来到澳门，因此有利于澳门博彩业的发展。以短期的、不符合法律和道德要求的利益交换长期、稳定、健康的发展环境，孰优孰劣，并不难判断。

二　博彩监管的原则：严格而不过度

尽管政府需要加强博彩监管，但监管并非越严格越好。过于严格的监管可能窒息企业发展的活力。在设计博彩监管制度的时候，需要洞悉监管自身存在的问题。首先，政府在监管过程中掌握资讯不完整，导致监管可能存在偏差。其次，政府有自己的特殊利益，有时候政府的监管是为了其特殊利益，而不是以博彩业的利益最大化为依归。第三，政府在监管过程中有可能被业界收买，成为业界阻碍其他企业进入市场的代言人。第四，监管有可能侵入企业正常经营的领地，对企业的发展带来反作用。[13]因此，在强调监管对于博彩业重要性的同时，也需要清楚地认识到，政府的监管是不完美的，需要警惕监管对于博彩业的负面作用。

特别需要指出的是，由于博彩业传统上声名不佳，所以许多国家倾向于对博彩业严厉监管，有些地方甚至因为监管过分严厉而影响了博彩业的发展。因过度监管而对博彩业形成阻碍的典型范例是美国的新泽西州。该州因地理位置临近纽约、费城等有组织犯罪比较猖獗的大城市，其有组织犯罪问题也比较严重。为了获得居民对博彩合法化的认可，政府承诺采用最严厉的手段监管博彩业，避免其被有组织犯罪分子所控制。[14]

新泽西州1978年宣布博彩合法化，宣布大西洋城是唯一的合法赌博地点。最初几年，大西洋城的博彩收入甚至一度超过了内华达州的赌城拉斯维加斯。从1978到1985年，大西洋城的博彩收入年平均增长率为55.07%。但是，最初的辉煌之后，大西洋城的博彩业开始遇到问题。从1986到2006年，大西洋城博彩收入的年平均增长率只有4.37%，而同期拉斯维加斯博彩收入的年平均增长率达到12.86%。从2007到2014年，大西洋城博彩收入的年平均增长为-7.69%，行业整体陷入衰退，有些赌场被迫走向破产倒闭之路。[15]

许多意见认为，新泽西州的博彩业发展放缓以至陷入衰退，是因为邻州博彩业发展的竞争。表面上看，的确如此。但是，如果将大西洋城与拉斯维加斯进行对比，不难发现，竞争只不过是大西洋城走向衰退的外在原因。拉斯维加斯同样经受加利福尼亚等其他州的竞争，却在1980年代末到1990年代，也就是加利福尼亚州的博彩刚刚开始发展的时候，就完成了城市的自我转型，从一个以博彩为主的城市转变成博彩与各种非博彩因素并存的旅游休闲中心。[16]

拉斯维加斯城市自我转型的始作俑者是史蒂芬·永利（Steven Wynn）。他的开创历史的幻景酒店（The Mirage）于1989年开幕。该酒店有3000个房间，还有人造火山等景观，开创了豪华度假村赌场酒店的先河。它是如此成功，以至于其他投资者纷纷跟进，拆掉过去的老旧赌场，建设了更多、更豪华的综合度假村赌场，从根本上改变了拉斯维加斯，使拉斯维加斯在面临激烈竞争的时候，浴火重生，继续成为美国娱乐休闲重镇。史蒂芬·永利的带头作用对于拉斯维加斯的转型起到重要的作用。这个过程为什么没有发生在大西洋城？事实上，他并非没有考虑过大西洋城。早在1980年，他就在大西洋城建造了金块赌场（Golden Nugget），而且该赌场利润可观，但史蒂芬·永利却于1987年将其卖掉，在拉斯维加斯倾其所有进行了一场豪赌，开创了一代伟业。

大西洋城出了什么问题，以至于优秀的企业家弃之而去？其根源之一就在于过分严格的博彩监管。与内华达州相比较，新泽西州的博彩法在许多方面显得过严了。首先，新泽西州博彩法律规定，博彩业只能局限于大西洋城，并且只能局限于被批准的酒店内。酒店必须满足最低限度的房间数量、公共空间等方面的要求，也需要符合城市规划和环境保护等规定，否则不能获得批准经营博彩。这项法律的结果是，新泽西州的博彩行业长期局限于大西洋城的两块狭小的地域内，拥有赌牌的酒店最多时为12间，迄今为止，由于经营不景气，拥有赌牌的酒店已经减少到8间。而内华达州基本上采用自由竞争的策略，其监管重点是防止有组织犯罪以及保证博彩业的正直性（integrity），对于博彩企业的经营，该州基本不予干预。目前内华达州博彩牌照的数量为2900个，其中450个属于非限制性牌照。[17]其次，新泽西州当时的法律规定，以下人员必须获发牌照后才能进入博彩业，并且每年必须申请续期：（1）赌场关键员工，指赌场中处于监督职位或具有决定权力的人，包括但不限于，赌区主管（pit boss），值班经理（shift boss），主管（supervisor）和帐房（cashier）；赌场经理（casino manager）和助理经理（assistant manager）；负责赌场保安的经理或主管（manager or supervisor of casino security employees）；以及博彩控制委员会认定的其他雇员。（2）赌场雇员和赌场酒店雇员。赌场雇员是指受雇于赌场职位的人，包括但不限于，发牌员（boxman，dealer or croupier），监场（floorman），博彩机工程师（machine mechanic），赌场保安雇员（casino security employee），餐饮服务员（bartender，waiter and waitress），以及其他需要进入赌场工作的人员。赌场酒店雇员，是指虽然不从事直接与博彩相关的工作但受雇于赌场酒店的雇员，包括但不限于服务员（bartender，waiter and waitress），维修工（maintenance personnel）和厨房工作人员（kitchen staff）。（3）高级职员（officer），董事（director），以及在申请赌场营业执照的公司（corporation）中拥有股份的人。（4）在申请赌场营业执照的非公司申请人（non-corporate applicant）中拥有股份的人。（5）与私人及公开交易的控股公司有关系的人。除了申请执照外，赌场还必须为每一个人申请"工作许可"（work permit）。与赌场工作没有关系的一般酒店工作人员都要申请执照，显属过分要求。

这远远超出了内华达州关于博彩执照的范围，对于赌场的经营不啻是负担，也影响了赌场招聘员工的效率。第三，其他有损博彩企业经营的规定，例如赌场营业时间最初限定为周末以及公共假期的上午10点到凌晨6点，其他日期为上午10点到凌晨4点，其他时间必须关闭；赌场经营的游戏品种最初限定为六种；博彩机的空间根据赌场的面积进行限制；等等。[18]这些规定对于企业家的创新是相当大的掣肘。当企业家想要创新的时候，却不能快速、自由地实施计划，而是必须忍受政府拖沓冗长的审批程序。而在拉斯维加斯宽松的经营环境下，企业家可以尽情发挥。历史的机会稍纵即逝，大西洋城虽然后来不断放松监管，但为时已晚，面对日益激烈的竞争，至今仍在生存的边缘上挣扎，而拉斯维加斯早已成为综合休闲城市的楷模。

拉斯维加斯与大西洋城的发展历史，至少从以下两个方面给澳门带来启示：其一，博彩业需要严格的监管，没有监管，博彩业无法成为一个正常的行业，难以长期繁荣。其二，博彩业监管的重点是阻止有组织犯罪以及确保博彩业的正直性，而不是干预博彩业的正常经营。澳门博彩监管应当对于前者严格，对于后者宽松。关于赌场的微观经营方面，建议政府尽量少干预，留给博彩企业自己作决定。

三 从三个环节入手加强澳门博彩监管

大体上，以防止博彩犯罪和确保博彩业正直性为重点的博彩监管应包括三个方面的内容：一是事先防范，二是经营过程中的合规性监督，三是揭露及惩罚违法犯罪行为。在这三个方面，澳门博彩监管均有改善的空间。

（一）强化资格审查制度，阻止不适当的人进入博彩业

在博彩监管中，承担事先防范功能的是资格审查制度，也称为执照制度、准照制度，或许可制度，英语为 licensing。资格审查，是博彩业的核心监管制度之一，其主要作用，是通过对有关人员进行资格审查，防范不适当的人进入博彩业，主要目的是培育博彩业的正面形象。[19]

资格审查制度发轫于美国内华达州，后被美国其他州及世界不少国家所效仿。澳门博彩法律也引入了资格审查制度。在《娱乐场幸运博彩法律制度》（第16/2001号法律）、《规范娱乐场幸运博彩经营批给的公开竞投、批给合同，以及参与竞投公司和承批公司的适当资格及财力要件》（第26/2001号行政法规）、《订定从事娱乐场幸运博彩中介业务的资格及规则》（第6/2002号行政法规）以及《博彩机、博彩设备及博彩系统的供应制度

及要件》（第 26/2012 号行政法规）中建立了资格审查制度。但是，澳门的资格审查制度尚处于初级发展阶段，存在相当多的漏洞，需要采取措施进一步加强。

首先，澳门博彩业资格审查制度涵盖面过窄，需要接受资格审查的人员只涵盖公司顶层的极少数人员或职位，即持有一定股份的股东、董事和担任要职的主要雇员。具体包括：持有博彩公司 5% 或 5% 以上公司资本的股东、每一名董事和在娱乐场担任要职的主要雇员；博彩中介人及拥有有关公司 5% 或 5% 以上公司资本之持有人、行政管理机关成员及主要雇员；[20]博彩机制造商的董事及 5% 或 5% 以上公司资本的持有人。[21]而博彩公司中众多的管理职位，与钱有密切关系的关键岗位，博彩中介人公司的众多管理职位、借贷人、合作人，均无需进行资格审查。换言之，政府对于什么样的人在这些职位上工作，基本上缺乏掌握，造成了监管的极大漏洞。

其次，即便是范围有限的资格审查，澳门也采取了区别对待的方式。澳门法律对于股东、董事需要提供的资料规定得非常详细，其所填写的"公司股东及董事个人资料披露表"的内容主要包括：姓名、地址、出生日期、电话等个人资料，过去 15 年或自 18 岁起的居住资料，婚姻、子女、父母、兄弟姐妹的姓名、出生日期、住址、职业等家庭成员资料，服兵役的资料，学历资料，职位，个人及配偶的受雇工作及许可的详细资料，家庭成员与博彩业与酒精饮料业的联系，被政府调查及民事、刑事诉讼程序资料以及财务资料。[22]而"主要雇员个人资料披露表"则非常简略，只是要求填报一般的身份资讯、电话、住址、家庭成员的姓名、雇佣合同的开始、生效日期以及有无刑事犯罪前科。主要雇员占据的职位非常重要，他们对于公司的经营实际负责，所以应当与股东、董事一视同仁，不应区别对待。

最后，澳门的资格审查属书面审查，基本上不进行实质性的调查，致使这一制度流于形式，无法起到应有的作用。资格审查制度的力量在于调查。没有真正的调查，资格审查只能流于形式。

建议澳门特区政府从以下几个方面加强博彩业的资格审查制度。

第一，扩大资格审查的范围。除了现行法律规定的人员外，赌场的中层管理人员，以及关键岗位上的工作人员，都需要一定程度的审查。从澳门的实际情况看，资格审查的范围尤其应当扩大到以下人员：卫星赌场[23]的拥有人、董事与关键雇员；贵宾厅承包人的投资合伙人；借款给赌场或贵宾厅的人，当借款超过一定数额时，也需要审查。

第二，建立分层次的资格审查制度。由于政府资源有限，而博彩从业人员众多，政府不可能对所有人实行一视同仁的审查。原则上，职位越高，越重要，审查就应当越细致，越彻底。而一般的赌场工作人员可以实行注册制，只需要向政府提交无犯罪记录。

第三，充分利用其他机构的审查结果。由于世界不少国家对于进入博彩业的人员实行资格审查制度，所以，为了节省资源和时间，对于在其他法域已经通过资格审查的人员，澳门可以视情况不再，或在较低程度上，进行资格审查。

第四，建立与内地及周边地区的协助调查制度。澳门地域细小，不少博彩从业人员来自澳门之外。为了资格审查的顺利进行，澳门需要争取相关国家或地区的支持，与其建立协助调查机制。

第五，建立一支专业审查队伍。资格审查涉及历史背景和金融背景调查，审查人员需要具备相关的专业知识和技能，其中尤以金融、法律及调查知识与技能最为重要。

（二）建立最低程度的内部控制标准，加强合规性监管

《娱乐场幸运博彩经营法律制度》（第 16/2001 号法律）第三十条规定：承批公司及管理公司均应设置本身之会计系统、健全之行政组织、适当之内部查核程序。但是，什么样的会计系统符合标准？什么才是"健全"的行政组织？什么才是"适当"的内部查核程序？迄今为止，澳门特区政府没有在这些方面发布任何正式标准。

建立最低内部控制标准（Minimum Internal Control Standards，MICS）是加强博彩业监管的重要步骤。政府制定并根据这些标准，督促博彩企业规范经营，消除监管空白及漏洞。对于博彩企业本身而言，最低内部控制标准是实现自我规范、提高管理水平的重要途径。美国等国家对博彩业进行的日常监管，很大程度上依赖于这套标准。没有这套标准，所谓博彩业的日常监管即无从着力。

最低程度的内部控制制度大体包括三个方面的内容：进出控制、文件记录控制以及人员控制。进出控制主要是指在敏感地方安装安全设施和监控系统。例如，对于帐房，应当确保安全，不能轻易让外入侵入。文件记录控制就是记录博彩交易的过程，方便以后追踪。人员控制是指建立一个请示、批准、监督的链条，以便明确责任，内容包括把一项职责细分为不同的环节并安排不同的人完成以及完成之后的再次核实、对职员的监督、

文件的保留等。

只建立内部控制制度是不够的，如果制度只是躺在纸面上，再完美的制度也不能起到作用，所以，监管部门应当采取措施督促、检查博彩公司，切实实行已经制定的制度。例如，对于进出控制制度，监管部门应当每隔一段时间就以一般访客或以顾客身份暗访某些应当实行控制的区域，甚至故意违反某些规定，以考察其控制是否起作用。对于文件记录控制制度，监管部门要经常进行检查或突击性抽查；对于涉及会计等方面的内容，需要进行审计。对于人员控制制度，监管部门同样需要进行监督检查，保证这些制度能够贯彻落实。

（三）采取有效措施，揭露违法，惩罚犯罪

首先，澳门博彩法律对于罚则的规定较弱，是一大缺点。《娱乐场幸运博彩经营法律制度》（第16/2001号法律）以及其他博彩法律法规为博彩企业及其相关人员规定了很多义务，但多数没有规定违反法定义务之后的处罚措施。第16/2001号法律第四十三条规定：对于违反或不遵守本法律、补充法规或批给合同的规定可归责于承批公司或管理公司而适用之违法行为制度，由行政法规订定。但该法通过并实施十五年，配套的行政法规始终未制定出来。

缺少处罚规定，导致澳门博彩法律缺乏执行力，影响法律与政府的权威。从2001年到现在，澳门公之于众的对于博彩公司的处罚只有两宗，一宗是某公司未达到禁烟的要求，另外一宗是某公司违反了个人资讯保密的要求。而新加坡自2010年开始有赌场以来，且在只有两间赌场的情况下，博彩执法部门所作的合规性处罚已经达到数十起，累计数百万新加坡币的罚款。[24]也许澳门博彩执法部门较多地采用了行政指导手段，但一定程度的公开处罚是十分必要的。处罚的目的不仅是惩罚，更多地是警告具有潜在违法倾向的人，对于普通公众也有教育作用，不可等闲视之。

除了弥补立法漏洞之外，特区政府还应当采取行之有效的措施揭露违法犯罪行为。博彩业的许多违法犯罪行为是在地下进行，常规性的执法手段难以奏效。例如，在澳门的赌场里有"赌底面"现象，即赌客除了在赌场内参与博彩活动外，还利用该博彩活动的结果，与场外的人对赌。"赌底面"的结果，是政府丧失应当收取的博彩税，同时也不利于政府反清洗黑钱。但"赌底面"难以查处，主要是因为参与的人你情我愿，执法机构很难发现问题，所以应当采取一些非常规性的手段，例如突袭、便衣侦查等，

以有效地揭露违法犯罪行为。

四 澳门博彩监管的重点领域：私人贵宾厅

私人贵宾厅是指博彩公司与博彩中介人达成协议，将本公司的部分博彩区域指定给博彩中介人专用。一般地，博彩中介人需要完成一定的博彩额，才有可能获得专用的贵宾厅，并从承批公司领取佣金，甚或与博彩公司利润分享。因此，在澳门，博彩中介人俗称为贵宾厅承包人。私人贵宾厅为澳门博彩收入贡献甚巨，从 2002 年实行新的博彩批给制度开始到 2015 年，私人贵宾厅的博彩收入始终占澳门博彩总收入的一半以上，有些年份甚至超过 70%。⑤但是，私人贵宾厅的运作亦有许多不合法律规范之处，政府对私人贵宾厅的监管存在不少空白或漏洞。

首先，澳门目前的法律从博彩中介人角度管理贵宾厅，要求贵宾厅承包人取得博彩中介人执照，而对于贵宾厅的经营资格，未作特殊要求。贵宾厅承包人只要具备《商法典》所称的"商业组织"特征，即可开设贵宾厅，这意味着属自然人的商业企业主、无限公司、两合公司、有限公司（包括一人有限公司）、股份有限公司都有资格开设贵宾厅。澳门《商法典》对这些商业组织的资本要求都很低，自然人商业企业主、无限公司、两合公司没有注册资本要求，有限公司的最低资本仅为 2.5 万澳门币，股份有限公司的最低资本为 100 万澳门币。

澳门法律仅从中介人角度监管私人贵宾厅是不够的。中介功能只是为赌场介绍客人，然后从赌场领取佣金，几乎没有任何经营风险。但在实践中，私人贵宾厅不仅从事博彩中介业务，实质上是与博彩公司合作经营一个小型赌场。在澳门，绝大多数私人贵宾厅采取与博彩公司利润分成的模式，在这种模式下，私人贵宾厅"经营"博彩的特征是非常明显的。即使不采取利润分成模式而采取纯粹的佣金模式，贵宾厅承包人也存在经营风险。这是因为，私人贵宾厅必须完成一定的博彩额才能领取佣金，如果达不到合同规定的数额，贵宾厅承包人不仅不能领取佣金，而且必须支付违约金。因此，澳门法律需要从博彩经营角度规范私人贵宾厅的经营资格，具体内容应当比照对于博彩公司经营资格的法律规定。

其次，对于私人贵宾厅所有者和经营团队，澳门法律只是对贵宾厅承包人提出了资格要求。《娱乐场幸运博彩经营法律制度》（第 16/2001 号法律）第二十三条以及相关的行政法规规定：如果贵宾厅承包人属自然人，则该人应当具备适当资格；如果贵宾厅承包人属公司，则持有5%及5%以上公司资本的股东、公司董事及主要雇员应当具备适当资格。对于"叠码仔"（澳门法律称之为博彩中介人的合作人），法律只是要求贵宾厅承包人向政府递交一个与之合作的叠码仔的名单，及其无犯罪记录（俗称"行为纸"）。对于贵宾厅中的其他人，例如承包人的合作伙伴、主管财务的经理人员等，政府没有任何资格要求。

最后，私人贵宾厅的经营与操作存在许多不规范之处，例如：

1. 贵宾厅存在普遍的吸收存款现象。贵宾客到澳门参与博彩活动，通常不带大量现金，而是向贵宾厅借贷，因此，贵宾厅营运需要大量的、充足的资金。有些贵宾厅自有资金不足，于是向赌客、亲朋甚至公众吸收存款。贵宾厅如果像金融机构那样运作，则属于非经许可接受存款，属于刑事犯罪。[26]尽管贵宾厅存款的性质尚有争议，但大规模的吸收存款容易造成社会不稳定。2014年和2015年，澳门发生了著名的"黄山事件"与"多金事件"，两者都涉及到贵宾厅人员卷款潜逃，引起澳门社会不少波动。

2. 叠码仔非法借贷。按照澳门《娱乐场博彩或投注信贷法律制度》（第5/2004号法律）的规定，只有承批公司、转承批公司和博彩中介人有资格向顾客提供博彩信贷。但在现实生活中，博彩中介人为了规避风险，许多情况下并不直接借贷给赌客，而是首先借贷给博彩中介人的合作人（叠码仔），然后由合作人向赌客提供博彩信贷。而由合作人向赌客提供博彩信贷，并不符合法律的规定，相应地也不会受到司法的保护。

3. 赌底面。赌底面是指赌客在法律许可地方赌博的时候，利用赌博的结果，同时与场外的非法庄家对赌。例如，如果赌客与场外庄家约定"一拖三"，则意味着赌客在场内赢一百万，场外庄家还要再付给赌客二百万；赌客在场内输一百万，还要输给场外庄家二百万。由于赌底面属非法赌博，所以很难估计其规模，但澳门业界认为赌底面在贵宾厅是普遍的事情。之所以出现赌底面现象，其中一个重要的原因是叠码仔可以通过赌底面从场外庄家拿到更多的佣金。赌底面的直接结果，是造成正规赌场的博彩收入减少，从而拖累政府的博彩税减少。

建议澳门特区政府采取以下措施加强对贵宾厅的监管：

第一，扩大贵宾厅人员的资格审查范围，例如把贵宾厅承包人的投资合伙人、叠码仔等纳入资格审查范围，并对其进行实质性的背景调查。

第二，提高开办贵宾厅的资金门槛。由于贵宾厅实际是独立的小型赌场，所以应当按照经营赌场的条件，对开办贵宾厅规定最低数额的注册资金要求。

第三，建立借款报告制度，并限制自有资金与借贷资金的百分比。从"黄山""多金"事件，我们知道许多人借款给贵宾厅，政府为了反洗钱及其他犯罪行为的需要，需要掌握这些资金的来源，确保流入博彩业的资金的正当性。所以，超过一定数额的借款，应当向政府报告，否则政府可以撤销其营业执照。另外，为了防止贵宾厅过度借贷，侵犯借款人和博彩参与人的利益，应当规定自有资金与借贷资金的比例，降低贵宾厅破产风险。

第四，加强对贵宾厅的监督与执法，采取暗访、突袭、便衣侦查等方式，打击"赌底面"等不规范操作行为。

澳门博彩过去十五年来发生了翻天覆地的变化，但由于监管方面比较薄弱，所以属于粗放型发展。这一发展模式已经并将继续受到挑战。澳门必须清醒地认识到粗放型模式发展的局限性，摆脱博彩业高速发展的沾沾自喜，在改善监管方面下功夫。应当认识到，博彩监管与博彩业发展并不矛盾，博彩监管不是为监管而监管，也不是要把博彩业管死，而是帮助其改善形象，促使其更好、更健康。澳门特区政府需要着眼于长远，做好"严格监管"与"适当监管"的平衡，消除社会各界对于博彩负面影响的疑虑及关切，为澳门博彩的长期、健康、稳定发展打下一个良好的制度基础。

---

①澳门回归祖国的最初几年，特区政府把博彩业作为龙头产业大力发展。从 2007 年开始，由于博彩业发展的速度非常快，澳门政府开始转变政策取态，强调"加强对博彩业的规范性管理和监控"。参见何厚铧《中华人民共和国澳门特别行政区政府二零零七年财政年度施政报告》以及其后历年施政报告和崔世安特首历年施政报告。

②③参见曼昆《经济学原理》上册，梁小民译，北京：生活·读书·新知三联书店、北京大学出版社，1999，第 9 ~ 10 页。

④参见王长斌《我国的互联网彩票：经营模式、发展策略与管制框架》，杭州：《财经论丛》2016 年第 2 期。

⑤参见王五一《赌权开放的制度反思》，澳门：澳门理工学院，2005，第 175 ~ 186 页。

⑥I. Nelson Rose, "Gambling and the law: The third wave of legal gambling," *Jeffrey S. Moorad Sports Law Journal*, 2010, Vol. 17, Issue 2, Article 5.

⑦参见王五一《论博彩业的监管依赖》，澳门：《澳门理工学报》2015 年第 3 期。

⑧从 2008 年开始，澳门的博彩收入超过内华达州，跃升为世界第一位。

⑨例如，澳门政府实行的限制赌牌数量政策和赌台增长政策，直接或间接地影响着澳门博彩业的发展。

⑩中国内地旅客到澳门旅游，自澳门回归以来大幅增长，内地旅客由 1999 年回归前不足 100 万人次，增至 2015 年全年达到逾 2041 万人次，占访澳旅客总数的比例由回归前的 11.8%，增至 2015 年占比高达 66.5%。自澳门"自由行"政策于 2003 年 7 月开始实施后，到访澳门的内地旅客于 2004 年大幅增长 66%，人数由 2003 年的 574 万急增至 2004 年的迫近 1000 万人次，内地旅客占比首次突破 50%。参见澳门特区政府统计暨普查局统计资料，http://www.dsec.gov.mo/Statistic.aspx? NodeGuid = 7b23463a – d253 – 4750 – bd12 – 958030df5ccb。

⑪《中华人民共和国澳门特别行政区基本法》第 104 条。

⑫澳门特区政府确实通过救灾、慈善、奖励等渠道向内地提供捐赠。

⑬参见詹姆斯·D. 格瓦特尼等《经济学：私人与公共选择》第 9 版，梁小民、梁砾译，北京：中信出版社，2004，第 731 ~ 733 页。

⑭⑯ Steve Durham & Kathryn Hashimoto, *The History of Gambling in America*. Upper Saddle River, NJ: Prentice Hall, 2010, pp. 68 – 69; 60, 48.

⑮UNLV Center for Gaming Research, available at: http://gaming.unlv.edu/reports.html.

⑰在内华达，经营 15 个以下的博彩机获发限制性牌照，其他都是非限制性牌照。

⑱Alvin J. Hicks, *No Longer the Only Game in Town: A Comparison of the Nevada and New Jersey Regulatory Systems of Gaming Control*, 12 Sw. U. L. Rev. 583（1980 – 1981）.

⑲详见王长斌《澳门博彩业的许可制度：现状与未来》，澳门：《澳门理工学报》2015 年第 2 期。

⑳《娱乐场幸运博彩经营法律制度》（第 16/2001 号法律）第 14 条、23 条。

㉑《博彩机、博彩设备及博彩系统的供应制度及要件》（第 26/2012 号行政法规）第 5 条。

㉒《规范娱乐场幸运博彩经营批给的公开竞投、批给合同，以及参与竞投公司和承批公司的适当资格及财力要件》（第 26/2001 号行政法规）附件 II。

㉓卫星赌场是指赌场经营者本身没有获得幸运博彩的批给权，但与获得批给的承批公司合作经营赌场。一般而言，卫星赌场向承批公司提供博彩市场营销推广方面的服务（包括市场营销、推广、宣传、发展、引入客源及营业场地等），承批公司则负责赌场的核心营运项目（包括赌台运作、赌具管理、荷官、监场、帐房、保安、电视房等），卫星赌场依据协议而分占赌场所产生之博彩收入及亏损总额的一部份作为报酬。参见陈志亮《澳门卫星赌场现况及发展》，澳门：《澳门月刊》2013 年第 8 期。

㉔参见新加坡赌场监管局网站之"enforcement actions"，http://www.cra.gov.sg/cra/enforcementactions.aspx/93。

㉕参见博彩监察协调局网站之"统计资料",http://www.dicj.gov.mo/web/cn/infor-mation/DadosEstat_mensal/index.html。

㉖《金融体系法律制度》(第32/93/M号法令)第121条。

作者简介:王长斌,澳门理工学院博彩教学暨研究中心教授,博士。

[责任编辑:刘泽生]

(本文原刊2016年第4期)

主持人语

刘泽生

澳门经济经过两年多的深度调整，终于在 2016 年第三季出现转机，整体经济在第三季止跌转增，按年实质上升 4%，这是过去两年来首次录得的季度增长。年内，引发澳门经济调整的主要因素博彩业，已止跌回稳，从 2016 年 8 月起，博彩收入连续第 4 个月出现增长。2016 年 1 ~ 11 月的博彩收入数据，已达到政府的全年 2000 亿澳门元预期，对政府财政的潜在压力出现缓和。第三季服务贸易重拾正增长，整体服务出口按年上升 3.3%，其中博彩服务出口及其他旅游服务出口分别增加 0.2% 及 6.5%。从季度增长趋势看，2016 年澳门经济呈逐季改善态势，但首三季按年实质出现 5.4% 的收缩，仍处于调整中。经济大局总体稳定，失业率维持在 1.9% 的低水平，通胀有所回落，公共财政也仍稳健。截至 2016 年 9 月底，特区政府财政储备总额达 4682 亿澳门元。

支撑澳门经济在 2016 年下半年出现回调的主要原因，包括以下几个因素：一是经过两年多的深度调整，澳门经济基数较低，具有技术性反弹的成分。二是外需出现改善，内需也有所回稳，第三季入境旅客及消费均呈温和增长，货物贸易跌幅开始收窄。三是贵宾厅业务触底回升，市场信心有所回稳，年内博彩业新场效应开始显现。四是私人投资上升带动整体投资改善，政府投资也出现温和增长。根据国际货币基金组织报告和澳门金融管理局的预测，2017 年澳门经济有望恢复正增长。尽管澳门经济调整压力出现缓和，经济回复增长轨道，但制约澳门经济社会长期发展的结构性因素和局限依然存在，需要同心协力，依照澳门自身发展目标踏实前行。

　　澳门特区政府 2016 年 11 月发表了 2017 年财政年度施政报告，题为《逐步落实规划，共建美好家园》，对接澳门特区五年发展规划，提出多项经济社会施政措施：一是加大力度推进经济适度多元化。逐步落实特区五年发展规划中培育新兴产业的各项计划，推进特色金融、电子商务、会展等新兴产业发展，同时完善经济适度多元发展统计指标体系。二是深化区域合作、融入国家发展。利用自身特点，积极参与区域合作事务，提高合作成效、增强区域竞争力；进一步落实《粤澳合作框架协议》，更好地利用广东自贸区的建设，推进横琴粤澳合作产业园的建设，向横琴推荐更多入园发展项目；用好用足 CEPA 优惠政策，推进澳门与内地的服务贸易自由化。三是着眼全域协调城市建设，统筹房屋、交通、环保等各项工作配套发展，增强居民对美好家园认同感、归属感和幸福感。上述措施，有助逐步培育澳门长期增长动力和夯实繁荣稳定基础。带领澳门民众"共建美好家园"，这既是澳门特区政府自身的施政目标，也是"一国两制"下澳门特区对国家的治理责任。近日，行政长官崔世安在纪念澳门基本法活动中对落实澳门基本法提出三点要求：必须坚定维护国家主权、安全和发展利益；必须努力使澳门发展融入国家发展，有效服务国家，并从中实现自身的提升；需要促进澳门各界同心致远、共享繁荣。而要达致这一重任，既要立足澳门，努力提升施政绩效与规划落实能力；也要跳出澳门，有效借鉴与吸收国际运作经验。

　　为此，本栏特别刊发黄璜、陈庆云的文章，从理论和实践两个层面，分别就澳门五年发展规划的目标、主体和资源进行探讨，提出加强政府部门的资源统筹协调能力、完善对规划实施效果的绩效评估机制、增进政府与社会开放理性互动、利用信息技术提高政府决策和治理能力等建议，观点具有前瞻性和建设性，是继上期鄞益奋、张锐昕文章后本栏对澳门首个五年规划持续深度研究的又一力作。本栏另刊曾忠禄文章，从拉斯维加斯的大型表演、主题酒店入手，揭示了博彩旅游城市动态发展的活力源泉及政府相应角色，对澳门拓展旅游业颇具借鉴意义。

澳门五年发展规划：目标体系、主体互动与资源优化

黄　璜　陈庆云

[提　要]《澳门特别行政区五年发展规划（2016～2020年)》是澳门有史以来首次尝试对未来经济社会发展进行总体规划。本文结合理论和文本分析，分别对规划的目标结构、主体结构和资源结构三方面作出了探讨。本文认为，规划设置了一整套目标体系，应注意目标的多样性、层次性带来的复杂结果；参与规划制定和实施过程的多元化主体之间应保持良性互动，从而建立相互支持和合作的关系；规划实施中应引导好公共资源与私人资源在既定目标下的合理配置，并注意把握宏观和微观两种资源。

[关键词]　澳门五年发展规划　规划目标　主体　资源

一　引论

　　规划，是现代公共政策中一种特殊的政策工具。规划出现在不同层面和类型的治理过程中，包括国家治理、区域治理、城市治理以及各种专项治理等，因此也就相应地有关于国家、区域和城市的总体规划以及诸如旅游规划、电子政务规划等专项规划。所谓总体规划，通常是对一定区域内的经济社会发展、自然资源等在空间和时间上所做的总体安排和布局；专项规划则针对特定领域，可以看作是总体规划在特定领域的细化。规划既有目标，也有指标；既有任务，也有项目，而一般性的公共政策主要强调

目标和任务。①通常来说，规划在公共政策层次上的位势较高，是"制定各种公共政策的主要手段"②。

在中文语境下，提及"规划"通常都会联想到国家制定的"国民经济和社会发展五年规划"。五年规划源于五年计划，后者又参考前苏联的五年"国民经济计划"，并为印度、③韩国、④马来西亚⑤等不少国家所借鉴。中国政府在1982年将"国民经济五年计划"改为"国民经济和社会发展五年计划"。2006年出台的"十一五规划"则进一步用"规划"代替了"计划"。实际上在"十一五规划"出台之前，中国政府在许多专项领域已经开始制定"规划"。名称调整的背后是国家在整体上从偏重发展经济和关注重点产业，转向发挥政府的服务职能、促进经济与社会均衡发展。多年前国际上尤其是西方国家对"五年计划"颇有微词，但是随着中国经济的快速增长，国际评价也发生了转变，认为中国通过五年规划由中央确定政治和经济发展方向，是保证其经济稳定增长的重要原因。⑥事实上，西方发达国家也有总体规划。德国在20世纪初就已经形成现代规划体系，并以法律的形式发布。⑦德式规划虽然称作空间规划体系，但是实际上是将社会发展中的"所有这些需求都放在空间上考虑"，⑧因而并不能简单地仅理解为对空间的规划。日本从1962年开始每隔7~10年制定《国土综合开发规划》，迄今已有六次，目的是"依据国土的自然条件，从经济、社会、文化等措施的综合观点出发，……提高社会福利水平"，⑨其目标同样着眼于经济社会的综合发展，也不能简单视为国土（土地）资源规划。有学者认为，中西方规划的重要区别在于，中国规划不以立法为目标，而是尝试建立一个"可预见的政策过程"，⑩虽然部分规定具有法律效力，但并不等同于法律。⑪应当注意的是，随着中国内地市场经济的深入发展，规划的可预见性正在逐步降低，而导向性却在不断增强。

澳门特别行政区政府在2016年9月出台了《澳门特别行政区五年发展规划（2016—2020年）》（以下简称澳门五年发展规划），这是澳门有史以来首次尝试对未来五年的城市经济社会进行总体规划。作为特别行政区，依据《澳门基本法》，澳门实行高度自治，享有行政管理权、立法权、独立的司法权和终审权，因此其公共政策过程具有鲜明的特点，与内地颇为不同。虽然澳门在城市规划、环境保护、节水和再生水、非高等教育、电子政务、长者服务、旅游、新城区、置业安居、人口、历史城区保护等领域也已经或正在制定规划（计划）或政策框架，如表1所示，但是在此之前并未如内地城市一样建立有关经济社会发展的总体规划。

表1 澳门政府已经或正在制定的规划（计划）

规划名称	时间跨度	制定部门	目前进展
城市概念性规划纲要	2010～2040	可持续发展策略研究中心	已发布
环境保护规划	2010～2020	环境保护局	已发布
节水规划大纲	2010～2025	推动构建节水型社会工作小组	已发布
非高等教育发展十年规划	2011～2020	教育暨青年局	已发布
再生水发展规划	2013～2022	推动构建节水型社会工作小组	已发布
电子政务整体规划	2015～2019	行政公职局	已发布
养老保障机制及长者服务十年行动计划	2016～2025	社会工作局等组成跨部门工作小组	已发布
康复服务十年规划	2016～2025	社会工作局等组成跨部门工作小组	公众咨询结束
旅游业发展总体规划		旅游局	咨询文本
新城区总体规划		土地工务运输局	咨询文本
本地居民置业安居计划		房屋局等组成政府跨部门工作小组	公众咨询结束
人口政策框架		政策研究室	公众咨询结束
历史城区保护及管理计划框架		文化局	咨询文本

资料来源：澳门政府及各部门网站。

　　此次澳门制定五年发展规划，对未来经济社会发展和政府各部门准备重点推行的规划、计划、政策等进行统筹安排，展现了澳门政府超越碎片化治理，实现协同政府、整体政府的决心和勇气。尽管在规划的时间跨度上参考了内地的五年规划，内容上也努力与国家"十三五规划"进行对接，但是其立意"主观上是缘于制定世界旅游休闲中心的规划，客观上是缘于经济社会发展对增强澳门自身发展能力的需要"，[12]不仅做到了立足澳门实际情况，整合了几乎所有政府部门的意见建议，而且组织了覆盖社会各行各业的大讨论，达成了共识，拥有充分的民意基础。由于澳门特殊的历史背景、政治地位和经济制度，澳门的总体规划既有别于内地各省市，又不同于西方社会的规划，今后在政府、市场和社会的三元关系中如何协调并形成适于澳门发展的最佳组合，是一个值得充分探索的课题。

　　由于澳门五年发展规划刚刚发布，其实施效果和潜在问题还有待于进一步观察，本文尝试从目标结构、主体结构和资源结构三个维度入手，对规划制定和实施过程作出理论和文本分析。其中，目标是规划系统的灵魂，指明规划的方向；主体及其关系构成规划系统的结构，通过互动实现规划目标；资源则既是规划的对象，也为规划系统内部以及与环境的交互提供动力。

二 规划中的目标结构及其内容对潜在冲突的协调

正如任何一项公共政策，目标是规划的核心要素，是规划的灵魂，对目标的分析和管理贯穿于公共政策全过程。首先，目标是制定规划方案的依据，所有规划方案都必须围绕规划目标展开，没有目标的规划是无的放矢。其次，目标是实施规划的指导方针。规划实施不能偏离目标，更不能违背目标。政策实施过程中的自由裁量权必须受到目标的约束。再次，目标是评价规划的参照标准。评价一项规划落实得好不好，不仅要看实施者是否努力工作，更重要的是看既定目标是否实现以及实现程度如何。

在一般意义上，目标就是打算做的或者实现的事情。这个概念是极为宽泛的。无论是政府、企业、社团还是个人，都会有各种各样的目标：有些目标十分明确、具有操作性，甚至可以量化或者完全分解；而另一些目标则是模糊的，宏观的，定性的，不可分割的，甚至表现为某种信仰或者愿望。在各种规划中经常会看到诸如总体目标、主要目标、发展战略、主要任务、重点项目等内容，虽然管理学理论对这些概念进行了详细区分，但是从目标的一般意义上看，这些概念之间无非是"目标—手段"链的关系：实现上一层次目标的手段是下一层次追求的目标。由于规划对一般公共政策往往具有指导性或约束性，因此规划的目标结构表现为其具体内容实际上是由一系列不同层次、不同维度的目标所组成的，由此也就形成了一整套的目标体系。

然而，绝大多数公共政策的目标很难像工程项目一样进行模块分解，在政策目标体系内部以及目标与问题之间总是存在某些潜在的风险。首先，目标之间既可能相互关联、相互协调，也可能相互矛盾、相互制约，甚至是相互冲突。有些目标追求有效率的经济增长，比如澳门五年发展规划中提出"非博彩行业的收益逐步上升，包括批发及零售、酒店、饮食、建筑、金融等的收益有所增长"，而另一些目标则关注更加公平（平等）的分配，注重安全保障（比如环境保护、公共安全等）或者城市空间布局等，比如提出"实施教育公平，不让居民因家庭困难而失去接受教育的机会""协调……环境保护和合理承载的关系""以人的安全为本，以经济发展与城市空间布局相协调为原则"等。如果在同一领域或事件中同时涉及相互矛盾、制约或冲突的多种目标，而实现目标所需要的资源又有限，规划实施就可能面临困境，因为在一定角度上这些多样化的目标之间很难进行资源协调和利益平衡。再比如，一些目标着眼于长远，而另一些目标则更着重于解决眼前的问题，这也可能导致出现在资源分配中无所适从的局面。因此协调不同目标之间的关系至为重要。当目标相互关联时，规划实施者必须理解这些目标之间的关系是什么，主要目标是什么，次要目标是什么，它们的相互影响关系是什么，哪些目标更为关键。在目标相互冲突时，规划实施者必须了解冲突的根源，把握决策者的规划意图，在不同目标之间形成平衡，尤其是涉及不同部门分别完成某一目标的不同任务时，不能一味地从本部门出发，而需要放眼全局、综合考虑、着眼资源、相互协调，以求得社会利益的最大化。其次，虽然目标是有层次的，下一层次目标可能是上一层次目标的分解、细化或者实现的途径，但是这并不意味着这些层次之间是 1 +1 = 2 的关系。通常来说，位于上层的目标在表述上相对比较概括，比如作为最高层次的总体目标一般而言是决策者试图在战略上、宏观上实现的治理目标，与社会整体或某一领域的发展水平相关：而下一层次的目标在表述上则相对比较具体，尤其是在指标层，常常可以用精确的数字来衡量其实现程度，可称之为工具目标。虽然工具目标包含在上一层次目标的限阈内，但是要注意的是，工具目标并不能反映出上一层次目标的全部。工具目标往往是对目标中重要特征、方向等进行细化，尤其是量化指针是将目标中可以量化的部分抽取出来作为一种工具性替代。比如澳门五年发展规划中用"政府财政按教育职能的开支"作为衡量教育发展水平的工具性指标之一。因此虽然工具目标具有可操作性，但是如果用工具目标完全代替总体目标来操作，将工具目标视为一种绝对目标，以工具目标的实现程度或有效性为唯一诉求，就会导致目标异化。

对于刚刚制定的澳门五年发展规划而言，上述理论探讨为今后规划的实施和评价指出了可能存在或者需要重点关注的问题，需要在规划实施中进一步厘清规划目标体系的框架结构和策略分解。澳门五年发展规划从愿景、总体目标、主要目标、主要指标的项目、发展战略，到各篇、节和段落中的具体任务、专栏，形成了澳门未来五年发展的目标体系，这一目标体系的实现旨在"建成'一个中心'",使澳门真正成为名副其实的旅游休闲城市、宜居城市、安全城市、健康城市、智慧城市、文化城市、善治城市。这是澳门长期发展的愿景,即未来发展的基本定位,其中"一个中心"是对定位的高度凝练和概括,而七大城市就像"一个中心"这颗璀璨宝石的七个"刻面",是澳门希望向世人展现的城市形象。如图 1 所示。

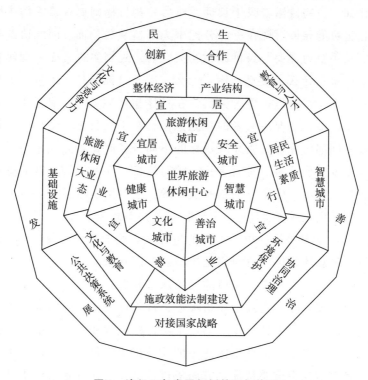

图 1　澳门五年发展规划的目标体系

说明:图片所展示的是由六个同心多边形组成的立体图。最上层是规划愿景,即"一个中心";七个城市是愿景的七个"刻面";然后依次是总体目标、主要目标和发展战略;这些部分构成了战略篇的主要内容。最外层是主要任务(目标),分为民生、发展和善治三部分,由于任务众多,不能一一显示。每一层都可以转动,表示出各层目标之间的复杂对应关系。

如果说愿景解决了"澳门是什么样的城市"的问题,是对澳门未来发展的一种期望和描述,那么总体目标(在规划中与"使命"相当)则阐述了"一个中心"的价值问题,即创造什么价值,以及为谁创造价值。规划总体目标的表述是:"将澳门建成一个以休闲为核心的世界级旅游中心,成为具有国际先进水平的宜居、宜业、宜行、宜游、宜乐的城市。"由此可知,

"一个中心"的价值在于为澳门居民与来自全世界的旅游者们缔造一个具有世界级水平的休闲胜地，让人们在这里既能够安居、乐业，也能够享受。

主要目标是对总体目标的细化，发展战略则是实现总体目标的途径。规划中的七大主要目标侧重于描述实现什么样的状态或者程度，与之相对应的是经济社会发展指标。在规划的专栏 1 给出了其中的主要指标，绝大部分是可量化指标，而其他更多的指标分散在后面的具体任务中，比如，规划中提出"短中期规划兴建约 4600 个公屋单位"，"长期规划于新城 A 区兴建约 28000 个公屋单位"等也属于可量化指标。规划中的八大发展战略侧重于如何实现上述状态或者程度，或者说以什么样的手段来实现，就其实质而言仍然具有目标的性质，与后面的任务方案、专栏等相对应。

虽然规划没有明确说明其民生篇、发展篇和善治篇的内容属性，但是按照规划的一般模式，这些内容属于规划的任务部分。虽然由于规划的制定过程是政府体系内自上而下（宏观或战略思维）和自下而上（微观或工作思维）两种途径的综合，这些任务很难说是对主要目标或发展战略的直接分解，但是它们与主要目标或发展战略之间存在着内在的对应关系。三大篇任务以及嵌入的 25 个专栏（不包括专栏 1 和 2）及其 117 个重点工程、计划、工作等详细说明了未来五年澳门各个领域的具体目标。当然，很多任务或具体目标是不可量化或不可分割的，比如"持续加强院校之间、以及澳门与外地高等院校之间的学术研究合作，进一步提升高教素质，拓展学生的国际视野，并促进其全面发展"等，但为了具体落实和有效实施，这些任务目标仍有待于在具体的公共政策中进行进一步细化。

此外，在澳门五年发展规划的目标体系实施过程中，应首先正确把握"一个中心"和"一个平台"的关系。"一个中心"和"一个平台"被一同写入国家"十三五"规划，但是澳门五年发展规划的愿景和总体目标部分只重点阐释了"一个中心"，对"一个平台"未作阐述。虽然规划中指出"建设世界旅游休闲中心委员会"和"中国与葡语国家商贸合作服务平台发展委员会"要做好协同治理的角色，但是对两者之间的内在关联和互动关系未作进一步的解读。总的来看，此次规划专门将"一个平台"放在"落实与国家'十三五'规划的对接"一章中，即将其视为"一个中心"实现与国家战略对接的重要内容。这种安排所显示的含义是："中心"侧重于对澳门未来发展做出全方位战略定位，是整体布局；"平台"面向经济领域，是对澳门在国际和区域经济中的角色定位，要服务于"中心"。在规划实施过程中也应当注意到，"中心"将产业引擎主要放在旅游业上，将发展核心定位于休闲，资源集聚的范围则是全球，更多强调"请进来"；而"平台"则覆盖商贸服务各个领域，不仅包括旅游休闲业，也包括诸如制造业等传统行业，主要面向葡语国家，尤其强调与国家"一带一路"相对接，侧重把资源"引进来"的同时还强调要"走出去"。由此，两者需要协同发展、互相支撑。

三 规划中的主体结构及对相关利益的平衡

规划，尤其是总体规划，所对应的政策工具类型是多样化的，从高度管制型的政策工具到自愿型的政策工具，规划必须通过工具的多样化来平衡不同的政策问题和政策环境。与政策工具相对应的是多元化的规划实施主体，除政府部门，还包括广大企业、社团以及澳门社会公众。首先，规划并不仅是一项政府规划，更是经济社会发展的规划。从理论上讲，规划的意图是对社会全体成员在未来一段时期内的集体行动作出方向指引。这并不是说企业、社团以及社会公众都必须秉承公共服务的动机或提供某种公共服务，而是需要他们在规划的总体目标指引下采取行动，这种行动也是规划目标的重要组成部分。其次，绝大多数政策实施过程都建立在政府与社会成员（包括自然人与法人）的互动中。几乎没有哪项政策的执行仅仅是政府一方在行动。无论是管束性的（刚性）政策还是劝诫性的（柔性）政策，与政策相关的所有主体必须配以相应行动才能形成完整的实施结构，不同政策的区别只是各自行动的范围、工具和自由度上的差别。对于管制型政策来说，政府采取刚性的立场，强迫或限制政策对象的行动，比如澳门五年发展规划在公共安全、应急反应、本地居民就业等方面的部署；对于自愿型政策来说，政府采取相对灵活和柔性的立场，试图但并不强迫改变政策对象的行动，比如规划在文化传承、构建学习型社会、扶持中小企业、促进青年创新创业等方面的安排。无论哪种情况，尤其是后一种，政策在某种程度上是政策对象自己实施的。再次，规划作为一种现代治理工具，必需发挥各种社会主体的共同力量。现代治理理论阐述了多主体、多中心的公共管理模式，虽然治理在不同国家和地区有不同的实践模式，但是其基本内涵归根到底即主张企业、非政府组织等共同参与原来仅由政府所提供的公共事务。虽然政府仍然是当前治理的核心主体，但是社会全体成员的共同参与，相互合作，实现共赢，不仅是现代公共治理的内在特征，也是实现包括公共利益、共同利益和个人利益在内的社会整体利益最大化的根本保证。[13]

同时还必须认识到，各类主体的参与并不是各行其是，而是要建立在充分互动的基础之上。首先是政府机构内部的互动与合作。这分为两个层面。第一个层面是决策（部门）与实施（部门）之间。无论就哪个层次的决策而言，将下属部门的决策和行动统一到一个方向，不仅需要智慧和权威，更需要有效的互动沟通。决策者要把规划理念或意图充分地传递给实施部门并促使其能够立足于整体来把握自己的职责，同时也要善于听取实施部门，尤其是来自基层的意见，在总体目标约束下对具体行动作出调整。第二个层面是实施部门之间的互动。这种跨部门的互动存在不同的需求模式。第一种情况，某项任务由若干部门共同完成，需要通过互动来统一目标、任务和时间表。第二种情况，不同部门的任务在价值观、时间、空间等问题上存在冲突，需要通过互动形成共识或达成平衡。第三种情况，为完成某项任务，某个部门需要在程序上或按照法律征得其他部门许可才能继续推进，互动将有助于程序上的沟通。从理论上说，部门之间存在着合作博弈关系：前两种是对等的合作博弈，第三种则属于间接式互惠的博弈关系——从所有任务来看，每个部门都可能在某个任务中属于主动方，而在其他任务中属于配合方，因此在一个较长时间序列中，部门之间应该形成也可以形成合作关系，但是这取决于初始的合作意愿和状态。在实践中还会存在更多细分的跨部门合作类型，但是如果在政府部门之间没有形成良性的信任与合作文化，那么无论哪种形式都不可能形成自觉、主动的跨部门合作模式。因此就需要引入更具有权威的人士或者机构予以协调，需要说明的是自上而下的协调的益处是强制性地建立起部门互动合作的通道，但势必带来更多的组织机构与协调成本。

其次是政府部门与社会各种自然人和法人的互动。规划要引导整个社会的集体行动，就要在多方主体之间建立某种共识或默契。反之，如果存在分歧，实施就很难达成预期效果。意见分歧的实质是各种利益之间的冲突。理论上应当注意两方面问题。第一，利益既包括物质层面的利益也包括精神层面的利益。物质层面的利益冲突表现为物质分配中的零和博弈。假设不考虑成本，冲突可以通过物质层面的补偿来解决。精神层面的利益冲突则更为基本，尤以价值（观）冲突为代表，可能表现为完全不同的文化观或认同感。价值冲突可能会超越物质层面，即并不完全计较经济或物质的得失，不一定能够通过物质补偿来解决。因此，开放的、理性的、真诚的对话就是必要的，前提是对双方责任与权利正当性的认可。当然，精神层面的利益归根到底仍然是以物质利益为基础的，两者往往交织在一起，并不容易区分。第二，规划实施中涉及的利益不仅包括公共利益，也包括私人利益。一方面，政府在公共政策制定中始终强调坚持公共利益原则，但是必须注意到公共利益是多层次的，多维度的，具有时空性的。整个澳门社会有公共利益，任何一个小区里也有公共利益，两者之间未必完全兼容；公共利益里面既包括经济利益，也包括环境利益，文化利益等；另外还有长期利益和短期利益等。所以在谈及公共利益时，人们总是潜在地将其定位成局部的利益、单维度的利益、短时段的利益。这里并非是说不应考虑局部、单维度和短时段的利益，而是说所谓公共利益中存在着复杂性，不能把问题过于简单化。另一方面，规划的根本目的是为了提高广大社会成员的幸福水平，因此所谓公共利益原则归根到底仍然是要满足全体社会成员的私人利益都能够得以公平、有效的增进。必须认识到公共利益和私人利益之间对立统一的关系，既不能只照顾部分人的私人利益而置公共利益于不顾，也不能简单地用公共利益取代甚至抹杀私人利益。总之，无论从哪个角度分析，社会发展中各种利益之间都会存在各种矛盾，虽然仅凭一个规划很难从根本上解决这些矛盾，但可以尽量协调好各种关系，妥善处理各种分歧，建立某种持续的、理性的、开放的"政府—社会"的对话过程。从政府一方看，必须持续地将规划的行动方案及其意图及时、准确、善意地传递给社会成员，以获得全体或绝大多数社会成员的知晓和认同，同时要组织社会参与，吸纳社会合理意见作为规划实施绩效评估的重要指标；从社会一方看，社会成员应当理解规划的意图和方向，积极、持续地参与政府规划实施的咨询活动，表达心声，反映民意。

澳门五年发展规划所涉及主体同样是多元化的，可以分为政府内部的行动主体和外部的行动主体，还包括其他利益相关者。行动主体不仅包括政府及其各个部门，还包括博彩企业、非博彩企业、中小企业、社团、咨询机构、本地居民、输入劳工、弱势群体等；其他利益相关者则包括诸如北京市、广东省、江苏省、福建省、中西部地区、东北老工业基地、泛珠三角、珠海市、中山市、香港、台湾以及葡语国家等。规划始终强调要与国家战略对接，这在组织层面就要求澳门政府各部门要和相应的国务院相关部委实现对接。在规划正式发布前，澳门政府组团赴北京参加由国家发展和改革委员会承办的座谈会，就澳门五年发展规划如何有效地与"十三五"规划、"一带一路"倡议相对接展开了讨论。除主管部门外，国家发改委特地邀请来自教育部、科技部、国土资源部、环境保护部、交通运输部、商务部、文化部、卫生计生委、中国人民银行、海关总署、国家旅游局、国家海洋局等部委代表参会。[11]这些部门无疑是今后规划实施中需要重点对接的部门，这一行动也是对接的具体尝试。

行动主体既是规划的对象，也是规划的制定者、实施者、参与者和评价者，其他利益相关者即可能是规划实施的合作者，也可能是规划执行中的竞争者。澳门面积小，资源少，产业结构单一，不可能脱离国家和区域而单独发展，必须通过多方位、多层次的合作，与外部的合作者交换资源，取长补短，获得更多的支持，这是澳门赢得可持续发展的必由之路。然而澳门经济社会的进步归根到底必须也只能依靠澳门社会全体成员的共同努力，既包括澳门政府部门基于公共资源所提供的公共管理和公共服务，也包括澳门广大企业、社团乃至全体社会公众依据私人的或团体的力量所贡献的社会福利。规划的意图就是将政府、各类社会组织和社会成员的力量集合在一起，提供一条通往规划目标的可行路径。

不容置疑，澳门政府是五年发展规划制定和实施的核心主体。政府各部门不仅全程参与规划的起草工作，而且未来在规划实施中也将担负领导、协调或引导的责任。由于规划所提出的目标/任务规模很大，其中不少目标/任务未给出明确的指标，任务分解将成为规划实施初期的主要工作任务。为了给政府和社会提供清晰的路线以确定各部门的责任，尽力避免形成互相推诿、各不负责的局面，或造成互相争抢，多重监管的情况，规划中特别提出要"改善跨部门合作机制，建立多层次协调机制，协调部门间利益、增强部门间的互相信任和信息共享"，这是保证规划有效实施的可行路线。

广大企业、社团和社会公众是澳门规划制定和实施的重要主体，他们不仅是规划制定和实施的参与者，也是直接的利益相关者。由于利益的多元化是社会的普遍特征，社会成员基于自身利益提出意见应予以重视，其在规划的实施中配以相应行动也应受到鼓励。公共政策的本质在于对利益的分配，然而几乎任何一项政策的实施都可能因为面临利益冲突而停摆。如，在澳门轻轨建设中，有舆论指责运建办对于承建商非常"宽容"，是"轻轨工程落成无期和预算翻滚的最大原因"，而有承建商表示，"部分路段因为政府迟迟不肯配合封路措施，导致工程一直延迟""政府工程没有提前做好相关配套工作"；还有对澳门居民的调查发现，"没有人不同意建轻轨，但也没有人愿意轻轨建在自己家门口"。⑤在规划的咨询会上，有社会意见指出，"宜游"可能影响"宜居""宜业"，旅游业的发展可能带来诸如卫生、噪音以及社会治安等环境问题。因此如何协调政府各部门、企业、社会公众各方的利益，达成基本的共识，实现共赢，或许将是此次五年发展规划能否成功实施的关键。

四　规划中的资源结构及对长期发展的保障

如果说公共政策的本质是对利益的分配，那么作为利益承载物的资源就与目标和主体一样是公共政策的核心要素，不仅是政策的保障，甚至就是政策本身。规划对未来一段时期社会成员的行动方向作出集体性指引的根本目的在于对各种资源在社会行动中的配置产生积极的影响，从而使得资源配置更符合某种集体的意愿。在这个意义上，资源配置本来即是规划的目的，其重要性不言而喻。反之，如果缺乏足够可配置的资源，那么制定得再好的规划也只是象征性的，仅提供某种期望而不能解决实际的问题。

规划所涉及的资源不仅包括公共（部门）的资源，也包括私人（部门）的资源。规划虽然是由政府主导制定的，而且许多工作都有赖于公共资源的投入，但是这并不意味着规划仅对公共资源的配置产生影响，也包括私人（部门）的资源。公共资源和私人资源之间在法律上有着明确界限，但两者在配置时并非是对立的"有你没我"的关系。最优资源配置应当是两种资源的函数，需要考虑全部社会资源。这里我们并非是说，政府应插手微观经济领域，而是说规划可以引导私人部的资源配置行为，从而实现社会资源配置的优化。但是实践中具体采用什么样的手段取决于哪种手段更符合公共政策所追求的价值目标。

规划所涉及的资源可以分为微观资源与宏观资源。人们通常所关注的人、财、物以及信息等都属于微观层面，是可以直接利用或配置的具体资源，人们关心的是组织层面或者机制层面，在既定目标下如何配置这些资源才会更有效率。我们所指的宏观资源是指那些能够对（微观）资源的配置产生影响的资源，这种资源可能是"虚拟"的，在某种意义上是其他资源配置的条件、环境、基础。政策资源是一种重要的宏观资源。政策资源本身并不提供实体的（微观的）资源，但是却能对其他资源的配置产生重要影响。其他诸如宏观经济环境或政治环境也可视为宏观资源，它们都会影响实际资源的分配。

澳门五年发展规划没有专门对资源进行集中讨论，相关内容分散在各章节中，其中最典型的包括来自国家和地区的政策支持、整体经济的发展形势、人才资源、技术资源等，前两者属于宏观资源，后两者属于微观资源。无论是哪种资源，澳门五年发展规划既考虑到当下之急需，但更主要是着眼于今后五年乃至二十年的长期发展。

首先，国家和区域战略是落实澳门五年发展规划的关键资源。规划强调要"用好用足国家对特区发展的利好政策，不断强化区域合作，借助与内地经济互融互通"。此次规划明确提出要积极与国家"十三五"规划、"一带一路"倡议相对接。什么是对接？如何对接？目前尚未有明确界定。在本文看来，所谓"对接"，是指由于双方发展战略之间存在着内在关联性，从而建立的一种相互合作，资源分享的战略间关系。澳门作为特别行政区，尽管发展战略在层次上低于国家战略，但是是在充分理解和参考国家战略思路基础上，根据澳门自身长远发展需求而制定战略。在这个意义上，国家战略对于澳门来说是重大机遇，是战略性的政策资源。澳门特区要建设"一个中心"，打造"一个平台"，就要充分利用好国家层面的战略资源为澳门发展服务，同时澳门也要为国家战略的实现贡献力量。同样，在区域关系中，澳门也需要争取更多的政策资源。在五年发展规划中，澳门不仅将加强与珠三角、广东省乃至泛珠三角之间的合作，还将强化闽澳合作、京澳合作，筹建"苏澳合作园区"等。此外，中国与葡语国家商贸合作服务平台将让澳门与更多国家和地区建立更加密切的经贸关系。

其次，经济整体发展实力是落实澳门五年发展规划的基础资源。自回归祖国以来，澳门特殊的产业结构背景促使特区经济发展迅速，不仅使澳门民生水平获得大幅提升，也为澳门政治发展和政府管理提供了充足的财力，各项公共服务和公共事业都取得了长足的进步。经济资源的积累为此次规划的展开奠定了良好的经济、政治和社会基础。此次规划提出要成立"文化产业基金"，为培育文化产业成长建立财政支持机构；更有效发挥"工商业发展基金"的作用；引入有实力的种子投资群体和创业投资基金，强化政府现有的创业资助；透过科学技术发展基金和科技委员会的支援，重点培育科技、中医药和文创产业的研究创新等。同时也要认识到，此次规划的出台以及后续的实施恰逢世界性经济危机，全球经济复苏缓慢，增长乏力。特区政府提出公共财政要紧缩开支，对财政预算的控制将进一步加强。在这种形势下，规划中提出的各项任务能否顺利推进面临极大考验，不仅政府不可懈怠，全社会都应居安思危，做好抵抗经济风险的准备。五年发展规划提出要在 2019 年落实设立澳门特别行政区投资发展基金，进一步规范预算管理和风险预警机制，构建"安全、有效、稳健"的财政储备投资安排制度。

第三，人才是落实澳门五年发展规划的核心资源。通过对规划草案文本咨询会上的社会意见进行统计，我们发现各界人士对教育、人才等方面的关注是在所有议题中最高的。这反映了当前澳门社会的一个共识，即澳门的发展必须大力培养和引进人才。人才培养不是一句空洞的口号，必须通过积极的人才政策加以落实。人才政策应以提高澳门社会整体的人文和技术素质为愿景，不能过于计较一时的人才得失，一方面要为人才提供更好的发展机会和自由发挥创造力的空间，另一方面要促进人才的自由流动，勇于打破制度藩篱，提供更多的学习、培养机会。规划对人才资源给予了高度关注。在正文中（不含专栏），"人才"一词出现了 49 次，"人力资源"出现 13 次，"青年"出现 24 次，"培养"出现 29 次。具体而言，规划专门提出要大力推进人才建澳，实施人才培养优先战略，落实《人才培养五年行动方案》，坚持把人才培养作为创新的支撑点，努力创造有利于创新人才成长的良好教育环境和社会环境；推进各类人才队伍建设，研究和公布重点领域紧缺人才资料；进一步培养葡语专业人才，大力培养语言、金融、法律、会计等方面的中葡双语人才；培养法律人才；大力培养本地文化人才，推动本地居民持续增强就业、创业的能力和竞争力；加强与内地在文化旅游和文化创意人才培养方面的交流和合作；推动粤澳青年创业合作，加强港澳青年创业方面的合作等。

第四，技术是落实澳门五年发展规划的重要资源。科学技术是第一生产力，现代技术革命引领社会生产力的深刻变革和人类社会的巨大进步。其中，现代信息技术的发展是最为耀眼的技术进步。近年来，云计算、移动网、物联网、大数据、智能城市等新一代信息技术的兴起引起了新一轮技术革新。除专门对"智慧城市"进行论述外，澳门五年发展规划中的各部分内容都涉及信息和信息技术。比如，推进信息科技在各行各业中的应用；构建"巴士报站"系统；推动互联网与传统产业、新兴产业相连接，发展与互联网融合的工业、商贸的服务模式；优化安全和秩序控制的电子技术设备；鼓励全民学习和使用信息技术，强化相关人员掌握主要技术的能力；研究利用大数据技术协助分析公众信息，提高决策水平及危机处理能力等。除信息技术外，其他诸如交通技术、环保技术、建筑技术等，同样是重要的技术资源。在规划中，通过专栏特别列出的城市发展重点工程、交通建设重点工程、环境保护重点工程等都将在未来引入大规模的技术应用。此外，规划还提及将推广及试行工程防噪音措施、完善及制订工商业场所噪音控制技术指引；加紧推动中医药理论的进步和技术上的创新；鼓励企业运用先进的生产和管理技术，促进企业走技术改革、服务质量提升的道路等。要注意的是，对技术资源的引入既要考察到技术资源的先进性，也要考虑其可行性与适当性，既要有前瞻性，考虑未来多年需求，尽可能引入新的技术，节省社会资源，又要防止提出过于超前的技术导致工程"烂尾"，还要避免"新瓶装旧酒""换汤不换药"的非理性支出。

五　结论和进一步的建议

首次制定五年发展规划，对澳门政府来说，既是一次大胆的政策创新，也是对澳门长远发展的一次系统性的思考，集合了领导者的魄力及社会各界的智慧，是克服重重困难而获得的一份丰硕成果。这份规划不仅对澳门未来五年的发展作出了战略性的部署，也提出了未来二十年的总体路线。众所周知，这二十年中必然涉及到不同的政府届别以及不同的领导者。由于这份规划的时间跨期仅为五年，因此对后十五年还未有较多着墨，在基本蓝图的基础上留足了进一步创新扩展的空间。

规划的可持续性是规划中的核心问题。许多地方的规划实施经验证明，实施规划比制定规划还要困难百倍，因为实际所面临的情况比政策制定者所能预想到的更加复杂，各种"黑天鹅"现象更会加剧这种复杂性。满腔的政治和政策热情在遭遇实际问题时是偃旗息鼓，还是转化为动力继续向前，需要的不仅是勇气，更需要对问题的深刻认识和反思。由于规划，尤其是总体规划，通常基于长远考虑，因此如何在一个相对较长时间内坚持规划目标，不仅是对规划制定和实施的一种检验，也考验着执政者的能力，要求其在秉承为社会服务信念的同时，也要洞察社会现象背后的规律性。

本文从理论和实践两个层面分别对规划的目标、主体和资源进行了探讨。在目标方面，我们详细梳理了规划的目标体系，从理论上指出必须认识到目标多样性及其可能带来的利益冲突与平衡。在主体方面，澳门五年发展规划涉及来自特区政府内部和外部的多元化实施主体以及其他利益相关者，必须认识到良性的主体间互动有助于建立更多的信任与合作，信任与合作的增进又能够促进互动的有效性，从而形成更加稳定的社会资本。在资源方面，规划引导或影响公共资源与私人资源在既定目标下进行合理配置，但要把握好宏观和微观两种资源。

基于上述讨论，本文进一步提出以下建议。

第一，加强政府部门对资源的统筹协调能力。任何规划都是一项系统性工程，无论从目标、主体以及资源的角度，都要求增强整个系统的协调能力，使系统能够更加稳健发展，并适应外部环境的变化。无论是经济资源、政策资源，还是人才资源、技术资源都必须被恰当地组织起来才能充分发挥其作用。人们常讲"整体大于部分之和"，即是说一个有效地组织起来的整体所能发挥的功效要大于一个个分散的个体所能发挥功效的加总。对于澳门特区政府来说，资源的统筹能力首先应表现为建立一支精干、高效、善于沟通的规划实施团队来组织规划实施工作，其次则是有效地组织并运用国家和区域的战略、人、财、物、信息以及各种社会资源，因此应进一步完善和创新澳门特区政府机构之间的合作机制，借鉴不同国家和地区的行政体制和管理经验，确立能够真正发挥牵头、协调作用的负责部门，同时必须建立起跨部门合作的机制，确保政府的统一行动。不仅要求有效地将政府内部资源组织起来，也要求能够积极利用社会资源，形成资源网络，发挥更大的资源效益。

第二，完善对规划实施效果的绩效评估机制。规划不能停留在文本上，强调规划的落实，就需要建立一整套配套检查、验收等措施，使规划从制定到实施，再到效果评价，形成政策过程的死循环。建立持续的，科学的规划评价机制，有利于政府能够全面掌握规划实施的进度和成果，综合把握存在的难点和挑战，从而促进科学地分析形势，有效地领导和协调规划目标的实现。由于此次是澳门特区首次制定五年规划，不同的评估方法所需时间周期也不尽相同，因此对规划的评估应循序渐进，逐步展开。可以先从任务进展评估开始做起，即针对规划提出的各项任务进行节点评估，主要目的是推进各项任务能够按时推进；然后可以通过职责分解，针对各行政部门绩效情况进行评估，主要目的是督促各部门按照规划意图认真执行；最后在实施一段时间后可以通过民意调查方式评估规划实施所取得的实际效益。

第三，增进政府与社会间开放、理性的互动。规划具有动员性特征，致力于引导和鼓励企业、社团、社会民众与政府一道将有价值的资源优先集中到特定政策方向上。这就要求规划实施过程中，政府部门必须和社会成员之间展开频繁互动，建立互信与合作。在互动过程中，政府要认真地认识并维护社会私有利益的合理要求，不能随便以公共利益为名压制个人利益和团体利益，同时社会成员也要充分地了解、理解，进而能够支持各种公共项目的开展。澳门特区政府自回归以来，一直重视与社会的沟通工作。本次规划的草案文本公布后，相关部门组织了为期两个月的几十场公众咨询会，涉及到澳门各界人士。在后面实施中，这种互动应将持续下去。可以进一步拓展咨询和意见征集的手段，比如可以加强对互联网的利用，并利用大数据分析技术来汇总、分析民众意见等。

第四，利用信息技术提高政府决策和治理能力。利用信息技术手段提高政府治理能力和效力已经成为世界各国和地区的普遍趋势，是解决当前公共治理中诸多问题的重要途径。近年来，随着互联网和大数据等技术的快速进步和多年来的信息积累，信息技术的应用已经从政府事务管理、政务服务进一步迈向政策决策支持。过去十几年中，澳门特区政府在电子政务建设方面投入了大量资源，取得了许多重要成果。本次规划的实施过程中涉及诸多部门的协调联动，以及政府与社会的互动等，亟须进一步加强政府在信息汲取、信息共享、信息传播、信息服务等方面的能力，尤其是对高层决策的信息支撑能力，因此必须在现有成果基础上进一步提高电子政务的应用范围和深度，一方面要通过数据库建设加强政府间信息共享和交换，另一方面通过数据开放等加强政府与社会之间的信息互动，为规划顺利实施提供坚实保障。

---

①⑦⑪杨伟民：《发展规划的理论和实践》，北京：清华大学出版社，2010，第4页；第181~200页；第4~5页。

②⑩韩博天、奥利佛·麦尔敦：《规划：中国政策过程的核心机制》，广州：《开放时代》2013年第6期。

③亢升：《印度：崛起中的亚洲巨象》，香港：香港城市大学出版社，2009。

④白松基：《韩国经济发展的特点》，上海：《世界经济文汇》1994年第3期。

⑤《马来西亚宣布实施第七个五年计划》，昆明：《东南亚南亚信息》，1996年7月15日。

⑥维尔纳·比恩施蒂尔：《中国挑战西方：中国顶住全球金融和经济危机》，柏林：

《新德意志报》2010 年 5 月 22 日，转引自《外媒：中国"计划市场经济"模式挑战西方》，北京：新华网，2010 年 5 月 24 日，http://news.xinhuanet.com/world/2010 - 05/24/c_12136220.htm。

⑧吴志强：《德国空间规划体系及其发展动态解析》，北京：《国外城市规划》1999 年第 4 期。

⑨蔡玉梅、顾林生、李景玉、潘书坤：《日本六次国土综合开发规划的演变及启示》，北京：《中国土地科学》2008 年第 6 期。

⑫鄞益奋、张锐昕：《关于澳门五年发展规划的若干思考》，澳门：《澳门理工学报》2016 年第 4 期。

⑬陈庆云、刘小康、曾军荣：《论公共管理中的社会利益》，北京：《中国行政管理》2005 年第 9 期。

⑭《行政长官崔世安带领编制五年发展规划团队听取中央部委意见》，澳门：澳门特别行政区政府行政长官办公室网站，2016 年 8 月 16 日，https://www.gce.gov.mo/content.aspx? 1 = cn#news_cn。

⑮苏宁：《澳门轻轨：君问工期未有期》，北京：《人民日报》2015 年 4 月 16 日。

作者简介：黄璜，澳门理工学院社会经济与公共政策研究所所长、副教授，北京大学政府管理学院副教授，北京大学政治发展与政府管理研究所研究员，博士；陈庆云，澳门理工学院社会经济与公共政策研究所教授，北京大学政府管理学院教授、博士生导师。

［责任编辑　刘泽生］
（本文原刊 2017 年第 1 期）

拉斯维加斯的动态能力及澳门的借鉴

——以表演与主题建筑为例[*]

曾忠禄

[提　要] 拉斯维加斯是世界上最具活力的一个旅游城市。其最吸引游客的因素是娱乐。除了博彩，拉斯维加斯的娱乐主要有三大类，它们是酒吧表演、大型舞台表演和主题建筑。酒吧表演主要请大腕明星表演，大型表演包括艳舞表演和杂技魔术表演。专门设计的舞台以及世界一流的表演团队，使大型表演成为世界最精彩的表演。主题酒店早期有火烈鸟、凯撒，但是1989年建成的幻境酒店将主题酒店的景观带到了前所未有的高度。拉斯维加斯的成功来自城市的动态能力。动态能力的动力来自企业家发现、试错和模仿。政府通过游客调查提供的资讯和对博企友好的监管环境，为企业家发现创造了良好的环境。

[关键词] 拉斯维加斯　表演　主题建筑　动态能力

拉斯维加斯是世界上最具活力的一个旅游城市。曾经同它一样出名的博彩城市大西洋城和里诺的游客都在减少，而拉斯维加斯仍保持增长。1970

---

* 本文系澳门理工学院科研项目"拉斯维加斯旅游产业集群及动态能力研究——对澳门的警示"（项目编号：RP/OTHER – 03/2015）的阶段性成果。

年拉斯维加斯的游客仅 679 万人，而到 2015 年该数量已达 4231 万人。拉斯维加斯曾经是世界最大的赌城，但过去 20 多年来，拉斯维加斯正变成世界娱乐之都。1990 年（能得到的最早数据），拉斯维加斯[①]的赌场收入有 58% 来自博彩，除了酒店客房、餐饮，包括娱乐在内的其他项目收入仅占 8.1%，[②]而到 2015 年，拉斯维加斯的赌场来自博彩的收入已下降到 34.9%；而包括娱乐在内的其他项目收入则上升到 15.1%。[③]拉斯维加斯吸引游客的东西是其合法的赌场和高水平的娱乐项目。[④]娱乐在拉斯维加斯吸引游客方面，功不可没。拉斯维加斯的娱乐主要由三大类构成：酒吧（夜总会）表演、大型舞台表演和主题建筑。这三种艺术都发展到登峰造极的地步。拉斯维加斯 2015 年的游客调查显示，到拉斯维加斯的游客有 61% 看过表演，其中 72% 看过酒吧表演，26% 看过大牌明星表演（big name headliner），12% 看过喜剧表演。人均看表演的支出达 138 美元。[⑤]而赌场主题建筑是游客选择到拉斯维加斯旅游和选择酒店的重要影响因素。2008 年的游客调查发现，[⑥]拉斯维加斯赌场建筑对游客选择到拉斯维加斯的影响，高于赌场的影响。赌场酒店的外形是影响他们选择酒店的第三大因素，仅次于区位、房间质量的影响。[⑦]

拉斯维加斯的经验对澳门具有重要的借鉴意义。澳门正在建设"世界旅游休闲中心"，而世界旅游休闲中心需要减少对博彩的依赖，要发展更多的非博彩娱乐，表演和主题建筑是非博彩娱乐的重要成分。

一　拉斯维加斯的表演与主题建筑

1. 酒吧表演

拉斯维加斯的酒吧表演（Lounge Act）最早从荒凉的 91 号公路两旁的赌场酒店开始。最早提供表演的酒店是拉斯维加斯大道第一家主题度假村酒店"维加斯牧场酒店"（EL Rancho Vegas）。[⑧]该酒店于 1941 年 4 月 3 日开幕。总造价为 50 万美元。装修的主题是美国西部乡村粗犷的牛仔风格。酒店有客房、赌场、商店、餐馆、旅行社、停车场和花园。酒店有 110 间客房，是拉斯维加斯当时最大的酒店。赌场包括四张赌桌、70 台老虎机，[⑨]是拉斯维加斯当时最大的赌场之一。餐馆也是拉斯维加斯当时最大的。[⑩]为让游客除了赌博，还有其他娱乐，赌场有大型游泳池、剧院。剧院有 250 个座位，剧院邀请了好莱坞著名喜剧演员 F. 费伊（Frank Fay）来表演，并为其配上一大群漂亮的女合唱队员。这种模式能迎合不同顾客的需要，对游客有较强的吸引力。酒店大获成功。明星加美女的表演从此成为拉斯维加斯酒吧表演的模式。随后好莱坞的众多明星都曾在该酒店表演，除了费伊，还有著名喜剧演员 M. 伯利（Milton Berle）、J. 格里森（Jackie Gleason），著名歌手 J. 杜兰特（Jimmy Durante）、D. 马丁（Dean Martin）、A. 威廉斯（Andy Williams）等。[11]

维加斯牧场的成功催生了拉斯维加斯大道的第二家度假村"最后的边疆"（The Last Frontier）。该酒店于 1942 年开业，其主题也是西部主题。但它有很多地方超越了维加斯牧场：更大的剧院，更大的泳池，更高端的娱乐表演。它也有更多的非博彩设施，包括名为"最后边疆之村"的主题公园，还有一个小教堂。这是拉斯维加斯大道上的第一家结婚教堂。剧院有 600 个座位，请来更知名的好莱坞明星表演。其邀请的李伯拉斯（Liberace）是美国全国著名的歌星、钢琴家。他以夸张的道具，豪华的布景以及亲和风格吸引观众。他的表演使观众产生被老朋友邀请到家里做客的感觉，因此大受欢迎。李伯拉斯后来被称为"拉斯维加斯先生"，他的风格成为随后大腕明星表演的榜样。[12]

维加斯牧场酒店与最后的边疆酒店的表演，开创了拉斯维加斯酒吧表演的先河。随后酒吧表演在拉斯维加斯流行起来。各赌场纷纷提供更好的表演来压倒对方。请的明星越来越大，出价越来越高。1951 年著名美国男歌手和奥斯卡奖得奖演员仙纳杜拉（Frank Sinatra）到拉斯维加斯表演。他被认为是 20 世纪最优秀的美国流行男歌手之一。他的到来使拉斯维加斯夜总会表演成为晚上的娱乐大戏而不是让赌累了的赌客放松的小节目。1950 年代和 1960 年代，仙纳杜拉都是拉斯维加斯最受欢迎的表演者。他 1994 年 5 月在美高梅的最后一场演出，卖出的门票多达 5000 张。仙纳杜拉为拉斯维加斯的大腕明星表演确定了标准。使拉斯维加斯的表演进入新时代。[13]

另外一个有重要影响的是猫王。1956 年 4 月猫王曾到拉斯维加斯"新边疆"赌场表演两周，以失败告终。13 年以后，1969 年，拉斯维加斯的国际酒店建成。该酒店有 1500 个房间，是当时世界最大的酒店。酒店的剧场是一个有 2000 个座位的大剧场。大剧场需要一个大明星来匹配。酒店老板科克莱恩邀请猫王进驻酒店表演。猫王接受邀请并以全新的面孔重新出现，大获成功。从 1969 年到 1976 年，猫王每天表演两场，总共表演了 837 场，观众人次高达 250 万。

如今不少艺人长期驻唱拉斯维加斯，包括美国歌坛天后 C. 迪翁（Celine Dion）、钢琴家与歌手 E. 约翰（Elton John）等。迪翁在凯撒皇宫酒店新建的古罗马竞技场剧院献演。年均演出 200 场，演唱合同价值 1 亿美金。其他许多来自好莱坞和世界各地的歌星艺人，包括港台的歌星，都定期或不定期来赌城做专场表演。拉斯维加斯被称为"花一毛钱就可以看到一打大腕明星的地方"。游客常常在这里碰到"最顶端的歌唱表演""全国最好的乐队表演""世界出名的艺术家"，"拉斯维加斯的夜总会表演，是美国任何其他地方都看不到的"。[14]

尽管不同酒店的酒吧表演都努力表现不同的风格，但它们有一些共同的特征：表演者一般是喜剧演员、流行歌手或者舞蹈家。表演阵容一般都比较小，由单人表演或小团体表演，小团体表演的人数一般不超过三四人。表演者没有固定的脚本，演出主要通过表演者同观众的亲密联系来吸引观众。表演者常常针对自己、针对观众搞笑。娱乐风格非常随便，使观众感到非常自在。由于拉斯维加斯距离洛杉矶仅 270 英里，这使洛杉矶的明星到拉斯维加斯比较方便，因此拉斯维加斯夜总会的表演者大部分是从洛杉矶请来的。许多拉斯维加斯的大腕明星把家安在洛杉矶，拉斯维加斯几乎可以视他们为本地人。

大腕、大预算、高质量的表演不仅给拉斯维加斯带来一般游客，也带来了追求享乐的高端富豪，包括随后当上美国总统，但当时还是年轻参议员的政治明星肯尼迪。洛杉矶的富豪视拉斯维加斯为理想的休闲之地，从洛杉矶驾车仅需 4 个小时，但已超出加州小报记者追逐的距离。阳光、高端娱乐、赌博和豪华的酒店使更多的游客到内华达沙漠，为 1960 年代的拉斯维加斯带来了繁荣。[15]

2. 大型表演

酒吧表演都是小型表演，为了吸引旅客，许多大型赌场引进了大型舞台表演。拉斯维加斯大型表演，最重要的是艳舞表演和杂技魔术表演。

（1）艳舞表演

拉斯维加斯最早的大型表演是艳舞表演。早在 1940 年代，漂亮的艳舞女郎就被引进了拉斯维加斯。但早期的艳舞女郎主要是为大腕伴舞，直到 1950 年代末，拉斯维加斯的艳舞女郎才成为可与大腕表演一比高下的表演。B. 米勒（Bill Miller）是最早把大型艳舞表演引进拉斯维加斯的企业家。他于 1955 年购买了沙丘酒店（Dune）的股份，并担任该酒店的娱乐总监。1957 年沙丘酒店引进"Minsky's Follies"，从此开始了拉斯维加斯大型艳舞表演的历史。"Minsky's Follies"模仿巴黎的艳舞，以漂亮的、异国情调的外国美女和上裸为卖点。表演曾招致批评，但票房销售极好。1958 年米勒又将"巴黎丽都"（the Lido de Paris）引进星尘酒店（Stardust）。该表演有 60 位被认为世界上最美丽的女郎。这些美女都是按照 3 条标准精选出来的：受过严格的舞蹈训练；身高不低于 1 米 77；腿长性感。星尘的表演比巴黎原来的表演还更漂亮。该节目在星尘表演了 31 年，于 1991 年才被"走进今宵"（Enter the Night）取代。1959 年，米勒在热带赌场酒店（Tropicana）引进了"疯狂牧羊女"（Folies Bergere）。该表演从 1959 年到 2009 年 3 月在该酒店表演时间长达 50 年，表演场次超过 29000 场，是拉斯维加斯连续演出时间最长的剧码。"疯狂牧羊女"开创了拉斯维加斯大型艳舞表演的另外一种风格：高度暴露、大量的羽毛和珠宝装饰。这个节目来自于同名的法国歌舞，但经过翻新。它一方面保留了古典的优雅和巴黎的浪漫情调，如宫廷歌舞和芭蕾舞表演，另一方面又新添了当代的摇滚歌舞秀。

1981 年开始在"百利"大酒店（Bally）上演的茱比莉秀（Jubilee!），是另外一个著名的艳舞"秀"。该表演场面宏大。台上的演员达 70 多人。负责操作舞台、灯光、电梯设备和维护服装道具的人员超过 100 人。"上空"的美女，艳丽的服饰，优美的舞姿，穿插的精彩魔术表演，令观众叹为观止。茱比莉秀的压轴节目是"沉没中的铁达尼克号"，描述的是巨型游轮铁达尼克号如何在汪洋中被冰山划破，遇难乘客在没顶前的死亡挣扎。这段压轴使观看之人惊心动魄，如临其境。该表演的色情因素没有这么露骨，因此赢得许多女性观众欣赏。茱比莉从 1981 年开始，到今年（2016）2 月停演，演出时间长达近 35 年。表演的场次达 18720 场，观众人数超过 1800 万。

（2）杂技魔术表演

艳舞的表演虽然大受欢迎，但其局限性也非常明显。艳舞表演的色情元素不太适合家庭游客。为吸引家庭游客，以及追求变化和创新，拉斯维加斯的企业家引进了大型的杂技魔术表演。最早把马戏表演引进赌场酒店的是 J. 萨尔诺（Sarno）。萨尔诺计划建造一个家庭友好的度假村。他心目中的度假村的外形像马戏团帐篷，里面有大象、飞人表演。他于 1968 年建成了"马戏，马戏"赌场度假村。但他建的度假村除了赌场和马戏元素，没有酒店，结果吸引不到大赌客，赌场经营困难。1974 年他把赌场卖给了 B. 裴宁顿（Pennington）。裴宁顿保留了赌场的马戏表演，同时为赌场修建了酒店和其他配套设施。裴宁顿也重新定位了赌场的目标客人，以中等收入的赌客为主而不是以大赌客为主，度假村于是大获成功，从此开创了拉斯维加斯马戏表演的娱乐传统。

而把杂技魔术表演带到高峰的是幻境赌场的"白老虎兄弟"（Siegfried and Roy）。白老虎兄弟是指齐格菲和罗依两位著名的魔术师和他们的驯兽表演。1990 年 S. 永利邀请他们到幻境酒店表演，并在幻境酒店专为他们建造了表演的舞台和动物园。他们于是开始了在拉斯维加斯最精彩的表演生涯。他们每周在幻境表演 8 场，永利 5 年支付给他们 5750 万美元，被称为最昂贵的杂技魔术表演。"白老虎兄弟"的表演被称为娱乐史上最壮观的魔术与驯兽表演。表演为拉斯维加斯的大型表演开创了新的历史：没有美女的大"秀"。刚开始没人相信没有美女的表演会成功，但事实证明表演非常成功，该表演成为拉斯维加斯最吸引游客的节目之一。而幻境赌场也成为拉斯维加斯最赚钱的赌场。该表演于 2003 年因为老虎伤人而停止。

而太阳马戏团则是改变拉斯维加斯表演的最重要的剧团。太阳马戏团原来是在世界不同地方巡演，1990 年考虑进入拉斯维加斯常驻表演，并开始构思专为拉斯维加斯设计的表演节目"神秘"（Mystere）。该剧团最早考虑进驻的酒店是凯撒酒店，但由于凯撒担心投资太大，风险太高，于是放弃了引进太阳马戏团的打算。永利听到这个消息，亲自飞到多伦多，邀请太阳马戏团进驻其即将开业的金银岛酒店，并在酒店为太阳马戏团量身定做了一个舞台和可容纳 1525 名观众的剧场。1993 年太阳马戏团在金银岛开始表演，从此开始了在拉斯维加斯常驻表演的历史。太阳马戏团在金银岛酒店表演的"神秘"，掺杂了许多希腊、罗马的神话传说，是第一个专门为拉斯维加斯打造的剧目而不是从其他地方引进的剧目。从 1993 年开始到现在总共约上演了 3200 多场。

目前，太阳马戏团在拉斯维加斯演出的大型表演还有百乐宫的 O 秀，美高梅的"卡秀"（KA），纽约一纽约酒店的 Zumanity 秀（2003 年开始）。幻境酒店的 Love 秀（2006 年开始），卢克索酒店的"天使克利斯的信念"秀（Criss Angel Believe）（2008 年开始），阿丽雅酒店（Aria）的 Zarkana 秀（2011 年开始），曼德拉湾酒店的"迈克尔·杰克逊"秀（Michael Jackson）（2013 年开始）。

表演产业的发展对拉斯维加斯的演变产生了巨大的影响。E. Suh（2002）的研究显示，表演增加了赌场的博彩和非博彩收入。大型度假村的表演能吸引更多的游客到赌场，每位游客至少在博彩、购物和餐饮上额外多花 30 至 50 美元，赌场从看表演游客的额外生意上得到 20% 的回报。⑯

3. 主题建筑

拉斯维加斯吸引游客的另外一种"表演"是主题建筑。拉斯维加斯的大型酒店从外观到内部装饰往往都有一定的主题，装饰有很高的艺术性，游客从观赏赌场建筑物就能得到享受。因此一个赌场的建筑物就是一种视觉娱乐。H. Rothman 称拉斯维加斯的主题建筑和视觉景观是一种"公共艺术"（Public Art）。[⑰] 到拉斯维加斯度假和娱乐的游客都把看赌场酒店的建筑与装饰作为到拉斯维加斯最重要的考虑因素之一。

拉斯维加斯早期有影响的主题建筑始于火烈鸟大酒店。该酒店于1946年建成，耗资600万美元。酒店吸收了"最后的边疆"和"维加斯牧场"的创意，但比它们更加豪华、更加舒适。该酒店有欧洲蒙特卡洛赌场的高雅气氛，又有迈阿密加勒比海的异国情调。其餐馆的大厨是从纽约和洛杉矶请来的，餐馆布景非常奢华。赌场的家具设施是进口的，具有欧洲蒙特卡洛的豪华和高雅，而不是西部的粗犷。很多知名的客人和艺术家都是赌场的主人利用关系从好莱坞请来的。酒店不仅仅在舞台上有大腕明星和美女，在泳池、商店、餐馆也有很多明星出没。火烈鸟为豪华主题酒店确立了标准。

火烈鸟酒店的成功催生了更豪华的凯撒皇宫大酒店。凯撒皇宫酒店的老板萨尔诺认为，人们来拉斯维加斯不是因为赌博，而是因为拉斯维加斯的幻境般的建筑，他于是决定以古罗马帝国的奢华为主题建造酒店。酒店于1966年建成，建筑费用高达1900万美元，是当时拉斯维加斯建筑费最昂贵的酒店。酒店有大量古罗马人物的塑像，有重现罗马古城的圆形大厅以及古罗马风格的艺术装饰。酒店被认为是最豪华、最怪异的、最讲究的酒店，一时成为人们讨论最多的酒店。

而把主题酒店带到顶峰的是永利。永利于1989年建成并开业的"幻境度假村酒店"是与以前的度假村完全不同的酒店。酒店造价6.3亿美元，是当时最豪华，最昂贵的酒店。酒店前面是晚上每小时喷发一次的火山。火山从流着瀑布的小山上喷发，喷发的音响和喷出的30多米高的水柱，以及水柱上方落下的火团使它看起来就像一座真正的喷出熔岩的火山。幻境体现了拉斯维加斯能对游客提供的最核心的幻境：令人难以置信的人造现实。该酒店引进的白老虎表演和太阳马戏团的表演都是这种超现实的幻境的一部分。幻境酒店的高成本、高豪华，令许多人担心酒店能否盈利，但到1991年，幻境已是拉斯维加斯最赚钱的酒店。幻境永远改变了拉斯维加斯度假村的风格。1993 年拉斯维加斯的市长琼斯（J. L. Jones）说，这是拉斯维加斯的重大变化。拉斯维加斯从此开始从成人娱乐的城市向度假村旅游目的地转型。[18]

幻境将拉斯维加斯带入了豪华度假村的建设狂潮。随后建成的赌场度假村酒店包括：有阿瑟王城堡的"神剑赌场酒店"（1990）、有埃及金字塔的"卢克索赌场酒店"（Luxor）（1993）、有以加勒比海风情和海盗大战为主题的"金银岛赌场酒店"（1993）、以美国纽约的建筑为主题的"纽约—纽约赌场酒店"（1997）、带大型音乐喷泉的"百乐宫赌场酒店"（1998）、带埃菲尔铁塔的"巴黎赌场大酒店"（1999）、复制了威尼斯的圣马可塔楼和大运河的"威尼斯人赌场酒店"（1999）和以阿拉伯之夜为主题的"阿拉丁赌场酒店"（2000）。主题建筑的想象使拉斯维加斯的赌场度假村成为首屈一指的国际旅游目的地，使拉斯维加斯不仅通过提供赌博让游客感到兴奋，也通过提供壮观的景象、奢侈豪华和世界一流的讲究给游客带来难以忘怀的体验。[19]

二　拉斯维加斯表演与主题建筑的特征

1. 动态演变

不管是表演还是赌场建筑，都处于不断演变之中。早期的表演是酒吧表演，主要模式是大腕明星加美女，随后发展了大型的艳舞表演，接着发展了杂技马戏表演。酒吧表演一般每两周就换一个新节目，目标客人也在不断变化之中。从 1941 年到整个 1980 年代，表演主要针对成年男性，拉斯维加斯因此被称为"成人的迪士尼乐园"。而从 1980 年代末，拉斯维加斯开始出现针对家庭的表演。马戏赌场的马戏表演、幻境赌场的野生动物园、金银岛赌场外的海盗大战，都是针对有小孩的家庭游客的。1993 年开始在拉斯维加斯常驻表演的太阳马戏团的表演，也是针对家庭客人的。拉斯维加斯的建筑景观也始终处于不断变化中。从 1993 年到 2007 年这 14 年间，就有 9 座旧的大型赌场酒店被爆破拆除，而同期新建成开张的赌场酒店更有30 多家，这使拉斯维加斯的天际线不断更新。正如 ABC 2002 年的一篇新闻写的那样，在不到 10 年的时间里，拉斯维加斯大道几乎所有的酒店都被炸掉或重建，总成本高达 120 亿美元。新酒店都是大型酒店，世界上最大的23 个酒店，有 20 个在拉斯维加斯。[20]

2. 非语言艺术

拉斯维加斯的大型表演，不管是艳舞表演还是杂技魔术表演，都没有多少语言对白。表演主要通过动物表演、魔术表演、艳舞的身体表演、以及别具一格的服装、道具、灯光、颜色这些非语言艺术给观众带来娱乐享受。非语言表演对国际游客比较有吸引力，因为他们不用懂任何语言就能欣赏表演，得到视觉刺激。同样主题赌场和赌场外的景观也是一种非语言沟通。非语言表演、各种主题景观是新拉斯维加斯非博彩娱乐的核心。拉斯维加斯每年能够吸引 800 万国际游客前往，非语言艺术功不可没。

3. 拉斯维加斯唯一和世界一流

到拉斯维加斯的游客希望在拉斯维加斯有独特的体验，看表演也一样。他们希望看到只有拉斯维加斯才有的表演。其他地方都有的表演，为什么要到拉斯维加斯看呢？因此，拉斯维加斯的表演，非常注意与其他地方不同。酒吧表演往往在全美国寻找顶端的艺术家。在 1950 年代，由于各家赌场都争相抢大腕，大腕供不应求，导致大腕价格飙升。大型表演，为达到与众不同和高水平，赌场往往对剧院投入巨资，为特定的表演量身定做。比如，太阳马戏团目前在幻境酒店表演的 Love，剧院投资超过 1 亿美元。舞台是法国设计师设计的。剧院安装的扬声器就有 6341 个。每个座位都有 3 个扬声器，构成自己的音响系统。美高梅的"卡秀"，建设剧场的投入是 1.35 亿美元。舞台可以在空中翻转、改变形状、改变颜色。永利酒店的"梦幻"表演，剧院的投入超过 1 亿美元，单是表演池的水就有近 6 万吨。[21] 除了剧院投资大，道具投资也大。"卡秀"的服装和道具成本高达 3000 万美元。茱比莉秀的演员的服装多达 1000 件，每件当时就达 5000 美元。按现在的价，每件服装更高达 14000 美元。[22] 服装总成本就达 1400 万。除了拉斯维加斯，世界上没有任何地方可以为专门的表演投入这么大的资金。

演出阵容庞大。"卡秀"的演员 80 多人，另外还有 200 多人提供技术和后勤支持。白老虎兄弟的表演，演员加工作人员多达 250 多人，还有 63 只老虎，16 头狮子，其中包括濒临绝种的白老虎和白狮子。另外还有豹子、大象等其他动物。大型表演的壮观、奢华，其他地方少见。

4. 重视广告和宣传

拉斯维加斯大道被称为"世界娱乐之都"，拉斯维加斯也努力不辜负这个名字。游客一到达市区范围，扑面而来的是各种明亮的广告牌，邀请他们体验其能提供的各种娱乐。通过麦卡伦国际机场抵达的游客在传送电梯上，就听到大腕明星的声音。乘着自动扶梯下到行李认领区，巨大的 C. 迪翁的广告牌就挨在身旁。行李传送带上，也是各种娱乐表演的视频广告。班车和出租车的车身是推销表演、餐饮和其他娱乐的广告。初到拉斯维加斯的游客，面临的是铺天盖地的感官刺激：霓虹灯、壮观的赌场和超现实的建筑，音乐喷泉、火山爆发，以及其他各种各样的展览，这一切都是拉斯维加斯独特的。

三 动态能力的来源

拉斯维加斯的表演与建筑艺术的演变，显示了拉斯维加斯具有很强的动态能力。美国著名战略管理教授蒂斯认为，动态能力包括三个不同阶段的能力：1）感知和影响市场机会的能力：监测技术、社会、环境等方面的变化来发现和识别机会和威胁或者创造机会的能力；2）抓住市场机会的能力：通过投资、战略联盟等方法来利用机会的能力；3）重新调配和定位资源基础的能力。[23]Helfat 等认为，动态能力不仅包括识别变革的需求或机会，制定反应对策，也包括实施行动的能力。[24]拉斯维加斯的动态能力来自哪里？拉斯维加斯是怎样感知市场机会的？怎样抓住机会的？怎样调配资源的？

1. 企业家发现

拉斯维加斯感知和影响市场机会的能力来自拉斯维加斯的企业家发现。所谓企业家发现主要指企业家对新信息的发现以及对信息的正确解读。新信息包括新的技术知识、新的生产方法、新发现的需求和偏好等。新信息解读来自企业家的主观理解。正如 Cilliers 指出的那样，存在于我们眼前的事实，其含义并没有"写在其脸上"，而是来自观察者的主观理解。[25]拉斯维加斯企业家的发现是拉斯维加斯动态能力的主要来源，他们以独特的眼光发现了许多别人没有注意到的机会，他们的发现推动拉斯维加斯不断向前发展。

纽约的音乐人米勒是最早认识到大腕明星表演在拉斯维加斯赌场度假村价值的企业家。从 1953 年到 1970 年代，他联系了许多大腕明星到拉斯维加斯表演，包括 Mae West、Tom Jones、Sonny & Cher、Barbra Streisand 和猫王，以及成百上千的不知名表演者。当时没人相信这些大腕会做夜总会表演，但他成功地把众多明星带到了拉斯维加斯的夜总会。他创造了拉斯维加斯的酒吧表演，并永远地提高了拉斯维加斯表演的门坎。[26]

萨尔诺是最早发现马戏表演在拉斯维加斯的价值的企业家。他和他后来的伙伴裴宁顿一起，开创了拉斯维加斯马戏表演的先河。而把魔术引入拉斯维加斯的是艳舞导演 Donn Arden。他在 1970 年代开始引入魔术表演。1992 年，在拉斯维加斯表演的魔术师有 30 多人。拉斯维加斯成为魔术师的天堂。科波菲尔（David Copperfield）、道格宁（Doug Henning）都在这里演出。

火烈鸟大酒店的建筑者西格尔是最早注意到豪华主题酒店在拉斯维加斯的价值的企业家。他在第二次世界大战之后，拉斯维加斯游客减少、赌收下降的情况下，在拉斯维加斯建造了世界第一流的旅游目的地赌场，使拉斯维加斯重新获得了生机。他开创的豪华度假村，后来由永利带到了高峰。而永利是对拉斯维加斯的表演和建筑艺术影响最大的企业家。在给拉斯维加斯带来新思想方面一直处于领先地位。[27] 他把白老虎兄弟引进幻境赌场，为该表演提供配套设施，把杂技魔术表演推向了高峰。白老虎表演被认为是娱乐史上最壮观的舞台表演。该表演开创了没有美女大型表演的先河。而太阳马戏团在拉斯维加斯的常驻表演，更是永利独具慧眼发现的机会。在凯撒皇宫不看好的情况下，他亲自到加拿大邀请太阳马戏团到拉斯维加斯表演，如今太阳马戏团已成为拉斯维加斯最重要的大型表演。在 8 个赌场有 8 个节目演出。

2. 试错

企业家发现除了来自企业家的远见，也来自企业家的试错尝试。如果尝试成功了，大家迅速模仿和超越，如果失败了，大家就另辟蹊径。尝试就难免有失败。拉斯维加斯的表演和赌场酒店建筑都有很多失败的案例。比如，太阳马戏团在拉斯维加斯的表演：包括 "Pomp Duck and Circumstance"，"Banana Shpeel"，以及最新的 "猫王万岁"（Viva Elvis），都以失败告终。猫王万岁 2010 年 2 月开始在阿丽雅酒店表演，但因为上座率太低，于 2012 年 8 月就停演了。百老汇的大剧 Avenue Q，曾获托尼大奖（Tony Awards）。永利希望该剧能常驻其投资 25 亿美元新建的永利度假村表演，并为此投资超过 4000 万美元为其专门打造了一个舞台，一个 1200 个座位的剧院。Avenue Q 2005 年 9 月开始在永利度假村上演，但 2006 年 2 月就宣布停演。这显示企业家即使有独到的眼光和精明的商业头脑，也难免误解市场信息。拉斯维加斯与其他地方不同的是，企业家愿意承担风险。正如永利所说："拉斯维加斯是一个非常可能成为世界顶端演艺中心的地方，我们可以提供比纽约更好的剧院、更好的观众。我们能够承担风险和尝试新

事物。"㉘

3. 模仿竞争对手

拉斯维加斯的表演与建筑艺术的发展，也是激烈的竞争推动的。由于做得好的酒店立即就会吸走客人，因此每一家赌场酒店都试图超越对方，从而推动表演艺术和建筑艺术不断发展。拉斯维加斯的模仿非常快。维加斯牧场 1941 年的成功，1942 年就引来了最后的边疆的模仿和超越，后者 1946 年又被火烈鸟模仿和超越。接着是雷鸟（1948）、沙漠酒店（1950）、银拖鞋（1950）。幻境的成功，很快引来了"神剑赌场酒店"（1990）、"卢克索赌场酒店"（1993）、"纽约—纽约赌场酒店"（1997）等 10 几家豪华赌场的诞生。快速的模仿显示拉斯维加斯企业抓住市场机会的能力。

4. 政府的作用

拉斯维加斯发展过程中，政府发挥了重要作用。政府下属的"拉斯维加斯会展与游客局"（The Las Vegas Convention and Visitors Authority）每年进行的游客调查，使拉斯维加斯保持了对游客市场变化的敏感。从 20 世纪 70 年代中期就开始对游客的调查，调查每月进行，每年出一个报告。调查对游客的年龄、性别、来源地；态度、消费行为、对各种娱乐的看法等各方面都有详细的询问，从而保持了对游客变化的感知。政府的调查报告，为永利下决心吸引国际游客的安排提供了依据。随后拉斯维加斯的夜总会发展，云顶建云顶拉斯维加斯，都参考了政府的游客调查资料。

该局也负责拉斯维加斯的广告宣传和形象宣传。多年来，该局一直努力把拉斯维加斯塑造成世界最令人向往的休闲和商务目的地。2007 年，拉斯维加斯在美国的知名度仅次于谷歌。2009 年，该局发起了 VegasMeans-Business.com，努力把拉斯维加斯打造成世界首屈一指的会展目的地。

5. 相对宽松的监管环境

拉斯维加斯的监管环境对赌场比较友善，是拉斯维加斯动态能力的重要环境因素。同是赌城的里诺和大西洋城对赌场没有这么友好。里诺对赌场发展的区位有严格的限制，居民不希望赌场过度发展，而大西洋城则对赌场有过分的监管。比如，同时在大西洋城和拉斯维加斯经营的美高梅，其在澳门同何超琼的合作新泽西州的博彩监管委员会不能接受，而在内华达则没有问题（拉斯维加斯受内华达州的博彩委员会监管）。宽松的经营环境为企业家抓住市场机会和快速反应提供了方便。

四　澳门的借鉴

　　拉斯维加斯的动态能力有许多值得澳门借鉴的地方。首先,澳门今天面对的市场是一个迅速变化的市场。市场的全球化发展,以及各国通过各种方式吸引游客,使旅游市场的竞争比以往任何时候都激烈。由于互联网和移动通讯技术的快速发展,今天的游客掌握的信息比以往任何时候都多,都更及时。竞争和信息技术的发展导致游客比以往任何时候都挑剔,其消费偏好变化比以往任何时候都快。面临新的竞争局势,澳门需要学习拉斯维加斯大力发展动态能力,以适应快速变化的环境。为此,企业和整个社会都需要对市场变化更加敏感。特区政府应加强游客调查和将调查结果更多地与社会分享,使澳门的企业和社会更能根据环境的变化做出更好的决策。其次,企业家和企业家精神是动态能力的重要来源。与拉斯维加斯比较,澳门的企业家的"企业家发现"比较缺乏,使澳门的旅游市场在经营模式和旅游产品等方面都缺乏创新。为此,特区政府应该制定更好的对策,鼓励更多企业家的创新以及鼓励澳门旅游企业有更多的"企业家发现"。第三,澳门在努力建设世界旅游休闲中心,表演与主题建筑有助于澳门向这个方向发展。在表演方面,澳门可从三方面学习拉斯维加斯。1)提供更多的高水平的表演。为吸引游客观看,澳门的表演至少在目标游客的区域内应该是最顶级的表演。为实现该目标,酒吧表演可以请客源地比较熟悉的大腕明星表演。而大型表演应该超越客源地现有的表演水平。2)发展非语言的世界一流的大型表演。澳门正努力吸引更多的国际游客,而国际游客喜欢的表演是没有语言障碍和容易理解的,澳门需要加大这方面的投入。水舞间已开了一个好头,但光是水舞间,游客的选择太少,因此政府应该设立鼓励措施以产生更多的类似节目。3)需要不断更新旅游产品。不管是拉斯维加斯还是澳门,绝大部分游客都是回头客。拉斯维加斯的回头客占游客总数的84%(2015),澳门大约占75%(内地69%,香港80%)。[29]要满足回头客追求刺激、追求新鲜感的需要,澳门应学习拉斯维加斯,不断更新表演节目。在酒店建筑方面,澳门应该学习拉斯维加斯建筑更多的有特色的主题建筑。历史建筑,如果特色不是十分突出,可学习拉斯维加斯,拆除重建。旧的酒店的收入一般比那些重新装修或新建的酒店收入低,因此重建比保留旧的酒店常常更有价值。例如,永利2000年购买了沙漠客栈,然后很快就关闭了,除了保留酒店的一小部分作为他的艺术收藏馆之外,他炸掉了酒店，在原地建设 27 亿美元的永利度假村。澳门的土地资源比拉斯维加斯更稀缺，因此重建比拉斯维加斯更有价值。

①这里的赌收主要指拉斯维加斯大道，拉斯维加斯市区不包括在内。

②Nevada Gaming Control Board & Gaming Commission, Abstract Report, 1990, http://gaming. nv. gov/index. aspx? page = 144.

③Nevada Gaming Control Board & Gaming Commission, Abstract Report, 2015, http://gaming. nv. gov/modules/showdocument. aspx? documentid = 10752.

④⑫⑬⑮Toewe A M, Flowers in the Desert: Cirque du Soleil in Las Vegas, 1993 – 2012, Dissertation, Published by ProQuest LLC, 2013.

⑤Las Vegas Convention and Visitors Authority, *2015 Las Vegas Visitor Profile*, August 2016, http://www. lvcva. corn/stats-and-facts/visitor-statistics/.

⑥Las Vegas Convention and Visitors. Authority, *2008 Las Vegas Visitor Profile*, November 2008, http://www. lvcva. com/stats-and-facts/visitor-statistics/.

⑦Lovat O. , Pyramids to Players Clubs: The Battle for Competitive Advantage in Las Vegas, in David G. Schwartz, ed. , *Frontiers in Chance*, *Gaming Research Across the Discipline*. UNLV Gaming Press, 2013, pp. 261 – 292.

⑧Moehring E. , *Resort City in the Sunbelt*, *2rid Ed*. Reno: University of Nevada Press, 1989.

⑨Casino Gambling at E1 Rancho Vegas, from website of University of Nevada, Las Vegas. Retrieved July 9, 2015, http://gaming. unlv. edu/E1 RanchoVegas/story. html.

⑩ "El Rancho Vegas," Online Nevada Encyclopedia. Retrieved July 8, 2015, https://en. wikipedia. org/wiki/El_Rancho_Vegas.

⑪⑭Cragg L. , *Bright Light City-Las Vegas in Popular Culture*. University Press of Kansas, 2013, p. 119.

⑯Suh E. , Estimating the impact of showroom entertainment on the hourly gaming volume of a Las Vegas hotel casino, Caesars Hospitality Research Summit Paper 6, June 8, 2010.

⑰⑱Rothman H. , *Neon Metropolis*: *How Las Vegas started the Twenty-First Century*. New York, London: Routledge, 2002, p. 93, 151.

⑲Miller R. , The Construction of Spatial Imaginaries: Luxury, Spectacle, Cosmopolitanism, and the Formation of the Casino-Resort, *Occasional Paper Series*, Center for Gaming Research, July 2014.

⑳ABC News, Las Vegas Returns to Sin City Roots, April 24, 2002.

㉑Friess S. , "Las Vegas builds its own Great White Way," *The Christian Science Moni-*

tor, February 11, 2005, http://www. csmonitor. com/2005/0211/p12s01 – almp. html.

㉒ "End of an era: 34 – year – old 'Jubilee' concludes—what's next?" *Las Vegas Sun*, February 25, 2016.

㉓Teece D. J., "Explicating dynamic capabilities: the nature and microfoundations of (sustainable) enterprise performance," *Strategic Management Journal*, 2007 (28), pp. 1319 – 1350.

㉔Helfat C., Finkelstein S., Mitchell W., Peteraf M., Singh H., Teece D. and Winter S., *Dynamic Capabilities: Understanding Strategic Change in Organizations.* Malden: Blackwell Publishing, 2007.

㉕Cilliers P., "Knowledge, complexity, and understanding," *Emergence*, 2000, 2 (4), pp. 7 – 13.

㉖Hopkins A. D. and K. J. Evans, ed., *The First 100: Portraits of the Men and Women Who Shaped Las Vegas.* Las Vegas, Hunting Press, 1999.

㉗㉘Simpson J., "Wynn says 'Avenue Q' will enrich experience," *Las Vegas Sun*, 10 June 2004 & 21 Oct. 2004.

㉙根据作者分别在 2012 年和 2011 年做的游客调查数据。

作者简介：曾忠禄，澳门理工学院博彩教学暨研究中心教授。

[责任编辑　刘泽生]
（本文原刊 2017 年第 1 期）

547

主持人语

刘泽生

1997 年 7 月 1 日，中华人民共和国恢复对香港行使主权。这是中华民族历史上具有伟大意义的日子。这是几代中国人为之奋斗的夙愿，其艰难步履整整经历了 150 多个春秋。香港的昨天、今天和明天，具有凝重和深厚的历史内涵。在此香港回归祖国即将 20 周年的重大历史时刻，回顾其走过的风雨历程，更令人倍感珍惜。

2017 年，是香港"一国两制"实践和发展的重要年份，面临若干重大事件节点。一是香港刚刚完成第五届行政长官选举，新任行政长官在履职后将正视香港现实挑战，用更加开放、前瞻的视野，带领香港再起步；二是正值香港回归 20 周年，香港"一国两制"实践在取得举世公认成就的同时，也面临着一些新情况新问题，需要在理论与实践层面进行系统总结和深刻反思，需要有针对性地探索与实践，提出引领香港长远发展的战略与策略，并逐步凝聚社会共识。

在此，有几个基础性问题，需要认真梳理与聚焦研究。一是在政治层面，要探索如何全面、准确地认识与落实"一国两制"方针和香港《基本法》，确保在香港的实践不动摇、不走样、不变形，始终沿着正确方向前进。这需要学理研究、理论支撑和机制保障，需要实践操作层面的落实路径与机制方案。这不仅事关保持香港的长期繁荣稳定，也事关国家主权、安全和发展利益，更关系到国家与香港的长治久安。二是在经济层面，要探索香港如何可持续发展的动力，发挥好香港的独特优势，提升香港在国家经济发展和对外开放中的战略地位，这是香港经济社会发展面临的急迫问题。年初，行政长官在香港 2017 年施政报告中已提出提升优势、再工业化及深化与内地合作等发展方向，并在推进经济发展中提出多项措施，包括扩大和优化《内地与香港关于建立更紧密经贸关系的安排》（CEPA）等。与此同时，有关香港长远发展的策略规划《香港 2030 +：跨越 2030 年的规划远景与策略》，也提出其策略愿景——令香港成为宜居、具竞争力和可持续性发展的亚洲区国际大都会。国家正在研究制订的粤港澳大湾区城市群发展规划，也将拓展香港发展的新空间、新动力。

长期以来，如何根据国际经济发展趋势与国家发展需要，合理定位，把握香港的发展空间与可能机遇，是香港立身之本。香港未来经济发展，有几个需要厘清的方向性问题，一是香港发展与转型的动力，源自内地因素，内地对外改革开放的需求，拉动和提升了香港的经济产业、服务能力和经济转型；二是香港的未来发展动力，最重要支撑来源也需要从香港与内地互动关系去寻找。在全球经济重心东移、竞争日趋激烈以及国家在全球经济发展中影响力日增的大背景下，如何根据国家所需、发挥香港所长，找好新的对接点、提升服务国家发展的能力，既是香港服务业供应侧改革的方向，也是香港优化经济结构、构建持续发展新动力的难得机遇。

读史使人明智。正是基于这一历史节点，本刊特邀齐鹏飞、戴金平和蔡赤萌三位对香港问题有长期跟踪研究的资深专家，就回归以来香港"一国两制"实践的基本经验和相关启示、国家对外开放战略推进与香港经济功能及经济转型的互动关系，进行历史回顾与深度探讨，相信上述两文对我们全面理解"一国两制"实践中的若干主要矛盾以及深入思考香港未来的发展路向、重塑香港在国家新开放战略中的地位具有重要的启示。

东方之珠，我的爱人，你的风采是否浪漫依然？

请捎上我深深的祝福——生日快乐，香港加油！

香港回归20年"一国两制"实践的历史经验与现实启示[*]

齐鹏飞

[**提　要**] 进入香港回归20周年，中国政府以"维护国家主权、安全和发展利益"与"保持香港长期繁荣稳定"为根本宗旨，以"抛弃殖民主义、保留资本主义"和"求一国之大同、存两制之大异"为基本内容和表现形式的"一国两制"、"五十年不变"之国家治理模式的全新试验，已经走过近一半的旅程，一些具有整体性、普遍性、规律性的阶段性特征已经相对明晰地呈现出来，充分反映了"去殖民化"和"人心回归"工程的长期性、复杂性、艰巨性。笔者认为，对于"一国两制"在香港实践的历史经验之全面反思和系统总结，必须坚持"两点论"——功不饰非，机遇与挑战并存；必须坚持"三心"——"不忘初心"、"保持耐心"、"坚定信心"；必须抓住主要矛盾，辩证认识"变"与"不变"。

[**关键词**] 香港 "一国两制" 历史经验　国家治理　"人心回归"

今年是香港回归祖国20周年，是英国在香港156年（1841～1997）殖民统治历史终结20周年，是中国政府对香港恢复行使主权20周年。如何科学地梳理、总结和揭示香港回归20年来"一国两制"实践的历史经验和现

---

* 本文系北京市宣传文化高层次人才培养资助项目（项目号：2016XCB096）的阶段性研究成果。

实启示，以为继续前行之借鉴，不仅是摆在中国政府面前亟待破解的重大课题，摆在香港特区政府和香港同胞面前亟待破解的重大课题，同时也是摆在从事香港问题研究的海内外学界面前亟待破解的重大课题。

一

事实上，就中央政府层面而言，其对于"一国两制"在香港实践的历史经验和现实启示之梳理、总结和揭示工作，自香港回归以来就一直在持续地进行，其思想认识在逐步地丰富和深化、逐步地成型和成熟。这种思想认识比较集中且公开反映在历次中共全国代表大会的"政治报告"，历年全国人大的"政府工作报告"，历年全国"两会"期间中央政府主要领导人与前来北京参会的特区全国人大代表、全国政协委员座谈和接见前来北京列席会议的特区行政长官时的谈话，历次中央政府主要领导人接见前来北京接受任命书或述职的特区行政长官的谈话、会见香港社会各界人士时的谈话、赴香港参加香港回归"逢五逢十"的周年庆典时发表的讲话、赴香港视察和参加重要会议时发表的讲话、在香港"基本法"颁布或实施"逢五逢十"周年纪念座谈会上发表的讲话等政治文件、政治讲话中。

梳理和归纳香港回归以来中共中央历代领导集体和历届中央政府关于"一国两制"在香港实践的历史经验和现实启示之梳理、总结和揭示工作，其主基调一以贯之、始终未变，即在总体上、整体上予以充分肯定（"'一国两制'是历史遗留的香港问题的最佳解决方案，也是香港回归后保持长期繁荣稳定的最佳制度安排"）的基础和前提下，坚持富有辩证法思想智慧的"两点论"——"一国两制"在香港的实践取得了举世瞩目、举世公认的成功；"一国两制"在香港的实践出现了一些新情况新问题。

对于中央政府的"两点论"，历届特区政府是高度认可和全面接受的。这可从历届当选的特区行政长官在其"竞选政纲"和历年"施政报告"、从其前来北京汇报和请示工作的"述职报告"中得窥一斑。此即梁振英所高度概括的基本结论——"1997 年香港回归祖国后，基本法下的'一国两制'、'港人治港'、高度自治方针政策获得成功落实"。① "'一国两制'不仅在香港成功落实，而且有强大的生命力。"从香港回归前不断有人质疑香港前途，到香港回归后保持长期繁荣稳定，这一系列成功都离不开"一国两制"、"港人治港"、高度自治的方针。"'如果中国宣布收回香港，就会给香港带来灾难性的影响和后果。'现在看来，撒切尔夫人的这句话并不正确。"②

对于中央政府和特区政府关于香港回归以来"一国两制"在香港实践的历史评价，由于其符合最基本的历史事实，国际社会——包括始终抱有意识形态和政治偏见的西方社会，也不能不保持有最低限度的"尊重"。这可从英国政府历年的"香港问题半年报告"、美国政府不定期的"香港政策报告"中得窥一斑。香港回归以后仍然持续多年被美国传统基金会（The Heritage Foundation）评为全球最自由的经济体，被瑞士洛桑国际管理发展学院（International Institute for Management Development）评为世界最具竞争力的经济体，即是明证之一；香港回归前代表西方社会高调"唱衰香港"发表《香港之死》（The Death of Hong Kong）专题文章的美国《财富》（Fortune）杂志，在香港回归10年以后不得不再次发表专题文章《哎哟，香港根本死不了》（Oops! Hong Kong is hardly dead），公开承认"我们错了"（We were wrong），即是明证之一；曾经亲眼目睹了新旧香港转换的英国"末代港督"彭定康（Christopher Francis Paten）在香港回归以后尽管仍然常常"不识时务"地对中国香港特区的内部事务"说三道四"，但是同时也不得不承认："'一国两制'在香港很有成效！""香港基本上没有变……它还是一个自由的都市，还保留着大部分特性和权利，这些都是最初中国政府保证要在'一国两制'之下，尊重香港的权利，当时大家不相信能够实施'一国两制'，已故美国著名经济学家费理曼博士就持这种观点。"香港回归以来的事实"证明（'一国两制'）这个原则行得通，总体来说中国遵守'一国两制'的原则……"③英国外交部亦有明确表态，"英国非常认真对待在中英'联合声明'的承诺"，"并相信'一国两制'是对香港长期稳定繁荣的最佳安排，一如过去近20年一样，期望'一国两制'日后亦继续受尊重及成功"。④

至于从事香港问题研究的海内外学界——尤其是就中国内地学界而言，对于"一国两制"在香港实践的研究，自香港回归以来也始终未辍，其研究内容也在逐步地丰富和深化。当然，由于特殊的政治语境，中国内地学界关于香港问题的研究所存在的"缺憾"也是显而易见的——主要表现为：研究范式单一、主题先行、学理性基础偏弱，等等。这必然在一定程度上、一定范围内影响到对"一国两制"研究的学术化水平。由于执政党中央和中央政府关于"一国两制"在香港实践的定位是从其国家整体战略和"国际视野"出发的"围绕中心、服务大局"的工作，偏重于理论性阐释，比较原则、比较抽象、比较宏观。因此，我们可以理解执政党中央和中央政府有关"香港工作"和"一国两制"建设工程的指示精神及其"顶层设计"和"底线思维",仅仅是为中国内地学界指明了大的路向,而不是替代或规限学者们在该领域具体的学术研究。恰恰相反,仅仅就中国内地学界而言,其关于香港问题研究的学术探索空间还是非常开放、非常广阔的。事实上,执政党中央和中央政府有关"香港工作"和"一国两制"建设工程的指示精神及其"顶层设计"和"底线思维",也是建立在充分吸纳中国内地学界学术成果、学术智慧的基础之上的。

基于此,在香港回归 20 周年纪念日即临的特殊时段,笔者作为一名从事香港问题研究逾 20 年的中国内地学者,拟从纯学理的角度,重点就中国内地学界在该领域研究相对薄弱的——"一国两制"在香港的实践出现新情况新问题之背后的深层次原因,谈几点个人对于"一国两制"在香港实践的历史经验和现实启示的思考。为了行文的方便,笔者拟借用全国人大常委会委员长张德江 2016 年 5 月赴香港视察期间的重要讲话——《贯彻"一国两制" 发挥优势创未来》⑤所使用的三个核心概念——"不忘初心"、"保持耐心"、"坚定信心"来展开论述。同时,为了比较透彻地阐释清楚笔者对于这一问题的思考和见解,笔者拟重点围绕香港回归以后"一国两制"在香港实践中绕不过去的"三对主要矛盾"即"三大关系"——"一国"与"两制"的关系、中央与地方的关系、"变"与"不变"的关系作为三个相对应的切入点进行探析。

二

何谓"一国两制"的初心?笔者的理解,就是指中国政府"一国两制"设计的初衷和"一国两制"的根本宗旨。而香港回归以后"一国两制"在香港的实践中出现的新情况新问题,显示这一"初心"在某种程度上并没有得到很好的坚守。这一根本性问题得不到彻底解决,"一国两制"在香港的实践就无法顺利地向前推进。

众所周知,中国政府关于"一国两制"的科学构想、方针政策和相关法律的成型、成熟及其正式出台,是有一个历史发展过程的——以新中国成立以后头 30 年"暂时维持现状不变"以"长期打算、充分利用"的"八字方针"为思想积淀和政治基础,在新中国改革开放和社会主义现代化建设新时期的初期通过"八二宪法"第 31 条、解决香港问题的"十二条基本方针政策"、中英"联合声明"及其附件、香港"基本法"及其附件而逐步建构起来的。

当初，"一国两制"的"总设计师"邓小平的战略考虑主要有三：第一，鉴于香港问题是近代中国丧权辱国之屈辱历史的缩影，所以，在"中国人民已经站起来"的时代，必须在 20 世纪内，彻底洗刷近代以来悬而未决的西方列强强加于中国的殖民主义耻辱、彻底结束近代以来悬而未决的由于西方列强对中国领土的非法占领而导致中国无法对香港行使主权的尴尬境遇，并至少在外交领域率先解决收复失地、实现国家统一的历史遗留问题。这是基础和前提。第二，鉴于"和平与发展"已经成为当代世界历史发展的时代主题，而中国的改革开放和社会主义现代化建设又需要一个持续而稳定的和平环境，所以必须以和平的方式实现国家统一，即当事国双方通过外交谈判的方式实现香港回归。如此，就需要对当事各方——中英两国方面、香港地方方面都有利、都可以接受，如此，舍"一国两制"无他。第三，鉴于香港在新中国成立以后头 30 年里，作为打破西方社会对新中国的全面封锁而保持新中国与外部世界发生联系的"窗口、桥梁、国际通道"之不可替代的特殊地位（当初，我们经常讲的"中国对外开放，首先是对香港开放；中国与国际接轨，首先是与香港接轨"，就很形象地说明了这一问题），所以，我们在解决历史遗留下来的香港问题时、在对香港恢复行使主权实现国家统一维护领土完整时，就不能以损害香港在"二战"以后已经形成的"国际经济中心"地位和"经济繁荣"局面为代价。同时，我们认为，香港"国际经济中心"地位和"经济繁荣"局面的形成，在很大程度上是由其自由资本主义制度所保障和支撑的。如此，舍"一国两制"无他。

当初，邓小平为"一国两制"科学构想寻找到的马克思主义理论的"合法性"依据，是列宁的"和平共处"和"利用资本主义"的思想。邓小平还对"一国两制"科学构想有两个形象化的说明：一曰"收回主权、制度不变"；二曰"抛弃殖民主义、保留资本主义"。这里，核心的核心，就是如何正确认识、正确处理"一国"与"两制"这一对矛盾、这一大关系的问题。

那么，香港回归以后，"一国两制"在香港的实践，是否不忘和坚守了或曰在多大程度上不忘和坚守了"一国两制"的初心？我们下面重点就两个具有代表性的层面试析之。

就中央政府层面而言。香港回归以后中共中央历代领导集体和中央政府对于"一国两制"的初心，即"一国两制"设计的初衷和"一国两制"

的根本宗旨的坚守都是始终如一的，并且在这一问题上的思想认识是在不断地丰富和深化、理论论述和政策阐释是在不断地严密、完善、具体化和富有针对性的。这完全可以从香港回归以后中共中央历代领导集体和中央政府及其核心人物事涉香港问题的政治文件和重要讲话中得以充分验证。尤其需要特别说明的是，中央政府 "不忘初心" 的思想认识及其理论论述和政策阐释，在中共十八大以后，有了一个比较明显的战略转变和战略提升，即开始突出强调对于 "一国两制" 方针政策及香港 "基本法" 在香港实践中的 "全面准确" 地认识理解和贯彻落实问题。这一战略转变和战略提升，集中反映在体现其集体意志的 2012 年的中共十八大报告⑥和 2014 年《"一国两制" 在香港特别行政区的实践》白皮书⑦中有关 "一国" 与 "两制" 关系问题的全面论述中。2012 年的中共十八大报告在这方面的重大创新主要有二：其一，将 "中央对香港方针政策的根本宗旨、根本出发点" 之规范化表述，适时调整为两句话：中央对香港实行的各项方针政策，根本宗旨是 "维护国家主权、安全和发展利益，保持香港长期繁荣稳定"。将 "维护国家主权、安全和发展利益" 与 "保持香港长期繁荣稳定" 相提并论作为中央对港政策、对港工作之根本宗旨的 "两个基本点"，开始突出强调这两个方面均不可或缺的平衡性、完整性和全面性，并且明确指出：前者是后者的基础和前提！其二，将 "一国两制" 在香港的实践过程中必须 "全面准确" 地认识理解和贯彻落实 "一国两制" 方针政策及香港 "基本法" 之规范化表述，高度概括为 "三个不偏废"——"必须把坚持一国原则和尊重两制差异、维护中央权力和保障特别行政区高度自治权、发挥祖国内地坚强后盾作用和提高港澳自身竞争力有机结合起来，任何时候都不能偏废。"（由 2012 年胡锦涛在庆祝香港回归祖国 15 周年大会暨香港特别行政区第四届政府就职典礼上的重要讲话⑧中的 "四个不可偏废" 演化而来）。而白皮书在这方面的重大创新，主要是关于中央政府 "全面管治权" 的明确提出和全面论述："宪法和香港基本法规定的特别行政区制度是国家对某些区域采取的特殊管理制度。在这一制度下，中央拥有对香港特别行政区的全面管治权，既包括中央直接行使的权力，也包括授权香港特别行政区依法实行高度自治。对于香港特别行政区的高度自治权，中央具有监督权力。""'一国两制' 是一个完整的概念。……'一国' 是实行 '两制'的前提和基础，'两制' 从属和派生于 '一国'，并统一于 '一国' 之内。'一国' 之内的 '两制' 并非等量齐观。" 这两个政治文件，既是 "后邓小平时代"中共中央历代领导集体和历届中央政府对于"一国两制"的初心之不忘、坚守和与时俱进的创新性发展,同时也是对以往"一国两制"在香港的实践过程中有所模糊、有所忽略、有所偏差的思想认识、理论论述和政策阐释的正本清源、拨乱反正。

这里,我们没有必要讳言,自香港回归之始,中央政府对于"一国两制"的初心之不忘、坚守和与时俱进的创新性发展问题,对于"一国两制"方针政策及香港"基本法"在香港实践中的"全面准确"地认识理解和贯彻落实的问题,在这一思想认识、理论论述和政策阐释不断丰富和深化的过程中,也不是没有值得我们深刻反思和检讨的地方。由于对前所未有的"一国两制"在香港的实践之长期性、复杂性、艰巨性的思想认识有一个逐步提高的过程,由于对"一国两制"在香港的实践中"存两制之大异"的"大异"——包括价值观在内的意识形态以及政治制度之间结构性、深层次矛盾的不可调和、不可兼容性的思想认识有一个逐步提高的过程,加之具体考虑到在香港回归前后香港社会内部以及国际社会对于"一国两制"是不是真正具有生命力的怀疑和抵触,主要集中在香港社会内部的"港人治港、高度自治"能不能不受"中央的干预"方面,所以,在一定时期内,中央政府对于"一国两制"在香港的实践相对多的突出强调了"存两制之大异"的内容;加之我们一度认为,香港回归以后作为"一国两制"之基础和前提的"一国两制"方针政策及香港"基本法"应有的题中之意,已经在香港社会深入人心、不言自明,因而也就隐而不言。这必然会对"求一国之大同"的内容产生一些消极的影响。比如,外界对于那个时期所谓中央政府为了力避"不必要的干预"之嫌、矫枉过正,"不改天不改地就换一面旗"、"不该管的绝对没有管,该管的也没有管"等的批评,虽然不乏曲解或恶意诋毁的因素,但也说明的确存在一些必须适应形势的发展积累和总结历史经验加以现实性、前瞻性调整的余地。

就香港社会内部而言。香港回归以后,香港社会总有这样一些人,他们对于中央政府"一国两制"的初心,从来都不是全部、全面认同和接受的。他们中的相当一部分人对于"一国两制"方针政策及香港"基本法"的认识理解和贯彻落实,不仅根本谈不上全面准确,而且是有意识地加以肢解、加以割裂,有选择地取舍。他们拒不承认"一国两制"是一个完整的概念、香港"基本法"是一个统一的整体。他们将"坚持一国原则"和"尊重两制差异"割裂并对立起来,不认同、不接受"一国"是"两制"

的基础和前提；他们将"维护中央权力"与"保障特别行政区高度自治权"割裂并对立起来，不认同、不接受中央拥有全面管治权是特区行使高度自治权的基础和前提；他们将"发挥祖国内地坚强后盾作用"与"提高港澳自身竞争力"割裂并对立起来，不认同、不接受"祖国内地因素"是"香港经济发展和经济繁荣"的基础和前提。他们对于中央政府"一国两制"的初心即"一国两制"设计的初衷和"一国两制"的根本宗旨之"两个基本点"，仅仅认同和接受其"保持香港长期繁荣稳定"的一面，而不认可、不接受其"维护国家主权、安全和发展利益"的另一面。事实上是对"一国两制"方针政策及香港"基本法"，进行抽象肯定、具体否定。他们以"泛民主派"和"泛本土派"自诩，实际上是"逢特区政府必反"、"逢中央政府必反"的极端反对派。他们中的少数极端分子甚至幻想在香港回归以后、在中央政府对香港恢复行使主权以后、在中央政府直辖的特区行政区成立以后，仍然可以在某种程度上、某种范围内使"资本主义的香港"与"社会主义的祖国内地"有效隔离或分离，使香港拥有"完全的政治实体"或"半政治实体"的超然地位。从"香港价值至上论"、"香港利益至上论"一直到"香港城邦论"、"香港民族自决论"、"香港独立论"，在这一"反共又反华"的危险道路上越走越远。在他们背后，还有西方社会在遏制和封堵中国"和平崛起"大战略下的全力支持和直接干预。如此，基于此一消极因素的作祟，香港回归 20 年来，香港社会的政治生态演变已经日益逼近中央政府"一国两制"初心之不可触碰的底线。

香港回归 20 年来，在这样吊诡的政治气候、政治环境下，不仅"一国两制"方针政策及香港"基本法"在香港实践中的"一国"原则之贯彻落实严重受阻，典型者如"维护国家主权、安全和发展利益"的"二十三条立法"被迫无限期地搁置、逐步建立国家认同的"国民教育"被迫无限期地搁置，典型者如"爱国爱港"这一基本的政治伦理竟然不能被普遍认同和接受为香港社会的"核心价值"。而且，即使是香港社会长期以来自以为傲的"民主"和"法治"两大"核心价值"的基石，亦遭遇到前所未有的冲击和挑战——中央政府主导和推动的以香港"基本法"和全国人大有关决定的规定为依循、以"双普选"为目标指向和主要内容的政制改革和民主化进程，两次被香港立法会极端反对派议员以"集体捆绑"的否决方式粗暴打断，使 500 万香港选民在香港回归 20 周年之际一人一票选举行政长官的美好愿景成为泡影；香港回归 20 年来，香港社会内部直接挑战中国宪法和香港"基本法"作为香港的宪制基础和法治基础、直接挑战中央政府的全面管治权尊严、直接挑战特区政府的施政权威之政治性的游行示威不断、议会抗争和议会暴力不断、街头抗争和街头暴力不断，酝酿、策划时间长达近两年、发动和持续时间逾两个半月的"占领中环"运动，就是其中一个的典型案例，而且是"有法不依、执法不严、违法不究"。香港社会内部一直自以为傲、外部世界也津津乐道的"法治精神"自然是伤了元气，香港同胞知法、懂法、守法、护法的正面形象被严重玷污。香港回归20年来，极端反对派"逢中央政府必反、逢特区政府必反"，甚至中央政府纯粹是为了推动香港和祖国内地之间经济交流与合作，以期两地优势互补、互利双赢、共同发展的重大施惠举措，特区政府纯粹是为了香港发展经济、改善民生、促进和谐的重大施政举措，也都被政治化和污名化，通过"议会拉布"和街头闹事而加以阻扰和破坏。

为什么香港回归20年来，"一国两制"的实践中频频出现新情况新问题，甚至是比较严重的"乱象乱局"，原因肯定是非常复杂的，可以有见仁见智的不同解读，但是其中有一个关键性因素，则是各方面——尤其是中国内地学界已经形成基本共识和主流意见的——"人心回归"问题。即香港回归20年来，香港社会在很大程度上、在很大范围内还没有彻底完成自英国殖民统治下的一个"海外省"至中国中央政府直辖下的一个特别行政区的蜕变；香港人在很大程度上、在很大范围内还没有全面完成自"英国的二等臣民"至"中华人民共和国公民"的蜕变。集中体现中共十八大以来以习近平同志为核心的党中央处理香港事务、解决香港问题的新理念新思想新战略的官方文件、2014年6月中央政府发布的香港回归以来的第一个政策白皮书中所总结和揭示的——"'一国两制'是一项开创性事业，对中央来说是治国理政的重大课题，对香港和香港同胞来说是重大历史转折。在香港特别行政区各项事业取得全面进步的同时，'一国两制'在香港的实践也遇到了新情况新问题，香港社会还有一些人没有完全适应这一重大历史转折，特别是对'一国两制'方针政策和基本法有模糊认识和片面理解。目前香港出现的一些在经济社会和政制发展问题上的不正确观点都与此有关"⑨也正是从这一角度论述的。这里，笔者想重点谈谈近年来已经逐步成为中国内地学界思想兴奋的一个点——香港回归以后的"去殖民化"问题。

众所周知，1997年和1999年的港澳回归，也是"二战"以后世界范围的争取民族独立、民族解放的"反殖民主义运动"以及"非殖民化"运动的有机组成部分和重要内容，并且是其全面"落幕"的高潮和标志。根本性的区别在于，港澳是走向回归祖国，而不是通常的独立建国；港澳回归以后是实行"一国两制"，而不是通常的"一国一制"。

这里需要特别说明的是，笔者所言之香港回归以后的"去殖民化"的问题，并非是海内外学界已经有比较成型、比较成熟研究的"非殖民化"之理念和概念——尽管两者的英文词均为 Decolonisation（关于"非殖民化"的理念和概念，海内外学界包括中国内地学界一直有不同的理解和认识，有的突出强调它的"中性化"属性，明言其"一枚硬币的两面"——即殖民地人民的民族独立、民族解放运动之"非殖民化"与西方殖民主义国家主导和授予其殖民地的独立进程、独立地位之"非殖民化"的合体；有的则突出强调它的单一"西方化"倾向——即西方学者所建构的以"西方中心论"为思想基础、突出强调西方殖民主义国家"主观能动性"的"非殖民化"。⑩笔者是比较认同后一界定的。这一"非殖民化"的理念和概念，具体运用到香港回归的历史过程，就是英国在香港"过渡时期"（1985～1997）所实施的"光荣撤退"计划和"本土化"方案）。这并不在本文的论述范围。笔者这里所谈的是香港回归以后，即香港在所谓的"后殖民地时代"，如何在特别行政区的"一国两制"建设中逐步瓦解和消除历史遗留的"殖民主义体制""殖民主义心态""殖民主义影响"的问题。当然，这一问题，也是所有已经独立建国或者走向回归的民族主义国家、民族主义地区在"后殖民地时代"共同面临的重大挑战——当然，各国和各地区"去殖民化"的意旨、着力点、实现路径以及实际效果是千差万别的。

如前所述，由于香港地区所谓的"非殖民化"，其预设结果并非是通常的独立建国，而是以"一国两制"为基础和前提的、通过中英两国之间的外交谈判而实现的回归祖国，"社会、经济制度不变，法律基本不变，生活方式不变"。除了其地方政权性质发生了根本性的蜕变——自英国殖民统治下的一个"海外省"至中国中央政府直辖下的一个特别行政区，但是其政治体制的基本框架几乎原样留存——仅仅是中国的五星红旗替换了英国的米字旗、特别行政区的行政长官替换了英国的总督、中国的驻港部队替换了英国驻港三军、中国的外交特派员替换了英国的政治顾问、特别行政区的立法会和行政会议替换了英国的立法局和行政局——当然，也包括中国的"宪法性文件"——香港"基本法"替换了英国的"宪法性文件"——"英皇制诰""皇室训令"，比较多的是凸显"象征"意义。如此，外界有关"换汤不换药""没有英国人的英国社会"之极端评价,也就绝非无稽之谈、空穴来风。加之,香港回归以后,中央政府从实现香港地方政权自"英人治港"的殖民政治体制至"港人治港"的民主政治体制彻底蜕变的意旨出发所主导和推动的、以香港"基本法"和全国人大有关决定的规定为依循、以"双普选"为目标指向和主要内容的政制改革和民主化进程再再受阻、长期停滞不前;特区政府从全面提升施政权威、施政效能并逐步建构"行政主导"政治体制的意旨出发所主导和推动的"高官问责制"、取消两个市政局等"中央和地方行政改革"并没有取得预期的成功。如此,香港回归 20 年来,在历史的惯性和现实考虑的驱动力下,"去殖民化"的问题非但没有解决,相反,"去中国化"的问题则日益严重。典型者,如司法体制中的"亲英国化"现象依旧、教育体制中的"亲西方化"现象依旧、舆论环境中"反共反华化"现象依旧,等等,不一而足。在"中国历史"课程都无法在中小学正常维系的情况下,"逢特区政府必反"、"逢中央政府必反"的"街头抗争与暴力"、"议会抗争与暴力",其主力军日益年轻化,也就是不难理解的事情了。

因此,在近年来香港社会内部民粹主义、分离主义思潮及其社会运动日益猖獗的大背景下,中国内地学者开始明确提出必须重视"去殖民化"问题时,在已经对"历史的惯性"习以为常且津津乐道的香港社会内部引起轩然大波,也就不难理解了。这也从一个侧面说明,积重难返的"去殖民化"的问题对于香港社会内部而言已经到了刻不容缓、亟待解决的"临界点"。对此,中央政府、特区政府和香港同胞必须保持高度的清醒和警觉。否则,何谈"不忘初心"!当然,在这个正本清源的历史过程中,必须力戒简单化、表面化和过激化的处理,不能为了拨乱反正而"矫枉过正"——如鼓噪通盘修改历史遗留下来的所谓"殖民主义标识"之地名、街名等,将香港"中西文化交融"的历史特色、历史传统、历史资源当作历史包袱一概摒弃,那就与我们"去殖民化"的初衷和根本意旨南辕北辙了。

三

关于"保持耐心"。这里,首先要澄清一个概念——何谓"一国两制"的"香港模式"?这个概念是中国内地学界首先提出并使用的,但是对其内涵的具体指涉则始终有见仁见智的不同理解和认识。而笔者始终坚持这样的观点——所谓"一国两制"的"香港模式",事实上包括有两层涵义:其一是指香港回归前的"国际争端解决模式"和"国家统一模式";其二是指

香港回归后的 "国家治理模式" 和 "中央和地方关系模式"。当然，无论就哪层涵义而言，即不管是以 "一国两制" 的方式实现国家统一，通过当事国之间的外交谈判和平解决历史遗留下来的领土和主权争端问题；还是以 "一国两制" 的方式实现国家治理，通过在一个主权国家的大框架、大范围内实行不同社会制度的中央政府与特区政府之间、祖国内地与香港地区之间的和平共处、和谐发展，圆满解决香港地区在 "维护国家主权、安全和发展利益" 的基础和前提下 "保持长期繁荣稳定" 问题，都是前所未有、独一无二的全新试验，是中国共产党人对于马克思主义民族国家的国家统一和国家治理理论与实践创新性发展做出的一大贡献，是中国共产党人对于以和平、发展、合作为时代主题的 "政治多极化、经济多元化、文化多样化" 的当代世界创新性发展做出的一大贡献，"是中国共产党人对人类政治文明发展作出的一大贡献，是中华民族为国际社会解决类似历史遗留问题提供的富有传统哲学智慧的中国方案！"①

在中国共产党成立以来逾 90 年矢志为实现国家统一、为实现中华民族的大团圆而不懈奋斗的历史发展过程中，有过两次在理论与实践层面上关于国家结构、国家形式——包括中央和地方关系问题的重大探索、重大转型和重大创新。一次是在中共党史的 "第一个三十年"（1921～1949 年，即中国共产党的 "民主革命时期"），一次是在中共党史的 "第三个三十年"（1979 年至今，即中国共产党的 "改革开放和社会主义现代化建设新时期"）。

在中共党史的 "第一个三十年"，中国共产党人是以 "革命党" 的 "在野" 身份和地位，提出并实践自己的 "国家统一" 理念、战略和政策的，是在领导中国各族人民进行争取民族独立和人民解放而完成中国共产党在中国近代以来的 "第一大历史任务" 的伟大斗争中，来逐步推进彻底结束积贫积弱的旧中国之四分五裂、一盘散沙的混乱局面、彻底实现中国各族人民自己当家作主之国家大统一、民族大团结的历史进程的。在此一历史时期，中国共产党人关于 "国家统一" 的理念、战略和政策，由不自觉到自觉，经历了一个由模仿和照搬 "苏联模式" 而主张 "民族自决" 和 "联邦制共和国" 之 "国家统一" 道路，逐步向实现马克思主义中国化而主张符合中国的具体国情包括民族实际和历史传统的 "民族区域自治" 和 "单一制共和国" 之 "国家统一" 道路嬗变的 "历史大转折"。最后，终于在 20 世纪中叶，在彻底 "颠覆" 旧中国政权的基础上，建立了以中国大陆地区的基本统一为基础的、中国共产党执政的、中国各族人民自己当家作主的新中国——中华人民共和国。

在中共党史的"第三个三十年",中国共产党人是以"执政党"的身份和地位,提出并实践自己的"国家统一"的理念、战略和政策的,是在领导中国各族人民进行争取国家繁荣富强和人民共同富裕而完成中国共产党在中国近代以来的"第二大历史任务"的伟大斗争中,来逐步推进彻底解决历史遗留下来的港澳台问题、彻底实现中国各族人民自己当家作主之国家大统一、民族大团结的历史进程的。在此一历史时期,中国共产党人关于"国家统一"的理念、战略和政策,由于"一国两制"科学构想的提出并付诸实践,因此在国家结构、国家形式方面,就直接面临着如何认识、如何处理一个带有强烈的"复合制"特点的单一制国家的"国家统一"和"国家治理"的重大挑战问题。

基于"一国两制"科学构想的制度性、体制性规限,香港回归以后成立的直辖于中央政府的特别行政区,其依法(中国宪法和香港"基本法")享有的"高度自治权"——包括行政管理权、立法权、独立的司法权和终审权以及中央政府授予的其他权力,虽然均来源于中央政府的授权,但是已经远远有别于传统意义和一般意义的单一制国家地方政权所享有的普通自治权(包括中国内地民族自治区所享有的普通自治权),而享有——甚至是超越了复合制国家地方政权(如美利坚合众国的各州、俄罗斯联邦的各共和国)的特殊自治权(典型者如可以单独发行货币,如可以设立终审法院,等等)。如此,在维持中国原有的单一制国家的国家结构、国家形式基本不变的基础和前提下,以"一国两制"的方式彻底解决历史遗留下来的港澳台问题、对港澳台地区全面恢复行使主权实现国家统一、对港澳台地区有效行使全面管治权实现国家治理,逐步建构起既可以切实"维护国家主权、安全和发展利益",又可以切实"保持港澳台地区长期繁荣稳定"的新型中央与地方关系,就成为中国共产党人必须面对、必须破解的重大挑战。

早在香港"过渡时期"之始,邓小平就已经明确指出:"一国两制"在香港是不是行得通、是不是真正具有生命力,不仅要看在"九七"前,是否可以"平稳过渡"、"顺利交接",而且也要看在"九七"后,是否可以"保持长期繁荣稳定"。也就是说,已经对香港地区在实现了"国家统一"以后的国家治理之长期性、复杂性、艰巨性有了非常清醒的认识并预警。但是,香港回归以后,在"一国两制"之"国家治理"过程中所出现的新情况新问题,还是远远超出了人们的想象。这里,既有历史遗留下来的体制性、结构性的深层次矛盾没有得到根本性解决的问题，也有现实发展中涌现出来的新挑战无法破解的问题。仅仅就政治层面而言，典型者若前所述之"人心回归"的问题并没有得到有效解决，相反是"民粹化"的分离主义思潮和社会运动日益猖獗；"去殖民化"的问题没有解决，相反是"去内地化"、"去中国化"之"反共反华"情绪日益弥漫，等等，其严重性，就是我们在"九七"前和香港回归之初没有充分估量到的。

正是基于此一历史背景，在香港回归 20 周年之际，方方面面尤其是香港社会内部和西方社会对于"一国两制"在香港的前途和命运问题发出疑问，也就不足为奇了。这是问题的一个方面。

但是，另一方面，如果我们将"一国两制"在香港的实践放置于"大历史"的"长时段"中，将其与中国全面实现现代化（包括国家治理方式和治理能力的现代化）的战略目标和具体进程结合起来观察、与中国全面实现中华民族伟大复兴之"中国梦"的战略目标和具体进程结合起来观察，"'一国两制'在香港已经走到尽头"的臆断，自然也就成为"伪命题"，不攻自破了。中央政府近年来反复强调的"保持耐心"，也正是建立在这样的历史坐标系上的。

众所周知，"一国两制"在香港的实践"五十年不变"之下限——21 世纪中叶，与中国全面实现现代化、与中国全面实现中华民族伟大复兴之"中国梦"的战略目标的下限——21 世纪中叶，高度契合，绝非偶然和巧合。

关于"一国两制"之"五十年不变"以及"变"与"不变"的关系问题，邓小平已经有过非常明晰、非常透彻的论述："香港的现行制度五十年不变。我们采取这一主张是同我国四个现代化的长远目标联系起来考虑的。"⑫邓小平具体解释曰："中国要真正发达起来，接近而不是说超过发达国家，那还需要三十年到五十年的时间。如果说在本世纪内我们需要实行开放的政策，那末在下个世纪的前五十年内中国要接近发达国家的水平，也不能离开这个政策，离开了这个政策不行。……所以我们讲'五十年'，不是随随便便、感情冲动而讲的，是考虑到中国的现实和发展的需要。"⑬"我们这一代不会变，下一代也不会变。到了五十年以后，大陆发展起来了，那时还会小里小气地处理这些问题吗？"⑭"那时候我不在了，但是相信我们的接班人会懂得这个道理的。"⑮"为什么说五十年不变？这是有根据的，不只是为了安定香港的人心，而是考虑到香港的繁荣和稳定同中国的发展战略有着密切的关联。……为了实现我们的发展战略目标，要更加开放。既然这样，怎么会改变对香港的政策呢？实际上，五十年只是一个形象的说法，五十年以后也不会变。前五十年是不能变，五十年之后是不需要变。所以，这不是信口开河。"⑯

正是在这一思想认识的基础上，香港回归以后中共中央历代领导集体在解决香港问题的"顶层设计"和"底线思维"中，充分考虑到了"一国两制"在香港实践的长期性、复杂性、艰巨性，反复强调了对于"一国两制"在香港的实践"保持耐心"的问题。

江泽民明确指出："实施'一国两制'、'港人治港'、高度自治，是一项史无前例的新事业。在前进的道路上，必然会遇到一些新情况新问题。中央政府和香港特区政府，祖国内地人民和香港同胞，应该齐心协力，共同探索前进，不断用新的经验来丰富'一国两制'、'港人治港'、高度自治的实践。"⑰

胡锦涛明确指出："在过去的几年里，我们在实施'一国两制'方针的实践中积累了一些重要经验，概括起来说，就是要全面、正确地贯彻'一国两制'方针，严格按照基本法办事，全力支持特别行政区行政长官和特别行政区政府的工作……。今后，我们要始终不渝地坚持这些重要经验，同时要本着与时俱进的精神不断丰富和发展这些经验。"⑱"'一国两制'作为一个崭新事物，我们在实践中难免会遇到一些矛盾。要正确分析和妥善处理出现的矛盾，关键是要坚持全面、准确地理解和贯彻'一国两制'方针。"⑲

习近平明确指出："我们深知，作为前无古人的事业，'一国两制'实践不会一帆风顺。澳门在取得巨大进步和成就的同时，也还存在一些矛盾和问题，仍会面临不少困难和挑战，需要加以妥善应对。"⑳"近年来，香港'一国两制'实践出现了一些新情况。我想强调的是，中央贯彻'一国两制'方针坚持两点。一是坚定不移，不会变、不动摇。二是全面准确，确保'一国两制'在香港的实践不走样、不变形，始终沿着正确方向前进。"㉑"香港回归祖国即将步入第二十个年头。'一国两制'在香港的实践取得的成绩有目共睹。'一国两制'是一项全新的事业，实践中出现新情况新问题是正常的。……中央政府、特别行政区政府和香港社会要坚定信心、坚守底线、坚决维护，确保'一国两制'在香港的实践在基本法轨道上向前推进。"㉒对此，笔者是感同身受，深以为然的。

四

关于"坚定信心"。在这方面，笔者始终坚持两点基本的支撑点：其一，"一国两制"的制度性优势还远远没有被充分认识和揭示论述、充分挖掘和发挥利用；其二，"香港价值"还远远没有被充分认识和揭示论述、充分挖掘和发挥利用。

如前所述，香港回归 20 年来，"一国两制"在香港的实践之所以出现一些新情况新问题，"一国两制"的制度性优势之所以没有能够得以淋漓尽致地发挥和显现，最关键的制约性因素，是因为"一国两制"方针政策及香港"基本法"在实践中的"全面准确"地认识理解和贯彻落实问题在很长一段时间内没有得到很好的正视、很好的解决。中共十八大以来中央政府在这方面正本清源、拨乱反正的工作之所以至今尚未取得重大突破和压倒性的显著成效，在于积重难返，也在于我们理论储备不足、在于我们经验积累不足。

自 20 世纪 80 年代初 "一国两制"科学构想提出并付诸实践以来近 40 年的时间，无论是"国家统一"层面上的"一国两制"之"港澳模式"，还是"国家治理"层面上的"一国两制"之"港澳模式"，其理论论述的深度和系统化，均没有超越邓小平所达及的思想高度。关于"一国两制"理论论述的创新和发展，远远落后于香港回归的丰富实践、落后于"一国两制"建设的丰富实践。尤其是香港回归 20 年来，由于我们在国家治理层面上的"一国两制"之"香港模式"的理论论述始终没有完成系统化、体系化建构的历史任务，表现在具体政策方面，多为"问题倒逼"式的应急性、碎片化的被迫答对，而缺乏长期性、深层性、前瞻性的战略考虑。政治方面典型者如在维持香港"基本法""五十年不变"的基础和前提下，如何"完善与香港'基本法'实施相关的制度和机制"的问题，除了通过"人大释法"将一些隐而不言的"立法原意"及其模糊地带和灰色空间加以明晰和澄清外，还有没有一个具有比较充分和扎实法理依据的理论论述和比较全面和系统的配套机制？典型者如"一国两制"应有的题中之义——"中央政府的全面管治权"由隐而不言到直接挑明以后，除了行政长官述职制度化、规范化这一既具有象征意义又具有实质意义的重大举措外，还有没有一个具有比较充分和扎实法理依据的理论论述和比较全面和系统的配套机制？经济方面典型者如香港的"国际经济中心"地位、"超级联系人"地位在逐步丧失了祖国内地对外开放的"窗口、桥梁和国际通道"之"垄断性"优势以后，如何在"国家所需、香港所长"的结合点继续维持和巩固的问题，除了将香港有机纳入国家"五年规划"和重大发展战略如"一带一路"的大框架中，香港的经济转型和"再工业化"如何在与祖国内地的经济合作中搭上祖国内地经济腾飞的"顺风车"和"快车道",还有没有一个具有比较充分和扎实法理依据的理论论述和比较全面和系统的配套机制?等等,这些议题均已"点题"而尚未"破题"。另外,还有已在中国内地学界渐成"热点"的香港"去殖民化"问题,相对已经比较成型、成熟的"非殖民化"理论,其理论探讨都还处于"仁智互见"探讨的初始阶段,基本共识和主流意见都还没有形成。2014 年的白皮书,汇聚方方面面的集体智慧——包括中国内地学界的学术成果、学术智慧对香港回归以来"一国两制"在香港实践的历史经验和现实启示进行了一个初步的梳理和阐释、总结和揭示,虽则"迟到"但毕竟开了一个好头。因此可以讲,至少站在香港回归 20 年的历史关节点上观察,要真正破解建立在"维护国家主权、安全和发展利益"基础和前提下的"保持香港长期繁荣稳定"这一新形势下的治国理政的"崭新课题"、"重大课题",还任重而道远!

香港回归 20 年来,"一国两制"在香港的实践取得了举世瞩目的成功,收获和积累了大量丰富而深刻的历史经验和现实启示,这里也包括囿于历史局限而产生的一些思想认识方面的误区和实际工作方面的偏差等同样丰富而深刻的历史教训和现实启示,都值得我们认真总结和汲取,都是我们进一步推动"一国两制"伟大事业向前发展和继续探索的宝贵思想遗产和精神财富。

---

① 《梁振英访英:香港回归后"一国两制"得到成功落实》,新华网,http://news. xinhuanet. com/gangao/2015 - 10/16/c_1116851681. htm。

② 《梁振英:"一国两制"具有强大生命力》,新华网,http://news. xinhuanet. com/gangao/2011 - 10/15/c_122162374. htm。

③ 《凤凰独家专访彭定康 一国两制在香港很有成效》,香港凤凰网,http://phtv. ifeng. corn/phinfo/detail_2007_06/29/1080065_0. shtml。

④ 《英国外交部打脸彭定康:"一国两制"最适合香港》,香港星岛环球网,http://news. stnn. cc/hongkong/2017/0130/395622. shtml。

⑤ 全文见张德江《贯彻"一国两制"发挥优势创未来——在出席香港社会各界欢迎晚宴上的讲话》,香港:《文汇报》2016 年 5 月 19 日。

⑥ 全文见胡锦涛《坚定不移沿着中国特色社会主义道路前进 为全面建成小康社会而奋斗——在中国共产党第十八次全国代表大会上的报告》,北京:《人民日报》2012 年 11 月 18 日。

⑦⑨中华人民共和国国务院新闻办公室:《"一国两制"在香港特别行政区的实践》白皮书,北京:《人民日报》2014 年 6 月 11 日。

⑧全文见胡锦涛《在庆祝香港回归祖国 15 周年大会暨香港特别行政区第四届政府就职典礼上的讲话》,北京:《人民日报》2012 年 7 月 2 日。

⑩对于这一问题的不同理解和认识,可以参见中国内地学者张顺洪的《论英国的非殖民化》(北京:《世界历史》1996 年第 6 期) 和《大英帝国的瓦解——英国的非殖民化与香港问题》(北京:社会科学文献出版社,1997)、潘兴明的《试析非殖民化理论》(北京:《史学理论研究》2004 年第 3 期)、李安山的《论"非殖民化":一个概念的缘起与演变》(北京:《世界历史》1998 年第 4 期) 等论著。

⑪张晓明:《不忘初心 稳中求进——在香港中联办 2017 年新春酒会上的致辞》,香港:《文汇报》2017 年 1 月 20 日。

⑫《邓小平年谱 (1975—1997)》,北京:中央文献出版社,2004,第 970 页。

⑬《中国是信守诺言的》,《邓小平文选》(第三卷),北京:人民出版社,1993 (本文引用该书内容均出自此版本),第 102 ~ 103 页。

⑭《保持香港的繁荣和稳定》,《邓小平文选》(第三卷),第 73 页。

⑮《会见香港特别行政区基本法起草委员会委员时的讲话》,《邓小平文选》(第三卷),第 215 ~ 217 页。

⑯《要吸收国际的经验》,《邓小平文选》(第三卷),第 267 页。

⑰《江泽民参加香港代表团讨论时指出 香港发展基础稳健明天会更美好》,北京:《人民日报》1999 年 3 月 8 日。

⑱《胡锦涛在看望港澳地区全国政协委员时指出 长期坚持"一国两制"既定方针 全力保持香港澳门繁荣稳定》,北京:《人民日报》2003 年 3 月 8 日。

⑲胡锦涛:《在庆祝澳门回归祖国 5 周年大会暨澳门特别行政区第二届政府就职典礼上的讲话》,北京:《人民日报》2004 年 12 月 21 日。

⑳习近平:《在澳门特别行政区政府欢迎晚宴上的致辞》,北京:《人民日报》2014 年 12 月 20 日。

㉑《习近平会见来京述职的梁振英》,北京:《人民日报》2015 年 12 月 24 日。

㉒《习近平会见来京述职的梁振英》,北京:《人民日报》2016 年 12 月 24 日。

作者简介:齐鹏飞,中国人民大学马克思主义学院教授、博士生导师,中国人民大学台港澳研究中心主任,全国港澳研究会副会长。

[责任编辑 刘泽生]

(本文原刊 2017 年第 2 期)

中国开放战略转型与香港经济转型的动态关联

——兼论国家新开放战略中的香港地位重塑

戴金平　蔡赤萌

[提　要]　中国内地改革开放战略转型与香港经济转型相互促进、良性互动。在中国外向型经济发展战略实施中，香港是内地对外贸易的助推器、引进外资的源泉、承接国际产业转移的桥头堡，成为内地对外开放的"窗口"，并促成香港国际金融、旅游、贸易和物流中心等地位的建立，成功转型为服务型经济。在开放型经济发展战略实施阶段，正值香港回归，两地经贸联系更趋紧密，香港服务业向高端化发展，四大中心功能开始升级。在开放型经济新体制构建阶段，香港成为内地金融开放和人民币国际化试验田、中国企业"走出去"服务平台。随着内地全面对外开放，香港传统优势正在弱化，唯一出路是再次转型与升级，提升传统中介功能，打造高端专业服务平台。

[关键词]　香港经济转型　中国开放战略　动态关联　地位重塑

近年来香港经济发展态势正面临诸多新挑战：无论是本地生产总值增长速度，还是进出口增速，亦或是景气指数，都呈现了 1980 年代以来的最弱表现；香港与内地经济合作关系从互补走向竞合，合作交流中摩擦增多，激进本土乃至"港独"思潮泛起。如何正确认识香港与祖国的经济关系，关乎香港的未来，也关乎中国长期稳定发展的大局。认识这一关系的关键，是要把握好香港在国家发展中的地位作用，其基础前提是要客观认识香港经济发展与内地改革开放发展之间的关系，厘清两者相互促进的逻辑，这也是解决香港当前困境、寻求新突破的关键。

一　文献综述

关于香港与中国内地发展之间的相互经济关系研究，焦点之一是香港在国家改革开放与经济发展中的作用。早期的研究强调香港在中国内地对外贸易、吸引外资中的中介功能，以及管理经验的引进；后来逐步扩展到协助内地"走出去"、助力"一带一路"建设等平台功能以及结合国家五年发展规划论述香港的地位作用。冯邦彦从对外贸易、招商引资和促进沿海开放地区发展外向型经济三方面阐述了香港在中国对外开放中的促进作用；[①]高祀仁回顾改革开放 30 周年中国对外开放进程，指出香港在中国对外贸易投资中发挥着积极先锋作用、持续推动作用和独特的桥梁作用；[②]香港策略发展委员会秘书处总结香港在内地改革开放初期的主要作用包括资金来源、引入市场经济制度、"引进来"的桥梁、境外集资平台等，提出要思考香港未来对国家发展应发挥作用；[③]封小云认为内地对外开放引致香港经济回归中国，香港成为中国内地最大的进出口港、第一大外资来源地、华南地区出口导向生产基地的龙头，其经济周期与中国内地经济周期呈同步性；[④]张明系统分析了近 10 年香港和内地在商品贸易、服务贸易、FDI 和证券投资等方面资金流动趋势，指出两地间贸易和投资的规模不断增长，结构也发生了显著性变化；[⑤]Yun-wing Sung 从香港作为市场需求方、贸易中心和连接纽带三个角色论述了香港在内地对外贸易和招商引资中的地位和作用；[⑥]冯国经、王冬胜、关家明、王于渐等分别从全球供应链格局变革、集融资和财富管理平台、国际商贸平台和新兴产业平台等方面提出香港在"一带一路"建设中的机遇与角色；[⑦]蔡赤萌则探讨了香港在对接、参与国家"一带一路"的机遇、挑战及原则与对策。[⑧]

香港助推中国内地及珠三角地区的产业转型升级，是两地经济关系研究的另一焦点。华晓红从三次国际产业转移浪潮阐述香港是内地承接国际产业转移的重要"桥梁"；[⑨]张燕生等从服务业和制造业两个方面，阐述了香港在内地承接国际产业转移、推动内地产业转型中的地位和作用，并对如何更好发挥香港推动内地产业转型提出相应的政策建议；[⑩]Naubahar, S. &

Mitchell，M. T. 从管理、技术、政府政策和投资等方面分析了香港在内地制造业现代化中的推动作用；⑪Tjia & Yin Nor 指出香港发达的航运物流业在促进内地转口贸易的同时，将内地与全球供应链连接起来，推动内地物流产业发展；⑫陈广汉等在研究香港经济转型结构变化基础上，探讨了经济全球化背景下香港与内地经贸关系的发展动态。⑬

近 10 年来，更多的研究聚焦香港在国家金融开放尤其是人民币国际化中的独特作用。庄芮分析了香港与内地金融互动的新特点，提出香港要成为人民币国际化的试验平台和联系国内外金融市场的重要纽带；⑭马骏基于离岸市场发展和资本项目开放的国际经验和理论依据，强调了香港离岸人民币市场的功能和定位；⑮石巧荣认为香港人民币离岸市场在促进人民币汇率市场化改革、分流内地过剩流动性、推进人民币国际化和金融开放、降低企业的汇率风险和融资成本等方面发挥了积极作用。⑯Vanessa Rossi & William Jackson 分析了香港在内地企业海外融资和海外投资中的纽带作用；⑰R. Sean Craig 等从中国外商投资（FDI）、中国海外直接投资（ODI）、中国合格境内投资者（QDII）、人民币跨境支付等方面论述了香港在内地资本项目开放中的作用。⑱

现有公开发表的研究具有几个特点，第一，从早期以介绍香港经验、跟踪梳理香港服务内地改革开放的情况为主，逐步过渡到结合国家五年发展规划、产业发展战略、国际政经环境变化来前瞻性地论述香港的机遇及香港应扮演的作用；第二，研究体系初步形成，有宏观领域的综合性研究，也有具体产业、特定领域的微观研究，问题导向型的研究也在增多；第三，与其他经济学科相比，内地在该领域的研究成果丰富程度相对不足，其中与政府及行业不少内部研究未作公开、香港本地文献检索困难也有关系；第四，以内地因素为视角，系统审视内地改革开放发展演进对香港经济关联影响的综合性文献相对较少。我们认为，要真正认识香港发展与中国内地发展之间的关系，需要从内地改革开放战略调整、经济结构调整与香港经济结构转型升级之间的动态关系之中去探寻，香港未来的出路也要从中国内地对外开放战略转型中去探寻。

二 中国对外开放战略调整中的香港：功能、转型与升级

改革与开放，是中国共产党第十一届三中全会确立的中国发展的两大主题，两大主题之间密切关联，互为因果。渐进式改革和开放的基本策略，

决定了中国改革和开放采取了分步走的发展模式。⑲从 1978 年十年"文革"
的重创中百废待兴，到 2010 年超越日本成为世界第二大经济体，中国内地
历经近 40 年的改革开放实践，经济政治体制改革不断深化，对外开放战略
不断升级，在不断深化改革开放中探寻中国富强之路。中国改革开放发展
史，基本可以划分为外向型发展战略、开放型经济发展战略、构建开放型
经济新体制这三个重大战略时期。不同战略时期，香港在国家改革开放中
的功能不同，承担的历史作用也不同。香港的功能伴随着国家开放战略的
调整不断升级，香港产业结构也在不断转型与升级（图 1）。

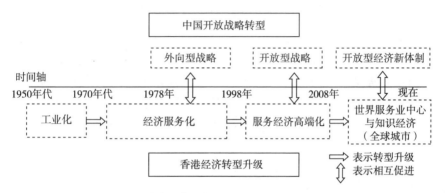

图 1　中国开放战略转型与香港经济转型升级的动态互联

（一）外向型发展战略（1978～1997）中的香港"窗口"功能

外向型发展战略是内地改革开放初期的发展模式，大体持续了近 20 年。
该时期开放战略具有以下特征：一是采用"大进大出、两头在外"的出口
导向型贸易战略。外向型经济是一种出口导向型的贸易战略。出口导向型
贸易战略的基本功能是，通过出口劳动密集型产品，充分发挥劳动力比较
优势，获得外汇资金进口机器设备，来提高本地的劳动生产率和技术水平。
通过采取促进出口的各项政策，包括出口补贴、金融信贷支持、税收优惠、
土地等要素价格优惠，促进出口加工产业的迅速发展，形成"大进大出、
两头在外"的对外贸易基本格局。这是发展中国家经济起步阶段参与国际
经济合作通常采用的模式。二是实施外商投资优惠政策，大力引进外来资
本投资。在改革开放初期，中国内地资金十分匮乏，技术水平和管理水平
十分落后。大力吸引外资，充分利用国外资金、先进技术与管理水平，成
为外向型经济的另外一个重要特征。推动实施外商投资优惠政策，改善外
商投资环境，成为各地招商引资的重点工作。该时期国家对外商直接投资

推行超国民待遇原则，对外资的优惠政策不仅包括税收优惠、财政补贴、土地（水、电等）使用价格优惠、出口补贴退税等等，还包括让渡部分国内市场。激励型的引进外资政策促进了外商直接投资的规模扩张，外商直接投资与我国廉价优质的劳动力以及低廉的土地等自然资源使用成本充分结合，促进了出口加工产业的迅速扩张，也使中国经济具有强烈的外资依赖型特征。三是以渐进性为原则推进对外开放。渐进性是中国改革开放的基本特征，对外开放的渐进性原则的主要表现：开放内容上，以出口与引进外商直接投资为主；开放区域上，向经济特区、沿海开放城市、沿海经济开发区、沿江和沿边开放城市倾斜的区域不平衡战略，尚未推行全面对外开放。

在中国对外开放的第一个时期，也即改革开放的前 20 年，香港尚未回归，香港在这个时期的对外开放中发挥了巨大作用。既然不是全面对外开放，中国的对外开放需要一个窗口，而建国初期中央对港采取的"长期打算、充分利用"战略恰好为香港发挥"窗口"功能奠定了基础。中国早期改革开放的步伐，基本上与香港的经济发展同步。二者协同发展，香港成就了中国对外开放迅速打开局面，中国对外开放也成就了香港回归前的繁荣与产业转型。

第一，香港是内地发展对外贸易助推器、联系国际市场的重要窗口。发展对外贸易是对外开放的核心。香港是内地最重要的贸易伙伴，在内地对外贸易中发挥着举足轻重的作用。自十一届三中全会，内地开始改革开放，到 20 世纪 90 年代，内地经济腾飞，香港与内地的贸易额逐年上升，在 20 世纪 90 年代初期（1991 年），香港与内地贸易额在内地对外贸易总额中的比重高达 36.57%，其中，内地对香港的出口额占比高达 45% 左右，内地自香港进口占比达 27% 左右（图 2）。回归前的香港，一直是国家对外开放名副其实的"窗口"。内地改革开放以及经济持续高速发展，促进香港转口贸易重现兴盛，连年大幅上升。从 20 世纪 80 年代起，香港转口贸易一直保持着 30% 以上的年均增长率。1988 年，香港出口贸易超过港产品出口量，占出口总值的 56%，成为香港经济转型的一个重要标志；1994 年，以内地为来源地或目的地的转口货值，占香港转口总值的 91%。转口贸易功能恢复，香港与内地的贸易在全球经济复苏缓慢背景下一枝独秀，得益于香港在内地对外贸易中独特的中介地位。香港在国际贸易领域的地位，是与其承担内地最重要转口港的功能紧密联系在一起的。[20]

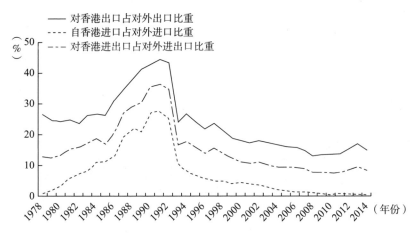

图2　中国对香港进出口占对外贸易总额比重

数据来源：国际货币基金组织 DOTS 数据库。

第二，香港是内地引进外资的主要来源。积极引进外商直接投资是中国改革开放的核心之二。在改革开放初期中国政府采取了对外资极为优惠的"超国民待遇原则"。大量优质外资企业在内地投资办厂，将资金、技术、先进管理经验与中国内地的廉价劳动力、丰富的自然资源相结合，启动了中国的经济成长。外商直接投资是中国该阶段经济发展的重要动力和源泉，香港一直是内地外商直接投资最重要的渠道来源。如图3所示，在20世纪80年代至90年代初期，在内地实际利用外商投资占比中，来自香港的投资一直保持在50%以上，其间一度高达70%左右，为内地经济腾飞提供了第一桶金。1992年邓小平南方讲话后，内地加快了全面对外开放的步伐，沿海开放城市加大在北美和欧洲的招商引资力度，外资来源趋于多元化。香港对内地实际投资增速在一度爆发性增长之后又直线下滑，占全国实际利用外资的比重逐年迅速下降。1997年亚洲金融风暴席卷东南亚，亚洲经济遭到重创，香港经济也遭到严重打击，当年香港对内地实际投资比重下降到46%，但仍然是内地最大外来投资者。这个时期内地改革开放对于外资的依赖，集中体现在对香港资本的依赖，港商在其中发挥了巨大作用。

第三，香港是内地承接国际产业转移的桥梁。中国经济发展的巨大成就与全球产业结构调整紧密相关。内地改革开放以来经济迅速发展、制造业大国的形成源于成功承接国际产业转移，香港在其中担当着重要的角色。20世纪70年代前后，香港工业化转型成功，实现了从以转口贸易为主的自

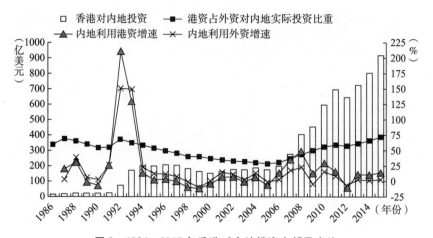

图 3　1986～2015 年香港对内地投资金额及占比

数据来源：国际货币基金组织 wind 数据库。

由港向以港产品出口为主的自由港跨越，成为亚洲"四小龙"之一。在中国对外开放的第一个时期，内地薄弱的产业结构与香港的产业结构正好形成梯度差距，内地凭借廉价劳动力和丰富自然资源，加之依托香港先进的管理经验和自由港平台，很快融入国际产业转移的浪潮中，承接香港纺织、服装、玩具等轻工业，与香港成为"前店后厂"的模式。香港也开启新一轮产业升级，大量劳动密集型纺织产业向内地珠三角地区转移，在内地对外开放战略配合下，珠三角地区迅速成为香港劳动密集型产业的加工制造业基地，在全球奠定了"珠三角制造"和"世界工厂"的地位。在该阶段，内地成功承接香港作为二传手的二次国际产业转移，促进内地对外贸易大幅增长，充分发挥了中国内地比较优势，彰显了中国的人口红利，奠定了中国内地工业化的基础，也实现了中国内地的资本积累。在这一过程中，香港经济也实现了从工业化到经济服务化的成功转型。[21]1997 年香港服务业在本地生产总值中的比重达到 85.2%，[22]这一数据在 1980 年只有 67%。[23]

（二）开放型经济发展战略（1998～2007）中香港服务经济高端化的转型升级

1997～1998 年东亚金融危机标志着东亚出口导向型经济发展战略的失败，也给中国外资依赖与出口依赖的外向型开放战略敲响了警钟。1997 年 12 月中国共产党十五大会议召开，提出了构建全方位、多层次、宽领域的对外开放格局，大力发展开放型经济，促进经济结构优化。以效益为中心的多元化出口战略、以国民待遇原则与服务业适度开放为特征的引进外资战略、进一步发挥特区引领与示范作用的多区域平衡开放战略构成开放型经济战略的主要内容，显示出改革开放进入第三个十年时，中国渐进性开放战略由局部开放向全面开放过渡。其中一个重大标志性事件是 2001 年中国加入 WTO，积极融入经济全球化进程，加快了全面对外开放的步伐。

开放型经济发展战略具有以下几个特征：第一，全面对外开放新格局。将第一个时期区域试点的开放政策在全国范围内推广，1999 年提出西部大开发战略，区域对外开放由东部沿海向中西部全面推开。第二，双向开放战略。对外贸易实施出口与进口平衡战略，在大力促进出口的同时，不断降低关税和非关税水平，扩大进口规模；外资战略推动"引进来"和"走出去"相结合，充分利用国内外两个市场、两种资源。双向开放战略替代了第一个时期的"大进大出"战略。第三，制度推动与主导。第一个时期的对外开放是由政策推动和主导，进入第二阶段后对外开放升级为制度推动与主导。中国加入 WTO，标志着中国经济体制与世界规则接轨。中国的对外开放逐步成为一种制度安排，表现为外资立法、外贸立法都逐步融入中国的投资法和贸易法中，成为中国经济制度不可分割的组成部分。从中国对外开放的历史长河中来看，改革开放的第一个时期，是一个开创期，没有历史经验可循，也没有成熟的理论指导，是一个"摸着石头过河"的时期，临时性、过渡性和实验性的政策很多。第一个时期的巨大成功为第二个时期奠定了转型升级和稳定的基础，推动了第二个时期坚定不移的、由法律制度保障的全面对外开放战略的实施。

国家实施开放型经济发展战略时期，正值香港回归后的首十年。在这个时期的对外开放中，由于全面对外开放逐步摆脱单一的出口依赖、外资依赖、特区依赖，香港的相对地位逐步下降。对外开放从依赖香港单一窗口转变为地理与区域上全方位对外开放。香港作为内地对外贸易、投资和产业承接等传统中介地位逐渐在弱化，而由政府层面推动的旨在消除两地经贸往来交易成本的制度性安排，为深化两地经济合作拓展了新的空间。受 1997 年亚洲金融风暴影响，回归伊始香港地产、股市泡沫破裂，经济进入调整期，出现长达六年的通缩。为了帮助香港经济尽快走出低谷，进一步发挥香港在内地对外开放中的作用，并助推香港经济转型升级，2003 年以来中央政府与香港特区政府陆续签署了《内地与香港关于建立更紧密经贸关系的安排》（简称 CEPA）及其补充协议，启动逐步开放内地游客赴港旅游的自由行政策。CEPA 的签署有助于逐渐减少和取消内地与香港之间所有进出口贸易关税和非关税壁垒，逐步实现服务贸易自由化，促进贸易投资便利化，推进两地经贸联系更趋紧密，最终形成香港与内地自由贸易伙伴关系。

在该阶段，中国对外贸易的区域结构更加合理和多元化，对外贸易的单一国家（或地区）集中度在下降。香港在内地对外贸易和引进外资中的比重也逐步下降。香港占内地进出口总值的比重，从 1998 年的 14.0% 下降到 2007 年的 9.1%，最高峰值为 1991 年的 36.6%。2007 年，内地和香港分别为全球第三大和第十二大贸易体，内地是香港最大的贸易伙伴，而香港是内地第四大贸易伙伴，继欧盟、美国和日本之后。[24]香港资本在内地引进外资中的占比从 1992 年的 68% 下降为 2006 年的 29.76%。[25]香港依然是中国内地第一大外资来源地，维京群岛、韩国、美国、德国等都是中国外资的重要来源地。

在这个时期，香港回归、内地与香港签署 CEPA、开放内地游客自由行等政策对于促进 1997 年东亚金融危机之后香港经济复苏发挥了巨大作用；内地日益完善的制造业竞争力、庞大的服务贸易需求对于吸收香港产业转移、促进香港后工业化转型具有巨大推动作用。随着内地改革开放战略的调整，香港与内地的贸易投资关系进一步转型升级。一方面，香港服务业大规模向内地转移；另一方面，香港大力发展服务业出口，尤其是高端服务业，向服务经济高端化转型，国际金融中心、贸易与物流中心、商贸服务中心、旅游中心功能进一步升级与转型。

第一，旅游业快速发展，拉动经济走出复苏并强化旅游中心地位。香港回归后，尤其是实施内地居民自由行政策之后，内地赴港旅游迅速发展，推动了香港国际旅游中心的建设。2003 年 7 月内地首批 4 个城市开通自由行，同年 9 月内地与香港签署《关于开放服务贸易领域的具体承诺》，允许北京、上海、广州等十个省市的居民 2004 年起赴港旅游。目前已有 22 个省（区、市）的 49 个城市实施了内地居民赴港个人自由行政策。自由行大力推动了香港旅游业和相关行业发展。过去 10 年间，赴港或途径香港的内地旅客人次上升超过 5 倍，平均每年增长 21%。2007 年，内地访港游客 1549 万人次，占总访港人次的 55%，而这一数据在 1992 年仅为 14.3%；[26]其中循自由行途径访港的内地个人游旅客达 859 万人次，占内地游客总数的 56%。在旅游业强劲增长的带动下，房地产市场快速复苏，香港经济重拾增长。

第二，香港金融市场及融资功能迅速扩大，国际金融中心发展注入新的动力。随着内地对外开放的深化与对港金融需求的扩大，香港金融功能获得新突破。在这一时期，香港和内地继续保持互为最大直接投资者。此外，香港作为内地资金筹措中心的功能进一步加强。截至2007年底，共有439家内地企业在香港上市，募资金额高达3712亿港元，香港股市基础扩阔，区域主要融资中心地位增强。2007年6月，香港首次发行人民币债券，这是内地以外首个发行人民币债券的地方，标志着香港金融地位进入一个重要的里程碑。

第三，香港服务型经济在辐射拉动内地经济发展的同时获得转型与提升。随着香港制造业向内地成功转移，香港经济迅速向服务化经济过渡，在内地服务贸易进口的强大需求推动下，香港的服务贸易迅速扩张，香港成为世界上三大服务贸易净提供商之一，仅次于美国和英国。中国内地是全球服务贸易的净购买者，保持着全球服务贸易逆差前三位。1997年到2007年间，中国内地服务贸易逆差从32亿美元提高到76亿美元。[20]1997年到2006年间，香港服务贸易顺差从763.98亿美元提高到2676.41亿美元，提高了2.5倍。中国内地从香港的服务贸易进口额从1997年的528.34亿美元提高到2006年的1370.07亿美元，提高了159%，同时超越美国跃居香港第一大服务贸易出口地，占比达到24.7%。

内地服务业向香港投资者的开放，对于香港服务业的发展具有巨大促进作用，香港在内地投资服务业比重迅速上升。在改革开放第一阶段，进入内地的主要是一些消费性服务业，如酒店、飞机餐饮服务等。但到第二个阶段，在香港回归和CEPA政策的推动下，生产性服务业开始大规模向内地转移，行业扩大至电力、集装箱码头运输、物流服务、房地产及相关服务、商贸零售等。

在此阶段，香港与内地的经济互动关系，出现新转变。一是低附加价值加工业逐步被取代。基于国际形势转变和自身发展需要，内地特别是珠三角地区正改变依赖以加工出口带动经济发展的模式，转向发展高增值、高科技及自主创新的产业带动经济增长。二是"走出去"及"引进来"的桥梁角色在增强。内地已是香港最大的外来直接投资者。大量内地企业在香港设立公司，寻求国际销售网络平台、进行多种类型的海外直接投资和跨国并购。三是金融等服务业深化改革的窗口和试验田功能需求日益增大。

（三）构建开放型经济新体制（2008年至今）中的香港金融开放试验田

在这一阶段，中国对外开放进入第四个十年。国家对外开放的视角，从充分利用世界资源、实现中国经济发展向充分发挥中国资源、推动世界平衡发展转变。2007年12月党的十七大报告中明确指出，拓展对外开放广度和深度，提高开放型经济水平，把"引进来"和"走出去"有效结合起来，扩大开放领域，优化开放结构，提高开放质量，完善内外联动、互利共赢、安全高效的开放型经济体系。2008年世界经济和金融危机爆发后，世界经济复苏缓慢而不平衡。中国利用全球经济调整的新机遇，实现了自身经济的快速和稳定增长。2010年中国成为世界上第二大经济体，2013年超越美国成为世界上最大的货物贸易国家，中国成为世界经济增长的重要引擎。在这个重大历史时期，中国成为世界举足轻重的力量，对外开放战略重点，向构建开放型经济新体制这一更高领域转变。

开放型经济体系，是以科学发展观为基础，具有以下三大特点：第一，内外联动的运行机制。从中国经济发展战略的视角看，内外联动是一种经济发展战略，或者说是开放战略融入经济发展战略的体现。从国家宏观调控来讲，经济资源的有效配置已经从国内资源扩展为全球资源的有效配置；从企业发展战略来讲，已经从国内市场与要素为基点上升为全球市场与要素的考量；从家庭资产配置角度看，已经从国内资产配置上升为全球资产配置；从经济运行周期视角看，从关注国外环境对国内周期的影响上升为内外周期联动的考量。第二，互利共赢的利益机制。为应对经济全球化新形势，2012年党的十八大进一步明确全面提高开放水平，实行更加积极主动的开放战略，完善互利共赢、多元平衡、安全高效的开放型经济体系。2013年十八届三中全会进一步提出要构建开放型经济新体制。中共中央、国务院2015年专门颁布《关于构建开放型经济新体制的若干意见》，指出通过建立市场配置资源新体制、经济运行管理新模式，实现全方位的开放新格局，形成国际合作竞争新优势。第三，积极参与国际治理体系。如果说，1978年改革开放是向世界打开了国门，那么在这个时期，中国经济与世界经济已基本融为一体。中国在全球经济中的地位，已经从改革开放初的一个经济弱国成长为一个经济总量仅次于美国的大国；于世界经济政治体系，已然从一个参与者、接受者转变为一个设计者、引导者，而中国的政治经济体系，也正在向一个与世界相融并能够引领世界的方向变革。这正是开放型经济新体制的目标与实质。2015年12月出台的中央"十三五"规划建议的开放战略明确提出，要积极参与全球经济治理，推动改革完善国际经济治理体系，积极引导全球经济议程，促进国际经济秩序朝着公平公正、合作共赢的方向发展。

"一带一路"倡议是我国新时期对外开放的新构想，标志着中国真正全面对外开放的时代来临。2015 年 3 月，国务院三部委联合颁布《推动共建丝绸之路经济带和 21 世纪海上丝绸之路的前景与行动》，是中国积极倡导并主动融入国际经济合作的新模式。"一带一路"贯穿亚非欧大陆、连接东亚经济圈和欧洲经济圈，形成陆海立体的区域开放网络；在政策互通、设施互通、贸易畅通、资金融通、民心相通等五个方面实现中国与沿线国家与地区的全方位合作。"一带一路"倡议，使中国的对外开放从东部南部沿海、北部延边扩展到东部、西部、中部、南部、北部直至中国任何一个地区，一个全面对外开放的国内外区域格局正在构建。新时期国家改革开放的新战略，就是借助"一带一路"实现国内国外两个市场、国内国外两种资源的合理有效配置，并与沿线国家发展规划目标及多双边组织合作机制相对接，在更宽范围、更高层次实现区域共同发展。

十八届三中全会公报中明确指出，扩大对香港特别行政区、澳门特别行政区和台湾地区开放合作。"关于构建开放型经济新体制的意见"明确指出，开创与港澳台合作的新局面。在该阶段的开放战略中，香港、澳门与台湾在中国开放型经济新体系建设中具有重要的意义。

在这个时期，香港正处于向知识型经济、全球城市转型的阶段中，香港中介地位与经济功能因应外部环境变化尤其是中国内地的快速崛起而不断演变中，相对优势发生改变。一方面，由于香港创新产业不足及高端制造业缺失，导致香港无法引领内地产业制造业结构调整与升级：香港传统中介功能优势因腹地经济逐步游离于香港传统服务业而出现持续下降，继转口贸易后香港转运也开始下降，货柜港集装箱运输量增长滞缓相对排名逐年下降；香港总体经济规模逐步被珠三角多个内地城市赶超，香港占内地经济的比重也持续大幅下降；香港经济结构更加服务型化但传统服务业面临珠三角替代分流压力。另一方面，伴随着内地全面对外开放新态势，香港的金融、投资和专业服务等产业优势更加凸显，其功能并随着国家发展的需求快速提升。香港需要真正提升作为中国的核心城市，将内地经济快速发展产生的强大资金需求与海外寻求高投资回报的资金高效对接；将赴海外进行并购投资的内地资金与海外投资项目进行高效链接；将国际贸易人民币自主结算后形成的海外人民币高效集中，形成庞大的人民币离岸市场，并进一步将庞大的离岸人民币有序倒流入中国内地；香港成为名副其实的中国自己的国际金融中心，在中国开放型经济新体制建设中发挥重要作用。

首先，香港是中国企业"走出去"的首选地与国际化营运重要平台。

对外开放三十多年的发展，中国经济比较优势发生了很大变化，开始由商品输出转向资本输出。2008年金融危机后，世界经济低迷复苏，中国对外直接投资快速发展。2012年以后中国成为世界第三大对外投资国，2015年超越日本成为仅次于美国的第二大对外投资国，2015年对外直接投资超过实际使用外国直接投资额，成为资本净流出国家。企业"走出去"成为新时期对外开放的主要内容。在这一轮对外开放新浪潮中，香港因其毗邻广东的地理位置、相同的人文特色、同一的语言习惯、开放的自由港、优惠的税收条件、完善的基础设施和健全的法律环境，再次成为内地对外开放和企业"走出去"的桥梁和纽带。

香港迄今为止一直是内地企业走向海外的首选地，是内地企业走向国际化的最重要平台。内地企业"走出去"，约有48%通过香港融资，近60%的企业以香港为跳板"走出去"。内地在这一时期对港直接投资金额逐年快速增加。2007年内地对香港投资流量为137.32亿美元，2008年大幅度增长到386.4亿美元，2014年这一流量已增至708.67亿美元，2015年进一步提高到897.90亿美元，相比2007年的水平增长了5.53倍，8年间年均增幅高达69.23%。在内地对外直接投资总量中，内地对香港直接投资的占比从2007年的51.8%提高到2008年的69.1%，经过2010~2011年短暂回调，到2015年达到61.6%。内地知名企业几乎都在香港设有分支机构，内地企业驻港总部数量自2011年飞速扩张，到2015年已达到133个。

其次，香港是内地企业最重要的境外融资渠道和公司治理体制借鉴来源。

内地改革开放历程，也是金融改革开放的过程。香港作为国际金融中心，其自由开放的金融市场环境和完善的金融法制体系，不但拓宽了内地企业的投融资渠道，而且还推动内地企业建立现代企业管理制度和完善公司治理结构。香港发达的资本市场体系与成熟的监管体系为内地资本市场建设和监管体系完善提供经验，促进了内地金融市场的规范化和法制化。截至2015年底，已有231家内地企业在香港上市，融资额达463.31亿美元，融资同比增速35.62%。香港联交所上市公司中中资股市值占比一直在40%以上，最高时曾达到接近55%（2008年）。

第三，香港是内地人民币国际化和资本项目对外开放的试验田和缓冲带。

2008 年国际金融危机爆发，再次暴露了美元主导的国际货币体系的缺陷，国际货币体系改革势在必行。以此为契机，中国政府启动了人民币国际化的进程。经过对外开放三十多年，中国已成为世界第二大经济体，世界第一贸易大国和外汇储备大国，国家综合国力大增，人民币币值稳定，在国际上认可度稳步提升，对外投资逐年上升，海外净资产不断累积，中国已经成为世界资金供给的重要一方。所有这些都为人民币国际化奠定扎实经济基础。当前人民币国际化还不完全具备的条件在于中国金融市场尚未完全开放，资本项目还未能自由兑换。我们的研究证明，人民币国际化与人民币国际化条件存在动态自我强化的规律，人民币国际化可以采取周边化——区域化——国际化的路径。③香港是人民币国际化从周边化向区域化进而向国际化过渡的核心。香港是人民币国际化的起点。推动金融市场开放和资本项目自由兑换也是一个循序渐进的过程，香港是一个最优的试验田。

香港已经成为中国境外最大的人民币贸易和支付结算平台、人民币最大的资金池和资产管理中心，基本确立了人民币离岸金融中心的龙头地位。内地银行 2007 年 7 月开始在香港发行人民币债券，2009 年 10 月财政部开始在香港发行人民币债券。2009 年 7 月，香港成为境外跨境贸易人民币结算首个试点地区。2010 年香港机构获准发行人民币大额存单以及境外机构获准在香港发行人民币债券。2010 年 7 月中国人民银行和香港金管局签署《清算协议》，香港人民币清算中心成立，标志着人民币离岸市场取得实质性突破。香港人民币离岸市场的形成，标志着中国人民币区域化跨出重要一步。2011 年之后，境外其他人民币离岸市场也陆续发展起来，包括台湾地区、伦敦和新加坡。但不论是从人民币存款、贷款还是跨境贸易人民币结算，香港人民币离岸市场的规模遥遥领先于其他离岸市场。香港离岸人民币存款在 2014 年 12 月份更是突破万亿元大关，占据海外人民币存款总额的三分之一；跨境贸易人民币结算，2015 年第三季度突破 2 万亿元，占全部跨境贸易人民币业务结算金额的 90% 以上；离岸人民币贷款 2016 年 9 月为 3074 亿元；截至 2015 年底香港人民币债券余额达到 6597 亿元。

金融改革与金融开放，包括人民币汇率形成机制改革、资本项目可自由兑换、人民币国际化；国际直接投资战略转型，从单向吸引战略向双轮驱动战略升级，培育一批具备国际竞争力的中国跨国公司；充分利用国内国外两种资源、国内国外两个市场，实现资源的有序合理流动；所有这些都是全面深化改革开放新时代攻克的重点和难点。香港在全面深化改革和开放的新时代担当了试验田和缓冲带的重任，具有不可磨灭的历史功绩。然而，改革开放的车轮在继续前进，自由贸易区试验田在不断推进，全面开放在提速，巨大的挑战变化摆在了香港面前。

三 开放型经济新体制建设与香港功能重塑

（一）新开放战略下香港面临的挑战

新时期开放型经济新体制的基本要求是建立市场配置资源的新体制，建立公平开放竞争有序的现代市场体系；形成经济运行管理新模式；形成全方位开放新格局；形成国际合作竞争新优势。为了实现这些基本要求，十八大以来对外开放的速度开始加快，在对外贸易中简化进出口管理，推动贸易便利化；加快服务业对外开放，尤其是加快金融业对外开放；进一步开放资本市场，扩大人民币跨境结算，推动资本项下的人民币可自由兑换，加快人民币国际化进程。将所有这些目标与要求付诸实践的具体举措是"一带一路"建设和境内自由贸易试验区战略。

"一带一路"将香港与上海、北京、深圳、天津、西安等内地重要城市一同置入全球城市链接的链条上，香港独特的政策优势和地理优势受到挑战；境内上海自由贸易实验区、天津自由贸易试验区、广东自由贸易试验区、福建自由贸易试验区的设立，则将通过贸易便利化、投资便利化、金融市场开放创新等探索中国进一步深化改革与开放的路径，促进中国开放型经济新体制的建设。从当前四个自由贸易区建设来看，建设促进资本自由流动离岸金融中心，搭建离岸与在岸快捷、高效、可检测、可控制的互流平台，扩大金融服务业外资准入，几乎是四个自由贸易区一致的金融创新目标；通过贸易和投资便利化建设国际贸易中心与国际物流中心，也是四个自贸区不约而同的目标。2016 年国家又推出第三批 7 个自贸试验区试点，在把握国际通行规则的基础上，加快形成与国际投资、贸易通行规则相衔接的基本制度体系和监管模式。

与此同时，在全面对外开放战略的推动下，人民币离岸中心的建设也在世界各地不断推进。除了香港之外，伦敦、台湾地区、新加坡、巴黎等都在争夺人民币离岸中心的地位。而中国人民银行也在香港之外，澳门、台湾地区、新加坡等20个国家和地区批准建立了人民币清算行。很多具有国际金融中心地位的城市，如新加坡、伦敦、纽约、巴黎、法兰克福、瑞士等都正在成长为人民币离岸金融中心。理论上来讲，这些人民币离岸金融中心都具有进一步成为中国企业海外投融资中心和平台的可能性。

如果说，在中国改革开放新时期，香港的地位和功能已经突变为中国的国际金融中心的功能，成为人民币离岸金融中心、中国企业投融资中心、人民币国际化平台，那么，境内自由贸易试验区推动成长起来的上海、深圳、天津等人民币离岸金融中心、企业海外投融资中心和外汇改革试点城市的兴起，海外人民币国际化趋势推动的伦敦、纽约、法兰克福、新加坡等人民币离岸金融中心、人民币国际化中心的兴起，都必然对香港的国际金融中心地位与功能形成严峻挑战。2016年世界知名智库机构Z/Y公布的全球86个金融中心的指数最新排名，伦敦、纽约继续居世界前两位，而之前一直稳居第3位的香港，则首次被新加坡超越，滑落为第4位。与此同时，中国内地城市的排名在上升，上海排名第16位，上升了5位；深圳排名第19位，上升了4位；北京排名第23位，上升了6位。在现实竞争环境下，香港面临不进则退的处境。

（二）香港功能重塑

在中国新开放战略下，香港的出路在哪里？答案是：转型与升级。在提升航运、贸易等传统中心功能基础上，重点推进国际金融中心新内涵，打造高端专业服务新平台。

第一，促进香港国际金融中心向中国的全球金融中心转型升级，同时配合"一带一路"提升香港离岸中心的门户地位和枢纽功能。

作为中国的全球金融中心的功能，突出表现为人民币离岸金融中心功能、中国资本市场开放窗口与试验地功能、中国企业投融资服务中心功能、全球资金管理中心功能。这些功能是香港作为全球城市的核心功能，目前香港都已具备条件及占先优势，其他内地城市与海外城市都无法与之比拟。当前，人民币国际化正进入一个新阶段，从重要的国际贸易结算货币，向重要的国际投资及储备货币转变，人民币境外循环模式发生转变，资本项目成为人民币流动性输出的主要载体，其中内地居民调整财富结构，全球资产配置需求殷切，将成为资本项目下对外输出流动性的主要力量。在这一大背景下，香港离岸人民币市场的发展，也将面临新的转变，需要拓展新功能。一是发展离岸市场功能的着眼点，要从前一阶段的规模扩张转向巩固市场的深度和有效性。发展动力由主要依靠人民币升值预期和境内外套利交易等,转向发展金融产品的丰富和深化,提供更多与人民币全球配置和跨境流动相适应的市场工具和管理手段。二是成为内地经济金融结构调整的风险管理中心。管理人民币成为国际货币后面临的汇率波动风险,重塑人民币参与国际经济合作的模式和角色,为中国企业全球化布局、参与"一带一路"沿线项目管理海外投资风险。三是发挥好连接内地与全球的最重要的双向平台和离岸人民币枢纽功能。沪港通和深港通的先后启动,香港市场已与深圳和上海市场连接为一个70万亿元市值的巨大"共同市场"。未来这个互联互通的框架将继续拓展到新股通、债券通和商品通等其他产品领域,将进一步强化香港作为门户市场的关键地位,需要香港为内地资金进行国际化配置以及国际资本进入内地资本市场投资提供良好的基础设施和平台。[29]

与世界两大全球性国际金融中心——纽约与伦敦相比,香港作为国际金融中心的劣势主要有两个:一是经济体量小,经济腹地狭窄;二是金融市场结构单一,债券市场规模、金融衍生工具与大宗商品交易等方面明显不足。要克服这两大问题,香港必须以中国内地为经济腹地、搭乘"一带一路"快车,破解经济体量小的约束。只有在内地巨大的经济体量以及"一带一路"沿线国家的经济体量支撑下,才会产生巨大的金融衍生产品需求,也方能构建全球大宗商品交易中心,将香港的资本市场和金融服务业面向中国经济的需求,面向中国"一带一路"建设的需求,建设成为中国的全球金融中心。

要提升国家的全球金融中心这一目标,面对来自内地城市上海的竞争,来自亚洲东京、新加坡的竞争,香港的出路只有一个,那就是在制度设计、业务发展、市场结构、政策支持、组织实施等方面与中国改革开放的大政方针保持高度一致,与中国内地经济发展的需求保持高度对接,与内地城市形成优势互补、密切衔接、互利共赢的区域合作关系;同时,香港需要进一步提升在自由港政策、税收政策、法律体系、人才队伍、商业环境等方面的优势。简言之,就是在善用香港独特优势与善用祖国内地优势的基础上提升香港独特优势,紧跟国家改革开放新方略,建设中国的全球金融中心。

第二,推动香港国际贸易中心与国际物流中心向全球供应链管理中心转型升级。

香港一直是亚太地区最著名的自由港和贸易转口港，贸易及物流一直是香港的优势产业。随着香港制造业大量外移、产业趋向空心，香港贸易方式逐步从转口转为转运，目前已进一步离岸化。香港劳动力和土地成本持续上扬、贸易物流成本持续上升、经济下行压力有增无减，加上内地诸多港口城市的快速发展与货源分流，进一步导致香港国际贸易和物流中心地位的相对弱化。香港国际贸易与航运物流转向非实体化发展，保持和提升中心地位任重而道远。

在香港国际贸易与物流中心的转型升级中，关键要抓住三点：其一，积极拓展中国内地和全球新市场，搭乘"一带一路"快车，全面链接"一带一路"的节点国家和城市，建设中国内地全面对外开放的传送带；其二，积极利用香港国际金融中心、国际物流中心和国际自由港的优势，挖掘离岸贸易进一步扩张的潜能；其三，提高国际贸易增值服务水平，打造全球供应链管理服务中心。香港可借助国际贸易中心的基础条件与港口营运经验，将服务延伸至中国内地市场与"一带一路"沿线国家和地区市场，这是一个具有无限潜力的市场。香港传统的国际贸易商已经在向全球供应链管理服务商升级，承接了全球生产链条的大部分环节，涵盖生产商与供货商选择与管理、供应链融资、产品生产与设计、市场营销、售后服务，等等。国际贸易商利用其长期积累的与生产商、供货商、品牌商、销售网络、金融机构的密切合作关系，从设计、生产、销售、融资服务的中介提升为整个供应链条的管理者。这是从贸易商向供应链管理服务商的跨越，香港应该通过政府政策支持、行业协会指导推动等措施，推进其进一步转型升级。随着"一带一路"的互联互通建设和新供应链的形成，全球经济贸易版图将发生变化，未来全球新的经济增量将大幅转向中国西部的亚欧和印度洋方向。香港应未雨绸缪，调整策略重点，拓展新供应链网络，为贸易中心与航运物流中心增添新动能。

第三，打造高端专业服务新平台，发挥香港在国家对外开放新时期中的特定优势。

对于国家而言，香港目前的优势，并非其经济体量，而在于软实力，在于其高端专业服务业的优势。除金融外，香港的专业服务提供者如法律、会计、仲裁以至运输系统管理等均达到国际标准。一是增强中国与世界的资本流动中的中介角色，发挥配置全球战略性资源和提供资源流动的主要通道之功能。二是借助香港优势条件吸引全球发达服务业在香港集聚，成为高端服务业的积聚中心，成为"一带一路"国家与西方发达国家之间的中介。三是强化地区总部功能，成为全球互联互通中的供应链主要节点和枢纽。四是建设亚太区国际法律及解决争议服务中心，完善争端解决机制，强化仲裁中心功能，为"一带一路"及区域发展提供法律服务。五是利用香港服务业综合优势，助力国家参与全球治理，提升国家在国际经济治理中的话语权。

　　未来，香港经济功能重塑的重点方向是，强化作为全球城市的主体功能，提升服务业能级。结合"国家所需、香港所长"，配合国家开放战略的发展，延伸专业服务范围，在服务国家发展中获取自身持续增长动力。一是打造全球金融中心的功能，强化全球离岸人民币业务枢纽地位和资产管理中心功能；二是逐步打造以贸易物流为介质的全球生产控制中心，借助粤港澳区域合作和国家"走出去"战略，加快培育创新及科技产业，夯实新供应链网络的实体经济基础。

---

①冯邦彦：《香港在中国经济现代化进程中的作用》，北京：《经济研究》1989年第4期。

②高祀仁：《香港在国家改革开放中的地位和贡献》，北京：《求是》2009年第1期。

③香港策略发展委员会秘书处：《香港在国家发展中的作用》，蔡赤萌主编《港澳经济年鉴2010》，北京：港澳经济年鉴社，2010，第399~410页。

④封小云：《"九七"后香港在中国经济发展中的地位与作用》，刘泽生主编《迈向新纪元——"九七"香港回归专家谈》，香港：香江出版有限公司，1997，第393~394页。

⑤张明：《十年来香港地区与大陆之间贸易与资本流动的结构性变化——基于国际收支框架的分析》，北京：《国际金融研究》2009年第2期。

⑥Yun-wing Sung, "The Role of Hong Kong in China's Export Drive," *The Australian Journal of Chinese Affairs*, January 1986.

⑦林健忠主编《"一带一路"与香港》，香港：三联书店（香港）有限公司，2016。

⑧蔡赤萌：《香港对接"一带一路"：原则与策略》，长春：《社会科学战线》2016年第5期。

⑨华晓红、郑学党：《港澳台—中国对外开放的独特优势》，成都：《经济学家》2012年第7期。

⑩张燕生、刘旭、陈长缨：《香港在国家经济发展中的地位和作用》，北京：《国际贸易》2007年第12期。

⑪Naubahar, S., Mitchell, M. T., "The Role of Hong Kong in Mainland China's Modernization in Manufacturing," *Asian Survey*, August 2011.

⑫Tjia, Yin Nor, "Hong Kong's Role in Mainland China's Logistics Industry – Physical Gateway to Differentiated Service Provider," *Asian Survey*, August 2011.

⑬陈广汉主编《香港回归后的经济转型和发展研究》，北京：北京大学出版社，2009。

⑭庄芮：《香港如何在内地新一轮金融开放中发挥作用》，深圳：《开放导报》2006年第4期。

⑮马骏：《人民币离岸市场与资本项目开放》，北京：《金融发展评论》2012年第4期。

⑯石巧荣：《香港人民币离岸市场发展的经济效应考察》，福州：《亚太经济》2011年第5期。

⑰Vanessa Rossi, William Jackson, "Hong Kong's role in building the offshore renminbi market," *International Economics Programme Paper*, January 2011.

⑱R. Sean Craig, Changchun Hua, Philip Ng, Raymond Yuen, "Development of the Renminbi Market in Hong Kong SAR Assessing Onshore-Offshore Market Integration," *IMF Working Paper*, December 2013.

⑲戴金平、张成祥：《我国渐进式金融改革：发展与修正》，天津：《南开学报》2014年第5期。

⑳陈多、蔡赤萌：香港回归丛书《香港的经济（一）》，北京：新华出版社，1996，第86页。

㉑冯邦彦：《香港产业结构第三次转型：构建"1+3"产业体系》，北京：《港澳研究》2015年第4期。

㉒资料来自香港特别行政区政府统计处《香港统计年刊1998》，香港，1998，第341页。

㉓资料来自香港特别行政区政府统计处《香港统计年刊1986》，香港，1986，第110页。

㉔陈多主编《港澳经济年鉴2008》，北京：港澳经济年鉴社，2008，第101、636页。

㉕资料来自香港万德数据库、经济数据库、中国宏观数据。

㉖资料来自香港特别行政区政府统计处《香港统计年刊（1992～2008）》。

㉗资料来自中国商务部服务贸易和商贸服务司《中国服务贸易统计2015》，中国服务贸易指南网，http://tradeinservices.mofcom.gov.cn/index.shtml。

㉘戴金平、靳晓婷：《渐进性人民币国际化中的香港地位——兼论人民币国际化的动态路径选择》，深圳：《开放导报》2011年第3期。

㉙巴曙松：人民币国际化的新阶段与香港的机会，在出席"香港经济峰会2017"上

演讲，2016 年 12 月 1 日。载中国改革论坛，http://people. chinareform. org. cn/B/bss/Ar-ticle/201612/t20161204_258564. htm。

作者简介：戴金平，南开大学国家经济战略研究院副院长，南开大学国际经济研究所教授；蔡赤萌，国务院港澳事务办公室港澳研究所研究员。

[责任编辑　刘泽生]

（本文原刊 2017 年第 2 期）

主持人语

刘泽生

  当前，澳门正处于巩固提升"一国两制"成功实践的重要阶段。祖国的繁荣稳定、持续发展和不断深化改革开放，一直是澳门各项事业持续进步的重要保障，也是澳门集中精力谋发展的特有优势。中央制订的一系列惠澳政策措施，以及"一带一路"、粤港澳大湾区建设等重大利好政策，将为澳门新一轮发展不断创造新机遇。不久前在京召开的"一带一路"国际合作高峰论坛中，国际社会对"一带一路"倡议高度关注。中央政府明确表示，已为港澳预留了"搭车位子"。澳门各界和特区政府应充分利用中央给予的扶持政策，积极谋划、主动参与及助力国家发展战略，不断深化与内地的交流合作，齐心协力改善本地经济及民生，促进社会和谐发展。

  今年 3 月，特区政府成立由行政长官担任主席的"一带一路"建设工作委员会，统筹参与"一带一路"建设的总体设计，对接国家"十三五"规划和特区的《五年发展规划》。6 月中葡合作发展基金总部正式落户澳门，助力中国内地与葡语国家和企业联手参与"一带一路"，进一步提升澳门作为中国与葡语国家商贸合作金融服务平台的作用。行政长官崔世安近日表示，努力把"建设世界旅游休闲中心"、打造"中国与葡语国家商贸合作服务平台"的发展定位与"一带一路"建设、粤港澳大湾区规划紧密结合，搭上"一带一路"建设的快车，为澳门经济社会可持续发展注入新动力，为增进民生福祉装上新引擎，让广大居民有更多的参与感和获得感。

  澳门未来发展方向逐步明确，目前正处于积极探索转型发展的重要节点，经济结构及增长动力也有望得到优化与调整。澳门正在有序落实《五年发展规划》的总体部署，围绕"逐步落实规划，共建美好家园"的施政纲领，积极参与和助力国家发展战略，不断深化与内地的交流合作，努力提升经济发展质量，齐心协力改善社会民生。与此同时，澳门整体经济经历了 26 个月深度调整期后，终于在 2016 年第四季度恢复增长态势，2017 年开局势头良好。第一季本地生产总值按年实质增长 10.3%，高于上一季（7.0%）。总体经济的整固与反弹，既是因为过往基数较低所致，也得益于涉外经济情况好转，澳门服务出口及投资的持续改善，经济稳中向好的趋势明显。

张德江委员长今年 5 月视察澳门时，表达了中央坚定不移支持澳门经济社会发展的决心，勉励澳门珍惜经验，继续坚守"一国"之本、善用"两制"之利，既要不断完善与基本法实施相配套的制度机制，在维护国家安全、深化国民教育等方面先行先试，大胆探索新经验新机制；又要主动把握"一带一路"、粤港澳大湾区建设等国家战略机遇，用足用好中央惠澳政策措施，建设好"一个中心、一个平台"，规划利用好 85 平方公里海域，促进经济多元可持续发展，清晰指出了澳门发展的方向与着力点。珍惜经验、筑牢根基、促进发展，需要澳门社会各界同心同德，"撸起袖子加油干"，共同开创澳门经济社会发展的新局面。

澳门经济社会的发展同样需要学界的积极参与及理论探索。在本期刊发的专题研究中，杨道匡博士认为，澳门建设旅游休闲中心和商贸平台，配合经济、社会与人口的长远发展需要，实现"宜居、宜业、宜行、宜游、宜乐"城市建设目标，必须优先解决土地资源紧缺的现实制约。可供选择的路径，一是填海造地，二是旧区重建，三是通过区域合作向外拓展，四是善用澳门新划定的海域。陈章喜教授则依据城市群协调发展理论，分析了港珠澳大桥对珠江口城市群的影响，认为大桥开通对提升港珠澳间的交通便利性、增强珠江口西岸地区城市的区位优势、促进城市融合和协调发展、改变珠三角地区的交通空间格局等都具有极大的影响效应。

澳门城市空间开拓与经济产业多元发展

杨道匡

[提　要] 在各项生产要素之中，土地资源向来重要并位居前列。对于面积狭小的海岛城市澳门来说，土地于经济民生更显得尤其重要。澳门的城市定位是建设旅游休闲中心和商贸服务平台，政府提出的发展目标是"宜居、宜业、宜行、宜游、宜乐"。但目前城市的实况是：土地资源紧缺而人口密度过高，正是："宜居尚未解决、休游仍须努力"。为此，设法拓展空间为第一要务。综观澳门城市建设轨迹，填海造地是增辟土地资源的有效方式，而旧区重建则可以在原有地域上重组空间。在新形势推动之下，通过区域合作向外拓展空间在近年亦取得了初步成效。除陆地资源之外，在中央政府支持和邻近地区协同合作的基础上，更好地善用水域资源，将有利澳门城市建设、经济多元和社会民生的长远发展。

[关键词] 经济多元　旅游休闲　新城填海　旧区重建　划定水域

　　澳门作为海岛型城市其中一个显著特征，就是地域面积狭小。2016 年末，澳门常住人口总数有 644900 人，全区陆地总面积为 30.5 平方千米。按此推算，澳门每平方千米人口密度为 21400 人。2016 年来访澳门的游客总数有 3095 万人次。按此推算，年内每日的流动人口有 84794 人。综合常住人口和流动人口两项数据，澳门每平方千米的人口密度高达 24180 人，成为

591

世界上人口密度第二高的城市。[①]同年，澳门本地生产总值 3582 亿元（澳门元），每平方千米的产出为 117.4 亿元，折合人民币约 101.3 亿元。从每平方千米的人口密度看，澳门城市的承载力已接近临界点，从每平方千米 GDP 产出看，虽然近年经济总量受博彩业收益下跌影响已从高位回落，但从土地与产出比例，仍可显示澳门的土地资源使用和土地开发强度也接近饱和。澳门近年的楼房售价攀升，中小企业营商普遍面对高租金压力，居民对城市道路交通和房屋的需求日增，而绿化与休憩空间则相对缺少。由此可见土地空间紧缺与经济发展和社会民生的需求差距越趋明显。

按照国家发展规划，澳门的城市定位为建设世界旅游休闲中心与中葡商贸服务平台。澳门特区政府在 2016 年度施政报告中，提出要建成具有国际先进水平的宜居、宜业、宜行、宜游、宜乐的城市。然而，澳门特区成立近 18 年来，因为经济急速发展，人口增加以及大量游客到访，引致道路、交通堵塞，楼价、铺租高涨，城市承载力备受考验，政府已然面对土地资源紧缺的困局。土地资源历来是重要的生产要素，澳门要建设休闲旅游城市，发展休闲旅游产业，其中的休闲空间是必不可少的"硬指标"。观察澳门城市发展的历史轨迹，拓展土地空间有几个可行的方式，第一是填海造地、第二是旧区重建、第三是通过区域合作向外拓展。未来，在澳门划定水域管理范围之后，还可以通过开发沿岸和水域拓展新的空间。

一 继续填海造陆增加土地面积

澳门的原始面积难以查考，1912 年的官方记录显示，当时的澳门半岛加两个离岛的全部面积只有 11.6 平方千米。[②]此后的一百多年来通过不断填海造地的方式，使陆地面积逐步增加，至 2016 年底，全区面积已达到 30.5 平方千米。2009 年 11 月，在澳门回归祖国十周年前夕，国务院正式批复澳门特区政府提出的填海造地申请，批准填海造地 350 公顷（3.5 平方千米）。当时，由行政长官办公室发出的新闻稿表示：特区政府必定及时把握好这难得的发展机会，配合特区整体发展，科学规划、循序建设澳门新城区。未来开展建设的新城区，将有大量的公共设施和绿化空间，并预留适量的土地兴建公共房屋和发展符合经济适度多元化政策的产业。

（一）规划方向应是"产城结合、综合开发"

澳门目前是世界上人口密度极高的城市，以常住人口计每平方千米达到 21400 人。与邻近城市比较，约为香港的 3 倍，更超逾珠海的 20 倍！因此，新填海区的用途应该是首先缓解公共/社会设施的不足，满足人口增长带来对公共设施的需求，优化提升城市的生活质量，增设休闲空间以配合澳门"休闲旅游中心和商贸服务平台"的定位。据此，新填海区土地用途应该遵从以下原则：包括可持续发展、绿色低碳、环保、推动经济适度多元发展和提高居民生活素质。事实上，澳门的城市脉络本来比较清晰，并按照澳门半岛和凼仔、路环两个离岛的自然地域形成了功能分区。但近年由于经济和人口的快速增长，对土地的需求急剧增加，在未有总体城市规划约束之下，住宅、商业、大型酒店以及公共建设全面铺开，使得原来的脉络逐渐改变，城市不同区域之间的发展越趋不平衡。因此，当下的问题就是能否利用新填海增加的土地，通过对公共设施和城市功能布局的再设计，理顺和协调这种不平衡，这是社会各方需要思考和探讨的问题。

对于土地资源缺少的澳门来说，"填海造地"一直是增加土地的有效途径。然而，2009 年国务院批准的 3.5 平方千米新填海土地有着与别不同的意义。首先，澳门目前处于历史上相对繁荣的经济发展周期，城市的快速发展和居住人口增加，尤其是访澳游客数量的大幅增长，使得澳门对土地的需求比任何时期都更为迫切。其次，经济适度多元作为澳门长远发展目标的策略部署，在实施过程中亦必然需要更多的土地进行配合。还有，正因为经济的繁荣和城市的快速发展，居民对公共服务的需求亦必然随之增加。由此决定了新城填海区的土地，从规划的开始就被社会各方热切期待，包括：配合城市定位增加休闲空间、推动经济适度多元发展、响应公共服务的需求、以及改善包括交通、居住等有关提升居民综合生活素质的多项诉求。即：有效达至经济发展，改善民生，优化城市建设的"产城结合"目标。

（二）注重空间"平衡"、新旧区联动发展

对于土地的利用理念可以包括多重诉求，但亦可以依据实际需求设定重点，在此选定的重点就是要在空间布局上遵从"平衡"的原则。2010 年举办的上海世博会为这个原则作了很好的示范。世博会场建设用地一共为 5.28 平方千米，面积大于澳门新填海的 3.5 平方千米。其中与澳门新填海土地分处两边海岸相近之处是，会场用地亦分布于黄浦江两岸，而两岸的土地属性有所不同。浦西是已经完成都市化的老城区，拥有一批旧工业建筑。浦东则是城市的新区，拥有更大的空间和可以利用的河岸。无论是对老工业区进行迁拆改造，还是在新城区进行新建设都会面临建设成本高、周期长、破坏原本环境的问题。因此，世博会总体规划采用的方法是在尽

可能少地改变土地本来面貌的情况下，在浦西（置入自然要素）和浦东（置入都市文化元素）两岸置入各自欠缺的元素，使两岸的功能和景观达到协调和平衡，从而比较好地解决了上述的难点。③

新城填海区的规划一再强调要"新旧区扶持互补"，但作为旅游城市所面对的问题是，澳门目前的旅客人群只集中在某些特定的地区，这主要是受澳门城市原有不同区域功能的影响。因此所谓"平衡"的理念在此处是指"平衡"产业、人流和消费的空间分配，改善目前人流消费过分集中在特定地区的情况。为此，应在新填海区增设新的场所和设施吸引游客，由此达到新旧城区相辅相承、开拓新产业的目的。事实上，世界上知名的旅游城市都会有"标志性"的区域或建筑物作为人流集聚的地方，例如纽约时代广场、伦敦特拉法加广场、北京王府井、上海南京路和广州天河城等等。因为聚集大量人流，上述地点和周边地区往往都会成为兴旺商业地段。

从新填海六个地段的地理位置分布来看，未来 A 区和 E 区会成为进入澳门的南北大门，前者位于港珠澳大桥落点和东方明珠之间，将会是人流密集的口岸地带。而 E 区则靠近澳门国际机场和北安码头，计划连接澳门与凼仔的第四通道连结，将是另一个人流密集的地带。而两地能否成为游客和居民新的休憩地带和消费区域，则取决于分区功能规划。根据之前进行咨询所获得的资料，在"世遗"保护、城市天际线限高等一系列的限制条件下，当时规划倾向的原则是尽量采取土地的低密度开发，例如多留空地建设广场、公园一类的公共场所等。归纳而言，新填海区的空间利用原则倾向于回归澳门本来的宁静、休闲的城市特色，并通过一系列的文化创意元素，提升城市的文化品位，提高游客的休闲旅游感受，以配合澳门建设"世界旅游休闲中心"的定位。

（三）分区布局及实施方案

从座落位置分析，A 区将成为港珠澳大桥西岸落点连接澳门半岛的"桥头堡"。初期规划方案的设想，是在 A 区南端预留空间建造一个新的具有标志性的建筑物。作为旅游城市的口岸门户，这是一个好的设想方案。由于新的标志性建筑将作为未来外地游客进入澳门的"第一站"。具有特色的标志建筑，可以达到显示澳门城市风格，突出世界旅游休闲中心的形象和定位的目的。而标志性建筑可以是象征性的，例如金莲花雕塑和广场。亦可以是象征与实用兼备的，例如旅游塔。

对于澳门而言，要成为世界旅游休闲中心，良好的表演场地肯定是有需求的。加上目前文化中心的空间和设施已经相对饱和，随着澳门国际音乐节知名度的提升，已经不能满足未来文化演艺的需要。因此，新加坡滨海艺术中心的例子同样值得澳门参考。

另外，考虑到 A 区未来作为口岸功能区将面对频密的人流往来，在交通设置方面如单靠陆路交通连接市内各点，不仅运输距离较长（如从东面 A 区到西边内港），还可能会造成路面交通繁忙堵塞的情况。事实上，新填海各地段多呈周边环海的岛状分布，建议采用水上交通方式缓解路面交通的压力。可以参考意大利威尼斯和泰国曼谷"水上出租车"模式。"水上出租车"是上述两地有特色的一种快捷船运方式，兼具交通运输和观光的功能，可作为游客游览澳门的一个旅游项目。而新填海土地（例如 A、B、C、D、E 各地段）均为岛状地形，可用水路连接。因此，可以在新区规划中预留水上交通客运码头，通过水路交通的方式互相连接，开拓水路运输除了能够分流挤拥的陆路公交之外，亦不失为一项有特色的旅游观光项目，是双赢的方案。

至于 B 区，在空间距离上与其他新填海地段比较，与澳门中心城区较为接近。同时 B 区又连接西湾、南湾湖及旅游塔等休闲设施，对游客有吸引力，应该充分利用水岸空间。建议通过公共交通的重新设计，包括陆路交通、水上交通和步行系统将游客引导至 B 区。可行的方法包括在 B 区设置水岸公园、休闲步道和单车径、城市雕塑、美食集市、游乐和艺术表演等元素吸引人流及消费。事实上，西湾的环湖沿岸和旅游塔等设施本来对居民和游客就有吸引力。但目前这个区域因为交通相对不便，吸引消费的项目亦有限，难以吸引更多旅客。为此，建议增加美食集市、商业零售、游乐和艺术表演等元素。通过步行路网的连接，配合游乐及艺术表演、夜市、旅游商品销售、水岸公园等元素，丰富休闲旅游内涵，达到增加居民和游客消费的效果。

E 区的两个地段分别邻近北安码头和澳门国际机场，建议发展购物商场和商贸服务等功能。除因为凼仔的居住人口日益增多对购物中心有需求外，在 E 区设置类似功能，亦方便游客进出海空港等候期间，有一个可以安排闲暇时间的地方。E 区由于细分为 E1 和 E2 两个地段，面积有限，不适合发展超大型的商场，因此可以参考台北诚品书店"书店＋商场＋展览"的模式，可以较好地实现商业与文化创意两者的兼容和空间的多功能利用，同时亦较好地响应了居民对文化设施和商场购物的需求。

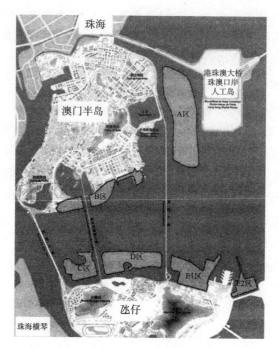

图 1　新城填海区 3.5 平方千米各地段分布

　　另外，可配合划定水域之后内港区的更新重建，把目前内港码头的功能迁移至 E1 区。功能与空间置换主要基于两个原因：1）内港码头所在的区域是澳门传统的旧城区，不仅人口密度高，而且建筑物之间距离和街道均狭窄。目前内港还在运作的客货泊位并不多，而狭窄的街道事实上并不适合进行大量的运输功能，除了不利货车进出，亦对附近的民居产生滋扰。2）妈阁庙和珠海湾仔之间提出兴建跨河行人隧道已经议论多时。预示妈阁和内港一带未来将成为口岸服务区，大量的人流需要有相应的商业和交通设施提供配套服务，目前显然不能满足未来需求，城市规划和建设肯定需要依据形势变化作出调整。因此，建议借此机会，把内港的货运功能全部迁移至 E1 区。除了因为此地空间更为广阔外，其位置亦更靠近外港，可以使船艇运送货物时航行更为方便。同时，释出内港码头的空间后，就有条件对妈阁庙以至内港一带的城市建设和功能配置进行重新规划和利用。综合而言，填海新增土地的规划需要配合澳门的城市定位。澳门要建设"世界旅游休闲中心"，成为一个国际旅游城市，就一定要突出城市的特色。因此，3.5 平方千米的规划建设与开发利用，应该考虑城市肌理和文化传承的延续，以及更好地与旧城区的协调平衡。

二 旧区重建与都市更新提供休闲空间

澳门的城市雏形于 16 世纪中期逐步形成，早期的旧区主要集中在半岛内港，圣保禄教堂至东望洋山一带的周边地区。直至今日，一些地方仍然保留着这种旧日商住混合的街、巷、里、围的街区格局。对于何为旧区？一直以来未有严格的定义，即使特区政府在 2006 年设立了旧区重整咨询委员会，对于旧区的定义和划分仍然未有准确的界定。不过，所谓的旧区相对于新区而言仍然有着显而易见的特征。包括：狭窄的街道，密集的旧式房屋，缺少社会设施配套，例如公共停车场、绿化和休憩空间。

2002 年，特区政府在开放博彩专营权以后，吸引了大量的外来投资，一批大型度假村式酒店陆续兴建，相比之下，昔日的旧式街区显得更为陈旧。为了重整旧区，盘活土地资源和优化居民生活空间，特区政府于 2006 年成立了"旧区重整咨询委员会"。成立机构的原意是借此推动旧区重建、改善居民居住环境和提升生活质素。同时，又可借此开发旧区潜在的土地资源，增辟城市可用空间。但历经多年，直至上述机构解散，有关的旧区重建仍然未有取得进展。

旧区重建虽然不能新增土地面积，但是通过对旧城区土地资源的整合和规划，可以有效地重新配置空间，包括拆除残旧低矮建筑，通过成片开发，适当扩大楼宇容积率，重新配置道路、绿化和休闲空间以及小区设施。澳门旧城区、尤其是路环，内港、中区和北区一带的旧工业区和旧居住区，通过旧区重建可以达到都市更新和优化空间的目的。

（一）新加坡旧区规划与重建模式可参考借鉴

在旧区重建方面，新加坡的成功经验可供澳门借鉴。新加坡将建设宜居城市的模式总结为十项经验：一是确保规划的长期性，充分利用每一吋土地，坚持优质设计；二是保证城市规划一致性下的多样化，让居民对城市有归属感；三是更接近自然，用绿色"软化"钢筋水泥带来的压迫感，使空气更洁净；四是在小区中建设居民消费得起且多样化的服务设施；五是充分利用空间，打造用途更广泛的公共场所；六是优先考虑绿色交通和绿色建筑，致力用高效的公共交通系统来替代私家车；七是通过建筑的高低搭配和巧妙组合减少城市的拥挤感；八是保证居住的安全性；九是改变传统做法、提倡创新，如新加坡的再生水设施建设；十是在政府、居民和企业间建立起伙伴关系，使三者都能积极参与，共同承担责任。

新加坡旧区重建有多个成功案例，其中的新加坡河更新项目尤其适合澳门参考借鉴。新加坡政府于 1970 年代末期启动了新加坡河更新计划，计划的内容包括改善排水系统、清理河道、安顿聚居于河道附近的贫民、保留有历史价值的建筑以及重建沿岸地区，计划的目标是将新加坡河建设成为"一个富有特色的观光地点，以及可供居住、工作和游憩的商业与活动走廊"。在计划的实施安排方面，新加坡市区重建局依据新加坡河更新及活化的理念，将河道从下游至上游分设为泊船码头（Boat Quay）、克拉克码头（Clarke Quay）和罗伯森码头（Robertson Quay）三个规划区，规划的主题是通过混合使用，创造"休闲与游乐活动走廊"。在新加坡河分区规划中，泊船码头的功能定位为用餐区、露天咖啡、历史景观和绿荫步道；罗伯森码头的定位为旅馆、住宅及将昔日仓库改建为公寓；而克拉克码头则规划为举办节庆的活动区，实际上也包括有购物、娱乐和餐饮的功能。笔者在2015 年 10 月中旬，随同澳门特区政府城市规划委员会组织的新加坡考察期间，在克拉克码头乘船前往滨海湾区。码头附近街区以及沿河一带的规划设计、建筑特色、旅游与商业氛围以及环境保护和管理，给考察团一行留下了休闲舒适的感觉和良好的印象。

澳门从路环河口至半岛林茂塘的十字门水道一带沿岸，与新加坡河的地形地貌相似。在未有明确水域管理范围之前，上述的沿岸一带长期维持着散落的旧有建筑而未有进行系统的规划和开发。2014 年 12 月，国家主席习近平来澳出席澳门回归祖国暨特别行政区成立十五周年庆典时，宣布中央人民政府决定启动明确澳门特别行政区习惯水域管理范围相关工作，为澳门特别行政区依法管理周边水域、促进经济社会长远发展提供法律保障。此后，在中央政府主导下，有关部门经过近一年的紧密工作，提出了划定澳门水域和陆界管理范围的明确方案。国务院总理李克强于 2015 年 12 月签署了第 665 号国务院令，公布《中华人民共和国澳门特别行政区行政区域图》，法令自 2015 年 12 月 20 日起施行，明确由澳门特区管理的水域面积为85 平方千米。水域划定之后，对澳门来说最重要和最实际的意义和作用，就是扩大了澳门的城市规模和空间。在中央政府支持划定澳门管理水域之后，参考新加坡河更新重建计划，重整澳门沿岸地区，将可为城市开发和建设提供一片新的空间，同时，也可以为旅游休闲中心建设提供一批新的休闲旅游项目。

（二）沿岸旧区开发可增辟休闲旅游空间

综观世界各地大多数城市，凡有江河流经市区的地域，都有"一河两岸"的自然景色，同时，又可以借此营造"一河两岸"的景观带。而且，这种自然与人工结合的景观带，通常对当地的居住、商业和旅游观光产生积极的联动效应。从西江上游汇入伶仃洋的十字门水道，流经澳门与珠海之间。相邻的航道和沿岸一带，在未有明确划定水域范围和管理权限之前，澳门一直是以约定俗成的习惯水域方式管理。在水域管理范围明确之后，借鉴新加坡河更新重建的经验，可以配合旅游休闲中心的定位，在沿岸地区分段营造出一片有利商住和旅游的休闲空间，将水岸这种带有天人合一的优越元素充分地发挥出来。

十字门水道澳门沿岸的开发可以分为两个地段进行。第一段为路环旧市区连接荔枝碗一带的区域，第二段为半岛内港连接城区的区域。路环旧市区包括荔枝碗等一带，可以澳门早期自然渔村和造船工艺的风格为主题，而半岛的内港区则是澳门曾经作为欧亚贸易转运港的历史见证。两个区域的开发都可以有助澳门世界旅游休闲中心和中葡商贸平台的建设。

1. 路环旧市区及荔枝碗活化规划

路环旧市区和荔枝碗地段位于十字门水道东侧，对岸是横琴的澳门大学校区。地段内保留了澳门早期渔村的风貌，而最具特色的是目前仍保留着一片用木质棚屋构成的造船厂。依据当地的历史文化特色，特区政府有关部门于2009年提出了路环旧市区详细建设规划，同时就优化路环旧市区可行性研究进行公开咨询。当时的规划定位提出了两个方案，方案一的定位是新旧文化，娱乐与创意汇集的休闲小区，方案二的定位则是休闲旅游与写意生活交织的郊外小区。[④]到2012年，政府部门又提出了一份有关荔枝碗区域发展与保育并重的规划研究。[⑤]

规划建议，荔枝碗地段应以造船文化及工业遗址为重点，通过有系统地串联历史空间，延续旧市区的风土文化氛围，优化区内环境，达到推动路环旧市区发展与保育并重的活化目标。规划的设想包括，维护船厂状况，保留工业遗址特色，保护环境和水岸肌理结构，修建道路系统，优化出行环境以及增加旅游文化设施等。规划的细则包括，门户广场与交通节点，造船博览区和船舶博物馆，餐饮与商业区，娱乐休闲区和与造船工艺有关的工作坊等系列旅游文化和商业设施。

在澳门管理水域划定之后，有关路环荔枝碗地段水岸的更新与重整方案可以上述的规划研究为基础，启动更新与重整的计划。并且，可以加入一些新的元素，包括：为游艇自由行而提供的停泊区和辅助服务设施，连同路环旧市区相邻的地段，可以提供一片面积约50万平方米，集合多种元素在内的生活和旅游休闲空间。

2. 内港重整与综合优化计划

半岛西侧的内港区是澳门城市的发源地，此区域见证了16世纪初期兴起的对外贸易、渔业以及20世纪中期的出口加工商贸历史。直至今日，沿岸一带仍然分布有码头、仓库以及经营海产和船只补给的店铺。在此地段之内，还有被列入世界文化遗产的妈阁庙、港务局大楼和郑观应故居等一批历史文物和建筑。在水域范围与管理未有明确之前，内港一带的规划建设长期滞后，自2015年底明确澳门水域范围之后，从城市规划与建设角度来看，一些长期搁置的旧城区开发利用问题应该，也可以顺势而解，由此可以释放出一批闲置多年的空间。

自从开始有关明确水域管理范围研究之后，澳门社会各方有很多期许，包括：清理河道治理水患、将货运码头迁移至填海新区、修建沿岸步行绿道、开辟休憩空间，以及增加旅游文化和商业设施。同时，由于内港一带与澳门早期的渔业、贸易和航运密切相关，除上述所列的世遗建筑之外，在此还有早期政府船坞、专用码头和海事博物馆等一批历史人文建筑，十分有利休闲旅游和文化旅游的推广与发展。除此之外，居民对兴建水闸治理水患，拓展外围路网疏导交通以及早日兴建跨河通道连接珠海湾仔口岸等都有所憧憬。因此，水域划定与内港一带的沿岸开发对旅游、商业、小区经济和城市建设，以及居民生活都将带来一系列利好的影响。

综合各方意见，内港旧区重建的规划定位应是将原来的码头、仓储、货运、物流功能整体转移至新填海区。然后依据建设休闲旅游中心和商贸服务平台的发展方向，将内港区优化更新为与珠海湾仔一河两岸的，兼具历史文化元素和休闲旅游商业功能的活动走廊。

3. 粤澳新通道拓展跨界空间

粤澳新通道即青茂口岸，是澳门特区与广东省商定的重要合作项目。由粤澳合作联席会议于2013年6月提出，同年11月获国务院正式批复同意兴建。

粤澳新通道项目位于澳门关闸与珠海拱北口岸西南侧约800米的地方，即珠海轻轨站与澳门批发市场之间。项目面积约28000平方米，主要工程分三期进行，其中包括鸭涌河流域综合治理和景观优化、兴建口岸联检大楼及连接轻轨珠海站的旅客专用封闭过关通道，以及澳门原有批发市场和连接区的综合开发。粤澳新通道口岸的主要功能是分流过境旅客，减轻关闸一拱北口岸的通关压力，预计 2019 年建成使用。

就口岸功能而言，新通道将实行"合作查验、一次放行"的新通关模式。长期以来，珠澳一直实行"两地两检"的通关模式，重复检查降低了通关效率。"合作查验、一次放行"的实质是"两地一检"模式，即珠澳两地查验机构双方共享信息数据，旅客过关时经澳门方查验通过，珠海即无须再查，同样，经珠海查验通过澳门方即可直接放行。

新通道的另一项重要功能是重整澳门连接区地段，地段内将建设集出入境联检大楼、轻轨站、公交换乘站、出租车站、停车场、公共房屋、社会设施、会展场地及配套设施和经济型酒店于一体的综合建筑群。作为上述项目的前期准备，首先需要在跨境工业区的澳门园区内新建一个食品批发市场，然后将规划地段内原有的批发市场整体拆除搬迁，再形成一个具有多功能的综合建筑群，以达到改善区内的生活及营商环境与城市更新的目标。

三 以区域合作方式向外拓展新空间

如前所述，澳门作为海岛型城市受到地理、地形所限，显著的特征就是缺乏资源和地域面积窄小。虽然历经多年不断填海造陆，但土地增加的面积仍然受到客观条件所限。而事实上，填海造地的成效亦难以追及人口增加和经济发展的速度。自澳门特区成立以来，在中央政府及广东省、珠海市的支持下，澳门通过区域合作方式向外拓展空间，在"不为所有、但为可用"方面取得了显著的成效，从下表可以看到，除"港珠澳大桥口岸区"和"横琴新街坊"项目仍有待商议之外，自特区成立以来通过各种方式取得的用地面积达 6.228 平方千米。

通过区域合作对外拓展空间，珠海横琴新区开发为澳门提供了新的机遇，近年来，通过粤澳、珠澳等合作方式，在横琴设立了澳门大学新校区和粤澳合作产业园区，为澳门文化、教育和产业的未来发展提供了新的土地空间。而与澳门邻近的珠江西岸城市正在谋划多个新区的开发，包括广州南沙新区、中山翠亨新区和江门大广海湾经济区等，都提出了与澳门合作的意向，澳门有可能通过参与新一轮的区域合作拓展更大的发展空间。

表1　澳门特区成立以来通过区域合作取得的用地

年份	用途	面积（平方千米）
2000 年	关闸口岸扩建	0.028
2006 年	珠澳跨境工业区	0.11
2009 年	澳门大学横琴校区	1.09
2011 年	横琴粤澳合作产业园区	5.0
2015 年	港珠澳大桥口岸区	0.75（有待商议）
2015 年	横琴新街坊	0.20（有待商议）

横琴设立自贸区对于进一步推动粤澳合作的积极意义在于：随着商事制度改革、营商环境趋同、口岸无缝连接、24 小时通关以及未来澳门单牌车辆可以方便往来澳门和横琴两地之间。横琴实际上是在自贸区范围内延伸了澳门特区部分自由港的政策，实质上起到了扩大澳门发展空间的作用。在新形势之下，澳门参与横琴自贸区建设的模式，可以在早前由《粤澳合作框架协议》设定的各项合作意向和目标的基础上，再叠加自贸区新政策，进一步与广东和珠海合作，重点推动休闲旅游、商贸服务和粤澳合作产业园商定项目的合作。

（一）建设综合功能的旅游小镇

澳门目前每平方千米的人口密度达到21400 多人，是世界上人口密度极高的城市，加上每年来访的 3000 多万游客，人多地少的反差更为明显。要建设世界旅游休闲中心，其中一项基本条件就是需要有足够的休闲空间。而且，首先要让本地居民在生活中感受到休闲。其次，就是要营造有特色的旅游休闲氛围，让游客来澳门度假的旅程中感受到休闲和愉悦。

正如前述，2015 年 4 月横琴自贸区正式设立当天，珠海市政府主动提出，在横琴邻近澳门地段，由珠海与澳门合作建设"横琴新街坊"，计划在这个新小区中与澳门的社会民生事务对接。2016 年 2 月，珠海市政府代表团来澳与全国人大代表、政协委员举行座谈会时，横琴新区负责人再次提出，横琴已准备相应的建筑用地，希望与澳门特区政府合作，将澳门的社会管理模式引入横琴，为未来澳门居民在横琴居住提供空间与服务，并以此作为对两地社会管理合作的探索。

其实，"横琴新街坊"的计划可以配合珠澳旅游产业合作，融入"旅游小镇"的特色风格和旅游生活兼备的元素。世界各地，尤其欧洲和地中海沿岸有很多具有特色的小镇，相对于繁闹的大城市，这些安逸宁静的小镇对游客有很大的吸引力。"横琴新街坊"既然是建设有澳门特色的新小区，在规划上可以考虑建设成为具有南欧风格和旅游元素的生态居住区。建筑的形式和风格可以参照葡国特色的小镇，既有旅游商业元素，又有完善的小区服务及适宜居住，吸引澳门居民居住，将澳门高密度的人口稀释，置换一部分在珠海居住，同时，这种小镇型的居住区又具备接待游客游览观光的功能，包括民宿、文创、购物和餐饮，由此拓展澳门发展旅游休闲产业的空间。旅游小镇的模式还可以为珠三角地区新型城镇群建设提供多一种选项。

（二）建设"一河两岸"的旅游休闲区

澳门当前的旅游模式主要还是"博彩旅游"和"观光旅游"，要发展"休闲旅游"就需要逐步增加休闲元素。包括拓展旅游休闲产业、提供旅游休闲产品、优化城市规划拓展休闲空间、完善休闲旅游配套设施、构建绿色环保城市。而最有效的方式是与珠海合作，通过参与横琴开发，利用横琴的土地空间和优良的自然生态环境开拓休闲元素，推动横琴成为澳门旅游休闲产业的连接区，构建"澳门—横琴"融合互补，具有"一河两岸"特色的"世界旅游休闲中心"。

澳门路凼新区与横琴相对的"一河两岸"地形，尤其是十字门水道入口位置与新加坡滨海湾区很相似。新加坡政府近年通过规划和引入投资者，在原有的鱼尾狮码头对面的滨海区，建造了一批大型的酒店、购物中心、娱乐设施和标志性建筑，形成了一个综合的旅游商业区。建议参考新加坡滨海湾模式，共同开发横琴富祥湾至茂盛围和澳门路环至林茂塘十字门水道的"一河两岸"综合旅游区。澳门路凼新区与横琴相对的"一河两岸"地形，具有山林、港湾、水岸及自然生态的良好环境和景观，本身就是很好的旅游资源。综观世界各地很多依江河而建的城市，都将"一河两岸"的建筑风格以及旅游和商业元素充分发挥。

建议部署上述规划和建设时，可以在十字门水道沿岸建设一批大型、具有标志特色的建筑，包括城市雕塑、船舶博物馆、游艇码头、沿岸慢行绿道等景观带，以及餐饮、酒吧和商业等配套设施。粤澳、珠澳旅游机构可以定期合作在"一河两岸"以及邻近水域举办龙舟赛、烟花汇演、音乐灯光汇演和水上巡游活动等高质量旅游休闲娱乐项目。相信通过水岸的开发及增加旅游和商业元素，可以建立珠澳合作旅游的知名"品牌"，为休闲旅游中心建设增加新的项目。

2016 年，广珠城际轻轨直接延伸至长江以北，沿线地区游客可以直达珠海拱北，2018 年港珠澳大桥将建成通行，横琴至外围的交通网络更为通达，在澳门和珠海周边交通连成网络之后，可顺势推出"澳门世遗历史城区—横琴长隆海洋度假区—海泉湾温泉度假区—江门开平碉楼联线游"。将世界遗产、海洋主题公园和温泉度假连成旅游专线，开发历史文化、休闲度假、会议展览、医疗保健等旅游，构建不同主题、特色、档次的多元旅游产品服务。澳门和广东合作，可以在珠江西岸连成一片以旅游商务为先导的现代服务产业群。

（三）构建中葡/中拉经贸服务平台

深圳前海的定位为深港合作，产业定位为现代服务业并以金融业为主导产业。如按照这种发展思路，横琴新区开发的定位应着重为珠澳合作，产业合作取向应主要发展现代服务业中的旅游业和商贸服务业。通过旅游合作，带动两地城市建设、口岸通关、交通运输、酒店餐饮、零售购物、旅游工艺品、纪念品制造以及与旅游相关产业链的延伸，通过商务合作，带动与商贸服务关连的会展业、物流业及其与贸易、金融相关的产业，达到两地资源互补、效益分享的共同发展目标。

为了促进澳门的商贸服务业发展，由国家商务部主导的中国—葡语国家经贸合作论坛（澳门）于 2003 年 10 月在澳门创立，论坛是由国家商务部发起并主办、澳门特别行政区政府承办，葡萄牙、巴西、安哥拉、佛得角、几内亚比绍、莫桑比克和东帝汶七个葡语国家共同参与，并以经贸促进与发展为主题的非政治性政府间多边经贸合作机制。论坛设立目的在于加强中国与葡语国家之间的经贸交流，发挥澳门联系中国与葡语国家的平台作用，促进中国内地、葡语国家和澳门的共同发展。

论坛自创立以来至 2016 年 10 月，已在澳门举行了五届部长级会议。历届论坛及部长会议虽然提高了澳门作为承办地区的知名度，但是，作为与论坛伴随而设的商贸平台服务却一直未见显著成效，未来澳门经贸服务平台的功能应该如何充实展开？受到各方关注。

2013 年 11 月，国务院副总理汪洋来澳门出席第四届中葡论坛并发表演讲。指出：中国和葡语国家拥有全球 15% 的经济总量和 23% 的人口，在资金、技术、资源、市场等方面各有所长，又都处于国际航运大动脉，具有便利的合作条件和巨大的合作潜力。未来应该共同推动四个方面的合作，包括：

1. 进一步扩大贸易规模。完善贸易促进政策，扩大市场准入，削减贸易壁垒，优化贸易结构，加强海关、检验检疫等领域的合作，力争 2016 年中国—葡语国家贸易额突破 1600 亿美元。中方支持举办更多的葡语国家商品展，为葡语国家企业开拓中国市场创造便利条件。

2. 进一步深化投资合作。加快商签投资保护、避免双重征税等协议，改善投资环境，完善投资促进政策，力争 2014～2016 年相互投资实现较快增长。中方鼓励有实力的企业到葡语国家投资，在用好用足中国—葡语国家合作发展基金的基础上，提供更多的融资便利。

3. 进一步拓展农业领域的合作。大多数葡语国家发展农业生产具有得天独厚的优势，中国在资金、技术、市场等方面具有优势，双方农业合作大有可为。中方鼓励企业到葡语国家开展全方位的农业开发合作，愿意继续为亚非葡语国家提供农业科研服务。

4. 进一步挖掘旅游合作的潜力。中国和葡语国家都有极为丰富的旅游资源。2012 年中国居民出境旅游超过 8000 万人次，预计今后 5 年出境旅游将超过 4 亿人次。中方鼓励中国公民到葡语国家旅游，支持企业开发更多的旅游线路和旅游产品，支持业界开展旅游项目投资、旅游推介等方面的合作。⑥

2015 年，广东省委书记胡春华到珠海调研时提出，要发挥好横琴自贸试验区作用和澳门自由港的优势，以广东省为依托和整体，以粤港澳大湾区为支撑，以横琴和澳门为核心载体，拓展广东省与葡语、西语国家的经贸交流与合作。⑦随后，珠海市提出：要以中拉经贸博览会、中拉企业交流互动平台、中拉电子商务产业基地为"三大载体"，加大力度、加强协调、加快打造中拉经贸合作平台。⑧广东省政府在 2016 年度政府工作报告中，有关高标准建设广东自贸试验区时提出："在对接国际高标准投资贸易规则体系上加大改革创新力度……推进'走出去'综合服务平台、葡/西语系经贸合作平台。"⑨

从国务院汪洋副总理提出的四个合作方向，以及广东省和珠海市政府提出的自贸区功能和定位中，已经清晰看到澳门和珠海可以在中葡和中拉商贸平台中发挥并提供的服务包括：举办葡语国家商品展、为企业到葡语国家投资提供融资、农业与农产品科研及开发、旅游合作及旅游项目投资。据此，澳门和横琴自贸区可以依据各自的优势，相应地就旅游、会议、展览、物流、贸易、融资、信贷以及人才培训展开系列的合作。

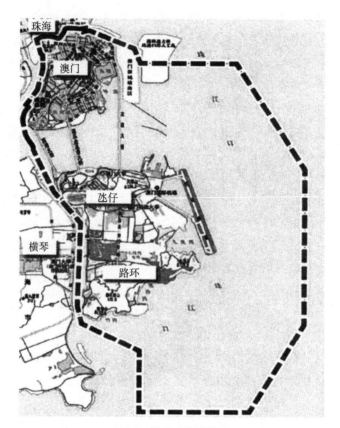

图 2　澳门水域示意

（四）乘海上丝路之势开拓海洋经济合作空间

自公元 1535 年，明朝政府将市舶司泊口（贸易港口）移至澳门为开端标志算起，澳门从海边小渔村转型为贸易转运港至今已超逾 480 年。历史上，澳门作为欧洲与中国、东南亚和日本海上贸易的转运港曾经兴盛了一个多世纪。事实上，无论从早期的小渔村、之后的贸易转运港到今日的自由港，澳门都是与海洋有着密切的关连。历史上，澳门就是一座因海而立的城市。当时，也是中国连结东南亚、印度洋直至欧洲大西洋海上丝绸之路的一个重要节点。

在国家提出"一带一路"对外合作发展倡议的大趋势之下，澳门真的可以继续发挥海上丝路节点的作用，依循世界旅游休闲中心发展方向拓展海上旅游。仅从陆地面积看，澳门地少人多确实受到有限空间的制约，但是，如果将视野转向海洋，澳门的空间将会扩展，并有可能再次借势向海而兴。

2013 年，珠海在制定旅游发展总体规划时，就提出了"滨海与海洋海岛旅游、商务休闲旅游目的地"的总体定位发展目标。其中包括了海岛度假、游艇海钓和邮轮旅游等系列项目。并提出方案以桂山岛为枢纽，开通连结香港、澳门以及万山群岛的海上航线，拓展海上旅游和海岛旅游。近年来，在邻近澳门的东澳岛和大、小万山岛上，已建成了一批精品酒店，为拓展海岛旅游奠定了基础。

2015 年，珠海进一步提出了构建环港澳蓝色产业带的设想，包括促进万山群岛成为海上丝路经贸合作重要节点；参照横琴自贸区政策建设国际自由贸易区；发展海洋服务业和高端商务休闲旅游业，重点发展海洋运输、物流仓储、海洋工程装备制造、海岛开发以及包括邮轮、游艇的海洋旅游。珠江口湾区的海域面积有 8000 多平方千米，其中，由珠海管辖的海域面积就达 6000 平方千米，而且万山群岛的多个岛屿周边水深条件很好，在此海域一带历来都是大型国际货轮的停泊区。

在澳门明确水域管理范围基础上，澳门应积极推动与广东和珠海的海洋经济合作，为澳门的旅游休闲中心建设拓展新的空间，同时带动珠海的海岛旅游和海岛开发。中期规划应积极部署参与海洋经济合作，包括珠江口湾区和粤港澳蓝色产业带建设，寻求新的经济增长点。从更宏远的目标看，澳门配合国家"一带一路"的发展倡议，可以沿着当年欧亚贸易海上航道，联结东南亚、印度、中亚、非洲直至欧洲沿岸港口城市，发挥自由港和独立关税区等优势作用，并从中推动"世界旅游休闲中心和中葡经贸服务平台"的建设。

---

① 全球人口密度第一城市为印度孟买，每平方千米约 36500 人。引自 *World Population Review*，2016 年。

② 黄就顺：《澳门地理》，澳门：澳门基金会，2009，第 56 页。

③ 吴志强编《上海世博会可持续规划设计》，北京：中国建筑工业出版社，2009，第 18~21 页。

④ 澳门特别行政区政府土地工务运输局：《优化路环旧市区可行性研究》，2009 年 4 月。

⑤ 澳门特别行政区政府土地工务运输局：《路环旧市区船人街西侧重整规划研究》，2012 年 6 月。

⑥《共创中国与葡语国家多赢合作的美好明天》，2013 年 11 月 5 日，中国商务部港澳台司网站，http://tga.mofcom.gov.cn/article/zt_zp4/lanmuone/201311/20131100401581.shtml。

⑦《专家论道广东深化与拉美国家经贸合作》，广东珠海：《珠海特区报》2015 年 9 月 9 日。

⑧《横琴拟打造中拉经贸合作"三大载体"》，广州：《南方日报》2015 年 11 月 2 日。

⑨《政府工作报告》，广东省第十二届人民代表大会第四次会议，2016 年 1 月 25 日。

作者简介：杨道匡，澳门特别行政区政府经济发展委员会委员、城市规划委员会委员，博士。

［责任编辑　刘泽生］

（本文原刊 2017 年第 3 期）

港珠澳大桥对珠江口城市群协调
发展的影响效应[*]

陈章喜

[提　要]　交通基础设施建设对地区经济和城市群协调发展具有深远的影响。港珠澳大桥是珠江口南部的重要跨海通道，其建成后极大地削减了珠江口对西岸地区的阻隔，提升香港、珠海、澳门之间的交通便利性，增强珠江口西岸地区城市的区位优势，促进城市融合和经济增长，推动珠江口城市群的协调发展，能满足日益增长的区域交通需求，改变珠三角地区的交通空间格局。本文从城市群协调发展的理论判断标准出发，对港珠澳大桥影响珠江口城市群协调发展的效应进行了分析。

[关键词]　港珠澳大桥　城市群　协调发展

一　导论

　　珠江口城市群是大珠三角城市群的重要组成部分，根据港珠澳大桥修建后的影响程度，珠江口城市群区域包括香港特别行政区、澳门特别行政区和深圳市、珠海市、东莞市、中山市、江门市、惠州市。珠江口城市群是中国扩大对外开放的重要国际门户、世界先进制造业和现代服务业的基

　　*　本研究得到广东产业发展与粤港澳台区域合作研究中心、暨南大学经纬粤港澳经济研究中心资助。

地。其中香港是国际金融中心、国际贸易中心、国际航运和物流中心、高增值服务中心，而澳门则是世界旅游休闲中心。港珠澳大桥的修建，使香港与珠海、澳门的交通便利性得到极大提升，削减了珠江口对西岸地区的阻隔，由此产生的"时空压缩效应"增强了珠江口西岸地区的区位优势，促进地区间的融合和区域一体化发展。因此，港珠澳大桥的修建，有利于珠江口西部城市引进外资、扩大对外贸易，进而融入世界市场、改善产业结构、提高产业竞争力，实现与珠江口东部城市的协调发展。

港珠澳大桥位于珠江口伶仃洋海域，是连接珠江口东岸和西岸的大型跨海工程，主桥工程已于 2009 年 12 月展开，计划用七年时间完成，是连接香港特别行政区、广东省珠海市和澳门特别行政区的大型跨海通道。港珠澳大桥设计为单 "Y" 型形态，采用桥隧组合，并在香港、澳门和珠海分别设置出入口。目前，港珠澳大桥作为世界上最长的以桥隧组合方式三线双程行车的跨海通道，由香港北大屿山海岸至珠江口西岸，全长约 50 千米。港珠澳大桥跨海通道的功能，主要是解决香港与内地及澳门三地之间的陆路客货运输要求，建立跨越粤、港、澳三地、连接珠江口东西两岸的陆路运输新通道，有利于推动三地经济的可持续发展。对珠江口城市群而言，港珠澳大桥的修建对于珠江口东、西部城市群的协调发展，将产生积极而又深远的影响。

理论界对港珠澳大桥影响效应的研究，主要体现在：港珠澳大桥对珠江口两岸经济发展的影响、港珠澳大桥建成后对珠江三角洲外向型经济的影响、港珠澳大桥兴建对大珠三角经济圈的影响、港珠澳大桥对城市社会治理的影响分析等方面，但港珠澳大桥对珠江口城市群协调发展的影响研究，理论界还未进行深入探讨。基于此，本文对港珠澳大桥建成后影响珠江口城市群协调发展问题展开分析，以便在政策的意义上，为珠江口城市群的协调发展提供思路。

从理论上看，城市间的经济活动，一定意义上是克服空间距离上的时间与经济消耗，与其他城市进行人流、物流、信息流等交换的过程，因而城市的发展离不开与其他城市的相互联系。城市间距离的远近在很大程度上决定了城市间经济与社会活动的速度与规模。随着交通基础设施的不断建设及新技术的广泛应用，城市间空间距离被压缩，区域经济空间结构得到重构，城市经济联系不断增强。在经济地理学的研究中，很早就采用时间距离逐渐替代传统的空间距离，分析新的交通运输方式对城市间经济联系的影响。因此，根据交通基础设施建设对城市发展影响的一般原理，分析港珠澳大桥这一重要跨海通道建设对珠江口东西两岸城市间经济联系强度的影响，进而对珠江口城市群协调发展的影响，具有重要的理论与实践意义。

二 现状描述

（一） 城市群协调发展的基本理论

1. 城市群协调发展的理论内涵。所谓"城市群协调发展"，在其实质意义上，是指城市群内部各单体城市之间的关系以及各单体城市与城市群整体之间的关系。城市群协调发展的科学内涵，可以概括为：在相互开放的条件下，以城市群内部要素流动与市场机制为基本动力，各城市逐渐形成日益密切的经济联系和发展互动，最终实现城市群整体和城市个体均衡、可持续发展的过程。[①] 从本质上观察，城市的经济联系程度从低级向高级不断发展是城市群协调发展的过程。在现代社会的背景下，城市是由规模效应和区位优势所形成的要素与产业聚集区。因此，城市之间以及城市与城市群整体之间关系的实质主要集中在生产要素的集聚与扩散的过程中，这种经济要素的不断流动与再组织形成了城市之间相互作用关系的实质。

2. 城市群协调发展的主要特征。1）过程性特征。城市群协调发展的过程性特征是指城市群协调发展本质上是一个过程，任何事物都要经过形成、发展及成熟的阶段，城市群的协调发展也不例外。因此，在理解城市群协调发展时要注意"过程性"特点，不应机械地就某一城市群在某一时点上是否处于协调发展状态进行判断，而应该更多地关注城市群发展的历程及未来趋势，将重点放在判断该区域城市群是否处在通往协调发展的正确轨道上。2）系统性特征。城市群协调发展是城市群内部各单体城市之间的关系以及单体城市与城市群整体之间的关系。因此，城市群协调发展中，既不能忽略单体城市而空洞地关注城市群，也不能专注于单体城市而忽视城市群的整体性利益。3）协同性特征。城市群协调发展的协同性特征，其最终意义在于既要有城市群整体发展的持续性，也要有单体城市之间发展的均衡性，同时促进城市群整体与单体城市的发展。

3. 城市群协调发展的理论判断标准。1）城市间经济的联系性。城市之间的经济联系往往通过中心城市的集聚与扩散作用来实现，中心与外围城市、中心与次中心城市紧密相连，形成一个以中心城市为纽带的群体。城市群内部各城市之间经济上紧密的联系性与依赖性是推动城市群发展的内部驱动力，也是城市群得以存在的逻辑基础。2）城市群内部发展的均衡性。城市群在形成、发展以及成熟的动态过程中，不可能始终保持经济发展水平的一致性。一般而言，在城市群形成之初，城市之间发展差异较大，在城市群的快速发展阶段，城市间差距会日趋缩小，最终实现城市群内部的均衡发展。3）城市群市场一体化程度。现实中，城市群内部各城市市区并不相邻且有一定间距，城市有其自然的行政边界，形成了要素流动的制度成本与时间成本。城市群内部统一的市场是城市群协调发展的物质载体与制度保障，在市场经济条件下，生产要素可以通过自由流动来形成区域内的统一市场，而城市群内部交易成本所造成的市场壁垒，使得城市群内部要素不能完全按照市场规律进行合理流动，最终影响到城市群的协调度。

（二）珠江口城市群发展状况

1. 基本现状。根据港珠澳大桥修建后对珠江口东西两岸城市的影响程度及地理方位，珠江口城市群东部区域包括香港特别行政区、深圳市、东莞市、惠州市，珠江口城市群西部区域中，包括澳门特别行政区、珠海市、中山市、江门市。2015 年，珠江口城市群东部区域香港本地生产总值（GDP）20120.98 亿元，人均 GDP 为 275415.22 元，深圳市 GDP 17502.99 亿元，人均 GDP 153820 元，东莞市 GDP 6275.06 亿元，人均 GDP 76024 元，惠州市 GDP 3140.03 亿元，人均 GDP 66029 元。珠江口城市群西部区域中，澳门本地生产总值为 2998.26 亿元，人均 GDP 467419.28 元，珠海市 GDP 2024.98 亿元，人均 GDP 123920 元，中山市 GDP 3010.03 亿元，人均 GDP 93782 元，江门市 GDP 2240.02 亿元，人均 GDP 49563 元。由此观之，珠江口城市群东、西部城市从 GDP 总量、人均 GDP 方面均呈现明显差异（表 1）。

表 1 珠江口城市群发展状况（2014~2015 年）

	年份	香港	深圳	东莞	惠州	澳门	珠海	中山	江门
GDP（亿元）	2014	17810.00	16001.98	5881.18	3000.70	3442.22	1857.30	2823.30	2082.76
	2015	20120.98	17502.99	6275.06	3140.03	2998.26	2024.98	3010.03	2240.02
人均 GDP（元）	2014	245994.47	150551.61	70716.16	63843.32	554043.00	116789.29	88953.65	46308.25
	2015	275415.22	153820.00	76024.00	66029.00	467419.28	123920.00	93782.00	49563.00

资料来源：根据有关统计资料计算整理，港币、澳门币与人民币汇率按 2014 年 12 月 31 日、2015 年 12 月 31 日汇率计算。

由表1可知，尽管自 2015 年以来，珠江口城市群的内地城市深圳市、东莞市、惠州市、珠海市、中山市、江门市在创新驱动、加快发展的精神指引下，经济发展速度加快，经济效益明显，珠江口城市群东部区域的香港努力排除经济发展中的困难，发挥发展现代服务业的优势，与 2014 年相比，也取得了一定的发展成就，不过，从 GDP 总量、人均 GDP 方面来看，珠江口城市群东、西部城市发展仍然呈现 2014 年以来的差异状态。

2. 现状特征。根据城市群协调发展的理论判断标准及已有的研究，珠江口城市群协调发展的现状特征，主要表现在以下几方面。1）城市间经济联系性方面。珠江口城市群内部联系度在香港、澳门回归之后提高快速且明显，长期保持在较高水平之上。研究表明，珠江口城市群内部各城市的经济增长始终具有正向相互促进作用，城市间经济依存性始终存在。珠江口城市群经济联系度在 1991 年起处于较低水平，经过长时间发展后，珠江口城市群经济联系度稳定在较高值，这种经济上紧密的联系性与依存性成为珠江口城市群长期发展的内在动力源。但是，珠江口城市群内部联系度由于交通基础设施建设滞后及香港、澳门城市扩散作用的不均衡，导致珠江口城市群经济联系度未能达到理想状态。2）城市群内部发展的均衡性方面。珠江口城市群均衡度从最初的极不均衡向比较均衡转变，城市群内部经济发展水平均衡性稳步提高，显示珠江口城市群将向较成熟发展阶段迈进。但是，珠江口西岸城市的扩散带动作用有限，极化效应比较明显。如澳门人均 GDP 从 2005 起经历了快速上升，到 2015 年该城市人均 GDP 是香港的 1.7 倍多，深圳的 3 倍多，珠海的近 4 倍，是近年来珠江口城市群中增长速度最快的城市。然而澳门经济总量小，其快速经济增长与极化效应并没有带动起珠海及珠江西岸其他城市的发展，澳门产业结构以博彩旅游业为主体，导致其作为中心城市的扩散带动作用有限。3）城市群市场一体化程度方面。相关研究显示，珠江口城市群市场化程度较为充分，市场一体化程度较高，珠江口城市群内部市场一体化程度在 2001 年中国加入 WTO 之后，市场一体化程度持续走高，并稳定在较高水平，市场一体化程度在中国范围内处于领先的地位。但是，香港、澳门是"一国两制"体制下中国的特别行政区，珠江口城市群的香港、澳门两城市与内地城市的合作面临着巨大的行政性障碍，为珠江口城市群市场一体化进程带来极大难度，表现在通关成本较高，通关便利化受限，各种要素尤其是劳动力要素流动受限、金融市场与货币市场的交易成本较高。[②]

三　理论思考

（一）理论基础

城市群协调发展的理论基础是经济一体化理论。1954 年，丁伯根（Tinbergen）首先提出经济一体化的定义，并将经济一体化分为消极一体化和积极一体化，认为消除歧视和管制制度，引入经济变量自由化是消极一体化，而运用强制的力量改造现状，建立新的自由化政策和制度是积极一体化；1950 年，美国经济学家雅各布·维纳（Jacob Viner）在《关税同盟问题》一书中提出关税同盟理论，即完全取消各参与国间的关税，对来自非成员国或地区的进口设置统一的关税，认为关税同盟会产生贸易创造和贸易转移的动态效应以及规模经济、竞争、投资等动态效应，并从生产角度，运用定量分析方法说明贸易创造引起一体化成员国福利的增加，而贸易转移会引起福利的减少。随着国际区域经济一体化的发展，一些学者运用经济学的理论及模型对区域经济一体化的相关理论进行丰富和完善，如引入制度经济学对区域经济一体化效应进行分析。1966 年，奥尔森和佐克豪斯（Olson and Zexhhauser）提出国际贸易和货币同盟制度类似俱乐部，通过这种体制，俱乐部成员可以分享排他性的公共产品的利益。1982 年，福莱希尼和帕特森提出俱乐部模型，认为每个俱乐部的成员都期待净收益最大化，这些净收益不同于单个收益和单个成本，俱乐部的产出在不同的国际经济组织中是变化的。1980 年代以后，一些学者开始研究区域经济一体化对成员国以及成员国相互之间经济增长的关系，以及不同模式的区域经济一体化对该国经济增长的影响。

（二）影响机理

1. 对城市间经济联系的影响。1）推动珠江口城市间的产业深度合作。一般而言，对区域经济发展促进作用的驱动元素，来源于要素流动成本的低廉，城市间要素的流动是实现城市间资源优化配置的重要途径。港珠澳大桥的修建，使珠江口城市间集聚阻力不断削弱，有利于珠江口城市群区域产业重新分工与布局，特别有利于加强香港金融产业、物流产业、旅游产业、专业服务产业及澳门旅游休闲产业与珠江口其他城市现代服务产业的合作。基于要素的集聚和优化配置，珠江口城市群区域产业发展会产生新的格局和分异，促进珠江口城市群区域产业转型升级与协调发展。基于专业分工的互补发展理论，珠江口城市群区域要素将根据自身条件优化其组合，从而实现资源和要素效益的最大化，带动产业的共同发展。③2）强化香港与珠江口其他城市的经济联系。据通过"引资距离弹性"测算，珠江三角洲城市与香港的距离每减少1%，制造业、服务业中的外资投入金额分别增加0.12%~0.17%，初步估算，港珠澳大桥的开通，珠江口西岸各城市可增加600亿~1000亿元人民币的GDP，而根据国外学者对英吉利海峡通道的研究表明，其投入产出率将达到1：2。港珠澳大桥的建设使得香港对外辐射的区域从过去的向北向东，进一步扩展到向西方向的延伸，珠江口西岸的人流、物流和信息流将流向香港地区，香港在现代服务业等方面的优势将进一步加强，从而强化地区"核心与边缘"的空间结构，香港经济的外溢效应会不断强化。3）推动珠江口城市间形成旅游休闲区。香港、澳门是世界旅游休闲中心，港珠澳大桥的建设将为珠江口东西两岸旅游资源和旅游产品的开发提供巨大的便利和契机。④港珠澳大桥香港起始点与同在大屿山的迪士尼乐园邻近，港珠澳大桥通行后，"迪士尼乐园—澳门博彩与世遗城区—横琴长隆海洋度假区"可形成新的旅游线路。深层次观察，在港珠澳大桥推动珠江口城市间旅游资源流动的背景下，香港的旅游业可以为珠海和澳门等西岸城市旅游带动巨大的人流，而西岸城市则可以充分利用自身的自然、人文和历史旅游资源，形成与香港紧密联系的旅游路线和产品，更进一步推动商业、住宿、文化、餐饮、娱乐等相关产业的发展和繁荣。

2. 对城市群内部发展均衡性的影响。1）促进珠江口城市群空间布局的优化。港珠澳大桥的时空压缩效应使得珠海、澳门与香港的交通便利性得到极大提升，增强了珠江口西岸地区的区位优势，促进了地区间融合和区域经济的一体化发展。区位优势的提升将大大刺激珠江口西岸地区经济的潜能，特别是横琴自由贸易区将更加显示其区位和政策优势。同时，港珠澳大桥的建设有利于缩短地区间的经济差异，促进区域经济发展的协调，提升了珠江口西岸的资源优势，西岸地区相对丰富的土地资源优势将得到体现。⑤2）推动珠江口城市群共建"优质生活圈"。粤港澳《共建优质生活圈专项规划》为珠江口城市群发展指明了方向，"优质生活圈"是珠江口城市群基建、交通网络发展以及政府施政的最终目标，港珠澳大桥的建设，推动珠江口城市群交通基础设施的完善，为"优质生活圈"的形成奠定了条件。由于香港与珠海等西岸城市地价的差异，港珠澳大桥的建设，还可能形成类似于国外的"卧室小区"模式，即在香港工作，而在珠海等西岸地区居住的工作和生活方式。3）推动珠江口城市群机场、港口的协调均衡发展。改革开放以来，珠江口东岸城市凭借与香港相邻的区位优势，加大机场、港口设施建设，承接了通过香港进入珠江口东岸外资及香港本地的大量投资和产业转移，珠江口东岸的进出口贸易和加工产业迅速发展，东岸地区便利的机场、港口交通基础设施对经济的腾飞起到了重要作用。而珠江西岸的经济发展相对滞后，由于珠江口的天然阻隔和跨海通道的缺失，使得香港对西岸的辐射能力明显不足，澳门经济的总体实力与香港仍有一定差距，东西两岸发展严重失衡。港珠澳大桥的修建削减了珠江口对西岸地区的阻隔，推动珠江口西岸机场、港口的利用与建设，发挥机场、港口在促进珠江口西岸城市与东岸城市发展均衡中的作用。

3. 对城市群市场一体化的影响。1）推进粤港澳大湾区的建设。湾区是由一个海湾或相连若干个海湾、港湾、邻近岛屿共同组成的区域。目前，世界上最发达的区域往往集中在湾区周边，如纽约湾区、旧金山湾区、东京湾区等。2016 年 3 月，国务院《关于深化泛珠三角区域合作的指导意见》中提出，泛珠区域合作上升为国家战略，广州、深圳携手港澳，共同打造粤港澳大湾区，建设世界级城市群。港珠澳大桥的修建，使珠江口城市群在紧密联系的基础上推行组团式发展，带动粤港澳大湾区的发展步伐及大湾区经济的一体化。2）优化珠江口城市群的交通网络。交通基础设施建设是改变时间距离、提高区际贸易自由度的过程，人际、物质、信息交流通过基础设施而进行。对经济一体化而言，区际物质与信息交流离不开人际交流，快速便捷的交通设施与通讯设施是经济一体化的首要前提。⑥港珠澳大桥的修建，使得珠江两岸地区的运输不用再绕道虎门大桥而变得直接迅速，对于中山、江门的集装箱运输而言，大桥的修建使得中山和江门与香港集装箱港口的物理距离大大缩短，中山、江门的集装箱在选择距离较近的南沙港基础上，还可以选择直接通过香港输往国外。香港作为国际航运中心，其港口高频率、广范围的航运服务优势将更加凸显，与香港连接便利性的增加将大大增加香港港口腹地范围，从而促进珠江口东西岸地区经济的一体化发展，进一步提升香港作为国际航运中心的功能，实现区域经济发展效益的最大化。3）促进粤港澳三地通关政策的优化。大量的实践活动证明，消除区域分割，取消一切不利于市场一体化的各类制度和政策障碍，降低交易成本能够促进经济增长率提高，改善居民福利水平。香港、澳门开埠以来，粤港澳三地由于地缘因素及关境的存在，人员、货物的通关一直高度依赖粤港、粤澳之间的口岸合作。内地实行改革开放政策后，粤港、粤澳之间的通关需求急剧上升，面对增大的通关压力，粤港、粤澳之间就口岸规划、建设与管理等一系列问题，以签订协议、会晤和联络等方式，建立了长期的合作关系。港珠澳大桥的修建必将对现行的通关制度造成影响，提高区际贸易自由度，促进区域经济一体化发展。

四 实证考察

（一）国际经验

1. 世界跨海通道（大桥）国家分布（不含中国）。从国家分布来看，现有的跨海通道（大桥）多数在发达国家。如日本、美国等国，特别是日本，独占 18 座，高居榜首，且创造了多项纪录。

表 2 世界跨海通道（大桥）国家分布情况（不含中国）

国家	日本	美国	丹麦	韩国	马来西亚	印度尼西亚	土耳其	挪威	科威特	葡萄牙	其他	总计
数量（座）	18	8	6	4	4	3	3	3	2	2	14	67
比例（%）	26.87	11.94	8.95	5.97	5.97	4.48	4.48	4.48	2.98	2.98	20.90	100

如世界最大跨度的悬索桥（明石海峡大桥）和斜拉桥（多多罗大桥），均在日本。欧洲的丹麦，由于岛国独特的地理特征及经济发展的需要，在20世纪步入了桥梁大国的行列。此外，拥有海峡、海湾、海岛较多的一些国家，跨海大桥建设也走在了世界前列，如挪威等。土耳其由于地处亚欧两大洲之间，从20世纪70年代开始也进行跨海大桥建设，目前已有两座洲际大桥建成通车，将亚欧大陆的交通联成一体，[⑦]世界跨海通道（大桥）国家分布如表2所示。

2. 经验启示

（1）对城市间经济联系的效应。跨海通道建设地区往往集结了包含机场、港口、铁路、高速公路等多种交通运输形式，成为交通集疏运的核心结点，形成了链接区域甚至国家的高等基础设施网络，城市间经济联系不断加强。交通运输基础设施的建设将产生邻接优势，引起区域空间不平衡基础上的物质能量的频繁交换，从而形成产业带和发展的联系轴线。跨海信道作为工程量巨大的交通走廊因其重要性更易成为国家和国际的经济发展轴，如厄勒海峡通道的建成，连接了欧洲大陆和南斯堪的纳维亚（Scandinavian）地区，在欧洲大陆中心之外形成了向北欧和东欧发展的不可忽视的一条经济轴。由于跨海通道连接的是位于两个区域边界的城市，通过通道连接改变了城市传统的边缘交通区位，部分地区通过此纽带吸引投资成为核心城市，提升了城市在区域网络中的地位。哥本哈根在 1947 年提出了著名的"指状规划"，五根手指分别指向哥本哈根的北、西、南，而瑞典位于其东面，从 1995 年厄勒通道确定建设开始，向东发展对接瑞典改变了哥本哈根原有规划中对东面地区交通联系的忽视，加强了城市间的经济联系。

（2）对城市群内部发展均衡性的效应。海峡地区的城市，其发展空间往往受到天堑的限制呈现沿海岸线发展的趋势，跨海通道的建成使城市空间由沿海发展走向了跨海发展，均衡性效应明显。日本东京湾跨海通道将东京以西的神奈川和东面的千叶县连接在一起，向西、向东拓展了东京都市圈的辐射半径和腹地空间，形成了超过 2000 万人口的东京都市圈。由于跨海通道建设或者后续一系列基础设施建设的场站（客货运站点）通常会选择在城市的新城区，通道建设使城市新城地区由于投资和新交通集散结点的形成而迅速成长。里尔（Lille）作为距离英吉利海峡通道最近的法国中心城市（距离为 100 公里），由法国中央政府和地方政府出资，联合私人资本，致力于在里尔西北部打造新的城市中心，接纳和疏散由跨海通道带来的国际国内交通流。法国在里尔投资建设了高速列车系统（TGV，train à grande vitesse）及专门连接国内各中心城市的火车系统和国内转乘的航空镇，使里尔成为法国北部最大的中心城市和通往欧洲东部大陆的门户，其西北部新区以及周边的小镇由于通道建设带来的效应成为活跃的新兴城市。

（3）对城市群市场一体化的效应。跨海通道对于提高运输能力、降低交通成本的作用极为明显。特别是依赖陆运或海运输出的产业，通过交通成本降低带来的优势扩大其市场范围，对城市群市场的一体化产生刺激效应。据统计，在厄勒海峡通道地区的 350 家丹麦企业和 300 家瑞典企业中，56% 的企业具有跨国贸易，在厄勒海峡通道建成后，奔驰公司将在瑞典首都斯德哥尔摩的公司总部，迁移到了厄勒地区的马尔默市，其在丹麦的总部接近哥本哈根地区，奔驰公司通过总部的区位邻近能够使两个总部保持更多的研究和市场合作，并通过跨海通道掌控整个北欧地区并向欧洲大陆延伸其市场范围。

（二）文献研究

1. 城市间经济的联系性。根据已有的研究，港珠澳大桥开通前（经虎门大桥），珠江口经济联系强度为 16803.19 万经济度（亿元·万人/平方千米），其中珠江口东岸地区经济联系强度总量占77.69%，珠江口西岸地区占22.31%，珠江口东岸地区是经济联系强度分布的主要地区。深圳和香港由于经济发展较快，人口基数较大，对外经济联系强度远高于区域内其他城市，经济联系隶属度分别为33.06%、21.85%，是区域经济联系的主要方向。在经济地理学中，根据研究目的和所选择权重的差异，通常用引力模型来预测城市间经济联系的强度。经济联系强度表明不同城市间经济社会联系程度和规模大小，既能反映经济中心城市对周围地区的辐射能力，还能反映周围地区对经济中心辐射能力接受程度。⑧港珠澳大桥开通后，经济联系强度总值为25124.74万经济度，提高了49.52%，其中珠江口东岸地区依然是经济联系强度分布主要地区，占区域经济联系总值的75.19%。深圳和香港对外经济联系强度总量较高，经济联系隶属度分别为31.97%、21.20%，⑨仍然是区域经济联系的主体方向（表3）。

表3 港珠澳大桥开通后各城市经济联系强度

	香港	深圳	东莞	惠州	澳门	珠海	中山	江门
经济联系强度	5325.69	8031.40	3870.52	1663.75	1568.23	1586.38	1734.69	1344.08
经济联系隶属度（%）	21.20	31.97	15.41	6.62	6.24	6.31	6.90	5.35

2. 城市群内部经济发展的均衡性。港珠澳大桥的建成，将推动珠江口城市经济联系空间结构的变化，改变区域经济联系的方向，促进区域经济发展的均衡化。已有的研究表明：珠江口区域城市群各城市对外经济联系主要分布在珠江口东岸地区，形成以深圳、香港为核心，以东莞、深圳、香港为轴线的高经济联系走廊，其内部各城市间经济联系强度较高，而对外经济联系强度则较低。港珠澳大桥开通后，区域经济联系格局发生明显变化，珠江口东西两岸城市与对岸城市的经济联系强度均有所提升，港珠澳大桥联通的香港、澳门、珠海与对岸城市的经济联系强度提升程度最高，分别提升188.80%、233.56%、146.21%（表4）；与港珠澳大桥有良好交通连接的城市深圳、惠州、中山等，与对岸城市经济联系提升效果次之。从港珠澳大桥对经济联系强度的变化率来看，与港珠澳大桥直接联系的城市经济联系强度提升最高，包括澳门、香港、深圳、珠海和中山等，而与跨海通道有便捷交通联系的城市也具有显著提升，外围地区则提升效果较弱。珠江口东岸与西岸城市经济联系由弱变强，特别是香港与珠海、澳门，深圳与中山、江门经济联系强度增加。⑩

表4 港珠澳大桥开通后各城市与对岸城市经济联系强度变化

	香港	深圳	东莞	惠州	澳门	珠海	中山	江门
变化值	500.93	463.00	218.58	57.10	386.51	310.51	322.66	219.93
变化率（%）	188.80	79.97	42.11	53.10	233.56	146.21	51.02	47.75

3. 城市群市场的一体化。相关研究显示：通过对珠江口区域经济联系强度分形指数的计算，得出港珠澳大桥开通前（经虎门大桥）的分形指数为 0.965，港珠澳大桥开通后的分形指数为 1.072。分形指数不断增加，表明港珠澳大桥的开通，极大削弱了珠江口和伶仃洋对城市对外交通的分割作用，促进区域经济联系强度分布更加均衡，提升东西两岸间的交通便利性，有利于珠江口两岸城市的发展趋向多极化，从而推动珠江口城市群一体化发展及整体经济水平提高。[⑪]有关理论也表明，特定区域内经济联系强度等级分布可以用分形理论进行解释。分形指数变小表示经济联系强度分布差异程度较大，经济联系强度接收量最大的城市接收的经济辐射量太大，不利于区域整体经济水平的提高；分形指数变大表示经济联系强度分布区域均衡，有利于城市群向多极化发展和区域整体经济水平的提高。港珠澳大桥开通后，加权平均旅行时间提升地区主要分布在珠江口西岸的澳门、珠海、中山和江门，其中在澳门、珠海和江门南部沿海提升效果最高，加权平均旅行时间最多减少 1.34 小时。香港成为可达性总值提升最高的城市，从港珠澳大桥开通前的 11.128 小时减少到 8.547 小时，提升 2.581 小时；大桥西端的澳门和珠海提升也较大，分别提升了 1.535 小时和 1.259 小时。港珠澳大桥缩短两岸间通行时间，提升珠江口两岸的交通可达性明显，具有显著区域效应。同时与跨海通道直接联通的城市可达性提升最高（如香港、深圳、中山、珠海、澳门），而周边与跨海通道有便捷交通连接的城市（如江门），可达性有较大的提升（表5）。

表5 港珠澳大桥开通前后珠江口两岸各城市可达性

	香港	深圳	东莞	惠州	澳门	珠海	中山	江门
港珠澳大桥开通后（小时）	8.547	6.961	7.318	9.892	6.674	6.752	6.682	7.832
港珠澳大桥开通前（小时）	11.128	7.657	7.318	9.902	8.209	8.011	6.900	8.108

五 政策建议

大型交通基础设施建设如高速公路、高速铁路、跨海通道等，使自然条件、空间相对距离发生显著的变化，各国政府都非常重视交通基础设施的建设和改善。对港珠澳大桥跨海通道建设的研究表明，国家的区域空间格局和社会经济发展已经越来越受到大型交通基础设施而非自然资源禀赋限制的影响。越是经济发达的地区，其交通网络联系越通畅；反之亦然。对国内相关地区（如渤海跨海通道地区）而言，加强跨海通道的可行性论证与具体实施，是国内相关地区经济协调发展的重大战略选择。当前，技术水平、建设条件本身以及运输业发展已经不再是交通基础设施建设的主题，由建设带来的区域社会经济效应成为其关注的重点。港珠澳大桥这一跨海通道的建设，大大提升了珠江口西岸乃至粤西的区位优势，使得珠江口东西两岸交通便利性极大提升，改变珠江口区域的交通格局，改善地区物流网络格局，促进地区产业发展，产生巨大的经济和社会效益，推动珠江口城市群的协调发展。

（一）加强珠江口城市群城市间经济的联系性。1）推动珠江口城市群政府合作的制度创新。在珠江口城市群城市间经济联系中，粤港澳三地的有关产业合作、居民生活、社会管理以及居民互相来往通勤等问题，包括居住、上学、就业、医疗等，存在着一系列新问题需要探讨。随着合作领域的进一步扩展，粤港澳三地政府需要开拓和创新，就多元合作的若干事项达成共识。2）推动粤港澳大湾区建设的技术创新。相关经验显示，国际海洋经济湾区以渔业为代表的第一产业已占很小比例；在发展海洋经济第二产业方面，各湾区都毫无例外地把科技创新作为重中之重，海洋新能源、深海探测、海洋生物医药等科技含量高、资源占用少、环境影响小的海洋战略新兴产业已经成为国际海洋经济湾区发展的重点，这些经验值得借鉴。

（二）协调珠江口城市群内部的均衡发展。1）制定完善珠江口城市群协调发展规划。政府对城市群协调发展的作用，主要表现在城市群发展规划的制定与实施，以及对城市群发展的管理与监督。为此，应制定合理、可实施的珠江口城市群发展规划，制定相关促进规划执行的法律法规，使规划在实际操作过程中对各城市主体与市场主体产生约束作用，突出规划的法律地位。应设立珠江口城市群发展协调机构。借鉴大多数发达国家设置区域及城市群行政性协调机构的经验，依据中国国情和相应区域的区情，设立具有常务性和权威性的城市群发展协调机构，成为各项规划的执行主体、管理主体与责任主体。2）充分发挥香港、澳门在珠江口城市群协调发展中的功能。发挥香港对珠江口城市群的整体带动作用，珠江口各城市要主动承接香港的资本、技术密集型产业转移，由低技术和劳动密集型的"前店后厂"模式向新经济和信息时代的"世界工厂"和"亚洲商贸平台"转型。充分发挥澳门对珠江口西岸城市群的带动作用，尽力拓展澳门的发展空间，积极参与南沙、横琴等自由贸易园区开发，为澳门产业的多元化发展及珠澳合作提供更广阔的平台。

（三）推动珠江口城市群市场一体化进程。1）加强珠江口城市群通关便利化建设。生产要素在区域之间的自由流动，实现区域之间的合理分工、达到资源优化配置的区域经济一体化目标，需要通关便利化的改革。口岸设置和海关、边防的验放模式将直接影响港珠澳大桥人流、物流的流量通畅，流量的通畅则对珠江口西岸城市的发展有重要影响。建议国家有关部门联同粤港澳三地政府，就港珠澳大桥及口岸的设置与通关管理加强研究，谋划部署，形成新思维，在通关模式上进行制度创新。2）加强珠江口城市群市场体系的建设。在市场经济条件下，市场机制通过"无形的手"自发调节资源分配和商品供求，通过平均利润调节资本在各生产部门的分布，要保证各种生产要素通过市场自由流动，就必须有发育完善的市场体系和统一市场作基础，推动珠江口城市群市场一体化进程，应以要素市场一体化为纽带，促进产品市场的一体化。城市群内部各城市应从人流、物流、技术流、信息流及货币流的角度出发来加强各城市之间的联系度，促进劳动力市场、技术市场、信息市场与金融市场一体化的实现，保证要素充分合理流动与要素统一市场的形成。

①程玉鸿、李克桐：《"大珠三角"城市群协调发展实证测度及阶段划分》，长春：《工业技术经济》2014 年第 4 期。

②杨道匡：《围绕港珠澳大桥建成通行的三点思考》，北京：《城市规划》2014 年增刊第 1 期。

③吴旗韬、张虹鸥、苏泳娴等：《港珠澳大桥对珠江口两岸经济发展的影响》，北京：《海洋开发与管理》2013 年第 6 期。

④陈章喜：《世界旅游休闲中心模式比较与澳门的选择》，澳门：《澳门理工学报》2015 年第 4 期。

⑤陈章喜、稂欣：《澳门房地产业：经济地位、香港元素与产业合作》，广州：《产经评论》2015 年第 3 期。

⑥安虎森、李瑞林：《区域经济一体化效应和实现途径》，长沙：《湖南社会科学》

2007 年第 5 期。

⑦刘良忠、柳新华：《海洋强国战略与跨海通道建设》，北京：经济科学出版社，2013。

⑧孙海燕、陆大道、孙峰华等：《渤海海峡跨海通道建设对山东半岛、辽东半岛城市经济联系的影响研究》，长春：《地理科学》2014 年第 2 期。

⑨吴旗韬、樊杰、张虹鸥等：《跨海通道空间效益模型：以珠江口跨海通道为例》，北京：《地理研究》2015 年第 11 期。

⑩孙东琪、陆大道、孙峰华等：《国外跨海通道建设的空间社会经济效应》，北京：《地理研究》2013 年第 12 期。

⑪杜小军、柳新华、刘良忠等：《渤海海峡跨海通道对环渤海区域经济一体化发展的影响分析》，合肥：《华东经济管理》2010 年第 1 期。

作者简介：陈章喜，暨南大学特区港澳经济研究所教授，广东产业发展与粤港澳台区域合作研究中心、暨南大学经纬粤港澳经济研究中心研究员。

[责任编辑　刘泽生]

（本文原刊 2017 年第 3 期）

主持人语

刘泽生

今年 7 月 1 日，庆祝香港回归祖国二十周年大会暨香港特别行政区第五届政府就职典礼在香港会展中心隆重举行。习近平主席出席并发表了重要讲话。习主席强调指出，"一国两制"是中国的一个伟大创举，是中国为国际社会解决类似问题提供的一个新思路新方案，是中华民族为世界和平与发展作出的新贡献。

在回顾香港回归二十年历程的基础上，习主席阐述了"一国两制"内涵的法理与逻辑，指出作为一项前无古人的开创性事业，"一国两制"需要在实践中不断探索。在香港落实"一国两制"必须把握好四个"始终"：一是始终准确把握"一国"和"两制"的关系。"一国"是根，根深才能叶茂；"一国"是本，本固才能枝荣。必须牢固树立"一国"意识，坚守"一国"原则。要把坚持"一国"原则和尊重"两制"差异、维护中央权力和保障香港特别行政区高度自治权、发挥祖国内地坚强后盾作用和提高香港自身竞争力有机结合起来，任何时候都不能偏废。二是始终依照宪法和基本法办事。要把中央依法行使权力和特别行政区履行主体责任有机结合起来，要完善与基本法实施相关的制度和机制，要加强香港社会特别是公职人员和青少年的宪法和基本法宣传教育。三是始终聚焦发展这个第一要务。发展是永恒的主题，是香港的立身之本，也是解决香港各种问题的金钥匙。这些年国家的持续快速发展为香港发展提供了难得的机遇、不竭动力、广阔空间。香港要珍惜机遇、抓住机遇，把主要精力集中到搞建设、谋发展上来。四是始终维护和谐稳定的社会环境。凡事都着眼大局，理性沟通，凝聚共识，才能逐步解决问题。香港虽有不错的家底，但在全球经济格局深度调整、国际竞争日趋激烈的背景下，也面临很大的挑战，经不起折腾，经不起内耗。只有团结起来、和衷共济，才能把香港这个共同家园建设好。

习主席在讲话中对新一届的特别行政区政府寄予厚望，希望特区政府广泛团结社会各界，全面准确贯彻"一国两制"方针，坚守"一国"之本，善用"两制"之利，扎扎实实做好各项工作——要与时俱进、积极作为，不断提高政府管治水平；要凝神聚力、发挥所长，开辟香港经济发展新天地；要以人为本、纾困解难，着力解决市民关注的经济民生方面的突出问题，切实提高民众获得感和幸福感；要注重教育、加强引导，着力加强对青少年的爱国主义教育，关心、支持、帮助青少年健康成长。

二十年前的 7 月 1 日，香港回到了祖国的怀抱，洗刷了民族的百年耻辱，完成了实现祖国完全统一的重要一步。香港回归二十年的实践充分证明，"一国两制"是历史遗留的香港问题的最佳解决方案，也是香港回归后保持长期繁荣稳定的最佳制度安排。"一国两制"在香港的实践一定能够再谱新篇章，香港也一定能够再创新辉煌。

在此香港回归二十周年之际，本刊"港澳研究"栏目特别推出了两期香港专题。此前在第二期已经刊发了齐鹏飞《香港回归 20 年"一国两制"实践的历史经验与现实启示》、戴金平和蔡赤萌《中国开放战略转型与香港经济转型的动态关联》的大作（编者注：中国人民大学书报资料中心《台港澳研究》2017 年第 3、4 期已先后全文转载），本期再推出骆伟建《全国人大常委会释法与特区法治》及白小瑜《香港本土主义的异化及其因应》两篇专题论文，希望对"一国两制"未来新的探索、深化相关课题的研究及加强读者对香港问题的理解有所裨益，也是本刊对香港回归二十周年的一份小小献礼。

全国人大常委会释法与特区法治

骆伟建

[提 要] 特别行政区基本法是特区法律制度的组成部分，全国人大常委会依据基本法行使解释权体现了遵守和执行基本法，维护特区法律制度规范性文件之间的和谐性，确立基本法权威性的法治要求。全国人大常委会的解释是明确了基本法规定的"依法宣誓"的含义，既没有改变基本法规定的内容，也没有越界解释和修改特区的法律。基本法的解释制度将解释权与审判权分属全国人大常委会和特区法院，各自依据基本法规定行使职权，互不否定、互不干涉、互不取代。所以，全国人大常委会解释基本法不存在破坏特区法治、破坏特区立法和破坏特区司法独立的问题。

[关键词] 基本法 人大释法 法治 司法独立

2016 年 11 月 7 日，全国人民代表大会常务委员会（以下简称"全国人大常委会"）通过了《全国人民代表大会常务委员会关于〈中华人民共和国香港特别行政区基本法〉第一百零四条的解释》，引起了香港一部分法律专业人士的质疑和反对，认为全国人大常委会释法破坏了特区的法治；破坏了特区的立法；破坏了特区司法独立。对于这三项指责能否成立，有必要进行法理和事实的分析，纠正一些偏见和不合法理的观点，为基本法解释制度的正常运作排除不必要的干扰。

一 全国人大常委会释法与法治的关系

全国人大常委会释法是特区法治的有机组成部分，不仅没有损害特区的法治，而且是在维护以基本法为基础的特区法治。法治的核心就是服从法律的权威，对公权力机关而言，就是要依法行使权力，法无授权不能为，法有授权也不能乱作为，这是法治的两个最基本的要求。

亚里士多德认为："法治应包含两重含义：已成立的法律获得普遍的服从，而大家服从的法律又应该是良好的法律。"①《牛津法律大辞典》将法治表述为："它是指所有的机构，包括立法、行政、司法及其他机构都要遵守某些原则。上述原则一般被视是法律特性的表达，如正义的基本原则、道德原则、公正和正当程序的观念。"②即国家公权力机关要服从良好的法律原则。所以，法治包括两个含义：第一，法律要得到普遍的遵守，国家机关、社会团体和个人要服从法律的权威。第二，被遵守和服从的法律要体现公正性。

法治是治理国家的一项原则，法治的实施需要法律制度为载体，因为依法治国需要有法可依，没有法律不可能做到法治，所以，法治离不开法制，需要有一个完备的法律体系，即法律制度。《牛津法律大辞典》将法律制度定义为："从理论上讲，该术语是指某主权或由基本规范直接或间接赋予的权力行使者直接或间接地为社会而制定的所有法律的总和。其是一个国家或某社会的全部法律。"③

特别行政区的法治同样要体现法律的权威性和公正性，以及通过法律制度保障法治的实施。在界定特别行政区法治时必须回应两个基本问题。第一，特别行政区的法律制度是由哪些法律规范性文件构成的。第二，构成特别行政区法律制度之一的基本法是否具备公正性。

1. 基本法是特区法律制度的基础

法律制度是由不同位价，不同种类的法律规范性文件构成的。那么，特别行政区法律制度是由哪些规范性文件构成？《中华人民共和国香港特别行政区基本法》（以下简称《基本法》）第十八条明确规定："在香港特别行政区实行的法律为本法以及本法第八条规定的香港原有法律和香港特别行政区立法机关制定的法律。"据此，特区的法律制度由三个方面构成。第一是《基本法》和适用特区的全国性法律。第二是特区立法机关制定的法律。第三是香港原有法律被采用为特区的法律。所以，《基本法》作为法律规范性文件毫无疑问成为特区法律制度的一部分。而且，由于《基本法》不是一般的规范性文件，还是特区一切法律的基础，《基本法》第十一条规定："香港特别行政区立法机关制定的任何法律，均不得同本法相抵触。"所以，《基本法》还是特别行政区法律制度最重要的一部分。

对香港特区法律制度的理解，一定要正确认识《基本法》与普通法的关系。有人以香港实行普通法为由，将普通法等同于特区法制，从而意图将《基本法》排除或游离特别行政区法律制度之外，对普通法没有约束力，这是完全错误的理解。第一，《基本法》取代了原有普通法中的宪制性法律，成为特区普通法体系的新的宪制基础。按照《基本法》第八条规定："香港原有法律，即普通法、衡平法、条例、附属立法和习惯法，除同本法相抵触或经香港特别行政区的立法机关作出修改者外，予以保留。"虽然，香港特区保留和继续实行普通法制度，但特区普通法制度基本不变，不是完全不变。香港原有普通法中的宪制性法律必须改变，因为中国恢复对香港行使主权，就必须废除体现外国主权的，与基本法抵触的宪制性法律，由《基本法》取代英皇制诰和皇室训令，并成为特区普通法体系的基础和重要的部分。第二，《基本法》决定特区原有普通法体系中的哪些规范性文件及其具体制度可以保留，哪些不予保留。《全国人民代表大会常务委员会关于根据〈中华人民共和国香港特别行政区基本法〉第一百六十条处理香港原有法律的决定》中明确规定，列于本决定附件一的香港原有的条例及附属立法抵触《基本法》，不采用为香港特别行政区法律；列于本决定附件二的香港原有的条例及附属立法的部分条款抵触《基本法》，抵触的部分条款不采用为香港特别行政区法律；采用为香港特别行政区法律的香港原有法律，自1997年7月1日起，在适用时，应作出必要的变更、适应、限制或例外，以符合中华人民共和国对香港恢复行使主权后香港的地位和《基本法》的有关规定。[④]所以，香港原有法律是否能够过渡成为特别行政区法律的标准之一，就是看是否符合中国的国家主权和《基本法》的规定，凡抵触中国主权的，抵触《基本法》规定的原有法律均不能成为特区的法律。因此，香港普通法体系中的哪些规范要变、哪些不变，并不是由普通法自身决定，是由《基本法》决定的。第三，《基本法》和普通法共同构成了特区的法律制度，依据《基本法》对原有普通法的审查，将不抵触《基本法》的原有普通法采用为特区的法律，从而与《基本法》一起构成了特区的法律制度。换言之，既不能用香港特区保留和适用普通法为理由不承认或反对基本法成为特区法律制度的组成部分，也不能将普通法凌驾基本法之上，来判断基本法的哪些规定可以接受、哪些规定不可以接受，更不能将属特区法律制度一部分的普通法扩大为特区法律制度的唯一组成部分。因此，尊重特区法治，维护特区法律制度，就包括尊重和维护《基本法》的权威。

用普通法反对基本法的宪制安排不是法律问题，是政治立场问题，本质上是用政治反对法治。只能说明这些反对意见在逻辑上的自相矛盾，一边说要维护法治，一边用政治立场去反对法律的规定。

2.《基本法》是一部良法

基本法是一部良好的法律，应该得到尊重和遵守。《基本法》以"一国两制"理论和政策为基础，是"一国两制"的法律化。"一国两制"既符合国家的统一、主权和发展的利益，也符合特区稳定和发展的利益，体现了包括香港同胞在内的全体中国人民的意愿和意志。"一国两制"既有历史的正当性，香港自古以来是中国的领土，是不可分离的一部分，国家统一是历史的要求；也有现实的正当性，用"一国两制"实现国家统一符合国家和香港的各方面利益；还有法理上的正当性，符合中国的宪法，符合中英两国政府关于香港问题的联合声明，符合联合国有关香港不属殖民地范畴的相关决议。在解决香港历史问题上没有什么样的办法比"一国两制"更优胜。如果让香港从国家分离出去谋求独立，损害国家的根本利益；如果将香港的社会制度改变为内地相同的社会制度，损害香港的根本利益，均不可能对国家和香港有利，所以，"一国两制"就是最好的选择，为绝大多数人所接受。而《基本法》是"一国两制"的法律化，也就符合法治内涵之一的良法要求。

《基本法》作为保障"一国两制"实施的全国性法律，当然要求全国人民，包括特别行政区居民和一切机关必须遵守和执行。从政治意义上说，只有《基本法》得到遵守和执行，"一国两制"才能成功，从而实现国家和特区的根本利益。从法治意义上说，只有中央和特区依据《基本法》治理特别行政区，才能符合法治的守法和执法的要求。

3. 全国人大常委会释法符合《基本法》的规定

正如上述，符合法治还是破坏法治，关键之一是否依法行事。判断全国人大常委会解释《基本法》是否符合特区法治就看它是否依法，即全国人大常委会是有权释法还是无权释法？是依法行使解释权还是滥用解释权？

（1）全国人大常委会释法是特区法律制度的一部分

由于《基本法》成为特区普通法的新宪制基础，必然给特区普通法体系带来一些变化，其中包括法律解释制度的变化。《基本法》第一百五十八条规定："本法的解释权属于全国人民代表大会常务委员会。"既然《基本法》是特区普通法体系的基础和重要部分，那么，《基本法》确立的解释制度也就是普通法体系不可分割的一部分，应该被尊重和遵守。

《基本法》规定全国人大常委会对《基本法》享有解释权，就是要体现"一国两制"，既要符合宪法，符合"一国"原则，也要适合"两制"和特区的实际情况。根据宪法第六十七条第（四）项的规定，全国人大常委会的职权之一是解释法律。《基本法》是国家的法律，所以，由全国人大常委会解释。考虑"两制"的要求，特区法院在审理案件时有实际需要解释《基本法》，所以，《基本法》规定全国人大常委会授权特区法院在审理案件时可以对自治范围的条款自行解释。因此，《基本法》的解释制度由两个主体构成，即全国人大常委会和特别行政区法院。两个主体之间的关系是授权和被授权关系，《基本法》解释权属于全国人大常委会，由全国人大常委会授权特别行政区法院对自治范围条款解释，最终以全国人大常委会解释为准。由此可见，全国人大常委会解释《基本法》是特区法律制度不可缺少的一个组成部分。

（2）全国人大常委会释法是行使法定的权力

第一，根据《基本法》的规定，全国人大常委会解释《基本法》是法定权力，所以，既不存在无权解释，也不存在越权解释，是履行《基本法》的职责，行使《基本法》的解释权，阐明《基本法》第一百零四条立法原意和精神。这一点无可争议。

第二，全国人大常委会有权解释《基本法》，但没有滥用解释权。全国人大常委会对《基本法》第一百零四条的解释既没有超出解释的范围，也没有违反解释的程序。首先，从解释的范围看，宣誓拥护香港特别行政区《基本法》，效忠中华人民共和国香港特别行政区，是属"一国"的事务。因为《基本法》是全国性法律，是全国人大制定的法律，是否拥护《基本法》，遇有争议时，不可能由特区自行决定，最终应由全国人大常委会解释并确立明确标准。其次，从解释的程序上看，《基本法》中有关中央管理的事务，中央与特区关系的条款是中央主动解释的范围，不属特区自行解释范围，也无需经过特区提请解释的程序，全国人大常委会可以主动解释。

因此，从解释权力、解释范围和解释程序三个方面分析，全国人大常委会的本次解释《基本法》第一百零四条完全符合《基本法》的规定，当然也就符合法治的要求。

法治的逻辑是，只有遵守法律，执行法律，维护法律的权威才有法治。不依法律办事，作出违反法律的行为就是破坏法治。全国人大常委会依法行使职权释法符合《基本法》是法治的体现，不存在破坏法治。相反，有法不依才是破坏法治。《基本法》明文规定全国人大常委会享有《基本法》的解释权，那么，试图反对、阻止和剥夺全国人大常委会依据《基本法》行使解释的法定权力，就是破坏了《基本法》的解释制度，破坏了法治。违法不究是破坏法治的又一种表现。一些公然违反《基本法》的规定，宣扬"港独"的主张，亵渎《基本法》规定的庄严性的行为，如果不能及时制止、纠正和得到应有处罚，放任自流，才是对法治的破坏。所以，将全国人大常委会依法解释《基本法》，制裁违反《基本法》的行为说成是破坏法治，显然是混淆是非，颠倒黑白，陷入自相矛盾的混乱逻辑中。

二　全国人大常委会释法与特区立法的关系

全国人大常委会释法是阐明基本法条文的含义，既不是代特区立法机关立法，也不是为其修法。指责人大常委会释法是将内容违章建筑在特区本地法律之上和特区宣誓条例已经有基本法第一百零四条的精神，无须由全国人大常委会释法的指责完全不能成立。

1. 全国人大常委会释法没有改变《基本法》第一百零四条的内容

法律解释"是要确定立法者真正的调整意志和调整目的"，[⑤]通过对法律条文的含义、内容、概念、术语的分析做出说明。而法律修改是对法律的部分内容进行删除、增加或变更。所以，法律解释只是将法律中的原有含义通过解释予以明确，不涉及重新订定新的内容。法律修改是将法律中没有的含义通过修改予以增加新的内容，或者将已有的内容通过修改予以变更。解释不增减法律条文的内容，修改是增减法律条文的内容。所以，必须分清楚法律解释与法律修改的区别，绝对不能将法律解释和法律修改混为一谈。

为什么法律需要解释？就是因为对法律条文和规定的理解产生了歧义，"如果一则规定根据其文义和历史可能有多种含义，那么合宪性解释就有用武之地了"。[⑥]解释的意义就在于消除对法律理解的分歧，统一对法律规定的认识，达到准确理解法律规定，严格遵守和适用法律的目的。

全国人大常委会对《基本法》第一百零四条的解释是否修改了《基本法》的内容呢？回答是否定的。全国人大常委会的解释对《基本法》第一百零四条中的"就职时必须依法宣誓"的含义作了四点说明。第一，依法宣誓是公职人员就职的法定条件和必经程序。不依法宣誓不得就任公职。

第二，依法宣誓必须符合法定的形式和内容要求。宣誓人必须真诚、庄严地进行宣誓，必须准确、完整、庄重地宣读法定誓言。第三，宣誓人故意宣读与法定誓言不一致的誓言或以不真诚、不庄重的方式宣誓，视为拒绝宣誓。第四，宣誓人必须在法律规定的监誓人面前进行。⑦其中的关键是要真诚宣誓和准确完整宣读誓言。前者是宣誓人的态度，如果一个人对法律采取轻蔑的态度，意味着他不打算遵守法律。后者是宣誓人要遵守的行为规则的内容，如果一个人歪曲法律规则的内容，意味着他不愿意受法律规则的约束。所以，只有做到对法律的尊重，对法律规则的遵守，才能达到"依法宣誓"的目的。只要客观分析，全国人大常委会的解释，符合"依法宣誓"的应有之义，并没有扩张"依法宣誓"的内容和要求。一个理性的人都不可能认同和接受以亵渎的态度、不按誓词内容宣誓的行为是"依法宣誓"。否则，"依法宣誓"变成了儿戏，不是履行法律的庄严义务。

2. 全国人大常委会释法并不是解释特区法律

反对全国人大常委会解释基本法的主张认为，本次释法是在解释特区有关宣誓条例。这就涉及《基本法》第一百零四条中"依法宣誓"中的"依法"是指什么法？

从《基本法》第一百零四条的"依法宣誓"的文字看，这里的"法"是抽象的概念，是一般意义上的法，不是指向某一个具体的法律文件。所以，"依法"既包含了《基本法》，也包含了特区的法律。从而，宣誓是否做到了依法，既要看是否符合《基本法》的要求，也要看是否符合特区法律的要求。既然宣誓要符合《基本法》的要求，那么，《基本法》的宣誓要求是什么？是必须诚心诚意地宣誓还是可以虚情假意地宣誓？是必须庄重严肃地宣誓还是可以随意轻佻地宣誓？宣誓必须按《基本法》规定的誓词还是可任意加插词句和任意改变内容？当出现不同理解，出现具体争议时，全国人大常委会对《基本法》第一百零四条作出解释，明确含义，是完全必要的。所以，全国人大常委会的解释对象是直接针对《基本法》，而不是特区的具体法律。

全国人大常委会解释了《基本法》一百零四条，而与《基本法》一百零四条相关的特区法律的解释仍然由特区司法机关负责。但是，由于受上位法决定下位法原则的约束，特区司法机关在解释法律时必须符合全国人大常委会对《基本法》解释。法治需要保持一个法律体系的和谐性，避免发生法律之间的矛盾和互相之间的冲突。做到这一点，需要建立一个规则。

第一，法律体系中必须有一个根本法，或者称为母法，对国家而言就是宪法，其他法律必须依据根本法来制定，不能与根本法抵触，凡抵触者则无效，从而保证法律之间的和谐。第二，如果宪法修改了，根据宪法制定的法律也要随之修改，随时保持与宪法的一致性。第三，维护法律体系的和谐性，就离不开合宪性的解释。德国法理学教授伯恩·魏德士指出："合宪性解释是体系解释的一种情形。它同样是以'法律秩序的统一性'与层级结构，也就是各种法律渊源的顺序等级为出发点。根据层级结构理论，下层规范的解释不能与上层规范相抵触。"⑧根据法理，《基本法》是特区法律体系中的宪制性法律，当出现对《基本法》的规定或者其他法律是否符合《基本法》的规定产生歧义时，需要解释《基本法》。如果《基本法》作出了解释，明确了含义，那么，下位法的解释必须要符合基本法的解释，保持下位法与《基本法》的一致性。对此，绝对不能将司法机关的解释要符合全国人大常委会的解释说成是全国人大常委会代行司法机关解释特区法律。

3. 全国人大常委会释法并不存在修改特区法律

如果全国人大常委会的解释对特区下位法的理解产生影响，乃至引起特区法律作出必要的修改或作出适应化的变更，也不能说是对特区法律的修改或者是代特区立法。因上位法解释引起下位法的修改是法治原则的要求，不能理解为上级机关代下级机关立法。当全国人大常委会行使《基本法》的解释权时，一方面，通过解释《基本法》的条款，让条款的含义明确了，或者解决了条款理解上的争议，必然对被解释的法律条款直接产生影响。另一方面，由于《基本法》是特区的宪制性法律，是特区一切立法的基础，全国人大常委会解释《基本法》不仅对《基本法》被解释的条文有直接影响，而且间接地对特区依据被解释的《基本法》条文而制定的法律产生影响。如果具体法律的规定与全国人大常委会解释的含义一致，则不用修改；如果不一致，就必须修改；如果含义不清楚的，以全国人大常委会的解释为准。这是由《基本法》作为上位法与特区法律作为下位法的关系决定的，也是法治原则中的下位法必须服从上位法的规则使然。所以，按照法治原则，不会因为上位法的解释引起下位法的修改，被说成是上位法修改下位法，从而要限制、甚至反对上位法的解释。如果这样，等同于否定下位法服从上位法的规则，直接造成整个法律体系不能正常运行。

如果按照某些法律专业人士的理解，全国人大常委会解释《基本法》影响到特区法律的跟随修改是干预了特区立法，应该反对的话，那么，依此逻辑，因为有了特区法律，《基本法》就不能解释了，不仅直接否定全国人大常委会享有的对《基本法》的解释权和修改权，而且，也直接损害了法治的统一性。所以，一旦颠倒法治的基本原则，会出现荒唐的逻辑和结论。

三　全国人大常委会释法与法院审判的关系

全国人大常委会行使《基本法》的解释权并没有干涉司法审判权，影响司法独立。指责全国人大常委会释法是代替法院解释本地法律，破坏司法独立，告诉法院如何审判的论点不能成立。

1. 宪法和宪制性法律解释的功能和制度

宪法解释与法律解释有相同的一面，都是有权解释机关在宪法和法律实施过程中，对宪法和法律条文作出的理解和说明，明确法律规范的含义、界限。但是，宪法解释和法律解释也有不同的一面，特别是合宪性解释负有维护法律制度统一性的使命，"宪法作为根本法和母法，是一国法律体系保证统一性的基础。而这种统一性的维持，有赖于宪法解释对法律的违宪判断"。⑨所以，宪法或宪法性法律的解释（以下使用宪法解释的概念均指具有最终和最高效力的解释），除具有一般的对法律释疑功能外，还有判断法律是否合宪性的功能。这就决定了宪法解释制度的特殊性。

所以，宪法和宪制性法律由哪个国家机关解释更有利于维护宪法权威，维护法律制度的统一，可以有不同的选项。这种选择是与政治抉择有关，当前世界上存有三种代表性的宪法解释制度。第一种是立法机关解释宪法或宪制性法律，以英国思想家洛克的学说为理论基础。因为国家"只能有一个最高权力，即立法权，其余一切权力都是而且必须处于从属地位"，"立法权必须是最高的权力，社会的任何成员或社会的任何部分所有的其他一切权力，都是从它获得和隶属于它的"。⑩英国宪法学家戴雪在《英宪精义》一书写道，"巴力门对于一切法律可以创造，可以批准，可以扩张，可以收缩，可以裁减，可以撤回，可以再立，又可以诠释。"⑪所以，确立了议会至上，并且由议会制定和解释宪法性法律的制度。《基本法》解释制度基本上可以归于此类制度。第二种是普通司法机关解释宪法，以美国汉密尔顿分权学说为其理论基础。因为立法机关应该接受司法机关合宪性的审查。"所谓限权宪法系指为立法机关规定一定限制的宪法。如规定："立法机关不得制定剥夺公民权利的法案，不得制定有溯及力的法律等。在实际执行中，此类限制须通过法院执行，因而法院必须有宣布违反宪法明文规定的立法为无效之权。"⑫所以，通过司法判决确立了普通法院解释宪法的制度。第三种既不是立法机关，也不是司法机关，而是专门机构，如宪法法院、宪法委员会解释宪法，以凯尔森规范法学为其理论基础。因为一国法律体系是由宪法、法律、行政法规等从高到低，下位法要符合上位法，宪法是最高法，为了保障立法机关所制定的法律符合宪法，必须对立法机关的立法进行审查。但审查机关既不是制定普通法律的立法机关，也不是适用普通法律的司法机关，而是一个负责宪法实施的专门机关。以上三种理论产生出的三种宪法解释制度，虽然各自有所不同，有所侧重，但是，有一点是共同的，均是从如何更好维护宪法权威，维护以宪法为基础的法律制度统一的角度建立相应的制度。

因此，从宪法解释制度（或违宪审查制度）上说，不论采用哪一种宪法解释制度均不存在违背和损害司法独立的原则。换言之，宪法的解释权或违宪审查权没有赋予司法机关，并不能得出司法不独立的结论。所以，指责《基本法》解释制度损害特区司法独立是不能成立的。因为：第一，两者的权力性质不同，解决的是不同的问题。《基本法》解释权属于法律解释的范畴，明确法律的含义，解决法律须符合《基本法》，法律违反《基本法》则无效，维系法律制度统一的任务。而司法权属于法律适用的范畴，运用法律解决各种纠纷，司法独立是解决司法机关行使审判权不受任何干涉的问题。第二，将《基本法》解释权赋予全国人大常委会，将司法审判权给予特区法院，采取两者权力分离，而不是两者合二为一的模式，在法理上和制度上两者权力不存在互相干预。正如其他国家采用的立法机关和专门机关解释宪法的制度，宪法解释权与司法审判权一分为二，两者分别属于不同机关，宪法解释机关不行使司法权，司法机关不行使宪法解释权。所以，全国人大常委会和特区法院各自行使不同的法定权力，互不否定，互不取代、互不干涉。第三，《基本法》解释权不影响司法独立。司法独立指的是司法机关在行使司法权的过程中保持独立，不受立法机关和行政机关的干预。所以，司法独立与司法权（审判权）紧密联系，不可分离。但是，全国人大常委会行使解释权是明确《基本法》条文的含义或审查立法机关制定的法律是否符合《基本法》，并不涉及司法领域中的审判权，也不对具体案件进行审判，因此，不影响司法独立。

综上所述，选择哪种宪法解释制度是立宪时的政治选择，决定《基本法》解释制度也是"一国两制"原则的选择。但是,一旦《基本法》作了规定,就是法律,大家就要遵守,任何人不能因为政治立场不赞成而有权要求不服从法律的规定,这是法治所不容许的。如果任何人因为不接受法律的规定可以不服从法律,就没有法治社会了。我们可以举例说明,法国实行宪法委员会制度(宪法委员会不是司法机关),当普通法院在审理案件时,遇到普通法律是否符合宪法,并不能自行进行解释及进行合宪性审查,必须提交到宪法委员进行解释。宪法委员会作出解释后,普通法院必须根据宪法委员会的解释进行审判,这种由宪法安排的解释制度,从没有被该国的法律专业人士视为宪法委员会干预了普通法院的司法独立审判加以反对。相反,法官、律师和案件当事人均会遵从。但是,在香港特区却发生了某些法律专业人士反对《基本法》规定的全国人大常委会解释《基本法》的制度,理由竟然是干预司法独立,将宪制性法律的解释制度与司法独立对立起来,这足以说明,这些法律专业人士不讲法律,只讲政治,要么违背了法律专业人士的职业精神,要么就是缺乏法律的理论知识。

2. 依法审判是司法独立的必要条件

司法独立是指司法机关在依法行使审判权时要独立,不受行政机关和立法机关干涉。所以,司法独立不是无条件的,是有前提条件的,关键是依法审判。

《基本法》第八十四条规定:"香港特别行政区法院依照本法第十八条所规定的适用香港特别行政区的法律审判案件。"第八十五条规定:"香港特别行政区法院独立进行审判,不受任何干涉。"结合以上两条的规定,司法独立与依法审判不可分,是有机统一。如果离开了依法讲独立,那是司法独断和司法专制。在司法独立中,依法独立的含义是清楚的,即审判活动必须符合法律的规定。

按照依法审判的原则,特别行政区的法官在审理案件时,必须依据《基本法》和法律作出裁判。作为法官在审理案件中适用的依据,即《基本法》条款遇有含义不明确、有争议时,不属于法院解释而属于全国人大常委会解释的范围,全国人大常委会按照《基本法》赋予的解释权,对《基本法》作出解释并构成了《基本法》的一部分,那么,法官在依法审判时适用《基本法》的条款,当然包括遵守全国人大常委会就《基本法》该条款作出的解释,这是依法的要求和体现。说明依法审判不能否定全国人大常委会依法对《基本法》的解释,相反,要遵守全国人大常委会依法作出的《基本法》的解释。对此，特区法官完全认同和接受这个原则的。1999
年香港法院在"刘港榕案"的判决已经表明，全国人大常委会对《基本法》
的解释是"全面且不受限制的"，所颁布的解释是有效的、对香港法院有拘
束力的。[13] 本次有关《基本法》第一百零四条"依法宣誓案"的判决，高等
法院法官也明确表示，全国人大常委会对《基本法》的解释，对香港所有
的法庭均具有约束力，而且法庭应该落实解释。"《释法》解释《基本法》
第 104 条从起初的真正意思，其生效日期为 1997 年 7 月 1 日，故适用于所
有案件。"[14]

立法机关制定法律，司法机关适用法律，只要依法行使权力，属各司
其职，不能视为互相干预。所以，法官遵守法律（包括对法律的解释）不
能被说成是受到干扰，损害司法独立。因为法院依法审判的法律都是由立
法机关制定的，如果因此被理解为立法机关干预了法院的司法独立，那么，
要求排除干预的唯一的办法就是排除立法机关对法律的修改和解释，结果
就是用审判权否定或取代了修改权、解释权，这是绝对荒谬的，如果坚持
要求这么做，已经不是司法独立，而是司法集权和专制了。因此，司法独
立不能离开依法这个前提。

某些法律专业人士关于人大常委会解释《基本法》是干预法院独立审
判的意见，一方面，反映了他们缺乏对法治的一以贯之的理解，说一套做
一套，一边说要维护法治，一边反对人大常委会按《基本法》规定释法，
剥夺人大常委会的法定权力，犯了自相矛盾的错误。另一方面，反映了他
们缺乏足够的对法律专业知识的尊重，不是从法律理论，法律专业术语解
释法律规定，而是以自己的政治立场曲解《基本法》的规定，将《基本法》
已经明确规定的全国人大常委会享有对《基本法》的解释权，与特区法院
享有司法权（审判权）互相对立，制造全国人大常委会行使对《基本法》
的解释权就是干预了特区法院的审判权，损害了司法独立的假象，并演绎
出为了特区的司法独立就应该排除全国人大常委会对《基本法》享有解释
权的谬论。

3. 全国人大常委会行使《基本法》解释权并不干涉司法审判权

根据《基本法》的规定，《基本法》的解释权与司法的审判权是两个不
同的权力，因为是两个不同的权力，所以，两者是可以区分的，也是可以
分离的。

《基本法》将解释《基本法》的权力交给了全国人大常委会，将审判权交

给了特区法院，依据《基本法》规定只要各司其职，就不会发生互相干预。

有观点质疑全国人大常委会在法院审理案件时解释《基本法》是干预法院独立审判。这种看法也是站不住脚的。《基本法》在第八十五条规定"香港特别行政区法院独立进行审判，不受任何干涉"的同时，第十九条规定："香港特别行政区法院在审理案件中遇有涉及国防、外交等国家行为的事实问题，应取得行政长官就该等问题发出的证明文件，上述文件对法院有约束力。行政长官在发出证明文件前，须取得中央人民政府的证明书。"第一百五十八条规定："香港特别行政区法院在审理案件时需要对本法关于中央人民政府管理的事务或中央和香港特别行区关系的条款进行解释，而该条款的解释又影响到案件的判决，在对该案件作出不可上诉的终局判决前，应由香港特别行政区终审法院请全国人民代表大会常务委员会对有关条款作出解释。如全国人民代表大会常务委员会作出解释，香港特别行政区法院在引用该条款时，应以全国人民代表大会常务委员会的解释为准。"在《基本法》中这三个条文之间并不是自相矛盾的，而是互相联系和共存的。只要按照《基本法》的规定处理，就不能将行政长官向法院发出的证明文件和全国人大常委会对《基本法》作出的解释视为干预法院的独立审判。同时，也要明白《基本法》这样规定的法理逻辑是基于解释法律的性质与修改法律的性质的区别。解释法律是发现、挖掘法律本身具有的含义和内容，不同于修改法律是在创造新的含义和内容。正因如此，全国人大常委会对《基本法》的解释并不是改变法律的原有规则影响法院的审判，而是明确法律的原有规则，解决对法律含义理解上的争议。

解释权的本质和任务是要说清楚法律是什么的问题，通过解释明确法律条款的含义和内容，确定行为规则的标准。所以，任何对法律的解释都是抽象性的，适用社会中的所有的人，不是针对特定的个体。而审判权的本质和任务是法官运用法律规定解决具体的法律争议，用法律的规定去衡量一个人的行为是否符合法律确立的行为规则，如果符合规则就是合法的行为，受法律保护。如果不符合法律规则，是不合法的行为，受法律的制裁。所以，审判权所涉及的对象不是抽象的，是具体的，判决只适用法律争议的当事人。

一方面，《基本法》对全国人大常委会的解释权与法院审判权作了分工。《基本法》的条款含义和内容是什么，是由享有《基本法》最终解释权的全国人大常委会决定。虽然，全国人大常委会能决定《基本法》条款的含义和内容是什么，但它不能因此行使审判权，参与到法律适用于具体个案中。虽然，法院不能最终决定《基本法》的条款含义和内容是什么，但是，法院可不受干预独立地适用《基本法》解决具体法律争议。本次宣誓案件就是最好的说明。全国人大常委会只解释《基本法》第一百零四条中的"依法宣誓"的含义，并不判断宣誓人的行为是否符合"依法宣誓"的法律要求。宣誓人的行为是否符合《基本法》的要求，由法官依法进行裁决。说明解释权不能代替审判权，审判权不能否定解释权，各自有各自的功能。所以，《基本法》分别由两个条文规定了审判权和解释权。第八十五条规定，法院依法独立进行审判，只服从法律，不受任何干涉。第一百五十八条规定，本法的解释权属于全国人民代表大会常务委员会。

另一方面，《基本法》对全国人大常委会的解释权与法院审判权的关系作了规定。第一，如果全国人大常委会对基本法作出了解释，法院在引用该条款时应以全国人大常委会的解释为准。即在解释基本法条款上，法院要服从人大常委会的解释。第二，在全国人大常委会作出解释前法院已经作出的判决不受全国人大常委会解释的影响，即全国人大常委会的解释没有追溯力，不能否定法院的判决，即在法院依法审理案件上，全国人大常委会尊重法院的审判，不能推翻法院的判决结果。《基本法》是这样明确规定了，全国人大常委会也是按基本法规定做到了。如 1999 年 1 月 29 日香港终审法院有关"吴嘉玲案"的判决，该判决对《基本法》第二十四条第二款第（三）项的"第（一）、（二）两项所列在香港以外所生的中国籍子女"成为永久性居民的规定作了解释，认为只要是香港永久居民的子女，不论其是否在父母成为永久性后所生，都是永久性居民。[15]香港社会对法院就《基本法》条款的解释引起了争议，所以，行政长官提请全国人大常委会进行解释。全国人大常委会于 1999 年 6 月 26 日通过了《全国人民代表大会常务委员会关于〈中华人民共和国香港特别行政区基本法〉第二十二条第四款和第二十四条第二款第（三）项的解释》，该解释指出，只有父或母成为永久性居民后在内地所生的子女才是永久性居民，纠正了法院对《基本法》的不正解理解，从而不能成为法院以后判案的先例。但是，法院判决的结果仍然有效，当事人依据法院的判决取得永久性居民的资格不被取消。

综上所述，全国人大常委会解释基本法不仅没有破坏法治，没有损害司法独立，没有干涉司法审判权，相反，是维护特区法治，确立《基本法》

的权威，纠正违反《基本法》的错误理解和行为，保障《基本法》的有效实施。

---

①亚里士多德：《政治学》，吴寿彭译，北京：商务印书馆，1983，第 199 页。

②③戴维·M. 沃克：《牛津法律大辞典》，李双元等译，北京：法律出版社，2003，第 990 页、第 687 页。

④袁求实编《香港过渡时期重要文件汇编》，香港：三联书店（香港）有限公司，1997，第 115 页。

⑤⑥⑧伯恩·魏德士：《法理学》，丁小春、吴越译，北京：法律出版社，2003，第 318 页、第 335 页、第 335 页。

⑦2016 年 11 月 7 日第十二届全国人民代表大会常务委员会第二十四次会议通过《全国人民代表大会常务委员会关于〈中华人民共和国香港特别行政区基本法〉第一百零四条的解释》。

⑨徐秀义、韩大元主编《现代宪法学基本原理》，北京：中国人民公安大学出版社，2001，第 263 页。

⑩洛克：《政府论》（下），叶启芳、瞿菊农译，北京：商务印书馆，1983，第 91、92 页。

⑪戴雪：《英宪精义》，雷宾南译，北京：中国法制出版社，2001，第 118 页。

⑫汉密尔顿、杰伊、麦迪逊：《联邦党人文集》，程逢如、在汉、舒逊译，北京：商务印书馆，1982，第 392 页。

⑬陈弘毅、罗沛然：《香港终审法院关于〈基本法〉的司法判例评析》，转引自陈弘毅、邹平学主编《香港基本法面面观》，香港：三联书店（香港）有限公司，2015，第 57 页。

⑭香港高等法院上诉庭，CACV 224 – 227/2016。

⑮吴嘉玲对入境事务处案，FACV No. 14 of 1998。

作者简介：骆伟建，澳门大学法学院教授，全国港澳研究会理事，博士。

［责任编辑　刘泽生］

（本文原刊 2017 年第 4 期）

香港本土主义的异化及其因应

白小瑜

[**提　要**] 香港本土主义是香港本土意识的强化反应。目前香港本土主义走上了一条异化之路：被右翼民粹力量骑劫；日益政治化，出现分离主义倾向。"一国"与"两制"的张力、民主化进程的挫折以及国家认同的薄弱，是导致香港本土主义异化的结构性原因。必须从坚守法治、推进民主、强化与祖国内地交流和加强国民教育等方面采取切实措施，消减香港本土主义的"排内"（排斥祖国内地）和"抗中"（抗拒中国共产党执政的中华人民共和国、抗拒中央政府）的负面影响。

[**关键词**] 香港　本土主义　分离主义　民主化　"一国两制"

近年来，本土主义在全球范围内再度呈勃兴之势。在西方，本土主义主要表现为反对过多移民的一种"本地人优先"之自闭排外思潮。本土主义原来比较集中反映在美国、澳大利亚、加拿大、新西兰等典型的移民国家，近期在受"移民潮"侵扰的欧洲（如丹麦、瑞典、挪威、芬兰、德国、法国）也日益凸显。在亚洲，新加坡等国也出现针对中国移民的本土主义。本地人往往认为外来移民威胁到了他们在经济和文化上的统治地位。[①]经济上，移民会抢占工作机会和社会资源，滥用社会保障制度，加重社会负担。[②]当经济发生衰退时，本地人对移民的反对声会更大。[③]文化上，往往因为身份认同的不同，而出现本地人抵制外来移民的情况。Fetzer 根据其对德国、法国和美国的比较研究，指出外来移民与本地人之间的不同文化是构成本土主义的重要因素。④

　　香港也未能免于这股浪潮的波及，本土主义兴起并泛滥。香港本土主义强调经济上本土居民的优先性以及文化上的纯正性。吊诡的是，香港作为中国"一国两制"下的国际化都市，其本土主义针对或者排斥的主要对象却并非外国或外族群，而是祖国内地或内地同胞，并带有右翼民粹主义特征。更严重的是，香港本土主义日益政治化，与各种极端的政治主张相结合，成为一些分离主义势力的政治包装。右翼民粹化和政治化的特征表明香港本土主义正在走向一条异化之路。

　　由于其相较于一般意义上本土主义的特殊性，本文将香港本土主义界定为：面对内地政治、经济、文化和人口因素所带来的压力时，重新提倡和肯定香港本地社会固有文化和生活方式，将本土意识中"生于斯，长于斯"而生发出来的对本地的热爱与自豪转变为防御性的身份认同建构，并由此在政治上形成强烈的"族群意识"与"香港命运共同体"意识的一种思潮。这一界定有三个特征：1）区分本土意识与本土主义，香港本土主义是香港本土意识的强化反应；⑤2）香港本土主义不仅涉及经济制度认同、意识形态认同和文化认同层面，还牵涉族群认同和政治认同层面。3）"香港命运共同体"意识"合法化"了香港本土主义的一系列社会抗争活动。

　　本文先简要梳理香港本土意识的产生与发展，再结合近几年香港社会环境尤其是政治环境的新变化、新特征，探析香港本土意识如何演进为香港本土主义，并逐步右翼民粹化和政治化的。在此基础上，针对香港本土主义异化带来的负面影响提出因应对策。

一　香港本土主义的历史源流

（一）回归前香港本土意识的发轫与发展

　　在英国殖民统治早期，香港由于其移民社会的性质，没有所谓的"本土"概念。对于漂泊的移民来说，香港不过是一艘"救生艇"，是辗转通向别处的暂时过渡地和中转站。这种无根漂泊的生存状态，自然无法产生在地的本土意识。

　　1949年中华人民共和国的成立，为香港本土意识的发轫提供了外在刺激和驱动力。在冷战格局下，如何杜绝"红色中国"扩大和蔓延其影响，是港英政府考虑的头等大事。港英政府陆续出台了一系列措施，以消弭中国新政权带来的影响。在地理区隔上，港英政府实行了严格的入境管理制度，加强边界管制；在人口管理上，开始居民登记及身份证发放，明确哪些人是香港居民；在教育上，实行"疏离教育"，回避国家、民族等政治问题；在管治手段上，引入"行政吸纳政治"，既减少本土精英的反殖抵抗，又进一步疏离他们与中国内地的关系；在社会民生上，进行治理改善，回应了香港居民的部分民生需求；在微观权力运行上，加强了各种隐形的社会文化规训。

如果上述因素是港英政府刻意制造的"拉力"的话，那么中华人民共和国成立前后的一些客观现实则无形之中形成了"推力"。这主要表现在1945~1949年国共内战、1959~1961年"三年自然灾害"和1966~1976年"文革"期间内地居民为了避战避难避乱而大规模逃港的三次移民潮，以及香港"六七风暴"后受中共领导和支持的香港"左"派人士渐失民心。推拉力的交互作用下，香港居民对祖国内地的政治形势情绪负面，情感认同日渐疏离。但此时仍未有明确而强烈的"香港人"意识，香港居民反而处于一种"非英非中"之身份认同的迷茫中。

20世纪70年代，香港本土意识取得突破性的"觉醒"和自觉。快速的工业化令香港经济腾飞，形塑了打拼致富的"狮子山精神""婴儿潮一代"不再有"难民心结"，"生于斯长于斯"的生活经历催生出了"家"的感觉和自省；港督麦理浩社会治理的改善更增添了香港在华人社会的独特优势；粤语流行文化的兴起与繁盛映照出香港文化的独特魅力；"火红年代"各种社会运动（如中文运动、保钓运动等）锻造了新时代香港居民的所谓"公民意识"。源自于活生生的生命体验的本土意识逐渐成形，"家是香港"开始逐步植根于香港居民的心灵与大脑。

很显然，这一波本土意识诞生于一个欣欣向荣的时代——经济高速发展，物质开始丰盛，人权、产权及自由得到保障。⑥相较于祖国内地在1970年代的经济落后和生活困顿，以港式功利主义、实用主义为支撑的"香港梦"（Hong Kong Dream），被证明为一种"成功"的意识形态。乃至到了1980年代，"高度发展的本土意识也是以经济为主轴，形成为一种带高傲心态的'大香港主义'，视大陆人为文化相对落后的'他者'"。⑦

这种本土意识，随着历史进入中英两国政府关于香港前途问题的外交谈判而遭遇挫折，并开始反弹。一方面，许多香港居民非常认同不涉及政权因素的"抽象中国"，有着比较强烈的"大中华情结"，自愿作为"中华民族"的一分子。但另一方面，几次移民潮的经历加上港英政府刻意的

"洗脑赢心"工程令不少香港居民对祖国内地心怀恐惧。因此,此时香港社会的总体氛围是香港居民不会质疑"香港属于中国"这一观点,但对于回归却并不乐见其成。是否需要回归、以何种方式回归成为当时社会争论的重大议题。面对所谓的"九七大限",香港社会内部出现了巨大的分化。一部分人抛弃香港移民他乡;一部分人留在香港继续观望;还有一部分人因怀有强烈的民族主义情怀而对未来充满期许。这个时间段,香港居民的本土意识在各种复杂的情绪中得到进一步强化,部分人甚至试图从英国统治的殖民主义遗产中开发所谓的"核心价值",以区别于祖国内地。于是,本需要批判反思的殖民主义遗产却吊诡地回潮成为一些香港居民甚至要捍卫的政治及文化基本结构。⑧

总结回归前香港本土意识的发展历程,可以看到其"本土"的确立并非直接正面界定"什么是香港人或香港特色",而是通过确立"他者"——"香港人不是什么"或"香港特色不是什么"——来迂回界定的。此时的"他者"具有二重性:英国殖民政府作为"他者"和祖国内地作为"他者"。即便如此,香港居民的身份也是毋须与中国切割的,因为它不会被视为与中国人的身份互相排斥。⑨此时香港居民多以同情理解中夹带"优越感"的心态看待祖国内地或内地同胞。

(二) 回归初期香港本土意识的"灵光乍现"

尽管对香港回归有各种怀疑、各种抵触、各种摇摆,香港居民的许多心理焦虑却在"一国两制"的制度承诺中得到部分缓解。1997 年 7 月 1 日,香港顺利回归祖国。"一国"所蕴含的民族复兴与"两制"所彰显的制度多元之辩证统一令不少香港同胞振奋起来,直观表现就是"中国人"的身份认同在香港回归初期快速提升和强化。

回归后最早触发香港本土意识的是"二十三条立法"事件。一些香港居民害怕对国家安全的强调会牺牲香港享有的自由,因而发起了"七一"大游行来反对立法。该事件最深远的影响是削弱了中央政府和香港社会之间的政治互信。中央政府逐步调整对港政策,由"不干预"到"有所为"。香港社会则进一步探讨香港的核心价值所在。2004 年 6 月,近 300 位来自42 个界别的专业、学术界人士在报纸联署《香港核心价值宣言》,将"自由民主、人权法治、公平公义、和平仁爱、诚信透明、多元包容、尊重个人和恪守专业"列为香港的核心价值;并指出香港之所以为香港,"乃是在过往积累了成功的经验,并造就有特色的地方文化"。但此时并未有明确的

"本土"论述。

香港回归后，明确的"本土"论述以一种非常意外的方式降临。这就是源自于 2006 年和 2007 年保卫天星、皇后码头及其后的"反高铁"等一系列保育运动而引发的本土抗争及其相关论述。

香港社会这一波本土意识最典型的特征是诉诸于文化上的向内自省，对香港发展路向进行自我反思；强调保育本土文化，保存与保护集体记忆，反对经济挂帅的发展模式（尤其是"地产模式"）；流露出对资本和资本家的批判，展示出其"左"翼色彩的社会人文关怀。与此相对应，产生了第一个本土组织"本土行动"。其组织形式比较松散；成员流动性高；以读诗、唱歌、游行、集会、绝食、苦行等形式表达诉求；提出重新思考香港发展模式，强调回到社区的生活方式，抵抗香港社会"不民主"的政府行为、地产霸权、"官商勾结"的政治经济结构。

这一波"本土运动"引发了诸多关于历史、空间、价值和主体的本土论争。"本土"始成为一大关键词溜入学术探讨中。这一波"本土运动"更引发了香港社会对年轻人价值观的探讨。从价值变迁来看，"后物质主义"取代早先的"功利主义"成为参与社会运动的香港年轻人的一种意识形态。在这一波"本土运动"中，"他者"是缺失的。"跟过去的本土意识中的'大香港'心态不同，所谓'本土'不是与中国的文化或政治对抗，……本土论述并不预设一个香港以外的他者作为批判对象，而是对香港自身历史及政经构成的自我批判。"⑩

二 香港本土主义的异化

如前所述，无论是英国殖民统治时期，还是香港回归初期的 10 年左右，香港本土意识的发展始终与祖国内地有着莫大的联系，民族主义情怀在"香港人"身份与"中国人"身份之间作了紧密联结。一言以蔽之，香港本土意识的明晰化并没有侵蚀国族意识。

然而，自 2010 年始，上述情况逐渐有异化趋势，"香港本土"与"中国/内地"开始成为一组对立词语。温和的本土意识逐渐让位于右翼民粹本土主义，并且香港本土主义逐渐与一些激进的政治主张相结合，有走上分离主义道路之态势。

（一）香港本土主义已经被激进右翼民粹力量骑劫

由保育运动中，"本土行动"组织延展而来的那一批本土派人士往往强调公义、程序、关怀弱势等主流价值，聚焦于本地农业、菜园村、地产霸权、中环价值[①]等议题，从而具有左翼的意涵。然而，在它带来社会运动主题和表达方式多元化的同时，却未有细致体会甚至重视"公民社会"内部更多的动态流变和权力关系变迁，"公民社会"的阴暗面往往被无意识地遮蔽了。当香港和祖国内地之间矛盾爆发激烈时，这种本土意识就被一种更激烈的排他性本土主义取而代之。从此香港本土主义在政治经济学意义上形成了左右两翼。左翼本土主义虽然也强调本土利益的优先性，但认为这种强调不能违背人权、正义、多样性等"普世原则"。然而，在现实利益的驱动下，这种论述对普通民众而言显得苍白无力。于是在"自由行"、新移民福利、走私水货、"双非婴儿"、非法入境等问题上，左翼本土主义的话语权式微，而右翼本土主义的论述则取得明显优势。

右翼本土主义的快速兴起，在于迎合了香港普通民众民粹主义的需求。自2003年开放"自由行"以来，香港和祖国内地之间交流日益密切，内地访港旅客数量节节攀升，到了2010年左右，香港在奶粉、医院床位、"双非婴儿"派生的学位方面逐渐显现资源供给不足的迹象。"资源挤占"话题开始在大众舆论中占据一席之地。一些激进右翼人士利用民粹主义动员策略，进行蛊惑人心的宣传，盲目排斥内地旅客，一度出现了讽刺、骚扰、围攻内地同胞和新移民的"蝗虫歌"表演，甚至还兴起了诸如"光复屯门""光复上水"等以反水货客为宗旨的"光复行动"。这类从民粹主义角度提出的"香港人优先"的诉求很快在香港一些基层民众中引起反响。

香港和内地之间交流引起的文化碰撞也为香港右翼本土主义的发展提供了有利环境。"港铁进食""小童便溺"等事件带来的文明教养骂战，"以普通话教授中文科"教育政策引发的广东话地位问题，以及简体字和繁体字孰优孰劣问题，都被炒作为所谓威胁香港"核心价值"的重大社会议题。中资企业的进驻、香港高校中内地研究生学位的扩充等被视为"中共对香港文化的清洗与殖民"。忧虑被内地的体制、习惯、观念和意识形态所同化，是各种香港本土意识和"本土运动"的最大公约数。一旦有这种联想，就连主张文化多样性与包容性的香港左翼本土主义也会加入到对"中国因素"的讨伐中来，只不过程度有所不同而已。2012年反对国民教育科事件、2013年免费电视发牌事件，以及反对新界东北发展等事件均显示出这种倾向。由此，香港右翼本土主义的文化排外（严格意义上是排内——排斥祖国内地）倾向逐步取代了香港左翼本土主义重写殖民历史的非排他的多元文化立场。

除了经济文化上的激进外,香港右翼本土主义的"勇武抗争"路线也对传统"和理非非"(和平、理性、非暴力、非粗口)方式提出挑战。右翼本土主义者认为,过去抗争难有寸进,是因为方式不够激烈。从"合法性"来看,"面对恃势凌人而不可理喻的暴政和强权,人民有动武之权";[12]从语词美学来看,"勇武"不是"暴力",不是"非理性",而是面对强权坚持正义。香港右翼本土主义在论述上始终带着高度情绪性,常使用煽动性的动词,如"区隔""对立""拒绝""赶走""光复";实际行动上,抗争日益暴力化,如冲击立法会、"旺角暴乱"等事件不断展演。其对香港政治文化的一个重大影响,就是提高了香港普通民众对暴力的容忍度。

香港右翼本土的言论和行动均带有一种所谓的"革命激情",在香港社会尤其是在年轻人中产生巨大反响。虽然其无论是行动还是修辞都异常粗暴,但好就好在"简单":它不用特别高深的术语,仅仅靠"本土利益"(哪怕是一种短视的利益)就能吸引住一批香港普通民众。正是因为它传递出来的信息简单易懂,因此获得了普及。香港社会内部无形之中形成了一个(不正确的)共识,本土就是右翼本土。香港右翼本土主义通过将问题简化,再挑起不同人群的对立,从而进行社会运动扩张,达到骑劫"本土"的目的。最后的结果是,本土派的左翼前辈被排除于本土派之外,甚至被讥讽为"左胶";[13]而建制派想要正本清源重夺本土话语权也是无功而返。

(二)香港本土主义日益政治化,激进分离主义冒起

除了上述右翼民粹化的表现外,香港本土主义更令人担忧的是,它日益突破"一国"的框架,人为制造"族群矛盾",并谋求所谓的"自决"和"独立"。

在任何一个主权国家,国民身份认同与地方身份认同因处于不同层级往往难以发生冲突。但这一点在香港激进本土派身上却得不到印证。"香港人"与"中国人"成了一对非此即彼的选项。"我是香港人,唔系中国人"、"中国人滚回中国去"等口号在香港激进本土派那里层出不穷。

为了一劳永逸地与祖国内地及"中国人"划清界限,一些香港激进本土主义者不惜挪用斯大林的民族论观点和安德森的"想象共同体",人为炮制出"香港民族"。斯大林提出民族具有四要素:①有统一的语言;②有清楚定义的地理范围;③有共同的经济生活;④有处于同一文化基础上的稳定的共同心理特征。在香港激进本土主义者看来,广东话辅以英文满足了

条件①；地理范围上有海洋和深圳为界乃为条件②；经济上有以普通法运行的自由市场主义，独立的货币和与祖国内地南辕北辙的商业文化，此乃条件③；"逃港潮"构建了香港的民族神话（national myth），香港居民的共同心理特征就是远离被共产党主导的中华人民共和国，此乃条件④。由此，"香港人，其实是一个民族"。[14]香港与内地之间的民间矛盾演变为"族群矛盾"，中央政府对特区的管治成了外来力量的"殖民统治"。更恶劣的是，通过诉诸于民族国家和殖民地自决理论，香港激进本土派要求享有国际法上的"民族自决权"。

按照香港激进本土派的逻辑推理，既然意识形态不同、文化认同不同、族群认同不同，那么政治认同上也可以不认同中国。这种不认同的发生过程经历了一种不易觉察的转折。即是将许多香港居民的"反共"心态转变为"抗中"，将历史文化意义上的"中国"与中国共产党执政的中华人民共和国一起捆绑而否弃。以香港居民"纪念"多年的"六四事件"为例，2013年筹备维园烛光晚会时，香港支联会提出的最初口号为"爱国爱民、香港精神"，而一些极端本土派则叫嚣"不做中国人、发扬本土精神"与之叫板，最终，"爱国爱民"口号被摒弃。而此后，香港激进本土派年年呼吁放弃纪念"六四事件"，因为"那是中国人自己的事情"。

这类本土派在组织形态上日益政党化。2014年2月，主张"香港独立、重回英联邦"的"香港独立党"出现；2015年，主张香港"民族自决"的"本土民主前线"问世；2016年3月"香港民族党"成立；等等。尽管每个组织的规模不大（几人到几十人），但因其标新立异的口号和行动，受到的社会关注（尤其是传媒报道）却不少，影响恶劣。这类激进本土派如今已经堂而皇之地高呼"自决""独立"。以"本土"为名，行分裂之实。它们的出现是香港本土主义异化的极端表现。根据其对香港前景的描绘，可以分为如下几种类型：

"城邦自治派"：因陈云的《香港城邦论》[15]而得名，主张在"一国两制"和"基本法"的大前提下，香港享有自治权利，普选行政长官与立法会，特区政府的政策必须以本土利益和需要为依归，并保留中华传统文化，成立"华夏邦联""中华联邦"。然而，"城邦论"后来衍生出的"香港自治运动"派系走得更远，以保留港英政府统治时期的香港传统文化为号召，使用从港英政府统治时期之香港旗改动的"龙狮香港旗"。

"全民制宪派"：要求由香港居民修改香港"基本法"甚至重新订立香港的"宪法"⑯，以保障香港居民的权益。如热血公民所谓的"永续基本法"主张就是这种情况。

"自决派"：分为民族自决和民主自决。"民族自决论"认为香港居民事实上已经构成一个香港民族（如香港大学学生会《学苑》派出版了《香港民族论》），按照"全世界各大小民族，皆可自行决定自己归属的政府体制、执政政党组织、政治环境与命运等。而这些决定不得为他国或其他政权决定"的说法，则香港居民毋须理会祖国内地和中央政府的反应，享有自决权。"民主自决论"则认为，追求民主是人民的一种权利，无须借助什么香港民族新论，香港居民都能争取政治自决权。从这个意义上说，"革新保港派"也属于民主自决这一流派。该派人士号称要建构"独立建国路线"以外的本土论述，提出"革新保港、民主自治、永续自治"。⑰2016年4月他们又发表了《香港前途决议文》宣言，就香港前途提出4点主张，包括：1）香港我城，自治传承；2）香港人民，内部自决；3）主体意识，核心价值；4）多元争取，政治革新。⑱

"归英/台派"："归英派"认为中央政府单方面不尊重中英"联合声明"有关约定，导致该声明失效。由此，他们主张香港的主权应该重新移交英国（继而成为英国海外属土）。"归台派"则主张香港的主权移交给台湾代表的所谓"中华民国"。

"港独派"：主张香港从中国直接分割出去，并仿效新加坡成立主权独立的民族国家。

香港这些激进本土主义派别有的赤裸裸地提出"港独"主张，有的以"自决"为说辞，推销隐形"港独"，有的打着香港"基本法"的旗帜反香港"基本法"。不管其表现形式如何，分离主义趋势日益明显。

总结上述分析，香港本土主义的异化是一个多维度的议题。在政治经济学意义上，香港本土主义左翼的空间被本土主义民粹右翼挤压；在香港前景问题上，坚持"一国两制"框架的"维持现状派"被带有分离倾向的"自决派""港独派"紧逼。这两方面的交互作用造成了图1中香港具有分裂主义色彩的右翼本土主义独大的局面。因此，尽管目前香港本土主义的论述中有一些元素值得肯定，但香港本土主义作为一个整体的激进发展形势，确实令人担忧。

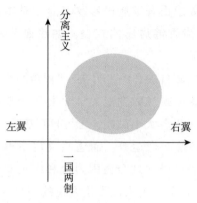

图1 香港本土主义图谱

三 香港本土主义异化之原因分析

香港本土主义的出现，本身是近年来在全球范围内再度勃兴的本土主义一部分，但是其发展趋势却很难用全球化理论下的人力、物力的流向来解释，毕竟其他国家或地区中的外来移民等问题确实牵涉到国籍和种族等诸多问题。香港特区作为中国的一部分，绝大多数香港居民作为中华民族的一部分，香港文化作为中华文化的一部分，这些都是不可凭主观建构就能改变的客观事实。那么造成香港本土主义异化的深层原因到底是什么？

（一）香港与内地交流中产生的冲突，为本土主义兴起提供现实土壤

"一国"要求互动交流，"两制"则保障各自特色。这两者之间的平衡很难拿捏到位。回归后香港本土主义的激进化与香港和祖国内地之间的两地冲突有着莫大关系。冲突产生的主要原因在于：1）两地交流不对称；2）社会融合程度低于经济融合程度。就人口规模而言，香港居民进入祖国内地如"小溪入海"，即便有各种不适也难以产生波浪。但反过来就是另一种情况，对于人口700万的香港特区，祖国内地每年上千万人次的涌入产生的经济文化效果是巨大的。就经济发展而言，香港经济持续放缓，占全国GDP比重萎缩严重，并迅速被深圳等城市超越。"大香港主义"心态一度仰仗的经济主轴不复存在。此外，因文化理念、社会风俗的不同而产生的"文化震惊"现象也层出不穷，两地社会融合水平远远低于经济融合程度。再加上经济交流中的"资源挤占"以及"惠商不惠民"等非意料后果，迎合民粹主义的右倾本土主义兴起有其现实基础。

（二）关于香港特区的制度安排强化了"香港人"的政治身份认同

制度认同上，祖国内地实行社会主义制度，香港特区则维持其资本主义制度和生活方式，"五十年不变"。这种安排以制度形式固化了香港与内地之间的差异。政治、经济（包括货币）、文化制度不同，香港与内地的界限用边境的方式管理，香港居民无法有效参与国家事务（纳税、服兵役、报考国家公务员）等安排客观上造成了香港"自成一体"的感觉。

身份认同上，"香港人"无形之中被视为与"中国人"并列。一方面，"一国两制""港人治港""高度自治"的制度化安排将"香港人"这一身份政治化。似乎除了外交和军事，其他都是"香港人"自己说了算。2014年中央政府发布的《"一国两制"在香港特别行政区的实践》白皮书，提出"中央拥有对香港特别行政区的全面管治权"，这一表述遭到相当一部分香港居民的抵制。另一方面，香港社会的民间团体和宗教组织可以在国际上使用"中国香港"的名义。在国际赛事上"中国队"与"中国香港队"遭遇时，就容易被激进分子渲染为"中国人"与"香港人"对抗，近几年甚至出现了"嘘国歌"现象。

（三）香港民主化进程的一再受挫，催生了政治上的分离主义本土派别

香港与内地的民间冲突以及特别行政区政治身份的强化这两个因素，也在一定程度上存在于澳门，但是却没有让澳门深陷激进本土主义的泥潭。这说明它们还不能完全解释香港本土主义异化的原因。除了各自的政治文化和社会心理外，"一国两制"方针政策和港澳"基本法"中关于港澳的不同政制安排也是一个重要的解释因素。具体而言，就是香港有"双普选"的承诺，而澳门则无。换言之，香港的民主化进程与本土主义的异化之间存在一定的联系。

从香港的现实来看，近年来香港特区政府管治方面绩效不彰，立法会议会文化日益劣质化，"拉布"盛行，一些人提出"特区政府和立法会议员认受性不足的根本原因在于未有经历以普选为表征的民主化改革"。他们认为"双普选"能够从根本上根治香港的各种疑难杂症。抱着这种解读，许多"泛民主派"政党以"双普选"为政纲，宣扬自己是香港利益的代表。大部分香港居民也秉持"民主回归"的愿望，希望尽快落实行政长官和立法会议员的"双普选"。同时，中央政府也希望尽快落实宪制承诺，以循序渐进的方式实现"双普选"。然而，因为2003年"二十三条立法"争议，

香港"泛民主派"和中央政府之间的政治互信不足而难以在"双普选"问题上达成共识。二者在关于"双普选"的"时间表"和"路线图"问题上进行了多次博弈。

中央政府关于 2017 年香港行政长官选举可以实行普选的决定,让许多香港居民看到了香港政制民主化发展的方向和希望,但也让一些"泛民主派"产生了不切实际的幻想,"真普选""政党提名""公民提名"等口号喧嚣尘上,更有甚者希望发起"占中"来胁迫中央政府让步。2014 年"全国人大 8·31 决定"的出台,打破了他们的幻想。持续 79 天的"占中",影响香港民生,撕裂社会,但却没有起到"泛民主派"预想的政治效果。因"占中"的无功而返,香港社会出现了"民主回归终结"的论调。有人退隐,有人愤慨,有人寻找新的出路。政治意义上的本土派就此兴起。随后香港各大学学生会本土派组阁获胜,并陆续有学生会退出"学联"。而大大小小的"光复"活动让香港本土派以一股新力量的面貌又重新出现在世人面前。

香港这些激进本土派认为与其羞羞答答地与中央政府讨价还价,不如畅快淋漓地提出"自决""独立"的诉求。他们指出,"2047 大限"逼近,必须"自己香港自己救",将"争取民主"与"捍卫本土"紧密扣连起来,走本土路线是争取香港民主的大势所趋,以及唯一可行的出路。

(四) 国家认同薄弱,难以抑制香港社会在急速民主化进程中的离心倾向

从世界范围内的民主发展历史与当代实践来看,国族化和民主化程度均会对分离主义产生一定的影响。一般而言,在低民主阶段,民主化往往会助长分离主义;而在高民主阶段,民主化会抑制分离主义。国族化程度的强弱(国家认同强弱)则更是影响分离主义发展的关键因素。国家认同与民主化程度的交互影响就会产生如表 1 的四种情况。

表 1 国家认同与民主化程度对分离主义的影响

	弱国家认同	强国家认同
低民主阶段	1. 分离势力膨胀	2. 集权主义政权使分离主义难生存
高民主阶段	3. 民主化抑制分离主义	4. 分离主义难以产生

资料来源:根据王理万《国族化与民主化在香港问题上的展开》一文中关于国族化、民主化及政治共同体类型的关系绘制本表。原文参见澳门:《"一国两制"研究》2015 年第 1 期。

目前香港社会的国家认同薄弱，主要受如下几个因素影响：几次"逃港潮"带来了恐惧祖国内地的社会心理；港英政府时代有意识的"去政治化"教育；香港回归后未完成"去殖民化"过程；香港回归后特区政府在教育政策方面弱化了"中国历史"等学科的国民教育。在民主化程度方面，显然香港还处于低民主阶段，但又渴望快速民主化。目前香港社会国家认同的低度向心力，无法消除快速民主化进程中被"激化的认同政治、地方民族主义和本土意识"裹挟的消极影响。

四　香港本土主义异化的应对之策

近几年，香港本土主义越来越呈激进化态势。在组织形态上，从虚拟的网络组织过渡到实体组织，并逐步政党化。在政治策略上，向区议会、立法会等建制机构渗透，并成功取得一些席位，从而"街头抗争"与"议会抗争"相呼应，扩大影响力。在论述上，越来越理论系统化，关于"本土意识""身份认同""香港民族"和"民主独立"的论述日益增多并精细化，尤其是将易为人诟病的"族群民族主义"转向"公民民族主义"。在这套论述中，既有敌对方的形塑，又有主体的打造，还有政策建议（例如收回单程证审批权）。在"统一战线"问题上，激进本土主义对泛民主派"又打又拉"，使后者在重大问题上为自己护航。香港激进本土主义目前已形成有组织、有理念、有行动的三位一体格局。香港政治版图从"泛民派"与"建制派"的二元对立演变为"泛民""建制""（激进）本土"的"三分"局面。

激进本土主义带来的危害不容小觑。挑起香港社会内部的族群矛盾，伤害香港与祖国内地之间关系。行动暴力，挑战香港法治，有成为恐怖主义隐患的可能。否定香港的主权归属于中国，走分离主义路线，与"台独"等势力合流，弃"国家主权、安全和发展利益"于不顾。激进本土主义还向青年、校园学生渗透，使"人心回归"的教育工作更加困难。

应该如何应对香港社会由本土意识发展而来却又异化了的本土主义呢？

（一）区分实用型的"政策类"本土主义和理念型的"政治类"本土主义

有必要区分"政策类"本土主义和"政治类"本土主义。前者虽然也抗拒"中国"因素，主张所谓的"中港区隔"，但主要是担心经济上资源的挤占和文化上被祖国内地"污染"或"同化"。因此，他们提出"香港优先"和"抵御文化清洗"的极端民粹主义口号。这种本土主义表现散见于世界范围，不必过于敏感。只要困扰香港普通民众的具体担忧被消除，这种本土主义就会受到抑制。对于这种本土诉求，一方面香港特区政府要继续通过政策引导，确保香港本地的民生不受侵害；另一方面，内地媒体也要起好舆论引导作用，引导内地旅客尊重香港本地观念习惯。对于这类本土主义，还要开放社会讨论并加以引导，尤其是左翼本土主义的一些论述非常有力地驳斥了右翼本土主义，值得借鉴。对于打着本土主义旗号而搞分离主义的"政治类"本土主义，则一定要旗帜鲜明地针锋相对。

（二）用法律手段规制"政治类"本土主义

利用相关法律遏制香港"自决派"和"独立派"本土主义。首先，对于其组织而言，利用香港《社团条例》和《公司条例》拒绝为其注册或取缔有关组织。根据香港《社团条例》的有关规定，若为维护国家安全或公共安全、公共秩序或保护他人的权利和自由所需，可拒绝任何社团或分支机构注册。其次，对于从事暴乱等行为的激进本土主义人士要理直气壮地检控。香港《刑事罪行条例》第2、3、9、10条均涉及危害国家安全行为的定罪与量刑标准。再次，对于以立法会和区议会为平台扩大影响的香港政治激进本土主义组织和成员，可依照《中华人民共和国香港特别行政区基本法》（以下简称《基本法》）和香港《立法会条例》、《区议会条例》等法例勒令其删除不当政纲，甚至否决其议员资格。

进一步而言，还可探讨重启"二十三条立法"或者其他关于《国家安全法》如何在香港落地的问题。在这个问题上，中央政府要利用自身的宪制权力捍卫国家利益。全国人大关于立法会议员宣誓问题的果断释法就对"港独"分子形成有力一击。

（三）凝聚共识，夯实香港重启政改的政治法律基础，对分离组织进行釜底抽薪

香港极端本土派认为香港回归祖国是一种"被动的回归"，而他们现在发动的一系列本土行动"可说是一种'被压抑的回返'，是对'被回归'的清算，回返的是被压抑的香港文化与政治主体精神，索还被拖欠的'承认'"。[19]如前文所述，他们的兴起源于对香港民主化进程一再受挫的失望，这是问题的症结所在。自2015年6月18日香港2017年行政长官普选的"政改方案"在立法会被否决后，香港社会士气更为低沉，极端本土派的活动空间一度增大。

有意见认为，中央政府、特区政府、"建制派"与"泛民主派"应探讨如何增强政治互信，根据香港《基本法》的立法精神和具体条款，广泛征询香港居民意见，重启政改，落实"双普选"，推进香港民主化进程。这样既有利于香港社会的发展，也能防止"泛民主派"被激进本土派绑架，更能釜底抽薪，令这些极端本土组织丧失其社会基础。

然而，关于如何重启政改的问题各方分歧太大，一时难以真正启动。短期内的首要任务是要夯实重启政改的政治法律基础：第一，要将香港《基本法》和"人大8·31决定"作为重启政改的法律基础；第二，争取更多"泛民主派"人士主动与"港独"切割，使他们同意在香港《基本法》的框架内和"人大8·31决定"的基础上争取民主，为重启政改奠定政治基础；第三，力争在《国家安全法》上有所突破，为重启政改奠定互信基础。^②

（四）长远而言，加强香港与祖国内地的交流和重视教育以强化国家认同为根本

尽管目前香港本土主义的兴起和异化是与香港和内地之间的民间冲突脱离不了关系，但从长远来看，交流仍是化解问题的关键一环。大量心理学试验和实践证明，不接触或者短期接触会导致偏见和歧视的产生，而长期深入的交流则会降低偏见和歧视的水平。因为长期的交流会强化相互合作与相互依赖，发掘双方更多的同质性；能够更全景地观察对方，避免以偏概全。不管是经贸交流还是文化交流，不管是官方交流还是民间交流都应该深入持久。

教育方面，不要畏惧香港极端反对派对国民教育的妖魔化，而要反思总结香港的教育制度和教育改革，从课程设计、教材编写、考评体系、教师培养等方面注入国民教育因素。在社会层面，也要重视国民教育活动的开展。只有将这些方面做深入、做细致，提升香港居民的国家认同，以国家认同的统合作用来消除"一国两制"实践中的各种问题才是治本之策。

（五）警惕激进分离本土主义与外部势力的互动关系

因其地缘政治和战略情报的特殊地位，香港从来都是国际势力介入的重要场所。"占中"运动后，激进本土派打破"泛民主派"的垄断，开始吸引外部势力的关注，且互动日益频密。例如，2016年3月，美国领事馆官员在香港金钟密会"本土民主前线"两成员。该二人随后于4月底又参加"藏独"领袖达赖喇嘛在印度举办的"第十一届族群青年领袖研习营"。若香港激进分离本土主义进一步与西方敌对势力勾结，甚至与"台独""藏

独""疆独"等沆瀣一气，则必然成为国家安全的重大隐患。香港特区政府要依法加强对其他国家或地区的各种组织在港活动的监管，必要时采取法律手段切断香港激进分离本土主义与外部势力的组织和资金联系。

综上所述，香港本土主义目前已经成为香港社会运动和民主运动的黏合剂，其在近几年的发展对香港社会政治生态产生重大影响。香港激进本土派的泛起改变了"建制—泛民"二元对立的政治格局，使香港政治版图三分；香港本土主义的右翼民粹化和政治化，强化了香港社会隐约存在的"排内"和"抗中"心态，对"一国两制"事业和国家主权、安全和发展利益提出了严峻挑战。必须从坚守法治、推进民主、强化与祖国内地交流、加强国民教育等方面扎扎实实开展工作，防范、规制和消除其负面影响。

---

①Brian N. Fry, "What is nativism?" In *Nativism and Immigration*, *Regulating the American Dream*. New York: LFB Scholarly, 2007.

②Alejanda Marchevsky & Jeanne Theoharis, "Ending Welfare: New Nativism and the Triumph of Post-Civil Rights Politics", In *Not working: Latina immigrants, low-wage jobs, and the failure of welfare reform*. New York: New York University Press, 2006.

③Judith L. Goldstein & Margaret E. Peters, "Nativism or economic threat: Attitudes toward immigrants during the great recession," *International Interactions: Empirical and Theoretical Research in International Relations*, 2014, 40 (3), pp. 376 – 401.

④Joel S. Fetzer, "Economic self-interest or cultural marginality? Anti-immigration sentiment and nativist political movements in France, Germany and the USA," *Journal of Ethnic and Migration Studies*, 2010, 26 (1), pp. 5 – 23.

⑤在本文中，区分了本土意识与本土主义。前者更多的是一种本体论上对"我是谁"的主体性身份的确立，以及一种"爱乡爱土"的情怀。后者则是前者的进一步演化，在肯定本土文化和生活方式的基础上而带有排外（确切地说排斥内地）倾向，并在政治上表现为与内地不同程度的切割和分离倾向。

⑥郑宏泰、尹宝珊：《香港本土意识初探：身份认同的政经与政治视角》，北京：《港澳研究》2014 年第 3 期。

⑦⑨⑲罗永生：《香港本土意识的前世今生》，台北：《思想》2014 年第 26 期。

⑧周思中：《本土的矩阵——后殖民时期香港的躁动与寂静》，香港：《思想香港》2014 年第 3 期。http://www.thinkinghk.org/archive，访问时间：2016 年 11 月 24 日。

⑩叶荫聪：《香港新本土论述的自我批判意识》，台北：《思想》2011 年第 19 期。

⑪中环因聚集众多金融机构而成为香港经济枢纽。故香港人用"中环价值"指代唯

经济至上的思维方式。

⑫陈云：《我理性，所以我勇武》，香港：《AM730》，"转角"专栏，2011年5月24日。

⑬本土右翼所说的"左胶"泛指"不现实的左翼分子"或"只讲理想的左翼分子"。

⑭李启迪：《香港是否应有民族自决的权利》，二零一三年度香港大学学生会《学苑》编《香港民族论》，香港：香港大学学生会，2014。

⑮该书主要针对自2010年以来的两地矛盾问题，探讨香港将来本土政治应该采取的发展方向。书中指出，香港目前应采取"中港区隔"的措施，捍卫本土利益；维护自港英时代留下的典章制度，最终达致与中国政府互惠互利，甚至改革中国政治体制，使之逐渐民主化的效果。参见陈云《香港城邦论》，香港：天窗出版社有限公司，2011。

⑯香港居民一般称《基本法》为"香港宪法"或"小宪法"，因此，如果废除基本法而再制定香港的根本大法的话，就是重新订立香港的"宪法"。

⑰方志恒编《香港革新论：革新保港，民主自治，永续自治，为香港前途而战》，台北：漫游者文化事业股份有限公司，2015。

⑱《香港中青代发表〈香港前途决议文〉》，参见《联合早报》网站：http://www.zaobao.com/realtime/china/story20160421-607898，访问时间：2016年12月20日。

⑳有学者认为，这几点问题目前已经具备基础了。参见祝捷、章小杉《主权、国家安全与政制改革："港独"的〈基本法〉防控机制》，武汉：《江汉大学学报（社会科学版）》2016年第4期。

作者简介：白小瑜，国务院港澳事务办公室港澳研究所副研究员，博士。

[责任编辑　刘泽生]

（本文原刊2017年第4期）

后　记

　　《澳门理工学报》（人文社会科学版）是澳门理工学院主办的综合性人文社会科学学术理论刊物，1998 年创刊，今年刚好迎来了她创刊二十周年、改版八周年的纪念。在这个特别的时刻，精选改版以来的部分专栏文章结集出版，是一件很有意义的事情。

　　创刊二十年来，《澳门理工学报》得到海内外学术界和社会各界的精心呵护和鼎力支持，我们一直铭记在心。根据学院理事会的批示，本次丛书共出版六卷，其中包括"名家专论"一卷、"港澳研究"两卷、"总编视角"两卷、"中西文化"一卷。为了此次丛书的编辑出版，各卷文集的原作者给予了积极的配合，认真进行了新的校订工作，确保了文集的学术质量。社会科学文献出版社也给予了充分的合作，出色地完成了相关的编辑出版任务。值此文集即将出版之际，谨向为此付出辛劳的专家学者以及支持、关心丛书出版的各界朋友致以深深的敬意。

　　本卷是丛书的"港澳研究"（2014～2017）卷。参加本卷具体编辑工作的有《澳门理工学报》编辑部的刘泽生、陈志雄、桑海、陈凤娟、李俏红等；社会科学文献出版社首席编辑徐思彦女士及本书编辑宋荣欣、李期耀做了大量的工作，在此一并致以衷心的感谢。

刘泽生

2018 年 3 月 1 日

图书在版编目（CIP）数据

港澳研究：《澳门理工学报》专栏文萃. 2014 ~
2017 / 李向玉，刘泽生主编. -- 北京：社会科学文献
出版社，2018.4
　（澳门理工学报丛书）
　ISBN 978 - 7 - 5201 - 2484 - 3

　Ⅰ. ①港⋯　Ⅱ. ①李⋯ ②刘⋯　Ⅲ. ①区域经济 - 香
港 - 文集②区域经济 - 澳门 - 文集　Ⅳ. ①F127. 658 - 53
②F127. 659 - 53

中国版本图书馆 CIP 数据核字（2018）第 049518 号

澳门理工学报丛书

港澳研究

——《澳门理工学报》专栏文萃（2014～2017）

主　　编／李向玉　刘泽生

出 版 人／谢寿光
项目统筹／宋荣欣
责任编辑／李期耀

出　　版／社会科学文献出版社·近代史编辑室（010）59367256
　　　　　　地址：北京市北三环中路甲29号院华龙大厦　邮编：100029
　　　　　　网址：www. ssap. com. cn
发　　行／市场营销中心（010）59367081　59367018
印　　装／三河市东方印刷有限公司

规　　格／开　本：787mm × 1092mm　1/16
　　　　　　印　张：42.75　插　页：0.75　字　数：711 千字
版　　次／2018 年 4 月第 1 版　2018 年 4 月第 1 次印刷
书　　号／ISBN 978 - 7 - 5201 - 2484 - 3
定　　价／168. 00 元

本书如有印装质量问题，请与读者服务中心（010 - 59367028）联系